U0926065

中央民族大学中国边疆民族地区历史与地理研究中心

The Research Center of Historical and Geographical Studies of China' s Frontier Regions and Nationalities, Minzu University of China

中国边疆民族研究

Studies of China' s Frontier Regions and Nationalities

第七辑

达力扎布　主编

中央民族大学出版社

图书在版编目（CIP）数据

中国边疆民族研究. 第七辑/达力扎布主编. —北京：中央民族大学出版社，2013.12
ISBN 978-7-5660-0601-1

Ⅰ. ①中… Ⅱ. ①达… Ⅲ. ①边疆地区—少数民族—民族历史—中国—文集
Ⅳ. ①K28-53

中国版本图书馆 CIP 数据核字（2013）第 299688 号

中国边疆民族研究（第七辑）

主　　编　达力扎布
责任编辑　张　山
封面设计　布拉格
出 版 者　中央民族大学出版社
　　　　　北京市海淀区中关村南大街 27 号　　邮政编码：100081
　　　　　电　话：68472815（发行部）　传真：68932751（发行部）
　　　　　　　　　68932218（总编室）　　　　68932447（办公室）
发 行 者　全国各地新华书店
印 刷 厂　北京宏伟双华印刷有限公司
开　　本　787×1092（毫米）　1/16　　印张：25.5
字　　数　600 千字
印　　数　1000 册
版　　次　2013 年 12 月第 1 版　　2013 年 12 月第 1 次印刷
书　　号　ISBN 978-7-5660-0601-1
定　　价　68.00 元

《中国边疆民族研究》编委会

目　录

学术论文

学术评论

民族学研究

古籍文献研究

唐后期卢龙镇的佛教与社会

尤　李

内容提要：安史之乱后，唐朝幽州卢龙节度使所代表的地方利益集团对房山石经等佛教事业大力支持。在这一过程中，当地的官僚、文士、僧人和民众达成协作。无论是汉人节度使还是已经胡化的节度使，都借助佛教活动来营造祥和的社会氛围，扩大和夯实统治根基。从佛教题名可以看出卢龙节度使的兼官和官衔之升迁过程。这是中央政府与幽州镇的统治关系的象征。在卢龙镇，支郡长官掌握行政、军事和监察权，又与节度使或牙兵有“裙带”关系。支州的兵马对当地权力变动影响很大。支郡官员也常常参加刻经活动，或者与牙兵一起为节度使造经。这是强化内部政治结构、凝聚幽州军事集团的重要手段。在唐后期，幽州当地优越的经济条件为精深佛学研究的延续和佛教事业的持续繁荣提供了必要的物质基础。尽管唐后期的卢龙镇带有明显的胡化特征，但当地强势的佛教文化仍然影响到各阶层、各族群。汉文化因子仍然在当地宗教活动和政治生态中扮演着重要角色。

唐代的幽州一卢龙镇（今北京、天津及河北省北部）位于东北边陲，游走于胡汉之间，为沟通中原与东北地区的桥梁和纽带。在安史之乱后，这一区域一直为安史旧部统治，与唐中央政府的关系可称之为“若即若离”。以往大家都关注河朔诸镇跟唐廷的关系，对其内部的讨论还不多。相对独立的幽州卢龙镇内部的佛教与社会也是前人关注不够的问题。其中有很多内涵可以挖掘，它对后来辽朝的文化形态也产生了重要影响。

日本的塚本善隆先生探讨过安史之乱后房山刻经的大体轮廓，并指出：那是以地方当权者、节度使为中心的繁荣①。冯金忠先生概括叙述了唐后期河北藩镇的佛教活动，其中涉及幽州镇②。日本的气贺泽保规先生认为唐后期幽州良乡县（今北京房山区）刻经事业的主体是幽州卢龙节度使以及与之关联的地方权力。幽州军事集团内部存在矛盾和对立，节度使有必要明确对宗教信仰的态度，借以笼络民心③。气贺泽先生关照到这一现象，眼光很敏锐。刘琴丽通过分析《房山石经题记汇编》，认为唐幽州军人对云居寺刻经事业做出巨大贡献；幽州军人刻经除了为家人、亲属祈福外，主要体现为为节度使及其家人祈福、为节度使生日祝寿，节度使及其属下军将为帝王或民众祈福等；佛教已经成为幽州军将政治宣传的工具，石经题记反映了幽州军界的动荡局面及浓厚的地域

① [日]塚本善隆：《石经山云居寺与石刻大藏经》，《东方学报》（京都）第5册副刊，1935年，第131—143页。

② 冯金忠：《燕赵佛教》第3章《隋唐五代时期燕赵佛教》，北京：中国社会科学出版社，2009年，第71—76页。

③ [日]气贺泽保规：《从房山石经隋唐刻经看唐朝后期的河北社会》，打印稿，2009年，第1—3页。

主义观念[1]。

但是，中晚唐时期藩帅的刻经及其他佛教活动跟卢龙镇与中央的关系、地方权力结构和社会经济状况息息相关。这些都是值得进一步深入分析的问题。本文拟在汇集唐后期房山刻经的基础上，结合正史、类书、诗文、地方志、僧传及其他考古材料，进行考辨和分析，对中晚唐幽州镇的历史提出新的诠释，希冀能开拓藩镇史和北京史研究的深度和广度。

一、幽州节度使的佛教活动及其权力基础

在唐朝后期，幽州地域的房山石经题记和其他佛事活动是卢龙镇权力结构和社会变迁的指示器。我们先看与节度使有关的佛教活动。

1. 刘济、刘总父子时代

塚本善隆先生提出：安史之乱后，幽州地区的刻经事业暂时中断，正是幽州节度使刘济、刘总父子恢复了刻经的盛况[2]。气贺泽保规先生也注意到幽州节度使刘济、刘总父子热情资助房山刻经，认为这是中晚唐地方藩帅支持佛教的典型[3]。本文对此还将进一步分析。

刘济在唐德宗贞元元年（785）至唐宪宗元和五年（810）任幽州卢龙节度使[4]。唐宪宗元和五年七月乙卯，“幽州节度使刘济为其子总鸩死”[5]。刘济任节度使时，多次参与和支持佛教活动。

刘济与南禅宗洪州马祖（大寂禅师）的弟子怀晖有一段交往。据《宋高僧传》所载，怀晖“贞元初，礼洪州大寂禅师，顿明心要。时彭城刘济颇德晖，互相推证”[6]。权德舆所撰《故幽州卢龙军节度副大使知节度事管内支度营田观察处置押奚契丹两番经略卢龙军等使开府仪同三司检校司徒兼中书令幽州大都督府长史上柱国彭城郡王赠太师刘公墓志铭并序》（以下简称《刘济墓志铭》）曰：刘济“始以门子横经游京师，有司擢上第。参幽州军事，转兵曹掾，历范阳令，考绩皆为府中最”[7]。在唐后期的幽州节度使当中，刘济是唯一一位游学长安、并考中进士的节度使。刘济不但擅长诗书文章，还能跟高僧“互相推证”，足见其佛学修养也不低。《宋高僧传》称刘济在贞元初年与怀晖交往，应在他贞元元年刚任节度使不久。

唐德宗贞元五年（789），刘济舍私宅建崇孝寺。《元一统志》载：“辽乾统二年（1102）沙门了铢作碑铭，谓：析津府都总管之公署左有佛寺，厥号崇孝。按《幽州土地记》，则有唐初年置，里俗相沿；则谓德宗贞元五年，幽帅彭城太师刘公济舍宅为寺。传说各

① 刘琴丽：《唐代幽州军人与佛教——以〈房山石经题记汇编〉为中心》，《世界宗教研究》2011年第6期，第24—32页。

② 塚本善隆：《石经山云居寺与石刻大藏经》，《东方学报》（京都）第5册副刊，第132—135页。

③ 气贺泽保规：《唐代房山云居寺的发展与石经事业》，气贺泽保规编：《中国佛教石经的研究——特别以房山云居寺为中心》，京都：京都大学学术出版会，1996年，第78—82页。

④ 郁贤皓：《唐刺史考全编》卷116《幽州（范阳郡）》，合肥：安徽大学出版社，2000年，第1608—1609页。

⑤ ［后晋］刘昫等：《旧唐书》卷14《宪宗纪上》，北京：中华书局，1975年，第431页。

⑥ ［宋］赞宁撰，范祥雍点校：《宋高僧传》卷10《唐雍京章敬寺怀晖传》，北京：中华书局，1987年，第227页。

⑦ ［唐］权德舆撰，郭广伟校点：《权德舆诗文集》卷21，上海：上海古籍出版社，2008年，第318页。

异。以前殿梁板及后殿左幢文考之，则刘庄武公济贞元五年舍宅作寺为是。”[①] 按《辽南京城复原示意图》，“析津都总管公署”在辽南京大内（原唐幽州节度使府）之东[②]，崇孝寺（原刘济宅）又在“析津都总管公署”之东，三者之间的距离非常近。即崇孝寺在幽州节度使府东面不远处。所以无论从渊源还是地理位置来看，崇孝寺都应该和刘济家族、甚至之后的历任幽州节度使关系密切。

刘济多次参与大部头佛经《大般若波罗密多经》的刊刻。

贞元五年二月八日，刘济在《大般若波罗密多经》中留下三条题记，四月八日留下一条题记。刘济在二月八日的两条题记和四月八日的一条题记中的官衔是“幽州卢龙节度副大使、知节度事、管内支度营田观察处置、押奚契丹、经略卢龙军等使、检校工部尚书、兼幽州大都督府长史、[御史大夫]、上柱国刘济”。[③] 贞元五年二月八日，刘济在《大般若波罗密多经》中有一条题记的系衔是“幽州卢龙节度副大使、知节度事、管内支度营田观察处置、押奚契丹、经略卢龙军等使、特进、检校尚书右仆射、同中书门下平章事、兼幽州大都督府长史、御史大夫、上柱国刘济”[④]。房山石经《妙法莲华经》题记中有：“幽州卢龙节度副大使、知节度事、管内支度营田观察处置、押奚契丹、经略卢龙军等使、检校尚书右仆射、兼幽州大都督府长史、御史大夫、上柱国刘济。贞元五年二月八日建。”[⑤] 同在贞元五年二月八日，刘济的官衔却有差异，不知孰是孰非。

在房山石经《大般若波罗密多经》的题记中，刘济的刻经的题名中出现专门的“检校石经官”。《大般若波罗密多经》题名曰：“幽州卢龙节度副大使、知节度事、管内使龙卫上将军、检校兵部尚书、兼幽州大都督府长史、御史大夫、上柱国刘□（济）、蓟国夫人张氏。贞元六年四月八日上。检校石经官宋庭照、赵崇晖。”[⑥] 题名又云：“支度营田观察处置、押奚契丹、经略卢龙军等使、云麾将军、起复左金吾卫上将军、检校兵部尚书、兼幽州大都督府长史、御史大夫、上柱国刘济、蓟国夫人张氏。贞元六年四月八日上。检校石经官宋庭照、赵崇晖。”[⑦] 至于“检校”和“都检校”，在中古佛教石刻材料中较常见。据唐令，“内外官，敕令摄他司事者，皆为检校，若比司即为摄、判”[⑧]。即检校是临时差遣任他司职事。刘淑芬先生根据河北获鹿县本愿寺石幢后的跋语“当日树碑造像，皆有捡（检）校之员”[⑨]，认为在佛教中，检校就是监督、管理之意，凡译经、造寺、造像、修塔、树碑，皆有人负责。就获鹿县本愿寺的情况来看，佛事功德中

---

① [元]孛兰肹等撰，赵万里校辑：《元一统志》卷 1《中书省统山东西河北之地》，北京：中华书局，1966 年，第 28 页。

② 于杰、于光度：《金中都》，北京：北京出版社，1989 年。

③ 北京图书馆金石组、中国佛教图书文物馆石经组编：《房山石经题记汇编》第 2 部分《大部经题记（唐至辽）》，北京：书目文献出版社，1987 年，第 120－121 页。

④ 同上，第 120 页。另外，据气贺泽保规研究，《大般若波罗密多经》从唐玄宗天宝元年（742）开始刊刻，这一经典的刻造主要是在以幽州为中心的新兴都市工商业者的支持下进行的(《唐代房山云居寺的发展与石经事业》，第 77－82 页)。

⑤《房山石经题记汇编》第 3 部分《诸经题记（唐）》，第 213 页。

⑥《房山石经题记汇编》第 2 部分《大部经题记（唐至辽）》，第 123 页。

⑦《房山石经题记汇编》第 2 部分《大部经题记（唐至辽）》，第 123 页。

⑧ [唐]长孙无忌等撰，刘俊文点校：《唐律疏议》卷 2《名例律》，北京：中华书局，1983 年，第 43 页。

⑨ [清]沈涛辑：《常山贞石志》卷 7，新文丰公司编《石刻史料新编》第 1 辑第 18 册，台北：新文丰出版公司，1977 年，第 13286 页。

的“检校”，僧人、俗人都可以担任[①]。在房山石经题记中出现的“检校石经官”应是刘济任命的临时专门负责刻经之官。无论如何，“检校石经官”的出现，体现幽州节度使刘济对刻经事业的重视。

据《大般若波罗密多经》题记所载，“唐元和四年（809）四月八日，幽州卢龙节度支度营田观察处置、押奚契丹、经略卢龙军等使、开府仪同三司、检校司徒、兼侍中、幽州大都督府长史、上柱国、彭城郡王刘济，奉愿圣寿延长，遵石经故事，敬刻《大般若经》于石，以今日运上山顶，纳于石室。卷四百三十七、条一千零四十一。卷四百三十八、条一千零四十五。卷四百三十九、条一千零四十六。卷四百四十、条一千零四十七。卷四百四十一、条一千零四十九。卷四百四十一、条一千零五十一。卷四百四十二、条一千零五十二。卷四百四十二、条一千零五十三。卷四百四十三、条一千零五十四。卷四百四十三、条一千零五十五”[②]。

唐宪宗元和四年四月八日《涿鹿山石经堂记》曰：

> 幽州卢龙节度、支度、营田、观察、处置等使、开府仪同三司、检校司徒、兼侍中、彭城郡王、上柱国刘济撰。
>
> 我唐十有一叶圣皇帝，继明昭宣，光被四海，彝夏作乂，神人以和。迨今己丑岁凡五祀矣。方隅守臣，乐其休明，天地大德，罔知攸报。济封内山川，有涿鹿山石经堂者，始自北齐。自隋沙门静琬睹层峰灵迹，因发愿造十二部石经。国朝贞观五年（631），《涅槃经》成。其夜山吼三声，生香树三十余。本六暴月，水浮大木数千株于山下，遂构成云居寺焉。暨天宝开元圣文神武皇帝第八妹金仙长公主特加崇饰，遐迩之人增之如蚁术焉，有为之功莫此而大。济遂以俸钱，奉为圣上刊造《大般若经》。以今年四月功就，亲自率励，与道俗齐会于石经峰下，饭等香积而香云煖空，会同华严而珠雨满地。金篆玉版，灿如龙宫。神光赫赫，宇宙金色焉。于是一口作念，万人齐力岩壑，动鸾凤翔。或推之，或摇之，以跻乎上方，缄于石堂。必使劫火烧而弥固，桑田变而不易。或祝兹圣寿，寿愿高于崇山；缄彼石经，经愿延于沙界。鸿祚景福，与天无垠。圣寿无疆。幕府众君子同称赞之时。元和四年四月八日记。[③]

上引《大般若经》题记和《石经堂记》均显示：到唐宪宗元和四年，刘济的散阶已经升至从一品的开府仪同三司，检校衔升至正一品的司徒。

《涿鹿山石经堂记》一开始就赞扬当朝皇帝唐宪宗。刘济在《大般若经》的题记中称“奉愿圣寿延长，遵石经故事，敬刻《大般若经》于石”，在《涿鹿山石经堂记》中称“济遂以俸钱，奉为圣上刊造《大般若经》”。显然，刘济系用自己的俸禄为宪宗刊刻《大般若经》。这次刘济所刻《大般若经》达7卷，数量不小。他在《涿鹿山石经堂记》的末尾阐明刻经目的，发愿为唐宪宗祝寿。

这一切明显是刘济在表达奉事中央的态度，向朝廷邀宠。这从本质上讲，跟当时的

---

① 刘淑芬：《从本愿寺石刻看唐代获鹿的地方社会》，原载《劳贞一先生九秩庆论文集》，台北：兰台出版社，1997年，此据刘淑芬著《中古的佛教与社会》，上海：上海古籍出版社，2008年，第125－126页。

②《房山石经题记汇编》第2部分《大部经题记（唐至辽）》，第156页。

③《房山石经题记汇编》第1部分《碑和题记（唐至民国）》，第15－16页。

政治形势有直接关系。唐宪宗朝正值朝廷平定藩镇战争的高潮。唐宪宗元和四年，朝廷讨伐成德镇王承宗之时，刘济、刘总父子曾领兵助战[①]。在唐廷平定藩镇的战争中，尤其是讨伐成德镇王承宗的重大军事行动中，卢龙镇属于朝廷笼络和拉拢的对象[②]。宪宗十分看重幽州镇对王承宗的牵制力。因此，在元和时期，卢龙镇与中央政府是合作关系。所以不难理解刘济奉为皇帝造经的举动。刘济在《石经堂记》中将自己定位为"方隅守臣"。"幕府众君子"应指刘济的节度使幕府中的官吏，属于节度使自己辟署的幕僚，这一群体在唐后期的藩镇体制中发挥着重要作用。《大般若经》刊成之后，刘济在佛诞日举行隆重的送经活动，一呼百应，还有自己的幕僚参与。

刘济慷慨布施，将石经堂装饰得非常豪华。刘济与道俗信徒齐送经上山，还设斋。按照日本僧人圆仁的说法，"唐国之风，每设斋时，饭食之外别留料钱。当斋将竟，随钱多少、僧众僧数，等分与僧。但作斋文人别增钱数。若于众僧，各与卅文；作斋文者，与四百文。并呼道儭钱"[③]。刘济主持的这一斋会也可能相应地按照这个原则布施。

《刘济墓志铭》曰：元和四年"冬，王师问罪于常山，公率先蹈厉，累上功捷，引义慷慨，赋诗以献，诏宰司序引，百执事属和，以美大之"[④]。刘济采用作诗唱和的方式与中央政府打交道。此事在《旧唐书·刘济传》中也有记录：元和初，"及诏讨王承宗，诸军未进，济独率先前军击破之，生擒三百余人，斩首千余级，献逆将于阙，优诏褒之。又为诗四韵上献，以表忠愤之志"[⑤]。显然，卢龙镇在助朝廷平定成德镇王承宗的战争中发挥了重要作用。《刘济墓志铭》称赞他"君臣父子之道，斯为至矣。纪大臣所以尊王命，懿武事所以壮天声"[⑥]。刘济在元和四年专门为唐宪宗刻经也体现出他遵循"君臣父子之道"、"尊王命"的政治立场。

在刘济任幽州节度使之时，伴随藩镇体制而产生的宦官监军也参与了房山刻经活动。贞元五年（789）七月十五日，房山石经《妙法莲华经》的题名中就有"幽州卢龙监军使、云麾将军、右监门卫将军骆明斑"、"□经判官翟弼"、"监军判官、兴元元从、登仕郎、宫闱令张秀璋"。[⑦]

骆明斑作为监军使，属于使职。在唐代方镇的监军院或监军使院，监军使为之长[⑧]。骆明斑所带的云麾将军为武散从三品[⑨]，"右监门卫将军"是从三品的职事官[⑩]。中唐以降，职事官系统已经阶官化，右监门卫将军也只表示官品。监军品秩的高卑，须看其所

① 权德舆：《唐故幽州卢龙节度副大使知节度事管内支度营田观察处置押奚契丹两番经略卢龙军等使开府仪同三司检校司徒兼中书令幽州大都督府长史上柱国彭城郡王赠太师刘公墓志铭并序》，《权德舆诗文集》卷 21，第 319－320 页。

②《旧唐书》卷 14《宪宗纪上》、卷 15《宪宗纪下》，第 411－472 页。

③ [日]圆仁著，白化文、李鼎霞、许德楠校注，周一良审阅：《入唐求法巡礼行记校注》卷 1，石家庄：花山文艺出版社，2007 年，第 70 页。

④《权德舆诗文集》卷 21，第 319 页。

⑤《旧唐书》卷 143《刘济传》，第 3900 页。

⑥《权德舆诗文集》卷 21，第 320 页。

⑦《房山石经题记汇编》第 3 部分《诸经题记（唐）》，第 213 页。

⑧ 张国刚《唐代藩镇研究》第 8 章《唐代藩镇宦官监军制度》，长沙：湖南教育出版社，1987 年，第 146－148 页。

⑨《大唐六典》卷 5《尚书兵部》，兵部郎中员外郎条，第 114 页。

⑩《大唐六典》卷 25《诸卫府》，左右监门卫条，第 453 页。

带官衔的大小[①]。那么，骆明斑的地位和身份是很高的。

骆明斑之后的“□经判官翟弼”，很可能是他的下属。唐代方镇的监军院或监军使院中，监军使为之长，下置副使（副监）、判官、小使等若干僚属。判官的职掌很广泛，主要是往来于中央和藩镇之间，并协助监军使处理具体事务，权重务剧[②]。

张秀璋是“兴元元从”、“宫闱令”，说明他在“泾原兵变”随驾奉天的人员当中，跟唐德宗的关系非常密切。贞元五年，唐德宗将自己的亲信张秀璋派到卢龙镇，也有监控的意图。张秀璋所带的文散阶“登仕郎”系正九品下[③]，“宫闱令”是从七品下的内侍省官员[④]。他作为“监军判官”，也是骆明斑的属官。

监军使在方镇与节度使处于并驾齐驱的地位，行使监察弹劾权，消弭兵乱。因为藩帅不仅是军事长官，其职责囊括民政、财政，所以作为其对立物出现的监军使常驻方镇，其触角也扩大到一切事务[⑤]。在唐廷只能“羁縻”的方镇中，监军使难以施展其全部职能。但是中央在割据藩镇派驻监军使，是施行中央统治的象征，仍具有政治意义[⑥]。卢龙镇属于割据型藩镇，中央派出的监军不可能全面监察当地的官吏和事务，但仍然是朝廷与幽州镇之间的纽带。本是朝廷代表的监军使、监军判官，到了佛教色彩非常浓厚的幽州地区，对刻经事业也无法完全置身事外。这也是他们对当地地域文化的理解和认同。只是监军使、监军判官选择七月十五日（即盂兰盆节）刊刻佛经，这跟幽州当地人士多选“二八”或“四八”节造经的习俗不同。

刘济之子刘总也积极支持佛教活动。刘总在唐宪宗元和五年（810）至唐穆宗长庆元年（821）任幽州卢龙节度使。他在长庆元年请求归朝，并出家为僧。朝廷对他的佛教活动表示认可和支持[⑦]。

2. 李载义时代

李载义于唐敬宗宝历二年（826）至唐文宗大和五年（831）任幽州节度使。《旧唐书•李载义传》称：“李载义自称恒山愍王之后，性矜荡，好与豪杰游，力挽强搏斗，刘济在幽州高其能，引补帐下。”对这条材料，陈寅恪先生认为李载义自称为李承乾后裔是依托，即使他真出自承乾一系，亦与河朔诸汉将同为胡化之汉人[⑧]。实际上，李载义任卢龙节度使期间，频繁参与佛教活动。

大和元年（827）四月八日，有众多僧俗信徒、官僚平民“奉为尚书敬造”《佛说遗教经》一卷。题名中除了平民，还有“信都令华”，“沙门座主常志，空门座主法会释，座主惠深，讨击使、银青光禄大夫、检校太子宾客、兼殿中侍御史陈沼，忠武将军、守左武卫大将李重兴，衙前副将陈敬寓，银青光禄大夫、试太子宾客、兼监察侍御李惟岸”，

① 张国刚《唐代藩镇研究》第 8 章《唐代藩镇宦官监军制度》，第 150 页。

② 张国刚《唐代藩镇研究》第 8 章《唐代藩镇宦官监军制度》，第 146－148 页。

③《大唐六典》卷 2《尚书吏部》，吏部郎中员外郎条，第 31 页。

④《大唐六典》卷 12《内官•宫官•内侍省》，宫闱局条，第 262 页。

⑤ 张国刚《唐代藩镇研究》第 8 章《唐代藩镇宦官监军制度》，第 150－154 页。

⑥ 张国刚《唐代藩镇研究》第 8 章《唐代藩镇宦官监军制度》，第 159 页。

⑦ 详见尤李《论唐廷对幽州宗教事务的介入》，《社会科学研究》2011 年第 3 期，第 156 页。

⑧ 陈寅恪：《唐代政治史述论稿》上篇《统治阶级之氏族及其升降》，陈美延编：《陈寅恪集》，北京：生活•读书•新知三联书店，2001 年，第 225 页。

“中军左厢马军兵马使、金紫光禄大夫、试太子右赞善大夫、兼御史大夫、节度押衙史仲玄，郎中郑俨，镌字杨怀政，大唐大和元年丁未岁四月壬辰朔八日己亥，宣德郎、诚（试）左卫兵曹参军王文行书纪”①。

尚书即节度使李载义。据《旧唐书·敬宗纪》所记，宝历二年（826）九月，“幽州监军奏：都知兵马使李再义与弟再宁同杀朱延嗣并其家属三百余人，推再义为留后”②。李再义即李载义，再宁即李载义之弟李载宁。《旧唐书·李载义传》也载：“宝历中，幽师杀朱克融。其子延嗣窃袭父位，不遵朝旨，虐用其人，载义遂杀之，数其罪以闻。敬宗嘉之，拜检校户部尚书、兼御史大夫，封武威郡王，充幽州卢龙等军节度副大使，知节度事。”③ 在宝历二年，载义刚任节度使时，已经“检校户部尚书”。在第二年（即大和元年）参与镌刻《佛说遗教经》的有僧人、当地官员。其中，衙前副将陈敬寓，中军左厢马军兵马使、金紫光禄大夫、试太子右赞善大夫、兼御史大夫、节度押衙史仲玄，均为牙兵。

大和二年四月八日，石经中出现“奉为司空造《蜜多心经》一卷”、“前南院驱使官赵潭干书”的字样，其后乃一系列平民的题名④。

大和二年四月八日，造《佛说鸯掘摩经》。额题曰：“罗东门百姓奉为司空敬造石经一条，送往大石经花严唐，四月八日建记。”阳面出现众多邑人的题名。阴面的题名有：“节度押衙、金紫大夫、太子左赞善大夫、兼御史大夫史仲玄，讨击使、银青光禄大夫、检校太子宾客、兼殿中侍御史陈沼，作坊使、银青光禄大夫、检校太子宾客、无（兼）殿中侍御史白德明，驱使官段承林，堂前亲事将、检校太子詹事、兼监察御史史怀宝，幽州节度押衙、银青光禄大夫、检校太子詹事、兼监察御史张公璲，节度都押衙、权知瀛州事、兼团练等事、兼御史大夫李振，衙前兵马使李赞、妻杨氏，大和二年四月八日建。通直郎、试将作监丞、前左神武军引驾仗、孔目官、兼摄武库署丞刘荣书，弘农杨怀政镌。”⑤ 显然，刊刻这一部佛经有众多押衙和牙兵参与。日本的堀敏一先生以泽潞的事例来分析“亲事”及“亲事军”，从名称看出他们系藩帅身边的护卫兵⑥。至于李振的官衔，“节度都押衙”为系衔，“权知瀛州事、兼团练等事”才是实职，表明李振实际在幽州镇的支郡瀛州（今河北河间市）任军政之职。这是支州官与牙兵共同为“司空”造经。这位司空其实就是卢龙节度使李载义。这点下文还将分析。

大和二年四月八日，又造《金刚三昧经序品第一》。额题“石幢南百姓等奉为司空敬造石经一条，并送一千人供往大石经山。大和二年四月八日建”⑦。题名除了平民，还有“后军副都将、银青光禄大夫、试太子宾客、兼监察御史、殿中侍御史李惟岸，昌平县令阳纶、男进环，堂前亲事将、检校太子詹事、兼监察御史史怀宝，刘利用妻王氏，

①《房山石经题记汇编》第3部分《诸经题记（唐）》，第219—220页。
②《旧唐书》卷17上《敬宗纪》，第521页。
③《旧唐书》卷180《李载义传》，第4674页。
④《房山石经题记汇编》第3部分《诸经题记（唐）》，第222页。
⑤《房山石经题记汇编》第3部分《诸经题记（唐）》，第222—223页。
⑥［日］堀敏一：《藩镇亲卫军的权力结构》，原载《东洋文化研究所纪要》第20册，1959年。中译文见刘俊文主编：《日本学者研究中国史论著选译》第4卷，索介然译，北京：中华书局，1992年，第611页。
⑦《房山石经题记汇编》第3部分《诸经题记（唐）》，第225页。

男幽州节度推官、朝请郎、试大理评事、兼监察御史、赐绯鱼袋君贞男元赡，幼男元殷施，堂前亲事将军李少清，将仕郎、前守幽州蓟县尉、摄府市令陈玄，堂前亲事将军赵宪用”，“节度驱使官马仲颖”，“使宅散虞侯（候）王协”，“判官毛仲迁母李氏”，“突将金士兴”，“使宅判官、节度驱使官李庭昌”，“云麾将军、守左武卫将军刘仲连，南院驱使官崔弘庆”，“衙前兵马使刘择用”，“节度驱使官殿承林”，“驱使官李少周”，“信都令华”[①]。

大和二年六月十一日，房山石经《大般若波罗密多经》的题名有：“节度要籍、□德郎、试通事舍人、摄固安县丞、赏紫扬自迁，堂前亲事将、朝散大夫、试殿中侍御张进荣，堂前亲事将、朝散大夫、试殿中侍御朱顺清，堂前亲事将、朝散大夫、试殿中侍御赵良戬，涿州押衙王安立，大和二年六月十一日建，奉为司空庆寿日敬造。”[②]

大和二年六月十一日，“涿州刺史、使持节充永泰军营田团练塘南巡等使、检校右散骑常侍、兼御史大夫李载宁”又为“司空庆寿日敬造”《大般若波罗密多经》4条[③]。

关于永泰军，两《唐书·地理志》没有记载。据《旧唐书·地理志》所述，“涿州，本幽州之范阳县。大历四年（769），幽州节度使朱希彩，奏请于范阳县置涿州，仍割幽州之范阳、归义、固安三县以隶涿，属幽州都督”[④]。涿州为唐代宗大历四年新置，可能也跟范阳节度使所辖的其他支州一样，在城内或附近设置“永泰军”，以统辖兵马。

严耕望先生认为：唐代州刺史职衔例为“持节某州诸军事、某州刺史”，这是继承南北朝之惯称，实际上刺史并不持节管军。安史乱后，方镇使府逐渐建立，一般巡属诸州刺史之僚佐，除管民事，亦因“持节诸军事”之名，而置军事僚佐与军将[⑤]。其实，早在安史之乱前，幽州节度使所辖的某些州之刺史已经兼管军事。

按《唐六典》所载，“河北幽州节度使，其统有经略、平卢、静塞、威武、清夷、横海、高阳、唐兴、恒阳、北平十军，安东镇守、渝关守捉、北平守捉三使属焉”[⑥]。“其横海、高阳、唐兴、恒阳、北平等五军，皆本州刺史为使。”小注曰：“其兵各一万人，十月已后募，分为三番教习。五千人置总管一人，以折冲充。一千人置子将一人，以果毅充。五百人置押官一人，别将及镇戍官充。”[⑦] 根据《旧唐书·地理志》的记录，横海军在沧州（今河北沧州市东南）城内，高阳军在易州（今河北易县）城内，唐兴军在莫州（今河北任丘市北鄚州）城内，恒阳军在恒州（今河北正定县）城东，北平军在定州（今河北定州市）城西[⑧]。这些说明幽州节度使下辖的这些州在《六典》修成的唐玄宗开元二十六年（738）之前已经是军政合一的体制。这一体制在安史之乱后，扩散到幽州镇的其他支郡。从上引石经题记来看，涿州永泰军设立于中唐时期，卢龙节度使李载义派自己的弟弟载宁任涿州的军政长官，统支州兵。

---

①《房山石经题记汇编》第3部分《诸经题记（唐）》，第225页。

②《房山石经题记汇编》第2部分《大部经题记（唐至辽）》，第162页。

③《房山石经题记汇编》第2部分《大部经题记（唐至辽）》，第161—163页。

④《旧唐书》卷39《地理志二》，第1517页。

⑤ 严耕望：《唐代府州僚佐考》，严耕望著：《唐史研究丛稿》，香港：新亚研究所，1969年，第164—165页。

⑥《大唐六典》卷5《尚书兵部》，兵部郎中员外郎条，第120页。

⑦《大唐六典》卷5《尚书兵部》，兵部郎中员外郎条，第121页。

⑧《旧唐书》卷38《地理志一》，第1387页。

《旧唐书》本传所记李载义的官衔没有“司空”[1]。但从上引石经题记中的表述，可以推测李载义曾加“司空”之衔。其中的“奉为司空造经”即奉为节度使李载义刻经。据前文所论，在大和二年六月十一日，卢龙镇的牙兵、府僚和载义之弟载宁共同为李载义祝寿而刊刻佛经。

大和二年六月十一日，房山石经《石经寺上宁国经赞并序》曰：

恭闻化物以道，则物无不遂。道人以德则人不安。是以天地交和，每彰虚瑞。为我司空，作镇北门，为国藩屏。征求片善，林薮无遗。狴牢无冤滥之人，麾下多感恩□□。则知为善者，降之百福；为恶者，贻之百映。今有麾下将军宁珍国等，皆久在公门，累转忠节，志怀武略，心好不平，沐司空煦育之恩，感常侍丘山之造。常思碎首，上答生成。今者各申衷恳，用表素诚。愿书此经，藏之岩穴。上愿资国太夫人丘山之寿，福庆无疆，闲安贵心，长作燕田；次颇（愿）保司空龟鹤之岁，禄位日新，长为社稷之臣，永作苍生父母。伏愿我常侍山受海纳，文明威武。居大郡则廉孟不足比其名；训师徒则韩白无以称其德。珎国等皆身居职事，名□军前，各分月俸之资，共写石经之记，而又砻蛎贞石。缮写已终，秘之云峰，安德无述。其词曰：

西方大觉，寔曰圣人。□宣金偈，将道迷津。启发心聋，威扬沙劫。断除六趣，清净三叶。永殃邪见，长归正真。或书贝叶，或写贞珉。寘彼云山，安之严谷。诚为可久，用资百福。司空则长控令燕，常侍则永居岳海。

副将、忠武将军、守左武卫□□[将]军李子晟，副将、忠武[将军]、守龙武卫大卫（将）军李怀清，副将、忠武将、守左武卫大将军李士信，副将、[忠]武将军、守左武卫大[将军]李自勉，副[将]、忠武[将]军、守左武卫大将军□元谏，虞候、忠武将军、守左武卫大将军、守左武卫大、兼南衙通引李珍国，突将、忠武将军、守[左]武卫大将军、兼南衙□引李忠顺，突将、忠武将军、左武卫大将军李□，突将、忠武将军、左武卫因（大）将军李德建，突将、忠[武]将军、守左武卫大将军李平，突将、忠武将军、守左武[卫]大将军李士端，突将、忠武将军、守左武卫大将军李丰才，涿州丞（永）泰兼团练、押牙、忠武将军、守左武卫大将军、试太常卿王宁。[2]

从碑文中司空“作镇北门，为国藩屏”、“司空则长控令燕”可以推知：司空指李载义，常侍指任“检校右散骑常侍”的李载宁。这也说明卢龙镇名义上仍把本镇定位为唐廷北部之“藩屏”。李载宁是载义的弟弟，他帮助载义夺取节度使之位。从以上“沐司空煦育之恩，感常侍丘山之造”以及发愿对象的排序“常侍”紧挨“司空”的表述来看，常侍李载宁的地位很高，仅次于节度使。

由上引《石经寺上宁国经赞并序》可见：倡议在节度使生日造经并撰写赞文的宁珍国等人，乃李载义栽培、提拔的军将，李载义的亲信。他们抽出自己的俸禄资助刻经，采用这种方式向李载义祝寿，表达对载义的祝福和感激。他们所发之愿的排序及内容颇

① 《旧唐书》卷180《李载义传》，第4674—4675页。

② 《房山石经题记汇编》第2部分《大部经题记（唐至辽）》，第162—163页。

有讲究：先祝愿李载义之母“国太夫人”长寿，再愿节度使李载义长寿、官位高升，最后是祝愿常侍载宁的教化之功。

陈寅恪先生根据《新唐书·高骈传》“蜀有突将，分左右二厢”的记载，认定“蜀突将亦犹他镇之牙兵”[①]。王永兴先生受此启发，认为房山石经题记中的幽州突将，即是幽州卢龙节度使下的牙兵。《石经寺上宁国经赞并序》提到幽州突将八例，有七人姓李，正是牙兵“父子世袭、姻党盘互”的表现[②]。

至于“虞候、忠武将军、守左武卫大将军、守左武卫大、兼南衙通引李珍国”，按严耕望先生的观点，节度府置都虞侯，天宝时已见，地位已甚高。安史乱后，节度府都虞侯极常见。职在整军纪、刺奸滑，管治安、军法事。都虞侯为使府最高阶层之职位，地位尊崇[③]。

《上宁国经赞并序》中的题名均是幽州节度使府的军事要职，且几乎是李姓将军，只有最后一位来自涿州的军将姓王。可见，为节度使李载义庆寿、刻经、撰碑的基本都是节度使府的上层将领，题名中的李姓将军多带“突将”之衔，系李载义的牙兵，可能跟李载义结成拟制血亲的义兄弟，意在强化李载义个人的核心势力。这些将军大部分带武散阶“忠武将军”，正四品上[④]，左武卫大将军，正三品[⑤]。“凡任官，阶卑而拟高则曰守”[⑥]。他们大多是以正四品上的散阶“忠武将军”守更高的正三品的“左武卫大将军”。“左武卫大将军”，即中央禁军之号，在这里只表示身份、地位。显然，这些李姓牙兵的品阶都很高。

这次为李载义生辰造经的除了牙兵，还有“涿州丞（永）泰兼团练、押牙、忠武将军、守左武卫大将军、试太常卿王宁”[⑦]。关于试太常卿，试官是“诏除，而非正命”[⑧]。太常寺卿正三品[⑨]，“太常卿之职，掌邦国礼乐、郊庙、社稷之事”[⑩]。毫无疑问，太常卿本为朝廷的礼仪官。王宁本是涿州军将，可能是因临时参与造经刻碑的仪式而“试太常卿”。

《上宁国经赞并序》的题名有利于我们认识卢龙镇节度使府的权力结构。即牙兵和支州官都是节度使的权力基础。

大和三年六月十一日，又是李载义的生日。在这天，李载宁又为“相公庆寿日敬造《大般若石经》贰条”。“相公”即指李载义。

大和四年四月八日佛诞节，还有李载义的下属组织为他刊刻《大般若经》一条。《大

---

① 陈寅恪：《读书札记一集》，《陈寅恪集》，第642页。

② 王永兴：《关于唐代后期方镇官制新史料考释》，王永兴编：《纪念陈寅恪先生百年诞辰学术论文集》，南昌：江西教育出版社，1994年，第275－276页。

③ 严耕望：《唐代方镇使府僚佐考》，《唐史研究丛稿》，第220－223页。

④《大唐六典》卷5《尚书兵部》，兵部郎中员外郎条，第115页。

⑤《大唐六典》卷24《诸卫》，左右武卫条，第442页。

⑥《大唐六典》卷2《尚书吏部》，吏部尚书侍郎条，第26页。

⑦《房山石经题记汇编》第2部分《大部经题记（唐至辽）》，第162－163页。

⑧ [唐]杜佑撰，王文锦等点校：《通典》卷19《职官一》，北京：中华书局，1988年，第472页。

⑨《大唐六典》卷14《太常寺》，太常寺条，第279页。

⑩《大唐六典》卷14《太常寺》，太常寺条，第280页。

般若经赞并序》曰：

经主堂前事亲兵马使、银青光禄大夫、检校光禄卿、兼监察御史、彭城郡王曹宪荣，奉为相公，族胤皇枝，位居台辅，纠罚之功盖代，麟阁之勩已书。彤功司征，镇抚方夏。宪荣之丞奖擢，忝日陪臣，夙夜省躬，何阶上答？敬造《大般若》石经一条，缄之灵山。劫尽尘销，芳名不坠。乃命仔匠刻之经傍。词曰：

雄雄我君，国之台辅。静则用文，时危尚武。翦灭狂冠（寇），清斯海涯。功书麟阁，名押边陲。刊经报效，万福来期。德音孔阳，念兹在兹。

妻田氏，男文庆，文度，僧子。大和四年四月八日建。乡贡进士刘纬述读、兼书匠郑公逸、张光晛刻字。[①]

大和四年“四月丁未，奚寇边，李载义败之”[②]。幽州节度使李载义在奚寇边之时，“以兵击走之，仍虏其名王，就加太保”[③]。据《旧唐书•文宗纪》所载，李载义被杨志诚所逐，失去幽帅之权后，大和五年二月“壬辰，以卢龙军节度使、守太保、同平章事李载义守太保、同中书门下平章事”[④]。所以，“太保”乃李载义击退奚人的侵略后所上之加官。因此，《大般若经赞并序》极力称赞李载义的功绩：“位居台辅，纠罚之功盖代，麟阁之勩已书”，“雄雄我君，国之台辅。静则用文，时危尚武。翦灭狂冠（寇），清斯海涯。功书麟阁，名押边陲。刊经报效，万福来期”。经主曹宪荣“敬造《大般若》石经一条”，让自家的妻儿参与，还让地方文化精英“乡贡进士刘纬述读”，以使李载义的功勋永存。

从上文所论可以看出：李载义任幽州节度使时，下属刻经为其祝寿、颂扬功勋已经蔚然成风。这也说明李载义本人是喜欢佛教的。可以说在他执政时，当地官僚崇尚佛教成风，造经本身也成为官场上的交际手段之一。为李载义刻经，节度使府的官僚，特别是牙兵是主力。

实际上，李载义就是以武力在卢龙镇牙军中发迹的。《旧唐书 • 李载义传》云：“李载义字方谷，常山愍王之后。代以武力称，继为幽州属郡守。载义少孤，与乡曲之不令者游。有勇力，善挽强角觝。刘济为幽州节度使，见而伟之，致于亲军，从征伐。以功迁衙前都知兵马使，检校光禄大夫、兼监察御史。”[⑤]《新唐书 • 李载义传》曰：“刘济在幽州，高其能，引补帐下，从征伐，积多为牙中兵马使。”[⑥] 对比新旧《唐书》本传，李载义最初以勇将之能得以入刘济之“亲军”，“补帐下”，即进入牙军。他后来随刘济“征伐”，立下战功，“以功迁衙前都知兵马使”，即“积多为牙中兵马使”，担任牙军中的要职。可见，李载义跟牙军的渊源极深。李载义在夺取节度使之位的过程中必定充分利用了牙兵。上述石经题记中的牙兵应该是李载义所领牙兵中的核心成员，可能就是这批人支持他的夺帅行动。

①《房山石经题记汇编》第 2 部分《大部经题记（唐至辽）》，第 163－164 页。

② [宋]欧阳修、宋祁：《新唐书》卷 8《文宗纪》，北京：中华书局，1975 年，第 233 页。

③《旧唐书》卷 180《李载义传》，第 4674 页。

④《旧唐书》卷 17 下《文宗纪下》，第 540 页。

⑤《旧唐书》卷 180《李载义传》，第 4674 页。

⑥《新唐书》卷 212《李载义传》，第 5978 页。

王永兴先生将房山石经题记中所记幽州卢龙节度使下的官吏大致分为衙、堂、院、宅四类。“衙”是节度使及部下处理行政事务的场所，应在幽州的牙城内。题记中出现南衙和北衙，是因为卢龙节度本为平卢节度使下的卢龙军，安史乱后，平卢统辖地区部分失陷后，卢龙军成为卢龙节度，由幽州节度使兼。卢龙节度与幽州节度合并，卢龙军亦多移居幽州城。幽州节度和卢龙节度同在幽州城内，但分两个官府。推测幽州节度使府可能设在幽州牙城的南部，可以称为南衙，卢龙节度使府位于幽州牙城之北，可称为北衙。使衙是节度使的治事之处。堂，即使堂，为节度使主持会议的场所，也是宴设的场所。带院字的官吏，系节院中的官吏，院为牙兵居住营地，也可称为牙院，实是军事要地[①]。

堀敏一指出：节度使执政的所在称使衙，牙军就是守卫使衙的军队。所有节度使的兵力都以牙军为中心组成。使宅即后院，为节度使居住地，即私宅，分布着他纠集家僮或亡命徒组成的家兵。使宅兵（后院兵）是与牙兵相对的属于藩帅个人支配的家兵[②]。

据严耕望先生考证，衙前是节度使府之通称。衙内兵马使即都知兵马使，统牙兵。都知兵马使办公的厅事即在衙门，故有“衙前”、“衙内”之名。后院兵系使宅最亲近之卫兵，特置兵马使、都知兵马使以领之[③]。

笔者认为：使衙、使堂即幽州地区行政和军事事务运作的公共空间，“堂前”官都处于权力运作的中枢。牙院也是军事权力运作的公共部门。而使宅则是节度使的私人空间。从地理空间上看，分布在衙、院、堂、宅的官员跟节度使的距离是由远及近，跟节度使个人的关系也大致如此。

在卢龙镇，不仅是牙兵，连支郡的官员也常带“押衙”。胡三省说：“押牙者，尽管节度使牙内之事。”[④] 押衙是亲信之任，亲从、禁卫，有“随使”、“亲从”之称。都押衙是节度使之亲要，故歌功颂德往往由其领衔发动。押衙又常兼内外诸职。内而都虞侯、都孔目、都知兵马使等重职，知客、作坊、财富、仓储亲要职任，皆以押衙兼充。也有兼外知州、县、镇使。授押衙表节度使随从亲信[⑤]。押衙作系衔、兼官十分普遍，晚唐押衙实际已经阶官化了。藩镇内外军将尤其是外职军将、支州刺史带职押衙，具有强调其与藩镇主帅之间统属关系的意义[⑥]。

3.杨志诚时代

杨志诚于唐文宗大和五年至大和八年（831－834）任幽州节度使[⑦]。

《旧唐书·文宗纪》云：唐文宗大和五年（831）春正月“庚申，幽州军乱，逐其帅李载义，立后院副兵马使杨志诚为留后”[⑧]。《旧唐书·杨志诚传》曰：“杨志诚，大和五年为幽州后院副兵马使，事李载义。时朝廷赐载义德政碑文，载义延中使击鞠，志诚亦

① 王永兴：《关于唐后期方镇官制新史料考释》，第267－276页。
② 堀敏一：《藩镇亲卫军的权力结构》，第592、607、612页。
③ 严耕望：《唐代方镇使府僚佐考》，第214、219－220页。
④ [宋]司马光等：《资治通鉴》卷216，唐玄宗天宝六载十二月条，北京：中华书局，1956年，第6887页。
⑤ 严耕望：《唐代方镇使府僚佐考》，第230－233页。
⑥ 张国刚：《唐代藩镇军将职级考略》，《学术月刊》1989年第9期，第75－76页。
⑦ 郁贤皓：《唐刺史考全编》卷116《幽州（范阳郡）》，第1610－1611页。
⑧《旧唐书》卷17下《文宗纪下》，第540页。

与焉，遂于鞠场叫呼谋乱。载义奔于易州，志诚乃为本道马步都知兵马使。”唐文宗采纳牛僧孺关于范阳得失无关国家休戚的言论，对既成事实予以认可，“以志诚为节度观察留后,检校左散骑常侍,兼幽州左司马。寻改检校工部尚书、节度副大使、知节度事”①。《旧唐书》本传称杨志诚任“幽州后院副兵马使，事李载义”,《新唐书》本传说“志诚者，事载义为牙将”②。那么，卢龙镇的后院副兵马使也属于牙将。后院即幽州节度使居住地。按堀敏一先生的观点，杨志诚属于李载义私人的“家兵”。节度使的“家兵”和“牙兵”之间存在对立③。但笔者认为二者在某些情况下，可能没有绝对对立，界限也不是非常明显。如卢龙镇，比较新旧《唐书》之《杨志诚传》,“后院副兵马使”应该就是牙将。陈寅恪先生认为：杨志诚之氏族史传不详，但为胡化之人无疑④。

唐文宗大和五年四月己丑，“以幽州卢龙节度留后杨志诚检校工部尚书，为幽州卢龙节度使”⑤。四月己丑，即四月二十一日⑥。显然，到四月二十一日杨志诚才被朝廷正正式任命为节度使。但房山刻经中，在四月八日就出现了为新主子杨志诚所雕刻的《大佛灌顶经》。额题曰：“《大佛灌顶经》，奉为常侍敬造，送往大石经山，大和五年四月八日建。南衙兵马使、银青光禄大夫、检校殿中侍御、节度押衙、兼知子州事杨志荣。”⑦如上文所论，当年正月，杨志诚已经夺取幽州帅位。所以，杨志荣应是杨志诚近亲，很可能是他的亲兄弟或结义兄弟。

幽州集团易主，迅速反映到佛教活动中。房山刻经对幽州地区权力结构的变迁反映非常灵敏。杨志诚被中央正式任命为节度使之前，石经《大佛灌顶经》就出现“奉为常侍敬造，送往大石经山”的字样，表明当地已经认可杨志诚为最高领袖。杨志诚四月二十一日正式被朝廷任命为节度使时，授予“检校工部尚书”之衔。在这之前，他还是“检校左散骑常侍”。因此，石经四月八日的题记还是“奉为常侍”。《大佛灌顶经》的题名除了众多平民、邑人及一些僧人外，还有“傅兵马使、史兵马使”、“功德主卢栖桐”、“兵马使杨万荣”、“使宅判李庭昌”、“镌字人王公正，造书经人史公直”⑧。这些官吏应该就是杨志诚集团的核心成员和支柱，很可能就是他们支持和协助杨志诚驱逐李载义。

大和六年（832）四月一日刊刻的《佛说随求陀罗尼神咒经》，额题“奉为尚书造《随求陀罗尼经》”，尚书指幽州节度使杨志诚，他在大和六年还是“检校工部尚书”。阳面题名除了平民外，还有“节度押衙、开府仪同三司、行左金吾卫大将军、银青光禄大夫、检校太子詹事、兼监察御史、知子州事杨志荣”、“堂前亲事将、知器仗将杨国昌”⑨。杨志荣带“节度押衙”，表明与节度使的主从关系。杨国昌是“堂前亲事将”，即牙兵，他作为“知器仗将”，应具体负责掌管牙兵的兵器。

---

①《旧唐书》卷180《杨志诚传》，第4675—4676页。

②《新唐书》卷212《杨志诚传》，第5979页。

③ 堀敏一：《藩镇亲卫军的权力结构》，第612页。

④ 陈寅恪：《唐代政治史述论稿》上篇《统治阶级之氏族及其升降》，第225页。

⑤《旧唐书》卷17下《文宗纪下》，第541页。

⑥ 陈垣《二十史朔闰表》，北京：中华书局，1962年，第105页。

⑦《房山石经题记汇编》第3部分《诸经题记（唐）》，第227页。

⑧《房山石经题记汇编》第3部分《诸经题记（唐）》，第227—229页。

⑨《房山石经题记汇编》第3部分《诸经题记（唐）》，第230页。

碑阴除了平民的题名，还有“大和六年四月一日，功德主、器仗散将陈建用敬造，功德主父陈倩，男散将建用，弟亲事散将建昌，弟建荣，弟建忠”，“功德主母李氏”，“随求陀罗尼邑社官、器仗散将陈建用”，“乐营使李升竹”[①]。题名中，“功德主、器仗散将陈建用”与“随求陀罗尼邑社官、器仗散将陈建用”为同一人。陈建用带“器仗散将”之衔，又兼任“随求陀罗尼邑社官”。他参加和组织佛事活动，还捐资给幽州长官杨志诚刻经。在这一系列题名中，陈建用家的人很多，说明陈家跟节度使杨志诚家关系不同一般。

大和七年（833）四月八日，房山石经《佛说七俱肛（胝）佛大心准提陀罗尼经》额题“奉为尚书敬造七俱肛（胝）之经”，“节度押衙、银青光禄大夫、检校太子詹事、使持节州诸军事、兼权莫州刺史、兼监察御史、充本州团练、唐典（兴）军使、知子州事杨志荣”[②]。杨志荣又参与为“尚书”即幽州节度使杨志诚刻经的活动。“唐兴军，在莫州城内，管兵六千人”，[③] 这表明杨志诚派自己的亲兄弟或结义兄弟志荣到支郡莫州任行政兼军事长官，统支州兵。

《七俱肛（胝）佛大心准提陀罗尼经》之额又题“太（大）和七年四月八日，都勾当功德主、器仗散将、云麾将军、守左武卫大将军陈建用”[④]。陈建用的官衔，与大和六年四月一日刊刻的《佛说随求陀罗尼神咒经》相比，增加了“云麾将军”、“守左武卫大将军”，分别是从三品的武散[⑤]和正三品的职事官[⑥]。在这里，左武卫大将军已经只表示阶品。一年后，陈建用的阶品上升。碑文题名中还有陈建用“父陈希倩，母李清净[⑦]，阿姑清净光，男建昌、建荣、建忠”等陈家的人[⑧]。

碑文题名中除了大量僧人和平民俗信徒，还有“乐营使李升竹”。另外还有“副将、忠武将军、守左武卫大将军范晏直”。额题还有“器仗将、堂前亲事、试殿中监杨国昌”。其中，李升竹和杨国昌都参与了大和六年四月一日陈建用组织的为节度使杨志诚造《佛说随求陀罗尼神咒经》的活动。这些官吏应该都是以杨志诚为首的幽州军事集团的核心成员。

《七俱肛（胝）佛大心准提陀罗尼经》之额题还有幽州名寺的高僧：“云居寺大德僧真性，宝刹寺大德僧玄素，宝刹寺律座主僧惟简，花严座主僧常辩，云居寺僧戒然，宝刹寺僧智明，金阁寺道场僧普幽。”[⑨] 这说明杨志诚的权力和地位获得幽州佛教界精英的承认。在佛教十分盛行的幽州地区，节度使的权势得到宗教界名人的认可和舆论支持还是很有必要的。

---

①《房山石经题记汇编》第 3 部分《诸经题记（唐）》，第 231—232 页。

②《房山石经题记汇编》第 3 部分《诸经题记（唐）》，第 233 页。

③《旧唐书》卷 38《地理志一》，第 1387 页。

④《房山石经题记汇编》第 3 部分《诸经题记（唐）》，第 233 页。

⑤《大唐六典》卷 5《尚书兵部》，兵部郎中员外郎条，第 114 页。

⑥《大唐六典》卷 24《诸卫》，左右武卫条，第 442 页。

⑦ 房山石经《佛说随求陀罗尼神咒经》中，陈建用之父为陈倩，母为李氏（《房山石经题记汇编》第 3 部分《诸经题记（唐）》，第 231 页）。

⑧《房山石经题记汇编》第 3 部分《诸经题记（唐）》，第 233 页。

⑨《房山石经题记汇编》第 3 部分《诸经题记（唐）》，第 233 页。

大和七年四月八日造《佛说百佛名经》一卷，额题“奉为尚书敬造《百佛名石经》一条，四月八日建”①。阳面刻“节度押衙、银青光禄大夫、检校太子詹事、使持节莫州诸军事、兼权知莫州刺史、兼监察御史、充本州团练、唐兴军使、知子州事杨志荣，内衙马军将、知宅事孙延昌、张进忠、刘进朝，唐大和癸丑岁（大和七年）夏孟月戊午朔八日乙丑建。宝刹寺座主僧玄素，僧智明。器仗散将陈建用，亲事田中信”，之后是一串杨姓题名②。碑阴有“堂前亲事王顺清，弟士澄、少举，男贞素、公正、公弁”③。碑阴还有很多邑人题名,其中有“衙前兵马使、兼乐营使李升竹”,“北衙判官阳居直”④。

至于“内衙马军将、知宅事孙延昌、张进忠、刘进朝”，从官衔判断，这三人在节度使衙内和节度使的私宅任将。因此，他们应是节度使的牙兵。“亲事田中信”和“衙前兵马使、兼乐营使李升竹”也是牙兵。关于“北衙判官阳居直”，按前引王永兴先生的观点，北衙是卢龙镇的衙门，位于府衙之北，那么，阳居直当为卢龙镇使衙的判官。

以上分析充分说明：节度使府的牙兵和统领支州兵的杨志荣都是杨志诚时代幽帅权力结构的核心成员。

杨志诚于大和七年四月“奉为翁翁婆婆造《父母恩重石经》一条，经主幽州卢龙节度观察处置、押奚契丹两蕃等使、检校工部尚书、兼御史大夫杨志诚”⑤。直到大和七年四月，杨志诚还是“检校工部尚书”。据上文所引陈寅恪先生的观点，杨志诚为胡化之人。但是，正是这样一位节度使，却在幽州良乡县为“翁翁婆婆”刊刻中国人自己撰述的、融入浓厚的儒家理念的佛经——《父母恩重经》。可见中原汉文化对这位节度使的影响。

4. 史元忠时代

史元忠于唐文宗大和八年（834）至唐武宗会昌元年（841）任幽州节度使⑥。

房山石经非常敏感地反映了幽州当地的政局变动。唐文宗大和八年九月辛巳，“幽州节度使杨志诚、监军李怀仵悉为三军所逐，立其部将史元忠为留后”⑦。之后，房山石经再也没有出现关于杨志诚的刻经和题名。当年十二月癸未，“以通王为幽州卢龙节度使，以权勾当幽州兵马史元忠为留后”⑧。大和九年（835）二月甲辰，“以幽州留后史元忠为卢龙节度使”⑨。

两《唐书》都没有为史元忠单独立传。陈寅恪先生认为：史元忠之氏族，史传不详，但为胡化之人无疑。突厥阿史那氏、阿史德氏皆省作史氏，中亚昭武九姓中有史氏，史宪诚本奚族，亦姓史氏，故史元忠殊有源出胡族之嫌疑⑩。尽管如此，史元忠本人非常

①《房山石经题记汇编》第 3 部分《诸经题记（唐）》，第 234 页。

②《房山石经题记汇编》第 3 部分《诸经题记（唐）》，第 235 页。

③《房山石经题记汇编》第 3 部分《诸经题记（唐）》，第 235 页。

④《房山石经题记汇编》第 3 部分《诸经题记（唐）》，第 237 页。

⑤《房山石经题记汇编》第 3 部分《诸经题记（唐）》，第 238 页。

⑥ 郁贤皓：《唐刺史考全编》卷 116《幽州（范阳郡）》，第 1611 页。

⑦《旧唐书》卷 17 下《文宗纪下》，第 555 页。

⑧《旧唐书》卷 17 下《文宗纪下》，第 556 页。

⑨《旧唐书》卷 17 下《文宗纪下》，第 557 页。

⑩ 陈寅恪：《唐代政治史述论稿》上篇《统治阶级之氏族及其升降》，第 225 页。

热衷于佛教活动，别人为他刊刻的佛经也不少。从中可以分析史元忠任节度使时代的佛教状况和权力格局。

史元忠刚任节度使时，拜谒过幽州良乡县云居寺的大德真性。《大唐云居寺故寺主律大德神道碑铭并序》曰："暨大和有九祀，方伯司徒史公之领戎也，常目重山，聆风仰德。乃曰：'昔三藏传经于天竺，六祖弘化于曹溪。方知涿鹿名区，时有异人间出。佛法渐远，吾宗继明。益倾南望之诚，兼陈北巷之敬。'奇香异药，上服名衣。使命往来，难可称计。"[①]"方伯司徒史公"指史元忠。史元忠在大和九年拜访过真性。但他刚任节度使不久就加"司徒"之号，可能是夸饰。

石经《维摩诘经》的题记有："《维摩经》卷第二，开成元年（836）四月八日，史仆射敬造。"《千手千眼观世音陀罗尼经》的题记称："《千手千眼大悲心大悲身大悲心中心陀罗尼神咒》，开成元年四月八日，史仆射敬造。"《佛说随求陀罗尼神咒经》的题记有："开成元年四月八日，史仆射敬造。"[②] 石经《药师琉璃光如来本愿功德经》残石，唐刻，具体年代不详[③]。但从末尾大写的"史仆射"[④] 三字推断，此经可能刻于史元忠任幽州节度使时期。

两《唐书》均不载史元忠何时被授予"仆射"之号。据开成三年（838）四月十三日《周元长墓志铭》所载，"大和九载，□左仆射史公受钺，特署两节度都押衙"[⑤]。"两节度都押衙"应指幽州、卢龙两节度之押衙。"仆射史公受钺"，指史元忠被授予卢龙节度使之职。至少在大和九年（835），史元忠其实已经被授予"仆射"之号。因此，在第二年，开成元年（836）的房山刻经中署为"史仆射"。

开成三年四月一日，石经《佛说护诸童子陀罗尼咒经》额题"奉为仆射造石经一条、并咒"，阳面题"开成三年四月一日蓟县西角邑人信都令华等建造。使摄瀛州刺史、永宁军营田团练等使、银青光禄大夫、检校太子宾客、兼监察御史李行琮，夫人赵氏，第十一男内衙左亲事将、殿□子晟，第十二男堂前亲事兵马使子仪，第十三男堂前亲事兵马使子迁，第十四男长兴，第十五男法宝，第十六男回□，第十七男喜子，第十八男寿□。……瀛州孔目官、宣德郎、试太常寺协律郎、兼摄良乡县丞、赏绯成全密"。然后是蓟县西角大石经邑人（包括僧俗信徒）的题名。碑阴也刻有众多僧俗信徒的题名[⑥]。

其中，"使摄瀛州刺史、永宁军营田团练等使、银青光禄大夫、检校太子宾客、兼监察御史李行琮"系支郡瀛州的军政长官，永宁军可能在瀛州城内或附近。银青光禄大夫是从三品的文散阶，太子宾客是正三品的职事官，但已经演化为阶官。他有三个儿子任牙兵："第十一男内衙左亲事将、殿□子晟，第十二男堂前亲事兵马使子仪，第十三男堂前亲事兵马使子迁。"这说明牙兵跟支郡兵的姻亲关系，再次证明牙兵与支州兵均

---

① [清]董浩等编：《全唐文》卷 757，第 7857 页，北京：中华书局，1983 年；《房山石经题记汇编》第 1 部分《碑和题记（唐至民国）》，第 18 页。

②《房山石经题记汇编》第 3 部分《诸经题记（唐）》，第 238、239 页。

③ 中国佛教协会、中国佛教图书文物馆编：《房山石经（隋唐刻经）》第 2 册，北京：华夏出版社，2000 年，第 520—521 页。

④《房山石经（隋唐刻经）》第 2 册，第 521 页。

⑤ 北京图书馆金石组编：《北京图书馆藏中国历代拓本汇编》第 31 册，郑州：中州古籍出版社，1989 年，第 33 页。

⑥《房山石经题记汇编》第 3 部分《诸经题记（唐）》，第 240—243 页。

为节度使权力的基础。

上引石刻提及成全密任“瀛州孔目官”。据《通鉴》胡注，“诸镇州皆有孔目官，以综理众事，吏职也。言一孔一目，皆所综理也”①。严耕望先生认为：孔目官是节度使亲近之职，军府事无巨细皆掌之，尤以财计出纳为要务，似为判官之属②。成全密的官衔中，宣德郎是正七品下的文散阶。至于“试太常寺协律郎”，太常寺协律郎为正八品③，试官是“诏除，而非正命”④。关于“摄良乡县丞”，房山刻经和云居寺都在良乡县境内，县丞乃其长官县令的副手。这一场刻经活动显示史元忠跟支郡瀛州的关系非常密切。

在史元忠时代，石经中还出现“奉为国界安宁造《大金色陀罗尼经》一卷，四月八日建。使摄瀛州刺史、永宁军营田团练等使、银青光禄大夫、检校太子宾客、兼监察御史李行琮，夫人赵氏”，“男内衙亲事将、殿中监子晟，堂前亲事兵马使子仪，兵马使子迁”⑤。刻经的具体年代不详。这是第二次出现担任支郡瀛州军政长官的李行琮家参与刻经活动。按上文所论，这些题名都是跟节度使史元忠有密切关系之人。李行琮家“奉为国界安宁”而造《大金色陀罗尼经》，明显是为现实的安全问题。

开成三年（838）四月八日，节度掌书记寇公嗣撰《善恭敬经》曰：

幽州卢龙节度副大使、知节度事、观察处置、押奚契丹、经略卢龙军等使、银青光禄大夫、检校尚书右仆射、兼幽州大都督府长史、御史大夫史元忠。仆射四月八日于西山上《佛经铭》一首，卢龙节度判官兼掌书记、殿中侍御史寇公嗣撰。

立教之本，虽无始终。护法之情，贵其坚久。今幽州、卢龙两节度、右仆射杜陵史公心与佛契，化与道侔。盖修宿境之因，遂获今来之果。故能勤奉于国，荣养于亲善，感诸天福流三界。每择上经之日，常从降佛之时，砻翠琰以勒真言，镕玄金以锢石室，总十六部凡一十条。伏愿万寿高堂，镇南山而永固；千春贵作，济□悔而长深。内自一门□□□同沾惠力，普获胜缘□□□。作铭曰：

大圣□□，□□微言。□公护法，法愿长存。刊以贞珉，□□□□。诸法皆经，斯文乃出。幡花翕习，□□□回。风行引去，云动迎来。劫不可坏，山不可□。我福与经，天长地久。

开成三年四月八日建。⑥

可以明确：到开成三年四月八日，史元忠已经带“检校尚书右仆射”之衔。《善恭敬经》称史元忠为“杜陵史公”。考《元和姓纂》，“（史）丹孙均，均子崇，自杜陵受封溧阳侯，遂为郡人。崇裔孙宋乐乡令瓌，瓌九代孙务滋，唐纳言、溧阳子；孙翙，御史大夫。又江州刺史史元道，亦云崇之后也”⑦。“杜陵史公”很可能是史元忠伪托汉族名门。但他既然声称自己出自“杜陵史氏”，至少说明他在文化心理上有认同中原文化的

①《资治通鉴》卷225，唐代宗大历十三年十二月条，第7254页。

② 严耕望：《唐代方镇使府僚佐考》，第201—203页。

③《大唐六典》卷14《太常寺》，太常寺条，第285页。

④《通典》卷19《职官一》，第472页。

⑤《房山石经题记汇编》第3部分《诸经题记（唐）》，第285页。

⑥《房山石经题记汇编》第3部分《诸经题记（唐）》，第240页。

⑦［唐］林宝撰，郁贤皓、陶敏整理，岑仲勉校记，孙望审订：《元和姓纂·附四校记》卷6，北京：中华书局，1994年，第823页。

一面。史元忠以刻经的方式表达护法之情、发愿之举。他“每择上经之日，常从降佛之时，砻翠琰以勒真言，镕玄金以锢石室，总十六部凡一十条”，即选择佛诞日刊刻佛经，在开成三年的佛诞节，史元忠总共刊刻了 16 部、10 条佛经。《善恭敬经》称他“心与佛契，化与道侔。盖修宿境之因，遂获今来之果”，“诸法皆经，斯文乃出”。这些表述说明史元忠不是崇尚南禅宗，而是崇奉通过修行而得道。

开成三年四月八日，房山石经《佛说鬼子母经》额题“奉为仆射造石经一条”[①]。阳面曰：“开成三年四月八日，石幢下社人等敬造。摄监（瀛）州刺史、永宁军营团练等使、银青光禄大夫、检校太子□□、兼监察御史李升竹”，“左亲事将、殿中监子晟，□□□殿军兵马使子仪，男堂前□□□使子千，男长兴、男僧法宝”，“节度衙前兵马使、正议[大夫]、[检]校太子詹事、兼太子宾客杨□□，节度押牙、检校太子宾客、□监察御史杨居直，节度要籍、兼衙前东库、宣德郎、前摄莫州唐兴县令、□绯[万]顺、弟万頔，节度驱使官、兼知衙□□□官、宣德郎、试太常寺奉礼仪郎□□谏李士良。”[②]

这是石幢下社邑的成员为节度使史元忠造经。其中，“摄监（瀛）州刺史、永宁军营团练等使、银青光禄大夫、检校太子□□、兼监察御史李升竹”系支郡瀛州的军政长官，其余的几乎全是牙兵。“左亲事将、殿中监子晟，□□□殿军兵马使子仪，男堂前□□□使子千，男长兴、男僧法宝”，在开成三年四月一日所刻《佛说护诸童子陀罗尼咒经》就已经出现过，他们都是瀛州军政长官李行琮的儿子，任牙兵。同在开成三年，四月一日的刻经所示瀛州军政长官是李行琮，四月八日的刻经却称李升竹为瀛州军政长官。下文到开成四年（839）的刻经中又出现瀛州军政长官李行琮（详见后文）。或许其间出现过人事调整。

《鬼子母经》额题中的“节度衙前兵马使、正议大夫、检校太子詹事、兼太子宾客杨□□”乃节度使府的牙兵。“节度押牙、检校太子宾客、□监察御史杨居直”是使府内的要职。至于“节度要籍、兼衙前东库、宣德郎、前摄莫州唐兴县令、□绯万顺”，要籍为节度衙前之职，节度使之心腹，亲近、重要之职，不详所任。中叶至唐末，幽州皆有[③]。幽州节度使下的要籍官，不仅在使衙内有，在使宅内也有“衙前东库”或许是使衙内储存物资或兵器的仓库。照此分析，万顺是史元忠的亲信。在此之前，他在支州莫州任唐兴县令。李士良“兼知衙□□□官”应该也为节度使衙内的要职。

《鬼子母经》碑阴的题名除了众多平民，还有“堂前使李子仪妻王氏”、“军都坊五戒牛宝泉”[④]。堂前使肯定在节度使府的正堂任职，位处权力运作的中枢。军都坊应是储存或制造兵器的机构。据上文分析，这又是支郡官员与牙兵共同为节度使刻经。

前文述及杨志诚任卢龙节度使时，大和六年（832）四月一日刊刻《佛说随求陀罗尼神咒经》，额题“奉为尚书造《随求陀罗尼经》”，碑阴的题名有“乐营使李升竹”[⑤]。到开成三年（838）史元忠任节度使，又出现“摄监（瀛）州刺史、永宁军营团练等使、

① 《房山石经题记汇编》第 3 部分《诸经题记（唐）》，第 243 页。

② 《房山石经题记汇编》第 3 部分《诸经题记（唐）》，第 243－244 页。

③ 严耕望：《唐代方镇使府僚佐考》，第 203－205 页。

④ 《房山石经题记汇编》第 3 部分《诸经题记（唐）》，第 244 页。

⑤ 《房山石经题记汇编》第 3 部分《诸经题记（唐）》，第 230－232 页。

银青光禄大夫、检校太子□□、兼监察御史李升竹”。这两处“李升竹”当为同一人。这说明虽然节度使换人，但作为卢龙镇的僚属李升竹却依然任职，被委以瀛州军政长官之重任。

开成四年（839）四月八日，石经《佛说太子和休经》额题“奉为司空造经一条。开成四年四月八日建造石经一条。蓟县西角”，阳面题名“瀛州刺史、团练使、兼知永宁军使、银青光禄大夫、监察御史、兼殿中侍御史李行宗，夫人赵氏，女镂子、男子晟、子仪、子千、子兴、僧法宝”，“施主张行敏”[①]。李行宗应跟前文所引刻经中的瀛州军政长官李行琮是同一人。其子子晟、子仪、子千、子兴均为牙兵，僧人法宝也是他的儿子。碑阴题名有“冶坊张太清”[②]。冶坊可能系幽州节度使控制的下属机构。

开成四年四月八日，石经《如来在金棺嘱累清静庄严敬福经》额题“奉为司空造石经一条。刘加顺”，背额题“石经社官李惠日”，然后是诸多社人之名，“副将司徒加顺”，“大唐开成四年四月八日，幽州石幢下石经邑人及诸多施主敬造”[③]。史元忠作为幽州节度使，到开成四年已经加官至正一品的司空[④]。按上文所论，史元忠之前的卢龙节度使在石经中的题记都是“奉为”加“检校衔”的格式。照此推之，这里史元忠可能是“检校司空”。碑的题名除了众多平民，还有“散将段文绍母郭氏”、“散将张儋妻陈氏”、“散将葛俊通”[⑤]。散将可能等同于“散兵马使”，散兵马使是不统兵的[⑥]。

开成四年四月八日，石经《金光明最胜王经》题记有：“功德主内衙马军将、堂前亲事、知宅事史“奉为母造《金光明最胜王经卷第二》。”[⑦]其中“功德主内衙马军将、堂前亲事、知宅事”史某人，可能是史元忠的亲戚或结义的兄弟、义子。他担任“内衙马军将、堂前亲事、知宅事”，显然是既在节度使衙内领骑兵，是牙兵，又负责节度使宅内之事，居于权力运作的核心。史某人兼任节度使府和节度使内宅之职，再次证明幽州节度使的牙兵和使宅兵之间没有绝对的界限，二者也不见得总是对立的。

开成五年（840）四月八日，石经《如来在金棺嘱累清静庄严敬福经》的题名有“知清夷军、营田、团练事、幽州节度押衙、宁（守）妫州刺史、银青光禄大夫、检校太子宾客、兼侍御史史元建，妻邢氏，合供养。开成五年四月八日造”[⑧]。妫州于武周“长安二年（702），移治旧清夷军城。天宝元年（742），改名妫川郡。乾元元年（758），复为妫州”[⑨]。“清夷军，在妫州城内，管兵万人，马三百匹”。[⑩]史元建要么是史元忠的亲兄弟，要么是其结拜兄弟。史元建担任支郡妫州的军政长官，统领当地的兵马。他还带“幽州节度押衙”之职，这是阶官，体现他跟节度使的主从关系。

---

①《房山石经题记汇编》第3部分《诸经题记（唐）》，第246页。

②《房山石经题记汇编》第3部分《诸经题记（唐）》，第248页。

③《房山石经题记汇编》第3部分《诸经题记（唐）》，第249页。

④《大唐六典》卷1《三师·三公·尚书都省》，三公条，第10页。

⑤《房山石经题记汇编》第3部分《诸经题记（唐）》，第249—250页。

⑥ 张国刚：《唐代藩镇军将职级考略》，第74页。

⑦《房山石经题记汇编》第3部分《诸经题记（唐）》，第253页。

⑧《房山石经题记汇编》第3部分《诸经题记（唐）》，第251页。

⑨《旧唐书》卷39《地理志二》，第1519页。

⑩《旧唐书》卷38《地理志一》，第1387页。

开成五年四月八日，石经《萍沙王五愿经》之后的题记刻有《司徒四月八日于西山上佛经铭并序》。《司徒四月八日于西山上佛经铭并序》曰：

卢龙节度判官、知书记、大理司直、兼殿中侍御史寇公嗣撰。

法本无相，教本无言。然则非相法不可存，非言教不可立。故设庙像焉、传经偈焉。斯则大雄方便之门，故难得而量也。今我大司徒、幽卢两师杜陵公宿植德本，玄通道流。天纵惠明，神假精觉。心秉朗炬，所照无道。形□发词锋，所举无错节。悬了有无之证，高超真正之宗。若非百劫勤修，三生无怠，岂能德业显重，材智从横，勋望转高，福禄弥盛者哉？至于岬隐约身，慈俭也；居常不挠，清净也。时和岁丰，极乐也。上简下安，无为也。总梵行而在心，若净土之仰佛。其有僧坊倾圮，真像隳摧，禄俸所资，皃缮如旧。或化居为寺，或历岁修斋，皆所祈禠为人，非邀福在己。诚付嘱之。教主信理化之时，君所重真言，务存圣说。不凭坚久，何以流传？每当诞佛之期，常是藏经之日。遂命刊贞石，凿灵山，凡十一条，共十七部。室排琼板，阖锢金精。坏虽朽而不骞；劫虽坏而无改。

凡作功德，普为生灵三界、十方、六途、九类。上通有顶，傍亘无边。悉获欢康，俱离苦恼。夫福加于众者，众归其福恩。感于时者，时报之恩，自然贵祚。与正法无疆，贵禄与石经齐久。不材被命，敢以直书。其铭曰：

天作灵山，佛留真偈。王板明镌，石堂圣闭。坏也徒朽，劫也徒坏。我庆同存，我法同在。修独胜福，普救群生。上界下界，有情无情，慈航拯渡，苦海澄清。为利既广，获福非轻。降圣之辰，上经有旨。彩驾从容，虹幡逦迤。风引云迎，树仜草靡。感应非他，祯祥在此。成见聚沙，或间印空。但嘉发意，同计为功。今留真教，传示无穷。佛之神通，永祐我公。

起复守佐（左）金吾卫上将军、员外置同正员、幽州卢龙节度副大使、知节度事、观察处置、押奚契丹两蕃、经略卢龙军等使、检校司徒、兼幽州大都督府长史、御史大夫史元忠，师舅怀寂，亲事兵马使史友信。开成五年四月八日建造。①

这是节度使史元忠与怀寂、史友信于开成五年佛诞日造经之后所题铭文，由寇公嗣撰写。

《上佛经铭并序》称“然则非相法不可存，非言教不可立。故设庙像焉、传经偈焉”。这样的表述肯定不是南禅宗的观念。按南宗的理念，设庙像、传经偈的修行方式都是虚妄。因此，史元忠本人肯定不是崇奉南禅宗。

关于《上佛经铭并序》所载“大司徒、幽卢两师杜陵公”，“大司徒”对应最后的题名中史元忠的系衔“检校司徒”。到开成五年，史元忠由“检校司空”迁“检校司徒”。在撰写此碑的开成五年四月八日之前，史元忠已经检校至正一品的司徒②。这里又出现史元忠的郡望“杜陵”。“幽卢两师”指史元忠担任幽州、卢龙两节度使。

《上佛经铭并序》说史元忠的修行“心秉朗炬，所照无道”，表明他重视修心。“若非百劫勤修，三生无怠，岂能德业显重，材智从横，勋望转高，福禄弥盛者哉？”这正

① 《房山石经题记汇编》第3部分《诸经题记（唐）》，第251—252页。

② 《大唐六典》卷1《三师·三公·尚书都省》，三公条，第10页。

是渐修的方式。碑文宣称史元忠通过这种修行而获得德业、才智和高官厚禄。所谓“总梵行而在心，若净土之仰佛”，正是禅宗所重视的观心的修行方式。

《上佛经铭并序》又云：“其有僧坊倾圮，真像隳摧，禄俸所资，兑缮如旧。或化居为寺，或历岁修斋。皆所祈禚为人，非邀福在己。诚付嘱之。”这是赞扬史元忠用自己的俸禄支持佛教功德事业，修葺寺院、佛像，或新建寺院，每年设斋会。史元忠做功德是为大家，而不是为一己之福。

《上佛经铭并序》还称：“教主信理化之时，君所重真言，务存圣说。不凭坚久，何以流传？每当诞佛之期，常是藏经之日。遂命刊贞石，凿灵山，凡十一条，共十七部。室排琼板，阖锢金精。坏虽朽而不骞；劫虽坏而无改。”将经文刻在石板上，能永久保存。这正是史元忠支持刊刻石经的理由。这是史元忠又一次选择佛诞日刻经。这一次，他共刻经“凡十一条，共十七部”。

《上佛经铭并序》的奉为对象及内容也值得注意。“凡作功德，普为生灵三界、十方、六途、九类。上通有顶，傍亘无边。悉获欢康，俱离苦恼。夫福加于众者，众归其福恩。感于时者，时报之恩，自然贵祚。与正法无疆，贵禄与石经齐久。”这表示史元忠做功德为一切有情众生同沾此福，众人感恩于他，思回报，使史家的功名利禄像石经一样长久。铭文也称史元忠之佛教功德“修独胜福，普救群生。上界下界，有情无情，慈航拯渡，苦海澄清。为利既广，获福非轻”。铭文最后说“佛之神通，永祐我公”，还是在于保佑史元忠个人。

这次佛诞日，史元忠刻经的排场很气派：“降圣之辰，上经有旨。彩驾从容，虹幡逦迤。风引云迎，树仡草靡。感应非他，祯祥在此。”这样讲究的豪华排场，表明史元忠对这场佛教活动非常重视，也凸显了这一仪式的表演功能。

在最后的题名中，“起复”说明史元忠遭父丧或母丧，又重新任职。“左金吾卫上将军”可能是“左金吾卫大将军”之误。据《唐六典》所载，左金吾卫大将军是正三品卫官①。这一系衔是员外置同正员。员外官“加同正员者，唯不给职田耳，其禄俸赐与正官同。单言员外者，则俸禄减正官之半”②。至于师舅怀寂，从名号上看似乎是僧人的法号。亲事兵马使史友信是牙兵，还可能跟史元忠是父子或义父子关系。可见，史元忠的家人和亲信当中，也有信奉佛教的。

石经“《卢至长者因缘经》一卷并赞”之后的题记也刻有《司徒四月八日于西山上佛经铭并序》③。《卢至长者因缘经》刊刻的具体年代不详。但从最后的题名史元忠的官衔带“检校司徒”，可以推断在开成五年左右，或开成五年之后。《司徒四月八日于西山上佛经铭并序》云：

> 卢龙节度巡官、宣德郎、试太常寺协律郎周瞳撰。
>
> 法门传教，经文是先。非法则无以救群生，非经则无以示知觉。期之弥劫，非我公其谁？是知佛法委付，大臣必将玄契。我大司徒社（杜）陵公自拥节幽卢，以

① 《大唐六典》卷 25《诸卫府》，左右金吾卫条，第 451 页。

② 《通典》卷 19《职官一》，第 472 页小注。

③ 《房山石经题记汇编》第 3 部分《诸经题记（唐）》，第 287－288 页。

清净为理。天授慈惠，以了达诱。人是以仰之者如鸟归林，赴之者如鱼入海，皆我公之善诱也，皆我公之玄觉也。故知后来之福，由此生之修。今世之因，在前生之力。日大一日，生绿百生。轮轮转转，以劫继劫。所以每岁四月八日竭清俸、采奇石，勒诸经文，并真言幡盖、云引笙歌。凤吟出严，成以风从。指灵山而迳往，佳气笼野，祥云满峰。将此石经藏之岩壁，山神保卫，群灵棒（捧）护。

知我公竭心法门，致敬诸佛，普为遍法界尽虚空，过去未来及此见在一切有情无情，胎卵、湿化、蠢动、金灵四生九类，兼及军州士庶、阖境生灵，普愿同沾福祐。其石经一十条，共计二十八卷，皆我公之所敬，我公之所能，我公之所立也。将冀累劫千生，保兹善法，众圣助护，万人布诚。生生值佛，世世闻经。愿成道果，普争菩提自然。卫我公于万年，安军府于千秋矣。虽则川平谷满，此经长存。人皆虔心，孰不瞻仰？既勒石纪美，敢书其辞云：

巉巉高山，上柱烟碧。公勒经文，藏之峭壁。群灵瞻仰，众圣窟宅。谷变川平，斯文不易。为善既利，为福必从。如水逐风，如云应龙。且久且长，不骞不崩。日来月往，缘流福兴。浩浩山川，茫茫士庶。仰兹丹（舟）楫，同为济渡。无生无灭，何今何古？万劫千秋，我公为主。佛法广大，慈悲是梯。功德既高，山林却仾。经文真言，普济群迷。生生福庆，天地俱齐。

幽州卢龙节度副大使、知节度事、观察处置、押奚契丹两蕃、经略卢龙军等使、银青光禄大夫、检校司徒、兼幽州大都督府长史、御史大夫史元忠。①

这次史元忠在房山镌刻《卢至长者因缘经》，由卢龙节度巡官、宣德郎、试太常寺协律郎周膧为他“勒石纪美，敢书其辞”，撰写《司徒四月八日于西山上佛经铭并序》。

《上佛经铭并序》曰：“法门传教，经文是先。非法则无以救群生，非经则无以示知觉”，铭文又云：“经文真言，普济群迷。”这种表述强调经文在传法和拯救世人过程中的作用，肯定不是南禅宗的理念。

《上佛经铭并序》又称：“我大司徒社（杜）陵公自拥节幽卢，以清净为理。天授慈惠，以了达诱。人是以仰之者如鸟归林，赴之者如鱼入海，皆我公之善诱也，皆我公之玄觉也。”这表明史元忠任幽州卢龙节度使后，大力支持佛教事业，起到了收服人心的作用。

关于《上佛经铭并序》所云“故知后来之福，由此生之修。今世之因，在前生之力。日大一日，生绿百生。轮轮转转，以劫继劫”，这是宣扬佛教的生死轮回、因果报应和修行的观念。

《上佛经铭并序》又载：“每岁四月八日竭清俸、采奇石，勒诸经文，并真言幡盖、云引笙歌。凤吟出严，成以风从。指灵山而迳往，佳气笼野，祥云满峰。”这是说史元忠每年佛诞日都刊刻佛经，还用幡盖、音乐、仪仗队供养，排场很大。

《上佛经铭并序》说“将此石经藏之岩壁，山神保卫，群灵棒（捧）护”，铭文又曰“群灵瞻仰”，即认为传统的民间神灵都护卫石经，有佛教凌驾于民间神之上的意味。

《上佛经铭并序》的发愿文称：“知我公竭心法门，致敬诸佛，普为遍法界尽虚空，

① 《房山石经题记汇编》第3部分《诸经题记（唐）》，第287－288页。

过去未来及此见在一切有情无情、胎卵、湿化、蠢动、金灵四生九类，兼及军州士庶、阖境生灵，普愿同沾福祐。”史元忠供奉佛，先说奉为一切众生都是虚指，其次为本州军民、生灵造福才是跟自身利害直接相关的实指，即史元忠实际上最关心的事情。“卫我公于万年，安军府于千秋矣”，这也是很实际的祈愿，为节度使本人及幽州当地的安宁。发愿文又云：“将冀累劫千生，保兹善法，众圣助护，万人布诚。生生值佛，世世闻经。愿成道果，普争菩提自然。”世世闻经而成道果，也是宣扬经过修行才能成佛，肯定不是南宗禅的表述。

由上文所论可知：史元忠浩浩荡荡的刻经活动必定能在当地僧俗信徒中产生不小的影响，从而积累自己的威信。

房山石经还刊刻义净奉制所译的《药师瑠璃光如来本愿功德经》（唐刻，具体年代不详）。碑上部大写“奉为司徒造《药师经》一条”①，石板底部有题记“节度押衙、摄平州刺史、兼殿中侍御史史元宽造。父再荣”②。那么，史再荣可能是史元忠和史元宽的父亲。

在开成五年四月八日，史再荣刊刻了好几卷《金光明最胜王经》：

> 节度押衙、银青光禄大夫、检校太子宾客、兼监察御史、瀛州刺史、知子城事史再荣，奉为司空造《金光明最胜王经卷第六》。开成五年四月八日建。
>
> 节度押衙、银青光禄大夫、检校太子宾客、兼监察御史、瀛州刺史、知子城事史再荣，为内外亲情造《金光明最胜王经卷第七》。开成五年四月八日建。
>
> 节度押衙、银青光禄大夫、检校太子宾客、兼监察御史、瀛州刺史、知子城事史再荣，为一切亡过愿生西方极乐世界，免离地狱，造《金光明最胜王经卷第八》。开成五年四月八日建。③

张国刚先生认为：支州刺史或所领兵马大将有带藩镇军职的情况，除节度副使、同节度副使等名号外，较普遍的有押衙等称号。其意义在于象征支郡兵马对节度使的依属关系④。史再荣的实职是“瀛州刺史”，作为上州刺史，是从三品⑤。他带“节度押衙”之衔，象征对史元忠的依附关系。史再荣又“知子城事”，子城即节度使府，这标志他跟幽州镇权力中枢及史元忠的亲密关系。

史再荣造《金光明最胜王经》的祈愿内容和顺序值得注意。最先奉为“司空”，即利益集团的核心——节度使史元忠。前引石经题记中，同在开成五年四月八日，史元忠已经“检校司徒”，此处却还在奉为“司空”。或许是因为开成五年四月八日之前，史元忠刚迁检校司徒不久，史再荣在刻经时头脑还未换过来。史再荣发愿再为“内外亲情”，就包含居于权力运作重要职位的、与史元忠有血缘关系或拟制血缘关系的史姓官僚，即整个利益集团；最后是“为一切亡过愿生西方极乐世界、免离地狱”，所发愿的对象就很宽泛了。

---

①《房山石经（隋唐刻经）》第3册，第552页；《房山石经题记汇编》第3部分《诸经题记（唐）》，第281页。

②《房山石经（隋唐刻经）》第3册，第552页；《房山石经题记汇编》第3部分《诸经题记（唐）》，第281页。

③《房山石经题记汇编》第3部分《诸经题记（唐）》，第253页。

④ 张国刚：《唐代藩镇军队的统兵体制》，《晋阳学刊》1991年第3期，第39页。

⑤《大唐六典》卷30《三府·都督·都护·州·县官吏》，上州中州下州条，第521页。

除此之外，史再荣还刊刻了一些佛经，具体年代不详。

石经题记称“敬为大地百姓造《一字咒王经》一条，四月八日建。节度押衙、银青光禄大夫、检校太子宾客、兼监察御史、瀛州刺史、知子城事史再荣建”①。“奉为当家亲情敬造《佛说十二佛名神咒除障灭罪经》一卷，四月八日建。节度押衙、银青光禄大夫、检校太子宾客、兼监察御史、瀛州刺史、知子城事史再荣建。”②“敬为一切亡过众生造《一字陀罗尼经》一条。四月八日建。”“节度押衙、银青光禄大夫、检校太子宾客、兼监察御史、瀛州刺史、知子城事史再荣建。”③

史再荣造经有为广大百姓，也有为“当家亲情”。前文已经证明史家盘踞幽州地域的要职。所以史再荣为自家人造经，也是为了自家的权势刻经。“公”和“私”，怎么分得清？

唐武宗会昌元年（841）四月八日，房山石经《金光明最胜王经序品第一卷》的题记有：“奉为合家平安造《金光明经》。马步副都兵马使、银青光禄大夫、检校太子宾客、使持节平州诸军事、摄平州刺史、兼监察御史、充卢龙留后、兼殿中侍御史史元宽造。宣德郎、试左金吾卫兵曹参军、右差摄瀛州司户参军史弘仁，送经使郭从顺。合家大小平安。会昌元年四月八日造。”④

史元宽任“马步副都兵马使”，系卢龙镇掌兵马的要职，但在这里可能只是史元宽的系衔，他的实际职务是“使持节平州诸军事、摄平州刺史”，即管理幽州节度使的支州平州的军政事务。史弘仁的实职是“摄瀛州司户参军”。瀛州作为上州⑤，司户参军是从七品下⑥，“掌户籍、计帐、道路、逆旅、田畴、六畜、过所、蠲符之事，而剖断人之诉竞。凡男女婚姻之合，必辨其族姓，以举其违。凡井田利害之宜，必止其争讼，以从其顺。凡官人不得于部内请射田地、及造碾硙与人争利”⑦。照此论之，史弘仁掌管支州瀛州的具体民政和财政事务。他带“左金吾卫兵曹参军”，是正八品下的职事官⑧。当然，在这里仍然只表示阶品。

史元宽、史弘仁发愿为“合家平安”而刻《金光明经》，那么，他俩可能都是史元忠的亲戚或结拜的兄弟、义父子。元宽、弘仁均担任支州的要职。《金光明经》的宗旨就是镇护国家和维护现世利益。因此他们说为“合家平安”，即为史家的权益，既有“私”，又有“公”的一面。这再次证明了公私不分。

会昌元年四月八日，房山石经《金光明最胜王经》题记云：“守妫州刺史、充清夷军使、兼御史史元建，会昌元年四月八日造。”“使兼侍御史史元建、守妫州刺史、充清夷军，会昌元年四月八日造。”⑨ 妫州作为上州，其刺史是从三品。妫州人口稀少，在

①《房山石经题记汇编》第3部分《诸经题记（唐）》，第284—285页。

②《房山石经题记汇编》第3部分《诸经题记（唐）》，第285页。

③《房山石经题记汇编》第3部分《诸经题记（唐）》，第286页。

④《房山石经题记汇编》第3部分《诸经题记（唐）》，第252页。

⑤《旧唐书》卷39《地理志二》，第1513页。

⑥《大唐六典》卷30《三府・都督・都护・州・县官吏》，上州中州下州官吏条，第522页。

⑦《大唐六典》卷30《三府・都督・都护・州・县官吏》，第525页。

⑧《大唐六典》卷25《诸卫府》，左右金吾卫条，第452页。

⑨《房山石经题记汇编》第3部分《诸经题记（唐）》，第253页。

天宝盛世，才二千二百六十三户，一万一千五百八十四口，却位居上州，或许是因为军事防御上的重要地位。史元建作为史元忠的亲兄弟或义兄弟，掌管支郡妫州的军政。

从前文的详细论证可知：史家在良乡县造经，对《金光明最胜王经》情有独钟。这部经典叙说金光明忏法之功德，且叙述四天王镇护国家和维护现世利益之信仰。当然，对于史家来讲，刻此经还是为了本集团的现实利益。这可视为《金光明最胜王经》之信仰在实践中的推衍。

会昌元年四月八日，石经《佛说八部佛名经》额题“奉为司徒敬造大石经一条”①。阳面题“幽州蓟县西角开阳坊邑主僧克存、邑人等同建造”，阳面的题名有造经邑人、“邑官信都令华”②。上文已经提及：在开成五年，史元忠已经检校“司徒”。这次是当地邑会为节度使史元忠造经，其中有“邑主僧克存”。这表明幽州地区的僧俗信徒对史元忠的统治的认可。

会昌元年四月八日，《佛说尊上经》题记曰：“幽州节度押衙、银青光禄大夫、检校太子宾客史元迪，奉为使军造上件石经。”③ 节度押衙职位很高，表示隶属于节度使。史元迪可能也是史元忠的亲兄弟或义兄弟。“奉为使军”应指为幽州地区最高长官——节度使史元忠而造经。

石经《阿难七梦经》（具体年代不详）额题“隔城门外两店，奉为司徒造大石经一条，并送斋料米面等”④。很明显，由隔城门外两店提供造经活动的粮食。“司徒”还是指史元忠。阳面的题名除了很多邑人，还有“先锋马军副将张宝玉、妻宛氏、男千晟”，“摄妫州怀戎县尉知府面坊李士准、男方照、兄方诩”，“通真（直）郎、试太常寺奉礼郎王太简”，“佛弟子衙前将、试太常卿王重兴”，“佛弟子马步大将刘友信、妻信都福德藏、男堂前亲事兵马使、银青光禄大夫、检校鸿胪少卿少简”，“佛弟子堂前亲事兵马使刘魏能、男全庆”，“佛弟子步军将、云麾将军、守左金吾衙（卫）、试太常卿成全度”，“佛弟子内衙亲事副将刘士雅”⑤。碑阴的题名除了众多平民，还有“佛弟子节度衙前散虞候高齐云、母张氏”，“内衙将崔少清、妻孙氏、男德建”，“南衙将判官阎仲宽、妻张氏”，“将虞候米从宪、妻李氏”，“衙前散将安万岁、母苏氏”⑥。

其中，“佛弟子衙前将、试太常卿王重兴”，“佛弟子马步大将刘友信、妻信都福德藏、男堂前亲事兵马使、银青光禄大夫、检校鸿胪少卿少简”，“佛弟子堂前亲事兵马使刘魏能、男全庆”，“佛弟子步军将、云麾将军、守左金吾衙（卫）、试太常卿成全度”，“佛弟子内衙亲事副将刘士雅”，“内衙将崔少清”，都是重要的统兵官。在这批将领中，“衙前将”王重兴、“马步大将刘友信”、其子“堂前亲事兵马使”少简、堂前亲事兵马使刘魏能、内衙亲事副将刘士雅、内衙将崔少清，都是牙兵。“节度衙前散虞候高齐云”应是不实际统兵的散官。至于“将虞候米从宪”，虞候职在整军刺奸，藩镇的将虞候是

①《房山石经题记汇编》第3部分《诸经题记（唐）》，第253页。

②《房山石经题记汇编》第3部分《诸经题记（唐）》，第254页。

③《房山石经题记汇编》第3部分《诸经题记（唐）》，第257页。

④《房山石经题记汇编》第3部分《诸经题记（唐）》，第257页。

⑤《房山石经题记汇编》第3部分《诸经题记（唐）》，第257页。

⑥《房山石经题记汇编》第3部分《诸经题记（唐）》，第258—259页。

统兵的[①]。关于“衙前散将安万岁”，散将当即散列将，比照唐代对散兵马使等的规定，散将当不统兵马[②]。

从上文对幽州良乡县刻经活动和题记的详细分析，可以看出身为幽州节度使的史元忠跟一些支州（瀛州、平州、妫州）的紧密关系，其牙兵跟某些支州官吏的“裙带”关系。史元忠的亲戚（无论是血亲还是拟制血亲）盘踞着幽州地域的民政、军事要职。这是保证史元忠对整个辖区的管理和控制的重要手段。这充分显示：唐朝后期的房山刻经活动也是幽州地域权力结构和“裙带”关系的重要象征。

5. 张仲武时代

张仲武于唐武宗会昌元年（841）至唐宣宗大中三年（849）任幽州节度使[③]。

张仲武之父的神道碑《银青光禄大夫太子中允赠工部尚书清河张公神道碑铭》对张氏家族的门风特点是这样描述的：“所谓勋业卓冠，儒史名家。穆然清风，高视群品”，张仲武之父“文章轨范，礼义权舆。挥金满路，载德盈车。清风穆若，善贾沽诸。泳游道德，蕴蓄儒史。力荷千钧，名驰万里”[④]。据《旧唐书•张仲武传》所述，“仲武少业《左氏春秋》，掷笔为蓟北雄武军使”。军吏吴仲舒也说张仲武“兼晓儒书，老于戎事，性抱忠义”[⑤]。虽然张氏家族儒学修养很高，但张仲武也大力支持佛教。

《册府元龟》载：“张仲武为幽州节度。故事，每有新帅，多创招提以邀福利。仲武曰：‘劳人求福，何福之有？’因出己所俸，择吏之清洁者，厚给其家，使市纸于江南远佣。其善书者录其释氏之典，传之于人。因谓其宾客曰：‘此非敢求福贵，助其教化耳。’”[⑥] 这说明仲武之前的历任幽州节度使都有立寺求福的传统。而张仲武选择抄经的方式来做功德、教化民众。

房山石经中也出现很多跟张仲武有关的题记。

会昌二年（842）四月八日，石经《佛说三品弟子经》额题“奉为常侍敬造石经一条”。“奉为常侍”应指为新任节度使张仲武而造。据前文，石经中的“奉为”之后多跟节度使的检校衔，那么刚任节度使的张仲武可能被朝廷授予“检校散骑常侍”。阳面题“大唐会昌二年夏四月八日，幽州石幢下建此经条，永劫供养”[⑦]。碑阴的题名除了众多僧尼、俗信徒，还有“内衙军头贾士美”[⑧]。“内衙军头”可能是节度使衙内领兵之职，属于牙兵。因此，贾士美跟张仲武的关系应当非常亲密。

会昌二年春正月，以张仲武为卢龙节度使。按《旧唐书•张仲武传》所载，朝廷“寻改仲武节度副大使、知节度事、检校工部尚书、幽州大都督府长史、兼御史大夫、兰陵郡王”[⑨]。即仲武被中央正式任命为节度使之后不久，迁“检校工部尚书”。

① 张国刚：《唐代藩镇军将职级考略》，第 76 页。

② 张国刚：《唐代藩镇军将职级考略》，第 75 页。

③ 郁贤皓：《唐刺史考全编》卷 116《幽州（范阳郡）》，第 1612 页。

④《全唐文》卷 788，第 8247 页。

⑤《旧唐书》卷 180，第 4677 页。

⑥ [宋]王钦若等编：《宋本册府元龟》卷 821《总录部•崇释氏》，北京：中华书局，1989 年，第 3044 页。

⑦《房山石经题记汇编》第 3 部分《诸经题记（唐）》，第 259 页。

⑧《房山石经题记汇编》第 3 部分《诸经题记（唐）》，第 260 页。

⑨《旧唐书》卷 180，第 4677 页。

据大中二年（848）幽州节度使掌书记李俭所撰《银青光禄大夫太子中允赠工部尚书清河张公神道碑铭》，张仲武的官衔全称为："幽州卢龙节度副大使、知节度使、两蕃、经略卢龙军、兼充招抚回鹘等使、银青光禄大夫、检校司空、同中书门下平章事、兼幽州大都督府长史、兰陵郡王、食邑三千户。"[①] 至少在大中二年，张仲武已经"检校司空"，还带相衔"同中书门下平章事"。

不仅史元忠有裙带关系，张仲武也同样有。《银青光禄大夫太子中允赠工部尚书清河张公神道碑铭》详细记录了张氏家族的渊源和特点。张仲武之"祖讳烈，为瀛州刺史，封清河伯，遂家于燕"[②]。张仲武的祖父张烈曾任幽州镇支郡瀛州的军政长官。张仲武之父张仁宪"尝仕本州，历居右职。贞元初，敕授银青光禄大夫、太子中允。四年，薨于昌平县之官舍，春秋七十有五。旋窆于文安县之西北安乐乡原"[③]。"薨于昌平县之官舍"，说明张仁宪可能在昌平县任实职，但最终还是葬在莫州文安县[④]。张仲武之母"扶风郡太夫人鲁氏，左厢兵马使、太子詹事福之女。行符箴颂，礼具蘋蘩"[⑤]。张仲武的外公鲁福是"左厢兵马使、太子詹事"，即卢龙镇的重要统兵官。张仲武的二弟"伯氏讳仲斌，蓟州刺史、静塞军营田团练等使、兼侍御史"，三弟"讳仲至，今涿州刺史、永泰军营田团练等使、检校工部尚书、光禄大夫"[⑥]。在重要的支州，张仲武也安排自己的亲兄弟担任军政长官。张仲武的儿子"直方，国子祭酒、兼御史中丞。蓟州有子长曰得辅，国子祭酒、兼侍御史；次曰得平，兼监察御史、审州司马。敬铉，幽都主簿。敬殷，幽州参军。泊长房有子曰沛，早亡。琇兼监察御史。有孙曰惠连，兼殿中侍御史。皆珪璋特达，冠曾相望。丹青克绍于形容，兰菊联芳于英蒂。所谓勋业卓冠"[⑦]。张仲武的儿子、侄子均带有官衔。正所谓"一人得道，鸡犬升天"。

张仲武之父母及他本人都受儒家思想的强烈影响，但仲武也精通军事、崇尚佛教。张仲武任幽州节度使期间，恰好经历了"会昌灭佛"和"宣宗兴佛"。他在这些事件中的态度和举措，详见《唐代幽州地区的佛教与社会》第五章[⑧]。

6. 张允伸时代

张允伸于唐宣宗大中四年（850）至唐懿宗咸通十三年（872）任幽州节度使[⑨]，长达23年。他"大阐释风，远钦道行"[⑩]。这一时代也是唐后期幽州地域佛教活动的鼎盛时期。

张允伸任节度使时在幽州城修葺延寿寺，兴建善化寺，并奏请朝廷赐额。

晚唐河北地区的名僧奖公两次受幽州节度使张允伸之邀，开设坛场。据《魏州故禅

---

①《全唐文》卷788，第8247页。

②《全唐文》卷788，第8246页。

③《全唐文》卷788，第8246页。

④《旧唐书》卷39《地理志二》，第1515页。

⑤《全唐文》卷788，第8246页。

⑥《全唐文》卷788，第8247页。

⑦《全唐文》卷788，第8247页。

⑧ 尤李：《唐代幽州地区的佛教与社会》第5章《安史之乱和会昌灭佛对幽州佛教的影响——以〈大唐云居寺故寺主律大德神道碑铭并序〉为中心》，北京：北京大学博士学位论文，2010年，第120—141页。

⑨ 郁贤皓：《唐刺史考全编》卷116《幽州（范阳郡）》，第1613页。

⑩《盘山上方道宗大师遗行碑》，《全唐文》卷920，第9589页。

大德奖公塔碑》所载，奖公“大中五年，伏遇卢龙军节度使张公奏致（置）坛场。和尚是时，戒相方具。而后大中九年，再遇侍中张公重起戒坛于涿郡。众请和尚以六逾星纪三统讲筵，宣金石之微言，示玉毫之真相。三千大千之世界，靡不瞻依。十一十二之因缘，竟无凝滞”①。前文提及张允伸在大中四年至咸通十三年任幽州节度使，那《奖公塔碑》中的“侍中张公”就是指张允伸。特别是他大中九年（855）请奖公开坛场，还有很多信徒瞻仰。这表明节度使支持佛教、对度僧权的控制。

张允伸及其僚属还多次参与幽州良乡县的石经刊刻活动。

石经《观自在如意轮菩萨瑜伽法要》题记曰：“幽州卢龙节度副大使、知节度事、观察处置、押奚契丹两蕃、经略卢龙军等使、□□□大夫、检校工部尚书、兼幽州大都督府长史、御史大夫、上柱国张允伸。大中六年四月八日敬造。”② 据《旧唐书•张允伸传》所载，“大中四年，戎帅周綝寝疾，表允伸为留后，朝廷可其奏，加右散骑常侍。其年冬，诏赐旌节，迁检校工部尚书”③。在大中四年，张允伸还是留后，带“检校右散骑常侍”。当年冬季，正式被授予节度使旌节时，升至“检校工部尚书”。因此，大中六年的石经题记署张允伸带“检校工部尚书”。

大中七年（853）四月八日，张允伸造《度一切诸佛境界智严经》、《称赞净土佛摄受经》，题名为：“幽州卢龙节度副大使、知节度事、观察处置、押奚契丹两蕃、经略卢龙军等使、银青光禄大夫、检校工部尚书、兼幽州大都督府长史、御史大夫、上柱国张允伸。”④

大中八年（854）四月八日，张允伸刻“《佛说普法义经》一卷、《应法经》一卷”，“《佛说广义法门经》一卷、《尊上经》一卷”。题名“起复幽州卢龙节度副大使、知节度事、观察处置、押奚契丹两蕃、经略卢龙军等使、云麾将军、守左金吾卫大将军、员外置同正员、检校兵部尚书、兼幽州大都督府长史、御史大夫、上柱国张允伸”⑤。在大中八年，张允伸已经迁“检校兵部尚书”。

张允伸在大中九年（855）四月八日造《菩萨修行经》、《金色王经》，题名“起复幽州卢龙节度副大使、知节度事、观察处置、押奚契丹两蕃、经略卢龙军等使、云麾将军、守左金吾卫大将军、员外置同正员、检校兵部尚书、兼幽州大都督府长史、御史大夫、上柱国张允伸”⑥。

大中十年（856）四月八日，张允伸刻《大乘百福庄严相经》、《最无比经》，题名“使起复左金吾卫大将军、检校兵部尚书、兼御史大夫张允伸”⑦。

大中十一年（857）四月八日，张允伸造《佛说内藏百宝经》、《大方等如来藏经》、《出生菩提心经》，题名“幽州卢龙节度副大使、知节度事、观察处置、押奚契丹两蕃、

---

① 公乘亿：《魏州故禅大德奖公塔碑》，[宋]李昉等编：《文苑英华》卷 868，北京：中华书局，1966 年，第 4582 页。
②《房山石经题记汇编》第 3 部分《诸经题记（唐）》，第 264 页。
③《旧唐书》卷 180，第 4679 页。
④《房山石经题记汇编》第 3 部分《诸经题记（唐）》，第 264－265 页。
⑤ 房山石经题记汇编》第 3 部分《诸经题记（唐）》，第 265－266 页。
⑥《房山石经题记汇编》第 3 部分《诸经题记（唐）》，第 266 页。
⑦《房山石经题记汇编》第 3 部分《诸经题记（唐）》，第 266－267 页。

经略卢龙军等使、银青光禄大夫、检校尚书右仆射、兼幽州大都督府长史、御史大夫、上柱国张允伸”[①]。可见，到大中十一年，张允伸已经由“检校兵部尚书”升至“检校尚书右仆射”。

大中十二年（858）四月八日，张允伸刻《希有希有校量功德经》、《文殊师利巡行经》、《缘起圣道经》，题名“幽州卢龙节度副大使、知节度事、观察处置、押奚契丹两蕃、经略卢龙军等使、银青光禄大夫、检校尚书右仆射、兼幽州大都督府长史、御史大夫、上柱国张允伸”[②]。

大中十三年（859）四月八日，额题“奉为仆射敬造《密多心经》壹卷、并《大般若关（经）》”[③]。题记曰：“节度押衙、使持节守檀州刺使（史）□□□□□□□，银青光禄大夫、检校太子宾客、兼御史中丞张允伸[④]，大中十三年四月八日建”[⑤]。之后的题名有：“应随从中丞判官军将等。节度驱使官、宣德郎、试太常寺奉礼郎、充中丞、随身判官李继宗。军将石全亮、卢公亮、王文佐、齐士清、李弘约、何弘寂、高君政、李独信、张建则、彭公庆、张君则、张公佐、张士建。”[⑥]“奉为仆射”，即为节度使张允伸而造经。如上文所论，大中十一年，张允伸已经带“检校尚书右仆射”。有来自支州的檀州刺史带“节度押衙”衔，表明对节度使的隶属关系。最后的随从中丞判官军将的题名中，有“节度驱使官、宣德郎、试太常寺奉礼郎、充中丞、随身判官李继宗”。从“随身”二字推断，他系张允伸身边的亲近僚属。后面的题名只是笼统地称军将。这些人是牙兵还是支州兵并不清楚。但可以肯定：他们跟张允伸的关系至少是密切的。

大中十三年四月八日，张允伸造《佛说师子月佛本生经》一卷、《妙色王因缘经》一卷、《佛说十吉祥经》一卷、《大乘四法经》一卷、《佛说长寿王经》一卷、《金刚三昧本性清净不坏不灭经》一卷。题名曰：“幽州卢龙节度副大使、知节度事、观察处置、押奚契丹两蕃、经略卢龙军等使、银青光禄大夫、检校尚书右仆射、兼幽州大都督府长史、御史大夫、上柱国张允伸。”[⑦]

大中十四年（860）四月八日[⑧]，张允伸刻《佛说普法义经》、《佛说广义法门经》、《佛说瑠璃王经》一卷、《佛说心明经》一卷、《四未曾有法经》一卷，题名“幽州卢龙节度使、检校司空、同中书门下平章事张允伸”[⑨]。大中十四年佛诞日之前，张允伸已经从“检校尚书右仆射”升至“检校司空”，加相衔“同中书门下平章事”。

咸通二年（861）四月八日，房山石经《大般若波罗密多经》的题记有：“幽州卢龙

①《房山石经题记汇编》第3部分《诸经题记（唐）》，第267－268页。

②《房山石经题记汇编》第3部分《诸经题记（唐）》，第268－269页。

③《房山石经题记汇编》第3部分《诸经题记（唐）》，第269页。

④ 当时张允伸已经是幽州节度使，而且所带之衔远远比“银青光禄大夫、检校太子宾客、兼御史中丞”高，因此此处释读为“张允伸”，疑有误。

⑤《房山石经题记汇编》第3部分《诸经题记（唐）》，第269页。

⑥《房山石经题记汇编》第3部分《诸经题记（唐）》，第269页。

⑦《房山石经题记汇编》第3部分《诸经题记（唐）》，第269－270页。

⑧ 大中十四年（860）十一月，始改元咸通（见《资治通鉴》卷250，唐懿宗咸通元年十一月条，第8092页）。

⑨《房山石经题记汇编》第3部分《诸经题记（唐）》，第270－271页。

节度使、检校司空、同中书门下平章事张元（允）伸。”[①]“幽州卢龙节度使、检校司空、同中书门下平章事张允伸，兄御史大夫允行。”[②] 张允伸的兄长也加“御史大夫”之衔。

咸通二年四月八日，张允伸造《佛说相应相可经》、《佛说父母恩难报经》，题名“幽州卢龙节度使、检校司空、同中书门下平章事张允伸”[③]。

咸通三年（862）四月八日，张允伸刻《实相般若波罗蜜经》，题名“幽州卢龙节度副大使、知节度事、观察处置、押奚契丹两蕃、经略卢龙军等使、银青光禄大夫、检校司空、同中书门下平章事、兼幽州大都督府长史、上柱国、清河县开国伯、食邑七百户张允伸。咸通三年岁次壬午四月己亥朔八日丙午敬造”[④]。咸通三年四月八日之前，张允伸又加“清河县开国伯、食邑七百户”。

从上文的详细论述可知：从大中六年张允伸刚任幽州节度使不久，直到咸通三年，他坚持每年“四八”佛诞日亲自到良乡县刊刻石经，从未间断。

咸通年间，杨君亮和王庆宾为张允伸刊刻了不少佛经。

咸通二年四月八日，石经题“奉为相公造《佛说长寿王》及《延年益寿经》条。幽州卢龙节度使、检校司空、同中书门下平章事张允伸，咸通二年四月八日杨君亮镌”[⑤]。咸通三年四月八日，“奉为相公造作《佛形像福报经》及《作佛形像经》条。幽州卢龙两节度、检校司空、同中书门下平章事张允伸，咸通三年四月八日杨君亮镌”[⑥]。咸通三年四月八日，“奉为相公造《佛形像经》及《仙人不食肉经》。幽州卢龙两节度、检校司空、同中书门下平章事张允伸。咸通三年四月八日建造。中军兵马使下突将、勾当中军突将、石作杨君亮”[⑦]。

“奉为相公”应指为张允伸而刻经。按顾炎武《日知录》所说，“前代拜相者，必封公，故称之曰相公”[⑧]。唐代称宰相为“相公”。在咸通二年之前，张允伸已经加“同中书门下平章事”之号，带相衔，因此可以称他为相公。至于《仙人不食肉经》，从经名带“仙人”来看，像道教经典。从“不食肉”来看，系宣扬食物禁欲的经典。穆瑞明（Christine Mollier）先生分析过道教和佛教在食物方面的禁欲及相互影响。穆先生认为：通过对食物的禁欲得到拯救，是中古佛道交融的典范。在这一方面，佛教从经典和仪式上均受道教影响[⑨]。

除了上述例证，在咸通三年的佛诞日，杨君亮还为张允伸镌刻了其他一些经典。“奉为相公造《受岁经》及造《立形像福报经》。幽州卢龙两节度、检校司空、同中书门下

① 《房山石经题记汇编》第 2 部分《大部经题记（唐至辽）》，第 176 页。

② 《房山石经题记汇编》第 2 部分《大部经题记（唐至辽）》，第 176 页。

③ 《房山石经题记汇编》第 3 部分《诸经题记（唐）》，第 274—275 页。

④ 《房山石经题记汇编》第 3 部分《诸经题记（唐）》，第 275 页。

⑤ 《房山石经题记汇编》第 3 部分《诸经题记（唐）》，第 273 页。

⑥ 《房山石经题记汇编》第 3 部分《诸经题记（唐）》，第 273 页。

⑦ 《房山石经题记汇编》第 3 部分《诸经题记（唐）》，第 276 页。

⑧ ［清］顾炎武著，［清］黄汝成集释，栾保群、吕宗力校点：《日知录集释》卷 24，石家庄：花山文艺出版社，1990 年，第 1067 页。

⑨ Christine Mollier, “Les Cuisines de Laozi et du Buddha”, *Cahiers d' Extrême-Asie*, 11, 1999-2000, pp. 45-90.

平章事张允伸。咸通三年四月八日建造。中军突将、勾当石作杨君亮。”[①]“奉为相公造《延年益寿经》、《圣意经》、《浴像功德经》。幽州卢龙两节度、检校司空、同中书门下平章事张元（允）伸。咸通三年四月八日建造。中军突将、勾当石作杨君亮。”[②]

石经中有两处出现杨君亮的官衔：“中军兵马使下突将、勾当中军突将、石作”，“中军突将、勾当石作”。按严耕望先生的观点，都知兵马使似又称中军都知兵马使。中军是府主直辖之部队。他用成德和魏博之例证明中军兵马使、中军都知兵马使之重要性与都知兵马使不异。都知兵马使与中军兵马使有时同时并置，可能因时因地而异[③]。杨君亮任“中军兵马使下突将、勾当中军突将”，应该就是牙兵。在这里，中军兵马使应该就是都知兵马使，统领牙兵，为节度使张允伸直辖的军队。在咸通三年佛诞日，杨君亮亲自“勾当石作”，刊刻了好几部佛经，明确说奉为张允伸。可见，杨君亮跟张允伸的密切关系。

另外，石经题记中还有“奉为相公造作《佛刑（形）像经》一卷、及《普遍知藏般若波罗密多经》一卷”。题记曰：“长史、幽州卢龙节度副大使、知节度事、观察处置、押奚契丹两蕃、经略卢龙军等使、银青光禄大夫、检校司徒、同中书门下平章事、上柱国、清河县开国公、食邑一千五百户张允伸。咸通四年四月八日建造。勾当石作杨君亮、杨秀安刻字。”[④] 到咸通四年四月八日之前，张允伸又加“检校司徒”、“清河县开国公”、“食邑一千五百户”。

下面看咸通二年至咸通四年王庆宾为张允伸所刻的佛经。

石经题“《佛说受岁经》一卷、《佛说中心经》一卷、《贤者五福经》一卷。幽州卢龙节[度]使、检校司空、同中书门下平章事张允伸。咸通二年岁次辛巳四月乙巳朔八日壬子敬造。王庆宾镌字并书”[⑤]。

咸通三年四月八日，张允伸刊刻《药师琉璃光本愿如来经》、《佛顶尊胜陀罗尼经》一卷、《报恩奉瓮经》一卷、《大七宝陀罗尼经》一卷，题名“幽州卢龙节度副大使、知节度事、观察处置、押奚契丹两蕃、经略卢龙军等使、银青光禄大夫、检校司空、同中书门下平章事、兼幽州大都督府长史、上柱国、清河县开国伯、食邑七百户张允伸。咸通三年岁次壬午四月己亥朔八日丙午敬造。王庆宾镌字并书”[⑥]。

咸通四年四月八日，张允伸雕刻《大乘遍照光明藏无字法门经》一卷、《佛说华积陀罗尼神咒经》一卷、《文殊师利问菩提经》一卷、《华聚陀罗尼咒经》一卷、《大方等修多罗王经》一卷、《大乘百福相经》一卷，题记云：“幽州卢龙节度副大使、知节度事、观察处置、押奚契丹两蕃、经略卢龙军等使、银青光禄大夫、检校司徒、同中书门下平章事、兼幽州大都督府长史、上柱国、清河县开国公、食邑一千五百户张允伸。咸通四

①《房山石经题记汇编》第3部分《诸经题记（唐）》，第276页。
②《房山石经题记汇编》第3部分《诸经题记（唐）》，第277页。
③ 严耕望：《唐代方镇使府僚佐考》，第216－217页。
④《房山石经题记汇编》第3部分《诸经题记（唐）》，第279页。
⑤《房山石经题记汇编》第3部分《诸经题记（唐）》，第274－275页。
⑥《房山石经题记汇编》第3部分《诸经题记（唐）》，第275－277页。

年岁次癸未四月癸巳朔八日庚子敬造。王庆宾镌字并书。”①

张允伸的弟弟张允皋在咸通年间也造了好几条石经。

石经题“奉为常侍造《延年益寿经》及作《佛形像经》条。使持节蓟州诸军事、守蓟州刺史、充静塞军营田团练等使、兼蓟檀平三州马步都横巡使、检校右散骑常侍、上柱国、清河县开国男、食邑三百户张允皋，咸通二年四月八日杨君亮镌”②。

《佛说受岁经》及《形像经》各一卷有题记曰：“银青光禄大夫、检校右散骑常侍、使持节守蓟州刺史、蓟州诸军事、充静塞军营田团练等使、兼蓟檀平三州马步都横巡使、兼御史大夫、上柱国、清河县开国男、食邑三百户张允皋。咸通三年四月八日建造。中军突将、勾当石作杨君亮。”③

在咸通四年佛诞日，有“奉为常侍造《浴像功德经》一卷、《文殊师利问字母经》一卷。使持节前守蓟州刺史、静塞军营田团练等使、蓟檀平三州马步都横巡使、涿州诸军事、守涿州刺史、充永泰军营田团练等使、检校左散骑常侍、兼御史大夫、上柱国、清河县开国子、食邑五百户张允皋，咸通四年四月八日建造。勾当石作杨君亮”④。

据《旧唐书•张允伸传》载，咸通十年（869），庞勋叛乱，张允伸“请以弟允皋领兵伐叛，懿宗不允”⑤。按房山石经题记，咸通二年，张允皋已是“使持节蓟州诸军事、守蓟州刺史、充静塞军营田团练等使、兼蓟檀平三州马步都横巡使”，即担任支州蓟州的军政长官。蓟州“南二百里有静塞军，本障塞军，开元十九年（731）更名”⑥。“静塞军，在蓟州城内，管兵万六千人，马五百匹。”⑦ 张允皋“兼蓟檀平三州马步都横巡使”，即掌管三个支郡蓟、檀、平州的骑兵和步兵。这三州均位于卢龙镇的北部边境。显然，张允伸派自己的弟弟出任这一要害职位，担负防御契丹和奚的重任。

至于张允伸主动请缨讨伐庞勋，而唐懿宗不批准，也是有深层原因的。其实，到了咸通十年，唐廷调集了大量蕃族军队征讨庞勋，特别是骁勇善战的沙陀兵扮演了特殊的重要角色，而庞勋在当时已经众叛亲离。从战局上讲，官军战胜庞勋的叛军已经基本成定局⑧。有没有卢龙镇军队的参与，已经不是决定胜负的关键因素。如果卢龙镇军队出本境讨伐叛军，必定牵涉到“出界粮”的问题。清代学者赵翼总结道：在中晚唐时期，“诸方镇各擅土地，赋税足以养军，乃朝廷用之讨叛，则一出本境，即须朝廷给以衣粮，此国力所以困于兵也”⑨。倘若张允皋率领的军队出幽州镇后，不尽心尽力攻击叛军，只是逗挠虚打，并向朝廷大肆索要“出界粮”和赏赐，唐懿宗和中央政府岂不亏大了？而且，这次唐廷平定庞勋之乱，基本没有完全属于自己的军队，严重依赖蕃军。叛乱平

①《房山石经题记汇编》第 3 部分《诸经题记（唐）》，第 278－279 页。

②《房山石经题记汇编》第 3 部分《诸经题记（唐）》，第 274 页。

③《房山石经题记汇编》第 3 部分《诸经题记（唐）》，第 276－277 页。

④《房山石经题记汇编》第 3 部分《诸经题记（唐）》，第 279 页。

⑤《旧唐书》卷 180，第 4679 页。

⑥《新唐书》卷 39《地理志三》，第 1022 页小注。

⑦《旧唐书》卷 38《地理志一》，第 1387 页小注。

⑧ 详细情况见《资治通鉴》卷 251，唐懿宗咸通十年条，第 8138－8149 页。

⑨［清］赵翼著，王树民校证：《廿二史札记校证》（订补本）卷 20，方镇兵出境即仰度支供馈条，北京：中华书局，2001 年，第 430 页。

定之后，朝廷如何封赏才能让这些胡人军将满意，甚至他们会不会恃功要挟皇帝，这一系列棘手的问题已经足够唐懿宗心烦了。如果张允皋出兵参战，到时论功行赏，朝廷还得大大方方地分幽州镇一勺。而当时的国库本已经不充裕。因此，懿宗拒绝张允伸的参战请求可说是经过深思熟虑的慎重决策。此时张允伸已经在军界和政界摸爬滚打多年，经验丰富，想必也是看准了形势，才向皇帝主动请缨、出兵帮助平叛。一方面，这是他向君主和中央政府表演忠诚的绝佳时机；另一方面，正如上文分析，他想借此机会获取实际利益。当然，张允伸的第一个目标实现了。唐懿宗虽然不批准，但张允伸仍然“进助军米五十万石，盐二万石，诏嘉之，赐以锦彩、玉带、金银器等。冬，又加特进，兼侍中”[①]。因此，张允伸的第二个目标可说部分实现了。

从上引题记来看，到咸通三年，张允皋已经被授予“清河县开国男、食邑三百户”。按《唐六典》的规定，“县男，从五品，食邑三百户”[②]。咸通三年，他又加授“银青光禄大夫”、兼宪衔。在咸通四年，张允皋的职务有调动和升迁，从蓟州的军政长官调任另一支州涿州的军政长官：“涿州诸军事、守涿州刺史、充永泰军营田团练等使”。前文已经论证，永泰军很可能设在涿州城内或附近。他从“检校右散骑常侍”转为“检校左散骑常侍”。右散骑常侍属中书省，从三品[③]；左散骑常侍属门下省，也为从三品[④]。张允皋的封爵又进为“清河县开国子、食邑五百户”。照《唐六典》的规定，“县子，正五品，食邑五百户”[⑤]。

在咸通年间，节度使张允伸及其弟张允皋都受到朝廷封赏，升迁迅速。杨君亮作为与张允伸关系密切的牙兵，不仅为张允伸刻经，还为他掌握支州兵权的弟弟造经。这也表明张允皋及其所统领的支郡兵在卢龙镇的重要地位。

咸通十二年（871）四月八日《题名经》末尾的题名除了僧俗信徒，还有“左厢使□□将鲜于□偕”，“子将郭幼雅、弟幼恭、幼莲、幼行”，“亲事石士深”，“前亲事王师贞”，“什将陈宗简”、“□郡衙前虞候陈幽让”[⑥]。

左右厢兵马使本是中央禁军。节度使府在唐玄宗时已有左右厢兵马使。左右厢兵马使亦省厢字，称左右兵马使。右衙当即右厢。左右厢又或分置马军使、步军使等，亦有只分兵种似不分厢者[⑦]。兵马使系领兵大将，藩军分统于各兵马使，若干个兵马使之上又有一都知兵马使。藩军有左右厢军、中军的建制，故有左右厢都知兵马使、中军都知兵马使[⑧]。亲事，即护卫军、牙兵。什将，即十将，军中子将。十将在兵马使之下。十将带兵，整训军队。什或十，除实指十位军将外，又有众、多、杂之义[⑨]。某郡衙前虞候陈幽让可能是某支郡的府衙的统兵官。这些题名中的“左厢使”、“子将”、“亲事”、

① 《旧唐书》卷 180《张允伸传》，第 4679—4680 页。

② 《大唐六典》卷 2《尚书吏部》，司封郎中员外郎条，第 39 页。

③ 《大唐六典》卷 9《中书省》，右散骑常侍条，第 204 页。

④ 《大唐六典》卷 8《门下省》，左散骑常侍条，第 180 页。

⑤ 《大唐六典》卷 2《尚书吏部》，司封郎中员外郎条，第 39 页。

⑥ 《房山石经题记汇编》第 3 部分《诸经题记（唐）》，第 290 页。

⑦ 严耕望：《唐代方镇使府僚佐考》，第 217—219 页。

⑧ 张国刚：《唐代藩镇军将职级考略》，第 74 页。

⑨ 张国刚：《唐代藩镇军将职级考略》，第 75 页。

“什将”、“衙前虞候”均为卢龙镇的军政要员。他们跟平民一起参加佛诞日的刻经和巡礼活动。

在中晚唐时期，各藩镇内部又复分派别，杀帅逐帅如同儿戏。但张允伸任幽州节度使却不同寻常地长达 23 年，稳坐帅位。他任节度使期间“克勤克俭，比岁丰登。边鄙无虞，军民用乂”[①]。张允伸还跟朝廷的关系非常融洽，不断得到中央的封赏，所带职衔直线上升。这一切跟他大力支持当地文化事业（尤其是佛教）以笼络人心是分不开的。从房山石经题记也可看出：张允伸权力的重要基础既有牙兵也有支郡兵。

7. 李可举时代

张允伸卒后，张简会、张公素、李茂勋、李晔在唐懿宗咸通十三年至唐僖宗乾符三年（872－876）短暂地执掌幽州节度使帅印[②]之后，李可举于唐僖宗乾符三年（876）至光启元年（885）任幽州节度使[③]。

李可举“本回鹘阿布思之族也。张仲武破回鹘，可举父茂勋与本部侯王降也。茂勋善骑射，性沉毅，仲武器之。常遣拓边，以功封郡王，赐姓名”[④]。显然，李可举本是回鹘后裔，其父还擅长骑射、打仗。但是，在李可举任节度使期间，仍然有与他关系亲密的牙兵参与良乡县的刻经活动。石经《题名经》题记曰：“乾符四年（877）四月八日，女弟子志孝、李十一娘于三塔前普置义麻饮饭。”其后的题名除了平民，还有“乡贡进士贾庆初、父亲事兵马使师克”、“亲事兵马使李柔进”[⑤]。亲事兵马使贾师克、李柔进都是节度使李可举的牙兵。师克之子庆初还受汉文化教育，参加科举考试，取得“乡贡进士”。这三人当为李可举集团的要员。

8. 李匡威时代

李匡威于唐僖宗光启二年至唐昭宗景福二年（886－893）任幽州节度使[⑥]。李匡威“素称豪爽，屡遇乱离，缮甲燕蓟，有吞四海之志”。他还十分善于带兵打仗[⑦]。李匡威本人胡化色彩非常浓郁。尽管如此，他仍然十分信奉佛教。

唐昭宗景福元年（892），李匡威重新埋葬过幽州城内悯忠寺的舍利。景福年间，左街内殿讲论兼应制大德沙门南叙撰《悯忠寺重藏舍利记》曰：

> 陇西令公大王大庇生灵，巨崇像设，舍己禄俸，造观音阁，横壮妙丽，逾于旧贯。寺僧复严，陈力化导，塑观音像。当景福壬子年佥欲迁舍利于阁内，乃陈辞上渎，请发封壤，上许之。即是年六月，徒侣云萃，各竭其诚，尘壒曜灵，香坌人手。未淹食顷，俄逢巨函，缝印香泥，记镌贞石。繇是撤其盖，发其缄，舍利光芒异香郁烈。寻录状，捧金函诣于东门，上献旌幢，中权后营，皆澡□沐心，通宵瞻礼，重沓亲施。复还本寺，显示城隍。道俗□黄金瓶如黍麦量，内藏一粒仁寿舍利也。

---

① 《旧唐书》卷 180《张允伸传》，第 4680 页。

② 郁贤皓：《唐刺史考全编》卷 116《幽州（范阳郡）》，第 1613－1614 页。

③ 郁贤皓：《唐刺史考全编》卷 116《幽州（范阳郡）》，第 1614 页。

④ 《旧唐书》卷 180《李可举传》，第 4680－4681 页。

⑤ 《房山石经题记汇编》第 3 部分《诸经题记（唐）》，第 272 页。

⑥ 郁贤皓：《唐刺史考全编》卷 116《幽州（范阳郡）》，第 1615 页。

⑦ 《旧唐书》卷 180《李匡威传》，第 4682 页。

二粒在塔□内，又二粒在小金合子内，又九十粒如银粟状，在琉璃瓶内。玉环二，发七综，金铜棺椁异香钗钏等。今又有二粒舍利，光彩甚莹，在银结条琉璃瓶内。即故临坛大德明鉴平昔随身供养，临终授弟子栖忍，今同收函内。矧夫圣日久歿，遗形尚留，为福人天，坚固不坏。幸遇王臣信重，正法兴隆，同于宝坊，载礼金骨。而今而后，何年更逢？匪独人心浇醨，抑亦时侵末法，重閟于此。观音象前，谷变陵摧。犹凭刊石记曰：

大燕城内，地东南隅，有悯忠寺，门临康衢。中有宝阁，横云□虚。阁有巨象，观音圣躯。当象之前，缄于舍利。外石函封，内金函閟。填以异香，杂以珍器。用记岁年，景福壬子。①

“陇西令公大王”指幽州节度使李匡威。他十分崇尚做佛教功德，施舍自己的俸禄在悯忠寺内建起了壮丽的观音阁，立观音像供养。唐昭宗景福壬子，即景福元年。节度使李匡威在这一年想迁藏舍利于观音阁内，但仍然上奏皇帝，征得君王的同意才正式进行。这说明到晚唐时代，卢龙镇虽是割据之藩镇，但它仍然通过佛教与中央保持形式上的联系。

这次重新埋藏舍利的活动，“徒侣云萃，各竭其诚”，说明参与的僧俗信徒很多。这一过程经历了好几个步骤：先挖掘出旧藏的舍利，瞻礼供奉，然后埋藏于悯忠寺内观音像前。迁藏的舍利包括好几类：有隋文帝仁寿年间所藏舍利、其他舍利，故临坛大德明鉴平时随身供养的舍利。这些舍利仍然一并封入函内，即所谓“外石函封，内金函閟。填以异香，杂以珍器”，然后再埋藏。

照《悯忠寺重藏舍利记》所述，李匡威让人发掘以往石函中旧藏的舍利，其“舍利光芒异香郁烈”，“内藏一粒仁寿舍利”。据《法苑珠林》记载，隋文帝仁寿年间向全国分舍利，封入石函，各州建塔供养。许多州的舍利塔都感瑞应，其中幽州藏舍利的石函“如水镜，放光众像”②。南叙所撰碑文想突出隋代的舍利直到晚唐还具有瑞应。

《元一统志》也载：唐昭宗景福初，幽州节度使李匡威在悯忠寺“建崇阁七楹三级，中置大悲观音塑像，发舍利徒瘗于像前。乾宁末，节度使刘仁恭复建是塔”③。

晚唐时期，节度使李匡威在悯忠寺大张旗鼓地迁藏和供养舍利，发动当地僧俗信徒积极参与，其排场虽然比不上唐朝皇室供养法门寺的舍利，但还是会在幽州地方社会产生不小影响。

《悯忠寺重藏舍利记》称“抑亦时侵末法，重閟于此”，说明李匡威葬舍利还是受末法观念的影响。用起塔藏舍利的方式以备末法的到来，在辽朝十分流行。这一做法可能受唐幽州佛教的影响④。

9. 刘仁恭时代

刘仁恭于唐昭宗乾宁元年至昭宣帝天祐四年（894—907）任幽州节度使⑤。他“多

---

①《全唐文》卷920，第9590—9591页。

② [唐]释道世撰，周叔迦、苏晋仁校注：《法苑珠林校注》卷40《舍利篇第三十七》，中华书局，2003年，第1281页。

③《元一统志》卷1《中书省统山东西河北之地》，第24—25页。

④ 详见尤李：《论辽代密教的来源》，《国学研究》第27卷，北京：北京大学出版社，2011年，第224—234页。

⑤ 郁贤皓：《唐刺史考全编》卷116《幽州（范阳郡）》，第1615—1616页。

权数”[①]，“幼多智机，数陈力于军中”，“志大气豪”[②]。刘仁恭不仅军事才能突出，足智多谋，佛教在他的政治生涯中也扮演了关键角色。

刘仁恭在幽州军中刚崭露头角，就“自言尝梦大佛幡出于指端，或云年四十九当领旄节”[③]。幡象征佛、菩萨降魔之威德。很明显，刘仁恭利用佛教祥瑞来隐喻自己将来会掌管幽州镇，为自己造舆论，做政治宣传。

乾宁末，刘仁恭已经成为卢龙节度使，他复建了李匡威在悯忠寺所建之塔[④]。《宋高僧传》记录过刘仁恭任节度使后，支持一位僧人之善举。

> 释亡名，履行尤峻，独居燕城南窑灶间。天祐中，幽蓟不稔，道殍相望。因分卫回，闻车辙中呱呱之声，悯而收归，乃饥民所弃女子也。以求牛乳哺之。当七八岁，引于城中求色帛以衣之。及笄年也，容色艳丽，殆非凡俗，或讥呵者，僧终无渝志。适遇燕帅刘仁恭从禽逐兔，直入僧居窑内。一卒见女子侍僧之侧，遂白帅，刘往亲见，问其故，皆以实对。刘曰：“弟子欲收之，可乎？”僧曰：“诺。”早验无吝意，自扶上马。归府，元真处子也，刘益哀之，不令伍于下位。仍重其僧，谓为果位中人也。别造精舍以处之，刘一旬两往谒焉。其僧疾没，门人入讣，女方独座，闻之哀恸而死焉。刘为僧营塔标志矣。[⑤]

刘仁恭对僧人亡名的善举和持戒非常赞赏，认为这是“果位中人”，所以给予“别造精舍”和没后建塔的礼遇。

入辽之后，刘仁恭家族仍是燕地大族，其家庭成员中不乏佛教徒。刘仁恭之孙刘承嗣在契丹建国之初归附于辽，历任显官，他“因缘私门，崇重释教”[⑥]。他有一位“出家女，幼居香刹，恒护戒珠”[⑦]。“恒护戒珠”乃引用《大庄严论经》中的一个典故：

> 有一比丘，乞食至穿珠师家，立于门外。时珠师正为国王穿摩尼珠，暂把珠放在旁边而入舍取食。一只鹅飞来，吞食其珠。珠师回来不见珠，怀疑比丘偷珠。比丘恐珠师杀鹅取珠，说偈讽之。珠师不听，遂把比丘绑起来，大加棒打，耳眼口鼻尽出血。鹅又来食血。珠师愤怒，打杀鹅。比丘见而懊恼，说偈曰：“菩萨往昔时，舍身以贸鸽，我亦作是意，舍命欲代鹅。我得最胜心，欲全此鹅命，由汝杀鹅故，心愿不满足。”珠师开鹅腹一看，有珠，乃举声号哭，对比丘说：“汝护鹅命不惜于身，使我造此非法事！”比丘知道杀鹅则犯“不杀生戒”，诳语则犯“不妄语戒”，因而默然受打。[⑧]

历来常以此故事为坚守戒律者之喻。另外，刘承嗣之子刘宇杰也有一个女儿出家[⑨]。

---

①《旧唐书》卷180《李可举传》，第4681页。

②［宋］薛居正等：《旧五代史》卷135《刘守光传》，北京：中华书局，1976年，第1799页。

③《旧五代史》卷135《刘守光传》，第1799页。

④《元一统志》卷1《中书省统山东西河北之地》，第24－25页。

⑤《宋高僧传》卷30《唐幽州南瓦窑亡名传》，第745－746页。

⑥《刘承嗣墓志》，向南辑：《辽代石刻文编》，石家庄：河北教育出版社，1995年，第48页。

⑦《刘承嗣墓志》，向南辑：《辽代石刻文编》，石家庄：河北教育出版社，1995年，第49页。

⑧《大庄严论经》卷11，［日］高楠顺次郎等编：《大正新修大藏经》（简称《大正藏》）第4册，东京：大正一切经刊行会，第319－320页。

⑨《刘宇杰墓志》，《辽代石刻文编》，第107页。

二、幽州节度使的兼官

通过房山石经题记，再结合其他记载，我们可以比较完整地理解中晚唐幽州节度使的兼官，从中可以看出卢龙镇与中央的关系。

据《新唐书·契丹传》所述，“故事，以范阳节度为押奚、契丹使”[①]。房山石经题记中的幽州节度使的系衔也几乎都有“押奚、契丹两蕃使”。

按前文所引石经《大般若波罗密多经》的题记，幽州节度使刘济的散阶的迁转顺序是：唐德宗贞元五年（789）四月八日为“特进”，到唐宪宗元和四年（809）四月八日，已经升至从一品的开府仪同三司[②]。在贞元五年四月八日，刘济已经带相衔“同中书门下平章事”。

唐后期，方镇节帅检校京官普遍化。朝廷对方镇节帅姑息，使之检校品秩甚高的京官[③]。

房山石经题记中，称奉为节度使造经，一般的格式是“奉为”加“节度使所带检校衔”。因此，从中可以分析出大部分卢龙节度使检校衔的迁转顺序。

从上文所引石经题记可以看到刘济检校京官的升迁顺序。初步推断：贞元五年二月八日，刘济“检校工部尚书”。贞元五年四月八日，他“检校尚书右仆射”。贞元六年四月八日《大般若波罗密多经》题记却出现刘济检校品位更低的“兵部尚书”。刘济所带的检校官应该是从低到高。因此，贞元六年四月八日《大般若波罗密多经》的日期可能有误。照此推断，刘济应是先从检校工部尚书到检校兵部尚书，然后升检校尚书右仆射。检校兵部尚书是正三品[④]，工部尚书虽然也是正三品[⑤]，但在六部的序列中，按吏、户、礼、兵、刑、工排序[⑥]。因此检校“兵部尚书”比“工部尚书”高。到元和四年四月八日，《大般若波罗密多经》题记和《涿鹿山石经堂记》中出现“检校司徒”。因此，刘济检校京官的顺序可能是：检校工部尚书－检校兵部尚书－检校尚书右仆射－检校司徒。

《旧唐书·李载义传》云：“宝历中，幽师杀朱克融。其子延嗣窃袭父位，不遵朝旨，虐用其人，载义遂杀之，数其罪以闻。敬宗嘉之，拜检校户部尚书、兼御史大夫，封武威郡王，充幽州卢龙等军节度副大使，知节度事。”[⑦]在唐敬宗宝历年间，李载义刚任节度使时，先“检校户部尚书”。

如上文所论，杨志诚在唐文宗大和五年（831）刚夺取幽帅之位时，“检校左散骑常侍”。不久，正式被朝廷任命为节度使，迁“检校工部尚书”。直到大和七年仍如此。大和八年，杨志诚被逐。

按前文所论，至少到唐文宗开成三年（838），史元忠已经“检校尚书右仆射”。开

①《新唐书》卷219《北狄·契丹传》，第6172页。

②《大唐六典》卷2《尚书吏部》，吏部郎中员外郎条，第27页。

③ 王永兴：《关于唐代后期方镇官制新史料考释》，第268－269页。

④《大唐六典》卷5《尚书兵部》，兵部尚书侍郎条，第112页。

⑤《大唐六典》卷6《尚书工部》，工部尚书侍郎条，第156页。

⑥《大唐六典》卷1《三师·三公·尚书都省》，尚书都省条，第12页。

⑦《旧唐书》卷180《李载义传》，第4674页。

成四年四月八日，石经中出现“奉为司空”。那么，此时史元忠可能已经“检校司空”，即检校正一品的京官[①]。在开成五年四月八日之前，史元忠已经检校至正一品的司徒[②]。

据上文，张仲武刚夺取节度使权力时，“检校散骑常侍”。唐武宗会昌二年（842），被朝廷正式任命为节度使时，迁“检校工部尚书”。至少在唐宣宗大中二年（848），他已经“检校司空”。

张允伸刚成为留后时“检校右散骑常侍”，被授予节度使旌节后，迁“检校工部尚书”。他在大中四年（850）冬至大中七年（853）“检校工部尚书”。大中八年（854），迁“检校兵部尚书”。到大中十一年（857），张允伸升至“检校尚书右仆射”，检校从二品的京官[③]。到大中十四年（860）四月八日之前，张允伸已经“检校司空、同中书门下平章事”，即检校正一品的京官，还带标志很高地位的相衔。

《旧唐书》本传称张允伸“咸通九年（868），累加至光禄大夫、检校司徒、兼太傅、同中书门下平章事、燕国公”[④]。从房山刻经来看，咸通四年（863），张允伸已经“检校司徒”，即检校正一品[⑤]的京官。

宋人洪迈总结道：“唐节度使带检校官，其初只左右散骑常侍……后乃转尚书及仆射、司空、司徒，能至此者盖少。僖、昭以降，藩镇盛强，武夫得志，才建节钺，其资级已高，于是复升太保、太傅、太尉，其上惟有太师，故将帅悉称太尉。”[⑥]中晚唐幽州卢龙节度使带检校官，其升迁顺序也大致如此。而且只要卢龙镇节度使任职时间足够长，就能升至检校司空、司徒，完整地经历这一升迁过程。另外，卢龙节度使带检校衔还有一个规律：刚刚夺取藩帅之权，称留后时，常常带检校散骑常侍。正式得到朝廷的旌节和任命后，迁检校某部尚书，然后检校仆射、司空、司徒。

尽管幽州节度使的兼官均是虚衔，但仍然具有重要意义。唐武宗朝宰相李德裕曾经指出：“河朔兵力虽强，不能自立，须藉朝廷官爵威命以安军情。”[⑦]显然，包括卢龙镇在内的河朔三镇节度使都需要依靠中央政府来获取自身的政治合法性。幽州节度使检校京官常出现在佛教刻经题“奉为”之后，这是表达功德事业之动机的核心部分。这些皇帝授予的名号通过公开的佛教活动在公共空间反复宣示，即是传达朝廷的权威符号。这也是唐廷与卢龙镇联系的纽带、中央统治的象征，会对当地民众的心理产生影响。

三、支郡兵的力量

支郡兵的力量是观察唐后期藩镇与支郡之间的关系的切入点之一。对唐后期藩镇内部的支郡兵，学界探讨甚少。大家往往认为牙兵在藩镇起主导作用，而相对来讲，支州兵力量较弱，影响不大。如严耕望先生就认为：藩镇外镇诸军将职，对军政影响较小[⑧]。

---

① 《大唐六典》卷1《三师•三公•尚书都省》，三公条，第10页。

② 《大唐六典》卷1《三师•三公•尚书都省》，三公条，第10页。

③ 《大唐六典》卷1《三师•三公•尚书都省》，尚书都省条，第13页。

④ 《旧唐书》卷180，第4679页。

⑤ 《大唐六典》卷1《三师•三公•尚书都省》，三公条，第10页。

⑥ [宋]洪迈著：《容斋三笔》卷7，节度使称太尉条，上海：上海古籍出版社，1996年，第498页。

⑦ 《资治通鉴》卷248，唐武宗会昌四年条，第8010页。

⑧ 严耕望：《唐代方镇使府僚佐考》，第211页。

此说大致不误。夏炎从总体上讨论唐后期藩镇与州的关系，认为在这一时代，藩镇与其所辖的州为上下级行政关系，藩镇参与到对支州的各种行政事务的管控、对州级官员的选任及监察等工作中①。张达志从整体上谈及唐后期藩镇与州刺史拥有军权，分统藩镇兵和支州军，二者互相制衡②。但是具体到幽州镇，情况又有一定的特殊性。实际上，卢龙镇支郡兵的实力和作用都不容小觑。尽管在形式上，卢龙镇与其所辖的支州为“中央”与“地方”之间的关系，但在实际运作中，上下关系却并不简单。

据《旧唐书·地理志》所载，“范阳节度使，临制奚、契丹，统经略、威武、清夷、静塞、恒阳、北平、高阳、唐兴、横海等九军”③。小注曰：“经略军，在幽州城内，管军三万人，马五千四百匹。威武军，在檀州城内，管兵万人，马三百匹。清夷军，在妫州城内，管兵万人，马三百匹。静塞军，在蓟州城内，管兵万六千人，马五百匹。恒阳军，在恒州城东，管兵三千五百人。北平军，在定州城西，管兵六千人。高阳军，在易州城内，管兵六千人。唐兴军，在莫州城内，管兵六千人。横海军，在沧州城内，管兵六千人。”④ 王永兴先生曾根据不同的文献考证过幽州节度使所领州及辖军。但王先生讨论的幽州节度使所辖的支郡兵不出《旧志》的范畴⑤。另外，通过上文对房山石经题记的分析，可以补充：涿州城内或附近设永泰军，瀛州城内或附近置永宁军。

支州的长官或其他官吏常常参与良乡县的刻经活动。他们还经常和牙兵一道为节度使造经。这跟支郡兵在卢龙镇的能量和地位很有关系。

前文已经论证过卢龙镇的支州长官兼管民政和军事。实际上，在幽州镇，支州长官不但兼管军政，同时还具有监察权。上文所引房山石经题记中的支郡长官，有几位还带“兼监察御史”，如杨志荣、李行琮、史再荣、史元宽等。这已经暗示这些支州的长官集当地的行政、监察和军权于一身。据《莫州唐兴军都虞候兼押衙试鸿胪卿郑府君玉墓石》所述，郑玉通过正规的选官制度入仕，从文职官员做起。“时岁俭，人饥多盗，世乱思理，须得其人，遂屈充唐兴军左虞候，以屏盗贼，擒奸摘状，抚弱遏强，井邑肃然。论功授秩，累有拜迁，官至鸿胪卿，职竟都虞候，自一主局，向三十年。闾里怀其仁，乡党服其义。犬不野吠，衣锦昼行。……众称才用无穷”⑥。前文已经论及唐兴军在莫州城内，统兵马，郑玉作为唐兴军的左虞候，在地方治安、刑法和监察方面发挥了重要作用。这已经说明唐兴军这一机构不仅统当地兵马，还兼管当地的监察。这也暗示莫州刺史兼领唐兴军，就是集行政、军事和监察权于一身。卢龙镇的其他支郡很可能也是类似的情况。那么，支州存在成为“独立王国”的条件。

上文分析房山石经题记，显示牙兵跟支郡官吏之间的姻亲关系。郑玉先在支郡莫州任职，然后“又拜牙门将，内外瞻瞩”⑦。牙门将可能在节度使衙内带兵，那郑玉是从

---

① 夏炎：《唐代州级官府与地域社会》第9章《藩镇与州的关系》，天津：天津古籍出版社，2010年，第256—299页。

② 张达志：《唐代后期藩镇与州之关系研究》第2章《藩镇与州之军力强弱》，北京：中国社会科学出版社，2011年，第103—132页。

③《旧唐书》卷38《地理志一》，第1387页。

④《旧唐书》卷38《地理志一》，第1387页。

⑤ 王永兴：《唐代经营西北研究》，兰州大学出版社，2010年，第353—359页。

⑥《全唐文》卷993，第10294页。

⑦《全唐文》卷993，第10294页。

“地方”支郡官升至“中央”幽州节度使府的牙兵。这再次证明卢龙镇内部牙兵跟支州的密切关系。

卢龙节度使常派自己的近亲到支州任长官，还可以补充以下例证：

如幽州节度使刘济就派自己的弟弟、儿子担任支州瀛州的刺史。刘澭，“济之异母弟也”，他拥立刘济当上节度使，“济常感澭奉己，澭为瀛州刺史”[①]。刘济之次子刘总也担任过瀛州刺史[②]。

《旧唐书·刘澭传》又载：“济常感澭奉己，澭为瀛州刺史，亦许以澭代己任。其后济乃以其子为副大使。澭既怒济，遂请以所部西捍陇塞，拔其所部兵一千五百人、男女万余口直趋京师，在道无一人犯令者”[③]。刘澭“拔其所部兵一千五百人”，应是他作为瀛州刺史所率领的军队。这再次证明瀛州刺史既管民政、又统兵。“在道无一人犯令者”，表明刘澭的军队训练有素。这一事例充分说明刘澭这支“地方”势力已经坐大。

前辈学者早就指出牙兵在藩镇杀帅逐帅如儿戏，对藩镇最高统治者的变动有决定性作用。但是，具体到唐朝后期的卢龙镇，牙兵和支郡兵在这一问题上都起过重要作用。在唐后期，通过牙兵夺取卢龙节度使之位的有李载义、杨志诚和李全忠。通过支郡兵成功夺取帅位的也有好几例。

如张仲武本为“蓟北雄武军使。会昌初，陈行泰杀节度使史元忠，权主留后。俄而行泰又为次将张绛所杀，令三军上表，请降符节。时仲武遣军吏吴仲舒表请以本军伐叛”。张仲武在当朝宰相李德裕的支持下，成为幽州节度使[④]。毫无疑问，张仲武所统领的雄武军是他重要的政治资本。雄武军本是安禄山声称为防御契丹和奚所建，在幽州城北。《安禄山事迹》曰：唐玄宗天宝十载（751），“（禄山）日增骄恣。尝以曩时不拜肃宗之嫌，虑玄宗年高，国中事变，遂包藏祸心，将生逆节。乃于范阳筑雄武城，外示御寇，内贮兵器，养同罗及降奚、契丹曳落河（小注：蕃人谓健儿为曳落河。）八千余人为假子，及家童教弓矢者百余人，以推恩信，厚其所给，皆感恩竭诚，一以当百。又畜单于、护真大马习战斗者数万匹，牛羊五万余头”[⑤]。《旧唐书·安禄山传》也载：“禄山阴有逆谋，于范阳北筑雄武城，外示御寇，内贮兵器，积谷为保守之计，战马万五千匹，牛羊称是。”[⑥] 显然，安禄山亲自统领的腹心部队就驻扎在幽州城北面的雄武城[⑦]。到了中

①《旧唐书》卷143《刘澭传》，第3901页。

②《旧唐书》卷143《刘总传》，第3902页。

③《旧唐书》卷143《刘澭传》，第3901页。

④《旧唐书》卷180《张仲武传》，第4677页。

⑤［唐］姚汝能撰，曾贻芬点校：《安禄山事迹》卷上，北京：中华书局，2006年，第82－83页。

⑥《旧唐书》卷200上《安禄山传》，第5369页。

⑦ 据宿白先生考证，安禄山开始筑雄武城，唐末五代称武州，入辽后改为归化州，即今河北宣化（《宣化考古三题——宣化古建筑·宣化城沿革·下八里辽墓群》，《文物》1998年第1期，第49－50页）。其他研究有张建设《唐代雄武军考》（《历史地理》第12辑，上海：上海人民出版社，1995年，第208－211页）、程存洁《唐代城市史研究初篇》（北京：中华书局，2002年，第173－174页）。李鸿宾先生利用传世文献与新刊布的河北宣化唐墓中雄武军信息比对，认为雄武军城当在幽州之西北的妫州界内（今河北宣化）。他还推测：最早建立的是雄武城，其位置即在幽州城之东北蓟州的广汉川，后来雄武城扩大为雄武军，驻地自蓟州东北处迁往幽州西北之妫州境，即今河北张家口宣化界内。其位置之所以转变，可能是由“城”到“军”的扩张决定的（《唐幽州雄武军（城）位置再考》，《唐研究》第16卷，北京：北京大学出版社，2010年，第249－260页）。

唐时期，张仲武夺幽帅之位时，“拔自雄武，授之蓟门”[①]，即充分倚靠了雄武军。幽州节度使下属的雄武军既有抵御“两蕃”入侵的作用，同时也会成为威胁节度使地位的力量。前文已经详细论述：张仲武当上节度使后，又安排自己的亲兄弟担任重要支州的军政长官。

《旧唐书·张公素传》曰：“张公素，范阳人。咸通中，为幽州军校，事张允伸，累迁至平州刺史。允伸卒，子简会权主留后事，公素领本郡兵赴焉。三军素畏公素威望，简会知力不能制，即时出奔，遂立为帅。朝廷寻授旌节，累加至中书门下平章事。”[②] 张公素任“平州刺史”，能在张允伸死后，“领本郡兵”赴幽州，这充分说明平州刺史兼管民事和军事，平州兵力量强大，足以左右幽州地区的乾坤。

李茂勋也是依靠自己所统领的支州兵发动政变，夺取幽帅之位。“李可举，本回鹘阿布思之族也。张仲武破回鹘，可举父茂勋与本部侯王降焉。茂勋善骑射，性沉毅，仲武器之。常遣拓边，以功封郡王，赐姓名。咸通末，纳军降使陈贡言者，幽之宿将，人所信服。茂勋密谋劫而杀之，声云贡言举兵。张公素以兵逆击不利，公素走，茂勋入城，军民方知其非贡言也。既有其众，遂推而立之，朝廷即降符节。”[③]

张公素率领的平州兵是为防御骁勇善战的两蕃，李茂勋率领的支州军队也是防边的，因此二者统领的兵马都非常有实力，所以才能凭此夺取幽帅之位。

幽州节度使李匡威使刘仁恭将兵，“戍蔚州，逾期未代，士皆怨。会匡筹夺地，故戍卒拥仁恭赴幽州，匡筹逆战，败之，遂以族奔太原”[④]。其中的匡筹即李匡筹，为李匡威之弟。刘仁恭统兵“戍蔚州”，属支州兵、边防军。这支军队到幽州竟然能打败镇守幽州的李匡筹之兵，说明刘仁恭所统的支州兵兵力很强。

后晋的史臣评论道：“彼幽州者，列九围之一，地方千里而遥，其民刚强，厥田沃壤。远则慕田光、荆卿之义，近则染禄山、思明之风。二百余年，自相崇树，虽朝廷有时命帅，而土人多务逐君。习苦忘非，尾大不掉，非一朝一夕之故也。”[⑤] 唐廷对兵强马壮的卢龙镇鞭长莫及，其势力“尾大不掉”。实际上，在卢龙镇内部，也同样存在某些支郡兵力量太强，不易驾驭的问题。换言之，幽州节度使同样面临“内轻外重”的难题。支州长官兼管民政、军政和监察，缺乏制约机制，存在独立割据的条件。而且卢龙镇地处边疆，十分需要仰仗支郡兵以防备外患。这样，卢龙节度使就不可能毫无顾忌地推行“强干弱枝”之策。如何有效控制下辖的支郡，也是令幽州节度使非常挠头的问题。所以，不难理解好些幽州节度使常派自己的家人或亲信统领支州兵马。除了让支郡军政长官多带“押衙”衔，表示与节度使的主从关系外，节度使及牙兵还经常跟支州军政长官共同参加佛教仪式，以达到互相交流、联络感情和凝聚本利益集团的目的。

---

① [唐]李德裕著，傅璇琮、周建国校笺：《李德裕文集校笺》卷2《幽州纪圣功碑铭》，石家庄：河北教育出版社，2000年，第11页。

②《旧唐书》卷180《张公素传》，第4680页。

③《旧唐书》卷180《李可举传》，第4680—4681页。

④《新唐书》卷212《刘仁恭传》，第5986页。

⑤《旧唐书》卷180，第4683页。

四、卢龙镇佛教活动的经济基础

中晚唐时期，卢龙镇能频繁举行佛事活动，离不开当地雄厚的经济实力。

安史之乱后，直到晚唐，河北地区仍具有雄厚的物质和军事基础。正如杜牧所说："夫河北者，俗俭风浑，淫巧不生，朴毅坚强，果于战耕。……加以土息健马，便于驰敌，是以出则胜，处则饶，不窥天下之产，自可封殖，亦犹大农之家，不待珠玑，然后以为富也。天下无河北则不可，河北既虏，则精甲、锐卒、利刀、良弓、健马无有也。"① 据《太平广记》所载，在张直方生活的时代，约唐武宗至僖宗时期②，燕地"地沃兵庶，朝廷每姑息之"③。虽然《广记》是小说，但它所依托和描述的社会背景应当是真实的。

按日本学者日野开三郎先生的意见，唐、五代留州、留使的财政数额仅限制在必要的限度，大概是不够供养部曲等的预算的，故藩帅们要用各种各样的方法去获得额外的私下收入：（1）两税等的额外加征；（2）名目外收敛；（3）私置监征（商税征收的场务）；（4）利贷；（5）质店经营；（6）营商；（7）由承包场务获取剩余利润；（8）影庇；（9）没收财产；（10）请托纳贿；（11）私产的利息；（12）其他④。张国刚先生也认为：中晚唐藩镇的财政收入，除了两税、营田之外，还有各种杂税及经商收入。藩镇的财政支出主要包括上供、供军、进奉和赏军⑤。李锦绣先生也提出：在中晚唐，道州有两税收入，还有各种名目繁多的其他收入。除西北边州，唐后期绝大多数（尤以江淮为主）均收大于支，每年财政结余数量可观。节帅、刺史对地方财政有很大的调节支用权。节度使的俸禄远远多于中央定数⑥。河朔藩镇常常户口、赋税不上供，自擅赋税、盐利。中央很难从河北得到尺寸布帛之赋税。藩镇割据、对抗中央实际上有强大的经济基础。唐后期中央与藩镇的战争是财政战争⑦。金钱固然是战争之母，但金钱也是佛教发展和繁荣的助推器。

唐宪宗元和五年（810）六月癸巳，"应给食实封例，节度使兼宰相，每食实封百户，岁给八百端匹，若是绢，加给绵六百两；节度使不兼宰相，每百户给四百端匹"⑧。如上文所论，唐后期的好些幽州节度使兼宰相衔，所以他们能得到朝廷非常丰厚的食实封和岁赐。

唐穆宗长庆元年（821），幽州节度使刘总请归朝，献马万五千匹。唐懿宗咸通十年（869），庞勋叛乱时，幽州节度使张允伸"进助军米五十万石，盐二万石，诏嘉之"⑨。这反映中晚唐时期，幽州地区的粮食、食盐和马匹非常丰富，节度使控制的财源丰厚。

① ［唐］杜牧：《樊川文集》卷5《战论》，吴在庆撰：《杜牧集系年校注》，北京：中华书局，2008年，第649页。

②《旧唐书》卷180《张仲武传·附子直方》，第4679页。

③ ［宋］李昉等编：《太平广记》卷455《张直方》，北京：中华书局，1961年，第3713页。

④ ［日］日野开三郎：《五代史概说》，《日野开三郎东洋史学论集（二）》，东京：三一书房，1980年，第210－214，258－263页。

⑤ 张国刚：《唐代藩镇研究》第11章《唐代藩镇财政收入与分配》，第207－221页。

⑥《地方收支》，李锦绣：《唐代财政史稿》第5册，北京：社会科学文献出版社，2007年，第406－445页。

⑦《藩镇割据》，《唐代财政史稿》第5册，第580－584页。

⑧《旧唐书》卷14《宪宗纪上》，第431页。

⑨《旧唐书》卷180《张允伸传》，第4679页。

卢龙镇这两次进奉数量都很庞大，这肯定是留够了本地的军费、赏军钱等各种开支的前提下，拨出一部分物资用以进奉。

更引人注目的是：卢龙镇最后两任节度使刘仁恭、刘守光父子的财产相当可观。

唐昭宗时，刘仁恭任幽州节度使。“天子播迁，中原多故，仁恭啸傲蓟门，志意盈满”，在幽州之西的大安山上“盛饰馆宇，僭拟宫掖，聚室女艳妇，穷极侈丽。……又以墐泥作钱,令部内行使,尽敛铜钱于大安山巅，凿穴以藏之，藏毕即杀匠石以灭其口[①]，“后人皆莫知其处”[②]。《旧五代史·明宗纪》曰：“幽州衙将潘杲上言，知故使刘仁恭于大安山藏钱之所，枢密院差人监往发之，竟无所得。”[③] 后唐朝廷对刘仁恭所藏之钱垂涎三尺，像寻宝一样搜寻，说明这笔宝藏数量肯定不小。据《辽史•食货志》所述，“圣宗凿大安山，取刘守光所藏钱，散诸五计司，兼铸太平钱，新旧互用。由是国家之钱，演迤域中”[④]。这里应为刘仁恭所藏钱。这笔钱数目不菲，竟然可以支援辽五京计司，对辽朝的货币流通产生重要影响，最终为辽朝造福。由此可见刘氏家族富可敌国的经济实力。

另外，刘仁恭还垄断卢龙镇的茶利。刘仁恭“又禁江表茶商，自撷山中草叶为茶，以邀厚利”[⑤]。这暗示河北北部地区对茶叶需求量大，所以才会有为利而往的外地茶商在这一带活动。8 世纪中叶，饮茶似乎已经从南方传到北方寺院[⑥]。唐文宗、武宗时入唐的日本僧人圆仁，在通往五台山巡礼的道路上，经过淄青、魏博、成德辖境，入寺院住宿，都是用茶招待他及随行僧人[⑦]。这说明至少到 9 世纪，河北地区的佛寺中，饮茶十分盛行。

在中晚唐时期，盘山的禅师道宗在修行时用“柏茶半斤，稻米数斗”[⑧]。房山石经《般若波罗密多心经碣赞并序》曰：“五州兄弟共结经会，实施饭□□、设茶茗供养圣贤。伏愿□□不朽□□。”[⑨] 虽然这一石碑的具体年代不清楚，但幽州地域的佛事活动用茶供养是肯定的。

在唐代，僧人在寺庙修行需要茶，俗信徒供养施舍茶十分普遍。茶在寺院生活、宗教仪式中占有重要地位。如僧人“过午不食”，需要用茶解渴充饥；僧人禅定沉思需要茶来提神、保持警觉；茶作为日常饮品；茶可以作药物，有医疗功效；茶还可以用于供养佛教神灵，招待客人；僧人作茶诗，唐代文人的诗文中常把茶和僧人形象联系起来；唐诗记录很多僧人之间赠送茶叶的事例，茶作为僧侣和文化精英之间交换的礼物也很普

---

① 《旧五代史》卷 135《刘守光传》，第 1802 页。

② [宋]欧阳修撰、徐无党注：《新五代史》卷 39《刘守光传》，北京：中华书局，1974 年，第 424 页。

③ 《旧五代史》卷 43《明宗纪》，第 593 页。

④ [元]脱脱等：《辽史》卷 60《食货志下》，北京：中华书局，1974 年，第 931 页。

⑤ 《旧五代史》卷 135《刘守光传》，第 1802 页。

⑥ John Kieschnick, “Accidents and Incidentals”, *The Impact of Buddhism on Chinese Material Culture*, Princeton and Oxford: Princeton University Press, 2003, p. 269.

⑦ 《入唐求法巡礼行记校注》卷 1、卷 2，第 1－257 页。

⑧ 知宗：《盘山上方道宗大师遗行碑》，《全唐文》卷 920，第 9589 页。

⑨ 《房山石经题记汇编》第 3 部分《诸经题记（唐）》，第 216 页。

遍；茶还作为僧侣的货币使用；寺院之茶作为贡品；帝王供养、奖赏佛僧也用茶[①]。蜡面茶有香气、解毒，作为贡品。唐代皇帝赐珍贵的茶给大臣，茶是人们之间互相馈赠的贵重礼品。唐人诗文集中常茶、药并提。茶和汤药在唐代朝廷、官府、民间各个阶层的日常生活中均占有重要地位[②]。僧人有独特的饮茶仪节。寺院中不仅日常生活吃茶，还在特定的节日组织茶会[③]。幽州地区佛教盛行，至少寺院僧人和俗信徒对茶的需求很大。因此，在卢龙镇，光是佛教事业方面，茶叶的市场需求就十分可观。所以，刘仁恭阻止外来茶商在当地活动，自制茶叶，肯定能牟取暴利。

刘仁恭之子刘守光据有卢龙镇后，欲称帝。他认为可以凭借的经济资本之一就是他自己所称道的“我大燕地方二千里……东有鱼盐之饶，北有塞马之利”[④]。可见幽州地区的经济条件即便在安禄山叛乱之后，还是非常优越的。

我们可以根据刘仁恭家族的财力大致推测中晚唐五代其他卢龙节度使的经济状况。他们的经济实力可能与刘氏家族差不多。因此，即便在安史之乱后，幽州的佛教也不缺富裕的施主支持和供养。

按敦煌文书 S.529 背面《诸山圣迹志》所记，后唐时期，一名僧人游历河北地区，曾这样描述当地的情况：“大凡河北道六节廿四州，南北二千里，东[西]一千里，北是外界，屡犯他（？）骑，西背崇山，东临海溟。桑麻暎日，柳槐交阴，原野膏腴，关闹好邑。”[⑤] 这名僧人游历到幽州，这样描述幽州城：“南行三百里至幽州，管九州七县，[城]周围五十里。大寺一十八所，禅院五十余所，僧尼一万余人，并有常住，四事丰盈。负论知识，担经并州（？）。大底（抵）民风凶旱（悍），诸处俗尚贞惠（？），人多勇烈。封墙沃壤，平广膏腴，地产绫罗，偏丰梨栗。”[⑥] 这段记载充分说明：在晚唐五代战乱时期，幽州地区的经济还是非常富庶的。这也为幽州佛教持续繁荣提供了重要基础。

---

① John Kieschnick, “Accidents and Incidentals”, *The Impact of Buddhism on Chinese Material Culture*, pp. 266-275.

② 刘淑芬：《唐、宋世俗社会生活中的茶与汤药》，原载《燕京学报》新第 16 期，2004 年，此据刘淑芬著《中古的佛教与社会》，第 332—340 页。

③ 刘淑芬：《唐、宋寺院中的茶与汤药》，原载《燕京学报》新第 19 期，此据刘淑芬著《中古的佛教与社会》，第 373—393 页。

④《旧五代史》卷 135《刘守光传》，第 1804 页。

⑤ 图录见中国社会科学院历史研究所、英国图书馆等编《英藏敦煌文献》第 2 卷，成都：四川人民出版社，1990 年，第 11—13 页；录文见郑炳林《诸山圣迹志 S. 529 号》，《敦煌地理文书汇辑校注》，兰州：甘肃教育出版社，1989 年，第 266—275 页；郝春文编著《英藏敦煌社会历史文献释录》第 3 卷，北京：社会科学文献出版社，2003 年，第 45—77 页。S. 529 背面，向达先生拟题《失名行记》（《伦敦所藏敦煌卷子经眼目录》，向达著：《唐代长安与西域文明》，北京：生活•读书•新知三联书店，1957 年，第 200 页），王重民先生拟题《诸山圣迹志》（《敦煌遗书总目索引》二《斯坦因劫经录》，北京：中华书局，1983 年，第 120 页）。郑炳林先生根据五代十国的政治形势、各地地名、行政建置的变化，断定《诸山圣迹志》反映的是后唐庄宗至明宗十余年的情况（见《论〈诸山圣迹志〉的成书年代》，《中国历史地理论丛》1989 年第 1 期，第 143—150 页；《关于〈诸山圣迹志〉的撰写年代》，郑炳林主编：《敦煌吐鲁番文献研究》，兰州：兰州大学出版社，1995 年，第 289—296 页）。郑先生还认为：S. 529 背面就是其正面《归文牒》中所称的“和尚”在接到归文牒后开始游历，所以，此游僧同光二年（924）左右开始游历（《敦煌文书斯 373 号李存勖唐玄奘诗证误》，《敦煌吐鲁番文献研究》，第 304 页）。本文征引本卷文书主要参照郝春文先生的录文，同时对照《英藏敦煌文献》的图录和郑炳林先生的录文。

⑥ 郝春文编著：《英藏敦煌社会历史文献释录》第 3 卷，第 49—50 页。

五、结 语

中晚唐卢龙镇的佛教活动（尤其是房山石经题记）对于我们理解幽州区域性政治实体的社会文化、权力基础及其特殊的政治生态至关重要。

在幽州这样一个深受佛教影响的胡汉杂糅的社会，节度使所代表的地方利益集团对房山石经等佛教事业大力支持。不仅节度使及其使府官僚积极参与佛教活动，连监军也参加刻经。还有某些高僧直接参与为节度使造经的活动。在这一过程中，当地的官僚、文士、僧人和民众达成协作。

美国的柯嘉豪先生认为，佛教事业捐赠人的心理是很复杂的。除了佛教虔诚外，还有把自己的名字刻在石碑上，在地方寺院展示的考虑。这是一种获得声望的方式。家族能建立和保留自己的声誉。因为捐助佛寺能满足多种需求，从社会责任到家族友爱，和对死亡的恐惧。几乎无人质疑关于功德的信条。因为捐赠得到的奖赏是马上能看到的[①]。从这种解释，我们也能理解幽州地方官僚对佛教功德事业的热忱及动因。

在唐后期，幽州地域内部及周边政治形势复杂。因而卢龙节度使迫切需要平衡内部的文武、僧俗、蕃汉各方势力，协调与中央及其他藩镇的关系，巩固自身的统治基础。因此，借助佛教活动来营造祥和的社会氛围，无疑是一项高明的政治策略，是扩大和夯实统治根基之必要政治手段。从前文所论可以看到：在支持佛教事业方面，无论是汉人节度使还是已经胡化的节度使，在这一点上并没有本质区别。种族的差异并没有对宗教文化的选择产生任何实质性的障碍。

从佛教题名可以看出卢龙节度使的兼官和官衔之升迁过程。这是中央政府与幽州镇的统治关系的象征。在卢龙镇，牙兵对权力更替起重要作用。但支郡长官掌握行政、军事、监察权，又与节度使或牙兵有“裙带”关系，支州的兵马在当地权力变动中影响也很大。他们也常常参加刻经活动，或者与牙兵一起为节度使造经。这是强化内部政治结构、凝聚幽州军事集团的重要途径。

以往好些学者都注意到：中晚唐时代，房山石经中几乎没有信徒发愿为皇帝或朝廷造经，而是很多信徒奉为当地藩帅刻经，并以此来验证安史乱后河北北部地区对中央的离心倾向，幽州地区浓厚的地域主义观念[②]。这种分析很有道理。但是从本文的详细论证来看，很多幽州节度使的重要僚属或支郡官吏经常奉为节度使刻经，最根本还是因为他们已经结成了一个个具有姻亲关系或拟制血缘关系的利益集团。这些官员跟节度使有“唇亡齿寒”的利害关系。相比较而言，皇帝、朝廷的情况跟他们的切身利益确实无关痛痒。因此也可以理解幽州当地刻经的发愿文很少为名义上高高在上的、遥远的君主和国家，而是多奉为跟自身利益关系最近的节度使，或与之关系亲密的、位高权重的当地官僚。幽州军事集团的核心成员常常参加刻经这样的佛事活动，通过这种反复的表演仪式，来塑造节度使的领袖形象，将这类价值观赋予主持者和参与者，从而凝聚和强化内

---

① John Kieschnick,“Merit”, *The Impact of Buddhism on Chinese Material Culture*, pp.198－199.

② 如刘琴丽就提出：盛唐以来，幽州军将开始为当地节度使刻经祈福、祝寿。天宝以后，幽州军人在观念认同上已经远离朝廷，更多地与地方政府发生联系，反映了强烈的地域主义观念（见《唐代幽州军人与佛教——以〈房山石经题记汇编〉为中心》，第30页）。

部认同。

安史之乱后，幽州藩帅和社会各阶层对佛教的大力支持和供养，离不开当地优越的经济条件。卢龙镇经济发达，节度使财力雄厚。这为佛学研究的延续和佛教事业的持续繁荣提供了必要的物质基础。

陈寅恪先生提出，安史之乱后，河北藩镇为独立之团体，“其政治、军事、财政等与长安中央政府实际上无隶属之关系，其民间社会亦未深受汉族文化之影响”。河北社会通常情态是尚攻战而不崇文教，社会全是胡化。长安天子与河北镇将为对立不同之二集团首领。这是两独立敌视之团体，而此二团体之统治阶级，其种族文化亦不相同①。综合本文的分析和论述，陈寅恪先生的这一观点确有必要重新探讨。

尽管唐后期的卢龙镇带有明显的胡化特征，但当地强势的佛教文化仍然影响到各阶层、各族群。汉文化因子仍然在当地宗教活动和政治生态中扮演着重要角色。原本为防止契丹和奚族入侵而培植起来的幽州军事集团成为推动当地佛教事业发展的中坚力量。中晚唐卢龙镇的佛教也被后来契丹人建立的辽朝所继承，并对辽朝的精神文化及政治文化的塑造产生重大影响。

在幽州这样一个佛教色彩浓郁的蕃汉杂糅的社会，汉化与胡化两种文化倾向也并非完全水火不相容。以佛教为代表的汉文化与胡人的文化并行不悖。这是一种独特的多元文化共生、互动和交融的社会。

在中晚唐时代，幽州镇与唐中央政府虽属于不同之集团，二者之间存在隔阂和争斗，但不是绝对的对立和敌视。它们之间也有妥协、合作。卢龙节度使仍奉唐廷为“正朔”，接受其官号、封赐，本镇的合法性和权威性仍需得到中央政府的认可。而朝廷则承认幽州镇相对独立的政治地位和实际利益。

本文从佛教与社会的层面出发，将唐后期的卢龙镇作为一个区域性政治实体进行剖析，拓展了对藩镇内部社会情态、政治格局与权力运作机制的研究。相信这对于增进对8—13世纪华北北部地区的社会文化、权力结构等的深入理解，具有积极意义。

（尤李，女，1981年生，历史学博士，北京市海淀区圆明园管理处馆员。北京：100084）

① 陈寅恪：《唐代政治史述论稿》上篇《统治阶级之氏族及其升降》，第209—212页。

也谈"诈马宴"

——兼议汉语中外来语译名词义的演变

陈得芝

内容提要：本文旨在进一步说明韩儒林先生所论元代宫廷大宴"只孙宴"俗称"诈马宴"的"诈马"一词来自波斯语 جامه（jāmah 衣服）实属确切不易。蒙元制度，仅获赐只孙服（一色衣，又称纳石失衣<波斯语 جامهای نسيج Jāmahā-yi nasīj）者才有与宴资格，对其所乘马匹装饰则并无规定。元后期文士见闻预宴贵族大臣所乘众多马匹装饰华丽，排列举行国宴的金帐外，蔚为壮观，遂将译语"诈马"（又作"奓马"）误解为装饰华丽的马。古汉文历史文献中将译语汉字转为汉语意义理解者不少，此又一例。

30多年前，韩儒林先生发表《诈马宴新探》（《历史研究》1981年第1期），引述了元后期文臣周伯琦（1298—1369）《诈马行》诗序中对上都例行御前盛宴的详细叙述："国家之制，乘舆北幸上京，岁以六月吉日，命宿卫大臣及近侍，服所赐只孙珠翠金宝衣冠腰带，盛饰名马，清晨自城外各持彩仗，列队驰入禁中，于是上盛服御殿临观，乃大张宴为乐……诸坊奏大乐，陈百戏，如是者凡三日而罢。其佩服日一易……名之曰只孙宴。只孙，华言一色衣也，俗呼为诈马筵。"周伯琦此诗作于后至元六年（1340），他没有直接说明这个"俗称"的来由，但序中的"盛饰名马"和诗中的"白鹅海水生鹰猎，红药山岗诈马朝"自然令人理解为指的就是盛装的马。元末明初人王袆（洪武初纂修《元史》的总裁之一）所作《上京大宴诗序》则解释说："预宴者必同冠服，异鞍马，穷极华丽，振耀仪采而后就列，世因称曰奓马宴，又曰只孙宴。奓马者，俗言其马饰之矜衒也。"这是当时人对此"俗称"的唯一解释。王袆于至正七年至十年滞留大都，但未曾到上都亲睹诈马宴盛况（自言因身份低微无缘预此盛宴），他对"奓马"的解释无疑得自他人。同时人叶子奇《草木子》则说，参与诈马宴的"诸王贵戚子弟竞以衣马华侈相尚"。叶子奇于元末居乡里（浙江龙泉），其记元廷事实均系访闻所得。元代后期确有多位文人所作描述诈马宴的诗文，将预宴者所乘骑装饰华贵的马与御赐的"只孙服"联缀起来，以此为大元宫廷宴飨的两个要素，从中很容易得出像王袆那样的解释。韩先生认为这只是望文生义的理解，并没有讲清"诈马"一词的来历，而清朝乾隆皇帝妄解"诈马为蒙古旧俗，今汉语所谓跑等者也"，又谓诈马实为"咱马"之误，"蒙古语谓掌食之人为咱马，盖呈马戏之后，则洽筵以赐食耳"，全是凭空胡说（蒙古语掌食人为"宝儿赤"），甚至不顾明确无疑的元人记载，武断地说"只孙"指"马之毛色"，故先生批评他"总之离不开那个'马'字"。钱大昕遵从乾隆御意，"奉和"其《塞宴四事》诗，盛赞他所谓的"诈马"比赛盛况。日本权威蒙古史学者箭内亘对此词也无从得解，乃采乾隆之说以为即指赛马。可见乾隆之谬说影响甚大。韩先生认为，“诈马”一名其实是波斯语词جامه（jāmah，衣服，长袍，外衣等义）的音译，因为凡出席蒙元宫廷大宴的诸王、贵戚、大臣及诸色人等都必须穿着御赐的同色“质孙宴服”（蒙语 jisün，意为颜色，质孙或译只孙），宴期三日，每日换一色，故称“质孙宴”。元代文献中常称质孙宴服为“纳石失（或译纳失失、纳赤思）衣”，纳石失是波斯语نسیج（nasīj）的音译，即织金锦缎，元代设有多处“纳石失局”，役使工匠织造，是质孙宴服的主要材料。韩先生引用术外尼《世界征服者史》的记载，说明成吉思汗西征前，仓库中就储藏有大量西域输入的纳石失；《史集》记载窝阔台汗赏赐臣民极为慷慨，有一次下令让投诉穷苦的印度妇人到国库自取衣装，于是被取走了大量纳石失衣（波斯原文جامهای نسیج Jāmahā-yi nasīj）。《元史·太宗本纪》载，六年（1234）夏大会诸王百官宣谕条令，其中一条为“诸妇人制质孙燕服不如法者”论罪，可证当时蒙古统治者曾役使妇女制造甚多质孙宴服即纳石失衣。“只孙”（一色衣）、“诈马”（金锦珠饰长袍）均指参加国宴者按规定必须穿着的御赐宴服，所以同被用为这种国宴的名称。

韩先生文章发表后，许多学者引用其说，也有提出不同意见者。主要异说是 1989 年《内蒙古社会科学》发表的蒙古语言历史学家纳古单夫的《蒙古诈马宴之新释——对韩儒林师“诈马”研究的补充》，认为“诈马”应为蒙古语 juma 的音译，系指去毛和内脏的整畜，是一种分食整牛整羊盛宴的传统名词。近年来在内蒙古地区这一说法似已约定俗成，而且这种仪式的“诈马宴”已作为蒙古族传统节庆盛宴通过了相关部门的评定，并推广成为一项旅游活动节目。尽管如此，关于“诈马”一名的含义，学界仍继续在讨论。提出与韩先生不同解释的还有 2005 年《历史研究》上发表的李军教授所作《诈马考》。此文主要依据是元末人郑泳《半轩集》中的《诈马赋》对出席诈马宴人员所乘名马华贵装饰的详细描写，特别是其中的“皆乘诈马入宴”一句。李文还引用多位元朝后期文臣描述诈马宴的诗文为旁证，断言“诈马”指的无疑就是出席国宴者所乘盛装的马匹；“诈”在当时俗语中有体面或漂亮之义（此见张相著《诗词曲语辞汇释》页 589），又引申为矜夸，在此词中用以形容马之豪华装饰并以为矜夸，与“马”字结合成偏正结构词。结论是“质孙宴”系以预宴者所着衣袍得名，“诈马宴”则是以他们所乘装饰华贵之马得名，并引叶子奇所说的预宴者“竞以衣马华侈相高”为证。2008 年王颋教授在《欧亚学研究》上发表《元代只孙服与诈马筵新考》，提供了几乎所有可以检索到的元朝人的有关此两词的诗文，并分别作了综合描述，资料堪称周备。他引用了韩先生文章的结论，而没有就李军之说进行讨论，但在此文提要中说：“就质孙、诈马词义而言，尽管都与衣、服相关，却由入席者的马也须精心装饰，其被附会为奓马之义，也可说是事出有因”。虽然作者没有就其提出的“附会”说做出具体说明，但却不失为一种新见解。本文试图就此“附会”说做进一步说明，或能助成其说。

我曾阅读过元代后期多位扈从皇帝到上都并住过一段时间的文臣所作描述诈马宴的诗文，其中确有不少对预宴者所乘马匹装饰的描写（如今用电脑来检索资料甚便，上举王颋文中已具引，此不赘），把乘盛装名马赴宴作为此宫廷大宴的重要标志，不过并不认为此类描述足以动摇“诈马”为波斯语译名之说。读到《郑氏义门奕叶集》中郑泳《半轩集》的《诈马赋》，其“乘诈马”一语的确也引起对“诈马”为波斯语说的些许疑问。郑泳是与脱脱有密切关系的浦江郑氏义门一员（身份似为脱脱"家臣"），忠心随侍多年，有多篇赞颂脱脱（尊称道济公）并为其鸣冤的诗文，足见甚受亲信，无疑曾亲见诈马宴盛况，其记述不容忽视。然而反复阅读后，觉得此赋尽管描写马之盛饰着墨甚多，但实质内容与其他文士所作同题诗文并无二致，如韩先生文所引周伯琦的诗序，贡师泰《上京大宴和樊时中侍御》诗中的"平沙班诈马，别殿燕棱毛"等，都是着力铺叙其所见预宴者乘骑赴宴的盛装马匹。此类诗文都不足以作为推翻"诈马"系波斯语"[纳石失]衣"（即质孙宴服）音译之说的确证。蒙元宫廷大宴属于国制，质孙宴服是预宴者依制必须穿着的，而未见有对所乘马匹的规定。

王祎对"奓马"的解释，的确反映了当时许多人对质孙宴"俗呼为诈马筵"的理解。不过"奓"字多音，其读音同"诈"者意为"开"，并无漂亮、俊俏等义；其音义同"侈"或"奢"者有夸大、奢侈之义，或可用于形容马饰之华丽，但音义都不能和"诈马"画等号，这种情况就允许推论为他种语言的音译。还有更早的袁桷《装马曲》，也是浓墨重彩地描写宫廷大宴之豪华（包括衣装、马饰、礼仪、饮食、歌舞等）。于是就有装马、诈马、奓马三个名称，这是需要作解释的，但李文无有。"诈马宴"一名在元后期诗文中的确比正式名称"质孙（只孙）宴"更普遍使用，成为习称。在历代汉文文献中，有很多非汉语译名被广泛使用，渐成习称，并融入汉语，在这过程中词义也相应发生某些变异。汉人在吸收非汉语词汇并成为习惯用语时，往往会将译名的汉字附会成汉语的意义。例如，从梵文音译过来的"三昧"（samādhi），本意为心念平静专注，进入安定状态，意译为正定、寂定等义。"三"在此译名中并非数字，文士们虽知"三昧"本义，却在诗文中将它与数目字词组联缀、对偶以彰显文采，如谓"金刚三昧为法界之皈依，玉毫六通作人天之瞻仰"；"四壁竹三昧，六窗灯九华"等类。此词被道教借用，"三"成数词，释为元精、元神、元气函藏修炼而成的所谓"三昧真火"（《封神演义》："精、气、神炼就三昧真火，从眼、口、鼻中喷将出来"）。还有将"三昧"全按汉语使用，说成三种"昧"，如宋人曾慥《道枢·玄轴篇》说："夫人离朴为华，物诱于外，五欲六蔽以疵其洁，无以见于天元，则必濯其垢而后可也。何以濯之耶？吾心者，法水也，于是涤三昧焉，开六蔽焉，去五垢焉，汰其浊而见素矣。"《水火篇》说："人身有三昧之火焉，一曰君火，是为上昧，其心是也；二曰臣火，是为中昧，其肾是也；三为民火，是为下昧，其膀胱是也。"这就更离谱了。再举一例：佛经中"一阐提"是梵文 icchantika（译言"甚欲"、"大欲"，贪欲恶人）的音译，文人为了行文生动流畅，却用来和数目字词组连缀，如谓"彼诸净土无一阐提及三恶道"（宋·程俱《论维摩詰所说经通论》）；"佛家慈悲之义，慈则春生，悲则秋杀，如吾儒德刑之谓，故云杀一阐提胜供五百罗汉"（明·姚旅《露书》）。这种行文方法相沿成习，译音字就渐被误解成汉语字义。黄时鉴教授在《现代汉语中的伊朗语借词》一文中，根据对上百个词语所作分析指出："但凡是外来文化，往往在传入以后被加以改造，最后就被汉化了"；"把已经汉化的外来文化认作中国固有的文化"。上述梵文译音词中的"三"与"一"被当成数词使用就是好例。

元代是多种非汉语词汇在中原江南广泛使用并融入汉语的高峰时代，方龄贵先生所著《元明戏曲中的蒙古语》、《古典戏曲外来语考释词典》收录的词汇近二百个，其中有不少成为习用汉语，一些汉文音译字被转换或附会为汉语字义。韩先生在上述文章中引用了《元史·舆服志》记载的质孙宴服，除衣料“纳石失”（织金锦缎）外，还有装饰衣装的“答纳”（دانه dāna 珍珠）和“押忽”（ياقوت 宝石）等波斯语词。如黄时鉴所言：“波斯语是元朝官方确定学习和使用的语文之一”，除大量宗教（伊斯兰教）词语外，还有政府令文用语以及物品名称和日常生活词语，如刻有畏兀儿字蒙古文、汉文和波斯文的牌符、铜权等（参见黄时鉴《波斯语在元代中国》）。最早的蒙古文史籍《蒙古秘史》记述铁木真（成吉思汗）与克烈部长脱斡邻勒（王罕）接受金朝王京丞相（完颜襄）的指令，合兵夹击叛金的塔塔儿部，攻破其浯勒札河（今蒙古国东方省乌勒吉河）上的营寨，杀其首领，铁木真所获战利品中有一部银摇车以及装饰有大珠的罩被。“大珠”的蒙古原文 tana 就来自波斯文的دانه dāna（先经突厥语借用——见喀斯噶里《突厥语辞典》），这只是蒙古早期吸收波斯语的一例。这里再举蒙元朝前期就传入蒙古和中原的另一个非常流行的波斯语词“撒花”，即波斯语 سوغات（saughāt，意为礼物，特别是献给王侯的厚礼）的音译。蒙古高原与西域自古有频繁交往，成吉思汗建国前就有西域商人往来蒙古，如《蒙古秘史》记载的回回人阿三（Asan Sarta’utai）。向蒙古大汗进献贵重礼物（撒花）以博得好感和换取丰厚的回赐，其实是他们的经营手段，波斯语是当时内陆亚洲的通行语言，“撒花”一词故而被广泛使用。蒙古统治者向外扩张，以掠夺或索取子女玉帛为主要目的，宋理宗绍定五年（1232）和端平二年（1235）出使蒙古的彭大雅、徐霆合著的《黑鞑事略》记载：“其见物则欲，谓之‘撒花’……‘撒花’，觅也”（可见此时“撒花”原意已变，被释为“觅”，即索取）；“鞑人只是撒花”，连那些学会蒙古译语的通事也“随鞑人行打，恣作威福，讨得撒花，讨得物事。”蒙古军攻打南宋期间，凭借武力要索财物，南宋守臣多懦弱畏敌，竟“倡撒花买静之说”。于是有廷臣弹劾他们“殚国之财，撒花资寇”（徐元杰《梅野集》卷 4《缴邓泳乞祠不允指挥》）；奏请敕令边将“拼力拒敌，毋徒靠撒花以为缓围之策”（李昴英《文溪集》卷六《奏议》）。或作诗讥讽“壮士苦无横槊志，将军还用撒花钱”（乐雷发《送史主簿之鄂就辟》）。时人虽知撒花即“拜见礼物”（见《居家必用事类全集》），转义为索取，但诗文中却当作汉语“撒花”来造句，如萧冰崖《和黄立轩梅诗》“如今不奈城头角，僝僽花神也撒花”。元代文献中常见此词，多是指官豪向人要索子女玉帛，至明代此风仍存。明郎瑛《七修类稿》载：“风俗溺人，难于变也，尚矣。胡元乱华，我国家一洗其弊，宜尽革之。然予尝观纪元诸事之书，多有同于今时者，略述一二，以见因袭之风难变也。如取钱之言，初见官府曰拜见钱，白手取人曰撒花钱”（〈酒钱元俗〉条。按所言元事系出〈草木子〉）；又说：“三佛齐国来朝贡时，跪于殿陛，先撒金钱花，次真珠、龙脑，谓之撒花，盖胡人至重礼也。后北兵犯阙，索民财与之，谓之撒花钱，以重礼媚胡耳。今人不知二事所来……以谓如化缘一类谓之撒化钱，反以花字为讹，皆以聪明逆之也”（〈俗语讹〉条）。可见元明人虽知“撒花”即送礼，但已渐将此词作汉语字义理解。这是译名汉字被误解或附会而发生变化的显证。

自古以来，有多种非汉语词语传入中原汉地，数以百计的音译词逐渐被汉语吸收（参见黄时鉴教授《现代汉语中的伊朗语借词初探》及上引文，《黄时鉴文集》II）。出现在汉文文献中的波斯（伊朗）语词尤多，除上引黄先生文中所举诸词外，还有如《析津志[辑佚]》记载元大都“城池街市”门的一条：“沙剌市 一巷皆卖金、银、珍珠宝贝，在钟楼前。”“沙剌”当为波斯语سارا Sārā 的音译词，意为“纯粹的”、“极好的”（用于指金银、香料等）。汉语中不少外来语如未经说明，都会被习以为常当成汉语，渐失其本源。如“狮”（波斯语شير šīr）、车站的“站”（蒙古语 jam），梵语“和尚”、梵汉合璧词“尼姑”之类（梵语称出家女为比丘尼，阴性后缀“尼”-nī 被分割出来单用，逐渐变成小女子称谓，或加上女旁作“妮”）。诸如此类的“附会”还有不少。

回到讨论“诈马”一名之被理解为马。人所尽知，游牧民族无论政治、军事、经济及日常生活各方面都离不开马匹，大蒙古国前期举行“大聚会”，与会者就有装饰所乘马匹之举，对蒙古人来说是习以为常，和参与聚会宴饮的资格无关，故而文献中未见特书一笔。但外族人就注意及此，1246 年来到蒙古的罗马教皇使者卡尔平尼（Giovanni de Plano Carpini），亲见推举贵由为大汗的大聚会和质孙宴场面，在其报告书中讲到了他们三天中每天换一色衣服，其所乘马匹都系在距大帐（按即失剌斡耳朵）二箭射程处（按即蒙古语 kire'ese，“禁外系马所”），许多马匹的马衔、胸带、马鞍上所饰黄金约值 20 马克（吕浦、周良霄汉文译注本《出使蒙古记》页 60）。到忽必烈朝国势大盛，蒙古诸王贵戚所得赏赐更多，他们来上都参与大聚会和质孙宴，其马匹装饰自然更加豪华，聚集在宫城西边的“失剌斡耳朵”（金帐，棕殿）外平野，确实蔚为壮观，成了上都质孙宴的一道亮丽风景线，令汉族人士深感耀眼。但从世祖到仁宗 60 年间有关质孙宴的史料中，仅记载有某某人获赐质孙宴服即纳石失（又译纳赤思）衣，记载衣装、名酒、美食、歌舞等，并没有讲到马匹。实际上预宴者所乘马匹都系在“禁外”，装饰如何并无规定，与金帐内举行的一律穿着御赐质孙宴服、按等级就列的宫廷大宴也没有什么关系。以“诈马（奓马）宴”为题，浓墨重彩地描写豪华马饰的诗文，大量出现于元后期（文宗、顺帝朝），较早的似乎只有至治元年袁桷所作《装马曲》和泰定四年王士熙所作《寄上都分省僚友》中的“白鹅海水生鹰猎，红药山岗诈马朝”，这两首诗都没有指明“马”成为宫廷大宴的名称。从大蒙古建国到此时已逾百年，波斯语 Jāmahā-yi nasīj（纳石失的诈马，即质孙宴服）的汉字音译，难免会被不知此词原义，却深为赴宴王公贵族乘盛装马匹气宇轩昂而来，排列于大帐之外的壮观场面所震惊的汉人，把“诈马”当成汉语词，于是出现了形容马匹的盛装、俊俏漂亮（按：元俗语用“诈”字形容打扮漂亮或体态俊俏：“身子儿诈”，多指女子，如“诈妮子”，用来形容马匹似乎别扭）以及“矜夸”等意义的“俗称”——“诈马宴”或“奓马宴”（请注意都是 zha-ma 二音连读）。而郑泳的“乘诈马”一语，从汉语构词看也颇乖僻，类似道教文献的“三昧真火”和宋末萧冰崖诗句“僝僽花神也撒花”，很可能系由“附会”音译字为汉语而生。建议主张“马”说的学者最好不要局限于元代后期文人那些渲染“矜夸”马匹的诗文，能从更早一些的文献中找出质孙宴制度与预宴者所乘马匹的关系，并解释何以用一般是形容女子模样的“诈”字来形容马，又何以另有同音异义的“奓马”之名，这样才能有更强的否定译语说的根据。

（陈得芝，男，1933 年生，南京大学历史系教授，南海中心成员。南京：21009）

元代太庙制度三题

刘　晓

内容提要：太庙为中国历代王朝统治者供奉与祭祀祖先的重要场所。元代太庙在继承前朝制度的同时，又有不少创新。元代太庙建设前后可分为三个阶段，即燕京太庙阶段、大都太庙阶段、大都增广太庙阶段。每一阶段，太庙神主的室次或者说排列顺序均发生过较大变化，经历了“以西为上、依次向东”，“太祖居中、先右后左”，“太祖居中、左昭右穆”三个时期。元代太庙神主的增撤与室次变化，无论是皇帝还是皇后，都与当时的政治背景变迁密切相关。

太庙为中国历代王朝统治者供奉与祭祀祖先神位的重要场所。元朝作为蒙古族建立的王朝，其兴起前，祖先祭祀带有浓郁的游牧民族色彩，盛行辽金时已有的“烧饭”习俗①。“烧饭”即祭祀时焚烧酒食，有时也焚烧鞍马、衣服等祭品甚至是殉葬奴隶。这种习俗在《蒙古秘史》中作“亦捏鲁”，旁译作“烧饭祭礼”，②入元后仍有相当程度的保留。不过，1260 年忽必烈即位后，开始逐渐吸收汉族王朝传统制度，太庙及其制度也随之应运而生。以下笔者试以元代太庙建设、神主室次变迁与皇后配享三个问题谈一些自己的看法。

一、太庙建设

元世祖即位初期，因太庙未建，祖先祭祀场所曾先后供奉于燕京中书省衙署与云门宗寺院大圣安寺③。据《元史·祭祀志》，中统元年（1260）七月，“设神位于中书省，用登歌乐，遣必阇赤致祭焉。”“十二月，初命制太庙祭器、法服。二年九月庚申朔，徙中书署，奉迁祖宗神主于圣安寺。辛巳，藏于瑞像殿。”④王恽《中堂事记》对此也有明确记载：“以移省事上闻，奉圣旨迁四王府，其列圣神主奉安圣安寺瑞像前殿。”⑤由此可见，神主从中书省衙署迁出，主要是因衙署搬迁所致。不过，此后中书省衙署仍是重要祭祀场所，像中统四年（1263）“十一月丙戌，仍寓祀事中书，以亲王合丹、塔察儿、

① 有关辽金元时代的“烧饭”习俗，可参见陈述：《论辽金元烧饭之俗》，《历史研究》1980 年第 5 期；贾敬颜：《烧饭之俗小议》，《中央民族学院学报》1982 年第 1 期）；宋德金：《烧饭琐议》，《中国史研究》1983 年第 2 期；蔡志纯《元代“烧饭”之礼研究》，《史学月刊》1984 年第 1 期；那木吉拉：《“烧饭”、“抛盏”刍议》，《中央民族大学学报》1994 年第 6 期）等。

②《蒙古秘史》第七〇节，第 78 页，内蒙古人民出版社。

③ 有关云门宗与大圣安寺，可参见拙文《金元北方云门宗初探——以大圣安寺为中心》，《历史研究》2010 年第 6 期。

④《元史》卷七四《祭祀志一》，第 1831 页。参见同书卷四《世祖纪一》，第 68、74 页，中华书局点校本。

⑤《秋涧先生大全文集》卷八〇《中堂事记上》，四部丛刊初编本。

王磐、张文谦摄事”。[①]

元朝太庙始建于中统四年（1263），当年三月，“诏建太庙于燕京。”第二年也即至元元年（1264）十月，燕京太庙仍在建设时，“奉安神主于太庙，初定太庙七室之制。……凡室以西为上，以次而东。……三年秋八月，始作八室神主，设祏室。”[②]燕京太庙建设初步完成于至元三年（1266）十月。据《元史·祭祀志》，“冬十月，太庙成，丞相安童、伯颜言：‘祖宗世数、尊谥庙号、配享功臣、增祀四世、各庙神主、七祀神位、法服祭器等事，皆宜以时定。’乃命平章政事赵璧等集议，制尊谥庙号，定为八室。……十一月戊申，奉安神主于祏室，岁用冬祀，如初礼。”[③]由此开始了元代太庙发展的第一阶段——燕京太庙时期。

燕京太庙建成后，曾在至元八年（1271）、十年（1273）翻修过。[④]使用没多久，元朝又开始在燕京西北郊选址，建设新城——大都，其中太庙也为其重要组成部分。大都新城建成后，太庙的搬迁工作随之开始启动。据《元史·祭祀志》：“十四年（1277）八月乙丑，诏建太庙于大都。……十七年（1280）十二月甲申，告迁于太庙。癸巳，承旨和礼霍孙，太常卿太出、秃忽思等，以祏室内栗主八位并日月山板位、圣安寺木主俱迁。甲午，和礼霍孙、太常卿撒里蛮率百官奉太祖、睿宗二室金主于新庙安奉，遂大享焉。乙未，毁旧庙。”[⑤]由此开始了元代太庙发展的第二阶段——大都太庙时期。

自至元十七年（1280）起，大都太庙虽开始启用，但对新太庙的规制是采用“都宫别殿”还是“同堂异室”，却还没有确定下来。如采用前者，则需于正庙外，另建东西新庙，如采用后者，则只需将神主于正庙分室供奉即可。实际上，早在至元十四年（1277）元世祖下诏建大都太庙时，太常博士即曾上言：“古者庙制率都宫别殿，西汉亦各立庙，东都以中兴崇俭，故七室同堂，后世遂不能革。”言下之意，希望能恢复汉代以前的“都宫别殿”制。第二年，有关讨论仍在继续。据《元史·祭祀志》：“十五年（1278）五月九日，太常卿还自上都，为议庙制，据博士言同堂异室非礼，以古今庙制画图贴说，令博士李天麟赍往上都，分议可否以闻。”[⑥]太常博士的具体讨论内容如下：

> 一曰都宫别殿，七庙、九庙之制。祭法曰：“天子立七庙，三昭三穆与太祖之庙而七，诸侯、大夫、士降杀以两。”晋博士孙毓以谓外为都宫，内各有寝庙，别有门垣。太祖在北，左昭右穆，以次而南是也。前庙后寝者，以象人君之居，前有朝而后有寝也。庙以藏主，以四时祭；寝有衣冠几杖象生之具，以荐新物。天子太祖百世不迁，宗亦百世不迁，高祖以上，亲尽则递迁。昭常为昭，穆常为穆，同为都宫，则昭常在左，穆常在右，而外有以不失其序。一世自为一庙，则昭不

①《元史》卷七四《祭祀志一》，第1831页。同书卷五《世祖纪二》亦载此事，但称“享于太庙”（第95页），实则太庙此时尚未建成。

②《元史》卷七四《祭祀志一》，第1831-1832页。

③《元史》卷七四《祭祀志一》，第1832页，参见同书卷六《世祖纪三》，第112页。

④《元史》卷七四《祭祀志一》，至元八年九月，“太庙柱朽，从张易言，告于列室而后修，奉迁栗主金牌位与旧神主于馔幕殿，工毕安奉。自是修庙皆如之。”第1832页。同书卷八《世祖纪五》，至元十年七月，“以修太庙，将迁神主别殿，遣兀鲁忽奴带、张文谦祭告。”第150页。其中，前者亦可见《秋涧先生大全文集》卷八八《为太庙中柱损坏事状》。

⑤《元史》卷七四《祭祀志三》，第1833-1835页。

⑥《元史》卷七四《祭祀志三》，第1833页。

见穆，穆不见昭，而内有以各全其尊，必祫享而会于太祖之庙，然后序其尊卑之次。盖父子异宫，祖祢异庙，所以尽事亡如事存之义。然汉儒论七庙、九庙之数，其说有二。韦玄成等以谓周之所以七庙者，以后稷始封，文王、武王受命而王，是以三庙不毁，与亲庙四而七也。如刘歆之说，则周自武王克商，以后稷为太祖，即增立高圉、亚圉二庙于公叔、太王、王季、文王二昭二穆之上，已为七庙矣。至懿王时始立文世室于三穆之上，至孝王时始立武世室于三昭之上，是为九庙矣。然先儒多是刘歆之说。

二曰同堂异室之制。后汉明帝遵俭自抑，遗诏无起寝庙，但藏其主于光武庙中更衣别室。其后章帝又复如之，后世遂不敢加。而公私之庙，皆用同堂异室之制。先儒朱熹以谓至使太祖之位，下同孙子，而更僻处于一隅，无以见为七庙之尊；群庙之神，则又上厌祖考，不得自为一庙之主。以人情论之，生居九重，穷极壮丽，而设祭一室，不过寻丈，甚或无地以容鼎俎，而阴损其数，子孙之心，于此宜亦有所不安矣。且如命士以上，其父子妇姑，犹且异处，谨尊卑之序，不相亵渎。况天子贵为一人，富有四海，而祖宗神位数世同处一堂，有失人子事亡如事存之意矣。①

在大都太庙基本建成后，至元十八年（1281）二月，太常博士李时衍等又提出："历代庙制，俱各不同。欲尊祖宗，当从都宫别殿之制；欲崇俭约，当从同堂异室之制。"直到三月十一日，尚书段那海及太常礼官上奏："始议七庙，除正殿、寝殿、正门、东西门已建外，东西六庙不须更造，余依太常寺新图建之。"②元朝才最终确定采用"同堂异室"制度。太庙规制一旦确立，接下来的工作就顺利多了。至元二十一年（1284）三月，"太庙正殿成，奉安神主。"二十二年（1285）十二月，"丹太庙楹。"二十五年（1288）五月，"奉安神主于太庙。"③

《元史·祭祀志》详细记载了新建成的大都太庙规制：

前庙后寝。正殿东西七间，南北五间，内分七室。殿陛二成三阶，中曰泰阶，西曰西阶，东曰阼阶。寝殿东西五间，南北三间。环以宫城，四隅重屋，号角楼。正南、正东、正西宫门三，门各五门，皆号神门。殿下道直东西神门曰横街，直南门曰通街，甓之。通街两旁井二，皆覆以亭。宫城外，缭以崇垣。馔幕殿七间，在宫城南门之东，南向。齐班厅五间，在宫城之东南，西向。省馔殿一间，在宫城东门少北，南向。初献斋室，在宫城之东，东垣门内少北，西向。其南为亚终献、司徒、大礼使、助奠、七祀献官等斋室，皆西向。雅乐库在宫城西南，东向。法物库、仪鸾库在宫城之东北，皆南向。都监局在其东少南，西向。东垣之内，环筑墙垣为别院。内神厨局五间，在北，南向。井在神厨之东北，有亭。酒库三间，在井亭南，西向。祠祭局三间，对神厨局，北向。院门西向。百官厨五间，在神厨院南，西向。宫城之南，复为门，与中神门相值，左右连屋六十余间，东

①《元史》卷七四《祭祀志三》，第1833-1834页。

②《元史》卷七四《祭祀志三》，第1835页。

③《元史》卷一三《世祖纪十》，第265、282页；同书卷一五《世祖纪十二》，第312页。

掩齐班厅，西值雅乐库，为诸执事斋房。筑崇墉以环其外，东西南开棂星门三，门外驰道，抵齐化门之通衢。①

由于元朝始终没有实行祧迁制度，到延祐七年（1320）仁宗去世，英宗即位，太庙七室已满，太庙扩建已不可避免。据《元史·曹元用传》：

初，太庙九室（九应为七之讹——引者注），合飨于一殿，仁宗崩，无室可祔，乃于武宗室前，结彩为次。英宗在上京，召礼官集议，元用言："古者宗庙有寝有室，宜以今室为寝，当更营大殿于前，为十五室。"帝嘉其议。②

按，曹元用时任太常礼仪院经历，而在至治元年（1321），群臣在中书右丞相拜住的主持下曾集议扩建太庙：

仁宗当升祔，而庙无其室。王（拜住——引者注）传旨集诸儒议，佥以为庙之始建前殿而后寝，今寝已毁于灾，宜更作前殿，为间十有五，其中三间为太祖室，以备祫享，列圣神御间为一室，东西两间为祧，而以今殿为后寝。上可其奏，庙制乃完。③

曹元用的建议，当在此次集议中提出。《元史·祭祀志》对此次集议也有详细记载：

（至治元年）五月，中书省臣言："以庙制事，集御史台、翰林院、太常院臣议。谨按前代庙室，多寡不同。晋则兄弟同为一室，正室增为十四间，东西各一间。唐九庙，后增为十一室。宋增室至十八，东西夹室各一间，以藏祧主。今太庙虽分八室，然兄弟为世，止六世而已。世祖所建前庙后寝，往岁寝殿灾。请以今殿为寝，别作前庙十五间，中三间通为一室，以奉太祖神主，余以次为室，庶几情文得宜。谨上太常庙制。"制曰："善，期以来岁营之。"④

按，《元史·英宗纪》至治元年五月"辛丑，太常礼仪院进《太庙制图》"⑤，即指此事而言。

英宗扩建太庙，曾动用大量人力物力。元人虞集有如下记载：

于是改作太庙，凡川蜀、江南大木之美，悉致之。凡旗帜之绣绘者，作于闽、浙。人马镜甲被采饰者，作于江西。庀事严速，务极华好。方是时，治平既久，生息繁阜，一时民力毕用于此，郁乎来物之盛。⑥

至治三年七月，太庙终于落成。新扩建的太庙形制如下：

至治元年，诏议增广庙制。三年，别建大殿一十五间于今庙前，用今庙为寝殿，中三间通为一室，余十间各为一室，东西两旁际墙各留一间，以为夹室。⑦

这样，增广后的太庙前殿十五间，中间三间通为一室（为太祖预留），其余十二间，除东西两头各留一室作为夹室外，余下十间各为一室，加上中间一室，共有十一室。

---

①《元史》卷七四《祭祀志三》，第1842-1843页。

②《元史》卷一七二《曹元用传》，第4027页。

③《金华黄先生文集》卷二四《中书右丞相赠孚道志仁清忠一德功臣太师开府仪同三司上柱国追封郓王谥文忠神道碑》，四部丛刊初编本。

④《元史》卷七四《祭祀志三》，第1837-1838页。

⑤《元史》卷二七《英宗纪一》，第612页。

⑥ 虞集：《道园类稿》卷四七《曾巽初墓志铭》，四部丛刊初编本。

⑦《元史》卷七四《祭祀志三》，第1838、1843页。

需要提到的是，太庙落成未及一月，至治三年八月，南坡事变爆发，英宗遇害，晋王也孙铁木儿入继大统，是为泰定帝。泰定帝即位后，在英宗增广太庙的基础上，又对供奉神主的太庙新殿即前殿有所增饰。泰定元年（1324）四月，“太庙新殿成”。五月，“迁列圣神主于太庙新殿。”[①]至此，增广太庙正式启用，是为元代太庙发展的第三阶段——大都增广太庙时期。

泰定元年启用增广太庙时，因泰定帝生父母升祔太庙，需重新确定太庙室次。为此，泰定帝曾下令百官集议此事。时任翰林学士的吴澄，对增广太庙依然采用“同堂异室”之制提出异议。

> 在至治末，诏作太庙，议者习见同堂异室之制，乃作十三室。未及迁奉，而国有大故，有司疑于昭穆之次，命集议之。澄议曰：“世祖混一天下，悉考古制而行之。古者，天子七庙，庙各为宫，太祖居中，左三庙为昭，右三庙为穆，昭穆神主，各以次递迁，其庙之宫，颇如今之中书六部。夫省部之设，亦仿金、宋，岂以宗庙叙次，而不考古乎!”有司急于行事，竟如旧次云。[②]

同世祖至元中太常博士的意见一样，吴澄的意见最终也未被采纳，吴澄还为此辞官返乡。文中所谓“十三室”，如记载无误的话，应指“十一室”再加上东西二夹室。至治三年（1323）三月，英宗增广太庙期间，曾下令讨论过夹室制度。礼官检讨前代制度后，认为“唐、宋夹室，与诸室制度无大异也”。[③]以此之故，增广太庙“十一室”实际上又可作“十三室”。有元一代，太庙突破十一室的情况仅有顺帝初年。当时，随着文宗、宁宗相继祔庙，太庙供奉的神主总数已达十二室，其中文宗神主应该在西面的穆六室，因已无室容纳，只能在穆五室——英宗室旁“权结彩殿”，直到第二年才正式升祔（详情见后）。由于顺帝朝未见增广太庙的记载，当时采纳的可行性方案只能是将西夹室改为穆六室——文宗室。当然，这种情况并没有维持多久，随着后至元六年（1340）文宗神主自太庙迁出，太庙神主又剩下十一室，这种局面一直维持到元朝灭亡。

综上所述，从至元元年（1264）元朝启用燕京太庙，到至正二十八年（1368）元朝灭亡。元代太庙的发展大致经历了燕京太庙时期（1264—1280）、大都太庙时期（1280—1324）与大都增广太庙时期（1324—1368）三个阶段。此外，需要提到的是，与太庙发展阶段对应的是，每一阶段太庙神主室次都发生了重大变化，经历了“以西为上、依次向东”，“太祖居中、先右后左”，“太祖居中、左昭右穆”三个阶段。换言之，元代太庙制度的历次重大变革，大都是伴随着太庙的新建或扩建而产生的。以下，我们将对元代太庙神主的变迁加以阐述。

二、神主室次变迁

太庙神主次序的排列，颇能反映一个王朝政治局势的微妙变化。元代太庙神主及其次序，从元初世祖到元末顺帝，几经变迁。近年，刘迎胜连续发表《从七室之祀到八室

---

①《元史》卷二九《泰定帝纪一》，第646、647页。

②《元史》卷一七一《吴澄传》，第4013页。

③《元史》卷七四《祭祀志三》，第1838页。

之祀——忽必烈朝太庙祭祀中的蒙汉因素》与《至元元年初设太庙神主称谓考》二文，重点考察了世祖朝以前太庙神主与次序的变动及其政治背景，[①]为我们进一步讨论元代太庙神主及其次序的变迁奠定了基础。

按，据《元史·祭祀志》，至元元年（1264）十月，元朝奉安神主于燕京太庙，初定太庙七世之制。

皇祖、皇祖妣第一室，皇伯考、伯妣第二室，皇考、皇妣第三室，皇伯考、伯妣第四室，皇伯考、伯妣第五室，皇兄、皇后第六室，皇兄、皇后第七室。凡室以西为上，以次而东。

上述记载，可如下表所示。

第一室	第二室	第三室	第四室	第五室	第六室	第七室
成吉思汗	窝阔台	拖雷	术赤	察合台	贵由	蒙哥
孛儿帖	脱列哥纳	唆鲁禾帖尼	别土出迷失	也速仑	斡兀立海迷失	忽都台

此时的太庙神主次序，有两个显著特点。首先是不实行昭穆制度，七室神主自西向东排列。其次是神主不仅包括蒙古前四汗（成吉思汗、窝阔台、贵由、蒙哥），还包括生前不是大汗的成吉思汗诸子。而且，成吉思汗诸子神主并非以长幼次序排列，先为三子窝阔台，次为幼子拖雷，然后才是长子术赤、次子察合台。第一个特点大概是兼采蒙古旧制。按，蒙古族尚右，神主坐北朝南，西为右，故以西为上。第二个特点则是考虑到当时的政治背景。窝阔台神主位列第二，是因为他是成吉思汗的继承者——蒙古第二任大汗。拖雷神主位列第三，是因为他是世祖忽必烈的生父。术赤、察合台神主则是按长幼次序排列的。虽然二人不是蒙古大汗，也不是世祖忽必烈的直系尊亲属（均为忽必烈伯父），但他们作为成吉思汗遗产的继承者之一，分别开创了钦察汗国与察合台汗国。以合法蒙古大汗自居的世祖把他们二人纳入元朝太庙祭祀系统，显然是为了维护蒙古帝国的统一形象，虽然这仅具象征意义。

到至元三年（1266），元朝又在成吉思汗前增加成吉思汗之父也速该，定八室神主，分设祏室。以下为八室神主次序的排列情况。

烈祖神元皇帝、皇曾祖妣宣懿皇后第一室，太祖圣武皇帝、皇祖妣光献皇后第二室，太宗英文皇帝、皇伯妣昭慈皇后第三室，皇伯考术赤、皇伯妣别土出迷失第四室，皇伯考察合带、皇伯妣也速伦第五室，皇考睿宗景襄皇帝、皇妣庄圣皇后第六室，定宗简平皇帝、钦淑皇后第七室，宪宗桓肃皇帝、贞节皇后第八室。[②]

上述记载，可如下表所示。

第一室	第二室	第三室	第四室	第五室	第六室	第七室	第八室
也速该	成吉思汗	窝阔台	拖雷	术赤	察合台	贵由	蒙哥
诃额仑	孛儿帖	脱列哥纳	唆鲁禾帖尼	别土出迷失	也速仑	斡兀立海迷失	忽都台

①《元史论丛》第12辑，呼和浩特：内蒙古教育出版社，2010年；《清华元史》第1辑，北京：商务印书馆，2011年。
②《元史》卷七四《祭祀志三》，第1832页。

八室神主发生根本性变化，最晚应在新太庙建成的至元十七年（1280）末。据《经世大典序录》："至元十七年，新作太庙于大都，更定室次，岁有恒祀。"①此外，据《元史·世祖纪》，至元十七年十二月，"大都重建太庙成，自旧庙奉迁神主于祏室，遂行大享之礼"。②《元史·祭祀志》对此记载较详："十七年十二月甲申，告迁于太庙。癸巳，承旨和礼霍孙，太常卿太出、秃忽思等，以祏室内栗主八位并日月山版位、圣安寺木主俱迁。甲午，和礼霍孙、太常卿撒里蛮率百官奉太祖、睿宗二室金主于新庙安奉，遂大享焉。"③这里最值得注意的是，当时金制神主的制作只有太祖、睿宗二人，而从以后的文献记载来看，元代太庙祭祀的神主，在世祖之前，确实也只剩下此二人，甚至连大蒙古国的第二、三、四代大汗太宗窝阔台、定宗贵由、宪宗蒙哥也被排除在外。所以，世祖至元十七年所建新太庙，供奉的神主很有可能仅有太祖、睿宗二人而已。

至元三十一年（1294）正月，元世祖去世，已故太子真金第三子铁穆耳即位，是为成宗。当年五月"戊午，遣摄太尉兀都带奉玉册玉宝，上大行皇帝尊谥曰圣德神功文武皇帝，庙号世祖；皇后尊谥曰昭睿顺圣皇后；皇考尊谥曰文惠明孝皇帝，庙号裕宗"。元贞元年（1295）"冬十月癸卯，有事于太庙。中书省臣言：'去岁世祖、皇后、裕宗祔庙，以绫代玉册。今玉册、玉宝成，请纳诸各室。'"④成宗在位时太庙供奉的神主已出现太祖、睿宗、世祖、裕宗四室，但具体室次，同世祖至元十七年（1280）"更定室次"一样，详细情况文献缺载。不过，很有可能从至元十七年起，元代太庙室次就已与武宗时代相同，换言之，武宗时代的太庙室次，应是世祖、成宗时代既有制度的延续。⑤

大德十一年（1307）正月，成宗去世。三月，其侄爱育黎拔力八达（真金次子答剌麻八剌之子）发动宫廷政变，处死安西王阿难答、中书左丞相阿忽台等人，废黜成宗皇后卜鲁罕。夺取政权后，爱育黎拔力八达随即派人迎请镇守漠北的兄长怀宁王海山南下。五月，海山于上都即位，是为武宗，立爱育黎拔力八达为皇太子，二人达成"兄终弟及、叔侄相传"的协议。六月丁酉，中书右丞相哈剌哈孙答剌罕、左丞相塔剌海上言：

> 臣等与翰林、集贤、太常老臣集议：皇帝嗣登宝位，诏追尊皇考为皇帝，皇考大行皇帝同母兄也，大行皇帝祔庙之礼尚未举行，二帝神主依兄弟次序祔庙为宜。今拟请谥皇考昭圣衍孝皇帝，庙号顺宗；大行皇帝曰钦明广孝皇帝，庙号成宗。太祖之室居中，睿宗西第一室，世祖西第二室，裕宗西第三室，顺宗东第一室，成宗东第二室。先元妃弘吉剌氏失怜答里宜谥曰贞慈静懿皇后，祔成宗庙室。⑥

《元史·祭祀志》也有类似记载。

> 十一年，武宗即位，追尊皇考为皇帝，庙号顺宗。太祖室居中，睿宗西第一室，世祖西第二室，裕宗西第三室，顺宗东第一室，成宗东第二室。追尊先元妃

① 苏天爵编：《国朝文类》卷四一《经世大典序录·礼典·宗庙》，四部丛刊初编本。

②《元史》卷《世祖纪八》，第228页。

③《元史》卷七四《祭祀志三》，第1835页。

④《元史》卷一八《成宗纪一》，第397页。

⑤《元史》卷七四《祭祀志三》（第1841页）："（泰定元年）四月辛巳，中书省臣言：'世祖皇帝始建太庙。太祖皇帝居中南向，睿宗、世祖、裕宗神主以次祔西室，顺宗、成宗、武宗、仁宗以次祔东室……'"言下之意，太庙室次这一格局，从世祖时代就已经开始有了。

⑥《元史》卷二二《武宗纪一》，第480页。

为皇后，祔成宗室。[①]

综合上述两处记载，武宗在位期间，太庙神主的安置当如下表所示。

第四室	第三室	第二室	第一室	第五室	第六室	第七室
西三室	西二室	西一室		东一室	东二室	东三室
裕宗	世祖	睿宗	太祖	顺宗	成宗	

由上表不难看出，武宗时期的太庙室次，以不迁之祖——太祖为中心，以下历代神主室次，并非遵循中原王朝“左昭右穆”的原则，而是按照蒙古族尚右的传统，先尽右，后尽左，具体说来，就是从太祖庙室西边，由近及远，依次从西一室、二室、三室开始，然后再到东边的五室、六室。此外，此次太庙室次，还遵循了如下原则，即突出武宗海山、仁宗爱育黎拔力八达生父答剌麻八剌的地位。答剌麻八剌不仅被追加庙号顺宗，神主升祔太庙，而且室次位置还在成宗之上，理由是答剌麻八剌为成宗的同母兄，年齿居长。这一制度，即同辈以年齿居长者为先，也为以后泰定帝朝、文宗朝所遵循。

至大三年（1310）正月，武宗去世，爱育黎拔力八达顺利接手皇位，是为仁宗。当年六月“甲子，请大行皇帝谥于南郊，上尊谥曰仁惠宣孝皇帝，庙号武宗”。闰七月“丙午，奉武宗神主祔于太庙”。[②]仁宗在位时期太庙神主的安置情况，文献无明确记载。但结合前面所谈情况，应如下表所示。

第四室	第三室	第二室	第一室	第五室	第六室	第七室
西三室	西二室	西一室		东一室	东二室	东三室
裕宗	世祖	睿宗	太祖	顺宗	成宗	武宗

至此，世祖所建太庙七室已满额，以后的皇帝去世后，将无法在太庙找到相应的位置。接下来是的问题就是，应当借鉴前代的祧迁制度，祧迁睿宗神主？还是继续增广太庙建制，为后来的皇帝神主预留空间？

延祐七年（1320）正月，仁宗去世。他在位期间因违反“叔侄相传”约定，立己子硕德八剌为皇太子，故去世后，由硕德八剌继承帝位，是为英宗。当年“五月乙未，群臣上谥曰圣文钦孝皇帝，庙号仁宗，国语曰普颜笃皇帝”。[③]从四月份即位伊始，英宗即“议祔仁宗，以阴阳拘忌，权结彩殿于太室东南，以奉神主”。八月“丙辰，祔仁宗圣文钦孝皇帝、庄懿慈圣皇后于太庙，铁木迭儿摄太尉，奉玉册行事”。[④]前面谈到，太庙七室已经满额，英宗迟迟没有将仁宗神主升祔太庙，七室满额应当是更为重要的原因。实际上，泰定初年太常博士刘致就提到过英宗所面临的这种尴尬局面，指出：“仁宗又

---

① 《元史》卷七四《祭祀志三》，第 1836 页。

② 《元史》卷二四《仁宗纪一》，第 544、545 页。

③ 《元史》卷二六《仁宗纪三》，第 593-594 页。

④ 《元史》卷二七《英宗纪一》，第 601、605 页。

东为第八室，以无余室，结彩殿于东壁近南。”[①]

英宗在位时期太庙神主的具体安置情况，可如下表所示。

第四室	第三室	第二室	第一室	第五室	第六室	第七室	第八室
西三室	西二室	西一室		东一室	东二室	东三室	彩殿
裕宗	世祖	睿宗	太祖	顺宗	成宗	武宗	仁宗

为解决太庙神主满额的难题，英宗决定采取增广太庙建制的方案。不过，新太庙虽建成，但还没有来得及奉迁神主，即爆发南坡之变，英宗遇害。

南坡之变后，晋王也孙铁木儿入承大统，是为泰定帝。也孙铁木儿为晋王甘麻剌之子，而晋王甘麻剌则为真金长子，在与真金三子即后来的成宗铁穆耳的帝位争夺中失败，继续留镇漠北。泰定帝即位后，首先是追加亡父甘麻剌的皇帝身份。至治三年（1323）十二月“戊辰，请皇考、皇妣谥于南郊，皇考晋王曰光圣仁孝皇帝，庙号显宗，皇妣晋王妃曰宣懿淑圣皇后”。次年即泰定元年（1324）二月，始“请上大行皇帝谥于南郊曰睿圣文孝皇帝，庙号英宗。”四月，又“以国言上英宗庙号曰格坚皇帝”。[②]

泰定初年，朝廷终于决定奉迁历代神主于英宗新扩建的太庙。泰定帝面临的问题有很多，既有此前八室神主，也有新出现的英宗、显宗两位神主的安置次序问题。结果，泰定帝下诏，决定由百官集议此事，希望能提出一揽子解决方案。前面笔者提到的《元史·吴澄传》所言：“至治末，诏作太庙，议者习见同堂异室之制，乃作十三室。未及迁奉，而国有大故，有司疑于昭穆之次，命集议之。”即指此事而言。在此期间，太常博士刘致上《太庙室次议》，对太庙神主的安置办法提出了自己的意见。他的建议对此后元代太庙发展影响很大，这里我们有必要摘录一下他在这方面的意见。

按王制，天子七庙，三昭三穆，与太祖之庙而七。孙毓曰：太祖在北，左昭右穆，差次而南。贾公彦曰：后稷居中，昭处于东，穆处于西。古者父子不并坐昭穆，所以别父子远近亲疎之序，而使不乱也。兄弟共为一世，昭皆为昭，穆皆为穆，七世而止。唐增为九世十二室，赵宋因之为十二室。世有定数，而室无定数。其室次以西为上，太祖居西夹之东为第一室，以下各序昭穆，次第而东。圣朝取唐宋之制，定为九世，遂以旧庙八室而为六世。太祖居中为第一室，为一世。睿宗居西为第二室，为一世。世祖又西为第三室，为一世。裕宗又西为第四室，为一世。顺宗居太祖之东，为第五室，成宗又东为第六室，兄弟二室为一世。武宗又东为第七室，仁宗又东为第八室，以无余室，结彩殿于东壁近南。兄弟二室为一世，故八室止为六世。其制颇与贾公彦后稷居中之制相近，而昭穆不分，父子并坐，不合礼经。新庙之制一十五间，东西二间为夹室，安奉太祖皇帝，为万世不迁之祖。所存十室，太祖既居中，则唐宋之制不可依，惟当以贾公彦昭穆次序而列之也。父为昭，子为穆，则睿宗当居太祖之东，为昭之第一世。世祖居西，

① 《国朝文类》卷一五《太庙室次议》。

② 《元史》卷二九《泰定帝纪一》，第641、644、646页。

为穆之第一世。裕宗居东，为昭之第二世。兄弟共为一世，则成宗、顺宗、显宗三室皆当居西，为穆之第二世。武宗、仁宗二室皆当居东，为昭之第三世。英宗居西，为穆之第三世。昭之后居左，穆之后居右。西以左为上，东以右为上。苟或如此，则昭穆分明，秩然有序，不违礼经，胳合事宜，诚一代不刊之典，可为万世法程也。若以旧庙为累朝定，依室次于新庙迁安，则显宗跻顺宗之上，为东之第一室，居裕宗之下，则为西之第五（四？）室。显宗之室定，而英宗之室始可议焉。盖显宗在东，则仁宗以下更无余室。显宗在西，则英宗当祔仁宗之下。以礼言之，《春秋》闵公无子，庶兄僖公代立，其子文公遂跻僖公于闵公之上，书曰逆祀。及定公正其序，书曰从祀先公，为万世法。然僖公犹是有位之君，尚不可居弟之上，况未尝正位者乎？若以此言之，则成宗宜居上，顺宗次之，显宗又次之。若以国家兄弟长次言之，则显宗固当居上，顺宗次之，成宗又次之，英宗居西，祔裕宗之下，则兄跻弟上，犹为逆祀，而孙居父祖之上，可乎？国家虽曰以右为尊，然古人所尚，或左或右，初无定制。古人右社稷而左宗庙，国家宗庙亦居东方，盖谓之所当然也。岂有建宗庙之方位既依礼经，而宗庙之昭穆反不应礼经者乎？且如今之朝贺或祭祀，宰相献官分班而立，居西则尚左，居东则尚右，及行礼就位，则西者复尚右，东者复尚左矣。公私大小燕会亦然，但人不之察耳。①

刘致的意见，中心议题主要有两个，一是彻底废除此前太庙神主室次先尽右、后尽左的安置顺序，采取中原王朝的左昭右穆制度，而且昭为昭，穆为穆，不可父子同昭同穆。二是针对泰定帝生父显宗的神主安置，提出同辈中，应按实任皇帝居先、追认皇帝居后，同辈追认皇帝中，应按先追认者居先，后追认者居后，即成宗、顺宗、显宗的次序，来加以安置。刘致的意见，可列下表显示。

第十室	第七室	第六室	第五室	第三室	第一室	第二室	第四室	第八室	第九室
穆三世		穆二世		穆一世		昭一世	昭二世	昭三世	
英宗	显宗	顺宗	成宗	世祖	太祖	睿宗	裕宗	武宗	仁宗

中书省采纳了刘致左昭右穆的意见，据《元史・祭祀志》：

（泰定元年）四月辛巳，中书省臣言："世祖皇帝始建太庙。太祖皇帝居中南向，睿宗、世祖、裕宗神主以次祔西室，顺宗、成宗、武宗、仁宗以次祔东室。迩者集贤、翰林、太常诸臣言，国朝建太庙遵古制。古尚左，今尊者居右为少屈，非所以示后世。太祖皇帝居中南向，宜奉睿宗皇帝神主祔左一室，世祖祔右一室，裕宗祔睿宗室之左。显宗、顺宗、成宗兄弟也，以次祔世祖室之右，武宗、仁宗亦兄弟也，以祔裕宗室之左，英宗祔成宗室之右。臣等以其议近是，谨绘室次为图以献，惟陛下裁择。"从之。五月戊戌，祔显宗、英宗凡十室。②

但对刘致提出的第二个意见，即显宗的室次位置，中书省臣并未采纳，仍建议按长幼顺序，即显宗、顺宗、成宗的次序加以排列。这既是有鉴于此前已有过的顺宗、成宗

①《国朝文类》卷一五。

②《元史》卷七四《祭祀志三》，第1841页。

庙迁先例，也是慑于显宗为泰定帝生父，问题太过敏感的缘故。泰定帝朝太庙神主的安置原则，成为有元一代的定制。以后元朝历代皇帝神主的安置，基本上沿袭了泰定帝朝的规定。以下为泰定帝太庙十室的排列次序。

第十室	第七室	第六室	第五室	第三室	第一室	第二室	第四室	第八室	第九室
穆三世	穆二世			穆一世		昭一世	昭二世	昭三世	
穆五室	穆四室	穆三室	穆二室	穆一室		昭一室	昭二室	昭三室	昭四室
英宗	成宗	顺宗	显宗	世祖	太祖	睿宗	裕宗	武宗	仁宗

致和元年（1328）七月泰定帝去世后，武宗潜邸旧臣燕铁木儿等在大都发动政变，于九月拥立武宗次子图帖睦尔夺取皇位，改元天历，是为文宗。与此同时，泰定帝之子阿剌吉八也在上都即位，改元天顺。两都之战由此爆发。在即位诏中，文宗宣布泰定帝的即位为不合法，且将英宗南坡之变遇弑也归咎于泰定帝，指出："至于晋邸，具有盟书，愿守藩服，而与贼臣铁失、也先帖木儿等潜通阴谋，冒干宝位，使英宗不幸罹于大故。"[①]这种政治宣传，在太庙室次上也有体现。

泰定帝既然被文宗宣布为叛逆，当然不会在太庙中享受祭祀地位，也不会有相应庙号，泰定帝为生父甘麻剌所立太庙神主（显宗）也一并遭撤。据《元史·文宗纪》，天历元年（1328）十月，"毁显宗室，升顺宗祔右穆第二室，成宗祔右穆第三室，武宗祔左昭第三室，仁宗祔左昭第四室，英宗祔右穆第四室"。[②]显宗神主被撤，太庙右侧穆室的顺宗、成宗、英宗室次得以依次递升。由此，文宗即位后的太庙神主排列，就变成如下表所示。

第九室	第六室	第五室	第三室	第一室	第二室	第四室	第七室	第八室
穆三世	穆二世		穆一世		昭一世	昭二世	昭三世	
穆四室	穆三室	穆二室	穆一室		昭一室	昭二室	昭三室	昭四室
英宗	成宗	顺宗	世祖	太祖	睿宗	裕宗	武宗	仁宗

文宗在位期间，还出现了一段插曲，又一次影响到太庙室次的排列，这就是和世㻋于中间的短暂即位。和世㻋为武宗长子，早在武宗时代"兄终弟及、叔侄相传"约定中，就已确立了仁宗继承人的地位。只是后来因仁宗背盟，和世㻋才被剥夺继承人资格，改封周王，以后则在"关陕之变"失败后，流亡西北。文宗在被燕铁木儿迎至大都时，曾再三表示："大兄在朔方，朕敢紊天序乎！"在燕铁木儿等人的坚持下，文宗虽表示愿意登基，却又说："必不得已，必明着朕意以示天下而后可。"在即位诏中，文宗确实也做到了这一点，指出："朕以菲德，宜俟大兄，固让再三。宗戚、将相，百僚、耆老，以

①《国朝文类》卷九《即位改元诏》；《元史》卷三二《文宗纪一》，第709页。按：泰定帝是否参与南坡之变，杨讷先生有专门文章予以考释，见氏著《泰定帝与南坡之变》，《庆祝邓广铭教授九十华诞论文集》，石家庄：河北教育出版社，1997年。

②《元史》卷三二《文宗纪一》，第717页。

为神器不可以久虚，天下不可以无主，周王（即和世㻋）辽隔朔漠,民庶遑遑,已及三月,诚恳迫切。朕姑从其请，谨俟大兄之至,以遂朕固让之心。”①

两都之战结束，全国局势大致稳定后，文宗不断派出使臣，敦请和世㻋南下即位。天历二年（1329）正月，和世㻋于和宁之北即位，随即南下，八月抵达王忽察都，与早已在此等候的文宗会面。但局势很快发生逆转，双方举行宴会后不久，年仅三十岁的和世㻋突然暴崩，实际上是遭到燕铁木儿与文宗毒害。文宗随即北上抵上都，恢复帝位。

和世㻋死后，文宗仍承认他大行皇帝的地位。两月后，天历二年（1329）十月，“中书省臣言：‘臣等谨集枢密院、御史台、翰林、集贤院、奎章阁、太常礼仪院、礼部诸臣僚，议上大行皇帝尊谥曰翼献景孝皇帝，庙号明宗，国言号曰护都笃皇帝。’是日，奉玉册、玉宝于太庙，如常仪。”②次年，即至顺元年（1330）三月，“议明宗升祔，序于英宗之上，视顺宗、成宗庙迁之例……奉玉册、玉宝，祔明宗神主于太庙”。③所谓“序于英宗之上，视顺宗、成宗庙迁之例”，是指按照武宗时将顺宗室次排于成宗之前的先例，将明宗室次排于英宗之前。也就是说，将英宗原来已递升的穆四室让给明宗，英宗则再次回到泰定帝时的穆五室。这样，文宗后期太庙神主的排列又变成如下表所示。

第十室	第九室	第六室	第五室	第三室	第一室	第二室	第四室	第七室	第八室
穆三世		穆二世		穆一世		昭一世	昭二世	昭三世	
穆五室	穆四室	穆三室	穆二室	穆一室		昭一室	昭二室	昭三室	昭四室
英宗	明宗	成宗	顺宗	世祖	太祖	睿宗	裕宗	武宗	仁宗

至顺三年（1332）八月，文宗去世，遗命由明宗次子鄜王懿璘质班即位，是为宁宗。宁宗即位时年仅七岁，虽然当年“十一月己巳，诏翰林国史、集贤院、奎章阁学士院集议先皇帝庙号、神主、升祔武宗皇后及改元事”，④但上述诸事还未遑定议，宁宗即夭折。燕铁木儿本欲拥立文宗子燕帖古思即位，但遭到文宗后卜答失里反对，遂不得不派人南下迎流放在外的明宗长子妥懽贴睦尔进京。不过，因对妥懽贴睦尔猜忌较深，燕铁木儿对即位一事一直百般阻挠，元朝进入长达半年之久的皇位空缺期。

至顺四年（1333）闰三月二十九日，燕铁木儿去世。⑤同年六月，妥懽贴睦尔于上都即位，是为顺帝。顺帝即位后，当年十月改元元统，十一月，“追谥札牙笃皇帝为圣明元孝皇帝，庙号文宗。时寝庙未建，于英宗室次权结彩殿，以奉安神主。”⑥因文宗与英宗同辈，且年幼一岁，所以他的神主次序排于英宗之后。不过，此时太庙右侧的穆五室已满，只能“权结彩殿”，这也是依据英宗时将仁宗神主权结彩殿于武宗室次的先例。

①《国朝文类》卷九《即位改元诏》；《元史》卷三二《文宗纪一》，第709-710页。

②《元史》卷三三《文宗纪二》，第742页。

③《元史》卷三四《文宗纪三》，第754页。

④《元史》卷三七《宁宗纪》，第813页。

⑤ 按，燕帖木儿去世的确切时间，《元史》不载，此据宋本《至治集·绝句》，转引自《永乐大典》卷九〇〇，中华书局影印本，第347页。

⑥《元史》卷三八《顺帝纪一》，第818-819页。

元统二年（1334）四月，文宗室建成，遂正式“奉圣明元孝皇帝文宗神主于太庙”。①

宁宗神主升祔太庙的时间较晚，直到后至元二年（1336）十二月，顺帝才“诏省、院、台、翰林、集贤、奎章阁、太常礼仪院、礼部官定议宁宗皇帝尊谥、庙号”。第二年正月，“升祔懿璘只班皇帝于庙，谥冲圣嗣孝皇帝，庙号宁宗。”②至此，太庙供奉神主已有十二位，其排列顺序，应如下表所示。

十一室	第十室	第九室	第六室	第五室	第三室	第一室	第二室	第四室	第七室	第八室	十二室
	穆三世		穆二世		穆一世		昭一世	昭二世	昭三世		昭四世
穆六室	穆五室	穆四室	穆三室	穆二室	穆一室		昭一室	昭二室	昭三室	昭四室	昭五室
文宗	英宗	明宗	成宗	顺宗	世祖	太祖	睿宗	裕宗	武宗	仁宗	宁宗

不过，太庙十二室神主的格局，仅仅在三年之后，又因政局突变，出现新的变化。后至元六年（1340）二月，在顺帝支持下，脱脱等人发动政变，清除权臣伯颜势力，不久顺帝即开始追究文宗毒害明宗的旧恶。“六月丙申，诏撤文宗庙主，徙太皇太后不答失里东安州安置，放太子燕帖古思于高丽。”③这样一来，太庙神主又剩下十一室，如下表所示。

第十室	第九室	第六室	第五室	第三室	第一室	第二室	第四室	第七室	第八室	十一室
穆三世		穆二世		穆一世		昭一世	昭二世	昭三世		昭四世
穆五室	穆四室	穆三室	穆二室	穆一室		昭一室	昭二室	昭三室	昭四室	昭五室
英宗	明宗	成宗	顺宗	世祖	太祖	睿宗	裕宗	武宗	仁宗	宁宗

至此，顺帝太庙神主室次这一排列格局，一直维持到元朝灭亡，再无变化。

至正二十八年（1368）闰七月，明军兵临城下，元朝濒临灭亡。“左丞相失列门传旨，令太常礼仪院使阿鲁浑等，奉太庙列室神主与皇太子同北行。阿鲁浑等即至太庙，与署令王嗣宗、太祝哈剌不华袭护神主毕，仍留室内。”④顺帝命皇太子爱猷识理达腊携太庙神主先行北上的旨意，遭到太常礼仪院使陈祖仁的反对。

> 二十八年秋，大明兵进压近郊，有旨命祖仁及同佥太常礼仪院事王逊志等载太庙神主，从皇太子北行。祖仁等乃奏曰：“天子有大事出，则载主以行，从皇太

① 《元史》卷三八《顺帝纪一》，第821页。按，元统二年（1334）四月文宗入祔太庙与上一年十一月权结彩殿似有不同，应是在文宗室（穆六室）建成后重新供奉文宗神主。如不作是观，则权结彩殿的状态一直持续到后至元六年（1340），于情理上说不通。不过，此前太庙西侧的穆五室已满，文宗室于何处兴建，史无明文。最有可能的情况是，将东西两侧的夹室改建为供奉皇帝神主的室，即以西夹室改为穆六室，以供奉文宗神主。

② 《元史》卷三九《顺帝纪二》，第837、838页。同书卷三七《宁宗纪》（第813页）的记载稍有出入，“（后）至元四年三月辛酉，谥曰冲圣嗣孝，庙号宁宗。四月乙酉，祔于太庙。”。

③ 《元史》卷四〇《顺帝纪三》，第858页。

④ 《元史》卷四七《顺帝纪十》，第986页。

子，非礼也。”帝然之，还守太庙以俟命，俄而天子北奔，祖仁守神主，不果从。①

明军攻入大都后，守护太庙神主的陈祖仁与同佥太常礼仪院事王逊志均殉难，太庙列室神主成为明军的战利品。不过，因顺帝死后被上庙号惠宗，其子爱猷识理达腊死后被上庙号昭宗，我们似有理由相信，北元初也是实行太庙祭享制度的，只是详情我们已无从知晓。

附表1 元朝皇帝双庙号对照简表

御　名	汉式庙号	蒙古语庙号	涵义
忽必烈	世祖	薛禅	睿智
铁穆耳	成宗	完泽笃	吉祥的
海　山	武宗	曲律	俊杰
爱育黎拔力八达	仁宗	普颜笃	善者、福者
硕德八剌	英宗	格坚	英明
和世㻋	明宗	忽都笃	神圣的、有福的
图帖睦尔	文宗	札牙笃	有命的
妥欢贴睦尔	惠宗	乌哈笃	明智的

注：元朝皇帝实行双庙号制，已有学者对此进行过研究。②以上为元朝皇帝双庙号对照简表。需要提到的是，元朝皇帝蒙古语庙号常常与汉式庙号相对应，但往往在皇帝生前即已经使用，如成宗的蒙古语庙号完泽笃，波斯史家拉施特在《史集》中就已经这样称呼他，虽然成宗当时还健在。武宗的蒙古语庙号曲律，在其去世不足一月，即见于汉文文献记载，有可能也是生前即已使用。因此，近年有的学者提出了元朝皇帝“尊称庙号合一说”。③

三、皇后配享

元代太庙除供奉历代皇帝神主外，还实行皇后配享制度，采取“一帝一后”原则，一般以皇帝正后配享太庙。泰定帝前，皇后配享太庙未出现过太大问题，到泰定末，太庙十室均有皇后配享，依次为太祖光献翼圣皇后、睿宗显懿庄圣皇后、世祖昭睿顺圣皇后、裕宗徽仁裕圣皇后、显宗宣懿淑圣皇后、顺宗昭献元圣皇后、成宗贞慈静懿皇后④、武宗宣慈惠圣皇后、仁宗庄懿慈圣皇后、英宗庄静懿圣皇后。文宗即位后，除显宗及其皇后神主被迁出太庙外，原已配享太庙的武宗、英宗皇后也出现了问题，很有可能也在同时迁出太庙。迨顺帝即位，又出现了明宗皇后升祔太庙的新问题，至此，共有武宗、英宗、明宗三帝的皇后配享空缺。元统元年（1333）十月，“中书省臣请集议武宗、英

① 《元史》卷一八六《陈祖仁传》，第4277页。

② 黄时鉴：《元代庙制的二元特性》，《元史论丛》第5辑，北京：中国社会科学出版社，1993年。

③ 洪金富：《元朝皇帝的蒙古语称号问题》，《汉学研究》第23卷第1期（2002年6月）。

④ 成宗朝正式册立的皇后为卜鲁罕，伯岳吾氏，成宗去世后，在大德十一年三月的政变中被废，配享成宗的贞慈静懿皇后失怜答里，实际上在成宗即位前就已去世。参见《元史》卷一一四《后妃传一》校勘记八，第2883页。

宗、明宗三朝皇后升祔。”[①]由此，开始正式启动这方面的议程。

武宗正后名真哥，弘吉剌氏，“脱怜子迸不剌之女”。[②]至大三年（1310）四月，正式册立为后。武宗去世后，皇庆二年（1313），仁宗下令为武宗斡耳朵设长秋寺，由真哥皇后主持。《元史·后妃传》记真哥去世于泰定四年（1327）十一月，但这一时间显然有问题。《元史》中华书局点校本校勘记引汪辉祖《元史本证》指出：“案《纪》，上谥在八月，则非十一月崩也。”《析津志》“原庙行香”篇则提到她的忌日实为七月十九日。[③]七月去世，八月上谥号，顺理成章，而且“七”与“十一”的竖体确实也字形相近。不过，问题还不仅如此。据《元史·泰定帝纪》，泰定三年十二月，“御史贾匽请祔武宗皇后于太庙，不报。”如果贾匽所指为真哥的话，则真哥似乎在泰定三年前就已去世。《元史·泰定帝纪》又载，泰定四年八月，“谥武宗皇后曰宣慈惠圣，英宗皇后曰庄静懿圣，升祔太庙。”[④]据此，真哥与英宗皇后均于泰定帝在位期间追加谥号，并升祔太庙。不过，有资料显示，文宗在位时，武宗太庙神主已无真哥配享。据苏天爵撰孛术鲁翀神道碑：

> 武宗庙室未有配位，大臣请用并祔之文，公（孛术鲁翀——引者注）曰：“宣慈惠圣皇后（真哥——引者注）昔受宝册，母仪天下，礼当合食于庙。”其后卒从公议。[⑤]

“武宗庙室未有配位”，无疑表明真哥配享武宗的地位此时已被取消。按，文宗虽为武宗子，但为武宗妃唐兀氏所生，其兄明宗则为武宗另一妃子亦启烈氏所生，身为正后的真哥则未为武宗诞育任何皇子。文宗将真哥迁出太庙，实际上有将生母升祔太庙的私心作祟。针对这种情况，当时有人提出了“并祔”的建议，具体内容已无从得知，但很有可能提出“并祔”的人选为文宗与明宗生母，而非武宗正后真哥。实际上，天历二年（1329）二月，文宗生母与明宗生母已被分别追谥为文献昭圣与仁献章圣皇后，完成了升祔太庙的第一个必备步骤[⑥]。孛术鲁翀时任佥太禧宗禋院事，坚决反对“并祔”建议，认为真哥既为武宗生前册封的正后，就理应配享太庙。孛术鲁翀的意见虽说违背文宗意愿，但确符合武宗生前愿望，这也为顺帝朝最终解决真哥升祔太庙奠定了基础[⑦]。

顺帝即位后，在讨论武宗皇后升祔太庙时，出现了代表各方利益的建议。据《元史·逯

---

①《元史》卷三八《顺帝纪一》，第818页。

②《元史》卷一一四《后妃传一》，第2874页。按，脱怜为弘吉剌部首领按陈裔孙，世袭千户，镇守北边怯鲁连地区。见《元史》卷一一八《特薛禅传》，第2918页。

③ 参见洪金富《元〈析津志·原庙·行香〉篇疏证》，《中研院史语所集刊》第79本，第1分，2008年。

④《元史》卷三〇《泰定帝纪二》，第675、681页。

⑤ 苏天爵《滋溪文稿》卷八《元故中奉大夫江浙行中书省参知政事追封南阳郡公谥文靖孛术鲁公神道碑》，中华书局1997年点校本，第125页。

⑥《元史》卷三一《明宗纪》，天历二年（1329）二月，“追尊皇妣亦乞烈氏曰仁献章圣皇后。”（第696页）卷三三《文宗纪二》，“中书省议追尊皇妣亦乞烈氏曰仁献章圣皇后，唐兀氏曰文献昭圣皇后，命有司具册宝。”（第730页）另据《元代画塑记》（广仓学窘丛书本），“（天历二年）十一月八日，敕平章明里董阿：‘汝提调重画（原作重重，据文意改——引者注）文献皇后、武宗皇帝共坐御椅。凡所用物及工匠饮膳，令诸色府移文，依旧所需之。’”时明宗已死，文宗此举实际上意在凸显生母与武宗的关系。

⑦ 按，宁宗至顺三年（1332）十一月，曾下诏由翰林国史院、集贤院与奎章阁学士院集中讨论过武宗皇后升祔太庙之事（《元史》卷三七《宁宗纪》，第813页），孛术鲁翀神道碑提到的“并祔”之争，有可能即在此次集议中提出。

鲁曾传》：

> 武宗一庙未立后主配享，集群臣廷议之。鲁曾抗言："先朝以武宗皇后真哥无子，不立其主。"时伯颜为右丞相，以为明宗之母亦启列氏可以配享。徽政院传太后旨，以文宗之母唐兀氏可以配享。伯颜问鲁曾曰："先朝既以真哥皇后无子，不为立主。今所立者，明宗母乎？文宗母乎？"对曰："真哥皇后在武宗朝已膺玉册，则为武宗皇后。明宗、文宗二母后固为妾也。今以无子之故，不为立主，以妾后为正宫，是为臣而废先君之后，为子而追封先父之妾，于礼不可。且燕王垂即位，追废其母后，而立其先母为后，以配享先王，为万世笑，岂可复蹈其失乎？"集贤大学士陈颢，素嫉鲁曾，出曰："唐太宗册曹王明之母为后，是亦二后也，岂不可乎？"鲁曾曰："尧之母为帝喾庶妃，尧立为帝，未闻册以为后而配喾。皇上为大元天子，不法尧、舜，而法唐太宗耶？"众服其议，而伯颜韪之，遂以真哥皇后配焉。[①]

讨论过程中，权臣中书右丞相伯颜代表顺帝的利益，主张以明宗生母，也即顺帝的祖母亦启烈氏配享。太后卜答失里代表其夫文宗的利益，主张以文宗生母唐兀氏配享。集贤大学士陈颢采取调和立场，主张二后并祔（有可能指明宗、文宗生母）。时任太常博士的逯鲁曾则力主以真哥配享，理由与此前孛术鲁翀所提相差无几。此外，逯鲁曾还引用了"燕王垂"即后燕慕容垂的一个典故。按，十六国之一的后燕慕容垂称帝时，追尊生母兰氏为文昭皇后，迁嫡母段氏出太庙，而以生母兰氏配享其父慕容皝，此事后来被北魏史臣崔鸿讥为"违礼而纵私"。[②]结果，伯颜最终采纳了逯鲁曾的意见，确定由真哥配享武宗，重新升祔太庙。顺帝祖母亦启烈氏寿童，则在至正六年（1346）由仁献章圣改拟徽号为庄献嗣圣皇后。[③]

英宗正后名速哥八剌，出身亦启烈氏，"昌国公主益里海涯女也。至治元年（1321），册为皇后。泰定四年（1327）六月崩，谥曰庄静懿圣皇后。"[④]前面提到，泰定四年八月，速哥八剌与真哥一同升祔太庙，其中速哥八剌的祔庙册文由时任翰林直学士的虞集撰写，保存在虞集的文集中。不过，有意思的是，虞集笔下，这位速哥八剌摇身一变，又成为"英宗皇后翁吉剌氏"，[⑤]这是虞集的笔误，还是刻意为之，已不得而知。正如有的学者所揭示的，速哥八剌实际上为"南坡之变"祸首铁失之妹。[⑥]泰定帝即位后，对速哥八剌不予追究，又待以先帝皇后礼遇，死后配享太庙，显然会被文宗抓住把柄，将其认定为泰定帝参与"南坡之变"的一个罪状。文宗即位后，速哥八剌大概因此缘故，被从太庙配位中迁出。有鉴于《元史·后妃传》所记英宗皇后仅速哥八剌一人，顺帝初年讨论英宗皇后升祔问题时，有可能仍以速哥八剌升祔太庙，配享英宗。

① 《元史》卷一八九《逯鲁曾传》，第 4292-4293 页。

② 《资治通鉴》卷一〇六《晋纪二八》孝武帝太元十一年三月，中华书局点校本，第 3413 页。

③ 《元史》卷四一《顺帝纪四》，第 876 页。

④ 《元史》卷一一四《后妃传一》，第 2876 页。按，昌国公主益里海涯为成宗女，适亦启烈部首领昌王阿失。

⑤ 虞集《道园类稿》卷一二《皇后祔庙册文》，台湾新文丰出版公司元人文集珍本丛刊本。

⑥ 参见萧启庆先生撰写的剑桥史章节，The Cambridge History of China, Volume 6, Alien Regimes and Border States, 907-1368, p.533, Cambridge University Press, 1994.汉译本《剑桥中国辽西夏金元史》，中国社会科学出版社，1998 年，第 611 页。

明宗皇后配享，涉及两人，即宁宗生母八不沙与顺帝生母迈来迪。

八不沙为弘吉剌氏，出身显赫，“成宗甥寿宁公主之女也”。[①]明宗播迁漠北时，八不沙滞留大都。泰定帝即位，派人护送八不沙到漠北与明宗团聚，后在泰定三年（1326）生下宁宗。从八不沙的显赫地位来看，她很有可能在明宗为皇子时已册为元妃，系明宗正妻与顺帝嫡母。《元史》不载八不沙册立为后之事，可能是因明宗践祚时间太短，但更有可能是顺帝朝修《明宗实录》，为突出顺帝生母地位，故意不提此事。实际上，八不沙与顺帝的关系并不融洽。文宗在世时，将顺帝长期流放在外，据说即出自八不沙所进谗言，[②]此事肯定会让顺帝耿耿于怀。迈来迪则为哈剌鲁首领阿儿思兰的后裔，是明宗播迁后续娶的后妃，在生下顺帝后即去世。

在讨论二人谁应配享明宗时，参与讨论的官员也有过一番交集。时任同佥太常礼仪院事的曹鉴，“因集议明宗皇后祔庙事，援礼据经，辨析详明，君子多之。”[③]这位引用儒家经典的礼官很有可能是支持八不沙配享明宗，毕竟八不沙的身份形同正妻嫡母，更符合儒家礼经的规定。不过，曹鉴的意见即便“君子多之”，八不沙仍未能成功升祔太庙，甚至也没有获得相应谥号。后至元元年（1335）三月，“中书省臣言，帝生母太后神主宜于太庙安奉，命集议其礼。”[④]由此可见，顺帝朝最终确定仍是由顺帝生母迈来迪升祔太庙，第二年二月，迈来迪在升祔太庙前被正式追加谥号为贞裕徽圣皇后。[⑤]

迨武宗、英宗、明宗皇后配享问题全部讨论结束后，后至元二年（1336）三月，顺帝下令“造武宗、英宗、明宗三朝皇后玉册玉宝”。十一月，“武宗、英宗、明宗三朝皇后升祔入庙，命官致祭。”[⑥]至此，顺帝初年太庙十一室神主，除宁宗皇后依然健在外，已有十室皇后配享。

元代最后一位升祔太庙的皇后为宁宗皇后答里也忒迷失，系出弘吉剌氏，至正二十八年（1368）去世并升祔太庙。[⑦]不过，答里也忒迷失升祔太庙当年，元朝即宣告灭亡。按制度，皇后升祔太庙必加谥号，因元末文献散失，答里也忒迷失的谥号今已失传。

① 《元史》卷一一四《后妃传一》，第877页。

② 《元史》多处记载提及此事。其中卷三八《顺帝纪一》（第816页），至顺四年顺帝即位诏提到：“今皇太后召大臣燕铁木儿、伯颜等曰：……又先为八不沙始以妒忌，妄构诬言，疏离骨肉。”此处所言出自文宗后卜答失里，指出八不沙因心生嫉妒，始向文宗进此谗言。而据卷四〇《顺帝纪四》（第856页），后至元六年伯颜倒台，卜答失里被逐，顺帝诏书所列卜答失里罪状，又云：“又私图传子，乃构邪言，嫁祸于八不沙皇后，谓朕非明宗之子，遂俾出居遐陬。”据此，八不沙所进谗言，又被说成是卜答失里的栽赃陷害。无论如何，八不沙参与打压顺帝，以确保己子宁宗的地位，应当说是很有说服力的。

③ 《元史》卷一八六《曹鉴传》，第4283页。

④ 《元史》卷三八《顺帝纪一》，第826页。

⑤ 《元史》卷三九《顺帝纪二》，第833页。

⑥ 《元史》卷三九《顺帝纪二》，第834、837页。

⑦ 《元史》卷一一四《后妃传一》，第2878页。

附表 2　太庙皇后配享对照简表

皇帝	皇　后
太祖	光献翼圣皇后弘吉剌氏孛儿台旭真
睿宗	显懿庄圣皇后怯烈氏唆鲁和帖尼
世祖	昭睿顺圣皇后弘吉剌氏察必
裕宗	徽仁裕圣皇后弘吉剌氏伯蓝也怯赤（又名阔阔真）
显宗	宣懿淑圣皇后弘吉剌氏普颜怯里迷失
顺宗	昭献元圣皇后弘吉剌氏答己
成宗	贞慈静懿皇后弘吉剌氏失怜答里
武宗	宣慈惠圣皇后弘吉剌氏真哥
仁宗	庄懿慈圣皇后弘吉剌氏阿纳失失里
明宗	贞裕徽圣皇后哈剌鲁氏迈来迪
英宗	庄静懿圣皇后亦启烈氏速哥八剌
宁宗	□□□□皇后弘吉剌氏答里也忒迷失

注：上述帝后以太庙室次排序。配享诸后中，显宗宣懿淑圣皇后、武宗宣慈惠圣皇后、英宗庄静懿圣皇后神主，文宗即位后撤毁，后二者顺帝朝重新升祔太庙。

（刘晓，1970 年生，历史学博士，中国社会科学院历史研究所研究员。北京：100732）

浅析明朝西藏地方的职官制度

文厚泓

内容提要：明朝治藏措施主要体现在逐步建立起来的三大系统化的西藏职官制度：因循元代区制、改立新规的都司卫所制度；多封众建、均衡各势的行政与宗教首领制度；因俗而治、尚用僧徒、全设土官、朝贡厚赏的职官稳定制度。明朝对西藏地方职官制度的设置，集中体现了中央对西藏的国家主权与凝聚力。

明朝在西藏地方职官制度的设置，是明朝中央政府治理西藏，对西藏地方实施国家主权的主要表现。学界对西藏地方职官制度的研究成果不少[①]，但多数停留于史料的整理与史事的描述，缺乏历时、比较、系统化的分析，导致部分国外学者以为，明朝对西藏缺乏国家行政权力控制，西藏与内地中央政府只是一种供施关系或宗主权关系。[②]因此，历时态地考察明代西藏地方职官制度，对了解明朝中央政府逐渐加强对西藏地方的行政管理的历史进程，探析明朝中央政府治藏政策的演进，确立明朝对西藏地方的主权地位，具有重要意义。

公元1368年，明朝代元立国，逐渐在全国设立了严格、系统的职官制度。明代，整个藏区分为朵甘（安多、康地，还包括现在的昌都）、乌思藏（前后藏）、俄力思（阿里）等地区[③]。在主要以和平招顺方式完成对藏区的统治后，[④]明朝通过在遵循元代对藏区的行政区划设置的基础上，参考全国军政机构与职官设置系统，在乌思藏、俄力思先后设立起了都司卫所职官制度，[⑤]加强了对西藏的军事控制；通过多封众建，设立了以僧官为主的地方宗教首领和行政首领僧官制度；以朝贡赐赏的方式，加强了对西藏地方

① 本文所指的西藏地方职官制度，是指中央政府对西藏地方职官的设置制度，并不包括西藏地方政权如帕竹政权内部职官制度的设置。后者不是本文考察的对象。

②详见：夏格巴写的《Tibet,political history》；范普拉赫著的《西藏的地位;从国际法角度对西藏历史、权利与前景的分析》，美国west view press出版；法国人文政治研究中心出版的《喇嘛和皇帝》一书认为，明朝和西藏的关系是含糊不清的。

③ 本文指称的西藏包括乌思藏、俄力思，但不包括昌都。

④ 洪武二年（1369），明大将军徐达和邓愈率部西进。邓愈攻克河州后，故元陕西行省吐蕃宣慰使何锁南普等，持元朝所授金银牌印宣敕到邓愈军前请降；被元朝封为藏区的统治者镇西武靖王卜纳敕以所辖吐蕃诸部来降。其后，各地藏区诸部皆来受降归顺明朝。这表明，明代元兴，接替了元朝对藏区各地的统治权。镇西武靖王卜纳敕（剌）为忽必烈第七子西平王奥鲁赤之玄孙，全部藏区是他家世袭的份地。参见王森《西藏佛教发展史略》，中国社会学科学出版社，1997年，第255页。

⑤ 武四年(1371 年)设朵甘卫指挥使司；洪武六年，设乌思藏卫指挥使司；洪武七年，置西安行都指挥使司于河州(今甘肃临夏)，升河州卫指挥司使韦正为都指挥使，总辖河州、朵甘、乌思藏三卫。升朵甘乌思藏二卫为行都指挥使司。

官员的羁縻控制。

本文重在以历时态方式，系统整理明朝在西藏地方所设置的三大职官制度：因循元代区制、改立新规的都司卫所制度；多封众建、均衡各势的行政与宗教首领制度；因俗而治、尚用僧徒、全设土官、朝贡厚赏的职官稳定制度，[①]以大量史事证明了明朝逐渐加强对西藏实行国家行政控制与落实主权地位的历史事实。[②]

一、因循元朝区制、改立新规的都司卫所军政职官制度

明朝取得全国性政权后，首先加强的是军事机构与职官的设置。明朝在全国遍设卫所制，卫所“大小联比以成军”。[③]

在民族地区，明朝中央也设置了统摄军民的都指挥使司(行都指挥使司)及卫所制。这是一类依靠当地土官建立的羁縻卫所。羁縻卫所最多的地区是东北地区，其次是西北地区和青藏地区。[④]永乐元年，“计天下都司凡十有六，十三省都司外，有辽东、大宁、万全三都司。”[⑤]行都司凡五：陕西、山西、福建、四川、湖广。而广大藏区起初被纳入陕西行都指挥使司。

为了加强对藏区的治理，明朝继承了元朝对藏区三大行政区域[⑥]的区划，但对军政机构与职官的设置作了修改。明朝中央于洪武六年(公元 1373 年)正式设置乌思藏都指挥使司（管辖卫、藏）和朵甘都指挥使司（管辖今昌都、玉树、果洛、甘孜及阿坝部分藏区）。而今青海东南部、甘肃和四川阿坝部分藏区则分别隶属于陕西行都司、陕西都司和四川都司。[⑦]据《明史·兵志二》载，明代在藏区设置的羁縻军事机构，都指挥使司 2 所、指挥使司 1 所、宣慰使司 3 所、招讨司 6 所、万户府 4 所、千户所 17 所。凡设卫置官，必给诰印为凭。各卫所须对明称臣，定期朝贡。凡按期朝贡者，明王朝或赏赐、或升官，以示鼓励。[⑧]

---

① 可参见张忠，《论明朝西藏归属与领主制的演变》，载《历史研究》1994 年第 5 期。

② 这是一种非直接管理的控制式国家主权行政模式。

③ 明代卫所分三类：内地汉军卫所、西北与东北少数民族地区的羁縻卫所（以土官为主）、边疆与内地间缓冲地带的半羁縻卫所（土流官相兼）。参见《明史·卷九十·兵二》。

④ 许立坤，《浅述明代羁縻卫所制--明王朝民族政府研究之二》，《广西社会主义学院学报》1998 年第 11 期。

⑤《明史·卷七十六·志第五十二·职官五》。卫所制度是明朝的基本军事制度。《明史·兵志》载：“明以武功定天下，革元旧制，自京师达于郡县，皆立卫所，外统之都司，内统于五军都督府。”卫是仅次于都司的地方权力机构。最初规定：“凡一卫统十千户，一千户统十百户，百户领总旗二，总旗领小旗五，小旗领军十。”洪武七年，卫所制度最终确定为：“每卫设前、后、中、左、右五千户所。大率以五千六百人为一卫，一千一百二十人为一千户所。计天下内外卫凡五百四十有七，所凡二千五百九十有三。自卫指挥以下，其官多世袭，其军士亦父子相继，为一代定制。”(引自：《西藏地方是中国不可分割的一部分(史料选集)》，西藏社会科学院等编，西藏人民出版社，1986 年)

⑥ 即乌思藏纳里速古鲁孙等三路宣慰司，管辖卫、藏、阿里；吐蕃等路宣慰司，管辖今青海玉树及四川西北藏区；吐蕃等处宣慰司，管辖今青海东南部、甘肃和四川阿坝藏区。

⑦ 陈楠认为，朵甘行都指挥使司的管辖范围包括今甘肃、青海藏区和四川西部阿坝、甘孜、西藏东部昌都一带，即包括传统地理概念上的“安多”和“康”两部分藏区。“朵”为藏文音译，或译“多”，即指“安多”，指今甘、青藏区：“甘”亦为藏文音译，或译“甘思”，即“喀木”，指今四川甘孜和西藏昌都一带。陈楠，《明代西藏地方政教体制及职官制度考述》，载《中央民族大学学报(哲学社会科学版)》2009 年第 6 期。

⑧ 许立坤：《浅述明代羁縻卫所制——明王朝民族政府研究之二》，《广西社会主义学院学报》1998 年第 11 期。

《明实录藏族史料》载[①]：洪武五年（1372）十二月，置指挥使司二：曰朵甘、曰乌思藏，宣慰司二；元帅府一；招讨司四；万户府十三；千户府四。故元吐蕃等处宣慰使司都元帅府宣慰使何琐南普等十三人皆被授予指挥同知等明朝职官。洪武七年，置西安行都指挥使司于河州，总辖河州、朵甘、乌思藏三卫。升朵甘、乌思藏二卫为行都指挥使司，以朵甘卫指挥同知琐南兀即尔、管招兀即儿为都指挥同知。乌思藏都司和朵甘都司下设置了指挥使司、宣慰司、招讨司、万户府、千户所，以安置炽盛佛宝国师喃加巴藏卜及朵甘行都指挥同知锁南兀即尔等奏举的赏竺监藏等 58 人。于是，藏区各地方僧俗首领皆争先来京，上缴元代旧敕印，封授新职官，领取明朝敕印。[②]这是明朝中央对西藏地方职官的第一次增扩。洪武八年（1375），置俄力思（阿里地区）军民元帅府、帕木竹巴万户府、乌思藏笼答千户所，设官十三人。这些机构的官员，均由明朝中央政府作为朝廷命官，任命当地首领担任。[③]阿里地区纳入明朝的建置，标志明朝继承元朝，完成了对全藏区的行政管辖。

洪武年间，对藏族大小官员和诸部首领，凡应招入朝或经荐举的，只要交回故元官印，不问辖地大小，属民多少，即参照原有官职或地位，上自都指挥使，下至万户、千户、寨官等各级地方军政官员，按都司卫所建制，进行了直接任免、升降和更替。[④]

永乐元年，朝廷设陕西行都指挥使司后，乌思藏、朵甘归陕西行都司管辖。

随着对藏区治理与管辖的逐步深入，为了加强地方管理，明朝又先后在乌思藏地方增设几个行都指挥使司。[⑤]元代的十三万户制度逐渐被取消。

明朝中央政府规定，各卫所皆为臣子，不得互相攻伐。各卫所的迁移，需经朝廷许可。[⑥]这表明，明朝通行全国的武职卫所制度，在藏地得到了贯彻执行。

明洪武十八年，随着对西藏事务与官吏情况越来越熟悉，又对品秩作了调整：定朵甘思宣慰使秩正三品，朵甘万户府、朵甘招讨司、朵甘东道万户府、乌思藏必力工瓦万户府（止贡万户）秩皆正四品，朵甘塔尔千户所、乌思藏葛刺汤千户所秩皆正五品。

明朝强调恢复华夏礼治的统治秩序，主张“夷狄奉中国，礼之常经；以小事大，古

---

① 顾祖成编，西藏人民出版社，2000 年。

② 详见王森《西藏佛教史略》，中国社会科学出版社，1997 年，第 255 页。

③ 张忠：《论明朝西藏归属与领主制的演变》，《历史研究》1994 年第 5 期。

④ 明朝颁赐诰敕皆按官品官职，一至五品为诰命，六品以下为敕命。国师以上为诰命，禅师为敕命，·都纲剌麻，都指挥、指挥等皆为敕谕。洪武十八年对品秩调整：“定朵甘思宣慰使秩正三品，朵甘万户府、朵甘招讨司、朵甘东道万户府、乌思藏必力工瓦万户府秩皆正四品，朵甘塔尔千户所、乌思藏葛刺汤千户所秩皆正五品”。《明会典》卷五八，第 360 页。

⑤ 俺不罗行都指挥使司（其辖境在今西藏自治区浪卡子一带）、乌思藏宣慰司（在乌思藏地方）、牛儿宗寨行都指挥使司（内邬宗或乃东宗，其辖境在今西藏拉萨市西南堆龙德庆县一带）、领思奔寨行都指挥使司（即仁蚌宗）、擦力巴行都指挥使司（在今西藏自治区拉萨市东郊蔡贡塘一带）、仰思多万户（雅桑巴万户，其辖境当在今西藏山南地区东部一带）、帕木竹巴万户府（乌思藏地方最具实力最有影响的地方政教势力集团）、沙鲁万户（辖境在今西藏自治区日喀则偏东地区夏鲁）、必力公瓦万户府（止贡万户）、着由万户府（其地在今山南地区甲域河谷一带）、巴者万户府（地域属阿里地区）、加麻万户府（设置于洪武十二年二月，但《明实录》缺载）。参引陈楠《明代西藏地方政教体制及职官制度考述》，《中央民族大学学报（哲学社会科学版）》2009 年第 6 期；祝启源《明代藏区行政建置史迹钩沉》，载《藏学研究论丛》第五辑，西藏人民出版社，1993 年版。

⑥ 许立坤：《浅述明代羁縻卫所制——明王朝民族政府研究之二》，载《广西社会主义学院学报》1998 年第 11 期。

今一理”的“华夷一统”思想。[①]。洪武二十七年，皇帝命更定“蕃国朝贡仪”，规定朝见的服装与行礼，对宴会排次，“蕃王班次居侯伯之下”。“蕃国朝贡仪”为法定制度，与官爵品级相适应。“若不臣中国，则声罪徂征”。据《皇明象胥录（卷八）·西蕃》，明朝中央政府明确规定，地方各级僧俗官员要遵守朝廷法令，化导百姓，管好地方政教事务。这些明确表明了明朝中央政府对西藏诸地拥有国家行政主权。

总之，明洪武年间在西藏地方军政职官设置上，遵循元代的地区划分，接受元代藏区的军政旧官吏，但改换了机构名称与职官名称，调整了西藏职官品秩、朝仪制度。

二、多封众建、均衡各方势力的地方首领制度

为实行对藏区各地的统治，明朝废除了元朝中央在西藏“独尊萨迦一派”的管理模式，强调“幅员之内，咸推一视之仁”，[②]“华夷无间，姓氏虽异，抚字如一”，[③]废除了宣政院和帝师制度，实行了多封众建、均衡各方势力的地方首领制度。这一均势制度与明太祖朱元璋（1368—1398年在位）在内地实行“废除中书省，取消丞相，分权六部”的职官制度是一致的。

洪武五年（1372）五月，明朝遣专使封帕竹政权第二代首领章阳沙加监藏(1340—1373)为灌顶国师。[④]第二年，章阳沙加监藏遣使锁南藏卜入朝受封，表明帕竹政权正式接受明朝中央政府管辖。

洪武六年，明廷封元萨迦派摄帝师喃加巴藏卜炽盛佛宝国师，对其所荐举的60名乌思藏故元官吏悉皆授以官职。这表明明朝取消了元朝实行的帝师制度。

除了对西藏地方军政人物多封众建外，对西藏地方行政首领与宗教首领也采取多封众建的职官设置策略。[⑤]

永乐五年（1407），封噶玛噶举黑帽系活佛第五世得银协巴（1384—1415）为“万行俱足十方最胜圆觉妙智慧善普应佑国演教如来大宝法王西天大善自在佛领天下释教”（简称“大宝法王”），赐印诰并赐名如来；其徒先后亦有数人受封为大国师、国师名号。

永乐十一年，封萨迦派僧人、元帝师衮噶坚赞的孙子昆泽思巴“万行圆融妙法最胜真如慧智弘慈广济护国演教正觉大乘法王西天上善金刚普应大光明佛领天下释教”（简称“大乘法王”），赐印诰。

永乐十三年，封格鲁派创始人宗喀巴弟子释迦也失（1352—1435）为“妙觉圆通慈慧普应辅国显教灌顶弘善西天佛子大国师”；宣德九年（1434），再次加封为“万行妙明真如上胜清静般若弘照普慧辅国显教至善大慈法王西天正觉如来大圆通佛”（简称“大

---

① 《明太祖实录》卷九十，洪武七年六月乙未。

② 《明太祖实录》卷七十九，洪武六年二月癸酉。

③ 《明太祖实录》卷五十三，洪武三年六月丁丑。

④ 即释迦坚赞，1365-1373年任帕竹政权的第悉（首领）。曾于1365年，被元顺帝奉为灌顶国师。人称章阳国师。参见王森《西藏佛教史略》，中国社会学科学出版社，1997年版，第263页。

⑤ 永乐皇帝执政后，曾拟突出噶玛噶举。在与噶玛派黑帽系第五世活佛得银协巴会见时，皇帝提出“将一切宗派并入卿之宗内”，但得银协邑以“不合世尊之心”为由，建议“按各宗各派之传统方式行事”。永乐遂改为承认当时藏区的现实，承认各教派的原有辖区，依靠客派首领“化导其民”，因而连续封了许多番僧为王。参见巴卧祖拉著、黄颢译《贤者喜宴》，西藏人民出版社出版，1986年。另见佐藤长著、邓锐龄译《元末明初西藏的形势》，载《民族史译文集》第9期。

慈法王”)。

从分封地区来看，大宝法王的势力范围在西藏东部的昌都地区，大乘法王在后藏，即最西，大慈法王在前藏，居二者之中。①

除了三大法王外，明朝还在藏区封了五个具有区域行政管辖实权的教王，他们是阐化王、赞善王、护教王、辅教王、阐教王。②

明封阐化王③。洪武二十一年（1388），明朝准予扎巴坚赞继任帕竹地方政权首脑，并封他为灌顶国师阐化王，赐玉印。这是明朝第一次封西藏地方最大的僧人统治者为王。扎巴坚赞任帕竹政权首领达 40 多年，他的家臣也多受明朝委任分封。如其辖的仁蚌宗（县）、贡噶宗、扎噶尔宗等宗本（首领），皆被明朝封为都指挥签事。按明朝当时的封文，这些指挥签事皆被授昭勇将军，为正三品武职。与元代万户正三品同。永乐五年，阐化王奉永乐帝之命，与其他教王、止贡首领、朵甘陇答诸卫各部，修复了前后藏通往汉地的大小驿站，加强了中央与西藏地方的联系。

明封赞善王④。永乐四年（1406），著思巴儿监藏（？—1425）遣使入京，受封为灌顶国师。第二年，明朝加封其为赞善王（明史称其灵藏僧，应为元吐蕃等处宣慰使司都元帅府宣慰使。其地在四川徼外，即今甘孜州一带）。洪熙元年（1425），命其从子喃葛监藏袭王职正统十年(1445)，明帝封喃葛监藏长子班丹监剉为赞善王。成化三年(1467)，又命塔儿巴坚灿世袭赞善王。

明封护教王⑤。永乐四年（1406），南哥巴藏卜（《青史》称他为本钦，元末曾为吐蕃等路宣慰使司都元帅府宣慰使。与得银协巴关系厚。）遣使入京，诏受灌顶国师，并赐诰命。1407 年，遣使入谢，加封为护教王，赐金印（明史称其为馆觉僧，其地在昌都东南贡觉县一带)。1414 年其从子斡些儿吉剌思巴藏卜嗣为护教王。其后绝嗣，其爵遂绝。但万历年仍有护教王入贡记录。其迹不详。

明封辅教王⑥。永乐十一年（1413），南渴烈思巴（1399—1444）被明朝封为辅教王。他是萨迦派都却剌让一支的后人，祖辈袭封白兰王。他的子孙承袭了 4 代。每次都由明廷遣使往封。到 16 世纪初，其他三个剌让都已绝嗣，只有辅教王一系传延萨迦派。

明封阐教王⑦。永乐十一年(1413)，止贡僧人领真巴儿吉监藏被明朝受封为阐教王。他是曾为宗喀巴老师的止贡寺座主却吉杰波的侄子，明史称其为必力工瓦僧，即止贡哇。其领地兼有农牧两区，又是当时的商业重地与交通要地。到 15 世纪初，势力有所恢复。

---

① 日本藏学家佐藤长曾言：“最早的三大法王其势力范围各自占有东部、中部和西部西藏。明朝一向熟知在此三大地域中最大宗派为准，其设置了三大法王，于其间的小空间配置了五名教王，当是依据当时西藏的现实、了解了全部情况后的决策。当我们知道这些教王的封爵几乎都在永乐时代授予时，对于明成祖关于西藏的政策推行得如何妥当，更加感叹不止了。”见[日]佐藤长著、邓锐龄译《明代西藏八大教王考》(下)，载《西藏民族学院学报》1988 年第 4 期。

② 参见[日]佐藤长著、邓锐龄译《明代西藏八大教王考》(上、中)，载《西藏民族学院学报》1987 年第 3、4 期。

③ 帕竹噶举派首领，辖卫藏大部分地区。

④ 管理元朝吐蕃等处宣慰使辖地，噶玛噶举派代表，辖甘青藏区。有学者认为，赞善王属萨迦灵藏派，辅教王属萨迦达仓派。参见石硕《明朝西藏政策的内涵与西藏经济的东向性发展》，载《西藏研究》1993 年第 2 期；也有认为，赞善王属噶玛噶举派。见王森《西藏佛教史略》，中国社会科学出版社，1997 年，第 255 页。

⑤ 管理元朝吐蕃等路宣慰使辖地，噶玛噶举派代表，辖昌都地区。

⑥ 元朝乌思藏古鲁孙宣慰使元帅府辖地，萨迦派代表，辖区在后藏。

⑦ 止贡噶举派首领，辖前藏部分地区。

明封其为教王，旨在前藏树立一个与帕竹对立的势力。阐教王一职，由其子孙世袭，一直到16世纪仍被保持。

以上教王具有“政教合一”的性质，他们“遵朝廷法，安抚一方”，体现了明朝中央政府对西藏的管辖权。①

对于其他势力较小的派别，如达垄派等，也封其首领为国师，可按期朝贡。前后所封国师达二三十人。

明朝在西藏职官设置中所行的均衡各势，主要体现在明朝中央在西藏设置职官时，有意均衡各派，维持各派相互制约。元末代表地方宗教势力与贵族势力的十三万户经过了调整，到明初，各教派的势力基本成形。其中，以帕竹政权势力最大。明朝充分认识到这一点，按照各派的实力，对各派进行了分封，以弱化大派势力。另外，止贡万户曾是西藏地区势力较大的万户。曾先后受到萨迦派、帕竹势力的打击。明朝中央有意让它再次兴起，封其首领为阐教王，以牵制卫藏独大的帕竹政权；再者，为了不让帕竹势力向后藏漫延，明朝不仅加封萨迦派首领为辅教王，还下诏上帕竹退回所占萨迦派的寺院与地盘。此外，上文也提到，明朝还将帕竹所辖的仁蚌宗（县）、贡噶宗、扎噶尔宗等宗本（首领）皆作了分封，以分散帕竹的势力。

总之，明朝在藏区采取的“多封众建”的地方职官制度，平衡了各教派势力，对西藏领主制产生了巨大影响。永乐年间，西藏领主并未完全统一于帕竹政权属下，有若干平行领主系统(乌思藏内仍有止贡、萨迦势力)的存在。但它们皆统一于明朝统治之下。②

三、因俗而治、尚用僧徒、全设土官、朝贡厚赏的职官稳定制度

与元代只尊崇萨迦一派，从未封僧为王的僧官制度不同，明朝进一进尊重藏地政教合一的社会习惯，明显地采取了因俗而治，尚用僧徒，全设土官，大力开启以僧治藏的策略，同时进一步加强了朝贡厚赏的贡赐羁縻政策。

明代藏传佛教发展成熟，派别立林。西藏本地宗教——苯教也佛教化了，藏传佛教成为主要宗教与主流文化，并且深入到社会的各大层面。藏传佛教僧侣社会地位最高。

1. 因俗而治、尚用僧徒。明朝遵从西藏本地的社会习俗，以尊崇佛教、敬重僧众、接受高级僧侣从事行政管理，在西藏地方建立了庞杂的僧官制度。在乌思藏、俄力思地区的因俗而治，还体现在没有在这两地设立常规性的僧纲司。③

除了西藏地方的军政人物外，明朝在西藏所封授的官员，绝大多数为僧人。僧官分

① 参见泽勇《元明两朝治藏政策及其特点》，载《西藏研究》2008年第6期。

② 张忠：《论明朝西藏归属与领主制的演变》，载《历史研究》1994年第5期。

③ 为了管理全国汉藏民族庞大的佛教徒，明朝中央政府创设了一套严整的僧官体制，在中央设僧录司，隶属于祠祭清吏司. 僧录司的主要职位有左右善世二员，正六品；左右阐教二员，从六品；左右讲经二员，正八品；左右觉义二员，从八品。明朝地方僧司体制与当时的行政体制相适应。明政府把僧纲司制度移植到藏传佛教地区，在当时的西宁、河州二卫设有汉僧纲司和番僧僧纲司。后宁夏卫、甘州卫亦汉番僧司并设。僧纲司从明代一直到清代还在发挥作用。陈庆英认为，在乌思藏虽也设置过僧纲司，由于僧纲司往往依附于三大法王及阐化王、辅教王、阐教王，加上明朝中叶后乌思藏地区各地方势力和教派势力的斗争日益尖锐，僧纲司在乌思藏地区实际上难以发挥明朝政府所期望的管束僧众的作用，因此乌思藏僧纲司系统在藏、汉文史料中都缺乏详细记载。陈庆英：《简论明朝对藏传佛教的管理》，《中国藏学》2000年第3期。

为法王、教王(有实际管辖政区)、西天佛子、大国师、国师、禅师、都纲、剌麻各等级。

永乐、宣德年间，继续扩大对藏区各教派首领的爵号、职位和品级的封授。先后封授了阐化王、大宝法王、护教王、赞善王、辅教王、阐教王、大乘法王、大慈法王等八个重要法王和教王。除五大教王多为俗人外，其他如法王、西天佛子、灌顶国师、大国师、国师等，皆是各教派有影响力的僧人。“俱给印诰，传以为信”；为朝廷效力；其官阶品第由明中央统一规定，颁给印信、号纸，令其“绥镇一方，安辑众庶”，地方政务，事无巨细，均可启奏“大明文殊皇帝”。法王、教王的分封，突破了元朝在藏区不封僧人为王的僧职限制。①

尚用僧徒甚至扩大到了内地。不仅在藏区大广封法王、教王、国师，在内地的有名号的蕃僧也越来越多。社会上充斥着的番僧、法王、佛子、大国师、国师、禅师、喇嘛，远远超过元代。内地法王有特殊称号者 12 名，无特殊称号者 12 名。封授的高潮为永乐、成化和正德 3 个时期。②

所封僧官的官阶品第，由明中央统一规定，颁给印信、号纸，令其“绥镇一方，安辑众庶”。他们直接向中央负责，地方政务，事无巨细，均可启奏“大明文殊皇帝”。③

总之，因俗而治，封敕僧官，尚用僧徒，维护了西藏的稳定；相比元朝，明朝中央在包括西藏在内的广大藏区拥有更为充分、深入的治理权力；也对促进西藏地方与中央关系的和谐、维护地方和平和民族团结，起到积极的作用。④

2. 全设土官。明朝西藏地方职官制度，不仅与元朝不同，也与同时期的河、湟、洮、岷“西蕃诸卫”等朵甘地方职官设置相异，一律任用当地土官。⑤乌思藏、俄力思等地的都司卫所的官员，皆为土官。明朝将元代万户制下的职官纳入到卫所职官中；没有实施土司制；僧纲司只在少数时候，在少数寺院有少量设置。⑥西藏各地方的首领和宗教上层则按其实力、威望，被任命担任当地各级行政官员，如指挥使、指挥副使、指挥同知、元帅、指挥签事、招讨、巡检、万户、副万户、千户、副千户、所镇抚等。⑦

3. 朝贡厚赏。为了加强对西藏土官的管理，明朝中央采取了朝贡厚赏的羁縻方式。

---

① 元朝曾奉藏族俗人为王，如奉八思巴弟弟恰那多吉为白兰王，尚蒙古公主。

② 王尧：《金瓶梅与明代藏传佛教》，见《藏汉文化考述》，北京：中国藏学出版社，2011 年。

③ 明朝不仅在西藏尚用僧徒，在内地也任用藏族僧人处理对蒙、后金事务。如天启六年十二月，辽抚袁崇焕在努尔哈赤受伤去世时，派喇嘛僧人李锁南以吊祭为名前去打听努尔哈赤是否确实亡故及其诸子的情形，这正是当时明朝最为关心的政治军事情报，而李锁南等人去而能返，使明朝得以掌握后金的情况。这些都表明藏族僧人在北京一带的活动延续到明亡。见陈庆英，《简论明朝对藏传佛教的管理》，载《中国藏学》2000 年第 3 期。

④ 也由于后期明皇室过于佞佛，增加了中央的财政负担。见张治东《明代藏区僧官制度研究》，载《西藏民族学院学报》2011 年第 1 期。

⑤ 在安多与康区，朵甘行都指挥使司的首领都指挥，由明朝派驻的汉官担任。藏官只担任都指挥司同知、都指挥签事及以下职官。如洪武七年七月己卯，诏置西安行都指挥使司于河州，升河州卫指挥使司韦正为都指挥使，总辖河州、朵甘、乌思藏三卫。以朵甘卫指挥同知琐南兀即尔、管招兀即儿为都指挥同知。在河、湟、洮、岷“西蕃诸卫”，明朝中央建立了以流土兼用的军政卫所制、遵循旧治的土司制（包括僧职土司）、管理寺院僧众的僧纲司制。参见白文固《明清的番僧僧纲司述略》，载《中国藏学》1992 年第 1 期。

⑥ 陈庆英：《简论明朝对藏传佛教的管理》，载《中国藏学》2000 年第 3 期。

⑦按明制，都指挥使司设都指挥一，正二品；都指挥司同知二，从二品；都指挥签事四，正三品。其下属尚有经历司，设经历，正六品；都事，正七品；断事司，设断事，正六品；副断事，正七品，吏目各一人；司狱司，设司狱，从九品；仓库、草场，大使、副使各一人。（《明史》卷 76，第 1872-1873 页）。

明朝要求所封僧官都必须按规定定期进京朝贡方物。朝贡制度大体可分为四大类：

一是例贡。即让西藏受封各僧俗首领以定期向明朝廷进贡“方物”形式来表示其政治上对明朝的隶属关系，是一种行政义务的述职。例贡通常三年一次，但在永乐和宣德年间，也出现了一年一贡或两年一贡，甚至一年两贡的情况。

二是袭职朝贡。除三大法王名号可由师、徒或转世者继承，不必听候中央诏命外，其余五王和灌顶国师等，其职号的承袭、替代都必须由承袭者遣使或亲自入朝请旨承袭。袭职朝贡，成为明朝制约和管理西藏僧俗首领的重要手段。

三是谢恩朝贡。受封者得到朝廷特殊恩惠(赏赐隆厚、准予袭职等)后，要入朝进贡以示感恩。如弘治八年，大乘法王陆竹坚参巴藏卜，灌顶国师藏卜领占，各遣人朝贡，谢恩袭职。

四是贺庆朝贡。遇有朝廷庆贺大典，如皇帝万寿圣节、皇太子千秋节等，西藏各受封首领也前往朝贡，表示庆贺。如宣德元年，大乘法王昆泽思巴遣国师班丹扎思巴、净觉慈济大国师班丹扎夫“贡马及方物，贺万寿圣节”。朝贡制度体现了对西藏的政治隶属关系，成为明朝维系和加强与西藏的政治隶属关系的楸重要的途径。

朝贡能换取丰厚的回赐。一般而言，明朝的回赐往往三倍于贡物之值。[①]明朝的赏赐分为正赏和贡品价赏。正赏是根据朝贡者身份和地位高低而给予的赏赐，正赏数额明朝前期无明确规定。成化年以后，对一般喇嘛僧人进贡者的正赏数额作了明确规定。

“各夷年例进贡，唯西番数甚众，其赏赐甚厚。国师、西天佛子等，往来自由，赏赐财物动辄数以万计。”如正德十二年，朝廷一次赏给乌斯藏朝贡僧人和在京僧人食茶多达八万九千九百斤。灵藏一族年例进贡止该一百五十余名，给赏食茶之数计有二万四千余斤。[②]

永乐中，大宝法王哈立麻（噶玛巴）入朝，成祖先后赏赐七次，其中仅金、银两项每次约以百、千两计，此外还有大量金银器皿、丝绸彩缎、钞锭等。[③]此外，往来途中，“沿边互市，官市毕，许民间私市，并且朝贡者来往的护送，沿途的马匹、车辆、舟船和全部食宿均由明朝供应”。[④]

经济利益导致西藏贡团人数日益增多。成化元年(1465)，宣德、正统年间(1426—1449)，番僧入贡不过三四十人。景泰间(1450—1457)起数渐多，然亦不过三四百人。天顺间(1457—1464)，遂至二三千人。及今前后络绎不绝，赏赐不赀”。[⑤]

贡赐制度推动了汉藏经济交流，促进政府设立茶马互市。使汉藏以茶马为代表的经济交易促进了汉藏文化交流，增强了西藏与内地的联系与相互的吸引力，前所未有地提高了中央政府对西藏地方的吸引力、凝聚力。

对西藏土官推行因俗而治、重用僧徒、全用土官的僧官制度及“贡赐众赏”的羁縻政策，在教派林立的西藏取得了很好效果，正如《明史》所说：追成祖，益封法土及大

① 参见王森《西藏佛教史略》，中国社会科学出版社，1997年，第236-238页。

② 张治东：《明代藏区僧官制度研究》，载《西藏民族学院学报》2011年第1期。

③ 以上内容参引：石硕，《明朝西藏政策的内涵与西藏经济的东向性发展》，载《西藏研究》1993年第2期。

④ 张治东：《明代藏区僧官制度研究》，载《西藏民族学院学报》2011年第1期。

⑤《明实录·宪宗实录》卷二，成化元年九月戊辰条。台湾“中央研究院”历史语言研究所校印本，1966年。

国师、西天佛子等，律转相化导，以共尊中国，以故西陲宴然，终明世无番寇之患。[①]与元朝、清朝时期的对藏治理相比，二三百年的藏地安宁，足以说明明朝贡厚赏的西藏职官笼络制度，给西藏地方官员充分的自主发展权，对西藏起到很好的治理效果。

明朝对西藏地方的职官制度，也有明显不足。一是过于追求安稳，没有对西藏职官起到严格的监管作用；二是过于实施朝贡厚赏，增加了西藏官员们对中央的利益依赖，加剧了国力负担；三是没能像清朝一样派驻军队与驻藏大臣，对西藏社会经济发展与具体事务管理不够。

明代西藏处于历史上文化大发展、社会更稳定的历史时期，西藏地方职官制度功不可没。它起初依承了元代部分军政职官设置；但随着对西藏地方势力了解的深入，逐步形成了系统的职官制度，包括都司卫所制、僧官制度、贡赐制度等职官制度，体现了明朝中央政府对西藏的国家主权，有助于加强中央对西藏的凝聚力；并在某种程度上促进了西藏文化向东发展。[②]

（文厚泓，1969 年生，男，中央民族大学藏学研究院在读博士生。研究方向：现代西藏历史、藏传佛教史。北京：100081）

---

① 参见张廷玉等撰：《明史·卷三百三十一·列传第二百十七·西域三》，北京：中华书局影印本，1974 年，第 8589 页。

② 石硕：《明朝西藏政策的内涵与西藏经济的东向性发展》，载《西藏研究》，1993 年第 2 期。

《条陈西海善后事宜折》与雍正朝青海政策的完善

刘 锦

内容提要:《条陈西海善后事宜折》是清朝在罗卜藏丹津事件后对青海的善后治理政策，它的实施基本奠定了雍正朝起清代的青海政策，影响深远。然而，学界常引用其具体内容指代清朝对青海的某项政策，而往往忽视其内容在具体落实过程中经过了不断修改完善。本文分析探讨《条陈西海善后事宜折》的修改完善历程，从而厘清清朝青海政策的史实。

《条陈西海善后事宜折》，指的是雍正二年（1724）五月时任抚远大将军、川陕总督之年羹尧在平定青海罗卜藏丹津“叛乱”后所奏呈的青海治理的方针政策，历史上也称其为“青海善后事宜十三条”①。年羹尧的《条陈西海善后事宜折》，曾深得雍正帝的肯定，称其“运筹周密，措置精详，朕心嘉悦之，至其所善后诸事，皆合机宜”②，也许是基于此原因，学术界在述及清朝的青海政策时，也多引用《条陈西海善后事宜折》的内容指代某具体政策，孰不知其内容在实施过程中基本被修改。《条陈西海善后事宜折》毕竟是年羹尧提出的青海善后治理政策的初步规划，加之当时的青海如“西番部众，凡陕西所属甘州、凉州、庄浪、西宁、河州，四川所属松藩、打箭炉、里塘、巴塘，云南所属中甸等处，或为喇嘛耕地，或纳租青海，但知有蒙古，不知有厅卫营伍诸官”，而“查西宁各庙喇嘛，多者二三千，少者五六百，遂成藏污纳垢之地。番民纳喇嘛租税，与纳贡无异。而喇嘛复私藏盔甲器械，前罗卜藏丹津侵犯时，喇嘛等带领番民，与大兵抗衡”等③震惊清廷的问题，自然会影响《条陈西海善后事宜折》制定的客观合理性，治理政策有待于逐步完善。雍正帝在肯定此善后措施的同时，也指出其不足，下旨令大臣对其具体内容“悉心妥议具奏”④。关于《条陈西海善后事宜折》，学界有所研究⑤，但多概述条款内容或论其影响，忽略了其内容的动态修改完善。本文在前人研究的基础

① 该奏折的名称及其内容在各类史书中所载略有不同，参见：那仁朝克图：《试述清朝对青海蒙藏民族地方的立法》，《内蒙古社会科学》，2008年第4期，第67页。

② [清] 傅恒等撰：《亲征平定准噶尔方略》卷 14，雍正二年五月壬戌，西藏社会科学院西藏学汉文文献编辑室编辑：《西藏学汉文文献汇刻》第二辑，北京：全国图书馆文献缩微复制中心，1990年，第252页。

③《清世宗实录》卷20，雍正二年五月戊辰。

④《亲征平定准噶尔方略》卷14，雍正二年五月壬戌，第252页。

⑤ 那仁朝克图：《试述清朝对青海蒙藏民族地方的立法》，《内蒙古社会科学》，2008年第4期，第67-71页；王希隆：《青海善后事宜十三条述论》，原载《西藏研究》，1992年第4期，后收入王希隆主编：《西北少数民族史研究》，民族出版社，2003年，第105-110页；刘广安：《清代民族立法研究》，中国政法大学出版社，1992年，第102页。

上，论述清廷对《条陈西海善后事宜折》的商议修改与完善过程，厘清雍正朝青海政策之史实。

一、关于“朝贡互市宜各有期而定章程”条的修正

年羹尧认为，古之朝贡，尚未有规定时间，皆听朝贡者自便，“此非尊奉圣主之义”，而边境互市，自古边境冲突“每启于兹”，如果不让青海蒙古入内地，罗卜藏丹津则不可能窥探到清朝之虚实，基于此，年羹尧提出：

臣愚以为宜酌仿古制，自雍正三年为始，公派诸王台吉数人，自备马驼，由口外而赴京师恭请圣安，贡其方物，仍由口外而回原处。凡西海王、贝勒等，分为三班，三年一次，九年而周，周而复始，使知所以尊朝廷。其欲与内地交易者，每年定于二八两月贸易两次，当在边墙之外。臣已择定于西宁西川口外日月山为交易之所，不得擅易地方。如遇贸易之期，仍令镇营率兵弹压，倘敢无故辄近边墙者，即加罪责。[①]

雍正三年二月三十日，雍正帝口传谕旨，内容由理藩院侍郎鄂赖传至年羹尧，称：青海蒙古至京朝觐，由边内边外前往皆属一样，年羹尧为何强调由边外行走，是否“另有所知妨碍之处”。三月十二日，年羹尧立即上奏解释，“臣愚以为陕省届在边陲，不可使蒙古深知内地之路径；且往来日久，或偷买违禁之物，或跟随人等与内地人民口角生非，或有无知之人误以讹传，恐吓煽诱，皆不能不虑及于此”，为此，年羹尧认为仍应维持原议，即令青海蒙古于边外行走。雍正帝朱批云：

当日一时之见，虽是凡事，不可固执。今见众论，未免外远他们。反生疑畏之论，似有理，但你奏定十三条之事，朕不便更张。此事你当酌量请旨，仍复旧例似妥。我只当你另有所见，若不过为此谨慎些，可以不必也。再，青海按月限贸易一事，闻得他们亦甚不便，亦当与岳钟琪酌量复奏，朕已有谕与岳钟琪矣。[②]

雍正帝认为，青海蒙古已隶属清朝，虽应谨慎处事，但也不可以一时之见而固执。有意思的是，雍正帝将决定权交给年羹尧，“你奏定十三条之事，朕不便更张。此事你当酌量请旨，仍复旧例似妥”，这也许是对年羹尧多年边疆事务处理经验的肯定吧。不过，雍正帝还是表达了自己的看法，“若不过为此谨慎些，可以不必也”。

同年四月初四日，就青海蒙古朝贡路线之事，年羹尧再次上奏：

今臣我复详思，我圣主一体仁待内外，于青海之人，又施重恩，将伊等与内地人一样看待。伊等前去京城，若命走边外，不合圣主一体仁爱内外之意。再，圣祖仁皇帝时，青海之人去京城，走边内边外皆按伊等习惯。若允准，青海之人去京城，臣我按以前走内走外任伊等选择。若走边内，需预先将其来文及随行人数，报于西宁官员，行文沿途地方官员，准备伊等之行粮。伊等所骑马匹牲畜若有倒毙，地方官员酌情租用。这样，青海人可知圣主一体仁爱天下人之至意，越

① 《条陈西海善后事宜折》，季永海、李盘胜、谢志宁翻译点校：《年羹尧满汉奏折译编·汉文奏折》，第121条，天津古籍出版社，1995年，第284页。

② 《奏明蒙古等来京令由边外行走缘由折》，《年羹尧满汉奏折译编·汉文奏折》，第156条，第319页。

发感恩。[①]

关于青海蒙古朝觐路线问题，年羹尧最终按雍正帝之意“走边内边外皆按伊等习惯”。此外，对于由边内前往京城的青海蒙古也做出了新的规定，青海蒙古需预先将朝觐文书及随行人数报于西宁官员。

前文雍正帝的朱批中提到“青海按月限贸易一事，闻得他们亦甚不便”，要求年羹尧与岳钟琪重新酌议复奏，与此同时，雍正帝“朕已有谕与岳钟琪矣”。不久，岳钟琪上奏称：

> 大将军年羹尧前奏称，每年青海与内地定于二八月贸易，以那喇萨喇为交易所。经议政大臣议：改令四季交易，甚便。按亲王察罕丹津，公拉察卜等诸台吉部落，并居黄河之东迫近河州，去松潘不远，向在河州、松潘二处贸易。今若定于那喇萨喇，恐黄河东西两翼蒙古，所居有无不足供给，不如仍于河州松潘贸易为便，河州定于土门关附近双城堡，松潘定于黄胜关之西河口，二地并有城堡房屋，地形宽阔，水草丰好，可为永远互市之所，又郡王额尔德尼克托克托鼐、郡王塞卜腾扎尔等诸台吉部落，在黄河西，近西宁，请移其贸易地于西宁外丹噶尔寺。至蒙古贸易，悉资牲畜，请于每年六月以后，可毋定期，听其不时贸易，则蒙古商贩并获利益。[②]

岳钟琪根据青海蒙古分布的实际情况，按就近贸易原则规划新的贸易地点：居住于黄河东靠近河州、松潘的察罕丹津、拉察卜等诸部落，定于河州的双城堡、松潘的西河口两处贸易；居住于黄河西靠近西宁的郡王额尔德尼克托克托鼐等诸部落，定于丹噶尔寺贸易。此外，关于贸易时间，岳钟琪提出，“请于每年六月以后，可毋定期，听其不时贸易”。岳钟琪的提案获得清廷的肯定，“议政大臣等遵旨议复：岳钟琪所奏周详，应如所请。奏入，上从之”。关于贸易地点和时间的修改，其实也是个曲折的过程，此方面内容在达鼐的奏报就有所反映，兹录其内容如下：

> 以前年羹尧奏请十三项措施时，臣当时不知其情。后令我翻译给青海之十二项法令时，我见第一项二月八月两月于纳拉萨拉贸易一款，及第二项三年来朝一次，自备马驼由边外赴京一款不妥，故告曰：贸易地若分作两三处，照宁夏横城、平罗营例每月约定五六日贸易，则穷人不致窘困也：再喀尔喀人分四班来朝，此青海人等似亦分作四班为宜，兹边外人若照此法而行，路远者难以自备马驼前来。等语。年羹尧曰：明朝时仅有一个月贸易，而今贸易尚且定为二季矣。如果开二三处商市使其往来内地，又将乱矣。等语。未予采纳。臣反复申明唯贸易每月须定为一二日，故增加了两个月，以每年开四季贸易颁布于众。臣理应就照喀尔喀例来朝由内地而行之事亦再四劝告，姑容未语乃臣愚懦之处。[③]

关于朝觐的班次，年羹尧曾提出“凡西海王、贝勒等，分为三班，三年一次，九年而周，周而复始”。之后，清廷将班次进行了修改，“查得，先既由议政处将青海人等编

① 《奏请青海之人进京折》，《年羹尧满汉奏折译编·满文奏折》，第176条，第155页。

② 《亲征平定准噶尔方略》卷15，雍正三年四月丙申，第275页。

③ 《副都统达鼐奏报青海善后一款项未告年羹尧缘由折》，《雍正朝满文朱批奏折全译》（上册），2205条，第1230页。

为旗、佐领，则应照内地扎萨克，允准每年来，以年礼朝觐，既然如此，则交付副都统达鼐等，编青海王、台吉等为四班，其每年应来之王、台吉等，经奏闻后再来。等因议奏，施行在案”，雍正四年九月初一日，达鼐奏报称“臣等将青海扎萨克王、贝勒、贝子、公、台吉等，编为四班，自今岁起，第一班遣王、台吉等来京，以年礼朝觐”[①]，即雍正四年开始，以年礼朝觐，将青海蒙古扎萨克王、贝勒、贝子、公、台吉等编为四班。

综上所述，关于青海蒙古的朝觐互市，清廷经商议后将其内容修正为：1. 青海蒙古的朝觐班次由原议的三班改成以年礼朝觐，编成四班，关于朝觐路线“走边内边外皆按伊等习惯”；2. 贸易地点按就近原则，住牧黄河东的于河州之双城堡、松潘之西河口贸易，居于河西的在丹噶尔寺贸易，贸易时间则“每年六月以后，可毋定期，听其不时贸易”。

二、岳钟琪奏议《条陈西海善后事宜折》之五款

雍正三年四月，年羹尧调任杭州将军，岳钟琪接替年羹尧署理川陕总督职务。不久，岳钟琪奏议年羹尧“青海善后事宜十三条”之五款，称“前任总督年羹尧原奏善后十三款，基本合于事理。其中之不合情理者，均经修改后钦命准行之，故不复议外，将其尚未施行，又不合情理者，臣复逐款酌情议奏”[②]。下文将按其条款逐一分析：

1. 关于“抚戢西番，收其赋税，而固边围也”条

年羹尧称，川陕地区，东北自甘、凉、庄、浪，西南至西宁、河州以及四川之松潘、打箭炉、里塘、巴塘与云南之中甸等处，沿边数千里，自古及今，皆为西番住牧，其种类虽有黑番、黄番、生番、熟番之分，但都世代居住于此，且受中央王朝管治的土著居民，明代末期始，西番“失于抚驭，或为喇嘛佃户，或纳西海添巴”，以至出现罗卜藏丹津反清时，“西番蜂起，一呼百应，俨然与官兵为敌，止知有蒙古，而不知有厅卫”，更为严重的是，西宁、凉、庄周边之西番部落，“贼来而番为之导，贼去而番之劫掠久久不息”，其危害俨然不低于当时之青海蒙古。因此，年羹尧认为，应乘平定罗卜藏丹津事件之机，“尚当取而抚之”：

> 臣愚以为，各番既经归附，即为编氓，择其土地之宽广者，添设卫所，以资抚驭，以征赋税。再于番部之中，有为番民信服之头目，请给以土千百户及土巡检职衔，分管番众，仍听附近道厅及添设卫所管辖。臣见在确查，另容造册达部。其应纳粮草，则照从前纳于西海、纳于喇嘛者，少减其数，以示圣朝宽大之恩。但甫经归顺之番民，若必逐户细查人口数目，未免惊疑。今止令总造户数送部存案，而免其造报细册，则非特可以为我藩篱，而数十年之后，沐浴圣化，必使犬羊之性驯化为良善之民矣。如蒙俞允，臣当酌议，另疏题请，务使沿边数千里川、陕、云南三省西番，咸令内属。其非附近我边，或住帐房就水草住牧者，听仍旧

①《散秩大臣达鼐奏请青海王等四班轮流朝觐折》，《雍正朝满文朱批奏折全译》（下册），2494条，第1400页。

②《和硕怡亲王允祥等奏议岳钟琪之川陕善后五款等事折》，《雍正朝满文朱批奏折全译》（上册），2072条，第1154页。

俗，则边围巩固，或亦内安外攘之一法也。[①]

年羹尧提出，清廷可在西番居住区设立卫所管治，对其部落则实行千百户制度。为便于清朝的治理，年羹尧还建议对西番部落进行户数调查并造册存档，如此有利于清之官员征收赋税，至于赋税的征收，“其应纳粮草，则照从前纳于西海、纳于喇嘛者，少减其数”。

年羹尧的此条措施，岳钟琪提出两点修改意见：一是关于西番之赋税，岳钟琪称，“臣查得，西番之地，皆以刀耕火耨，且又多山地”，即自然条件限制了西番部落，另一方面是“西番人均已倾心归顺，理应与内地百姓一样交纳钱粮”，因此，清廷不应如青海蒙古诸台吉那样对西番人实行过重的赋税，而应“依照内地百姓之例按亩纳粮”；一是关于巴塘里塘的卫所问题，岳钟琪“又查得，打箭炉外有里塘、巴塘，该地番人业已向化，勿庸另设营汛”，即取消设置卫所，只设大小土司管理则可。经议政大臣等商议，岳钟琪的奏请获准，“故年羹尧原奏不可施行。今与内地百姓一体按亩纳粮，番人纳贡较前更轻，彼番人务必感戴圣主恩泽，争相纳粮，故拟准行岳钟琪所奏”[②]。

2. 关于“清查喇嘛，稽察奸徒，以正黄教也”条

年羹尧称，寺院是清修之所，收录僧徒是为了“以永法教之传”，僧众应做的是诵习经典，祝国佑民。相反，西宁各寺喇嘛，一方面是，各寺“多者二三千，少者五六百名”，从而因人数众多“奸良莫辩”，以至成藏奸之处，“更有各处奸徒，干犯法纪，遂逃入喇嘛寺中，地方不能追，官吏不能诘，而喇嘛寺院渐成藏奸匿宄之薮”；另一方面是，西宁各寺院成了罗卜藏丹津反清的重要支持者，因“西番纳租同于输赋，西海施予”，各寺院都“岁不乏入”，当罗卜藏丹津反清时，“恃有各寺供其粮草，引为向导”，更严重的是各寺院“率其属番，以僧人而骑马持械，显与大兵对敌”，此乃与作为清修之所的本质完全相反，故，年羹尧提出整顿青海喇嘛寺院，其整顿计划如下：

> 臣请自今以后，定为寺院之制，寺屋不得过二百间，喇嘛多者止许三百人，少者不过数十人而已。仍请礼部给以度牒，填写姓名年貌于上，每年令地方官稽察二次，取寺中首领僧人出给，不致容留匪类奸徒，甘结存案。如喇嘛遇有物故者，即追其度牒缴部。每年另给度牒若干张，交地方官查收，遇有新经披剃之人，查明填给。臣又思尺地莫非王土，各寺院既未上纳钱粮，岂得收租子番族。当使番粮尽归地方官，而岁计各寺所需，量给粮石，并加以衣单银两，如此则各寺喇嘛奸良有别，衣食有资，地方官得以稽考，而黄教从此振兴矣。[③]

年羹尧的寺院整顿计划是：首先，寺院规模。寺院房屋不得超过二百间，喇嘛人数最多只能有三百人；其次，喇嘛的管理。喇嘛需登记备案领取度牒，地方官对寺院每年检察二次；第三，寺院实行国家供养，取缔收租于西番。

年羹尧的寺院整顿方针，岳钟琪据实际情况对其进行否定，称：

> 臣思之，当喇嘛者，多为唐古特人，亦有土司居民。今若依照额定，均不准

① 《条陈西海善后事宜折》，第 285-286 页。

② 《和硕怡亲王允祥等奏议岳钟琪之川陕善后五款等事折》，第 1154 页。

③ 《条陈西海善后事宜折》，第 286-287 页。

当喇嘛，则不仅难断喇嘛之去留，且又家中无地亩无牲畜，难以生存，乃致流离失所，滋生事端，亦未可知。以臣愚见，仍准喇嘛等照旧各守清规为好。倘有为非作恶，干犯法纪者，即行严惩，则事不乱，且又得正黄教。再，俟查现有喇嘛数目之后，给发度牒，区分好恶，每年若有病故者，即刻收取度蝶。若有新班第时，可照原议给发度牒，又查原议，将番人之钱粮，均交给有司收管，而每年供给各寺庙所需之口粮、衣物、银两，则各寺庙喇嘛得有衣食，且有司亦核查有凭，云云。以臣查得，番人给各寺庙喇嘛所交之租，比之正项钱粮多许多倍，喇嘛等全赖于番人之租，倘若改由番人交给有司收管，再转而供给酌量口粮、衣物、银两，则恐不敷用，亦未可知，且又恐有稽迟，勒捕之弊。以臣愚见，可照内地寺院地亩例，令种地番人交租，收租喇嘛交纳钱粮。如此，各寺庙所有地亩，皆可成为天国之纳贡处所。①

岳钟琪的建议非常务实，青海的实际情况决定立即裁剪西宁各寺院的喇嘛是不可取的，应采取逐渐限制喇嘛数目方案，即“不责令现有喇嘛还俗，而依据寺庙之大小，限定数目，若有逃逸、亡故者，可交该管有可收回其度牒，暂不收纳新徒弟。如此，数年之间自然减少，可达额定数目”。至于寺院的供养问题，岳钟琪称，喇嘛等的供养全赖西番之租，若改由国家供养则“恐不敷用”，因西番所交寺院之租比正项钱粮多许多倍。因此，“可照内地寺院地亩例”，这样就可一举两得，即解决寺院供养问题，国家又能从中获到赋税。岳钟琪的建议获得清廷准许。

3.关于“甘、凉、西宁宜筑新边而别内外也”条

筑新边而别内外措施的提出，年羹尧是基于明朝青海防边失败的经验，他认为，清朝“边界大抵皆从明旧”，附近内地，虽有边墙抵至甘州，但沿边隘口太多，驻防特困难，“贼聚而前易，我分而守难，欲以百十汛兵抵敌千百方贼，亦必不可得之数”，因此，需修筑新的边墙加强防御能力。故，年羹尧提出如下筑边计划：

今应于西宁之北川口外，由上下白塔至巴尔弛海、至大通河、至野马川、至甘州之扁部口，筑新边一道，计程五百余里，计日三年可就，则前此蒙古、西番扰攘之区，悉为内地矣。其自甘州口外祁连山以南，直至卜隆吉、党色尔腾，昔皆蒙古所占，亦宜乘时更定，如有蒙古一人敢居于此，即擒拿正法。使肃州以西讨来川常马儿河源等处膏腴之地，令我百姓耕凿于此。卜隆吉建城设镇之后，宁不渐成富庶乎？若夫河州内有二十四关，足资防御，而西南瓯脱之地曰河曲，俗谓之小河套，河流屈曲，未可以筑边。而榆林城堡，原在河东，河套千里，唐设六郡，兹且未暇具论。论宁夏之险，莫如贺兰山，古什罕之子孙如阿宝额附等有住牧于山后者，近且入于山前，一切田地山场，蒙古虽未种植，亦不许居民过问。彼生聚渐繁，我无险可恃，即无目前之虑，能免异日之忧耶？况长流水、营盘水为御塘必由之处，向属口外，是我借径于人，岂可垂示后世。宜令阿宝等严饬所属部落，悉仍旧住牧于贺兰山北面之下，不得住牧山南。其营盘水、长流水等当

①《和硕怡亲王允祥等奏议岳钟琪之川陕善后五款等事折》，第1155页。

为内地，则于边民边计或亦不无裨益乎。[①]

年羹尧加强防御的计划有三：一是从西宁北川口至甘州扁都口修筑新的边墙；二是加强河州内之二十四关的防御；三是令阿拉善蒙古仍住牧于贺兰山北面，不准住牧其山南。岳钟琪则认为，取消修筑边墙为好，其理由如下：

> 查得，修筑边墙，分开内外者，另为捍御之良策，但仅自西宁北川至甘州扁都口，里程不过五百，其间多为石山，沙地，而有土可以修筑边墙者，仅有五十余里。伏思，千里边墙，若有丈尺不固，则千里之墙皆为虚设，所费过多，且难坚固。我国内外一家，所谓坚固者，皆在于德，而不在于险，倘若置设大通镇标下两营，则利于内外。西宁地方寒冷，若兴土木工程，必于五六七八此四个月内动工，尚为可以。其余月份，由于地冻，不宜动工。倘若热天动工，又与百姓务季节相抵触，故不修筑边墙为好。[②]

岳钟琪称，从西宁北川口至甘州扁都口修筑边墙之计划是不可行，其原因有二：一是地理条件限制。“其间多为石山、沙地，而有土可以修筑边墙者，仅有五十余里”，若其中出现不坚固之处，则边墙形同虚设；二是气候条件限制。西宁寒冷，只有五、六、七、八四个月可动工，但此时又是百姓农业繁忙季节，无法兼顾。因此，修筑新边墙之计划不可行。关于岳钟琪的此条建议，清廷讨论后准许岳钟琪之建议，即停修边墙。但是，清廷还是肯定年羹尧分别内外的想法，“若能分开内外属地，则为万年之利益”，既然边墙不修，清廷则采取其他方式代替，即“为有利于区分内外，不可不立界标”，于是，令岳钟琪会同署理提督事务总兵官王松商议，“或立柳条边，或挖壕沟，或设隘口，或设卡伦，或立界标，应酌情踏勘设立之，并将设立情形，造册报部”[③]。

4. 关于“川省松、炉宜添镇营而资弹压也”条

松即松潘，炉即打箭炉，此两处皆为通往青海之要口。年羹尧认为，松、炉周边番部虽都已收抚，然“不设兵弹压，难免争持”，因此需添设镇营弹压。年羹尧的计划是：

> 然不设兵弹压，难免争持，如炉以外，木鸦踞鸦龙江之险，实西川之门户，各番部之上游也，于木鸦之革达地方添设总兵一员，名曰安西镇，游、守，千、把悉如内地营制，兵二千名分隶中左右三营。鸦笼江之中渡设守备一员、千总二员、兵五百名，而令两千总各带兵一百名分守上渡、下渡。巴里出喀为霍耳褥尔格、占对等处必由之渡口，应设守备一员、兵二百名以资稽察。里塘乃四卫之要路，当设副将一员，马兵二百名、步兵一千名，分隶两营都司。鸦笼江之西，里塘之东，地名鄂洛，更为各处咽喉，应设参将一员、兵六百名。巴塘则喀木适中之处也，应设游击一员、兵五百名。巴塘所属之宗俄，系通滇省之冲衢，应设参将一员、兵一千名，俱听新设之总兵统辖，使滇省之声势可以相联。惟是巴塘所属各处，与云南之中甸结党，彼此交错，当俟议定之后，四川、云南两省各委文武大员查勘界址，分定管辖。倘有兵马行走之事，挽运兵粮，互相接济，此为第一要务。其洛笼宗、叉木多

① 《条陈西海善后事宜折》，第287-289页。

② 《和硕怡亲王允祥等奏议岳钟琪之川陕善后五款等事折》，第1155页。

③ 《和硕怡亲王允祥等奏议岳钟琪之川陕善后五款等事折》，第1157页。

等处相距甚远，不便设立营汛，止令其每年贡马贡粮以为羁縻之法而已。至于松潘，自黄胜关外，惟包坐为我熟番，其余虽有因剿而抚者，然率皆西海藏巴扎布所属。前此川兵出口时曾剿杀下作、革热、当播、下物藏四部落，招降班佑、上作、革阿、革甲、凹辖漫、合坝+阿细、巴细八部落。今藏巴扎布已经剿灭，则作革等番亟宜内附。又，松潘口外南通打箭炉，有阿坝、狼堕、阿树等番部亦已归诚，除阿树已奉旨给以安抚司职衔，而阿坝土目墨丹住等带领土兵四百名随师进剿，屡立战功，亦请给以安抚司职衔，其余分别勤劳，量给土职，酌收粮马，毋使再为西海所役属，而营汛控制亦正难缺离。黄胜关外三百里，昔之潘州也，原有旧城基，宜设游击一员、兵六百名。潘州之西相去百里，地名合坝，襟山带河，实系紧要之区，当设副将一员，兵一千五百名，分隶都司两营。再，两河口系包坐、杀鹿塘两路之锁钥，设守备一员、兵三百名控制各番，俱听松潘镇统辖。所添镇营之兵，皆马二步八。步兵八分之中，在镇协者，战守各半，而参将以下各营，则又战兵三而守兵五，所需守备、千、把，仍当酌其地方以定员数。而里塘应添设同知一员，监散兵饷，清理番粮。将见松潘之兵力，足为犄角，而声势南接云南，北通陕西矣。①

对于上述年羹尧的添设镇营方案，岳钟琪称"查所议于松潘边外增设营汛，与西宁、河州相依托，川陕之间声势联络者，最为得当，拟不复议"。但是，关于革达地方军事建置，岳钟琪认为，拓展边塞，当以险为要。当年的险要之地即化林，因打箭炉划归内地，化林地方随之也成为内地，革达地方因通往西藏、青海之要道。因此，应将化林副将移驻革达地方，加强其军事力量，若如此，则里塘、巴塘两地可不用筑城增兵，革达的官兵足以往援或管理。此外，岳钟琪还补充其他地方的军事设置，"再，于雅龙江之中渡口，设守备一名、干总二名、兵五百，由二干总各率兵一百，以分守上下渡口，足以镇守。于化林地方，仍设游击一名、干总一名、把总二名，率兵五百，以分守各汛隘口。于打箭炉地方，现有驻防把总一名、兵五十。此处可以增设守备一名、兵二百，以驻防之"②。岳钟琪的建议获清廷准许，并同时要求岳钟琪再议年羹尧原奏可驻兵于宗鄂、巴里出卡等地，黄胜关外潘州、凉河口等地。查其是否可驻兵。

5. 关于"内地兵马当议裁而省粮饷也"条

罗卜藏丹津事件后，年羹尧认为，"西番剿抚平定，各处隘口已无蒙古足虑"，因此，在青海周边加强驻防能力的同时，对内地驻兵则提出减裁计划：

西番剿抚平定，各处隘口已无蒙古足虑，所有零星营汛，可以归并者归并，可以裁汰者裁汰，俟查明酌定，约可减兵一千名。宁夏将驻满兵，则绿旗兵已属可减，且须留其粮料以为满洲官兵之间，亦可减兵一千名，并改为四营。裁后营游、守、千、把补人大通镇。查陕西提镇各标分设马兵步兵，多不画一，应一体改为马六步四；副将标下马步各半：参、游、守备等营马四步六。又，兴汉镇逼邻川省，地方湿热不宜畜牧，每年营马倒毙甚多，购买赔补，兵丁深以为累。川省营制皆马二步八，兴汉一镇与所属各营皆照例改为马二步八，将所余马兵改为

①《条陈西海善后事宜折》，第290-291页。

②《和硕怡亲王允祥等奏议岳钟琪之川陕善后五款等事折》，第1157-1158页。

> 步战兵，内有各标营额设马兵不及应改之效者，仍照旧额，约计可裁兵四千五百名、马四千余匹也。四川之重庆镇、川北镇皆在内地，原未近边，应各改设副将、守备、千、把等，裁总兵二员、游击六员，并每协设都司两营，各留守备二员、千总四员、把总八员、兵一千名，余皆裁汰。遵义协可裁游击二员，与夔州协属达州、巫山两营可裁游击二员，西炉以外，已议设镇，刚化林协副将一员、额兵一千名可改为游击，留兵五百名，令中军守备带兵二百名防守打箭炉，余兵五百名拨归木鸦新镇，共可裁兵三千四五百名，庶几缓急得宜矣。大约裁马后一名，可改战守只二名，裁马一匹，可添设守兵一名，其裁减官兵马匹细数，当俟部覆议准，造册达部。[①]

岳钟琪认为，年羹尧实行裁其多余，补其不足的裁兵方案“乃调度得当”，对于年羹尧陕边增减方案，岳钟琪称“可照原议施行”。但其他地方，岳钟琪则根据当地情况提出修改方案，其内容如下：

> 查松潘、打箭炉二路上增设兵马，酌量供给一实，四川省之川北、重庆二路总兵官，永宁、遵义、夔州此三处副将之额兵，其马兵为二停，步兵为八停。此五处山多悬崖陡壁，路多曲折拐弯，宜于步行，不宜乘马，马多实无益，故照湖广等省之例，于此五处之营汛道路，均改设马兵为一停，步兵为九停。查川北等处总兵官、副将所辖马兵，共为二千一百六十七，其中应留之一停马兵为一千一百三十一，应裁之马兵为一千零三十六。此项应裁之马兵钱粮，若改为战守兵之钱粮，可得战守步兵一千九百八十六。将其中之一千零三十六名步兵拨给各镇协，以补充于原额外，其余战守步兵九百五十名，可分拨给所增设之营讯。倘若不足，可以招募之，如此，因地而定则例，即不多费钱粮，且又有得兵马之实效。[②]

关于岳钟琪的修改方案，清廷认为，陕甘地区马步兵的比例问题，岳钟琪提出修改年羹尧之马四步六为马二步八的方案，因未将此方案的原因说明清楚，故仍令岳钟琪再行核议上奏；岳钟琪关于川北、重庆、永宁、遵议等地马步兵比例应改为马一步九的提议，清廷称“青海甫平，需抚绥番人，视如内地之民，尚需设大小土司，收纳钱粮，故不改马兵为步兵，亦暂停改川北、重庆，永宁、遵义、夔州等五处马兵为一停，步兵为九停之事”，即否定了岳钟琪的提案。

三、和硕怡亲王允祥等奏议《条陈西海善后事宜折》之四款

《条陈西海善后事宜折》，作为年羹尧提出的罗卜藏丹津事件后治理青海之总方针政策，其中融入了年羹尧十数边疆事务的经验，为此，当治青提案呈交清廷时，清廷大臣都念年羹尧“在西部年久，稔知地方情形”，故对年所提措施“均议行”。雍正三年五月二十二日，雍正帝下旨称，“今日看之，有数款不可行”，令议政大臣等重新商议。至七月十六日，和硕怡亲王允祥等奏称，“前因年羹尧草率具奏，故由议政应加改议之处，俱行复议，应加核查之处，俱令核查，并已奏准”，除此之外，仍有四款尚需修改（其

---

① 《条陈西海善后事宜折》，第 291-292 页。

② 《和硕怡亲王允祥等奏议岳钟琪之川陕善后五款等事折》，第 1155-1156 页。

中关于“新辟地方宜广屯而增赋税”条在前文已论述），下文将逐条述论：

1.关于“喀尔喀等台吉宜有定所而成部落”条

年羹尧称，青海喀尔喀等部落与青海和硕特部彼此是平等的，并非被虏之人，清朝应乘平定罗卜藏丹津之余威，将喀尔喀等亦编立佐领，授扎萨克，以此“可分西海之势”，至于愿回漠北之人，年羹尧认为应听其自愿[①]。可是，年羹尧并没有将此措施落实，“前往青海之辉特台吉济克济扎布告知年羹尧后，与辉特公巴吉同住一处，等因，前来移住，而年羹尧未曾报部，亦未行文该扎萨克”[②]，鉴于此，议政大臣等议奏，一是“奉旨：著年羹尧回奏”，一是令办理青海蒙古编旗事务的鄂赖、达鼐“查明编在青海之喀尔喀、辉特、土尔扈特等为旗、佐领时，将谁编旗、佐领留于青海，谁愿与各自兄弟完聚回原籍，前来报部”[③]。雍正三年七月，年羹尧回奏清廷，称“五月十一日会盟毕，臣于十二日起行返回西安任所，将此等蒙古之事（指青海喀尔喀等回原籍之事），皆交付振威将军公岳钟琪、副都统达鼐。臣并未派人送台吉吉克吉扎布之处，其后岳钟琪等如何派人送台吉吉克吉扎布至边口，亦未报臣。臣虽在西安，理应详办此等事，但预先未能办，以致吉克右扎布如此受累者，此皆臣之罪，为此谨明白回奏”[④]。至八月，鄂赖、达鼐奏报“查在青海之喀尔喀、辉特、土尔扈特等，逐一询问”并将青海之喀尔喀等部落安置的实际情况回奏清廷[⑤]。

2.关于“达赖喇嘛宜予恩赐而定岁额也”条

崇德元年（1636），顾实汗受西藏格鲁派之邀率部南下，一举征服青藏高原。此后，顾实汗布施藏、卫之地为达赖、班禅之香火地，令其子孙住牧青海，以“洛笼宗以东凡喀木之地皆纳添巴于西海诸王台吉者”。至是，年羹尧认为，既然喀木之地皆青海蒙古所有，将喀木地方划归四川、云南则是名正言顺，并非取达赖喇嘛之香火地。此外，年羹尧还提出：

> 今议岁定赏额，盖达赖喇嘛、班禅喇嘛遣人至打箭炉贸易，自叉木多、乍丫、巴塘、里塘所住之喇嘛，每货一驮，收银一钱五分或三钱不等，名为鞍子钱，至打箭炉而后输税，此从前之例也。臣已行查达赖喇嘛、班禅喇嘛，每岁赴炉贸易，共货物若干驮，叉木多以东不许收其鞍子钱，仍令打箭炉税差免其货税。再每岁赏给茶叶五千斤，班禅则半之，而茶叶务令雅州荥经县择其最佳者，动正项钱粮购买，运炉充赏，以明扶持黄教之意。[⑥]

罗隆宗以东之巴尔喀木地方，原为青海蒙古的属地，此时将其划归四川、云南管辖，年羹尧提出禁止达赖喇嘛在巴尔喀木地区继续收取鞍租，为弥补达赖喇嘛的鞍租银收入，他认为可采取赏赐“达赖喇嘛五千斤茶叶、班禅赏一半”的方式，作为清廷对黄教的护持之意。年羹尧的建议“已由议政议奏准行”。然而，“赏给达赖喇嘛、班禅额尔德尼之

---

① 《条陈西海善后事宜折》，第284-285页。

② 《和硕怡亲王允祥等奏议年羹尧善后十三款内之四款事折》，《雍正朝满文朱批奏折全译》（上册），第1169页。

③ 《理藩院侍郎鄂赖等奏报安置在青海蒙古部落人等事折》，《雍正朝满文朱批奏折全译》（上册），2152条，第1198页。

④ 《杭州将军年羹尧奏报安置厄鲁特蒙古人等事折》，《雍正朝满文朱批奏折全译》（上册），2098条，第1172-1173页。

⑤ 《理藩院侍郎鄂赖等奏报安置在青海蒙古部落人等事折》，第1198页。

⑥ 《条陈西海善后事宜折》，第286页。

茶叶，是否动支正项钱粮采买后赏给，又察木多、乍丫、里塘、巴塘等地，是否向前来贸易之人征收鞍租银，是否予打箭炉地方交税”等问题，由于年羹尧疏忽日久，一直未核查报告清廷。

议政大臣复议后认为：“达赖喇嘛者，乃钦封送西藏之坐床喇嘛，倘若根据伊等一年所得税额，相应多加赏赐，则喇嘛等需用充足，且唐古特人亦必感激圣恩。惟其所收鞍租、于打箭炉收税，皆于彼唐古特人中收纳，一年所得几何，无凭可查”，因此，议政大臣提议，将此事咨行岳钟琪，“一年自藏派往打箭炉贸易之驮物几何，所收鞍租、税额几何”，令岳钟琪详查后分别奏报清廷，清廷则根据达赖喇嘛等一年所得税额，再议多加赏赐，也就是说清朝修正年羹尧提议的固定赏赐数额即“达赖喇嘛五千斤茶叶、班禅赏一半”，依据实据情况而定赏赐。议政大臣的修改，可说使得清朝的措施更合理。

3. 关于“新辟地方宜广屯种而增税也”条

年羹尧认为，凡“蒙古之藉水草以资畜牧之处，皆可树艺种植之地”，宜交百姓耕种，如此则可渐增赋税。至于如何实行，年羹尧提出：

> 若就近招徕，则边远之区，人皆裹足。在西宁去内地为稍近，尤虑各处土著之民未肯去其乡里，而况远在卜隆吉焉？臣查直省军流人犯遣戍之所，例有一定，莫若解赴陕西，令其出口屯种。但东南各省，风土异宜，人不相习，种水田者，不能种旱地，虽来无益。且犯盗案之人，多属犷悍，新辟地方，亦不宜令奸徒聚处，惟直隶、山西、河南、山东与陕省风土犹有相同，应请将此五省军流人犯，免其解往别处，俱发西宁新边以内与卜隆吉各处，令其开垦。初到之时，地方官拨地若干，动正项钱粮给与籽种二石、耕牛一只，俟至三年，在大通者照西宁卫之例、在卜隆吉者照肃州卫之例，收其粮草，支给官兵，其田土即永为世业，兵民俱不得争夺。如有力能多种者，亦于三年起科。而陕甘二属人犯，原在本省，当尽发于卜隆吉，直隶等四省之人，则酌量分发两处。其凡关盗案者，仍照旧例，总俟地方填实之后，听督抚两臣会题停止。①

鉴于边远之地无人前往开垦，只能从其他地方调入。年羹尧的方案是：1. 将直隶、山西、河南、山东及陕西五省之军流人犯“俱发西宁新边以内与卜隆吉各处”令其开垦，其中陕甘人犯发往卜隆吉，直隶等四省人犯则酌量分发两处；2. 关于管理：由地方官拨发土地、籽种、耕牛，三年后起科收税，大通河地方的按西宁卫之例，卜隆吉则按肃州卫之例。此提议“已由议政议奏施行”。之后，议政大臣提出调整修改：

> 现今，该处（肃州迤西讨来河、昌玛尔鄂敦塔喇等地）之良田，又厄鲁特额驸阿宝所住之阿拉善山地方，皆为闲置。倘若将该处之良田，均给百姓耕种，则百姓无力垦种。今满洲生齿日繁，若可于该处筑修铺店，派去无田产又愿住者，雇用百姓垦种，或建村屯居住，则甚有益。②

议政大臣考虑讨来河、昌玛尔鄂敦塔喇、阿拉善山地方的良田，尚未有那么多百姓前往耕，而满人又因“生齿日繁”，急需要解决生存问题，因此，可派无田产又愿意前

① 《条陈西海善后事宜折》，第 292-293 页。

② 《和硕怡亲王允祥等奏议年羹尧善后十三款内之四款事折》，第 1170-1171 页。

往的满人，让其“雇用百姓垦种，或建村屯居住”。由于此事关系重大，议政大臣提出先派隆科多、内阁学士傅德、侍读学士通智前往：一是查看讨来河、昌玛尔鄂敦塔喇、阿拉善山地方情况，一是议定“如何安置满洲耕种以及筑城修铺店、或建村屯”，并令他们“应加详议绘图具奏”。此议获准，雍正帝朱批：将通智亦在大臣上派出，即派通智与隆科多等一起前往查看办理。

4. 关于“善后事宜期于久远而便遵守也”条

年羹尧认为，罗卜藏丹津事件平定后，青海蒙古与西番部落虽然基本收抚，“然边远之区非内地可比，新经惩创，能无反侧之虞”，所以，自当暂留兵马弹压。此外，继续招抚尚未归诚之部落：

臣又查甘州黄番各族，虽为数无多，西海猖獗之时，亦未敢妄动，理应乘此兵威，收而抚之，亦足以外拒西海。臣已与奋威将军川提臣面商，俟七、八月间马匹已肥，由西宁口外率兵而至甘州，亲行招抚，加恩抚驭，未有不服从者也。①

雍正三年七月十六日，和硕怡亲王允祥等对其进行重新商议奏请修改：

查得，有锡拉依固勒黄番、唐古特黑番二部落之人，由喇嘛尚南多尔济等商议后，安置于甘州属红崖，梨园、洪水、南固城等地，其总头目、正头目，副头目等，均赏虚衔，交肃州总兵官管理。按二十丁每年交一贡马计，总得马一百二十七匹，由总兵官等共同验收，送交总督，根据军营、驿站马匹缺短，酌量补充，其补充之马匹数额，即造清册送兵部。再，其增减男丁数，由该将军等三年核查一次，并造清册报该部，等因奏定。从此，该提镇管理黄番、黑番，并无滋生事端。年羹尧奏，应趁抚绥诸番之机，亦加抚绥黄番等，而后交谁管理，如何纳贡，时再议定，等语。但至今尚未具奏，由此观之，翼可谓无事而找事者矣。②

关于甘州地方的黄番，议政大臣认为，他们既然于此前商定好交肃州总兵官管理，且此黄番在肃州总兵管理下井然秩序，并无滋生事端。年羹尧虽提出将“应趋抚绥诸番之机，亦加抚绥黄番”，但至于交谁管理，如何纳贡之事，年羹尧一直未商定奏报，议政大臣称年是无事而找事。因此，提请应“将此事拟交署总督岳钟琪仍照原定，将黄番等交甘肃提镇管理，照纳贡马”，获允准。

四、关于“蒙古部落宜定分地而编佐领也”条款的修改

年羹尧称，“西海未编佐领，强者每行抢夺，弱者势不能支。罗卜藏丹尽（津）世为盟长，凡其同枝异派，得以颐指气使，所以逆首一呼，群犬同吠”，基于此，他提出“是以其地方这险易，量其户口之众寡，配其势力之均敌而安插之”，即重新划分青海和硕特牧地③。然而，青海蒙古部落的设盟编旗并非易事。年羹尧在《条陈西海善后事宜折》中称：

臣又查有罗卜藏丹尽之揣宰桑，乃首先迎接大兵投降者。其所管蒙古四十余

① 《条陈西海善后事宜折》，第 293 页。

② 《和硕怡亲王允祥等奏议年羹尧善后十三款内之四款事折》，第 1171 页。

③ 《条陈西海善后事宜折》，第 282-284 页。

户，应令住牧于松藩口外，给以土百户之职。丹仲部落内有宰桑革弄色复坦达什等，既不愿归插汉丹津，又不甘为罗卜藏丹尽所管，是以于罗卜藏丹尽狂悖之日，携其部落数百余人投奔松潘，见令住牧潘州。若仍令插汉丹津管辖，日久必生事端，不如顺其归附天朝之愿，查明户口，将革弄等给以土千百户号纸，永作边地藩篱之为妥耳。①

罗卜藏丹津之揣宰桑、丹仲之宰桑革弄色复坦达什等无领主之部落，在罗卜藏丹津事件平定前，年羹尧曾奏请将其补为千户、百户。罗卜藏丹津事件平定后，清之议政大臣认为，“今青海全境皆按喀尔喀编成旗分佐领，伊等不可例外”，故，令侍郎鄂赖等也将他们旗分佐领，并与他们协商愿意归何人兼管。丹仲所属巴图尔扎尔固齐厄鲁特、寨桑噶隆、霍伯罗克、那亲等经商议称：

我主子乃戴青和硕齐察干[罕]丹津胞弟舍塔尔之子，我主子在时，伊叔伯兄弟互相不睦，视若仇敌，毫无情义，我主子殁后，称戴青和硕齐为我主子之亲伯父，将我等给予戴青和硕齐，自给予之日起，因有前仇，将我等竟不视为伊之下属，苛虐至极，罗卜藏丹津掠戴青和硕齐时，掠走我等，后趁大军出动之机，我等叛罗卜藏丹津，仍往投戴青和硕齐，又虐待我等，故我等请归圣主，来寻归松潘之后，将我等作为千户、百户，今圣主将青海众人编为旗分佐领，将我等亦编旗分佐领，实无疆之恩。若由扎萨克兼管，我等既为戴青和硕齐处出来之人，除戴青和硕齐而外，由任何扎萨克兼管，均随大臣之便等情。②

察罕丹津与丹仲虽是伯侄关系，但彼此之间有前仇，所以察罕丹津对归并于他的丹仲属民“竟不视为下属，苛虐至极”。因此，丹仲之属众不愿由察罕丹津兼管，奏请“除戴青和硕齐而外，由任何扎萨克兼管，均随大臣之便”。之后，察罕丹津也曾请求侍郎鄂赖将丹仲部落划归其管理，但鉴于“因前仇又致伊等更被虐待”和察罕丹津即有十一佐领还贪婪不足的考虑，鄂赖认为，“丹衷（仲）之人原为四部，每部有为首管理之人。看得，伊等皆能管束其下人，故臣等补放都统、副都统职衔时，皆已补放伊等”，于是提出如后方案即“丹衷（仲）属民不愿归任何人兼管，有事则伊等旗内办理，有不能了断之事则依照内扎萨克、喀尔喀之例与相邻扎萨克一同办理，再有大事则由驻西宁大臣办结即可，如此则戴青和硕齐之所请亦可勿庸议”。

以上分析探讨了清廷对《条陈西海善后事宜折》的修改与完善之过程。由于《条陈西海善后事宜折》的实施基本确定了雍正时起清朝在青海的基本施政方针，其影响自然是不言而喻的，但直接引用《条陈西海善后事宜折》的条款指代清朝对青海的某项政策则是对清朝政策的误读。清朝为了实现对青海的治理，如本文所论对《条陈西海善后事宜折》的内容进行了多次商议修改。然而，本文只是论述了雍正朝青海政策的完善过程，其实之后清朝对青海的政策还进行了不断修改，这将另撰文论述。

（刘锦，1984 年生，博士，广州市委党校（行政学院）政治学与法学教研部讲师。广州：510070）

① 《条陈西海善后事宜折》，第 284 页。

② 《理藩院侍郎鄂赖等奏请青海蒙古编旗管理等事折》，《雍正朝满文朱批奏折全译》（上册），2011 条，第 1115 页。

清代审理哈密和吐鲁番回人案件的两份满文题本译释

达力扎布

内容提要：清朝政府将其在蒙古地区推行的政治制度和法律曾经转移施行于其他民族，以满足其对这些民族地区管理的需要。本文汉译的两份满文题本反映出，清政府不仅在哈密、吐鲁番推行了扎萨克制度，而且施行过蒙古法律，在派驻理藩院理事司员于哈密、吐鲁番期间，曾经依据蒙古律审理回人（维吾尔人）刑事案件。

清朝统治者在关外时期制定了蒙古法律，以法治理蒙古地区，获得了很好的效果。清朝定鼎北京之后，还把实行于蒙古地区的蒙古律转移使用于其他民族，以满足其治理其他民族地区的需要。雍正年间，清廷在青海地区藏族中施行的《番例》就是从康熙年间的蒙古律（《理藩院律书》）中摘录蒙古法律条文编写的。[①]本文翻译和研究的两份满文题本，揭示了清朝在哈密、吐鲁番地区转移施行蒙古法律的事实。以下简述清朝在哈密、吐鲁番地区推行清代蒙古政治制度及法律的过程和两份满文题本的内容，并汉译满文题本。

一、清朝在哈密、吐鲁番推行外藩蒙古扎萨克制度

明末清初，哈密、吐鲁番两地均属叶尔羌汗国管辖，康熙十七年（1678）准噶尔汗国灭叶尔羌汗国，哈密、吐鲁番地区附属于准噶尔汗国。

康熙二十九年（1690），准噶尔汗国的噶尔丹博硕克图汗因漠北喀尔喀土谢图汗攻杀其盟友扎萨克图汗沙喇，率兵攻击喀尔喀土谢图汗部，土谢图汗察珲多尔济战败，与其弟哲布尊丹巴呼图克图率部退入清朝境内。噶尔丹汗停止追击，返回科布多一带。不久，其侄策妄阿喇布坦台吉率部分属民逃回和布克塞尔，准噶尔汗国分裂。第二年，噶尔丹博硕克图汗再次出征喀尔喀，在乌兰布通被清军击败。康熙三十五年（1696）五月，清康熙帝亲征准噶尔，噶尔丹博硕克图汗在昭莫多（今蒙古国乌兰巴托南）再次被清军击败。哈密达尔汉伯克额贝都拉此时遣使请求归附清朝，第二年，拘捕噶尔丹之子色布腾巴勒珠尔献给清朝，以表忠诚。清廷令额贝都拉继续管辖哈密人众，给扎萨克印，赐纛，其子郭帕伯克率所部百人屯肃州。“诏以额贝都拉为一等扎萨克，仍达尔汉号，赐敕印及银币。以郭帕伯克为二等伯克，协理旗务。白奇伯克如郭帕伯克职。”[②]其二子相

① 见拙文《〈番例〉渊源考》，《青海民族大学学报》，2012年第2期。

② 包文汉、奇·朝克图整理：《蒙古回部王公表传》（《钦定外藩蒙古回部王公表传》），第一辑，第689页，内蒙古大学出版社，1998年。

当于蒙古的协理台吉。康熙三十七年（1698），清廷遣官赴哈密，编设旗队，设管旗章京、副章京、参领、佐领、骁骑校各员，在哈密编设十二佐领，屯肃州的郭帕伯克所部别设一佐领。[①]乾隆年间“回部哈密一旗，札萨克一人，协理旗务一人，管旗章京一人，副章京一人，参领二人，佐领十三人。”[②]清廷在哈密推行了外藩蒙古扎萨克制度。

哈密札萨克和硕亲王，先于康熙三十六年封额贝都拉为札萨克一等达尔汗，四十八年，长子郭帕伯克袭，五十年，长子额敏袭。雍正五年，晋镇国公，七年，晋固山贝子。乾隆五年，长子玉素甫袭扎萨克镇国公，十年，晋固山贝子，二十三年，赐贝勒衔，二十四年，晋多罗贝勒，又赐郡王衔。三十二年，次子伊萨克袭多罗贝勒。四十五年，长子额尔德锡尔袭，五十三年，诏世袭罔替。嘉庆十八年，子博锡尔袭，道光十二年，晋多罗郡王衔，咸丰三年，赐亲王衔，同治六年，追封和硕亲王。是年，子卖哈莫特袭。光绪七年，侄沙木胡索特袭。[③]1915 年，沙木胡索特被赏食亲王上俸，给一等嘉禾章，并因年班到京，援为翊卫使。[④]1930 年死。[⑤]哈密扎萨克传九世，直到维吾尔人归于县治。

吐鲁番归附清朝在哈密之后。康熙五十九年（1720），吐鲁番额敏和卓以鲁克沁归附清朝。雍正十年，清廷从巴里坤、吐鲁番一带撤回西路大军时，为防止准噶尔侵袭吐鲁番，命额敏和卓率众自鲁克沁内徙。同年，移屯塔勒纳沁，授额敏和卓为扎萨克辅国公。雍正十一年，又自塔勒纳心徙居瓜州，凡八千一十三口。“寻定所部头目功次，一等给正千户，二等给副千户，三等正百户，四等副百户，各颁号纸”，分五堡安置。乾隆二年，定吐鲁番“扎萨克视喀尔喀辅国公，正千户视佐领，副千户而下视骁骑校”。[⑥]清朝虽然封额敏为扎萨克，其基层组织仍照西北土司官职称作千户、百户。乾隆十九年（1754）清廷遣官赴瓜州编立旗队，置管旗章京、副管旗章京、参领、佐领、骁骑校各员，如哈密例。[⑦]设“吐鲁番一旗，扎萨克一人，协理旗务二人。管旗章京一人，副章京二人，参领二人，佐领十五人，伯克十人。”[⑧]在吐鲁番正式推行外藩蒙古扎萨克制度。清朝统一新疆地区之后，乾隆二十一年闰九月，吐鲁番人自瓜州回迁吐鲁番，[⑨]二十三年，还驻吐鲁番。[⑩]

“吐鲁番回部札萨克多罗郡王，先于雍正十年封额敏和卓为札萨克辅国公，乾隆二十年，晋镇国公，二十一年，晋固山贝子，二十二年，赐贝勒衔，二十三年，晋多罗贝

---

① 包文汉、奇·朝克图整理：《蒙古回部王公表传》，第一辑，第 684 页；王希隆：《新疆哈密维吾尔族中的札萨克旗制》，《西域研究》，1997 年第 1 期。

②《清朝通典》卷三十九《职官·十七》，浙江古籍出版社，2000 年，第 2227 页。

③ 光绪朝《清会典事例》卷 972《理藩院十·封爵》，第十册，中华书局，1991 年，第 1069-1070 页。

④ [民国]关震华著：《新疆回部王公世系之研究》，中国西北文献丛书编辑委员会、兰州古籍书店影印出版发行《中国西北文献丛书》第四辑《西北民俗文献·新疆回部王公世系之研究》，总 139 册·辑 23 卷，兰州，1990 年，第 8 页。

⑤ 苏北海、黄建化著：《哈密、土鲁番维吾尔王历史》，新疆大学出版社，1993 年，第 3-20 页。

⑥ 包文汉、奇·朝克图整理：《蒙古回部王公表传》，第一辑，第 698 页。

⑦ 包文汉、奇·朝克图整理：《蒙古回部王公表传》，第一辑，第 698 页。

⑧《清朝通典》卷三十九《职官·十七》，第 2227 页；亦见钟兴麒、王豪、韩慧校注：《西域图志校注》，卷 29《官制二》，新疆人民出版社，2002 年，第 420 页。

⑨ 张羽新《清前期吐鲁番维吾尔族移居瓜州始末记》，载氏著《清代前期西部边政史论》，黑龙江教育出版社，1995 年，第 391 页。

⑩《清朝文献通考》卷 191，《兵十三·藩部各旗》，第二册，浙江古籍出版社，2000 年，第 6531 页。

勒，又赐郡王衔，二十四年，晋多罗郡王。四十二年，长子素赉瑞袭。四十四年削，以额敏和卓第五子伊斯堪达尔袭，四十八年，诏世袭罔替。嘉庆十六年，长子玉努斯袭，以罪削。二十年额敏和卓子丕尔敦袭。二十一年，次子迈玛萨依特袭。道光七年，子阿克拉依都袭。光绪八年，子玛穆特袭。”[①]此后由叶明袭位，时间不详，光绪三十三年时在位。民国二年，因通电赞成共和，封郡王叶明和卓为亲王。[②]

外藩蒙古扎萨克制度是清朝入关前在外藩蒙古推行的军政合一制度，哈密、吐鲁番归附清朝之后，清廷在哈密、吐鲁番先后推行了外藩蒙古扎萨克制度，没有保留其原有的伯克制度。推测其原因：首先，哈密、吐鲁番首领主动归附清朝有功，故待之以外藩，可以保障其首领的自治权力，享有较高的政治待遇。其次，察合台汗国、叶尔羌汗国和准噶尔汗国都实行分封制度，在哈密、吐鲁番推行外藩扎萨克制度有较好的社会政治基础。第三，哈密、吐鲁番归附较早，人数不多，推行现有的外藩扎萨克制度，归理藩院管辖，容易管理。

二、在哈密、吐鲁番实行蒙古法律

在哈密、吐鲁番归附之初，清廷将哈密、吐鲁番事务归理藩院管理。哈密归附之后，理藩院立即派遣笔帖式驻哈密，而从雍正四年开始在哈密，乾隆元年开始在吐鲁番派驻理藩院司官。

乾隆朝《大清会典则例》稿本中记载：“雍正四年奏准：哈密回民投诚以来，由院每年委笔帖式一人前往，侦探报院。今大兵已撤，兼驻绿旗兵丁，边疆甚重，仅委笔帖式一人不足以资弹压。再差本院司官一人，会同扎萨克不时稽察，定限二年更替，倘有准噶尔处来使，据实讯明缘由，一面行文安西总兵官，一面报院。”[③]这段记载强调的是笔帖式和司官在处理准噶尔事务方面的作用。乾隆元年，在撤回派驻各地办理军务官员时，谕“哈密驻扎章京，协同扎萨克办事，因一人不能换班，又增一员，定例两年更代。哈密现有驻兵，达桑阿、扎史仍应留彼，俟年满更代。”[④]此处指驻哈密员外郎达桑阿、扎史，他们“协同扎萨克办事”，自然包括军务和审理刑狱。五年“又议准：增设驻扎哈密本院司官、笔帖式各一人。”[⑤]又照神木等理事司员例，给驻哈密和瓜州司官关防，以便于其办理事务。[⑥]

乾隆元年，议准：“瓜州土鲁番回民事务见属西安总兵官办理，恐未悉回民语言情性，与事无益。应差本院司官、笔帖式各一人，前往办理，照哈密之例，新旧交错，二年一

---

① 光绪朝《清会典事例》卷972《理藩院十・封爵》，第十册，中华书局，1991年，第1069页。

② [民国]关震华著：《新疆回部王公世系之研究》，载《中国西北文献丛书》第四辑，[总]139册・辑023卷，第11-12页。

③ 乾隆朝《大清会典则例・理藩院则例》稿本，《柔远清吏左司・驻扎》条，见美亚沙、经莉、陈湛绮主编：《理藩院公牍则例三种》第一册，全国图书馆文献缩微复制中心，影印本，2010年，第141-143页。

④《清高宗实录》卷17，乾隆元年四月丙戌条，中华书局影印《清实录》本，1985年，第443-444页。

⑤ 乾隆朝《大清会典则例・理藩院则例》稿本，《柔远清吏左司・驻扎》条，见美亚沙、经莉、陈湛绮主编：《理藩院公牍则例三种》第一册，第144页。

⑥《清高宗实录》卷126，乾隆五年九月乙亥条，第843页。

次更换。其日支票给银、骑驮牲畜等项，亦照哈密例行，令该地方官办给。”[①]乾隆八年谕：“哈密向差章京二员、笔帖式一员前往驻扎，办理回民事务，新旧交错，二年一换。瓜州亦派章京、笔帖式各一员前往办理，照哈密之例，二年交错更换。朕思二年一换，为期太速，未能熟悉边情，嗣后著定期三年，仍照例新旧交错更换，与边方有益”。[②]

清朝从康熙末年开始，先后在内扎萨克蒙古地区派驻理藩院司官（理事司员）办理蒙古与民人交涉事务，亦审理蒙古案件。乾隆年间，在宁夏、神木、乌兰哈达、巴沟、三座塔、塔子沟等处都派驻有理事司员。清廷在哈密、吐鲁番派驻理事司员作为理藩院官员，不仅处理与准噶尔有关的事务，亦负有协助调遣兵丁和审理刑狱的职责，例如乾隆六年，“刑部等衙门议覆，川陕总督尹继善奏称，嗣后安西回民一切命盗等案仿照榆林、宁夏、口外蒙古之例办理。如两造俱系回民，应令扎萨克公将人犯拘交办理夷情之部郎查审，径报理藩院完结。若民人与回民交涉之案则令安西同知会同部郎审拟详报，均由安西道核审，转移臬司详请咨题完结，其承审限期准于正限外各展限两个月，应如所请。至安西地方属卫所者，应以卫所为专管，该同知为兼辖，不属卫所者即以该同知为专管，均以安西镇道为统辖，照例分别承督职名。再扎萨克公拘交之回民，责令于限内获解，如托故挨延，将该管扎萨克公额敏和卓等及承缉、督缉之员职名报部，照例分别议处。地方民员，免其查参。从之。”[③]驻吐鲁番理藩院官员自此审理回民案件，并参与会审回汉交涉案件。

清朝统一新疆之后，乾隆二十三年，在哈密设办事大臣一员，[④]协办大臣一员，主管印房事务章京一员，笔帖式一员，委笔帖式数员，节制于乌鲁木齐都统，撤回驻哈密理藩院司官和笔帖式。[⑤]乾隆二十四年，设通判一员，巡检一员。[⑥]

乾隆二十四年（1759）清朝设驻辟展城办事大臣一人，四十四年，裁驻辟展办事大臣，改为吐鲁番领队大臣，[⑦]撤回驻土鲁番办理回子事务司官和笔帖式。乾隆二十六年，在辟展设同知一员、巡检一员。“回子命盗各案均归领队大臣办理，其商民命盗事件同知详报镇迪道办理，仍报领队大臣查考。”[⑧]在《清朝通志》中注：“按哈密、吐鲁番二部虽并膺王封，而实佐我驻扎大臣共理庶政，故互见于新疆各官属，而其属则冠以天朝之品秩，仍存旧称，谨具列于此。”[⑨]

---

① 乾隆朝《大清会典则例·理藩院则例》稿本，《柔远清吏左司·驻扎》条，见美亚沙、经莉、陈湛绮主编：《理藩院公牍则例三种》第一册，第146页。

②《清高宗实录》卷206，乾隆八年十二月壬戌条，第657页；亦见乾隆朝《大清会典则例·理藩院则例》稿本，《柔远清吏左司·驻扎》条，见美亚沙、经莉、陈湛绮主编：《理藩院公牍则例三种》第一册，第148页。

③《清高宗实录》卷146，乾隆六年七月甲戌条，第1109页。

④ 乾隆二十六年八月初一日《哈密办事大臣永宁等奏请颁赏哈密办事大臣关防折》，见中国边疆史地研究中心、中国第一历史档案馆合编：《清代新疆满文档案汇编》，影印本，第52册，广西师范大学出版社，2012年，第232-233页。

⑤ 乾隆二十六年《口口口奏报哈密等处所派理藩院章京等职全部撤除片》，见中国边疆史地研究中心、中国第一历史档案馆合编：《清代新疆满文档案汇编》，第64册，第78页。

⑥ 钟兴麒、王豪、韩慧校注：《西域图志校注》，卷29《官制一》，新疆人民出版社，2002年，第409页。

⑦《清朝文献通考》卷191，《兵十三·藩部各旗》，第二册，浙江古籍出版社，2000年，第6541页。

⑧《回疆通志》卷十一《吐鲁番》，载《中国西北文献丛书》第一辑《西北稀见方志·回疆通志》，【总】第59册·辑59卷，第349页。

⑨《清朝通典》卷三十九《职官·十七》，第2227页。

清廷在哈密、吐鲁番设立办事大臣、领队大臣，撤回理藩院司官、笔帖式之后，由办事大臣和领队大臣管理哈密、吐鲁番回汉事务。

从目前我们掌握的史料来看，清朝自从在哈密（雍正四年）、吐鲁番（乾隆元年）派驻理藩院司官开始以蒙古律审理案件。乾隆二十三年之后，清廷在哈密、吐鲁番先后设立办事大臣，开始统一以《大清律例》审断案件。那么，在哈密、吐鲁番未派驻理藩院司官之前，例如在哈密派驻笔帖式时期是否以蒙古律审理回人案件呢？未见相关案例，有待考证。

哈密和吐鲁番是农业定居地区，案情比游牧地区复杂，使用相对简略的蒙古律，常常捉襟见肘，有些案件必须参照刑例比拟审理。而《大清律例》更适合于农业定居地区的社会环境。清朝统一新疆之后，撤回派驻哈密、吐鲁番的理藩院司官，设同知、通判，在整个南疆地区各城和吐鲁番回人中实行《大清律》，命盗大案都依《大清律例》审理，轻微犯罪案件和一般民事案件则依回回法。[①]相对而言哈密方面缺少相关案例，有待进一步考察。

三、两份满文档案的内容

本文翻译的两份满文题本，是清朝派驻哈密、吐鲁番的理藩院司官（即驻两地办理回子事务理事司员）以蒙古律审理回人案件的珍贵实例。[②]

题本一《署理藩院事务大学士阿克敦等题议哈密回子阿咱玛特勒毙幼女按律拟斩立决本》是有关审理哈密回人阿咱玛特两日内接连勒毙两名幼女案件的题本。[③]

罪犯阿咱玛特，二十二岁，父早世，母改嫁，幼孤，依其伯父玛玛热依木生活。稍长在蔡巴什湖公田为人佣工度日。乾隆十八年四月十日和十一日，为抢夺衣服、油、饽饽（馕）等物在哈密城郊接连勒死八岁女孩努鲁斯伯乞和十四岁女孩阿咱伯乞，将其抢来的衣服和油卖给驻哈密新城的汉商充抵其债务。将卖衣服易得的粮食一升自食，二升给其伯父，抢来的三个饽饽一个自食，二个卖给别人。

两个孩子的家人分别报案之后，哈密扎萨克玉素甫督率本旗官员侦察和搜捕凶犯，抓获罪犯阿咱玛特，现场取证之后，报驻哈密管理回子事务员外郎阿尔宾、主事索诺木等审案。阿尔宾、索诺木与扎萨克玉素甫及旗内官员共同审理此案。依据蒙古律：“官员、平人，或一二人伙众强劫什物时杀人者，不分首从，俱处斩，枭首示众。藉没其妻子、产畜，给付事主”的规定，拟定将阿咱玛特依据强劫什物杀人之例，斩立决，枭首示众。阿咱玛特无妻子、产畜，藉没之处无庸论。阿咱玛特伯父买买热依木含糊收取阿咱玛特买来的多出一升的米，不加究问，难免罪责，将买买热依木据不应为重罪例，杖

---

① 王东平：《清代回疆法律制度研究》，黑龙江教育出版社，2003 年，第 172-193 页。

② 在《清前期理藩院蒙古文题本》（第五卷，518-525 页）中还有一份题本与审理哈密刑事案件有关，即乾隆二十年六月二十三日《兼管理藩院事务大学士傅恒等题报恭奉恩诏应赦免各案蒙古人犯情由本》，内容是将八个因斗殴致人死亡的犯人赦免，减等处罚，其中一例是哈密回子呼达雅尔喝醉误杀其弟，与其他七个蒙古案犯一同被赦免减等。

③《署理藩院事务大学士阿克敦等题议哈密回子阿咱玛特殴毙幼女按律拟斩立决本》，见中国第一历史档案馆、中国人民大学国学院西域历史语言研究所编《清前期理藩院蒙古文题本》，第五卷，第 22-41 页，内蒙古人民出版社，2010 年。标题原为“殴毙幼女”，误，本文中改为“勒毙幼女”。

八十。以蒙古和回子之故，改鞭八十。呈报理藩院之后，理藩院与刑部、督察院和大理寺三法司会审无异议，皇帝御批：阿咱玛特立斩，枭首示众。余依议。

题本二《兼管理藩院事务大学士傅恒等议题吐鲁番回子图尔达玛特刺人害命按律拟斩监候秋后处决本》，[①]审理了回人图尔达玛特与回人米拉西木妻子通奸之后，刺死米拉西木一案。

罪犯图尔达玛，二十五岁，瓜州头堡回人，单身。图尔达玛特在死者瓜州三堡回人米拉西木家帮工，住处与米拉西木家近邻，平日里常到米拉西木家，趁其不在家多次勾引其妻子，后通奸。米拉西木二十四岁，妻子何西图尔肯，三十一岁。米拉西木察觉图尔达玛特与其妻关系暧昧之后，休其妻。图尔达玛特则依据回人习俗，欲待四个月后提亲，娶米拉西木所休之妻。但是，米拉西木发觉图尔达玛特之企图，决定与妻复婚。乾隆十八年十月初四日晚，图尔达玛特邀朋友来家喝茶时，米拉西木亦来，告知图尔达玛特欲与其妻复婚，图尔达玛特愤怒，持刀刺米拉西木腰部一刀。二十日之后，米拉西木因伤重死亡。

驻瓜州办理回子事务员外郎通保等审理此案。《蒙古律例》规定："凡故杀、仇杀，谋杀，同谋杀者，若平人，将起意者斩监候。抄没其产畜给被杀者妻子。"又，"凡斗殴伤重五十日内死者，下手之人绞监候。"又，"平人奸平人之妻者，取其妻，罚五九牲畜。将奸妇交本夫杀死之，若不杀，将所罚牲畜给伊贝勒。"故通保等依据故意杀人例将图尔达玛特拟斩监候，抄没产畜给被杀之人回子米拉西木之子。米拉西木所休妻子何西图尔肯与图尔达玛特通奸，理应依法拟以死罪。但何西图尔肯对图尔达玛特刺米拉西木之事不知情，无通谋情节，且其丈夫已将其休弃。又何西图尔肯在听闻米拉西木被人刺伤后，立刻去照看孩子和丈夫，故减免其罪，将何西图尔肯依照刑部通奸例杖九十，折鞭九十。理藩院会同三法司会审题报后，皇帝御批：将图尔达玛特依所审拟斩监候，秋后处决。余依议。

图尔达玛特拿刀刺人害命一案中，最初吐鲁番千户将案情上报给辅国公阿敏和卓，称米拉西木伤势较轻，阿敏和卓令将罪犯图尔达玛特鞭一百，交给其所属副千户严管。后来米拉西木伤重于二十日内死去，阿敏和卓赴京城朝觐不在吐鲁番，协理台吉苏来曼将案情立即报闻驻吐鲁番办理回子事务理事司员通保。通保一面派人从安西卫衙门请仵作验尸，一面通知亲属来共同验尸，后审讯罪犯，拟定罪名后上报理藩院。此事反映出除命盗重案以外，扎萨克可以全权审理一般案件，例如刺人伤势较轻，则可以鞭一百，令其所属千户严加看管结案。命盗大案则交理藩院司官协助审理，呈报理藩院。审理程序与外藩蒙古扎萨克旗基本相同。

以上两案在适用法律方面都是蒙古律，蒙古律中无具体规定者比拟刑律拟定罪名。例如在第 1 例中引用了《刑例》中的不应为重律。第 2 例中对奸妇参用了《刑例》通奸例，杖九十，因为是回人，折为鞭九十。在审理蒙古人案件时很早就参用刑例，例如乾

① 《兼管理藩院事务大学士傅恒等议题吐鲁番回子图尔达玛特抢扎人害命按律拟斩监候秋后处决本》，见中国第一历史档案馆、中国人民大学国学院西域历史语言研究所编《清前期理藩院蒙古文题本》，第五卷，第 207-228 页，内蒙古人民出版社，2010 年。原标题中"抢扎人害命"误，应为"刺人害命"。

隆五年九月刑部等衙门议覆原任山西巡抚觉罗石麟奏归化城应行事宜中有“一、会审案件，应各自拟罪酌议。嗣后凡会审之件，民人照内地律治罪，蒙古照蒙古律治罪。如蒙古无正律，援引刑部律例定拟，倘有偏执己见者，即行题参。”[①]这项规定于嘉庆年间收入《理藩院则例》，成为例文，广泛推行。[②]

在题本二中还反映出吐鲁番回人的一些习俗，如实行收继婚。米拉西木妻子何西图尔肯最初嫁给米拉西木的哥哥买买提西木，生有二男，一女。其夫亡后，米拉西木的姐姐依据回人习俗，请千户作媒，征得西图尔肯父亲同意，令其再嫁买买提西木的弟弟米拉西木。另外，何西图尔肯被其丈夫米拉西木休后，图尔达玛特准备按回人习俗，过四个月后娶何西图尔肯，也就是说妇女被丈夫休后四个月，可以改嫁。

通过这两份审理哈密、吐鲁番回人案件的满文题本，可以证实清朝在哈密、吐鲁番回人中不仅推行了外藩蒙古扎萨克制度，还一度施行蒙古法律，以蒙古律审理其刑狱。

参考论著：

魏良弢：《叶尔羌汗国史纲》，黑龙江教育出版社，1994年。

刘正寅、魏良弢著：《西域和卓家族研究》，中国社会科学出版社，1998年。

[日]佐口透著、凌颂纯译：《18—19世纪新疆社会史研究》，新疆人民出版社，1983年。

[日]佐口透著、章莹译：《新疆穆斯林研究》，新疆人民出版社，2012年。

[日]佐口透著：《新疆哈密的伊斯兰王——哈密郡王统领史》，《东洋学报》，第72卷，第3、4号，1991年。

苏北海、黄建化著：《哈密、土鲁番维吾尔王历史》，新疆大学出版社，1993年。

王东平：《清代回疆法律制度研究》，黑龙江教育出版社，2003年。

张羽新：《清前期吐鲁番维吾尔族移居瓜州始末记》，载氏著《清代前期西部边政史论》，黑龙江教育版社，1995年。

王希隆：《清代新疆的回屯》，载王希隆主编《西北少数民族史研究》，民族出版社，2003年，第232—238。

王希隆：《清前期吐鲁番维吾尔人迁居瓜州的几个问题》，《兰州大学学报》，1989年第4期。

王希隆：《新疆哈密维吾尔族中札萨克旗制》，《西域研究》，1997年第1期。

王希隆：《哈密达尔汉伯克额贝都拉及其投清之影响》，载王希隆主编《西北少数民族史研究》，民族出版社，2003年，第221—231。

齐清顺：《18世纪前半期清朝与准噶尔对吐鲁番的争夺》，《西域研究》，2005年第1期，收入齐清顺著《清代新疆研究文集》，新疆人民出版社，2008年。

---

① 《清高宗实录》卷127，乾隆五年九月壬辰条，第858页。

② 包银海校注《理藩院则例》（蒙古文）第43卷《审断·蒙古例无专条引用刑例》，北京：民族出版社，2006年，第465页。

满文题本汉译及拉丁文字母转写

一、《署理藩院事务大学士阿克敦等题议哈密回子阿咱玛特勒毙幼女按律拟斩立决本》拉丁文字母转写

[第 22 页下]

adzamat be uthai sacime wa uju be lakiyafi geren de tuwabu gūwa be gisurehe songkoi obu.

wesimburengge

ambarame giangnara hafan, ilire tere be ejere, taidzi šooboo, aliha bithei da, baita be aisilame icihiyara daiselaha beidere jurgan i aliha amban, kubuhe šanggiyan i ujen coohai gūsai gūsa be kadalara amban bithei yamun i baita be kamcifi kadalara tulergi golo be dasara jurgan i baita be daiselame icihiyara emu jergi nonggiha hafan efulefi tušan de bibuhe amban akdun sei beidere jurgan i jergi yamun i emki acafi gingguleme wesimburengge niyalma be tantame waha jalin.

hami de tefi hoise i baita be icihiyara aisilakū hafan arbin, ejeku hafan sonom, hami i jasak i gūsai beise yosub sei alibume banjiha bithede. abkai wehiyehe i juwan jakūci aniya duin biyai juwan ninggun de /23 上/beise yosub i alibuha bithede ere biyai juwan emu de. fe hoton i amargi ergi su ba ši hū gebungge bade tehe hoise tordai i alanjihangge. ere biyai juwan de mini jakūn sei sargan jui norosbeki be gaifi ice hoton de emu moro nimenggi udafi hoto de tebufi. sargan jui de afabufi booi baru unggihe. mini beye fe hoton de genefi yamjishūn erin de boode amasi marifi baici mini sargan jui norosbeki boode jihakū. tere dobori adaki falga šurdeme dobonio bihai bahakū. jai inenggi baire de šu ba ši hū i dergi julergi ergide mini sargan jui norosbeki niyalma tatame waif lamun bosoi sijigiyan emu moro nimenggi be gamahabi seme alambi.

yosub bi harangga aisilara taiji /23 下 gūsa be kadalara janggin meiren i janggin sebe gaifi niyalma waha bade genefi tuwaci. hoise sargan jui norosbeki umušuhun dedume bucehebi. meifen de šanggiyan umiyesun hūwaidame hū i da de mampilahabi. fe jibca dasime uju de fe bosoi mahala beyede fe camci etuhebi. maifen de tataha šanggiyan umiyesun be sufi tuwaci tataha feye šumin emu fufen juwe eli niohušulefi tuwaci. encu bade umai feje akū. niyalmai tatame wahangge yargiyan. uthai meni gūsade ciralame selgiyefi baicaci bucehe sargan jui norosbeki i lamun bosoi sijigiyan be hoise aitmat ci baha. hoise aitmat de si ere etuku be adarame baha. yargiyan be jabu seme fonjici. jaburengge bi ere biyai juwan emu de ice hoton i hūdai niyalma/24 上/ jao u de uyunju ninggun jiha bufi udame gaiha encu turgun akū sembi. jeku caliyan i baita be icihiyara acan beidesi de alafi hūdai nikn jao u be gajifi fonjici. jaburengge bi ere etuku be ere biyai juwan de emu hoise i haha jui ci ilan moro emu hontoho moro je bele de hūlašame gaiha. gebu be sarkū. sabuci takambi sembi. yosub bi uthai mini harangga geren hoise juse be isabufi. emke emken i takabuhai juwan duin de isinaha manggi.

nikan jao u takame baha hoise haha jui de sini gebu ai. udu se ere etuku be aibaci baha seme beideme fonjici. jaburengge mini gebu adzmat, orin juwe se ere biyai juwan de so ba ši /24 下 hū de genefi amasi jidere de jugūn de emu ajige sargan jui hoto de nimengga tebume mini ishun jihe be sabufi. bi iliha. i mimbe aibade genembi seme fonjiha de. imbe holtome bi su ba ši hū morin i adun de genembi sehe. ini gisun edun aga i beikuwen de mini gala alime muterkū. mini funde ere nimenggi be afafi boode isibureu. ede bi nimenggi be gaifi amasi marime ini juleri yabume emu šumin yohoron ekcin i bade nimenggi be sindafi tere sargan jui be jui be hoššome ubade jio emu tuwara jaka bi i mini jakade isinjime uthai aname tonggulime tuhebufi. bi dahaduhai wasifi tere sargan jui ilifi songgome minci nimenggi gaire de /25 上/mini umiyelehe emu šanggiyan boso umiyesun be tucibufi ini meifen be hūwaidame tatara de den jilgan hūlame tuheke. ini juwe gala be mini tobgiya i fejile gidame ciralame dabkūrilame tatafi mampilaha manggi. yasa wesihun fudarame neifi angga ci obonggi ejeme ergen yadaha. terei etuhe fe jibca be beyebe dasibume dolo etuhe lamun bosoi sijigiyan nimenggi be suwaliyame bi gaifi genefi. etuku be hūdai niyalma jao u de ilan moro emu hontoho moro je bele hūlašaha. nimenggi be hūdai niyalma yen šang gin de juwe fufen bekdun menggun bodome toodame buhe sembi.

geli sirame hoise ašurikai alanjihangge ere biyai juwan emu de mini juwan duin sei sargan jui /25 下/adzabeki de emu efen jakūn nimenggi efen bufi uncabume unggihe. emu ineggi emu dubori jihekū. ba bade baici fuhali bahakū sembi. yosub bi uthai geren de ciralame selgiyefi baihai. juwan duin de hoise ašur ini sargan jui i mahala uncara efen be tebuhe šoro be fe hoton i julergi ergi emu ba i tubede eifu kūwaran i baci baha sembi. eifu i hanciki bade tehe hoise mamatmumin sede fujuruleme fonjici. jaburengge ere mahala šoro be ai niyalma tubade sindaha be bi sarkū. ere biyai juwan emu i šun dabsiha erinde. sargan jui adzabeki adzamet sasari eifu i baru genehe be mamatmumin mini sargan jui hošorao sabuha be minde alaha sembi.

ehe weilengge hoise /26 上/ adzamat de si juwan emu i šun dabsiha erinde. efen uncara sargan jui adzabeki i sasa eifu kūwaran de genehe be sargan jui hošoro sabuha. sinde sargan jui hošorao be bakcilabume. tatame wabuha sargan jui adzabeki i mahala šoro be juleri maktafi beideme fonjici. weilengge hoise adzamat uju gidafi kejine guidafi golmin sejilefi jaburengge. juwan emu de adzamat bi fe hoton i dergi dukai tule tehe de. emu ajige sargan jui šoro de efen tebume jifi mini jakade tehe. emu efen juwe nimenggi efen be bi jeke. i mini etukui buten be tatame jafame umai sindarkū jiha gaire de. bi tere bade genefi jiha bure seme eifu juktere untuhun booi tule gamafi tefi. geli /26 下/emu nimenggi efen be jeke. tere sargan jui inu emu nimenggi efen be jefi alame. minde emu deo bi. emu nimenggi efen be angga de gulhun sindafi jeme mutembi. si inu sini deo i sonhkoi jeme mutembiu seme fonjiha de ini gisun bi aika terei songkoi jemen muteci juwe efen i jiha be si bumbiu sehe manggi adzamat bi terebe hoššome si aika angga de gulhun sindafi jeme muteci juwe nimenggi efen i jiha be bi sinde bure i uthai emu nimenggi efen be gulhun angga de sindafi niyanggūme unggeme muterakū i sidende boso umiyesun be ini meifen de tebufi booi dolo ušame dosimbufi geli encu emu olo futa be ini meifen de /27 上/ tebufi ciralame tatafi mampilaha bime boihun i feise gaifi ini uju be emgeri furifi ergen temšere sidende uju be jafafi fu de conggūšara jakade ini uju hūwajafi ambula senggi eyeme ergen yadahabi. ini gahari be uju de dasifi funcehe ilan nimenggi efen be gaifi. emke be bi jeke. juwe be hoise haha jui de jakūn jiha uncaha. efen udame gaiha haha jui be bi takarakū sembi. yosub bi uthai harangga aisilara taiji gūsa be kadalara janggin meiren i janggin sabe gaifi weilengge hoise adzamat be gamafi niyalma waha bade isinafi tuwaci. niyalma wara boso umiyesun senggi fuda tantara boihun i feise bi. booi fu de farsi farsi senggi latuhabi. bucehe niyalmai giran /27 下/niohe yandahūn de gasihiyabufi damu utu justan duha funcehebi seme boolanjihabi.

uttu ofi arbin sonom jasak i beise yosub meni beye aisilara taiji abdula gūsa be kadalara janggin sarik. jai bucehe sargan jui norosbeki i ama turdai. eme doolat. amji abib. ecike taib. mamtnadzar. eyūn ormatbai. non adzabeki. deo hojomyar. bucehe sargan jui adzabeki i ama ašur. eme aibike. eyūn niyasbeki. deo niyashūli sebe gaifi bucehe ajige sargan jui norosbeki i beye gubci be aname kimcime tuwaci harangga jasak i beise yosub i boolaha feye ci encu akū. bucehe sargan jui adzabeki damu udu justan duha funncehebi. ede harangga jasak i beise yosub de adzabeki i giran be udu niohe yendahūn de gasihiyabucibe giranggi kemuni/28 上 /funcembi dere si niyalma takūrafi saikan baica. baicame baha manggi. uthai boolanju seme afabuhaci tulgiyen. norosbeki. adzabeki i giran duha be beise yosub de afabufi encu sindaha. jai niyalma tatame waha boso umiyesun. olo futa boihūn i feise bucehe niyalmai etuku mahala be gemu harangga beise yosub de afabuhabai.

hoise aitmat de ere etuku weyengge adarame sini gala de isinaha. tondo be jafafi jabu heni ume gidara seme fonjici. jaburengge. ere biyai juwan emu de mini beye ice hoton de tehe hūdai nikan jao u de ujunju ninggun jiha bufi udame gaihangge yargiyan wei etuku be bi sarkū seme jabumbi. hūdai nikan jao u de sini aitmat de uncame buhe etuku /28 下/aibici baha. ja hūda de uncahangge adarame seme fonjici. jaburengge. hoise haha jui adzamat ere biyai juwan de ere ajige etuku be damu ilan moro emu hontoho moro je bele gaifi ja hūda de minde hūlašame buhe mentuhureme ini baha babe kimcime fonjihakūngge yargiyan sembi. weilengge hoise adzamat be nikan jao u. yen šang gin de bakcilabume. adzamat si ere juwe nikan be takambiu seme fonjici jaburengge ere emke mini etuku be hūlašaha niyalma. tere emke mini nimenggi be gaiha niyalma sembi.

weilengge hoise adzamat de si ai turgunde ere juwe sargan jui be gemu tatame waha. adarame gūnin deribuhe. ai niyalma emki hebešehe. esei amata aika sinde /29 上/ kimun bio seme beideme fonjici. jaburengge ere biyai juwan de su ba ši hū ci amasi jime. jugūn i unduri edun aga de mini ishun emu ajige sargan jui hoton de nimenggi tebufi jafafi ebsi jimbi. bi iliha manggi mimbe absi genembi. bi imbe holtome su ba ši hū morin i adun i bade genembi seme amasi marifi sasari yabuhai emu amba yohoron i ekcin i bade imbe hoššome gamafi aname tuhebufi tatame waha. etuku be kokolime gaifi hūdai niyalma de ilan moro emu hontoho moro je bele gaifi hūlašaha nimenggi be geli emu hūdai niyalma de juwe fuwen i menggun i bekdun de bodofi buhe. juwan emu de adzamat bi hoton i tule emu efen uncara sargan /29 下/jui i emu efen juwe nimenggi efen be jeke. mini etuku be tatame jiha gaire de bi imbe hoššome hoton i julergi ergi eifu kūwaran i untuhun booi tule gamafi tefi bi geli emu nimenggi efen be jeke. tere sargan jui inu emke jeke. ini gisun mini deo emu efen be gulhun angga de sindafi jeme mutembi. sargan jui de si deo i songkoi jeme mutembio. ini kisun bi aika jeme muteci juwe efen i jiha be si bumbio. ede bi dahacame si aika emke be gulhun jeme muteci. Juwe efen i jiha be bi gemu bure. ede adzamat bi tere sargan jui be hoššome ašumbufi nonggime oksime muterkū nerginde šangiyan umiyesun be meifen de /30 上/tabufi untuhun boode ekšeme saksime gamafi monggon de geli ciralame futa tatame boihun i feise uju be forime. uju be jafafi fu de conggūšame bucebuhe. ini funcehe ilan nimenggi efen be gaifi emke be bi jeke juwe be hoise haha jui de jakūn jiha uncaha. tere haha jui be takarakū an i ucuri norosbeki adzabeki jai ceni amata be gemu takarakū inu kimun akū. omihon de hafirabufi gaitai gūnin deribuhe. inu umai niyalmai emki hebešehe hacin akū seme jabumbi.

geli adzamat de sini boode ai niyalmangga niyalma bi. etukui hūlašaha bele be sinde fonjirakū sere ba akū. si te juwe inenggi de ser sere jaka durire jailn juwe ajige sargan jui be /30 下/wahabi. erei onggolo jaka durire niyalma wara jergi baita akū sere ba akū yooni yargiyan be tucibu seme sideri makdafi šerime fonjici jaburengge. mini ama bucefi juwan ilan aniya oho mini eme tucifi eigen gaifi sunja aniya ohobi. minde ahūn deo inu akū. emteli beye. ts'ai ba ši hū i alaban i usin tarime niyalma de turibuhe. šolo šolo de mini amaji mamraim i boode tomombi. etuku hūlašaha bele be bi emu moro emu hontoho moro be jakūn jiha uncafi jeke. funcehe juwe moro bele be mini amaji de buhe. meni amaji minde juwan jiha bufi emu moro bele udame gaisu seme afabuha bihe. bi juwe moro bure de in ferguweme adarame fulu /31 上 emu moro baha babe fonjire de mini jiha nonggifi udame gaihangge seme jabuha bihe. i inu kiciha ba kū. andubume dulembuhe omihun de hamirakū beye osokon yadalinggū fuhali encehen aū. gaitai ajige sargan jusei nimenggi eduku efen be sabufi niyalma akū bade gūnin deribufi. ergen beyebe bodorakū cembe wahangge yargiyan. an i ucuri niyalma de duribume yabume ergen hetumbumbi gelhun akū jaka be durime niyalma wame yabuha ba akū seme jabumbi.

geli adzamat de si omihon de hamirakū seci tuktan inenggi de emu moro emu hontoho moro i etuku hūlašaha bele de uncaha jiha jeke bime. jai inenggi de geli utu efen i jalin sargan jui wahangge. an i ucuri jaka durihe niyalmai /31 下/ergen jocibuhakū seci ombio. sini ere gese osokun yadaligū beye bime niyalma arga jombuhakū aisilahakū seci ombio seme sideri murime fonjici. jaburengge. tuktan inenggi baha bele be mini amaji mamaraim de buhe. funcehengge be uncafi jeke. nimenggi be bekdun de bodofi buhebi. efen be jefi jiha akū de efen uncara sargan jui mini etuku be tatafi sindarkū ofi. gaitai ehe gūnin deribufi hoššome gamafi tatame wahangge yargiyan. gūwa niyalma arga jombuhakū. inu umai aisilara niyalma akū. beyei yabuha sui cihangga ceni juwe de ergen toodambi. mimbe sideri muribuhai bucebucibe inu ere jabun. an i ucuri gelhun akū jaka durime niyalma wame balai yabuha ba akū seme teng seme acinggiyarakū jabumbi.

weilengge /32 上/hoise adzamat i amaji mamaraim de. sini jalahi jui juwe moro bele gaifi sinde bure de si adarame fonjiha. an i ucuri sini jalahi jui gemu ai gese baita yabumbi seme fonjici. jaburengge. ere jui ajigan de ama akū oho manggi. ini eme udu aniya giyalafi eigen gaime tucike ajigen emteli banjici ojorakū de minde nikeme banjimbi. bi inu yadame banjime ofi. adzamat niyalma de turibume ergen hetumbumbi. Jakan ts'ai ba ši hū i alban i tarire usin be taribume turire de ini beye turibuhe. adarame ehe gūnin deribufi niyalma juse be wara be bi oron sarkū. ere biyai juwan de bi inde juwan jiha bufi i juwe moro bele gaifi minde bure de /32 下/fonjici. i juwan jiha nonggifi udame gaihangge sembi. bi ainci ini turigen i jiha nonggime udahangge seme gūnime holhidame umai kimcihakūngge yargiyan sembi.

hūdai nikan yen šang gin de weilengge hoise adzamat i jabun de ini tatame waha hoise sargan jui norosbeki i hoto de tebuhe nimenggi be sini bekdun de toodaha sembi bucehe sargan jui norosbeki i ama turdai ineku inenggi de duin fufen i menggun udaha nimnggi be. si juwe fufen i bekdun de bodome gaiha turgun be tondo be jafafi jabu seme fonjici. jaburengge. ere biyai juwan de hoise adzamat emu hoto nimenggi be gaifi minde edelahe bekdun de toodame bodoki seme juwe fufen bodome gaihangge yargiyan. damu aisi be gūnime mentuhureme /33 上/kimcime fonjihakū. umai encu turgun akū sembi.

siden hoise mamtmumin de sini sargan jui adarame bucehe. efen uncara sargan jui adzabeki. hūlaha adzamat i emgi eifu i baru genehe be sabuha. adarame sinde alaha seme fonjici. jaburengge. ere biyai juwan emu i šun dabsiha eride. mini sargan jui hošorao tule ci boode dosifi. hoise haha jui adzamat sargan jui adzabeki eifu i baru genehe seme gisurehe. bi hercun akū dulembuhe. inu fonjiha ba akū. amala hoise ašur ini sargan jui i mahala šoro be eifu i bade baha seme donjifi. bi mini sargan jui hošorao de yargiyalafi meni beise de donjibuha sembi.

hoise sargan jui hošorao de hoise adzamat adzabeki i emgi yabura de ai/33 下/ gisun gisurehe. geli encu niyalma bio seme fonjici. jaburengge. bi damu ceni juwe nofi eifu kūwaran i baru genehe be gorokon i sabuha. gisun gisurere be donjiha ba akū. inu gūwa niyalma akū. niyalma akū bade damu ceni juwe nofi yabura be ferguweme gūnime mini ama de alaha. mimbe hersehekū ofi bi inu tahihakū sembi.

bucehe sargan jui norosbeki i ama turdai de fonjici. jaburengge. turdai bi ere biyai juwan de mini jakūn se i sargan jui norosbeki i sasa ice hoton de genefi bi emu hoto nimenggi udafi afabufi booi baru unggihe. mini beye fe hoton de genefi. yamji amasi boode marifi baici. sargan jui norosbeki boode jihekū. ineku dobori hanci šurdeme adaki falaga de /34 上/ baihai bahakū. jai ininggi su ba ši hū i dergi julergi ergide sargan jui norosbeki niyalma tatame wafi. lamun bosoi sijigiyan emu moro nimenggi be gamahabi. bi ere hūlha be takarakū inu kimun akū sembi. bucehe sargan jui norosbeki i eme doolat. eyūn ūrmatbai deo hojomyar. amji abib. ecike taib mamatnadzar de fonjici gemu tordai i emu songkoi jebumbi.

bucehe sargan jui adzabeki i ama ašur. de fonjici. jaburengge. mini sargan jui be waha hūlaha adzamat be bi inu takarakū. adarame waha babe bi inu sarkū. ere biyai juwan emu de emu efen jakūn nimenggi efen be mini juwan duin se i sargan jui de bufi šoro de tebufi uncabume unggihe bihe. emu inenggi /34 下/emu dobori giyalafi baime bahakū. gūnihakū ere hūlha de tatame wabuha sembi sargan jui adzabeki i eme aibike. eyūn niyasbeki. deo niyashūli de fonjici. gemu ašur i emu sonkoi jabumbi.

beise yosub geli boolaha bade. afabuha be dahame ba bade niyalma takūrafi. ajige sargan jui adzabeki i giran be baisu seme baihanabuha. takūraha niyalma i alanjiha bade. be babade ududu inenggi hūsutuleme baiha fuhali bahakū sembi. uttu ofi arbin be ehe weilengge hoise adzamat be beise yosub de afabufi. gidana de horifi ciralame tuwakiyabuha. nikan hūdai irgen jao u. yen šang gin i beye jabun be suwaliyame jeku caliyan icihiyara acan beidesi u guwe ju de benebufi kooli songkoi icihiyabureci tulgiyen. baicaci. monggo fafun i /35 上/bithede hafan bai niyalma emu juwe ocibe geren hokilafi yaya jaka be iletu durire de. niyalma be wara oci. uju ilhi be ilgarakū gemu uthai sacime waif. uju be lakiyafi geren de tuwabu. iletu durire de niyalma be koro arara. ulin bahara oci. uju ilhi be ilgarakū gemu uthai sacime wa. hūlahasai jusen sargan booigon ulaha be gemu talafi bakcin i niyalma de bu sehebi. Weilengge hoise adzamat tuktan inenggi de ser sere etuku nimenggi jalin jakūn se i sargan jui norosbeki be waha. jai inenggi de udu fali efen i jalin geli juwan duin se i sargan jui adzabeki be wahangge turgun umesi ubiyada. erebe monggo /35 下/fafun i bithei iletu durihe niyalma waha kooli songkoi uthai sacime wafi uju be lakiyafi geren de tuwabuki. inde juse sargan booigon ulaha akū be dahame talara be gisurere ba akū obuki.

weilengge hoise adzamat i amji mamaraim. ini jalahi jui niyalma wame jaka durime yabufi. boode gajiha bele be inu sibkime fonjirakū. uthai hūlhidame bargiyahangge acahakūbi. erebe harangga beise yosub de afabufi kiyan akū yabuha weilei kooli songkoi weile arame icihiyabuki. hūdai niyalma jao u i gala ci bucehe sargan jui norosbeki i etuku be udame gaiha hoise aitmat turgun sarkū be dahame kisurere ba akū obuki sembi. acanara acanarakū babe jurgan ci toktobufi jorime banjihe erinde dahame yabuki sehebi./36 上/

amban be beidere jurgan. uheri be baicara yamun. beiden be tuwancihiyara yamun i emgi acafi duilehengge. hami de tefi hoise i baita be icihiyara aisilakū hafan arbin. ejeku hafan sonom. jasak i gūsai beise yosub sei alibume banjihe bithede hoise adzamat duin biyai juwan de emu jakūn se i sargan jui norosbeki be tatame waif etuku be kokolifi uncaha. jai inenggi udu falai efefn i jalin geli juwan duin se i sargan jui adzabeki be tatame waha emu baita be beiteci. hoise adzamat i jabunde. bi ere aniya orin juwe se. ere biyai juwan de su ba ši hū ci amasi jime jukūn i unnduri mini ishun emu ajige sargan jui hoto de /36 下/ nimenggi tebufi jafafi ebsi jimbi. bi iliha manggi mimbe absi genembi. bi imbe holtome su ba ši hū morin i adun i bade genembi seme amasi marifi sasari yabuhai emu yohoron i ekcin i bade imbe hoššome gamafi aname tuhebufi tatame waha. etuku be kokolime gaifi hūdai niyalma jao u de ilan moro emu hontoho moro je bele gaifi hūlašaha nimenggi be hūdai niyalma yen šang gin de juwe fufen i menggun i bekdun de bodofi buhe. juwan emu de adzamat bi hoton i tule emu efen uncara sargan jui i emu efen juwe nimenggi efen be jeke. mini etuku be tatame jiha gaire de. bi imbe hoššome hoton i julergi ergi eifu kūwaran i untuhun booi /37 上/ tule gamafi tefi. bi geli emu nimenggi efen be jeke tere sargan jui inu emke jeke. ini gisun mini deo emu efen be gulhun angga de sindafi jeme mutembi sargan jui de si jeme mutembio. ini gisun bi aika jeme muteci. juwe efen i jiha be si bumbio. ede bi dahacame si aika emke be gulhun jeme muteci juwe efen i jiha be bi gemu bure. ede adzamat bi tere sargan jui be hoššome ašumbufi nunggeme oksime muterakū nerginde šanggiyan umiyesun be meifen de tabufi unntuhun boode gamafi monggon de geli ciralame futa tatame boihon i feise uju be furime uju be jafafi fu de conggūšame bucebuhe. ini funcehe ilan nimenggi /37 下 efen be gaifi emke be bi jeke. juwe be hoise haha jui de jakūn jiha uncaha. tere haha jui be takarakū. an i ucuri norosbeki adzabeki. jai ceni amata be gemu takarakū. inu kimun akū omihun de hafirabufi gaitai gūnin deribuhe. inu umai niyalma emgi hebešehe hacin akūngge yargiyan sembi.

hūdai niyalma jao u i jabunde hoise haha jui adzamat. ere biyai juwan de ere ajige etuku be damu ilan moro emu hontoho moro je bele gaifi ja hūda de minde hūlašame buhe. mentuhureme ini baha babe kimcime fonjihakūngge yargiyan sembi. hūdai niyalma yen šang gin i jabunde. ere biyai juwan de hoise adzamat emu hoto nimenggi be gaifi minde /38 上 /edeleke bekdun de toodame bodoki seme juwe fufen bodome gaiha. damu aisi be kiceme mentuhureme kimcime fonjihakū. umai encu turgun akūngge yargiyan sembi hoise aitmat i jabunde. bi ere biyai juwan emu de hūdai niyalma jao u de uyunju ninggun jiha bufi emu lamun sijigiyan udame gaiha. encu turgun akū sembi. adzamat i ami mamaraim i jabunde adzamat ajigan de ama akū oho manggi ini eme udu aniya giyalafi eihen gaime tucike. emteli banjici ojorakū de minde nikeme banjimbi. inu yadame ofi. adzamat ini beye te'ai ba ši hū i usin be taribure de turibufi ergen hetumbumbi adarame niyalma be waha be bi oron sarkū ere biyai juwan de bi /38 下/inde juwan jiha bufi i juwe moro bele udame gaifi minde bure de fonjici i juwan jiha nonggifi udame gaihangge sembi. bi ainci ini turige i jiha udahangge hūlhidame kimcihakūngge yargiyan sembi. dasame hūlaha adzamat be sidari murime beideci. kemuni teng seme acinggiyarkū jabumbi. uttu ofi hūlaha adzamat be iletu durihe niyalma be waha monggo fafun i bithei songkoi uthai sacime wafi uju be lakiyafi gere de tuwabure. adzamat i amji mamaraim adzamat i durime yabufi boode gajiha bele be sibkime fonjirakū. hūlhidame bargiyahangge waka oho be dahame giyan akū yabuha songkoi weile tuhebure hūdai niyalma jao u ci bucehe sargan jui norosbeki i etuku be /39 上/ udame gaiha hoise aitmat be gisurere ba akū obure jergi babe gisurefi alibume banjihebi.

baicaci monggo fafun i bithede hafan bai niyalma emu juwe ocibe. geren hokilafi yaya jaka be iletu durure de niyalma be wara oci. uju ilhi be ilgarakū gemu uthai sacime wafi. uju be lakiyafi geren de tuwabu. juse sargan boigon ulaha be talafi bakcin i niyalma de bu sehebi. hoise adzamat tugtan inenggi ser sere etuku nimenggi jalin emu sargan jui be tatame waha. jai inenggi udu fali efen i jalin geli emu sargan jui be tatame wahangge turgun umesi ubiyada.

uttu be dahame adzamat be yaya jaka iletu durihe /39 下/niyalma be waha fafun i bithei songkoi uthai sacime wafi. uju be lakiyafi geren de tuwabume. aszamat de juse sargan boigon ulaha akū sehebe dahame boigon ulaha talara babe gisurere ba akū obume. adzamat i amji mamaraim adzamat be udabure bele ci fulu emu moro bele be boode gajiha turgun be sibkime fonjirakū hūlhidame bargiyahangge weile ci guweci ojorakū be dahame mamaraim be giyan akū yabuha ujen fafun i bithe songkoi jakūnju šuwarkiyan tantara jalin monggo hoise be dahame jakūnju šusuha tantabume. hoise aitmat sarkū de hūdai niyalma jao u ci bucehe sargan jui norosbeki i etuku be udame gaiha be dahame aitmat be daljakū obume. /40 上 /hūlha adzamat ci ja hūda de etuku be udaha irgen jao u nimenggi be udaha irgen yen šang gin i beye gaiha jabun be sowaliyame jeku caliyan be icihiyara acan beidesi u guwe ju de benebufi kooli songkoi icihiyabuha sehebe dahame erebe encu gisurerakū obume beidehebi. jai ere baita be tulergi golo be dasara jurgan ci alifi jise toktobuha babe sowaliyame getukeleme tucibuci acambi. amban meni cisui gamara ba waka ofi gingguleme wesimbuhe hese be baimbi./40 下/

abkai wehiyehe juwan jakūci aniya uyun biyai juwan ninggun.

ambarame giangnara hafan, ilire tere be ejere, taidzi šooboo, aliha bithei da baita be aisilame icihiyara daiselaha beidere juragan i aliha amban, kubuhe šanggiyan i ujen coohai gūsai gūsa be kadalara amban bithei yamun i baita be kamcifi kadalara tulergi golo be dasara jurgan i baita be daiselame icihiyara emu jergi nonggiha hafan efulefi tušan de bibuhe amban akdun.

aisilakū hafan amban ulemji.

aisilakū hafan amban ayusi.

aisilakū hafan amban badai.

aisilakū hafan amban urtunasutu.

ejeku hafna amban ciceng.

beidere jurgan i hashū ergi ashan i amban kubuhe fulgiyan i manju gūsai meiren i janggin abka be ginggulere yamun i aliha hafan i baita be kadalaha icihiyara emu jergi nonggiha amban gioroi lersen

ici ergi ashan i amban gulu suwayan i manju gūsai meiren i janggin /41 上/ kamciha kubuhe lamon monggo gūsai meiren i janggin i baita be daiselame icihiyara emu jergi nonggiha amban šusan.

ejeku hafan amban deban.

gulu suwayan i manju gūsai meiren i janggin hafan efulefi tušan de bibuhe uheri be baicara yamun i hashū ergi ashan i baicara amban emu jergi nonggiha juwe jergi ejehe amban guangceng.

yun nan goloi dooli yamun i baita be daiselame icihiyara coohai kungge yamun i gisurere hafan ilan jergi nonggiha emu jergi ejehe amban jang mei.

yun nan goloi dooli yamun i baita be kadalara baitame tuwara hafan emu jergi nonggiha juwan duin jergi ejehe amban yoceng.

beiden be tuwancihiyara yamun i hafan juwan juwe jergi ejehe amban cidase.

ilhi hafan amban fukai.

hashū ergi syi icihiyarakū ilan jergi nonggiha ilan jergi ejehe amban huige.

一、《署理藩院事务大学士阿克敦等题议哈密回子阿咱玛特勒毙幼女按律拟斩立决本》汉译文

【第 22 页下】(御批:)阿咱玛特立斩，枭首示众。余依议。

呈奏

经筵讲官、起居注官、太子少保、协办大学士、署刑部尚书，镶白旗汉军都统，兼管翰林院、署理理藩院事务、加一级，革职留任，臣阿克敦等与刑部等衙门合议谨奏为勒毙人命事。

驻哈密办理回子事务员外郎阿尔宾、主事索诺木、哈密扎萨克旗贝子玉素甫等呈称，乾隆十八年四月十六日，(第 23 页上)贝子玉素甫呈文内开，本月十一日，住旧城北苏巴什湖地方回子图尔岱报称，[1]本月十日，我携八岁女儿努鲁斯伯乞至新城购一葫芦油，将油交予女儿带回家，本人留城里，而后又去旧城。傍晚返家，见我女儿努鲁斯伯乞未归，当夜与邻居、族人寻找一夜，未寻到。次日，于苏巴什湖东南见我女儿努鲁斯伯乞被人勒死，蓝色布袍和一葫芦油被拿走。

玉素甫我率所属旗协理台吉、(第 23 页下)管旗章京、梅林章京等至杀人现场查勘，回女努鲁斯伯乞俯卧而死，颈上系有白色腰带，于颈后打结。身盖旧皮袄，头戴旧帽子，着旧衬衫。解开系于颈上之腰带，有勒痕深一分二厘。解衣查勘全身无其他伤痕，确为被人勒毙。遂严饬旗下查寻罪犯，于回子艾德木德处起获该女蓝色布袍。讯问回子艾德木德如何得此布袍，从实招来。艾德木德供称，本月十一日从新城商人(第 24 页上)赵武处以九十六钱购得，无它情由。咨办理钱粮会审官收审商人赵武，赵武供称，本月十日，从一回回男孩处以三升半谷米易得，不知其姓名，见则可识认。玉素甫我即刻召集属下回子男孩，一一令其辨识。至十四日，汉人赵武认出该回子男孩，讯其姓名、年岁及自何处得此衣物。供称：名阿咱玛特，二十二岁。本月十日去苏巴什湖(第 24 页下)返回途中，遇见一女孩自城里买油返回，迎面而来。我止步后，女孩询问我欲往何处，我欺骗她说去苏巴什湖马群。女孩称风雨中寒冷，手难以承受，可否助其将油携至家中。于是我接过油，回头走在她前面。走到一条深沟沿，我放下油葫芦，骗女孩说到那个地方给她看一样东西，她跟上来一起看时，立即将她推入沟内，她摔下去后，我遂即跟着下去。女孩站立起来哭着向我要油葫芦。(第 25 页上)我将系在腰上的白色腰带解下，套在其脖颈上勒时，她大声喊叫着跌倒了。我将其双手压在我两个膝盖下，用腰带反复紧勒后打上结，她眼睛向上翻，张开的嘴里流出白沫，断气了。我用她穿着的旧皮袄盖在其身上，将其穿在里面的蓝布袍子和油葫芦拿了离开了。将蓝色布袍与商人赵

① 苏巴什湖，在哈密城西，为赛巴什湖之支流。

武换了三升半谷米，把油计为二分银给商人殷尚根还了债。

又据回子阿舒尔报称，本月十一日，我交给十四岁的女儿（第25页下）阿咱伯乞一个饽饽、[1]八个油饽饽让她去卖，一天一夜没有回家。在各处寻找杳无踪迹。玉素甫我立即饬令众人寻找。十四日，回子阿舒尔报称，在旧城南面一处墓地里发现其女儿的帽子和盛饽饽的篮子。询之在墓地旁居住的回子买买提穆敏等，称不知何人将帽子和篮子放置于此。买买提穆敏称其女儿霍树茹曾告知，于本月十一日傍晚见到阿咱伯乞和阿咱玛特一起走向墓地。

讯问罪犯阿咱玛特，（第26页上）十一日傍晚，女孩子霍树茹看见你与卖饽饽的姑娘阿咱伯乞一同去墓地，让她与你对质，并把被勒死女孩的帽子和篮子摔在其面前审问，回子罪犯阿咱玛特低头长久，叹气供称，十一日我在旧城东门外闲坐，一个小女孩提一盛饽饽的篮子来到我旁边坐下，我吃了一个饽饽、两个油饽饽，她向我讨钱，揪着我的衣襟不放。我说到了那里付钱，就带她到墓地祠堂外坐了一会儿。（第26页下）又吃了一个油饽饽。那女孩也吃了一个油饽饽。她说我有一个弟弟能把整个饽饽放入嘴中吃了。我问你能像你弟弟那样吃吗？她说若能像我弟弟那样吃的话，你能给这两个饽饽的钱吗？我就骗她说，你若能将一个饽饽整个放入嘴中吃了，我付这两个油饽饽的钱。她立即将一个油饽饽整个放入嘴中，在其不能咀嚼吞咽时，我用布腰带套住其脖子，拉入祠堂内。又用一条麻绳勒住她的脖子，勒紧后（第27页上）打上结。又取室内砖头击打其头部，她垂死挣扎时我抓住其头向墙上撞，出了很多血之后死了。我用她的布衫盖在其头上，将余下的三个油饽饽拿走。我吃了一个，另外两个以八钱卖给了一个回子男孩，我不认识买饽饽的男孩。玉素甫我立即率所属协理台吉、管旗章京、梅林章京等带犯人回子阿咱玛特去杀人现场视看，杀人使用的布腰带、有血迹的绳子、击打头部的房内砖头具在，墙上有斑斑血迹。死者的尸体已经被（第27页下）狼、狗所侵食，惟余下几条肠子。等因。呈报之后。

阿尔宾、索诺木、扎萨克贝子玉素甫等亲自与协理台吉阿布都拉、管旗章京萨里克及被杀死的女孩努鲁斯伯乞的父亲图尔岱、母亲道拉德、伯父阿比布、叔父塔依布、叔父买买提纳咱尔、姐姐奥乐玛德拜、妹妹阿咱伯乞、弟弟和卓木牙尔；被杀死的女孩阿咱伯乞的父亲阿舒尔、母亲爱毕克、姐姐尼牙孜伯乞、弟尼牙孜呼赉等前去查看被杀死的小女孩努鲁斯伯乞身上的伤情，所属扎萨克贝子玉素甫呈报无它伤。另一被杀女孩阿咱伯乞仅余几条肠子，除令所属扎萨克玉素甫派人仔细查找阿咱伯乞被狼、狗所侵害之残骸，（第28页上）查到后即刻报来之外，将努鲁斯伯乞和阿咱伯乞的尸体、肠子交付贝子玉素甫收集，置于一处。并将勒死人的布带、麻绳，击打人的砖头，死者的帽子等全部交付所属贝子玉素甫。

讯问回子艾德穆德曰，此何人之衣服？如何到了尔手中，如实招来，不得有丝毫隐瞒。供称，本月十一日，我在新城从商人赵武以九十六钱买此衣是实，不知何人之衣服。讯之汉商赵武，你卖给艾德穆德的衣服自何处所得？（第28页下）何以贱价买得？供称，回子男孩阿咱玛特本月十日以此小衣服易三升半谷米，以贱价卖与我，因糊涂未能

① 满文efen，汉意饽饽，似指维吾尔人日常吃的馕。

查问其从何处所得是实。将犯人回子阿咱玛特与汉商赵武、殷尚根对质，问阿咱玛特你是否认识这两个汉人，供称，其中一个是买我衣服之人，另一个是收我油之人。

审犯人阿咱玛特为何将两个女孩勒死？为何起念，何人共谋作案？她们的父亲是否与你有仇怨？（第 29 页上）供称，本月十日从苏巴什湖返回途中刮风下雨，迎面一个小女孩从城里打油回来。我站下后，她问我往哪里去。我哄骗她说去苏巴什湖马群，并回头与她同行，至一大渠沟沿，骗她过去，乘机推落崖下，勒毙之。剥下其衣服，从商人易得三升半谷米，将油以二分银计价，给另一商人偿还债务。十一日，我在城外从卖饽饽的一个女孩要了（第 29 页下）一个饽饽、两个油饽饽吃了，她抓住我衣襟讨饽饽钱。我哄骗她去城南墓地空祠堂外坐，我又吃了一个油饽饽，那女孩也吃了一个。她说他弟弟能把一个饽饽整个放入嘴中吃了，我问你能像你弟弟一样吃吗？她说我如果能像我弟弟一样吃的话，你付两个饽饽的钱。于是我随着她说，你如果像你弟弟一样把整个饽饽一口吃了，我付两个饽饽的钱。于是哄她把饽饽塞入口中，趁其噎住不能下咽，用白色腰带套住其颈，（第 30 页上）急忙拉入空室内，在其脖颈上又套上麻绳勒紧，以室内的砖头击打其头部，将其头往墙上撞击杀死。我把剩余的三个油饽饽拿了，一个自己吃了，其余两个以八文钱卖给了一个回子男孩，我不认识他。努鲁斯伯乞和阿咱伯乞及她们的父亲我都不认识，亦无仇怨。因饥饿忽然起念。亦无与人合谋之处。又问阿咱玛特，你家里有何亲属？家人是否问过你用衣服易得的粮食？你在两天里为抢夺少许之物杀死两个小女孩，（第 30 页下）在此之前有无抢劫、杀人等事，将知与不知者全部如实交代，拧其脚镣，威胁审问后，供称，我父亲去世十三年了，我母亲改嫁亦有五年，我无兄弟，孤身一人。给租种蔡巴什湖公田的人佣工，有空闲时到我伯父玛玛热依木家住宿。将用衣服换来的谷米一升半卖了八文钱吃了，剩下的二升给了我伯父。我伯父曾给我十文钱购买一升米，我把两升米交给他后，他惊奇地问我，（第 31 页上）如何多了一升，我回话说我加钱买的，他没有再追问，这样就过去了。因饥饿，自己又弱小全无本事，在无人之地看到小姑娘的油、衣服和饽饽忽然起了意念，未念及自身性命，杀死她们是实。平时无对人起恶意，（第 31 页下）夺人性命，胆敢杀人越货之事。

又讯问阿咱玛特，你说因饥饿杀人，你第一天用衣服换了一升半米的钱可用于吃饭，次日，你又为几个饽饽杀死小女孩，这难道是你平日里不抢劫财物，不伤害人性命吗？你如此弱小之身，是否有别人帮你出谋策划？拧其脚镣拷问。供称，第一天所获粮食给了我伯父玛玛热依木，剩下的卖了吃了，把油计价还了债务，没有剩下买饽饽吃的钱，故卖油饽饽的女孩子扯住我衣襟不放时，忽起恶念，将她哄骗去勒杀是实。无人为我出谋教唆，亦无协助之人。本人所犯之罪，情愿以命抵偿二人之性命，既使拧脚镣将我杀死，亦如此供。平时绝无胆敢杀人越货之事，坚供不移。（第 32 上页）

审问罪犯回子阿咱玛特的伯父玛玛热依木，你侄子给你拿来两升粮时，你为何问他？平时你侄儿如何行事？供称：此子幼时丧父，几年后其母亲亦改嫁。因弱小孤单无法生活，依靠我生活。我亦穷困，阿咱玛特给别人佣工谋生，近日在蔡巴什湖[1]租种公田时

---

①《清高宗实录》卷 165，乾隆七年四月戊申条记：大学士等议覆，川陕总督尹继善奏称：蔡巴什湖地亩租与回民耕种，酌定章程九条。见第 83 页。

被雇佣了。不知为何生恶念杀死人家孩儿，我原不知晓。本月十日，我给他十文钱买粮，他买来二升粮食给我，（第 32 页下）我问时，他说是加十文钱买的，我以为他加上佣工所得之钱买的，糊里糊涂地没有细问是实。

讯问汉商殷尚根，罪犯回子阿咱玛特供称，其将勒死的回子女孩努鲁斯伯乞在城里打的一葫芦油给你还了债，死去的女孩努鲁伯乞的父亲图尔岱于该日早晨以四分银所购之油，你如何以二份银抵债收取，从实招来。其供称：本月十日，回子阿咱玛特拿着一葫芦油来抵偿欠我的二份银债是实。为获利而犯糊涂，（第 33 页上）未仔细核察，实无其他缘由。

又问证人回子买买提穆敏，你女儿如何看到死去的卖饽饽女孩阿咱伯乞和贼阿咱玛特一同向坟地走去的？如何向你报告的？供称：本月十一日，日偏西时，我女儿霍树茹从外面回家，告称看见回子男孩阿咱玛特与女孩阿咱伯克往坟地走去。我未在意，亦未追问。后来，听回子阿舒尔说在坟地找到了其女儿的帽子和篮子，我向女儿霍树茹证实后，报闻我贝子。

讯问回子姑娘霍树茹，回子阿咱玛特和阿咱伯乞一同走时，（第 33 页下）他们说了一些什么话，还有其他人吗？供称：我仅从远处看到他们俩一起往坟地走去，未听到他们说话，亦未见到其他人。看到在没有人的地方只有他们二人一起走感到惊奇，故告知我父，他没有理睬我，我亦未再言。讯问被杀死的姑娘努鲁斯伯乞的父亲图尔岱，供称：图尔岱我本月十日与八岁女儿努鲁斯伯乞一同去新城，我打了一葫芦油，交给她带回家，我自己去了旧城。晚上回家，见我女儿努鲁斯伯乞没有回家，于是在附近的邻居和亲属处寻找了一整夜未得。（第 34 页上）次日，发现女儿努鲁斯伯乞被人勒毙于苏巴什湖东南。蓝布衬衣和一葫芦油不见了。我不认识此贼，亦无仇怨。讯问被杀死的姑娘努鲁斯伯乞的母亲道拉德，姐姐乌鲁玛德拜，弟弟和卓木雅尔，伯父阿毕布，叔叔塔依布、买买提纳咱尔，所供皆与图尔岱相同。

讯问被杀死的姑娘阿咱伯乞之父阿舒尔，供你：我不认识杀死我女儿的贼阿咱玛特，亦不知他为何杀死我女儿。本月十一日，将一个饽饽，八个油饽饽装入篮中，让我十四岁的女儿去卖。（第 34 页下）寻找一昼夜未见。不料被此贼勒毙。讯问阿咱伯乞的母亲阿依伯乞、姐姐尼雅孜伯乞，弟尼雅孜霍里，皆与阿舒尔所供相同。

贝子玉素甫又报，遵札付遣人寻找小姑娘阿咱伯乞尸首，派去之人回报，在各处尽力寻找数日，竟未找到。故阿尔宾将罪犯回子阿咱玛特交付贝子玉素甫，关入监狱，严加看管。除将汉商赵武、殷尚根等连同其口供一并解送管理粮饷审事官吴国柱依例办理外，察蒙古律例内载：（第 35 页上）官员、平人，或一二人伙众抢劫什物，杀死事主，不分首从俱即处斩，枭首示众。抢劫伤人得财者，不分首从皆即处斩，藉没其妻子、产畜，给付事主。罪犯阿咱穆得初为衣服和油等微小之物，将八岁女孩努鲁斯伯乞杀死，次日，又为几个饽饽将十四岁的女孩阿咱伯乞杀死。情节可恶至极。（第 35 页下）依蒙古律例公开抢劫杀人定例立斩，枭首示众。其无妻子、产畜，藉没之处无庸论。罪犯回子阿咱玛特之伯父买买热依木，在其侄杀人、抢劫，带粮食回家时不加究问，含糊收取赃物，将其交付所属贝子玉素甫，以不应为之罪依例治罪。从商人赵武手中收买了被杀女孩努鲁斯伯乞衣服的回子阿依德木德不知情，无庸论。合否，待院拟定札付后，依照

执行。(第 36 上)

臣与刑部、督察院、大理寺共同审理，驻哈密管理回子事务员外郎阿尔宾，主事索诺木、扎萨克贝子玉素甫等呈称，经审回子阿咱玛特于四月十日勒死八岁女孩努鲁斯伯乞勒，卖其衣服，次日为几个饽饽又将十四岁女孩阿咱伯乞勒死一案，回子阿咱玛特供称，我今年二十二岁，本月十日，从苏巴什湖返回途中，看到对面有一个小女孩（第 36 页下）拎着一葫芦油走来。我站住后，她朝我走来，我骗她说我去苏巴什湖马群，回过头与她一同走。到了一个大沟沿，我把她骗到沟沿推入沟中勒死，脱走其衣服，从商人赵武处易得三升半谷米，盗来的油给商人殷尚根，计为二分银还了债。十一日，阿咱玛特我在城外从一个卖饽饽的女孩吃了一个饽饽，二个油饽饽。小女孩拽着我的衣服讨取饽饽钱，我哄诱她到城南坟院空屋外坐下。(第 37 页上）我又吃了一个油饽饽，那个小女孩也吃了一个油饽饽，她说我弟弟能将一个饽饽整个放入嘴中吃了，我对她说你能那样吃吗？她说我若能那样吃了，两个饽饽的钱由你来付，于是我逢迎她说，你如果能把一个饽饽一口吃了，两个饽饽的钱都由我付给。我诱女孩吞咽饽饽，趁其噎住将白色腰带勒住其脖颈，拖入空屋内，颈上又加麻绳用力勒紧，用屋内的砖头击打其头部，抓住其头部向墙上撞，杀死了她。将剩余的三个油饽饽拿了，（第 37 页下）一个自己吃了，余下两个以八文钱卖给了一个回子男孩，我不认识那男孩。平时不认识努鲁斯伯乞和阿咱伯乞以及她们的父亲，无仇怨，因为饥饿突然起意，亦无人合谋。本人所供是实。

商人赵武供称：回子男孩阿咱玛特本月十日拿此件小衣服来易三升半谷米。以便宜价格诱卖，我含糊收取没有核察是实。商人殷尚根供称：本月十日，回子阿咱玛特拿一葫芦油（第 38 页上）计价还其欠债，我计为二分银收取了，我唯利是图，糊里糊涂未询问其来由，此外无其他缘由是实。回子阿依德穆德供称：本月十一日，我从商人赵武用九十六文钱买了一件蓝布袍子，无其他缘由。阿咱玛特的伯父买买热依木供称：阿咱玛特自幼丧父，几年后其母也改嫁了，孤身难以生活，因此依靠我过活，我也贫穷，阿咱玛特自己在蔡巴什湖租种公田处佣工度日。为何杀人我原不知晓。本月十日，（第 38 页下）我给他十文钱买米，他买了二升米回来给我。我问时，他回答加了十文钱买的，我以为他加其佣工得来的钱买的，犯糊涂未核察是实。又将贼阿咱玛特拧镣铐审讯，坚供不移。故将贼人阿咱玛特依蒙古律例公开抢劫杀人例立斩，枭首示众。阿咱玛特伯父买买热依木将阿咱玛特抢劫杀人拿回家的谷米未加究问，含糊收藏则不应为，以不应为罪例拟罪。从商人赵武处购买被杀女孩努鲁斯伯乞衣服（第 39 页上）之回子阿依德木德无庸论，等因。审议后呈送至院。

查蒙古律例载："官员、平人，或一二人伙众抢劫什物，杀死事主，不分首从俱即处斩，枭首示众。藉没其妻子、产畜，给付事主。"回子阿咱玛特初为微小衣服、油等物，勒死一女孩，次日为几个饽饽又勒死一女孩。情节极其恶劣。故将阿咱玛特依强劫什物杀人例，（第 39 页下）斩立决，枭首示众。阿咱玛特无妻子、产畜，藉没之处无庸论。阿咱玛特伯父买买热依木含糊收取阿咱玛特买来的多出一升的米，不加究问，难免罪责。将买买热依木依不应为重罪例，杖八十。以蒙古和回子之故，改鞭八十。回子阿依德木德因不知情而从商人赵武买去被杀女孩努鲁斯伯乞的衣服，故与其不相干。(第 40 页上）自贼阿咱玛特处便宜购买衣服的百姓赵武，买油的百姓殷尚根本身及其口供解送管理钱粮审理官吴国柱，依例办理。审理无异议。又此事合该理藩院拟奏一并呈报。臣等不敢专擅，恭奏请旨。

乾隆十八年九月十六日（第 40 页下）

经筵讲官、起居注官、太子少保、协办大学士。署刑部尚书，镶白旗汉军都统，兼管翰林院、署理理藩院事务，加一级，革职留任臣阿克敦；

员外郎臣乌勒木济；

员外郎臣阿尤喜；

员外郎臣巴岱；

员外郎臣乌都尔纳苏图；

主事臣齐诚；

刑部左侍郎，镶红旗满洲梅勒章京，管领钦天监事务，加一级，臣觉罗勒尔森；

右侍郎，兼管正黄旗满洲梅勒章京，（第 41 页上）代管镶蓝旗蒙古梅勒章京，加一级，臣书山；

主事，臣德山；

正黄旗满洲梅勒章京革职留任，都察院左副都御史，加一级，纪录一次，臣广成；

管云南道事务，兵科给事中，加三级，记录一次，臣张梅；

云南道巡察御史，加一级，纪录十四次，臣岳诚；

大理寺卿，记录十二次，臣齐达色；

副寺卿，臣福凯；

左寺丞，加三级，记录三次，臣辉格。

二、《兼管理藩院事务大学士傅恒等议题吐鲁番回子图尔达玛特刺人害命按律拟斩监候秋后处决本》拉丁字母转写

[第 207 页上]

turdamat be beidehe songkoi sacime wara weile tuhebufi gindana de horifi bolori be aliyafi wa. gūwa be gisurehe songki obu.

wesimburengge

ambarame kiyangnara hafan taiboo katuheme hūwaliyambure deyen i aliha bithei da hebei amban hiya kadalara dorgi amban hafan i jurgan boigon i jurgan tulergi golo be dasara jurgan i baita be kamcifi kadalara booi amban ilan namun i baita be kadalame icihiyara uju jergi tondo baturu gung emu jergi nonggiha coohai gungge de emu jergi nonggiha amban fuheng sei beidere jurgan jergi yamun i emki acafi ginggulemewesimburengge. niyalma be tokome waha jalin.

guwa jeo de tefi hoise i baita be icihiyara aisilakū hafan tungboo sei alibume banjihe bithede abkai wehiyehe i juwan jakūnci aniya juwan biyai orin emu de. turfan i hoise be kadalara jasak i gung emin hojo i nugtei baita be /207 下/taka funde icihiyara ini ahūngga jui jai jergi taiji solaiman i alibuha bithede boolara jalin. baicaci ere biyai ice sunja de usin i bade tehe jingkini ciyan hū danamat mini ama gung de alanjihangge mini harangga kadalaha mirasim gebungge niyalma ice duin i dobori edziyar mamat raim i sasa teu pu i turdamat i boode gisureceme teme amgara erin oho manggi meni meni facifi amgame geneki serede turdamat i gisun. muse duin niyalma sasa deduki sehe turgunde. edziyar mamat raim uthai deduhe. turdamat mirasim i emgi kisun kisureme becunufi turdamat huwesi jafafi mirasim be tokoho seme. edziyar jai ging ni erinde jifi mimbe getebufi alaha. uttu ofi bi genefi turdamt be jafahabi seme alanjiha be. mini ama gung danamat de /208 上/tokoho howesi i feye adarame seme funjiha de. danamat i gisun feye ajige weihuken sere jakade turdamat be gajifi tangū šusiha tantafi ini harangga kadalara ilhi ciyan hū semi de afabuha. mini ama gung juwan de gemun hecen de jurambi. ekšeme ofi bithe boolahakū biha, te ineku biyai orin emu de. danemat dasame alajihangge mini neneme gung de alaha tokobuha mirasim te etdun goifi orin i dobori sunjaci ging ni erinde bucehe seme alanjihabi. uttu ofi turdamat be jafafi sele futa tabufi tuwakiyabuha ci tulgiyen bairengge jarkūci sei baci icihiyarao seme alibuhabi.

ede emu derei bucehe hoise mirasim i niyamangga niyalma be selgiyefi giran i feye be bairame tuwara de sasa tuwakini seme taiji solaim de /208 下/afabufi emu derei an si wei i tuwakiyara hafan i yamun de feyesi be ganabume gajifi bucehe hoise mirasim i giran be tuwabuci feyesi wang ceng yen tuwafi alarangge fonjici bucehe hoise mirasim orin duin se ici ergi dara seire giranggi ci emu jurhun duin fufen i bade huwesi i tokoho feye emu ba bi šomin ici sunja fufen onncu ici juwe gūlmin ici sunja fufen ergen de isinara feye. ere emu feye ci tulgiyen beye gubci encu feye akūngge yargiyan seme akdulame alambi. tungboo bi dasame beye nikenefi kimcime tuwaci harangga feyesi i tuwaha ci encu akū. uttu ofi bucehe mirasim i giran be umbubume icihiyabuha ci tulgiyen ere emu baita hoise hoise i emgi /209 上/banjinaha baita be dahame ere aniya juwan biyai orin juwe i jergi inenggi tungboo be kooli songkoi harangga jasak i gung ni jui jai jergi taiji solaiman i emgi acafi bucehe hoise mirasim i anggasi eyun nisabegi de turdamat sini deo be wahangge fe kimun bio. yaya sui mangga ba bici tucibume ala seme fonjici. jaburengge bi mirasim i banjiha eyun. mini deo mirasim i sargan dade abkai wehiyehe i sucungga aniya de mini neneme akū oho amba deo mamatasim de gaiha saragan bihe. mamatasim cara aniya nimeme akū oho. juwe haha jui emu sargan sargan jui werifi umesi ajigen gusime ujire niyalma akū seme. bi meni ciyan hū niyasbek danamat i emgi hebešefi. meni deo i amaha šag'asam de /209 下/alafi meni hoise i tacin i mini amba deo mamatasim i sargan be mini jacin deo mirasim de sargan oobume buhe. i mirasim i jakade isinafi geli haha jui banjiha. damu bi ton akū genefi tuwaci mini deo mirasim boode bicibe boode aū ocibe. mini deo be waha turdamat ceni boode genehede mini deo i sargan i baru gisureceme injeceme juwe niyalma arbun umesi kenehujecuke. turdamat mini deo i sargan i emgi ehe facuhūn baita yabure be sabuhakū bicibe. ere aniya jakūn biyade bi turdamat i yabura be ilibukini seme mini deo de alaha babi. tereci mini deo serefi jakan uyun biyai orin ninggun de ini sargan be hokoho bihe. ere biyai ice duin de mini deo mirasim mini boode genefi alarangge enenggi bi mini amaha i booi hanci yabure de turdamat mini amaha i boode maise edunggiyame yabure be sabuha. i ainci amala mini sargan be gisureki seme. ceni /210 上/ boode hūsun aisilame yabumbidere uttu ofi bi meni amaha i boode dosifi mini sargan be dasame gaiki seme. mini amaha de baime alaha de mini alaha i gisun. si dasame gaiki sehebe dahame da gisurehe ciyan hū niyasbek sebe gajifi mini boode kooli songkoi nomun hūlabufi. bi cende afabufi unggiki sehe. ede bi amasi jifi niyasbek de alaha de niyasbek i gisun. mini beye sain akū. enenggi ini yamjiha cimari bi lama alimša. aruk juwe niyalma be sini amaha i boode nomun hūlabume unggiki seme minde alaha. eyun si mini funde nomun hūlara de baitalara efen be emu alikū weilefi bureo sehede. bi weilegi seme alime gaifi mini deo mirasim uthai genehe. ineku dobori gaitai /210 下/turdamat huwesi jafafi mini deo be tokoho seme donjiha. te turdamat mini deo be wahangge. umai fe kimun akū cohume mini deo mirasim i dasame ini sargan gaira be donjifi. i bahafi gairakū oho seme seyeme wahabi. bairengge turgun be kimcireo sembi.

geli mirasim i eyun nisabegi de sini deo tokobuha amala we imbe eršehe bihe ini feye aika edun goiha babio. jai mirasim i bucere onggolo sinde aici jergi gisun alaha babe. si gemu tucibume ala seme fonjici. jaburengge. bi mini deo i sasa emu falga de tehebi mini deo turdamat i boode tokobuha manggi. ineku dobori bi uthai donjifi mini deo i jakade genefi. tubade eršeme tuwakiyame. jai inenggi erde mini deo ini boode /211 上/genefi deduki serede bi mini falgai urse i sasa imbe elhei wahiyame ini boode isinafi amala budai erinde mini deo i sargan ini eigen i tokobuha be donjifi inu amasi jihe. ede mini beye mini deo i hanci teme eršeme. mini deo i sargan juse be towašame buda cai weileme yabuha. damu ini tokobuha feye inenggidari senggi eyeme nimeme ofi. juwan biyai orin i dobori ergen yadahabai umai edun goiha ba akū mini deo tokobufi. bi tuktan imbe sabuha fonde i damu turdamat mimbe anda ehe gebu nikebuhe seme huwesi jafafi mimbe tokoho seme alaha. amala jai encu gisun alaha ba akū. jai mini deo ini sargan be hokoro fonde ini emu huhuri jui be ini sargan de afabufi gamabuha. gūwa /211 下/ilan ajige jui be minde afabuha bihe. mini deo tokobuha jai inenggi mini deo ini sargan i imbe eršeme jihe be sabufi minde alahangge i mini tokobuha be donjifi jihe be dahame mimbe eršeme bikini. bi aika yebe ojorakū oci. imbe mini juse be tuwašame banjikini te mini sargan be dasame bargiyara de eyun si kooli songkoi nomun hūlabureo sehe turgunde. bi meni hoise lamasa be solifi nomun hūlabuha. ne mini deo i sargan mini deo i boode bi sembi.

mirasim i eyun i jui bakdur i jaburengge bi san pu i hoise. mirasim de banjiha ina ombi. mini nakcu mirasim umai turdamat de fe kimun akū. bi inenggidari tule deijire moo uncame yabume ofi. turdamat adarame mini /212 上/ nakcu i boode yabuhai ere baita tucike babe bi oron sarkū sembi. siden i niyalma edziyar de fonjici. jaburengge. bi san pu i hoise u pu i mamat raim gebungge niyalma minde juwe inenggi maise hadufi. bi inde juwe jiha basa menggun edelehe ofi. ere biyai ice duin i yamjishun erinde. mamat raim minci menggun gaime jifi. bi mamad raim de si taka meni ubade emu dobori dedufi. cimari mini usin de bisire oraho be minde aisilame juweme gajifi. bi jai sinde menggun buki seme gisureme tecere de turdamat jifi mamat raim be sabufi turdamat membe ini boode cai omikini seme anahūnjaha de be genefi cai aliyara sidende. meni falga i miyasim dosika. turdamat mende cai /212 下/efen ulebufi be sasa gisureme guidame tecefi faciki serede turdamat membe mamat raim i sasa ini boode dedukini seme anahūnjara de mirasim inu hocihiyame muse uthai ubade sasa deduki sere jakade mamat raim mini juwenofi uthai neneme deduhe. mirasim kemuni teme turdamat i baru hendure gisun muse sain gucu bi neneme simbe mini sargan i emgi lak seme akū seme donjifi. kimuni agdarakū bihe. bi mini sargan be hokofi si te geli mini amaha i tubade hūsun aisilame yabure be tuwaci cohome mini sargan i jalin tubade yabuha kai ere ai doro sehede turdamat i hendurengge. bi adarame sini sargan i emgi ehe facuhūn baita yabuha si jafaha babio. si aiseme balai niyalma be laidame ehecumbi. tere anggala si sini /213 上/sargan be emgeri hokoho. yaya we gemu gaici ombi. bi aika gaiki seci uthai gaimbi. si ilibuci ombio sehede. mirasim geli si aide bahafi gaimbi bi cimari uthai amasi gaifi gajimbi seme juwe niyalma anaburakū ishunde toome jamarame deribure jakade. bi mamat raim i sasa cembe tafulaki seme dasame etuku etume ilime jabdure unde de turdamat ai šolo de huwesi be gaifi mirasim be tokoho be umai sabuhakū be ilifi cembe tatame ilibure de turdamat i gala de huwesi bisire be sabufi mirasim geli turdamat imbe tokoho sere jakade bi uthai huwesi be durime gaifi. turdamat be jafafi mamat raim de afabufi tuwakiyabume. mini beye ciyan hū danamat de alanahangge yargiyan. turdamat mirasim i hokoho /213 下/ sargan i emgi ehe facuhūn baita bisire akū be. bi umai sabuha donjiha be akū sembi. sinden i niyalma mamat raim edziyar i emu songkoi jabumbi.

turdamat de si ya pu i hoise se adarame si mirasim i sargan de adarame latuha. adarame mirasim be waha. yaya yargiyan babe gemu tondoi tucibume jabu seme beideci. jaburengge. bi teo pu i hoise. ere aniya orin sunja se. bi umai mirasim i sargan de latume yabuha ba akū. mirasim edziyar be gemu usin i bade emu falga de tembi. ere biyai ice duin i yamji bi meni falga de tehe edziyar i boode dosika de u pu i hoise mamat raim ini boode jihe be sabufi. bi sasa tecefi tucirede. mamat raim be anahūnjame. si meni /214 上/falga de jihe. bi genefi cai furfuki suwe mini boode genefi cai omi seme hendufi. mini beye boode genefi majige efen weilefi cai furfume bisirede mamat raim ezdiyar i sasa jihe. guidahakū mirasim geli dosika. bi efen cai be cende ulebume omibufi. sasa gisuriceme kejine tefi cen facifi amagame geneki serede. bi mamat raim be anahūnjame bi edziyar i adali inu hehe juse akū. muse duin niyalma sasa mini ubade deduci antakan sehede mirasim i gisun sain muse uthai ubade sasa deduki sehe manggi. mamat raim edziyar uthai mini boode deduhe mirasim dedurakū. mini emgi bakcilame teme mimbe ini hokoho sargan i jailn ini amaha i usin i weilen de aisilame yabuha. ini sargan i emgi ehe facuhūn /214 下/baita bi seme laidame. mini baru figtu baime deribuhe. damu ere aniya jakūn biyade mini emu tukšan bisire se jeke uniyen be juwan hule sunja hiyase maise de mirasim i amha šag'asm de uncafi šag'asm nerginde minde emu hule maise bufi funcehe maise bure unde ofi. ere juwan biyai ice ilan de bi šag'asm de maise gaime genehede šag'asm mimbe inde aisilame maise edunggiyefi jai minde tondoki sehe turgunde.

bi jai inenggi šag'asm i boode maise edunggiyeme genehe be mirasim sabufi genehunjeme sui akū mimbe laidara de bi inde turgun be alafi i elemangga ehecume toome mini baru jamarara de bi emu erin i jili de ilifi genefi mirasim i beyei amala fajiran de lakiyaha mini huwesi be /215 上/ gaifi mirasim be emgeri tokoho. edziyar se ilifi uthai mimbe jafaha. ere mini bucere giyan minde ai jabure babi seme.

geli sinde i niyalma edziyar de si turdamat i emu falga de tehebi. ini beye šag'asm de ihan uncaha baita yargiyan seme baicame fonjici. jaburengge turdamat i emu tugšan bisire se jeke fulgiyan uniyen be ere aniya jakūn biyade šag'asm de buhengge yargiyan. uncame buhe eici adarame buhe be bi sarkū damu mirasim se jamarara de turdamat umai šag'asm i boode ihan i bekdun be gaime genehe seme mirasim de alaha ba akū sembi.

geli turdamat de mirasim i eyun i habšaha bade simbe mirasim i sargan i emgi an i ucuri getuken akū sembime mirasim ini sargan be hokoho /215 下/manggi. si gel ini amaha i boode yabure be tuwaci si daci mirasim i sargan de latufi ishunde gūnin acaha amala geli mirasim i dasame ini sargan gaire be donjifi si mirasim i sargan i emgi uhei hebešefi mirasim be tokohome wahangge iletu. si atanggi adarame mirasim i sargan i emgi latuha mirasim ini sargan be hokoho amala si geli genefi ini sargan i emgi latume yabuhao akūn adarame emgi hebešefi mirasim be waha yaya babe emke emken i tondoi tucibu seme sideri murime ciralame beideci jaburengge be yargiyan babe tucibuki. mini boo mirasim i sasa umesi hanci tehebi. bi ini baru banjira sain de inenenggidari ini boode yabume urefi duleke aniya jorgon biyaci bi mirasim i sargan i emgi latume /216 上/ yabuha. jakan mirasim ini sargan be hokoro jakade bi meni hoise i doroi duin biya duleke manggi ini hokoho sargan be gisurefi gaiki seme ereme gūniha bihe. mirasim mini baru jamarara de bi mirasim de si sini sargan be emgeri hokoho. bi gaiki seci uthai gaimbi si mimbe ilibuci ombio sehede. i geli bi cimari uthai mini sargan be amasi gaifi gajimbi si mini sargan be gaime muterakū seme mimbe kirubume toore de mini dolo korsome emu erin i jili de ine mene mirasim i sasa buceki seme huwesi gaifi imbe tokohongge tumen yargiyan bi utu mirasim i amaha šag'asm i boode maise gaime maise edunggiyeme juwe mudan genecibe šag'asm šag'asm i juse sargan bisire de /216 下/bi umai mirasim i sargan i emgi dasame latume yabuha ba akū. inu umai mirasim i sargan i emgi uhei hebešefi mirasim be tokoho ba akū. unenggi hebešehe ba bici bi encu arga deribufi imbe jenduken i warakū mujanggo seme gūwa babe kemuni neneme jabuha songkoi teng seme acinggiyarakū jabumbi.

mirasim i hokoho sargan de sini gebu ai. se adarame te turdamat sini emgi latume yabuha sini eigen mirasim be tokome waha babe gemu alime gaiha. si turdamat i emgi atanggi adarame latuha mirasim simbe hokofi geli simbe dasame gaiki sehebe. si turdamat i emgi donjifi adarame uhei hebešefi mirasim be tokome waha babe gemu tondoi tucibu seme ciralame sibkime beideci. jaburengge. mini gebu hesituciken. ere /217 上/aniya gūsin emu se. bi mini eigen i boode jifi juwan jakūn aniya i sidende mini nenehe eigen mamatesim ne wabuha eigen mirasim de juse dasu banjime umai ehe facuhūn baita yabuha ba akū. damu meni adaki turdamat be umesi hanci tehebi, i mini eigen i usin i weile de aisilame mini eigen mirasim i baru sain ofi. erde yamji meni boode yabume gesureceme teceme niyalma akū erinde kemuni mimbe yarkiyara de bi emu eride ilibume muturakū tuleke aniya jurgon biyade ini emgi latuhangge yargiyan. mini keke kenehunjefi ere aniya jakūn biyade mini eigen de alara jakade mini eigen ulhiyen i serefi mimbe emu jergi toofi ere /217 下/ aniya uyun biyai orin ninggun de mimbe hokoho. bi mini ama i boode isinafi jing aliyame mini juse be kidume bisire de ere juwan biyai ice duin de mini eigen mirasim mini ama i boode genefi geli mimbe dasame gaiki seme mini ama de baire de mini ama i gisun dahafi si da gisurehe niyalma be gajifi nomun hūlabufi sini sargan be bi cende afabufi unggiki seme alafi unggihe jai inenggi erde gaitai turdamat huwesi jafafi mini eigen be tokoho. mini keke mini eigen be eršeme bi seme donjire jakade bi teme dosorakū uthai mini eigen i jakade jifi /218 上/ juse be tuwašame mini eigen be eršehengge yargiyan. bi mini ama i boode bisire de turdamat mini ama ci ihan uncaha maise be gaime geli mini ama i tubade maise be edunggiyeme juwe mudan genehe bicibe bi umai ini baru gisun gisurehe. gisun hebesehe ba akū. turdamat adarame mini eigen i emgi becunuhe huwesi i tokoho babe bi oron sarkū sembi. geli hesiturken de mirasim simbe dasame gaiki seme sini ama de baime genehe inenggi tuedamat inu sini ama i tubade bihe i amasi genefi ineku dobori uthai mirasim be tokoho. mirasim be tokohongge geli simbe gaire jalin jamaraha ci bajinaha be tuwaci turdamat suweni juwe niyalma amala /218 下/ eigen sargan oki seme uhei hebešefi mirasim be tokohongge iletu yargiyan babe tondoi jaburakū oci ne uthai simbe erun nikebumbikai seme gelebume šasihašame ciralame beideci. jaburengge turdamat mini eigen be tokoho babe bi oron sarakūngge tumen yargiyan. bi unenggi turdamat i emgi eigen sargan oki uhei hebešeme mini eigen be waki sere gūnin bici mini eigen mimbe dasame gaiki seme mini ama de baire de bi heni murirakū mujanggo tere anggala minde aika encu gūnin bici. mini eigen i tokohobuha be donjime bi uthai egšeme jifi mini eigen be eršere doro bio seme gūwa babe kemuni neneme jabuha emu songkoi teng seme acingiyarakū jabumbi.

mirasim i amaha šag'asm de si ya pu i niyalma. aibide tembi /219 上/ mirasim sini sargan jui be hokoho amala sini sargan jui i latuha haha turdamat sini boode ai baita de genehe. i sini sargan jui i emge gisun gisureceheo akūn seme fonjici. jaburengge bi u pu i hoise mini boo mini hojihon mirasim i tehe falgai tergi ergi emu ba i tubade tehebi. dade mini sargan jui be ciyan hū niyasbek danamad se gisurefi mamatasim de sargan obume buhe amala mamatasim akū oho manggi ineku niyasbek se jai mamatasim i eyun mini baru baime gisurefi mini sargan jui be meni hoise i tacin i mamatasim i deo mirasim de buhebi. jakan uyun biyai orin ninggun de mini sargan jui amasi mini boode genefi alarangge. mini eigen ini eyun i gisun be gaifi mimbe ehe seme /219 下/ hokoho seme minde lalaha bihe. ere biyai ice duin de mini hojahun mirasim geli mini boode genefi minde ini ajige juse labdu tuwašara niyalma akū bi kemuni mini sargan be gaifi gamaki seme baire de mini sargan jui inu ini juse be lidume ofi. bi mini hojihun de si mini sargan jui be dasame gaiki sehebe dahame de kisurehe ciyan hū niyasbek sebe gajifi kooli songkoi nomun hūlabufi. bi cende afabufi unggiki seme alahangge yargiyan. mini sargan jui ere gese terakū baita yabuha be bi oron sarkū jai bi turdamat de emu hule sunja hiyase ihan udaha maise eden ofi ere biyai ice ilan de turdamat mini boode maise gaime emu /220 上/ mudan genehe ice duin de geli mini maise be edunggiyame emu mudan genehe bihe. mini sargan jui mini sarrgan i emgi teme umai turdamat i emgi gisun gisurecehe ba akū sembi.

geli ciyan hū danamat de dade we turdamat be jafaha si neneme adarame mirasim i feye weihuken be saha amala geli adarame mirasim i edun goifi bucehe be safi suweni jasak i bade boolaha seme fonjici jaburengge mini boo usin i bade mirasim sei sasa emu falga de tembi ere juwan biyai ice duin i jai ging ni erinde mini harangga ka dalaha edziyar mini boode genefi mimbe getebufi teu pu i turdamat huwesi jafafi musei san pu i mirasim be tokohobi seme alaha be bi egšeme ilifi geneci edziyar se turdamat be /220 下/ jafafi huthuhebi ceni huthuhengge sula ofi bi geli dasame ciralame huthufi tuwakiyabuha. geli tuwaci mirasim i dara i bade huwesi i tokoho emu feye bi umai secihekū ofi. jai inenggi bi boolame genefi meni gung fonjire de bi feye weihuken gese seme alara jakade meni gung turdamat be isebufi ini harangga ciyan hū semi de afabuha bihe amala mirasim hontoho biya funcefi teni bucere jakade bi edun gaifi bucehe tere seme buhijeme meni taiji de alahangge yargiyan sembi. baicaci toktobuha monggo fafun i bithede yaya niyalma be jortai wara kimuleme wara argai wara hebei wara oci bai niyalma oci gūnin deribuhe niyalma be sacime wa. gindana de horifi aliya. boigon ulaha be talafi wabuha niyalma juse sargan de bu /221 上/ sehebi. geli becunume tantaha de ujelefi susai inenggi dolo buceci tantaha niyalma be tatame wa. gindana de horifi aliya sehebi. te turdamat mirasim i hokoho sargan i jailn jamaraha de jili banjifi huwesi jafafi mirasim be jortai tokofi orin inenggi dolo bucehe be dahame turdama be jortai niyalma be waha fafun i songkoi sacime wara weile tuhebufi gindana de horifi aliyabuki. erei boigon ulaha be talafi wabuha hoise mirasim i juse de bahabubuki šag'asm i edelehe turdamat i ihan uncaha emu hule sunja hiyase maise be šag'asm ci bošome gaifi inu wabuha mirasim i juse de bahabubuki. geli baicaci togtobuha monggo fafun i bithede bai niyalma bai niyalmai sargan de latuci terei sargan be gaifi weile sunja uyun i /221 下/ ulaha gaimbi. latuha hehe be ini eigen de afabufi wabumbi. warakū oci terei weilei ulaha be ini beile de bumbi sehebi. mirasim i sargan heisterken turdamat de latume yabuha be dahame giyan i ere fafun i songkoi wara weile tuhebuci acambihe. damu turdamat mirasim be tokome yabure be mirasim i sargan turgun be sarkū ini eigen neneme ini miosihon yabun be serefi yamun de boolafi fafun i icihiyabuhakū emgeri hokoho bime. mirasim tokobuha amala ini sargan i imbe eršeme jihe be sabufi geli bi aika yebe ojorakū oci imbe mini juse be tuwašame banjikini seme ini eyun de gisun werihe be dahame mirasim i sargan heisturken be acara be tuwame beidere jurgan i hebei latuha fafun i songkoi uyunju šuwarkiyan tantara weile tuhebufi /222 上/ bukdafi uyunju šusiha tantafi waciheyaci acara acarakū eici ya kooli be duibuleme weile arafi waciheyaci acara babe jurgan ci toktubufi jorifi unggihe erinde dahame wacihiyaki gūa be beideci gemu daljakū be dahame gisurere ba akū obuki. te beidehe weilengge niyalma be giyan i tuwakiyabuci acara be dahame ehe weilengge hoise turdamat be an si wei i tuwakiyara hafan i yamun de benebufi gindana de horibuha ci tulgiyen niyalma de latume yabuha mirasim i sargan heisterken be harangga taiji solaiman de afabufi tuwakiyabubuhabi. uttu ofi tungboo meni beideme icihiyaha babe jurgan de boolame alibuha bairengge jurgan ci toktobume icihiyafi jorifi unggireo dahame icihiyaki sehebi.

/222 下/amban be beidere jurgan uheri be baicara yamun beiden be tuwacihiyara yamun i emgi acafi duilehengge guwa jeo de tefi hoise i baita be icikiyara aisilakū hafan tungboo sei alibume benjihe bithede hoise turdamat huwesi jafafi mirasim be tokofi bucebuhe emu baita be beideci mirasim i eyun nisabegi i jabunde turdamat an i ucuri mini teo mirasim i sargan hesiterken i baru gisurecere arbušarangge umesi genehujecuke ofi bi mini deo de alaha babi tereci mini deo serefi ini sargan be hokoho bihe amala mini deo mirasim geli turdamat ini amaha boode maise edunggiyeme yabura be sabufi i turdamat be cohome ini hokoho sargan be kicere jailn seme genehujefi sargan be dasame /223 上/gaiki seme baime alaha be ini amaha inde angga aljaha turgunde turdamat seyefi huwesi be jafafi mini deo mirasim be tokoho amala hontoho biya dulefi ergen yadahabi umai turdamat i emgi fe kimun akū. mini deo i hokoho sargan ini eigen niyalma de tokobuha sehebe donjifi amasi jifi eršehebi ne kemuni mini deo i boode juse be tuwašame bi seme jabumbi.

turdamat i jabunde bi ere aniya orin sunja se mini boo mirasim sasa umesi hanci tehebi. bi ini baru banjire sain de inenggidari ini boode yabume urefi mirasim i sargan i emgi ladume yabuhangge yargiyan. jakan mirasim ini sargan be hokoro jakade bi meni hoise i doroi duin biya duleke manggi ini hokoho sargan be /223 下/gisurefi gaiki seme ereme gūniha bihe. mirasim mini boode genefi ini sargan i jalin mini baru jamarara de bi mirasim de si sini sargan be emgeri hokoho bi gaiki seci uthai gaimbi si mimbe ilibuci ombio sehede i geli bi cimari uthai mini sargan be amasi gaifi gajimbi seme mimbe girubume toore de mini dolo korsome emu erin i jili de huwesi gaifi imbe tokohongge tumen yargiyan umai mirasim i sargan i emgi uhei hebešefi mirasim be tokoho ba akū seme acinggiyarakū jabumbi.

mirasim i hokoho sargan hesiterken i jabunde bi ere aniya gūsin emu se turdamat mini eigen i usin i weile de aisilame juwe niyalma ishunde sain ofi erde yamji meni boode yabume tefi gisureceme ton akū /224 上/mimbe yarkiyara jakade bi emu erinde ilibume muterakū ofi ini emgi latuhangge yargiyan mini keke genehunjefi mini eigen de alafi mimbe hokoho amala mini eigen mirasim dasame mimbe gaiki seme mini ama de baire de mini ama i gisun dahafi imbe da jala ome yabuha niyalma be ganabume unggihe jai inenggi erde gaitai turdamat huwesi jafafi mini eigen be tokoho seme donjifi bi teme dosorakū uthai mini eigen i jakade jifi eršehengge yargiyan. bi umai turdamat i baru gisun hebešehe ba akū. turdamat adarame mini eigen i emgi becunuhe huwesi i tokoho babe bi oron sarkū seme acinggiyarakū teng seme jabumbi.

heisterken i ama šag'asm i jabunde mini hojihon mirasim ini sargan be hokoho amala geli

/224 下/ mini boode genefi inde juse labdu tuwašara niyalma akū mini sargan be kemuni amasi gaifi gamaki seme baire de mini sargan jui inu ini juse be kedume ofi bi mirasim de si mini sargan jui be dasame gaiki sehebe dahame da gisurehe jala niyalma be gajifi afabuki seme gisurefi unggihe. ini beye adarame turdamat de tokobuha babe fuhali sarkū seme acinggiyarakū jabumbi

siden i niyalma edziyar i jabunde bi san pu i hoise u pu i mamat raim gebungge niyalma mini boode jifi gisureme tecere de turdamat jifi mamat raim be sabufi turdamat membe ini boode cai omikini seme anahūnjera de be genefi cai aliyara sidende mini falga i mirasim dosika. turdamat mende cai efen ulebufi be /225 上/sasa gisureme goidame tecefi facaki serede turdamat mimbe mamat raim i sasa ini boode dedukini seme anahūnjara de mirasim inu hacihiyame muse uthai ubade sasa deduki sere jakade mamat raim meni juwenofi uthai neneme deduhe. mirasim kemuni teme ini hokoho sargan i jailn turdamat i baru anaburakū ishunde toome jamarame deribuhe manggi. bi mamat raim i sasa cembe tafulaki seme dasame etuku etume ilime jabdure unde de turdamat ai šolo de huwesi gaifi mirasim be tokoho be umai sabuhakū be ilifi cembe tatame ilibure de turdamat i gala de huwesi bisire be sabufi mirasim geli turdamat imbe tokoho sere jakade bi uthai huwesi be durime gaifi turdamat be jafafi mamat raim de afabufi tuwakiyabume/ 225 下/mini beye ciyan hū danamat de alnahangge yargiyan sembi. siden i niyalma mamat raim edziyar i emu songkoi jabumbi seme turdamat be sacime wara weile tuhebufi gindana de horifi aliyabure. boigon ulaha be talafi wabuha hoise mirasim i juse de bahabubure. mirasim i sargan heisterken be uyunju šuwarkiyan tantara. weile tuhebifi bokdafi uyunju šusiha tantara. siden i niyalma edziyar mamat raim be gisurere ba akū obure jergi weile tuhebufi alibume banjihebi.

baicaci toktobuha monggo fafun i bithede yaya niyalma be jortai wara kimuleme wara argai wara hebei wara oci bai niyalma oci gūnin deribuhe niyalma be sacime wa gindana de horifi aliya boigon ulaha be talafi wabuha niyalmai juse sargan de bu becunume tantaha de ujelefi susai /226 上/inenggi dolo buceci tantaha niyalma be tatame wa gindana de horifi aliya sehebi. geli bai niyalma bai niyalmai sargan de latuci terei sargan be gaifi weile sunja uyun i ulaha gaimbi. latuha hehe be ini eigen de afabufi wabumbi warakū oci terei weilei ulaha be ini beile de bumbi sehebi. te turdamat ini latume yabuha mirasim i hokoho sargan be gisurefi gaiki seme jing ereme gūniha de mirasim i dasame ini sargan be amasi gajiki sere gisun be donjifi korsome jili banjifi huwesi jafafi mirasim be tokofi orin inenggi dolo bucebuhengge turgun ambula ubiyada turdamat be harangga aisilakū hafan tungboo sei beidefi alibume banjihe jortai niyalma be waha fafun i songkoi sacime /226 下/wara weile tohebufi gindana de horifi aliyabume boigon ulaha be talafi wabuha hoise mirasim i juse de bahabubume mirasim i sargan heisterken turdamat de latume yabuha be bisire be dahame giyan i ere fafun i bithei songkoi wara weile tuhebuci acambi. damu turdamat mirasim be tokome yabure be heisterken turgun be sarkū dade ini eigen emgeri imbe hokoho bime mirasim niyalma de tokobuha sehebe donjifi uthai amcame jifi ini juse be tuwašame eigen be eršehengge turgun kemuni giljecuka hesiterken be inu aisilakū hafan tungboo sei alibuha banjihe songkoi beidere jurgan i hebei latuha fafun i bithe be dahame uyunju šuwarkiyan tantara weile tuhebufi bukdafi uyunju šusiha tantame. siden i niyalma edziyar mamat raim jai mirasim i eyun nisabegi hesiterken i ama /227 上/šg'asm be beideci daljakū be dahame gemu gisurere ba akū obume beidehebi. jai ere baita be tulergi golo be dasara jurgan ci alifi jise toktobuha babe suwaliyame getukeleme tucibuci acambi amban mini cisui gamara ba waka ofi gingguleme wesimbuhe. hese be baimbi:

abkai wehiyehe i juwan uyuci aniya anagan i duin biyai ice nadan.

ambarame kiyangnara hafan taiboo enteheme hūwaliyambure deyen i aliha bithei da hebei amban hiya kadalara dorgi amban hafan i jurgan boigon i jurgan tulergi golo be dasara jurgan i /227 下/baita be kamcifi kadalara booi amban ilan namun i baita be kadalame icihiyara uju jergi tondo baturu gung emu jergi nonggiha coohai gungge de emu jergi nonggiha amban fuheng.

taidzi šooboo hebei amban aliha amban bime kubuhe lamun i monggo gūsai gūsa be kadalara amban amban nayantai.

gocin amban hiya kadalara dorgi amban kubuhe šanggiyan i manju gūsai gūsa be kadalara amban i baita be kadalame icihiyara dergi adun i jurgan i aliha hafan de kamcibuha faksi jurgan i baita be kamcifi kadalara ici ergi ashan i amban manju tuwai agūrai kūwaran i tocon jafaha amban gajarci da uyun jergi wasimbufi tušan de bibuhe amban wangjil.

gocin de yabura hiya kadalara dorgi amban kubuhe suwayan i monggo gūsai gūsa be kadalara amban bime dergi adun jurgan i baita be kamcifi kadalara amban fulu.

asaha i amban nadan jergi wasimbufi tušan de bibuhe karaci i gūsai beise doroi efu amban jalafungga.

aisilakū hafan amban ulemji.

aisilakū hafan amban badai./228 上/

aisilakū hafan amban isingga.

ambarame giyangnara ineggidari giyangnara hafan ilire tere be ejere taidzi šoboo aliha bithei da i baita be aisilame iciheyara daiselaha beidere jurgan i aliha amban kubuhe šanggiyan i ujen coohai gūsai gūsa be kadalara amban bithei yamun i baita be kamcifi kadalara emu jergi nonggiha hafan efulefi tušan de bibuhe amban akdun.

hashū ergi asahan i amban kubuhe fulgiyan i manju gūsai meiren i janggin ambkan be ginggulere yamun i aliha hafan i baita be kadalaha icihiyara juwe jergi wasimbufi tušan de bibuhe geli hafan efulefi tušan de bibuhe amban giroi lersen

ici ergi ashan i amban gulu suwayan i manju gūsai meiren i janggin kamciha emu jergi nonggiha hafan efulefi tušan de bibuhe amban šušan.

icihiyara hafan amban guwamboo.

uheri be baicara yamun i hashū ergi alifi baicara amban nirui janggin emu jergi nonggiha juwe jergi ejehe amban muheliyen./228 下/

yun nan goloi dooli yamun i baita be kadalara baicame tuwara hafan amban yuceng.

yun nan goloi dooli yamun i baita be kadalara baicame ruwara hafan amban wei han hui.

beiden be tuwacihiyara yamun i ilhi hafan juwan nadan jergi ejehe amban fukai.

hashū ergi dzi doron jafara icihiyakū juwe jergi nonggiha nadan jergi ejehe amban huige.

二、《兼管理藩院事务大学士傅恒等议题吐鲁番回子图尔达玛特刺人害命按律拟斩监候秋后处决本》汉译文

【第 207 页上】（御批：）将图尔达玛特依所审拟斩监候，秋后处决。余依议。

呈奏：

经筵讲官，太保，保和殿大学士，议政大臣、领侍卫内大臣，兼管吏部、户部、理藩院事务，内务府总管，管理三库事务，一等忠勇公，加一级，以军功加一级，臣傅恒等与刑部会议谨奏，为刺死人事。

驻瓜州办理回子事务员外郎臣通保等呈称，乾隆十八年十月二十一日，暂代吐鲁番回子扎萨克公阿敏和卓办理旗务之（第 207 页下）长子二等台吉苏来曼呈文内开，据查本月初五日，驻屯田处正千户达纳玛德向我父公呈报，其所属名为米拉西木之人，初四日夜，与额兹雅尔、买买提热依木等四人一同在头堡之图尔达玛特家闲坐聊天。至睡觉时，各自将散去，图尔达玛特邀请众人在其家一起歇宿，于是阿孜雅拉、买买提热衣木立即睡了。图尔达玛特米拉西木二人在一处说话，并互殴。图尔达玛特手持小刀，刺了米拉西木。额兹雅尔于二更时分将我唤醒报闻后，即刻前去拘押图尔达玛特，并呈报。我父公问达纳玛德所刺刀伤如何？（第 208 页上）达纳玛德回称伤口很小，不严重。故令将图尔达玛特鞭一百，交付其所属副千户色米。我父公于十日启程去京城，因匆忙未及呈文禀报。本月二十一日，达纳玛德又报称，我先前曾向公呈报被刺伤之米拉西木现中风，于二十日夜五更时死去。故将图尔达玛特拘押上铁索看管之外，另请扎尔古齐（理事司员）来审理。

故臣一面交付台吉苏来曼传令米拉西木亲族之人来共同检验尸体伤口，（第 208 页下）一面派人去安西卫衙门，请仵作来勘验回子米拉西木之尸体。仵作王成义勘验报称，经询问死者回子米拉西木，二十四岁，腰右侧脊椎骨上有一寸四分的刀刺伤一处。深五分，宽二分，长五分。除此致命伤之外，全身无它伤是实，作保报闻。通保我又亲自验看，与仵作所视无异。除令将米拉西木尸体掩埋之外，将此回子与回子交涉之事，（第 209 页上）今年十月二十二等日通保依例与所属扎萨克公之子二等台吉苏来曼共同会审。问死者米拉西木寡夫姐姐尼撒伯乞，图尔达玛特杀死尔弟，是否有旧仇？有何冤情则道来。供称：我是米拉西木的亲姐姐，我弟弟米西木的妻子，之前于乾隆初年嫁给我过世的长弟玛玛塔西木，玛玛塔西木前年病逝。留下二个男孩，一个女孩。因孩子幼小，无人照料抚养，我与千户尼雅孜伯克达纳穆德商议，并报闻我弟弟之岳父沙柯斯木，按我回子习俗，（第 209 页下）将我长弟玛玛塔西木之妻嫁给我二弟米拉西木。她嫁给米拉西木后，又生了一个男孩。惟我无数次去看望他们。我弟米拉西木在家或不在家时，杀我弟弟的图尔达玛特常在他家，与我弟媳说笑，两人之形迹可疑。即使不能确知图尔达

玛特与我弟媳是否有淫乱之事，我仍告知我弟弟停止其妻子与图尔达玛特来往。自此我弟弟察觉，近来九月二十六日，将其妻休了。本月初四日，我弟弟米拉西木来家告知，今天在我岳父家附近走时，看见图尔达玛特在我岳父家的场院上扬麦子。想必是为与我妻子说话而到他家帮工。（第 210 页上）因此，我进岳父家，向他请求重娶我妻子。我岳父说，你若再娶，把前次说亲的千户尼雅孜伯克等请到我家，依例念经后，我将她交付于你。因此，我告知尼雅孜伯克，尼雅孜伯克说身体欠佳，且今日已天晚，明日我派遣喇嘛（阿訇）阿利玛沙、阿如克两个人去你岳父家念经。姐能为我做一盘念经时用的饽饽吗？我答应给他做。我弟弟米拉西木立即回去了。当夜忽然听说图尔达玛特拿刀刺我弟弟，（第 210 页下）今图尔达玛特把我弟弟杀了。他们之间无旧仇，惟闻我弟米拉西欲再娶其妻，因自己得不到，怀恨杀了米拉西木，恳请究其缘故。

又问米拉西木姐姐尼撒伯乞，你弟弟被刺后，谁照看他，其伤是否中风？米拉西木死前对你说过什么？皆从实招来。供称：我与我弟住同一里甲，弟在图尔达玛特家里被刺后，当夜我即听闻，去我弟弟处照看他。次日早，弟欲回自己家中卧床歇息。（第 211 页上）我与家人一同将其搀扶回家里。吃饭时辰，我弟之妻听说其夫被刺，亦返回家中。我住在弟弟近处照看，弟媳亦照看孩子，做茶饭伺候。惟其伤口每日出血疼痛，十月二十日夜去世，无中风之事。我弟弟被刺，最初见面时，他说图尔达玛特是我的朋友，以我使他留下恶名而拿刀刺了我，后无复一言。再，我弟休其妻之时，唯有其哺乳的儿子由弟媳带走，（第 211 页下）其余三个孩子交予我。我弟被刺的次日，见其妻子来照料，对我说，她听说我被刺后来照看我，我若不能痊瘉，让她照顾我的儿子长大，我把妻子重新娶了，请姐依例延请喇嘛（阿訇）念经。于是我依回子习俗延请喇嘛念了经，现在我弟媳妇住在我弟弟家里。

米拉西木姐姐的儿子巴噶图尔供称：我是三堡的回子米拉西木的亲外甥。我舅舅米拉西木与图尔达玛特无旧仇。我每日在外卖柴木，（第 212 页上）不知图尔达玛特如何在我舅舅家来往，此事如何发生我原不知。讯问证人额兹雅尔后供称，我是三堡的回子，五堡的玛玛德热依木在我这里割了两天麦子，我欠他两天的工钱。本月初四日傍晚时，玛玛德热依木来我处讨工钱，我让买买提德热依木暂且住我家，明日帮我把田里的草运回，我再把工钱一并付于你，这样一同在我家闲坐时，图尔达玛特来我家，看见买买提热依木，请他及我到他家里去喝茶，于是我们去了其家。在等茶时，我们同里甲的米拉西木来了。图尔达玛特请我们喝茶、吃饽饽，（第 212 页下）一同坐着聊天很长时间，欲散走时，图尔达玛特又邀请我和买买提热依木一同在他家歇宿。米拉西木亦相劝，于是我们留下在其家一同住宿。买买提热依木我们二人先睡下，米拉西木仍坐着与图尔达玛特说话。他对图尔达玛特说，我们是好朋友，以前听闻你与我妻子通奸，未能确定，我将妻子休了，你今天又去我岳父处帮助做活儿，看来是专为我妻子去的，这是什么道理？图尔达玛特说，我为何与你妻子通奸作乱，你抓到了吗？你为何胡乱诬陷和玷污我？况且你已经把妻子休了，（第 213 页上）谁都可以娶她，我若欲娶，立即就娶，你能阻止吗？米拉西木说，你怎么可以娶？我明日立即娶回。二人互不相让，开始互相谩骂吵闹。我和买买提热依木为将他们劝开，穿衣起身，未赶到，不知图尔达玛特何时拿出小刀刺了米拉西木。我们将他们劝开时，看到图尔达玛特手中拿着的刀子，米拉西木亦称用刀刺了他，我们立即将刀夺下，把图尔达玛特抓住。我把他交给买买提热依木看管，自己去千户达纳玛德呈报是实。图尔达玛特与米拉西木所休的妻子有无淫乱之事，（第213页下）我不知晓，亦未听说。证人买买提热依木所供与额兹雅尔供词相同。

审问图尔达玛特，你是何堡之回子？年纪几何？如何与米拉西木之妻淫乱，为何把米拉西木杀死了？皆从实招供。供称：我是头堡回子，今年二十五岁。我与米拉西木的妻子无通奸事。我与米拉西木、额兹雅尔在屯田处同住一个里甲。今年初四日晚，我进同里甲的额兹雅尔家，见五堡的回子买买提热依木在其家，我坐片刻出去时，邀请买买提热依木来我家喝茶（第214页上），我先回去熬茶。我回到家里亲自做了小饽饽、熬了茶，买买提热依木、额兹雅尔一同来到家里。不久，米拉西木亦来，我请他们喝茶、吃饽饽，一同坐着聊天许久。他们欲散去时，我邀请买买提热依木说我和额兹雅尔一样无女人和孩子，我们四人共同在此住宿如何？米拉西木说好，于是我们准备睡觉。买买提热依木、额兹雅尔立即躺下睡觉，米拉西木不睡，与我对坐，说我为了他休的妻子去他岳父家田里帮工，（第214页下）诬赖我曾与其妻子淫乱，开始寻衅。今年八月我将一个有犊的老乳牛以两石五斗麦子卖给了米拉西木的岳父沙柯斯木，他当时给我一石麦子，余下麦子还未给我。今年十月初三日，我去沙柯斯木家去取麦子，沙柯斯木让我帮助他收麦子，为表示诚恳，次日我去沙柯斯木家场院收麦子，米拉西木见后疑惑，无辜诬赖我。我向他说了缘故，他反而辱骂，与我吵闹，我一时气愤，起身去米拉西木站着的山墙后面，取了挂在墙上的小刀，（第215页上）刺了米拉西木一下。额兹雅尔等制止我，并将我抓住。我当死，有何话可说。

又问证人额兹雅尔，你与图尔达玛特同住一里甲，他说给沙柯斯木卖了牛，是否真实？供称：图尔达玛特将一头有犊的年老红色乳牛，今年八月给了沙柯斯木是实，是卖给还是白给我不知悉。图尔达玛特与米拉西木等吵闹时，没有说去沙柯斯木家是为讨要卖牛债务。

又审问图尔达玛特，米拉西木的姐姐告称，你与米拉西木之妻平日里关系暧昧，米拉西木将其妻休后，你又去其岳父家，（第215页下）看来你很早与米拉西木之妻有奸情且相好，后听说米拉西木欲再娶其妻，你与米拉西木妻子合谋刺死米拉西木，事情显明。你究竟如何与米拉西木之妻通奸，米拉西木将其妻休后，你是否又去与他的妻子通奸了？你们一起如何合谋杀死米拉西木的，皆一一如实招供，拧着脚镣严审。供称，我如实招承，我家距米拉西木家极近，我与他至亲，故每日去其家，与其妻熟悉。去年十二月，我与米拉西木妻子通奸。（第216页上）近来，米拉西木将其妻子休后，我欲依照回子例，四个月后请人说媒，娶其妻子。米拉西木与我吵闹，我对他说，你已经把你的妻子休了，我欲娶则即刻可娶，你如何能制止？他说我明日即将重娶我妻子，你何能娶我妻子，并羞辱和骂我。我内心怀恨，一时愤怒，想与米拉西木同归于尽，于是拿小刀刺他，千真万确。虽然去帮米拉西木岳父家收麦子和扬场二次，沙柯斯木及沙柯斯木的孩子、妻子都在，（第216页下）我与米拉西木妻子没有再通奸，亦无与米拉西木妻子谋划刺杀米拉西木之事。若真有合谋事，我何不另谋将其暗地杀死？其他与前供皆同，坚供不移。

严讯米拉西木所休妻子，何名？年纪几何？为何与图尔达玛特通奸？如实招承你刺死丈夫米拉西木之事，你如何与图尔达玛特通奸，米拉西木将你休了，又说再娶你，你与图尔达玛特听说后如何合谋刺死米拉西木，皆如实承招，经严加讯问。供称：我名何西图尔肯，（第 217 页上）今年三十一岁，到夫家已十八年，我前夫买买提西木，与现在被杀之夫米拉西木生下了子女，并无淫乱之事。惟图尔达玛特家近邻我家，他在我丈夫之田助耕，与我丈夫米拉西木交好，早晚至家闲聊，无人时引诱我，我一时未能制止，去年十二月通奸一次是实。我大姑子起疑，今年八月告知我丈夫，我丈夫逐渐察觉，骂我一次，（第 217 页下）今年九月二十六日将我休了。我回到父亲家里，常常想念我的孩子。十月初四日，我丈夫米拉西木来到我父亲家里，向我父亲请求重新娶我。我父亲说将原说媒之人请来念经，我把你妻子送去交付于你，这样打发他回了。次日早，忽然听闻图尔达玛特持刀将我丈夫刺伤，我大姑子在照料我丈夫，我不能安坐，立即回到我丈夫身边，（第 218 页上）照看孩子们，伺奉我丈夫是实。我在父亲家时，图尔达玛特去向我父亲讨取欠他的买牛的麦子，又在我父亲家场院帮助收麦子扬场，共去二次。我未曾与他说话，亦无合谋计议之事。图尔达玛特为何与我丈夫殴斗，以刀刺之，我原不知。又问何西图尔肯，米拉西木欲再娶你，向你父亲请求之日，图尔达玛特也在你父亲处，他返回家于此夜即将米拉西木刺了，而且米拉西木是要娶你而与图尔达玛特吵闹时被刺，（第 218 页下）图尔达玛特你们俩人为以后成为夫妻而共谋行刺米拉西甚为明显，若不如实招供将用刑，如此吓唬，掌嘴严审。供称，图尔达玛特刺我丈夫之事我原不知晓，千真万确。我若有心与图尔达玛特成为夫妻，共同谋杀我丈夫的话，我丈夫求我父亲重新娶我时，我为何丝毫没有执拗不从，况且我若有异心，在听说我丈夫被刺后，我为何立即急忙去照顾我丈夫。其他事情与前供同，坚供不移。

审米拉西木的岳父沙柯斯木，尔何堡人？住何处？（第 219 页上）米拉西木将你女儿休后，与你女儿通奸的男孩图尔达玛特为何事去你家？他与你女儿是否说过话？供称，我是五堡的回子，在我女婿米拉西木住的里甲东面约一里尽头居住。初我与千户尼雅孜伯克达纳玛德等共议，将我女儿嫁给买买提西木为媳妇。后买买提西木去世，还是尼雅孜伯克等与买买提西木的姐姐再向我求亲，将我女儿按我们回子的习俗，嫁给买买提西木的弟弟米拉西木。近九月二十六日，我的女儿返回家里说，我的丈夫听他姐的话，以我恶，将我休了。（第 219 页下）本月初四日，我的女婿米拉西木又来到我家，请求说他小孩儿多，无人照看，仍娶回我女儿，我的女儿亦想念其孩子。我对女婿说，你若再娶我女儿，请此前说媒的千户尼雅孜伯克等来，依例念经，我将其交给你，如此遣去是实。我女儿如此行事，我原不知。又我欠图尔达玛特买牛的一石五斗麦子，本月初三日图尔达玛特来我家取麦子一次，（第 220 页上）初四日，又来我家场院收麦子一次，我女儿与我妻子住在一起，与图尔达玛特未曾说过一次话。

又问千户达纳穆德是何人最先抓了图尔达玛特？先前何以知米拉西木刀伤浅？后来又为何呈报尔扎萨克米拉西木为中风死？供称：我家屯田处与米拉西木等同在一个里甲。本年十月初四日二更时分，我属下的额兹雅尔来到我家，唤醒我说，头堡的图尔达玛特持刀将你们三堡的米拉西木刺了。我急忙起床前去。（第 220 页下）额兹雅尔等已将图尔达玛特抓住捆绑了。由于他们捆的松，我又再捆紧了，看守起来。又查米拉西木背上有刀刺伤口一处，未划开。次日我去呈报，我公询问伤情时，我说伤势较轻。我惩罚图尔达玛特，交给其所属千户。半月之后米拉西木死了，我猜测其中风死，呈报台吉是实。查《蒙古律例》载，凡人故杀、仇杀，计杀，谋杀人，若为平人，将起意之人处斩监候。藉没家产、牲畜给被害人妻子。（第 221 页上）又，“斗殴伤重五十日内死者，下手之人绞监候。”今图尔达玛特为米拉西木所休之妻，吵闹时生怒，持刀故意将米拉西木刺伤，于二十日内死去。将图尔达玛特应以故意杀人例，拟斩监候，藉没其畜产，给被杀回子米拉西木妻子。沙柯斯木所欠图尔达玛特牛价一石五斗麦子，自沙柯斯木缴回，给予被杀的米拉西木的孩子。又查《蒙古律例》定例载：“平人奸平人之妻者，取其妻，罚五九牲畜。（第 221 页下）将奸妇交本夫杀死之，若不杀，将所罚牲畜给伊贝勒。”米拉西木妻子何西图尔肯与图尔达玛特通奸，理应依此法拟以死罪。惟其对图尔达玛特扎米拉西木之事不知晓，其夫此前已察知其邪行，报衙门依法将其休退。米拉西木被刺后，见其妻来照看他时，留遗言于其姐，我若不能痊愈，由妻子照料抚养孩子，故酌情将米拉西木之妻何西图尔肯依刑部通奸例，拟以杖九十之罪，（第 222 页上）应否折鞭九十完结，或应以何例比勘定罪结案之处，待院定札饬后，遵行完结。其他人经审无涉，无庸论。现理应看守所审犯人，将罪犯回子图尔达玛特送安西卫大臣衙门监禁之外，将与人通奸之米拉西木之妻何西图尔肯交予所属台吉苏来曼看管。臣通保将审理之处呈请，由院定札饬后遵行。

臣等与刑部、（第 222 页下）督察院、大理寺等会审，驻瓜州管理回子事务员外郎通保等呈文内开，审回子图尔达玛特持刀刺米拉西木致死一案。米拉西木之姐尼撒伯乞供称：图尔达玛特平日与我弟米拉西木之妻何西图尔肯说话举动极为可疑，我告知我弟，自此我弟亦察觉，将其妻子休了。此后我弟弟米拉西木又见图尔达玛特在其岳父家场院内扬场收麦子，怀疑图尔达玛特专为其已休之妻前去。（第 223 页上）故向其岳父请求再娶其妻，获其岳父允准。故图尔达玛特怀恨，拿刀刺我弟弟米拉西木，使其半月后死去。我弟与图尔达玛特原无旧仇。我弟弟所休妻子听说丈夫被人刺伤，返回家里照看，现在我弟弟家居住，照看儿女。

图尔达玛特供称：我今年二十五岁，我家与米拉西木家同住一处，相距极近。我与他交好，故每日去他家，我与米拉西木妻子通奸是实。近来米拉西木休其妻子，我欲依回子例，四个月后说媒，娶其所休妻子。（第 223 页下）米拉西木来我家，为其妻子事与我吵闹，我对米拉西木说你已经休了你妻子，我若欲娶立即可娶，你如何能制止？他说我明天即娶回妻子，并辱骂我，我心中怀恨，一时愤怒，拿刀刺了他，此千真万确。绝无与米拉西木妻子合谋刺杀米拉西木之事，坚供不移。

米拉西木所休妻子何西图尔肯供称：我今年三十一岁，图尔达玛特在我丈夫田里助工，二人相处甚好，早晚来家里坐着聊天，将我无数次引诱，（第 224 页上）我一时未能阻止，与其通奸是实。我大姑怀疑后告知其弟，我丈夫将我休了。此后我丈夫米拉西木欲再娶我，向我父亲请求，我父允之，令其请原说媒之人来，将其遣回。次日早晨听说图尔达玛特用刀刺了我丈夫，我不能安坐，立即回我丈夫身边照料是实。我绝无与图尔达玛特合谋之处，我亦不知图尔达玛特为何与我丈夫殴斗，用刀刺他，坚供不移。

何西图尔肯之父沙柯斯木供，我婿米拉西木休其妻后，（第 224 页下）又来我家说孩子多，无人照看，求我娶回我女儿。我女儿亦想念其孩子，我对米拉西木说我同意你再娶我女儿。请原说媒之人来办理，打发他回去了。他如何被图尔达玛特刺伤之处，我概不知晓，坚供不移。

证人额兹雅尔称：我是三堡回子，五堡的买买提热依木来我家聊天时，图尔达玛特来看见买买提热依木，邀请我们去其家里喝茶。在等候上茶时，与我同一里甲的米拉西木进来，图尔达玛特给我们倒茶，一同坐着闲聊良久。（第 225 页上）将散去时，图尔达玛特请我和买买提热依木一同在其家歇宿，米拉西木亦从旁劝说，你们立即在此一同睡吧，于是买买提热依木我们二人立即先睡下。米拉西木仍坐着，为其所休妻子之事与图尔达玛特互不相让，开始互相辱骂和吵架。我和买买提热依木为劝解，重穿衣服，未及起来，不知何时图尔达玛特持刀刺了米拉西木。我们起来将他们拉开制止，见图尔达玛特手中有刀，米拉西木亦称图尔达玛特持刀刺他，我们立即将刀夺下，将图尔达玛特抓住，我将其交给买买提热依木看管，（第 225 页下）自己去向千户达纳玛德报告是实。证人买买提热依木与额兹雅尔所供相同。将图尔达玛特拟斩监候。藉没产畜，给被杀之人回子米拉西木的孩子。米拉西木妻子何西图尔肯拟以杖九十之罪，折为鞭九十。证人额兹雅尔、买买提热依木无庸论。将此审拟呈送。

查《蒙古律例》定例："凡人故杀、仇杀，计杀，谋杀人，若为平人，将起意之人处斩监候，藉没产畜，给被害人妻子。"又，"斗殴伤重（第 226 页上）五十日内死者，下手之人绞监候。"又，"平人奸平人之妻者，取其妻，罚五九牲畜。将奸妇交本夫杀死之，若不杀，将所罚牲畜给伊贝勒。"今图尔达玛特将与其通奸的米拉西木已休妻子正欲说媒迎娶，听闻回子米拉西木再娶其妻，因愤怒持刀将米拉西木刺伤，二十日内死去。极为可恶。将图尔达玛特依所属员外郎通保等审理呈报之文，依故意杀人例拟斩监候，（第 226 页下）藉没产畜给被杀之人回子米拉西木之子。米拉西木妻子何西图尔肯与图尔达玛特通奸，理应依此法拟以死罪。但何西图尔肯对图尔达玛特刺米拉西木之事不知情，且其丈夫已将其休弃。听闻米拉西木被人刺后，立刻去照看孩子，照顾其夫，仍减免其罪，将何西图尔肯依员外郎通保等呈文，照依刑部通奸例杖九十，折鞭九十。证人额兹雅尔、买买提热依木及其姐尼撒伯乞，何西图尔肯之父（第 227 页上）沙柯斯木经审无涉，无庸论。又此案理藩院承收拟定一并察明题报为宜，臣等不敢专擅，谨奏请旨。
乾隆十九年闰四月初七日

经筵讲官，太保，保和殿大学士，议政大臣、领侍卫内大臣，兼管理吏部、户部、理藩院事务，（第 227 页下）内务府总管，管理三库事务，一等忠勇公，加一级，以军功加一级，臣傅恒；

太子少保，议政大臣、尚书，镶蓝蒙古旗都统，臣纳延泰；

御前大臣、领侍卫内大臣，署镶白旗满洲旗都统，兼管上驷院大臣，兼管武备院，右侍郎，总统满洲火器营，前锋统领，降九级在任，臣旺札勒；

御前行走，领侍卫内大臣，镶黄旗蒙古都统，兼管上驷院大臣，福禄；

侍郎，降七级留任，喀喇沁贝子，多罗额驸臣札勒丰阿；

员外郎臣乌勒木济；

员外郎臣巴岱；（第 228 页上）

员外郎臣依兴阿；

经筵日讲官、起居注官、太子少保、协办大学士，署理刑部尚书，镶白旗汉军都统，兼领翰林院，加一级，革职留任臣阿克敦；

左侍郎，镶红旗满洲旗梅勒章京，办理钦天监监正事务，降两级，留任，又革职留任，臣觉罗勒尔森；

右侍郎，正黄旗满洲梅勒章京，加一级，革职留任，臣书山；

郎中观保；

都察院左都御史，牛录章京，加一级，记录二次，臣木和林；（第228页下）

云南道监察御史，臣岳成；

云南道监察御史，臣魏汉辉；

大理寺卿，记录十八次，臣福凯；

左寺卿，掌印员外郎，加二级，记录七次，臣辉格。

（达力扎布，男，1955年生，历史学博士，中央民族大学历史文化学院教授。北京：100081）

关于川滇藏区推行人民币、制止流通银元、改造经济领域的认识[①]

秦和平

内容提要：本文依据大量档案及文献，阐述人民政府在川滇藏区推行人民币、禁用银元、改造旧领域、深化及拓展民主改革的过程。首先，在追溯改革前藏区货币流通的由来及概况后，阐述人民政府推行人民币等的努力，揭示和平解放后西藏与内地交流畅通，公路通车后运输便捷，大量银元流向西藏、走私商品流入内地等滋生的后果及影响。在此基础上，通过反映上层人士及群众的相关要求，说明推行及扩大人民币、禁止银元流通等也是民主改革在经济领域中的表现；阐述了各地政府采取有力措施，制止银元“西流”与外货“东进”的努力，说明只有深化及拓展改革，改变旧的体制，才能从经济领域完成民主改革，维持改革取得的成果。

一、问题的提出

中国共产党在川滇藏族地区领导的民主改革，不仅废除土司、头人等旧制度，通过民主建政，建立或改造基层政权，建构统一的社会制度，纳入现代国家结构中；更重要的还有，改变不合理的所有制，消灭剥削，实现耕者有其田、牧者有其畜，通过互助合作，进入社会主义；禁止银元等流通，确立及推广人民币的价值标准、流通尺度及支付体系，构建及发展国营、集体的商贸体系，实现经济领域的全面改造，防止出现或发展“资本主义”。

民主改革是我国部分少数民族在过渡时期必须完成的民主主义任务[②]，“过渡时期的总路线”是指引改革的标杆。略有差别是中央政府考虑到藏、彝等少数民族的社会发育程度[③]，期望采取和平协商方式，通过“赎买”途径而实行改革，减少以至避免社会发生“阵痛”，消除剥削、改变不合理的所有制，实现社会形态的转型。

再者，过渡时期总路线要求通过资本主义工商业实行社会主义改造，转化为社会主

---

① 本文是国家社科基金项目“川滇藏族地区民主改革研究”（11BDJ001）的阶段性成果。

② 1955 年 9 月 4 日，中共中央就西藏民主改革性质明确指示：“由于这些民主改革是在中国共产党和工人阶级领导的国家的统一领导下进行的，这些民主改革就服从于国家过渡时期的总任务，能够为西藏民族将来逐步地进行社会主义改造和逐步地过渡到社会主义创造必要的条件。……在西藏民族内部完成了民主改革、消灭了封建农奴制度的基础上，西藏民族可以避免资本主义的发展阶段，而通过自己的道路逐步地过渡到社会主义。”中共中央《关于目前西藏进行的改革属于什么性质问题的答复》，中央文献研究室等编《西藏工作文献选编》，中央文献出版社，2005 年，第 142 页。

③ 民主改革主要在藏、（川滇凉山）彝、傣、景颇、傈僳、怒、独龙及拉祜等少数民族中开展，涉及地域主要是云南、四川、甘肃与青海等省部分民族地区以及西藏自治区。

义公有制。在藏族地区，限制以至改造资本主义工商业的手段之一是确立人民币的法定地位，强制使用，兑入银元或黄金等，阻止走私商品，从控制商贩的商品流向及手工业者的生产资料入手，施以社会主义改造，转变为集体或全民所有制。

1955年9月23日，四川省委、西康省委向中央呈报的关于四川藏族地区（农业区）开展民主改革的报告中，在阐述改革的必要性时特别提到：

> 还应看到藏区资本主义的发展，对将来进行社会主义改造增加困难的方面。藏区的商业资本，一方面是在封建制度基础上发展起来的，兼营商业的地主和寺庙在购、运、销等方面都是通过其封建权力将剥削增加在群众身上的，因而资金增加迅速；另一方面，又多数与帝国主义经济发生联系。在康藏公路通车后，这种联系又在增长。据甘孜材料：藏商营业额54年为51年的262.8%；今年一季度进口的英印货较上年同期增加了10倍强。如不实行民主改革，不但对私商的“利用、限制、改造”政策因群众没有发动、组织起来，得不到广大群众的支持而无法贯彻，且私商的数量和资本还会继续发展，造成今后社会主义改造的困难。①

这段请示，表明四川藏区开展民主改革的重要目的，是对商业资本施以改造，防止资本主义的发展。在这项改造中，人民币地位的确立及推广尤其关键，决定经济领域改革的成败与否，并且影响甚至制约西藏的社会形势。尽管作用重要、意义突出，但却成为研究民主改革中被忽略的问题，必须弥补，深入认识。

认识改革过程中使用及推广人民币、确定其法币地位，须先从川滇藏区旧币的流通说起，追根溯源：

二、藏元（洋）由来及流通概况

川滇藏区是高海拔的高原地区，受环境的制约，粮食等产品强勉自足，主要的外销品是牲畜、羊毛及药材；输入商品中，以茶叶为大宗。茶叶是僧俗民众的生活必需品，须臾不可缺，但茶树在藏区无法成活，更谈不上采摘，民众消费的茶叶由内地输入，俗称“边茶”。“‘临邛’客至斗茶纲，土[illegible]新煨榾柮香。闻道相如解消渴，葡萄根碗劝郎尝。”②这诗句形象描叙边茶在藏区的作用，由此形成持续不断的“茶马贸易”。

此外，藏民部分生活及宗教用品也依赖于内地的供应。“‘大小金川’‘前后藏’，每年冬进省城来。酥油卖了铜钱在，独买铙钲响器回。”③商品交换促进了内地与藏区的交流频繁，互补互促；经济联系也对民族关系、社会关系及政治关系产生作用，在交流中融合，形成血浓于水的密切关系。

19世纪，英国人占领印度后，为与西藏地区开展商贸活动，在印度阿萨姆等地大量种植茶树，收取茶叶，制作成品，利用接壤西藏地区的便利交通，运输入藏，低价销售，狙击边茶，再贩运羊毛等物品至印度，辗转牟利。

① “四川省委、西康省委关于在藏族地区（农业区）开展民主改革的报告”，1955年9月23日，四川省档案馆藏。

② 钱召棠：《竹枝词》，（道光）《巴塘志略》，中央民族学院图书馆油印，1978年，第21页B。该诗原注“邛州产茶，行于塞外，饮茶皆以木碗，葡萄根碗，尤为珍贵。”

③ 六对山人：《锦城竹枝词》，林孔翼编《成都竹枝词》（增订本），四川人民出版社，1886年，第58页。该诗原注“蜀中三面环夷，每年冬，近省夷人多来卖酥油，回时必买铜锣铜铙等响器，铺中试击，侧听洪音，华人每笑其状。”

受贸易种类、数量及结算手段等的作用，英印殖民地的货币（卢比）亦随之流入，市场流通，操纵兑价，牟取利益。接着，卢比挟持其经济后盾，辐射川滇藏区。“印度卢比流行藏卫，渐及各台。近年则竟侵灌至关内打箭炉并滇省边境，价值任意居奇，兵商交困，利权尽失”[①]，后果恶劣，影响深远。

光绪二十七年（1901），打箭炉厅（今康定）同知刘廷恕在总督奎俊的允许下，试铸藏元（又称藏洋），官府保障信用，投放市场，方便流通，抵御卢比。因该币系土法铸造，品质不高且数量有限，未产生应有的抵御作用。次年，藏元改由成都造币厂用机器代造，品质提高，数量增多，为藏民接受，流通面持续扩大，“自过河口（今雅江），一路不用制钱，须用印度卢比，每元重三钱二分，人民以之交易。近年四川仿铸，上印光绪帝像，亦通行也”[②]，抗衡卢比的侵噬，维护经济，作用积极。

光绪三十一年（1905），总督锡良有鉴于此，拟增大藏元的发行量、扩大流通面，占领市场，排斥卢比。他特别奏请朝廷，建议以银元为基标，仿照卢比的重量及式样，铸造藏元，积极推广，流通今甘孜、迪庆及昌都等地（时称川边地区），争取西进拉萨等地，挽回权益，“洵足以保我利权，免致外溢”[③]。接着，为方便流通，川滇边务大臣赵尔丰鼓铸两种铜元，作为辅币，规定与藏元兑换价格，便利零用，方便交换，增大流通[④]。稍后，他规定制钱四百四十文合藏元一元，明确比价，便利兑换。这些规定使川滇藏区的货币品种及兑换比价融入清朝的货币体系中，价值非同小可！当然，卢比之所以能在西藏等地流通，以质优量大的英印商品为后盾，有实力支撑。赵尔丰等人清楚认识到这点，除铸造藏元、发行辅币外，还引导商人合资组建边茶公司等，新法生产，增大产量，提高质量；引进先进技术及大型机器，改革传统的工艺，提高农畜产品的产量，增大价值；开掘矿山，提炼金属等。采取这些方式，抵御或替代卢比，发展经济，增加藏元的价值。

不过，藏元在拉萨等地仍受到卢比的猛烈抵制，比价低迷[⑤]，流通受限。其间，驻藏大臣联豫在朝廷允许下，恢复宝藏局，机器造币，“饬试铸银元一种，铜元两种。银元重一钱，铜元一种合银一分，一种合银五厘，均正面遵铸‘宣统宝藏’字样，背面中铸龙形，旁铸藏文库平一钱一分五厘字样。行使之际，不准任意抵（低？）昂。现在商

---

① 《财政处、户部议复锡良奏请续铸藏元以济边用折》，四川省民族研究所编《清末川滇边务档案史料》，上册，中华书局，1989年，第71页。

② 吴崇光：《川藏哲印水陆记异》，吴丰培编《川藏游踪汇编》，四川民族出版社1985年，第340页。吴丰培考证，吴崇光记载藏元（洋）在河口（今甘孜州雅江县）以西地方流通的时间是光绪二十九年（1903）。

③《财政处、户部议复锡良奏请续铸藏元以济边用折》，《清末川滇边务档案史料》，上册，第71页。

④《示谕军民人等鼓铸铜元行使关外规定价值不许增减》，《清末川滇边务档案史料》，中册，第329页。宣统元年五月（1909年6月），四川鼓铸铜元1000万元，运至关外，作为辅币，配合藏元流通。所谓关外，指炉关（打箭炉关）以西，泛指今甘孜及昌都等地。关于四川藏元（洋）的由来及流通情况，参见王承志：《四川藏洋始末》（《甘孜州文史资料选辑》第2辑）等文。

⑤ 据陈观浔记载：“光绪三十年，四川总督锡良奏明仿铸印度卢比，同其形式、轻重，而阳面则铸中国皇帝像，每元作三钱五分使用。藏人始而争用。嗣因藏地中国货少，外国货多，以川铸银元购货，外人不用。即用，亦须贬值，每元只作二钱八钱或三钱不等。印度卢比则作四钱。相形之下，其遭受拒用，殆无疑义。因此形成里塘、察木多一带，川元多而卢比少；拉萨、噶达一带，川元少而卢比多。”陈观浔编《西藏志》，巴蜀书社，1986年，第210页。

民领用，极形踊跃”[①]，流通拉萨等地。在抵御卢比、稳定经济、维护安全上，“宣统宝藏”产生了一些成效。

1911年底，清朝被推翻，铸造藏元及铜元等因之中断。不久，替之而起的民国政府在不同时期也曾制造藏元，流通藏区。如甘孜藏区，“我州在解放初期，金融市场的货币极为复杂，除伪金元券、银元券未及流开，即随伪政府垮台停止使用外。一般交易往来，尚有黄金、银元、银锭、藏洋、铜板、镍币、云南半开钢洋和物物交易等。当时，银锭主要在雅江、九龙彝族地区流通；云南半开钢洋在靠近云南边境及理塘一带行使；铜板、镍币在康北各县农村使用较多；银元、黄金、藏洋则遍及州内各地，且板面繁杂。其次，物物交易，除农村普遍存在外，地富上层和商业交易主要用茶包为支付手段。总之，货币的行使是形形色色，种类颇多。”[②]主要是银元、藏元或黄金等硬通货在流通。当然，混乱的币制既不利于商贸往来、经济交流，也妨碍制度的统一，肯定会发生改变。

三、推行使用人民币与遭遇“困难”

1950年，川滇两省藏区得到了解放，随着各项工作的开展，人民政府也随之建立银行，扩大网点，投放人民币（参见表1），流通使用，积极推行，逐渐兑入银元、黄金及藏元[③]，确立人民币的地位，替代其他旧币，占领市场。从1952年起，人民政府宣布川康藏区将禁止银元流通，建设统一的人民币市场，建立及健全金融体系，从经济上完成对藏区旧形态的改变。

表1：1950—1957年甘孜藏族自治区（州）人民币投放数量表　单位：万元

年度	投放数	备　注
1950年	119	1. 所列数字为每年收付差额的净投放数；
1951年	229	2. 估计现在（1957）全州人民币流通量为580—600万元，这是根据调查材料推算的，在56年3月发行新人民币后，全州收兑旧币为285万元，其中有80万是康南六县兑入的。
1952年	556	
1953年	304	
1954年	169	
1955年	173	
1956年	537	
1957年	332	
合　计	2419	

资料来源：四川省档案馆藏1957年11月15日甘孜州人委会财经党组关于我州禁止金银流通统一币制的意见。

当时，鉴于部分地区的特殊情况及民众的认识接受，作为权宜之计，人民政府约投

①联豫：《进呈试铸银铜元式样拟扩充办法折》，吴丰培编《联豫驻藏奏稿》，西藏人民出版社，1979年，第135页。

②“甘孜州人委会财经党组关于我州禁止金银流通统一币制的意见”，1957年11月15日，四川省档案馆藏，建川012—142。

③邓小平：《应限期收兑藏洋》、《金融税收政策是关系团结藏族人民的政治问题》，《邓小平西南工作文集》，中央文献出版社等，2006年，第181—184页。根据相关指示，其后甘孜州有关部门对藏元（洋）采取了不收不付、逐渐削弱的政策，主要兑现银元。

放了150万元（枚）银元，用于购买粮食等物资、支付运输费用（乌拉脚钱）、干部或工人工资等。这样，在货币流通及使用上，银元仍有一定的范围，但只是暂时的现象。

经过数年的努力及宣传推广，人民币被川滇藏区更多民众认识并接受。在兑换银元上人民币的优势显著，支付力强，流通扩大，从点（县城）到线（公路线），从线到面（农牧区），进入了基层社会。其中阿坝州、迪庆州因推广工作开展较早、较深入，除牧区及少数地方外，人民币作为价值尺度及流通手段，基本上覆盖了城镇及部分乡村[①]。甘孜藏区，尽管推广人民币工作有一定进展，因各地情况有所不同，区域差异较明显：

> 目前货币流通情况大致可分为两类地区：一类是康东北各县，除泸定、康定两县早已明令禁止金银流通，为统一人民币市场外。其他均为人民币与银元、兼有物物交易的混合流通市场。城区及附近的交易媒介主要是人民币，间有银元黑市买卖，但为数不多，且已转入暗地活动。离城区较远的农村及牧区，仍以物物相换和银元交易为主。另一类是南路各县及色达等牧区。这些地区因匪乱未平，又尚未进行民主改革，交通运输不便，物资困乏，人民币的流通市场仅限于城郊一带，农村中交易主要是以物易物和银元。[②]

就是说，康东及康北地区的各城镇或交通线上，人民币的本币地位基本上得到确立，流域领域逐步扩大；但康南地区仍以银元流通为主。当然，这样状况是与开展工作、进行改革等直接联系，而且可能还可能发生反复。

1955年初，根据中央政府的命令，第二套人民币在全国范围发行，人民币完全取代各种旧币，成为中国境内流通的法定货币，建立及健全统一的货币体制，从经济上完成对旧制度的改造。当然，促进人民币的流通及推广、实现币制的统一成为川滇藏区人民政府的重要工作，亦是改革的任务之一。遗憾的是，借道西藏内销的走私商品及川滇藏区西运的大量银元，妨碍了相关工作的开展，亦使国家对传统商贸业的改造难以落实；初步建立人民币的法币体制受到损伤。这样，在川滇藏区推广人民币、禁止银元流通及贩运、统一币制逐渐成为改革的重点，到1957年下半年已发展到尖锐地步，必须解决。

如欲全面认识，深入分析，先从当时西藏地区的社会说起。

四、洋货“东流”与银元“西进”

（一）洋货借道藏区走私内地

为清楚认识20世纪50年代中叶境外商品借道西藏销往内地各省等问题，还得先阐述中华人民共和国建立前后西藏地区与内地的关系，再引入其他。

自古以来，西藏是我国领土中不可分割一部分。元明清三朝，尤其是清朝，中央政府都有效控制西藏地区，内地与西藏地区的人员、物资之间能自由流动，相互影响，相

---

① “中国人民银行西康省分行对少数民族地区银行工作的检查和今后工作的意见”，1955年7月11日，四川省档案馆藏，建康1—1733。

② “甘孜州人委会财经党组关于我州禁止金银流通统一币制的意见”，1957年11月15日，四川省档案馆藏，建川012—142。

互促进。这也是当时白银或银元为什么能作为硬通货，流行内地与西藏的重要原因①。

进入民国后，西藏地方疏远与中央政府、内地的关系，噶厦严密封锁入藏的各主要道口，刻意限制甚至切断内地（包括各省藏区）与西藏的联系。当时，除云南省因特殊的地理因素②，部分商品能运入西藏外，四川、青海及甘肃等省很难与西藏地区开展直接的贸易交换、人员来往；这些省份藏区的土司头人、僧俗民众等欲进入西藏地区，也受到噶厦的多重限制、刻意刁难，甚至阻止。其间，噶厦也以银两为单位，制作并发行纸币（藏钞），只限于西藏部分地方流通。

西藏和平解放后，噶厦设立的各种关卡被撤销，严密的人为封锁迅速消失，西藏地方与内地的联系得到了恢复，迅速拓展，发展良好。不过，受当时交通条件的制约，交流的规模及流速仍相对缓慢。

遵照"和平解放西藏协议（十七条）"要求，中央政府帮助西藏地方发展经济，投入大量兵员及物力等，克服了重重困难，修建川藏、青藏及新藏三条公路。鉴于当时西藏及部分藏区的社会情况，中央政府投入了大量银元，支付修路工钱、购买物资、资助西藏开展建设等。这样，在币制的使用上，藏区与其他地区有所不同：全国绝大多数地区已完成推广工作，人民币作为法定货币，强制使用，全面流通；藏区、主要是西藏地区仍使用藏钞或银元。一国之内，使用了多种货币。

随着公路不断延伸，运输方便，一些人利用内地与西藏间一些商品的差价，积极从事转手贸易，从印度走私商品，倒运到内地部分省区。当时，境外商品质量好、式样新，西藏暂未设海关征收关税，价格更加低廉，竞争力强。他们用银元进口商品（参见下表），再用走私品吸纳银元，贩运入藏，紊乱市场，辗转牟利。

表 2：1952—1958 年亚东关进口印度商品价值表　单位：银元

年度	金额	%	备注
1952 年	800 万元	100	据杨公素讲，和平解放前，西藏地区主要出口羊毛换取印度的日用杂工业品，每年平均进出口额约 300 万银元。
1953 年	1705 万元	213.1	
1954 年	2828 万元	353.5	
1955 年	3107 万元	388.4	
1956 年	4674 万元	584.3	
1957 年	7187 万元	898.4	
1958 年上半年	1199 万元	149.9	
合计	21500 万元		

① 明朝后期，明政府实行银本位的货币制度，白银为本币，铜钱为辅币，延续清朝。清末，为顺应时代的变化及流通的需要，清政府依照墨西哥银元（鹰洋）样式，铸造银元，铜钱亦改铸铜元，仍以白银为本币。

另外，由于西藏的地理环境特殊及物产的差别，乾隆五十七年（1792），清政府在拉萨设立宝藏局，制作三种银钱（乾隆通宝），流通拉萨等地。

② 当时，云南入藏交通线是从滇西北地区循金沙江、澜沧江及怒江上游而进至昌都等地，转道拉萨。因顺江岸陆上行进，受噶厦在各江渡口设卡阻止前行的制约因素较小。

资料来源：杨公素：《沧桑九十年——一个外交特使的回忆》，海南出版社，1999年，第227页。

注:1957年底,中央政府采取严厉措施限制银元入藏及走私品进入内地，因而印藏间贸易量大减。

当时，内地各省遵照相关要求，限制及改造私人商业或民族资本主义，多数日用商品受到管控，市场供需存在缺口。这种现象为走私品提供了市场，渗透内地，迅速消化。反之，这些私商又从内地购买物资或私购银元运入西藏，转运出境，几番倒手，辗转获利。据调查：

由于西藏进口无海关设置，贩运外货利大。例如由拉萨、昌都流入重庆的表等，进口价与售价相差一倍至一倍半，即征收卖方临（零？）商税8%，买方货物税20%，卖方仍有30%左右，买方约有20%的利润。国营不收，私商、拍卖行等都可收购，贩运者仍有其销售市场，国营对这些商品的价格难于掌握。随着康藏公路向前伸展，外货内流的品种、数量继续增加，昌都市场外货与国货的比重已有显著变化。通车拉萨后，外货进口和内流估计将更有增加的趋势，国营不收而私商利润很大，又不能禁止贩运，是不能解决根本问题的。特别是喇嘛寺资金还须寻找出路的时候，而经营外货已比经营土产利润大，如果一旦插手和扩大经营外货，造成既成事实，涉及民族问题，就更难处理了。故从前途趋势看，仍应积极谋求根本解决的办法。[①]

1954年底，川藏公路、青藏公路相继全线修通。在经过短暂的试运行，到1955年这两条公路就实现并超过设计要求的运输量，大量汽车的投入，方便快捷，运输量节节攀升。因运输快捷、量大且方便等，更多的外国商品走私入境，借道汽车运输，利用西藏与内地无关卡检验等便利，偷逃税收，迅速进入四川、青海等藏区，借道这里外销内地。据1957年12月甘孜州银行的统计：1950年至1957年6月，进入甘孜州的外国商品总值共1532万元，其中仅1956年有607万元，57年1—6月达532万元，这一年半就达1139万元，占74.3%；前5年运输量只占25%。再据康定县东关税局的不完全统计：以1950年外国商品的指数为100，1954年为158，1955年为352，1956年升到1197.48，1957年，该指数估计高达1445。短短数年，走私品的增长指数近10倍，节节攀高[②]，反映走私活动的猖獗及走私品的持续增加：

近几年来，凡是资金较大的私商（原注，主要是寺庙、喇嘛及少数土头。下同，略）大都集中力量经营英印等外货（虽然也经营部分土特产或少量群众必需品，但真目的主要是为了换取外汇），他们深购远销（在牧区收购土特产，有的直到口岸出售）、外购内销（在印度进货而销至国内各大城市）、内购外销（将珍贵

① “西南商业局、西南对外贸易局请于由西藏进口表、笔、牙刷等外货流入内地的处理意见”，1954年7月26日，四川省档案馆藏，建康1—3256。当时，西藏工委的意见，在藏各国营贸易公司不参与经营外国商品等活动，即不购买及销售外国货，全由藏商等经营。再者，关于在西藏地区建立海关。1955年3月，中共中央指示“海关原则上可以设立，但须待西藏自治区筹备委员会成立后，经过协商，统筹办理为宜，不可操之过急”（《西藏工作文献选编》第139页）。西藏建立海关至少在1957年后。无海关，就无税收。

② “省民工委关于对甘孜自治州以寺庙、大藏商为主的私营商业资本逐步实行社会主义改造的初步意见”，1957年12月3日，四川省档案馆藏，建川001—1068。

土特产销印度），倒贩金银，套购茶包，偷漏税款，获取暴利，而且一般不设铺面，没有或很少有固定资产。大藏商在印度、西藏至内地各大城市间还设有货栈，并且大量利用现代化交通工具进行贩运，因此周转速度较解放前大为加快，特别是康藏公路通车；加以我当时在税收、价格、市场管理等政策上均予从宽，某些国家机关和运输部门的极少数人员与之勾结以及他们钻我各省之间的某些空子等等，均便利了他们的走私活动。因此历年来无论从英印货的贩运量、营业额、经营品种、周转次数及其活动地区和对市场冲击情况，以及因此造成白洋与珍贵土特产大量外流来看，逐年均在急剧增长和扩大。①

走私品因质优价廉、数量巨大，猛烈冲击了国产商品，抑制其销路，又套购并外销国内的物资，更带动银元、黄金等流通、紊乱币制；激活了川滇藏区若干已洗手不干的商贩，偷运偷贩，妨碍国家对资本主义工商业的社会主义改造。其间，川滇藏区部分寺庙（主要是格鲁派寺庙）借朝佛名义，用汽车向西藏地区贩送多年积累的银元、银锭或黄金等。这些贵重金属再从西藏寺庙或贵族家中流出，购买外国商品，走私内地，又套购国内物资外销等等，形成辗转牟利的利益链条，越滚越大，危害也越来越突出。

更严重的后果是，银元及洋货阻碍了人民政府在川滇藏区推行人民币的努力，人民币法定地位难以确立，制约其他相关工作的开展。“在货币问题上，凡国营商业占优势或国营力量能达到的地区，基本上均为人民币市场，或人民币与银元的混合市场，但银元有严重的黑市，人民币为其贴水，一般为1:2。在我力量达不到的地区，则为纯银元或银元和藏洋的混合市场”②。货币流通的变化及外国商品的进退，损害人民币地位的确定及流通，妨碍国营或集体商业机构的购销，制约民主改革，影响经济领域的改造。

（二）银元“西进”原因

1951年，在中央政府与西藏地方政府达成的“十七条协议”中规定：“对于西藏的现行政治制度，中央不予变更。”就是说，西藏地方回到祖国大家庭、接受中央政府的领导后，其政治制度暂时不变，保留原状。既然政治制度不作改变，那么经济形态、金融体制等也将继续保留，藏钞仍是西藏地区流通的货币③，不能进入内地各藏区；银元因系硬通货也有较大的流通范围，卢比则因英印殖民势力的退出而消失。其后，藏钞因噶厦增加印刷量不断投入市场而带来持续贬值，银元成了各方认可的硬通货，越来越坚挺，流通面越来越大。

这种特殊的金融体系，使得西藏与祖国其他地方完全不同步：人民币是国家的法定货币，在内地已全面流通；各省多数藏区也放弃了银元，承认、接受及使用人民币，人民币使用面持续扩大。在民主改革中，人民币凭借政权力量持续伸展，信用度持续增强，流通面迅速展开，从城镇渗入农村、牧区……

前面曾叙，在和平解放前，噶厦在各关口设卡，遣兵防守，限制以至禁止内地人员

① “省民工委关于对甘孜自治州以寺庙、大藏商为主的私营商业资本逐步实行社会主义改造的初步意见”，1957年12月3日，四川省档案馆藏，建川001—1068。

②“省民工委关于对甘孜自治州以寺庙、大藏商为主的私营商业资本逐步实行社会主义改造的初步意见”，1957年12月3日，四川省档案馆藏，建川001—1068。

③ 但当时在昌都等地人民币与银元混用，藏钞的流通面有限。

（包括藏族僧俗民众）及物资的进出；牦牛驮运，驿道险峻、秩序混乱，朝佛者随身只能携带少量银元或黄金等，流入西藏地区的银元及黄金极其有限，对内地（含各省藏区）不能产生多大的影响。

和平解放后，共产党进入各个藏区，在稳定局势后，首要工作是团结及联络各方代表人士，召开各族各界代表会，订立团结公约，消除地域、部落或族群的隔阂，认同并接受藏族的族名[①]，促进团结，强化凝聚，促进交流。西藏是我国最大的藏族聚居地，亦是藏传佛教各派（尤其是格鲁派）的中心，对周边藏区僧俗民众有较大的影响，以至吸引作用。当关口撤销、封锁取缔、治安良好后，僧俗民众进入顺利且方便，没有障碍，朝拜礼佛增加，以奉献名义赠送金银等也随之增多。

1954 年下半年，达赖喇嘛、班禅额尔德尼晋京，出席一届全国人大及政协会议，分别当选全国人大副委员长或政协副主席。在中央政府的扶持下，他们的形象迅速抬高，影响力亦更大，加剧了藏族民众的崇拜热。公路通车后，交通的便捷，使得朝佛的热潮持续升温，川滇等省寺庙及僧俗民众用牦牛或汽车运输，携带数百、数千、数万以至数十万银元、银锭及黄金，或大量酥油、茶叶等物品入藏，银潮滚滚，持续西进。

> 私商、上层以及寺庙分别地或合伙地自三、五万至十几万，经常向西藏转运银元，多数是用牦牛驮运，少数也利用汽车载运。数字之大，无法统计。很明显，这主要是上层和寺庙转移封建财产；同时进行投机、走私、贩运外货的违法活动。这样，银元大量外流，外货充斥，不仅对藏区生产和互助合作极为不利，同时使我内地市场混乱，影响到国家的经济计划。[②]

朝佛者以奉献名义把金银等贵重物品送进寺庙，舍财供佛，表达信仰的虔诚。当时，西藏地区宗教上层与贵族、噶厦官员等关系密切，甚至转换角色，于是入藏布施的银元及黄金等往往流入贵族、封建主及寺庙上层的口袋中。他们利用内地与西藏商品差价，走私外国商品，贩运内地牟取厚利，再吸收银元，运进西藏。1957 年，据中国人民银行估计，1956 年经由西藏流到印度的银元在 2000 万元以上，1957 年上半年在 1000 万元以上。而且银元流往西藏的现象仍继续发展[③]。此外，部分人以“布施”名义，运输大量的酥油、茶叶等物资到西藏，用于销售，获取差价，赚得利益[④]。从 1954 年下半年起，这种“倒灌”现象持续增长，不断发酵，派生的“问题”亦愈突出。

除了外国商品走私入境、套购物资外销，牟取暴利外，还影响到川滇等省藏区银元

---

① 过去，虽有藏族名称，但各省区民众多以地域及职业表现名称，如牧民则称牛厂娃，甘孜新龙藏民则称瞻对娃，康定木雅藏民则称木雅娃，迪庆藏民称古宗，等等。认可及统一使用藏族名称是各地召开各族各界团结会议后的共识，后经人口普查等而强化。

② “四川省委关于银元大量流向西藏问题的请示”，1957 年 10 月 30 日，四川省档案馆藏，建川 001—818。该请示的原稿还有“据已知者，道孚一上层罗绒仁青一次即带 10 万银元去印度，炉霍喇嘛寺一次亦运 5 万银元去西藏”等文句。需要指出的还有，川滇藏区部分上层之所以积极向西藏地区运输大量银元及金银等，还寓有转移财产，避免在改革中受到清算的意图。

③ “中共中央关于严格管理货物经由西藏流入内地各省区的指示”，1957 年 11 月 4 日，四川省档案馆藏，建川 012—142。该指示说，和平解放后，运入西藏的银元达 15000 万元，其中由国家投放达 9200 万元，其他约 6000 万元。

④ 1957 年 10 月，阿坝州曾有若干政协代表在政协会上提案，反映由于个别人以朝藏名义贩运大量酥油、茶叶入藏，致使该州酥油价格涨价一倍，希望引起有关部门的重视，采取措施，予以制止。

与人民币的比值、人民币的法币地位难以确立，新型的金融体系无法构建，谈不上运行。令人关注的有，改革期间，一些寺庙或封建主以信仰为名，借口朝佛布施，运输大量银元、黄金等进入西藏，寓有转移财产、逃避改革处理之意。“改革以来（原注：少数是在改革前，下同），大中藏商资金多向西藏和国外转移，部分地富的商业资金及其封建财产亦有转移至金沙江以西的。仅道孚一县，即有 63 户地富（少数是全家）携带财产转至江西。它们占道孚县地富 45.7%”[①]，等等。部分封建主转移财产，变为“裸人”，即使改革，也难以对其实施清理。这些现象不能不对当地民主改革有所影响，也引起地方干部及群众的不满。

（三）银元“西进”后果

首先，银元西进，流通川滇藏区的银元急剧减少，银元与人民币比值不断提升，兑入减少，外流增多。

1950 年起，人民政府采取措施，建立商业机构及银行、信用社等，开展工作，从经济层面确立新型管理。经积极工作，辅以政权力量，人民币被藏族民众接受，投入量持续增大，使用面持续扩展，作用明显。其间，银元等曾因流通市场受限而价值下跌，一些人转而兑换人民币，求得保质，客观上促进了人民币地位的巩固和使用面的扩展。

1955 年后，由于运输便捷、关卡撤销等，外国商品大量走私入境。此时西藏地方仍然使用藏钞、银元或黄金。金银币属于硬通货，在与境外商贩贸易时更具优势，毕竟物物交换，比价直接且明显。西藏地区的银元毕竟有限，长期支付及扩大走私品也存在困难。流通领域中银元减少，银价上涨，拉动了川滇青甘等省藏区的银元“西进”。

于是，若干寺庙及僧俗民众以朝佛布施为借口，采用各种交通工具，贩运金银入藏。银元西进，致使当地银元减少，价格上涨，与人民币比值增加，滋生出“黑市”，交易活跃。据甘孜有关部门调查：在康定货币“黑市”上，1952—1953 年，银元约低于银行牌价 1/3，仅 7 角左右（银行牌价是 1 元）；1954—1955 年，银元一般尚与人民币等价互换，黑市仅在 2%—3%间上下浮动。从 1956 年起，银元经常高过牌价 30%—50%，个别时段甚至达一两倍之多[②]。同样现象，在阿坝州、迪庆州以及青海、甘肃两省藏区也有类似表现。如甘南地区：

> 银元在我州（甘南州）之碌曲、玛曲及夏河等地一直公开和人民币同时流通，年来由于西藏银元比价大于甘南，且藏区交通日益便利，故银元大量进藏。不法商人投机倒把，扰乱金融，贩卖银元，甘南黑市一度曾涨到一元五至一元八角，不但影响市场物价波动，而且严重地损害了本币的威信。[③]

人民币与银元的比值下降，使得人民币的本币地位在流通中受到了影响，而且借此兑换银元、银锭或黄金，替代旧币的目的也难以实行。令政府担忧的还有，从 1956 年起，部分藏区的人民银行难以兑回银元，兑出则上升。如甘孜人民银行，“从甘孜银行

① “省民工委关于对甘孜自治州以寺庙、大藏商为主的私营商业资本逐步实行社会主义改造的初步意见”，1957 年 12 月 3 日，四川省档案馆藏，建川 001—1068。

②“甘孜州人委会财经党组关于我州禁止金银流通统一币制的意见”，1957 年 11 月 15 日，四川省档案馆藏，建川 012—142。

③ “甘肃省甘南州委关于禁止银元流通的意见”，1957 年 12 月 5 日，四川省档案馆藏，建川 001—1065。

的账面上看，1955 年兑入 108 万元，兑出 27 万元；1956 年兑入 18 万元，兑出 21 万元；1957 年上半年兑出 28 万元，兑入一个也没有”[①]等，人民币与银元兑换出入的不平衡现象持续加剧（参见下表）：

表 3：1950—1957 年 6 月甘孜州银元及黄金收兑情况表　　单位：元、两、%

	兑入数		兑出数	银元兑换差额			
	银　元	黄金	银　元	兑　入	%	兑　出	%
1950 年	3167	240. 450	1720	+ 1447	100		
1951 年	66710	1995. 2	46610	+ 20091	1388		
1952 年	1084672	2907. 341	651668	+ 433004	29924		
1953 年	1901140	446. 321	1421238	+ 479902	33165		
1954 年	924605	239. 637	1045892			—121287	—100
1955 年	1287228	483. 504	368439	+ 918789	63496		
1956 年	229088	476. 282	209409	+ 19679	1359		
1957 年		273. 970	312683			—312683	—258
合计	5496610	7062. 705	4057668	1438942			

注:1. 银元、人民币以元为单位，黄金以市两为单位。 2. 1957 年，银元系截至 9 月底数字，黄金系截至 10 月底数字；兑出数中不包括财政投入的 20 万元。

资料来源：四川省档案馆藏 1957 年 11 月 15 日甘孜州人委会财经党组“关于我州禁止金银流通统一币制的意见”。

典型者如甘孜县，1954 年该县人民银行兑入银元 31. 2 万元，1955 年兑入数较 1954 年下降 75. 1%；1956 年又较 1955 年下降 83. 6%；1957 年银元兑入绝迹，无人愿意用银元与银行兑换人民币。据甘孜州银行粗略估计，1955 年以来该州每年外流银元量在 300 万（元）以上[②]。

当然，甘孜州人民币与银元的兑换升降变化以及连带产生的相关后果，在阿坝、迪庆等藏区也有反映。如阿坝地区，“有的‘朝藏’的人，大量地携带黄金、白银入西藏抢购进口的消费品运往内地出售；同时，又在我州大量非法地以人民币黑市掉换黄金、白银或银元，或欺骗群众抢购酥油，致使白银黑市流行，破坏国家政策”等[③]。进入 1957 年，这种现象还在继续延展。如这年 11 月民族上层华尔功臣烈借庆祝宗喀巴诞辰的名义，请求政府调用汽车帮助他运输 22 万银元进入拉萨。其间，该州查理、色赤两个寺庙也向西藏地区运输银元 30 万元，等等。

其次，银币“西进”抑制人民币的流通，发展货币“黑市”，妨碍人民政府对货币、

① “四川省委关于银元大量流向西藏问题的请示”，1957 年 10 月 30 日，四川省档案馆藏，建川 001—818。本报告的数据与下引甘孜州银行的统计有些出入，主要是统计口径的差别。

② “关于对甘孜自治州以寺庙、大藏商为主的私营商业资本逐步实行社会主义改造的初步意见”，1957 年 12 月 3 日，四川省档案馆藏，建川 001—1068。

③ “阿坝州政协转报州人委群众反映建议第一号”，1957 年 11 月 5 日，四川省档案馆藏，建川 048—133。

商品的管控。

大量银元运进西藏地区，甘孜等藏区的银元兑入量下降，妨碍到人民币的替换与覆盖，激发货币“黑市”滋生或发展，私相交换，暗地流通。“人民币的流通范围受到阻碍，黑市贩运者逐渐增多，目前沿公路线的德格、甘孜、道孚、炉霍等，用银元进行不等价交易和调换者经常出现于市面，就康定县早已禁止金银流通的地区，历年来奸商也在继续进行暗中活动，携贩金银，近来则更加猖狂”①。由此而生的问题有，银元流入西藏后，刺激了走私行为的猖獗，大量外国商品非法流入，更猛烈冲击国内市场：

> 最近时期，外国货物由西藏流入内地各省区的情况日益严重。不仅青海、甘肃、四川、云南、新疆等省区的市场上出现了从西藏流入的大批外货，而且在北京、天津、上海、青岛、武汉、哈尔滨等大中城市也出现了这些货物。流入的外货主要有照相机、手表、自来水笔、刀片、打火机、尼龙牙刷、医药用品等等，从印度经由西藏贩运这些商品到各地出售的商人，逃避了关税和其他税款的征收，躲开了国家对外贸易的管理，获得暴利达几倍、几十倍不等。②

当时，各级政府部门之所以对商品流通实行严厉的管控，固然有强力计划经济的要求，实行有计划、按比例、指令性生产及销售，还在于借此对资本主义实行改造，将其转化为社会主义所有制，政治作用突出。因而，制止银元“西进”、在川滇藏区实现币制统一、确立人民币的法币地位，堵塞走私品，消除危害等，既是民主改革在藏区经济领域的要求，还有全国统一币制、确立人民币法定地位的特殊意义。

五、民众的要求与改革的需要

川滇等省藏区与西藏地区开展商贸活动、互通有无，僧俗大众的朝佛布施等，理所当然，应正确对待。不过，在两种政治管理、金融及商业体系之下，商贸活动等走了样、变了味，产生上述之种种后果，致使开展改革、实现改造，确立人民币的法定地位等种种努力难以实现。

银元“西进”及走私品“东入”，暗寓西藏地方利用开放的格局来影响或危害其他藏区金融及经济管理的负面效果，地方民族干部及群众均有反映，提出意见。如阿坝州政协代表披露该州“有的‘朝藏’的人，大量地携带黄金、白银入西藏抢购进口的消费品运往内地出售；同时，又在我州大量非法地以人民币黑市掉换黄金、白银或银元，欺骗群众抢购酥油，致使白银黑市流行，破坏国家政策”等，反映由此产生的恶果。1957年10月，该州政协代表提出的第一号提案就是要求人民政府“请对我州藏族人民‘朝藏’的有关事项制定适当的规定，以满足藏族人民宗教信仰的正当要求，避免违法事件

① “甘孜州人委会财经党组关于我州禁止金银流通统一币制的意见”，1957年11月15日，四川省档案馆藏，建川012—142。

② “中共中央关于严格管理货物经由西藏流入内地各省区的指示”，1957年11月4日，四川省档案馆藏，建川012—142。

发生”[①]。在第二号提案中，政协代表们更指出银元“西进”及暗地流通等的危害：

全国范围内，白银早已禁止流通，国家的合法货币是人民币。我州解放已七八年，全州人民正与全国人民一道，积极进行社会主义建设。但我州部分地区，现白银尚在流通，有的地区还以白银进行黑市交易，这是极不合理的现象。目前，尚发现有人将白银大量运出我州至其他地区抢购物资，违反国家的政策。白银流通、黑市交易的结果，对我州以及其他地区都造成了人民群众的损失，为奸商及其他不法分子造成空隙，欺骗群众，套购物资，严重地影响了物价。

政协代表们在提案中还希望有关部门重视其危害，禁止白银流通，取缔黑市交易，开展爱国主义教育，维护人民币的法定地位：

1.我州各人民银行坚决执行收兑白洋的办法，不与兑出。

2.禁止白银流通，取缔白银黑市交易。

3.加强缉私工作，发现以白银黑市交易者，予以没收。

4.对白银尚在流通的地区，加强人民群众的爱国守法教育，动员其将白银向银行兑换人民币，并拒绝白银交易。[②]

政协代表的第三号提案点出了银元“西进”的症结所在，要求禁止恢复封建剥削制度、保卫改革取得的成果。这三个提案内容联系密切，指出银元“西进”对民主改革的损害，反映了地方干部、积极分子及群众的心声。

同样要求与相关希望，在甘孜、迪庆等藏区也有反映，成为当地改革中必须正视的问题，必须着手解决。

六、采取措施，制止“西进”、“东流”

和平解放后，中央人民政府考虑西藏社会的实际，同意一切照旧、暂不改革，还表

① “阿坝州政协转报州人委群众反映建议第一号”，1957 年 11 月 5 日，四川省档案馆藏，建川 048—133。如 1957 年 3 月，索观瀛（原卓克基土司，时任阿坝州副州长）借朝圣为名，携带大洋数万元、黄金约 70 斤、珊瑚及酥油、药材等物品，装载两卡车运到拉萨〔建德·东周《索观瀛观》（马尔康县文史资料第 2 辑），1992 年〕。针对这类现象，该提案提出了 20 项对策，主要内容是：1. 为了照顾藏族人民的宗教信仰，如有请求“朝藏”者，应给与方便，批准前行；2.“朝藏”者所携带之白银，须有限制，上中层每人不得超过白洋 1000 元，群众每人不得超过 300 元（银锭按白洋计算），无论何人不得携带黄金，并不得请求政府代其兑换白洋；3.“朝藏”者不得由我州携带酥油出境，以照顾我州各族人民的生活需要；4.“朝藏”者不得携带枪支子弹，民族上中层干部，需要枪支子弹自卫者，须经有关机关批准后，可携带，自卫枪支子弹不得作他用，更不能以之掉换其他物资；5.“朝藏”一次，上中层时间不得超过 3 个月，人民群众不得超过 4 月（上中层在购买车票及生活方面比较人民群众容易得到照顾，故时间可稍短）；6.“朝藏”者动身之前，需向当地政府请假，请假时须将请假者姓名、年龄、同行人数、性别、年龄及所带白银、枪支的数目、请假时限等呈报清楚，经批准后，始可动身；7. 州一级机关民族干部请假“朝藏”统一由州人民委员会审核批准，其余请假“朝藏”者，均由各该县的人民委员会审核批准；8.“朝藏”批准机关给请假者以证明文件，文件上须注明请假者姓名、年龄、同行人数、性别、年龄及所带白银、枪支的数目，请假时限。无证明文件者，不得擅自“朝藏”。“朝藏”归来，应缴还证明文件；9. 不假私自“朝藏”与无证明文件前往“朝藏”者，沿途军警岗哨不得放行；10. 私自携带超过规定的白银、枪支或其他违禁的物品前往“朝藏”者，一经查出，得由当地政府没收，并缴销其证明文件，停止“朝藏”。我州各族人民均可检举揭发，对检举揭发者，要给予适当的奖励；11. 严禁民族干部及人民群众假借“朝藏”为名进行非法买卖以及进行违反国家法纪的违法行为，如违犯者，视情节轻重，依法处理；12. 证明文件不得转让、出租、出卖，否则追缴证明文件，停止“朝藏”，并对原持有证明文件者追查责任。

② “阿坝州政协转报州人委群众反映建议第二号”，1957 年 11 月 5 日，四川省档案馆藏，建川 048—133。

示“依据西藏的实际情况，逐步发展西藏的农牧工商业，改善人民生活”，因而藏钞继续发行及使用，银元亦允许流通。还因中央政府支持、支付干部工资或官兵津贴以及从事公路、建筑等而投入，银元价值提升、流通面扩大。

可是，西藏地方政府却大量印刷藏钞，到1955年其发行藏钞面值达6330万两。藏钞持续贬值，认可度下降，支付困难，流通梗阻，损害经济。迫于无奈，噶厦考虑停印并逐步废除藏钞，把银元作为过渡性货币，转至接受并流通人民币。1955年1月，达赖喇嘛与阿沛·阿旺晋美向中央政府提出：请中央财政提供400万银元交西藏地方政府兑换并收回藏钞，中央财政每年提供70万银元补助西藏地方解决赤字，西藏地方借助银元流通逐渐过渡到单一使用人民币。3月9日，国务院第七次全体会议审议研究后，在批复达赖喇嘛随行官员领导小组的报告中，提出停止印发藏钞、改编藏军等意见，周恩来代表中央政府同意了该项请求。

接着，中央政府向西藏地方投入了大量银元，资助噶厦兑换藏钞，降低赤字，缓解困难，发展经济等；在昌都地区，试行人民币与银元混合流通[①]，逐步确立人民币的本币地位，再将人民币推广到拉萨及其他地方。

尽管中央政府投入银元帮助西藏政府解决财政困难，借助银元的流通，逐渐过渡到使用人民币，实现人民币本币地位在全国（大陆）范围的确立，希望噶厦实现承诺，停止印刷及发行藏钞，但是，西藏地方政府仍反其道而行之，继续印制藏钞，还增加发行量，辜负了中央政府出资帮助其解决金融困难的用心。当然，这样的行为无疑加快了藏钞的贬值速度，给困难的经济再添困难，趋向恶化。1956年7月，西藏工委报请中央，提出了处理藏钞等的意见。中央指示“关于藏钞问题，方法上可以和缓些，尽量避免刺激上层和人民群众的民族感情，应当反复地同他们协商，说服他们按照国务院批复的精神停印、停发、停用藏钞”。邓小平在签发该文件时还加写：对这个问题可以多一点时间商谈；如果不能及时解决，拖一下也是可以的。[②]表明了慎重的态度，希望挽救西藏地方经济。

然而，银元不同于藏钞，是货币又是商品，其价值在含银量上能得到表现，被民众接受，有流通面。银元在西藏地方的流通，意味着噶厦承认其币制的价值与作用，若干寺庙及僧俗民众以朝佛名义，将内地藏区基本不流通且由人民银行兑入的银元等运入西藏；少数贵族、封建主再用这些银元走私外货，贩运入内地牟利，后果恶劣。前有说明，此略。

1957年春，中央明确西藏地区至少六年不改革，“大下马”，裁减部队、干部及工人等，只保留十余个点及维护川藏、青藏公路等，以爱国为标准，开展统战工作，做好团结。当然，政治的“大下马”，也涉及经济等工作的缓进，“西藏的经济建设、发展项目，根据西藏的需要定”[③]。银元只限于西藏地区流通，至于藏钞印发及使用与否，西

① 西藏自治区党史研究室编著《中国共产党西藏历史大事记》，中共党史出版社，2005年，第84页。
②《邓小平年谱》（1904—1974），中册，第1298页。
③《邓小平年谱》（1904—1974），中册，第1349页。

藏地方政府决定，后果自负[①]；在贸易方面，禁止走私货物流入内地，冲击国内市场，紊乱经济秩序。对此，西藏工委要求“对于经由西藏大量内流的外国货，必须设法防止。除了加强内部纪律教育、严禁非法贩卖以外，建议中央在青海、四川、云南与西藏的边境上设置必要的税卡，对外货课以高额税款，以期尽量减少内流”[②]，阻击大量银元贩入，等等。

10月25日，中央书记处会议讨论银元流入西藏、外国商品经西藏走私内地等问题，审议并通过中共中央《关于严格管理外国货物经由西藏流入各省区的指示》（草稿）和国务院《关于严格管理外国货物经由西藏流入各省区的暂行办法》（草稿）。会上邓小平指出：“中央规定西藏六年不进行民主改革，但对于经西藏的走私活动，我们如果不管，会影响四川、青海、云南、陕西、甘肃，以至新疆。公安部门要去检查，军队、公安、国家机关人员参与走私活动的，要严厉惩办。”[③]说明走私活动及银元流通对川滇等省藏区民主改革的影响，强调经济因素在改革中的重要性。

31日，政治局会议讨论并通过《关于严格管理外国货物经由西藏流入各省区的指示》，11月，该指示形成中央文件（中发（57）戌8字），下发相关各省及自治区，遵照执行。

在该指示中，中央阐述大量外国货物经西藏地区走私内地各省，造成银元大量流出，后果极其严重。据有关部门估计，仅1956年及1957年上半年，由西藏流到印度的银元在3000万元以上，而现在仍在非法流入。这些外流银元中绝大部分是中央政府的投入。国家之所以投入银元，是考虑西藏地区的现状，帮助其稳定金融、解困赤字，抵御卢比，作为资金，投入基建、发展经济。但是少数贵族及封建主却将这些银元挪用，走私商品，牟取暴利。“这些走私漏税、逃避管理、靠私货赚钱的人，归根到底的都是国家的钱。所有这些损公肥私、扰乱金融的行为，都是危害国家利益、破坏社会主义经济秩序的违法行为。如果不坚决地加以制止，不从各方面堵死这条门路，私之所在，情况还会发展，还会给国家造成更大的损害”。该指示还指出：

> 鉴于走私货物大量流入的情况，主要是藏族投机商人投机倒把所造成，因此要改变这种情况，就不可避免要同他们进行必要的经济斗争。自从西藏和平解放以来，一部分西藏上层人士在政治上和经济上都获得了很大的利益。特别是近几年来，公路修通了，交通比过去方便了，而国家对西藏的贸易一时还无法进行管理，在这种情况下，他们从商业贩运方面赚了很大一笔钱。今年3月，中央决定从1957年起，至少六年以内在西藏地区不进行民主改革，这是对西藏上层的一种政治上的让步。但是投机分子反而利用自己的特殊地位，更加猖狂地进行走私活

---

① 1957年8月3日，周恩来总理接见阿沛·阿旺晋美时，针对噶厦继续印发及使用藏钞，指出“这个问题，我们过去是急了一些，想收回。但是噶厦感觉藏钞在西藏还有影响，想再发行。阿沛说，要继续发行，就要破产。破产的危险并非没有。过去中央在西藏花了的银洋，一部分流到外国，一部分还在上层分子手中。因此要发行，那是噶厦自己的事情，我们不管，但有破产的危险，这要指出。如果要收回，那就要按照国务院过去提出的办法”。《周恩来总理和阿沛·阿旺晋美谈话纪要》，西藏自治区党史资料征集委员会编《平息西藏叛乱》，西藏人民出版社，1995年，第123页。

②《西藏工委关于今后西藏工作的决定》，1957年3月19日，西藏自治区党史资料征集委员会编《西藏的民主改革》，西藏人民出版社，1995年，第65页。

③《邓小平年谱》（1904—1997），下卷，第1399页。

动，损害国家利益。我们在政治上作必要的让步是完全正确的，但是我们的让步是有原则的。当他们的活动走出一定限度的时候，必须进行坚决的、必要的斗争，必须严格制止非法经济活动，使他们不得不遵守国家政策，服从国家领导。否则，不但对于国家经济是有害的，而且对于在西藏逐步创造民主改革的条件也是不利的。①

鉴于如此，有关部门必须严格管控经由西藏流入内地各省区的货物，坚决杜绝走私行为、禁止大量银元暗中流向西藏、禁止银元在各省藏区等流通，加强内地市场的管理及交通运输的控制，保持及发展西藏与内地各省的正当贸易以及处罚各种走私违法行为，等等②。至于寺庙及僧俗大众入藏朝佛布施需要的费用，经当地县级以上政府批准后，允许随身携带少量银元，但大量的银元必须交当地人民银行审查，允许是否汇至西藏，且要交一定数量的汇费，等等③。

需要说明的，该指示不仅要求川滇等省藏区禁止银元流通、限制借朝佛名义流向西藏，还规定有关部门在收购藏民的畜产品及其他产品时，一律支付人民币，不能再用银元或其他货币。当然，禁止银元流通、确立人民币法定地位，扩大使用面，还得继续推进及完成民主改革，改造旧体制，驱赶及替代旧货币，从经济层面实现改革的目的。

七、继续改革，改变旧的体制

表面观察，银元“西进”、外货东来，确与当时西藏地区的特殊社会形态有关，但更也与银元能否在川滇藏区、尤其是底层社会的流通密切联系，影响到人民币的法币地位是否确立。要解决这重要的金融问题，关键还在于继续开展民主改革，改变藏区旧的经济形态，才能确立人民币的法定地位，实现流通及支付。

根据中央的相关指示，四川省委研究了甘孜及阿坝藏区银元“西进”等问题，决定在改革中从商业入手，实行“前进”政策，“商业问题，大量白洋流西藏，又流印度；大量印英货流入内地。首先禁止使用白洋，不能换出去，来的收回。对西藏，政治上已宽了（即六年不改），经济上再下去对我更不利，因此应严。省委要求搞一个商业的方案。商业前进，粮食政策，禁止白洋，抵制外货”④。在流通领域禁止银元流通，发展及健全国营或集体商贸机构，必须用人民币收购或销售农副畜产品，以人民币结算或支付工商业等，确立并巩固人民币的法币地位，占领城乡及农牧地区。

在川滇各藏区，阿坝州、木里及平武等地虽存在一些问题，民族干部及群众多有反映，要求解决，因这些地区改革较早、各项工作推进较顺利，且不与西藏地区接壤，执行中央及省委的指示，禁止银元流通、管理进藏朝佛行为、加强人民币地位等较顺利。

---

① “中共中央关于严格管理货物经由西藏流入内地各省区的指示”，1957 年 11 月 4 日，四川省档案馆藏，建川 012—142。

②按照该文件的要求，处罚尺度以汉人重于藏人、军人和工作人员重于一般人为原则，拟作为样板，起到教育作用。这样做“就可以使我们在政治上处于主动地位，就可能警戒和教育其他的人”。

③ “中共中央关于严格管理货物经由西藏流入内地各省区的指示”，1957 年 11 月 4 日，四川省档案馆藏，建川 012—142。该指示由邓小平签发。

④ 《柳云工作日记》1957 年 10 月 25 日天宝书记传达省委的指示。

比较而言，与西藏接壤的甘孜州及迪庆州却是重点工作区，其中甘孜州则是重点之重点。为切实、有效执行中央及省委的相关指示，在研究形势后，甘孜州有关部门认为：

东北路地区叛乱已基本平息，民主改革已基本完成，基层政权已经或正在先后改造和建立，广大劳动人民的政治觉悟大大提高，国营商业机构正在扩大农村增设，物资销售正逐渐为我掌握，农村互助合作组织正在迅速发展，广大劳动人民拥护人民币，流通面正在迅速扩大，明令禁止银元在市场上讲价行使及私相买卖，建立单一的人民币市场，在 2/3 的地区已经基本上具备了条件。唯南路各县由于叛乱尚未平息，民改还在准备阶段，公路年底才能通达理塘，物资供应在一定的时期和一定的地区以及在一定的程度上还十分困难，公家单位为了有利于工作的开展，还必须在一定程度上投放部分银元，据此目前要在全州明令禁止银元行使的条件尚不具备。①

尽管这些各种困难仍继续存在，但东北部地区已完成改革，社会条件已经具备，中央及省委的指示必须坚决执行；否则，不能促进生产的发展、抵制英印商品的充斥，也难以建立统一人民币市场，健全及延伸国营或集体商业机构，稳定物价，发展生产，改善民众的生活，完成民主改革的任务。

基于如此，甘孜州委决定以“控制投放，限制使用，严禁贩运，杜绝外流”为第一步工作的内容，总的原则是：各地政府要坚决执行“严禁贩运、杜绝外流”的规定，运输部门等不得再给私人承运银元，堵塞运输环节中“漏洞”，制止银元“西进”。康定、道孚、甘孜、雅江等东北路的各县银行贯彻“只兑进不兑出”的要求，一律用人民币收购所有农畜产品；各级各类单位的工资或津贴必须使用人民币，不得再放银元。南路的巴塘、理塘、乡城等县及北路的色达、石渠等牧区，虽暂未改革，但必须控制银元的投放及使用，用于支持改革、平息叛乱的购买物资、驮运费用以及必要的伙食及差旅费；至于干部工资及民兵津贴等，一律用人民币支付。

为有效控制银元流通，还得从加工行业入手，甘孜州政府饬令各地私人银楼业、银匠或停止对外经营、加工代铸，或为国营、集体商业加工订货，实行社会主义改造，或转向其他行业，等等②。

当然，要切实确立人民币的法定地位，杜绝银元等流通及西运，关键之处还在于开展民主改革，改变旧的所有制形态；建立及健全基层政权，实现对底层社会的管理；完成土地改革，互助合作，用人民币计酬或结算；建设及发展各级人民银行，强化人民币的本币地位；逐步改善乡村的运输条件，保证物资供应，发展及延伸国营或集体商贸体系，占领基层，以人民币为中介，贸易交换；加强市场的管理，实行资金登记，颁发营业执照，调整城乡商品差价，严禁非法套购，等等。因而，伴随而来的是，根据中央的要求，有关部门采取第二步的工作：封锁金沙江渡口，阻截叛乱分子逃跑及银元“西进”

① “甘孜州人委会财经党组关于我州禁止金银流通统一币制的意见”，1957 年 11 月 15 日，四川省档案馆藏，建川 012—142。

② “甘孜州人委会财经党组关于我州禁止金银流通统一币制的意见”，1957 年 11 月 15 日；“甘孜州委关于贯彻中共中央对四川等省禁止银元流通统一使用人民币的指示的具体执行意见”，12 月 17 日；“甘孜州委关于贯彻中央‘严格管理外国货物经由西藏地区流入内地各省区的指示’的具体执行意见”，12 月 20 日，四川省档案馆藏，建川 012—142。

通道；采取人民战争的方式，平息康南地区的叛乱，开展改革，摧毁封建制度；接着，解放军挥师北上，平息色达、石渠等地叛乱，牧区开展改革，实现改造，控制底层。

到1958年下半年，伴随民主改革的深入，甘孜州已全面禁止银元、黄金等的流通，银元“西进”之路基本被控制，人民币作为法定货币，行使城镇、乡村及牧区，建立并加强对城乡市场的管理，藏区“资本主义”受到抑制，接受改造，改革的目的基本达到。

需要说明的是，在川滇藏区，能够大量运输银元及走私外货者，基本上不是个人而是寺庙，而且是大型的藏传佛教格鲁派寺庙。据调查，在甘孜州400余个寺庙中，从事长途商贸的寺庙有173个，资金总额1800万余元（银元），占全州私人商业总金额的72%。其中资金在50万元以上的寺庙有9个，资金总额1596万元，占寺庙总金额的88.7%、全州私人商业总金额的63.8%[①]。这些寺庙又与长途贩运、辗转牟利的大商业密切联系，因而要解决这些问题，必须高度正视，采取切实可行的措施，对寺庙制度实施改革。关于这个问题，另文阐述，此略。

当然，对于部分寺庙及僧俗民众到西藏地区朝佛布施等行为，各级政府未加以制止，只是限制携带的银元（含黄金）数量及使用的方向。僧俗民众允许随身携带少量银元，用于路途的运输、食宿或布施；大宗金银等必须由银行转账，收取手续费。除了解情况外，亦能控制流向，制止个别人持此银元走私外货贩入内地销售等。换言之，在确保宗教信仰自由，保护正当的宗教行为基础上，对银元等加以监控。这也是国家行使经济自主权的行为，管理货币，监控运行。

然而，噶厦仍继续印刷及发行藏钞，量多值贬，持续加剧了西藏地区的经济困难、社会不稳；银元虽系硬通货，因流通受限，只能停滞拉萨等地或被少数人拎在手中，难以消化，产生或增加价值；过去，贵族或封建主等曾借此走私外货、转手贸易得到的巨额价差因封锁道路、制止走私而丧失。那些贵族、封建主等僧俗上层已经“放大”的利益是否受到了损害？1959年3月拉萨地区爆发的大规模武装叛乱与他们的支持有何关系？[②]有继续研究的必要。

（秦和平，男，1952年生，西南民族大学民族研究院教授。成都：610041）

① “省民工委关于对甘孜自治州以寺庙、大藏商为主的私营商业资本逐步实行社会主义改造的初步意见”，1957年12月3日，四川省档案馆藏，建川001—1068。当时估计，甘孜州从事商业经营的总资金约2500万余元，除寺庙拥有1800万余元外，所余700万元分散在1387户（人）藏汉坐商或行商手中。

② 据阿沛·阿旺晋美回忆，1957年8月周恩来总理与之交谈时说：“不改革，民族不能繁荣，社会不能进步，人民生活得不到改善。人民不会赞成永远不改。中央用在西藏的银元落在上层人士、商人等少部分手中的有4000多万元。因为社会没有改革，中央给西藏的帮助很难使劳动人民得到好处。”这段话说明，西藏人民没有得到中央政府给予的实惠，人民有怨气，要求改革；贵族、商人控制了数千万银元，难以产生效应，也不会满意，肯定会反对的。阿沛·阿旺晋美：《功垂青史风范永存》，西藏自治区党史办公室编《周恩来与西藏》，中国藏学出版社，1998年，第279页。

边疆民族史中民族词语转写特议

——清太祖、清太宗个人称谓同名异书现状中反映出的学术课题

[美]贾 宁

内容提要：本文归纳在书写清太祖和清太宗个人称谓中出现的同名异书之纷纭现状，汇集中外满族、蒙古、清代历史文献及历史研究诸领域中领衔学者观点，介绍各种不同转写的民族语言和文献根据，讨论两称谓书写中多种转写的学术基础，指出跨民族语言介入两称谓转写之复杂现象对今后有关学术研究的启迪。

以西方文字撰写清史、满族史，并阅读已是芸芸众多的相关著作时，作者和读者目前都面临如何处理或理解清太祖、清太宗个人称谓中多种转音（transcriptions）、转写（transliterations）和罗马字母标音（Romanization）的特殊问题。清太祖个人称谓的西文转写分见于Nurgaci（努尔噶齐），Nurhaci（努尔哈齐）和Nurhachi（努尔哈赤）三种。清太宗皇太极的转写更异别于Hung Taiji, Hong Taiji, Hung Tayiji, Hong Tayiji, Hūwang Tai Ji/Hūwangtaiji 和Qung taiji诸种。转写差异之现象，不仅在使用拼音文字的西方，也在汉语著述中时有表现。例如，《王钟翰清史论集》用“努尔哈齐”(nurhaci)，不取“努尔哈赤”(nurhachi)；[①] 阎崇年《努尔哈赤传》亦在开篇《前言》中首先讨论清太祖三种转写。[②] 故太祖的三种转写问题，亦包括于重要汉文专著视线之内。在清史、满族史、早期满蒙关系史以及东北边疆史日益发展的今天，著述者在下笔前都应该对太祖的三种转写、太宗的多种转写思及来源，虑其定择。然目前基于学术研讨的转写指导还未建立，现存转写“派别”之间的来龙去脉还无集合性的对比和解释，对于转写选择归向何方的问题还缺乏学术理解的基础。本文以梳理众多专著中同名异书之纷繁现状为务，以期澄清各种转写之学术依据。

探讨太祖、太宗称谓转写，突出着民族语言和跨民族语言及其各民族文献史料的重要地位。由历史成因所定，1599年创制的满文深受蒙古文影响，密切的满蒙关系又导致早期记载满族历史之原始资料既见于满文文献，亦见于蒙古文文献。集满学、蒙古学双学，对太祖、太宗时期的语言和历史同考并察，是澄清或证实某一转音、转写之必途，另外还要参考汉文献记载和通行用法。换而言之，太祖、太宗称谓转写的审定和辩证，先基于民族语言纪录的“原本正宗，”再又超越语言本身而导入多民族原始资料互相关

① 见《王钟翰清史论集》，中华书局，2004，“满族先世的发祥地问题”，第17—40页；和“满族在努尔哈齐时代的社会经济形态”，第72—110页。

② 阎崇年：《努尔哈赤传》，北京出版社，1983，前言，第2页。

联之精深。双项难度，造成在世界性清史强势发展三十余年后的今天，对两位满族、清史奠基人个人称谓书写这样开端性细节，还众书不一。

近一二十年，中西方学者对太祖太宗个人称谓同名异书之状况总体上有意识而学术上未深究。某些专著择定转写现象的背后，闪现着众学人对民族语言和民族史料的应用和考虑，但未对如此考虑专题化关注。在这种大背景下，偶有学者视其题重大，专著而论，如哈佛大学博士、现任职于台湾中正大学满洲研究室的甘德星教授(Tak-sing Kam)，早在 1999 年就发表了“The Romanization of the early Manchu regnal names”（早期满族皇室成员称谓的罗马标音）一文。① 但此力作后的学术界还在等待更广泛的学术共鸣和群体范围专项研讨的到来。就目前状况而言，或说太祖太宗个人称谓的转写定位是一项颇受冷落的重型课题，言非为过。美国哈佛大学欧立德教授在 2011 年已指出满文在清史研究中逐步成为“研究语言”的地位。② 把转写当作研究语言对待，转写选择便不是轻可拈来的书写问题，而应该是有考有证的学术议题了。如下讨论希望对此议题提供共同关注的平台和有可能共同探讨的起点。

本文倡议提高对清太祖和清太宗个人称谓转写的综合学术理解，发掘此转写中包含的语言学、历史学和民族学的综合学术意义，并以此拓展与民族、边疆研究有关的学科发展，例如历史语言学，跨民族历史语言学，语言学与民族史，等等。为此目的，作者以电子邮件交流方式，专访此领域数位世界资深学者，汇其长年研究之灼见，并总其目前发表与未发表之最高成果。虽苟于各种条件限制而未能包括全球所有学术精英，目前所取或已不乏为梳理此专题开道。

由于满、蒙，汉各民族语言本身书写的特殊性，各语言互相对应时产生的音变性，各民族文献在不同历史阶段纪录上的变化性以及某转音在大众通用时的口碑性，上述同名异书的每一种转写都可以找到它存在的实在根据和原因，非以对错判曲直所能结论之。故在各种“根据”中探讨太祖太宗称谓转写的同名异书，此文求开先河而不定一家之言，旨在把民族和边疆研究中的一个特有领域突出关注，把繁散的现状条理阐明，并提供世界范围的现状综述。

本文除引用已发表的中西著述之外，由电子邮件访谈而贡献此文的各国学者以姓氏字母为序如下：

—Darijab Bao，中央民族大学历史文化学院蒙古史、满族史教授达力扎布

—Borjigidai Oyunbilig，中国人民大学国学院西域历史语言研究所蒙古学教授，中国人民大学清史研究所满文文献研究中心主任乌云毕力格

—Buyandelger，内蒙古大学蒙古史研究所蒙古史、元史以及蒙元史文献学教授宝音德力根

—Pamela Crossley，美国达特茅斯学院历史系清史、满族史教授柯娇燕

—Nicola Di Cosmo，美国普林斯顿高等研究院历史学院研究员狄宇宙

① Studia Orientalia 8, Helsinki 1999, 133-148.

② Mark C. Elliott, “The Manchu-language archives of the Qing dynasty and the origins of the palace memorial system” in *Late Imperial China* 22:1(June 2001):1-70.

—Michael Weiers，德国波恩大学蒙古、满族语言历史教授迈克·维尔

诸位学者的见解经贡献者本人同意、并通读初稿认可后定稿于此文，文中所标日期为电子邮件接受日期。①

清太祖

Nurgaci 说

精通满文和早期满文文献的甘德星教授所著 “The Romanization of the early Manchu regnal names” 一文，为讨论此专题必读之作。此文提供满文《玉牒》原页，展示 Nurgaci 之纪录，又以十六页篇幅的翔实论证，并对直至 1999 年此文发表之际西方对诸种转音和有关的讨论细致地评判。甘教授另有网站载文，再提供满汉合璧之《满洲实录》上实页记载 Nurgaci 之证据，其结论为“其实，老满文档案中早已有 Nurγ aci 的写法。满汉合璧《满洲实录》中覆盖太祖满文御名的黄签下明确写作 Nurγ aci，共计二处。合璧本中也有写作 Nurxaci 的，不过仅一处。这是受口语我手写我口影响的结果。清代玉牒 Xan-i uqsun-i ejenhe/ioi diyei 乃帝王谱系的权威记载。玉牒中太祖满文御名清楚记作 Nurγ aci，可证满汉合璧本中的 Nurxaci 乃笔误无疑。”②

《满汉大辞典》（辽宁人民出版社，1993）在 1146 页“清代帝讳表”中所列清太祖满文名如转写，则只能是 Nurgaci。此辞典主编安双成教授，通审关嘉禄教授及其所有编委会成员都是满语过硬、长年伏案于满文档案中的一流学者，其学术成果高度可信。

根据甘德星教授介绍，当今美国清史、满族史著名学者柯娇燕是长期以来一直使用 Nurgaci 的美国学者，其他某些重要学者对太祖、太宗的转写选择也受到她的影响。③ Nurgaci 转写的使用还可以追溯到美国满语文专家罗杰瑞（Jerry Norman）早在上世纪 50 年代的著述。再深追下去则是匈牙利语言学家 Louis Ligeti 和德国语言学家 Erich Hauer。④ 柯娇燕本人在电子邮件交流中表示，对于 Nurgaci 不是唯一转写的事实，我们最好遵从有文献纪录的转写，例如《玉牒》的纪录，那就是 Nurgaci 。(2013 年 2 月 17,3 月 2 - 3 日)。

Nurhaci 说

宝音德力根教授从满文与蒙古文历史关系的角度探讨清太祖名字的转音，他写道：关于努尔哈赤名字的满文转写，首先应遵循满语发音，其次要了解满文是根据 16 世纪末 17 世纪初通行的蒙古文创制，并蒙古文书写和读音可能对这个词的准确读音和转写产生影响这一事实。关于 nurgaci，“哈”音节只能读 ha，而且满文没有对应蒙古语 q 辅音的音位，故只能用 k 辅音代替。ga 这种音写可能受了老满文字型影响。简而言之，老满文 ha 音节前的两个识点源自蒙古文识点，而在满文创制时代这两个识点并不表示

① 作者对诸位贡献学人于此项研讨的大力支持深表感谢。与此文同时刊出的英文文章在对访谈者的引用上完全一致，而两文在讨论主题时作者的书写文字并非对号翻译。

② 见 http://ccumanchustudies.blogspot.com/2012/04/blog-post.html. 查于 2012 年七月。

③ 见 http://ccumanchustudies.blogspot.com/2012/04/blog-post.html.

④ Kam, “The Romanization of the early Manchu regnal names,” Studia Orientalia 8, 135.

读音，只表示这里有蒙古字型的三个 ara（牙 齿）。人们用现代蒙古语习惯或者是新满文圈点原则，将 ha 音节读作了 ga。这样，正确的音写就只剩 nurhaci 了。（2012 年 11 月 17 日）

达力扎布教授从汉文史料的角度指出，在明代汉文史籍中多记清太祖的名字为“奴儿哈赤”，《清太祖武皇帝实录》中记作“弩儿哈奇”。王锺翰先生坚持不用“努尔哈赤”而用“努尔哈齐”，认为“齐”字与满文原文 ci 相合。（2012 年 11 月 17 日）

在西方文字的著作中，Nurhaci 是最常见的转写法。美国学者狄宇宙虽然认可 Nurhaci 有被转写为 Nurgaci 的理由，但他本人著作中都使用 Nurhaci。德国的迈克·维尔教授对此转写提供了语言学角度的讨论，是欧洲学者的代言人。他指出罗马字母标音时有转写和转音之别。转写是由蒙古学专业研究者基于国际音标标准和学术标准所建立的字母书写方法。转音则由汉学专业研究者基于韦氏音标或拼音系统建立，立足于字母的拼读。17 世纪以后的文献和字典中，由维文所创之蒙文记录的清太祖之名被 N. Poppe 转写为 *Nurγači* 和 *Nurqači*，相应的英文转音则是 *Nurghachi* 和 *Nurkhachi*。满文中的 Nurkhăcā Nurgaci 在记载中很难见到，转音则成为 Nurgaci. 以后 Nurhăcā Nurhaci，转音为 Nurhaci，是为通常的写法。（2012 年 10 月 15 日）

甘德星教授在文中也讲到转写和转音之别和他论证清太祖、清太宗称谓的原则。他指出，转写是对单词以字母对字母的拼写，单词的罗马标音能拼还到单词自身原形。转音是对单词的发音。如果我们注重的是拼写法而非发音学，转写则优于转音。[①]

乌云毕力格教授的观点有语言上，文献记载上，和转音、转写历史变化过程诸方面的总结性。他认为努尔哈赤名字的 nurgaci 转写与早期满文有关，但是与其读音有关还是写形有关，暂不能断言。直到康熙时期的清初文献中都有 h 和 g 相混淆的例证，比如 uthai 作 utgai，等等。但这个现象涉及的是满文语音变化的问题（即 h 早期可能读 g），还是满文文字习惯（因为满文来自蒙古文，早期蒙古文的 q 和 g 形同）的问题，或者是满语方言问题，目前都很难说。必须注意的是，清初的汉文文献都把努尔哈赤的名字写成努尔哈奇或者努尔哈赤（赤读 qi），没有写成类似努尔噶赤的地方。这说明，就在当时，满文无论怎么写，满语里的发音应该还是 nurhaci，他同时期的人不会叫错、拼错他的名字，因为努尔哈赤不同于一个无名小辈，他名震东北亚、蒙古高原和中原内地，从辽东汉地到明朝朝野上下谁不知此人！而且，当时人们不是在某文书上去读这个名字，而是在实际生活中天天在议论此人，所以在汉语里绝无讹传的可能。现在人如按某时期满文写法拼写为 nurgaci，那就属于误读了。（2013 年 1 月 21 日）

Nurgaci 与 **Nurhaci** 互换说

达力扎布教授详细论证道，《满洲实录》中将太祖之弟舒尔哈齐写作Šurgaci，对应的蒙古文为Šurγači（亦可读šurqači），雅尔哈齐为 Yargaci，可作为新满文中将努尔哈齐之名写作 Nurgaci 之旁证。不过其异母弟穆尔哈齐之名却写作 Murhaci，对应蒙古文

① Kam, “The Romanization of the early Manchu regnal names,” *Studia Orientalia* 8, 134.

是 Murγ ači 或 Murqači。据《清初内国史院档》记载，努尔哈齐兄弟的名字是：Nurgaci，Si（Ši）urgaci，Yargaci，Murgaci，亦可读为 Nurhaci，Si（Ši）urhaci，Yarhaci，Murhaci。老满文是用蒙古文字母拼写的，蒙古文γ a 无识点，从字形上无法分辨γ a 和 qa，老满文也无识点，同样也无法区分 ga 与 ha 以及 ka。《满洲实录》的底本是崇德年间编撰的《清太祖武皇帝实录》，于乾隆年间从老满文改写为新满文，《满洲实录》中努尔哈齐兄弟的名字显然是由乾隆年间的改写者后改的。《玉牒》始修于顺治十八年，也是清军入关后的史料，亦应本之于《内国史院档》等满文原档。清军入关前的汉文史料中，明朝人将清太祖名字译为“奴儿哈赤”（《建州纪程图记》、《万历武功录》）、清朝人译为“弩儿哈奇”（《清太祖武皇帝实录》），读音皆为 Nurhaci。而新满文的读音与早期汉文音译不相同。这或许是老满文改新满文时造成的，或为汉语音译不精确所致。由于掌握资料有限，目前难以断定问题出在哪里，有待进一步研究。总之，目前依据新满文的字形转写为 Nurgaci 或依汉文音译转写为 Nurhaci 各有所据。（2012 年 11 月 20 日）

美国欧亚大陆研究和中国清史、边疆史研究资深学者狄宇宙在本人著作中均使用 Nurhaci，但也同样评论到，太祖的三个弟弟被记载为Šurgaci，Yargaci 和 Murgaci。因蒙古语中“g”的发音实际在 g 与 h 之间，所以 Nurhaci 有被转写为 Nurgaci 的理由。他本人选择 h 主要是考虑 ha 最符合汉文转音中的“哈”字，如果是 ga，则需用另一个汉字。（2013 年 2 月 10 日）。

迈克·维尔教授指出，早先 H. C. von der Gabelentz, Paul Georg von Möllendorff 和 Erich Hauer 都曾使用过 Nurgaci 和 Nurhaci 两种转写。（2012 年 10 月 15 日）甘德星教授虽然坚持 Nurhaci，也同时注意到 Erich Hauer 的观点，“Nurgaci 是先于 Nurhaci 的同一词”。①

Nurhachi 说

阎崇年教授《努尔哈赤传》前言中对清太祖名三种转写的讨论指出了他随汉文使用努尔哈赤的道理。他指出，在满文《玉牒》中纪录的清太祖之名，罗马字母转写后是 nurgaci，“一般写作 nurhaci”。“nurgaci 或 nurhaci 一词，不见于《满文老档》。在满文体《满洲实录》中，清太祖的名字被贴签。经查检贴签之下为空白。清史界有人认为，清太祖起名时尚无满文，而用蒙古文，其名字或为蒙古文。据查蒙古文中找不到它的含义”。“Nurhaci”之名，“如由维吾尔语经蒙古语而被满语所吸收，那么在满语中应当出现这一语汇。但是，在女真文和满文中均未见 nurhaci 一词”。再看汉文史料，“在《明神宗实录》中称其为‘奴儿哈赤’。在我国东北方言中，‘齐’与‘赤’音同，满文体 nurhaci 应译作努尔哈齐，现从习惯，仍称努尔哈赤”。② 这种论证和选择，提供了“有意识学术性选择”的实例，即在通晓各个不同转音、转写之出处、渊源的基础上，择定适合自己著述和读者的转写方式。

甘德星教授在文章中举例，“舌根音和擦音在口语中常常出现，今天的东北话还是

① Kam, “The Romanization of the early Manchu regnal names,” *Studia Orientalia* 8, 135.

② 阎崇年：《努尔哈赤传》，前言，第 2 页。

如此。”至于在书写当中，三种情况出现不同文献中。一，汉文版 1596 年太祖写给朝鲜的信函中自称努尔哈赤。二，汉文各类史料，包括汉文版《玉牒》，都纪录太祖为努尔哈赤。三，尽管满文《玉牒》记太祖为努尔噶赤，随读音记下的汉文书写均为努尔哈赤。[①]由阎崇年和甘德星两教授的讨论观之，拉丁转写汉文“努尔哈赤”的 Nurhachi 有它存在的理由。

宝音德力根教授从历史蒙古文和历史汉文的角度指出，nurhachi 的写法是把蒙古文 ci 误读为 chi，把汉译“赤”按现代汉语读作了 chi。“赤”的清初以前的读音就是 ci。（2012 年 11 月 17 日）。如前所引，乌云毕力格教授从文献角度总结，“清初的汉文文献（不包括乾隆后进行改动的）都把努的名字写成哈奇或者哈赤（赤读 qi）”。（2013 年 1 月 21 日）。

清太宗

尽管“太宗之名远非其父之名深奥”，[②] 现存诸种专著中的多样转写仍然令人眩目。

甘德星教授基于对满文《玉牒》和多种清代发表的满文字典和辞书的研究，得出 Hong Tayiji 为正确转写的结论。[③] 这种转写方式在目前的西文专著中还不多见。对于使用相对较多的 Hong Taiji 和 Hung Taiji，甘德星教授的评论 *hong/hung* 是否来自汉文的“皇”还在争议中，但 taiji/tayiji 从蒙文借用已无可非议，可追源于汉文之“太子”。[④]

《满汉大词典》“清代帝讳表”中皇太极的满字，转写后应为 Hūwang Tai Ji. 如前所述，这应该是诸位编者、通审从长期从事满文档案和文献的知识所来。乌云毕力格教授丰富的各类满文历史文献阅历证实了这种转写法的正确：“我看到的大部分的满文都是 Hūwang Taiji, 在蒙古文里则也有 Qung Tayiji 一类的写法。”（2013 年 1 月 11 日）。甘德星教授把这种转写解释为入主中原后受汉文影响所产生的满文拼写。[⑤]柯娇燕教授则指出此后形成之写法明显地是 17、18 世纪所为（2013 年 1 月 11 日）。然而，这种转写在西方文字的著作中除有专业学者稍加提及外，可能只有本人在德国近期发表的“清代前期理藩院与多元人口管理（1636－1795）”一文中缩写为 Hūwangtaiji 专文使用。[⑥] 选择此转写的目的是让此转写法受到学界的注意。

宝音德力根教授从 17 世纪蒙古语言学角度提出看法：正确的满文转写无疑是 Hong Tayiji，蒙古文则为 Qong taiyji (qong taiyiji). 这个名字来源于汉语皇太子，但不是满人直接借自汉人，而是通过蒙古。努尔哈赤为四子起名时并不知此名含义，故皇太极对莽古儿泰（这个名字是“出自蒙古”之意）说：“家父不知吾名之意，然竟取‘皇太子’为吾名，岂非天意”。皇字古音 qong（满文转写 hong），而不是今天的 huang。17 世

① Kam, “The Romanization of the early Manchu regnal names,” *Studia Orientalia* 8, 136.

② Kam, “The Romanization of the early Manchu regnal names,” *Studia Orientalia* 8, 137.

③ Kam, “The Romanization of the early Manchu regnal names,” *Studia Orientalia* 8, 141.

④ Kam, “The Romanization of the early Manchu regnal names,” *Studia Orientalia* 8, 137.

⑤ Kam, “The Romanization of the early Manchu regnal names,” *Studia Orientalia* 8, 137.

⑥ 见 Max-Planck-Institut für ethnologische Forschung, Working Paper 139, June 2012, http://www.eth.mpg.de/cms/de/publications/working_papers/wp0139.html.

纪初满蒙文文书皇太极名作 qong tayiji，满蒙文写法完全相同。只是到了康熙朝，不顾传统，用满人的错误发音拼写为 huang taiyji。直到今天标准汉语北京话，仍错读“皇”为 huang。（2013 年 2 月 23 日）

在欧洲学者中，迈克·维尔教授的看法令人瞩目，简括如下。Hung, Hong, Hūwang 不见于蒙文和满文而借于汉文的“皇”字，这从蒙文和满文的立场说是书写外来语，从语言学角度讲是把非拼音文字的汉字转为拼音的满、蒙文字，转写时不可能百分之百与汉语发音吻合，且如何书写并无一定之规，造成了有蒙语化了的书写和满语化了的书写之差。每个语种各自在不同历史时期的文献记载中转写又会不同（具体差异之处请看英文稿）。要把如此转化了的满、蒙书写再用西方语言体现，必须使用用罗马字母标音(Romanization)，而非直接转音(transcription)。同样由于无一定之规，罗马标音的书写也出现差异。这种复杂的语言互渗和使用背景，使得如今确立皇太极满文转音无标准可寻。(2012 年 11 月 19 日)

研究法的总结

迈克·维尔教授总结道，太祖、太宗称谓转写的整个问题围绕如下几点。第一，遵从满蒙文的书写还是遵从发音。第二，遵从文献语言学的实践部分（即识别文献类别和种类），还是遵从文献语言学的理论部分（即基于文献类别而识别文献类型），或是遵从文献语言学的音域。第三，是借用另一种语言的整个词汇，还是借用部分，或是借用词根。第四，考虑民族语言学①中的“互渗系统”，包括历史过程中的语言互渗，不同地域方言间的语言互渗，不同社会群体间的语言互渗，和不同音域类型间的语言互渗。这些语言学上的研究法是科学探讨太祖、太宗称谓转写问题的工具。但使用这些研究法还并没解决问题，但无论如何，它们是有帮助的。（2013 年 2 月 11 日）

柯骄燕教授提醒我们，清代对满文的规范是一个过程，在这个过程中不断有对早期满文的改动。早期满文作为语言本身是自然的，而后世对满文进行规范时的很多改动则是人为的。就太祖的名字来说，我们尤其要注重他所处时代的满文满语，而非后世规范过的满文满语。就目前英文专著中的学术转写问题，我们应该意识到学术转写本身寻求的是精确性，而在历史上规范满文的文化过程中经历的变化使精确性在这个特例中难以成例。故我们探讨太祖、太宗名称的转写问题，不追求哪个答案对或不对，而是在研究每一种答案在语言本身和语言变化中自身的合理性。她还强调，对历史学家来说，转写问题的涉及和语言学家不同，如何书写太祖太宗的名字不很重要，因为人们知道我们说的是谁。身份模糊人的名称转写是更重要的。（2013 年 3 月 2－3 日）

转写探索中启迪的思考

本文的起始点，不过是想用一张纸不到的空间，简要归纳清太祖、清太宗名字的诸种写法，以助手中的一项写作。不料迈入调查的第一刻，便感知澄清诸种转写之来龙去

① 西方“民族语言学”（Ethnolinguistics ）把语言作为文化的一部分来研究，特别注重语言对文化的影响或文化对语言的影响。

脉的学术层次非同小可，在似乎“越理越乱”的过程中，又不断思考到与此题关联的学术问题。于是，取代简单归纳之初衷，以目前信息技术提供的条件走向世界，联络学斗，集合众智，总结现状，为满、蒙文历史题材的转写建立“有意识学术性选择”的方向呼吁，便导致此文的产生。

希望上述梳理概要，回答了人们在清史、满族史阅读和写作时或在脑海中一闪而过或愿意继续深究的问题：“为什么清太祖、清太宗之名在西方著作中会有如此众多的不同写法？”“难道领衔学者们找不出能统一书写如此重要人物的常规？”此文虽提供“怪哉，惑哉”的基本原因和来龙去脉，但并不一锤定音于某种转写。目前世界范围的清史、满族史研究的发展水平，要求专业学者进入高层次的转写选择，其受益之处可见于下。一，尽管很多学者的研究专题不需要直接使用清代初期满文史料，或不需要探讨 16、17 世纪记载与满族有关的蒙文史料， 或某些研究专题甚至不需要汉文献以外的文字史料，满族史和清史领域的学者仍然需要经常使用太祖、太宗之名，需要知晓中、外专著中不同转写的原因。二，虽然使用汉语写作的学者对满、蒙文转写异同的敏感度不会像使用西方文字立著的学者那么明显，在阅读和引用西方专著、特别是有机会参与世界性的学术活动并参与西文著述时，也会和以西方文字著述的学者面临同样的问题，需要转写、转音、罗马标音的知识。三，处在此专业中心的学者，无论从时间段上，还是语言文献的使用上，或是专题的要求上都要直接涉及满、蒙、汉，甚至朝鲜文的转写，更是需要发展群体性关注，把此议题当作一项专业来发展，出现更多类似甘德星教授科研式的专题著述。

与很多学术专题不同，把清太祖、太宗称谓的转写规范到有共识定论的程度，是无日可待的现实。本文的梳理对今后的转写选择提出如下建议和考虑。一，著述者的研究语言是满族历史某阶段的满文，还是跨历史阶段的满文或同时期的蒙文，并是否考虑同时期的汉文或朝鲜文记载。二，如果需要对某种转写进行评判，著述者的学术身份则很重要。是以语言学家身份，还是以民族史学家身份，或是语言学历史学结合研究的双重身份从事专题研究，都会使各自的评判持有不同的倾向，甚至不同的结果。三，研究者的满学、蒙古学、清史的各自侧重，又会在选择上呈现差异。面对这种现状，每位研究者要根据题目要求的文献语言或跨语言文献的使用而决定转写的选择，各转写混合使用的现实还必然会继续。不仅一本专著一种转写的现象会继续，一本专著多种转写的现实也会再现。狄宇宙主编的《剑桥内亚大陆史：成吉思汗时代及其后代》就是一本专著多种转写的实例，两位贡献学者分别使用了 Hong Taiji 和 Hung Tayiji 两种转写。[①] 但无论上述何种情况，“有意识学术性选择”而不是无思考的随意拿取，应该是共同的出发点和培养学术新一代的知识点。希望此文提供的概要对各种情况都有帮助。

清代满族太祖、太宗人名称谓的转音转写学术概要提示我们，要推进有如满族、清史这样的边疆史和民族史研究的发展，一些著述颇丰的学术领域还有原始起点的重大课题需要从基本处入手，从一手史料起步去探讨。由于民族、边疆历史课题的跨语言特点，

① *The Cambridge History of Inner Asia: The Chinggisid* Age. Edited by Nicola Di Cosmo, Allen J. Frank, and Peter B. Golden. Cambridge University Press, 2009, index 472-3.

深入民族历史语言，挖掘多民族史料，是检选课题，深化学术的关键。由于清太祖、太宗人名转写反映出的议题与其他某些中国边疆民族专题研究中民族语言、民族文献与民族历史盘根交错的各例互通有无，详细观察和了解清太祖、太宗人名转音、转写和罗马字母标音中的困惑和挑战，不仅对清史、满族史中的特殊问题加深了解，对整个多民族边疆问题研究中特殊的语言和语言、语言和历史深层渗透的共同现象也会有共识性的启迪。

早期满族史、清史中不同语言的交织是探讨“历史民族语言学”（the historical ethno-linguistic study①）理论在中国民族和边疆史中的好实例，它能够把民族语言、跨民族语言和民族史志横向结合，又把变化中的各民族语言在不同历史阶段的文献记录纵向连接，把西方“语言联络”（language contact）和“语言转递”（language transfer）等理念引进满族史、清史研究，有利于完整还原满族基业创始者时代多语言生存环境的真实社会和满蒙汉各民族通过语言交往的互动关系。如果类似“多民族历史语言环境与多民族社会发展”的专题能够大力发掘，满族史和清史领域或都会增加学术的新鲜血液。

（贾宁，女，满族，美国爱荷华州中心学院历史系教授。Central College, 812 University St., Pella, IA 50219 USA. 研究方向：清史）

① 西方民族语言学（ethnolinguistic study）已自为学科，是民族志和语言学的结合。本人提出“历史民族语言学”的概念，把其加入历史研究，成为民族志、历史学和语言学的结合，正符合早期满族史、清史中多民族文字转写的专题研究。

北美“新清史”研究的基石何在

——是多语种史料考辨互证的实证学术还是意识形态化的应时之学？（上）

钟焓

内容提要：本文概括归纳了最近20多年来北美中国学界所流行的“新清史”研究的学术理路及其依据的语境资源。笔者认为，貌似巍峨壮观的“新清史”学术大厦决非建立在对于多语种文献史料进行审慎而严格的实证考察基础之上，而对其学术著述进行分析评估的结果也表明难于相信该学者群业已具备了将传统的中国断代史研究与自伯希和以来得到纵深发展的内亚史研究相贯通整合的卓尔不群的考据兼综合的治学功力。实际上“新清史”学术共同体的研究工具及其依托的学术资源更多地来自各种以后现代面目大行其道的社科理论，他们还进一步将其整饬建构并打造强化成凸现意识形态色彩的学术话语以指导统合其具体研究，因此带有鲜明的为现实服务的趋时性而非传统汉学研究和内亚史研究共同讲求倡导的实证性。不妨说，就这一群体的学术共性而论，族性(ethnicity)/民族主义语境下的认同决定论、帝制晚期的征服叙事和后帝制时代的“民族帝国主义”话语才是真正构筑支撑起整座“新清史”大厦不可或缺的三大基石。故该学派的着力点不在于史实重建而在话语构建。

自上世纪90年代以来，以标榜使用非汉文史料作为研究基础而著称同时还十分强调清朝统治中的满洲乃至内亚因素以解构传统“汉化”命题的所谓“新清史”研究流派渐渐在北美中国学界的帝制晚期历史研究中占据了重要位置，并对于美、加之外的学术共同体也开始发挥出持续而有效的影响。以中国大陆历史学界为例，正如最近观察者所指出的那样，尽管“新清史”在其流行之初并未对国内清史界产生显著影响，因当时的中国学者仍多致力于对孔飞力（Ph A. Kuhn）、魏斐德（Fr Jr. Wakeman）等老一辈学者的研究著述的译介与回应；但是随着最近十多年学术界所悄然发生的新旧更替，“新清史”的研究成果已经开始更多地收到年青一代学人的重视乃至热捧。[①]的确，稍稍浏览最近国内主流文化媒体如《东方早报·上海书评》上的访谈文字即可证明上述观察信实不虚。可以说目前大陆学人对于“新清史”的评价主要源自两个在学科属性上迥异但又兼有联系的群体——清史（含满族史）学者群和专治国际汉学或海外中国学研究的学者群。这两大群体固然对于其所评议的对象在认知上不尽相同，但另一方面也存在着明

① 定宜庄、胡鸿保：《被译介的“新清史”——以“族”为中心的讨论》，《清史论丛（2012年号）》，北京：中国广播电视出版社，2011年，第12页。

显的共识之处。[①]总的来说，这两派学者均趋向肯定“新清史”学派通过引入采纳以满文为主的非汉文史料群做出了超过前辈学者的实质性学术贡献，同时也多认为该学派所重视提倡的从内亚看清朝的新颖视角有助于克服此前仅以中国内地为中心的传统性清史叙事模式的单一和自蔽。[②]其中有的学者还特地表彰了“新清史”对既有的强调帝制王朝谱系传承的“清承明制”学术思路的冲击和扬弃。而在另一方面，参与“新清史”讨论的中国学者也多对该学派突出宣扬的“清朝不等于中国”这一命题以及完全回避“汉化”的刚性立场持有保留性意见。以上概括可谓迄今国内学界关于“新清史”评价的基本出发点。

笔者在阅读了一部分“新清史”著述以后，结合自己平素对国外内亚史研究(含满学)的基本了解，逐渐产生了一些与上述主流性评价存在较大分歧和差异的认识与看法，由于个人此前的学术旨趣与所受的专业训练既非传统的清史研究，也异于时下兴起的国际汉学或海外中国学治学模式，因此或许所做的相关思考能有助于学界更加全面地理解“新清史”的学术理路。唯鉴于自己目前所掌握的语言工具的限制和学术资讯的不够充裕，至多仅能指望这些浅见能够起到稍许抛砖引玉之用。当然倘能因此得到专业人士的商榷指点，自是作者亟盼得至的望外之幸。在切入正题之前，尚有几点需作适当澄清以免读者产生误解：

一，首先就“新清史”的定义范围而论，现在还存在着“狭义”与“广义”之别。“狭义”性质的“新清史”研究特点即如前面所述。而“广义”性质的“新清史”研究则涉及的方面极其广阔，甚至延伸囊括了经济史、社会史、妇女史等领域。[③]而笔者此文所讨论的对象将严格限定在“狭义”的“新清史”的范围中，具体而言，即将关注的焦点置于那些以清属内陆亚洲地区（东北、蒙古、新疆等）为主题的研究著述中。

二，对于哪些著述属于“新清史”成果的范畴或者说哪些作者才符合“新清史”学术共同体的特定身份，这显然是一个需要事先认真界定以避免概念含混不清的考察前提。应该承认从学术训练和职场经历上看，不管多么借重于非汉文资料进行研究，“新清史”学者群终究还是属于西方学科定性中学术意义上专门处理中华帝制晚期历史问题的中国学家，而非身居中国学之外的阿尔泰学家、藏学家、日本学家或者伊斯兰研究专家等等，当然这并不排除该学派中的不少学者会声称自己同时也接受了汉学以外的辅助性专

① 出自清史学者之手的关于“新清史”的评论之作中较富代表性的有：定宜庄：《由美国的“新清史”研究引发的感想》，《清华大学学报》（哲学社科版）2008 年第 1 期；贾建飞：《“新清史”刍议》，《中国社会科学报》2010 年 3 月 16 日；刘小萌：《清朝史中的八旗研究》，《清史研究》2010 年第 2 期；杨念群：《超越“汉化论”与“满洲特性论”：清史研究能否走出第三条道路？》，《中国人民大学学报》，2011 年第 2 期。而从事海外中国学研究的学者撰写的相关著述则有：党为：《美国新清史三十年：拒绝汉中心的中国史观的兴起与发展》，上海：上海人民出版社，2012 年；同作者《何为满洲——美国“新清史”中的满洲及族群研究》，收入苍铭主编：《首届中国民族史研究生论坛论文集》，北京：中央民族大学出版社，2011 年，第 348-377 页；李爱勇：《新清史与“中华帝国”问题——又一次冲击与反应？》，《史学月刊》2012 年第 4 期等。

② 较为综合性的表述参见刘文鹏：《从内亚到江南——评张勉治〈马背上的王朝〉》，收入刘凤云等编：《清朝的国家认同：“新清史”研究与争鸣》，北京：中国人民大学出版社，2010 年，第 372-374 页；还可参见同一作者为上述论文集撰写的后记。

③ 上引党为的专著《美国新清史三十年：拒绝汉中心的中国史观的兴起与发展》即讨论的是这种“广义”上的“新清史”。

业训练。从这种职业素养上判定，那些源自专业的阿尔泰学家或藏学家之类（对于他们来说，古今汉语及中国历史文化的学习至多仅被列在辅修的次要地位上）的研究清代内亚历史的成果其实是不应被划入到“新清史”名目下的，因为在学术交往与职业生涯中，这批作者的社会身份显然不会被人们混淆为中国学家，其所承担的教职与科研也多在传统的汉学或中国学领域之外，即使他们的著述完全有可能被从事汉学研究的师生们阅读引用而其本人也确实和某些中国学家存在专业知识上的沟通合作。

三，据此可知，典型的如蒙古学家艾鸿章（J.Elverskog）的著述即非“新清史”之作，虽然从形式和主题上看，其成果和某些“新清史”著作存在着一些表面上的相似点。①另外适于被定性为“新清史”的研究著述多产生于80年代以后，而其对应的作者队伍的年龄结构基本上稳定在1950年代前后出生的那一代人中（仅罗友枝年龄显著偏大），他们所供职的机构也均处在广义下的北美区域。衡诸以上标准，像2004年由斯坦福大学出版社推出的韩籍学者金浩东所撰的讨论阿古柏入侵问题的专著同样不宜归入“新清史”范畴。②首先金氏此书是根据其在80年代前期在哈佛大学东亚语言文明系的傅礼初（J F.Fletcher）教授指导下通过答辩的博士学位论文增补修订而成，故从全书主体部分的产生背景来看则与日后才出现兴起的“新清史”研究潮流并无学术上的渊源影响关联。其次，金浩东在获取博士学位后即回国应聘大学教席而没有选择留在北美的学术环境下继续其职业生涯。最后金氏本人多年来从事的是长时段的内亚史研究，根据笔者的了解，他更多的学术成果还是集中在在13—14世纪的蒙古帝国时期及继承其政治遗产的控制中亚绿洲的游牧政权上，远不限于该英文专著所展现的清代新疆史一域。笔者之所以特地以艾鸿章和金浩东为例说明“新清史”涵盖的范围具有内在的边界性，是因为有论者已经径直将他们也划入“新清史”的学者群中。这样一种简单化的做法似乎没有很好地考虑国外学术生态下具体存在的学科属性差别和研究者本人所秉持承担的职业身份。以此类推同样像狄宇宙（N. di Cosmo）这样的从长时段维度整体研究内亚史的学者也不宜被当作“新清史”的一员，因其研究在很大程度上还涉及匈奴史和蒙古史。还有的学者如白彬菊（B S.Bartlett）、陆西华(G.Roth Li)等虽然在其著述中能够使用满文史料，但其年齿辈分明显与80年代以后异军突起的“新清史”学者群不属同辈，差不多和早已去世多年的傅礼初（1934—1984）同庚或者有过同事关系，而且在学术观点上她们对于“汉化”的观点也更富包容性和开放性。③综上所述，不宜凡见到近20年来出版的北美学者运用非汉文史料研究清代边疆民族的著作便一概视之为“新清史”学术成就的具体彰显。

四，被纳入本文解读视野的“新清史”著述将同时包括著作和论文两类。有别于以往的分析之作多围绕各类专著展开，笔者特采取“详人所略，略人所详”的遴选原则，

① 代表性的如 J. Elverskog, *Our Great Qing: The Mongols, Buddhism and the State in Late Imperial China*, Univ. of Hawaii Press, 2006.

② Kim Ho-dong, *Holy War in China: the Muslim rebellion and state in Chinese Central Asia*, Stanford Univ. Press, 2004.

③ 参见陆西华对清入关以前汉人对于满洲政治体制作用评估的论文，G.Roth, “The Manchu-Chinese Relationship, 1618-1636”, in.J D. Spence etc eds. *From Ming to Ch'ing*, Yale Univ. Press 1979, pp 1-38. 白氏的代表作即 B S. Bartlett, *Monarchs and Ministers: The Grand Council in mid-Ch'ing China, 1723-1820*, Univ. of California Press, 1991.

更多地将关注的视线聚焦在相关的专题论文上。毕竟国外的程序化学术审查机制决定了论文类的出版几率往往还小于著作被接受的可能性而同时对于专业读者来说，论文常常直接转化成他们的精读对象故其潜在学术影响力并不逊于所谓专书。此外为了便于更加清晰地勾勒出"新清史"所处的学术位置，本文在选取学术参照物时将较多地引征其他外文研究成果以资比较。这种做法并非是对国内学术研究工作有意忽略，而是意在表明，"新清史"远远不能等同于国际化，且遗漏了不少本应参考的外文著作，因此我们应该客观地将之视为百家争鸣中的一家才是，不必因其海外影响力处于增长之中就放大他们的学术成就。

一、"新清史"崛起之前的学术背景："旧清史"研究的一度辉煌和旋即衰落

在考察"新清史"出现的复杂学术背景时，有一个问题不能不首先提出，即它和此前的美国的"旧清史"研究究竟在学术渊源上存在着一种什么样的关系？而在今天不少读者的眼里，"旧清史"的研究成果似乎已经被重重贴上了"清承明制"的过时学术标签，只堪作为"新清史"研究推陈出新的有力反衬。这一判断取向除了前面述及的国内学者的某些正面赞扬"新清史"的评论之外，更明晰地反映在"新清史"运动的重要成员罗友枝（E S. Rawski）在为近期出版的一部全面反映北美中国学研究的中文工具书中所供稿的介绍清史研究的专章中。与之形成鲜明反差的是，该书中论及其他中国断代史（从先秦至明朝）研究状况的学者在文章中对于 80—90 年代以前的早期研究成果均安排了可观的写作篇幅，并附注相对详尽的参考文献名称。而唯独在罗友枝提供的清史一章中，正文部分仅仅在开头列举了费正清等几位中国读者早就耳熟能详的学者的名字，而在随后的具体介绍中就直接一步跨进了 90 年代，对这二十年来美国在清代经济史、社会史、民族史、妇女史、文化史等方面的进展与成绩大书特书。正文最后可以视为结论的部分则重在强调满洲的统治机构及社会体制明显脱离了明朝模式的观察结论。因此该章后面所附的近60则注释中几乎没有出现90年代以前研究书目的相关信息，反之"新清史"的代表性著述却大都巨细不遗地显现于其中。[①]故此章写作结构的安排对于欲凭借它了解美国清史研究动向的读者已经释放出了足够明确的学术信息，即此前的"旧清史"著述显然在澄清清朝不同于前代的特异性上努力不够以致学术贡献乏善可陈。然而真实的情况确系如此吗？

事实上，与罗氏撰稿中的有意淡化甚至全然忽略恰好相反，也正是在 20 世纪 60—70 年代，美国当时的一代清史学人通过推出其学术著述，在扫除一度笼罩学界的"清承明制"的旧有观念上迈出了一大步，从而向学界贡献出一批扎实有力的政治史—制度史研究成果。这些实证性研究以后在很大程度上构成了由裴德生（W J. Peterson）担任

① 罗友枝撰，张海惠译：《北美清史研究、教学及其文献资源》，收入张海惠主编：《北美中国学——研究概述与文献资源》，北京：中华书局，2010 年，第 195-208 页。

主编的《剑桥清代前中期史》得以最终完卷的论述基础。①典范性的成果有史景迁(J D. Spence)1966年出版的《曹寅与康熙：包衣和主子关系的印证》、吴秀良在1970年和1979年分别推出的《1693—1735年清廷奏折制度的演进》和《通向权力之路：康熙及其继承人》、康无为(H L. Kahn)1971年刊布的《皇帝眼中的君主制：乾隆朝的印象与现实》、黄培1974年付梓的《乾纲独断：雍正朝历史研究》、安熙龙(R. Oxnam)1975年出版的《1661—1669年鳌拜辅政研究》、陶博（P M. Torbert）1977年问世的《1662—1796年清朝内务府研究》等。②上述著作的学术共性即在于作者们均有全新而清晰的问题意识，即不再把清朝前中期的政治机制和人事运作看做是对于前朝体制的简单继承和机械模仿，而高度重视发掘内中那些清朝创制但却不见于明朝的历史要素。从方法论上推敲，这些成果的闪光之处即在于倚赖实证研究从政治史—制度史的层面准确地揭示出清朝惟其独有的历史特性，反映在沟通君臣信息交流渠道的密折制度、取代和分解前朝宦官政治职能的内务府机构、任用军功卓著的武人作为代理幼主行使权力的辅政大臣（与明朝著名的文官施政色彩浓厚的“三杨辅政”形成极大反差）、嫡长子皇位继承制度的难产以及由此导致的持久性党争后果（再次与传统的汉族王朝权力继承模式构成比较）。甚至像乾隆帝这样的皇帝也被赋予了与汉族皇帝形象大不一样的多重化复合身份。正是由于这样一批选题新颖、识见不俗的成果涌现，方促使清史研究在70年代的整个美国汉学或中国学领域中占有了不容忽视的一席之地。对于这种以政治史—制度史为主线的研究模式在当时的流行程度即便不能用“繁荣”一语作为概括，但其表现出的活跃趋势至少使人有理由对其在80年代的发展前景依然抱以相对乐观的预测。

然而进入到80年代以后，上述清史研究模式却陡然转入低谷，传统的政治史—制度史选题一夜之间不再受到研究者的青睐而陷入到学术落伍的尴尬境地中。虽然有的资深学者如魏斐德和孔飞力在经过多年的知识积累和精心准备之后，终究推出了以政治史为主题的新著《洪业》（*The great enterprise: The Manchu reconstruction of imperial order in seventeenth-century China*, 1985）和《叫魂者》（*Soulstealers: The Chinese sorcery scare of 1768*, 1990），但已经明显无力改变这种政治史日渐衰微的大趋势。更令人惋惜的是，甚至这两位清史功力深厚的大家很快也都放弃了专业意义上的清史研究，使得上述两书成为那个年龄段的学者奉献给清史读者的天鹅之鸣。此后魏氏将其早先在研治清史过程中逐渐炼就的高超叙事本领移用于民国史和城市史的新领域，最终作为这方面的权威盖棺定论，尽管许多国内的读者还是对其译成中文的清史旧作更为看好。而孔氏在90年代之后则逐步转入对海外华人的研究中，与他此前沉浸有年的清史研究

① W J.Peterson ed. *The Cambridge History of China, Volume9 Part One: The Ch'ing Empire to 1800*, Cambridge Univ. Press 2002.

② J D.Spence, *Ts'ao Yin and the K'ang-hsi emperor: Bondservant and master*, Yale Univ. Press, 1966; Wu Silas, *Communication and imperial control in China: Evolution of the palace memorial system*, 1693-1735, Harvard Univ. Press, 1970 ; *Passage to Power: K'ang-his and hsi heir apparent,1661-1722*, Harvard Univ. Press, 1979; H L.Kahn, *Monarchy in the emperor's eyes: Image and reality in the Ch'ien-lung reign*, Harvard Univ. Press 1971; R.Oxnam, *Ruling from horseback: Manchu politics in the Oboi regency, 1661-1669*; Univ. of Chicago, 1975; P M.Torbert, *The Ch'ing Imperial Household Department: A study of its organization and principal function,1662-1796*, Mass. And London: Harvard Univ. Council on East Asian Studies, 1977. 考虑到中文理解习惯，正文中的上述书名多采取了意译方式。

也已渐行渐远。至于前述那个在 70 年代凭借专著得已崭露头角的清史学者群体则几乎在整个长达 20 年的 80—90 年代都未能在学术上更上层楼，再推著作，予人以陷入集体失语之感。个别学者如史景迁刊出的新书《利马窦的记忆宫殿》（*The memory palace of Matten Ricci*, 1985）虽然仍受学界褒赏，但早就明显溢出了清史研究的域限。

上述看来似乎不太合理甚至有些反常的学术现象的产生其实是多方面的因素共同造成的。一方面就清史研究本身来说，当原有的学术范式在 70 年代逢遇显著成功之后，自身随即面临着学术转型的潜在考验，是百尺竿头，更进一步？还是原地停滞乃至逐级下滑？这一学术自身发展的难以避免的规律原本对于各种模式均不例外，可惜当时刚刚经历了收获与成功的那一代美国清史学者却似乎没有及时预见到这种挑战与机遇并存的风险，导致其作为一个知识群体在更新问题意识以拓展研究课题，加强科际合作进而吸引新人方面未能做出切实有力的学术回应，最终其成果与模式不免沦为遭到青年一代冷落与轻视的“旧清史”，以至多年以后不少更为年轻的读者还是通过阅读姗姗来迟的《剑桥清代前中期史》（2002 年推出，此时距离当初《剑桥晚清史》的出版已经隔了二十余年之久）的正文叙述和引用书目方才恍然发现，原来理论上应该被视作最前沿的这一巨著竟然在政治史的层面上还是主要立足于 60-70 年代的“旧清史”研究所奠定的成果基础上，故仅就政治史—制度史研究而言，那个早已被人淡忘的 70 年代才是其真正经历过的辉煌时期。[①]此外对“旧清史”来说同样遗憾的是，恰值其学兴盛之际，却因受制于时代大环境，无法和中国大陆史学界建立正常交流与相互学习的良性互动机制，使得这批本来在实证性上很有希望得到大陆同行承认的成果长期在国内反响平平。[②]这和今日“新清史”学派大力借助各种中外交流渠道开展的强势学术宣传，在声势效果上确系不可相提并论。

另一方面政治史等的日渐失势也与各种研究模式之间存在的激烈学术竞争直接有关。70 年代的那些研究成果虽然在材料的发掘与运用上显得较为扎实而其立论也平实稳健，讲究分寸故给人以学风厚重笃实的印象。不过如果在当时以挑剔的眼光来看，这种模式已经存在着过于倚赖传统的汉学研究方法而与当时已经开始对史学产生影响的社科理论结合不够紧密的潜在弱点。虽然这些著作对于早已习惯了汉学训练的较为年长的学人来说，接受起来毫无问题，但是对于那些不再对传统汉学训练抱有浓厚兴趣却越来越关注理论应用的新人而言，其学术上的吸引力就大为减色了。此外这些成果处理的时限均位于 1800 年以前的清代前、中期，这同样让那些亟欲在研究的时段上有较大扩展，以至于能够从整个帝制晚期（明、清）或早期近代来观察中国历史的学人感到局促狭隘。而正是从 70 年代开始，先是受到施坚雅（G. W. Skinner）区系系统理论的推动，以后又得力于伊懋可（M. Elvin）从更长的时段检讨中国社会自宋代以来直至近代的变

① 从《剑桥清代前中期史》全书各章所对应的作者情况来看，大体上 60-70 年代即已进入专业领域的“旧清史”学者和在 80 年代前期之后才开始发表专著的新一代学者各占一半，基本的分工原则是前一个学者群多承担关于政治史的写作，而后一群体负责新兴研究领域如社会史、民族史等部分的撰稿任务。作为主编的裴德生则在导言中试图将二者综合为一体，故对双方的代表性观点均有选择地加以汲取。

② 笔者孤陋，仅知这批著作中被完整译成中文并出版的只有吴秀良的《康熙朝储位斗争记实》（吴伯娅等译，中国社会科学出版社，1988 年）与史景迁的《曹寅与康熙》（陈引弛等译，上海远东出版社，2005 年）。

迁规律的观察模式，更易于和各种社科理论接轨的经济—社会史研究模式逐渐发展成为推动清史研究的新增长点。和随后趋于萎缩的“旧清史”相比，上述新模式的强劲发展趋势一直贯穿到整个 80 年代。而且致力于这一努力方向的学者们通常注重将研究的时限前后推移，不再限于清代的某一时期，并体现出明晰的区域化操作特色。决非巧合的是，后来成为狭义“新清史”研究中坚的罗友枝和濮德培（P C. Perdue）起初恰恰是在70—80 年代时先后投身于区域经济史（汉水流域与湖南地区）探索的学者。

同等重要的学界动向是自 70—80 年代之交，艾尔曼（B A. Elman）的清代思想文化史研究已开始趋于成熟，最终在 80 年代中期随着其成名作《从理学到朴学》（*From philosophy to philology: Intellectual and social aspects of change in late imperial China*, 1984）的出版，结果形成了另一条足以和经济—社会史分水并进的主流学术路线。以上两派的治学倾向是均以理论运用见长，只是各自侧重点有所不同。经济—社会史的学者们关注的是偏重于技术性的理论模型的提出与推演，而思想文化史学者看重的则是人文理论的思辨性与刺激性。[①]同时两者均一致倾向于采用时代意义更为宽泛的“帝制晚期”而非传统政治史研究所注重的清朝来定义其研究对象所处的时代语境。在这两大流派下的多数学者看来，放宽历史视野以宏观探究中华帝国的整个晚期社会文化变迁轨迹远比缩短战线，只斤斤于有清一代以发掘其政治特性要重要得多。正是这一明显的学风兴替，导致原来集中发表清史论作的学术期刊《清史问题》（*Ch’ing-shih-wen-t’i*）在 80 年代正式改名作《晚期中华帝国》（*Late Imperial China*），从此一直延续至今。刊名的改易直观地折射出传统的清代政治—制度史研究已渐渐让出了主流的位置。具有反讽意味的是，当年罗友枝以“帝制晚期”而非清史的视角从事经济史研究时，她又何尝会料到多年以后竟然还会将驱除“清承明制”之类陈见以强调清朝特性的论调置于自己文中？要知道“旧清史”研究群体当初恰恰是因为致力于用政治史的方法挖掘清朝特性以凸现明清差异而遭到了罗氏所属的这一派以打通整个帝制晚期中国历史为己任的时髦学者们的扬弃。

综上所论，现在“新清史”所强调的明清之间的巨大“断裂”实际上早在多年之前，就已经被“旧清史”学者从政治史和制度史的角度作了颇有历史深度的阐述与澄清。而两者的真正差异在于后者大多并未像前者那样，就“汉化”问题对于时间更早的 40—50 年代的学术观点（梅谷、芮玛丽等）予以尖锐抨击，而是在一定程度上承认了这种文化变迁的历史真实性，但同时也注意吸收魏复古（K. Wittfogel）在构建“征服王朝”政治框架时提出的“涵化”（acculturation）概念，以在“同化”（assimilation）与“涵化”之间找到一种适度的平衡。当然“新清史”的支持者也许会通过宣称该学派在使用非汉文史料上的巨大进展来与“旧清史”彻底划清界限，而且“新清史”的不少成员还会进一步强调本学派所引入的内亚史立场或“阿尔泰模式”（Altaic model）以标识自己学派的学风特征。[②]对此笔者并不否认“旧清史”学者群体确实在使用非汉文史料上

① 即以艾尔曼为例，他不仅在 80 年代前期写出了《尼采与佛教》这样的思辨性文章，还在《华裔学志》（*Monumenta Serica*）1980 年卷上发表了对比王国维与鲁迅的早年生涯的论文。

② [美]欧立德著，华立译：《清代满洲人的民族主体意识与满洲人的中国统治》，《清史研究》2002 年第 4 期；Peter C. Perdue, *China Marches West: the Qing Conquest of Central Eurasia*, Harvard Univ. Press 2005, pp542-543.

有着某种程度的欠缺和不足，原因当然可以追溯到其受到的学术训练和所培育的知识结构的相对单一性。然而在另一方面，仍然有两个问题需做彻底追问，第一是西方专业意义上的"内亚史"研究是否在立场上就一定和中国王朝史相距甚远以至完全无法调和？第二，就整体而言，"新清史"在开发前人未加措意的非汉文史料上是否已经远远把"旧清史"学者甩在身后？本文随后的分析将紧密围绕这两个论题进行。

二、内亚史的知识—立场就与"汉化论"截然对立和冲突吗？——来自伯希和等学者的反证

由于"新清史"学派在宣传其学术成就时刻意强调将其成果与非汉文史料的运用对应联系起来，故间接导致旁观者很容易产生这样一种先入为主的推论前提，即如果学者对非汉文史料掌握得越深越多，那么他就会对立足于王朝史的"汉化"观点倾向于持批判态度；反之，如果他对此类史料了解得越是有限，则越易于接受旧派的"汉化"主张。这种规律原则上适用于从辽至清的多个"征服王朝"上。换言之，驱使学者对于"汉化"所持的立场倾向实际上主要取决于他个人对于非汉文史料的语言把握能力。此种观念确实有一定的道理，譬如，某些仅仅限于少量引用汉文史料（尚多为译文）却以解读非汉文材料为专长的西方蒙古学家（如 J.Elverskog、D.Sneath 等）或者藏学家（如 E.Sperling、Ch I.Beckwith 等）往往会在知识和情感上对于"汉化"产生一种近乎职业本能的不信任感和拒斥情绪，这种"移情"倾向也导致他们常把成为其研究对象的非汉族政权同汉族建立的以中原为本位的王朝明确区分甚至将两者对立看待。[①]这些学者所秉持的中国 Vs 内亚的二分立场及思维习惯诚然代表了西方内亚史研究不可忽略的一大流派。然而同样不应忽视的还有内亚史中另外一派致力于将汉文和非汉文联系起来相互勘证以揭示中国内地与内亚边疆互动关系的学者。从总体上看，后一派学者尽管也可以被看作是内亚史研究者，但他们对"汉化"的认识相对就要缓和与包容得多，其著述中也没有流露出明显的中国 Vs 内亚的二元冲突痕迹。下面即以相关人物实例来证实这一判断。

如果回顾 20 世纪的西方内亚史研究，那么第一个浮现在人们脑海中的符号化人物显然是法国学者伯希和（P.Pelliot 1878—1945）。他不但是西方汉学界的"亚历山大

① 学者们的这种治学倾向有时确会影响到他们的现实政治认同以致其学术活动最终严重地偏离实证式的治学路线。最典型的是白桂思在 2009 年出版的内亚通史（*Empire of the Silk Road: A History of Central Eurasia from the Bronze Age to the Present*, Princeton Univ. Press, 2009）的封底所附地图中竟然将新疆、内蒙古、西藏三个少数民族自治区全都标上"被占领"（occupied）的提示以公开挑衅中国的国家主权。相比之下，大概怕引起俄国学界的激烈反应（或听取了推出此书的普林斯顿大学出版机构的建议），同图在几个俄属蒙古-突厥人共和国上仅仅标出"自治"（autonomous）这样政治色彩明显较为温和的中立字眼。需要指出的是，虽然白氏在其吐蕃史著作的导论中列举了涉及吐蕃史的唐代汉文文献（看起来很像那么回事），但是根据中国学者对其研究成果的检证，显示其汉文阅读理解能力实在可疑，以致有时只好用"汉语缺乏过去完成时只能增加混乱"这样可笑的理由来为自己搪塞开脱？（参见王小甫：《唐·吐蕃·大食政治关系史》，北京大学出版社，1992 年，第 49 页。）读者不妨思考一下，同样是西方学者，为何劳费尔、伯希和等却从不抒发此类指责汉语缺乏科学性（实际上是暗贬汉语使用者的头脑对于时间意识流于混沌不清）的怨天尤人之辞？对西方学者这种二分立场和"泛内亚"情节（需要与日本长期流行的满蒙史观相区分）的学术路径形成经纬的考察，限于主题，从略。

大帝”（D B. Honey 语），而且在内亚史上的造诣也堪称首屈一指。用其生前栽培过的弟子，后来在半个世纪内成为美国内亚史研究的领军人物塞诺（D. Sinor 1916—2011）的评价来说——他在中央欧亚历史（即内亚史）领域根绝的错误比任何人都多。[①]而同时在阿尔泰学与印度学领域中均有较深造诣的芬兰学者阿勒托（P. Aalto）更是认为，即使考虑上 20 世纪的全部西方国家的东方学界专业人才，伯希和也应该是其中学术成就最为伟大的一人。[②]此外自视甚高的日本学人在回溯 20 世纪上半期的西方学界对于前伊斯兰化中亚研究的学术史时，也把伯氏列为当时三位贡献最突出的巨匠中的首位（另两位是劳费尔和巴托尔德）。[③]证以后来出版的长达 150 页的伯氏著述全目，这些评论或许稍带个人感情色彩，但总体上仍不失客观与公允。[④]伯希和身后能够得到如此之高的学术赞誉，显然与他所拥有的几乎无人可比的多语种史料对勘互证能力分不开。即使在其去世后的半个多世纪里，整个西方的学术界再也没有培养出一位能够在多语种史料的鉴别与使用上全面追步这位大师的学人，尽管在内亚史的某些具体领域内一直英才辈出。既然伯氏在内亚史研究上的水准如此之高，语言掌握能力又如此之强，那么，毕生出入畅游于胡汉文献之间的他对于“汉化”究竟持一种什么样的立场显然是一件让人感兴趣的事。

伯希和对“汉化”的态度清楚地表现在他在 1931 年为法国中亚探险队撰写的导论性介绍小册子《高地亚洲》内。此书是他平生所作的为数甚少的带有普及性的概论性著作，但也更易窥知他对内亚古代历史的一般性看法。他在书中以契丹人为例，指出其历史归宿正如其他入主中国的所有游牧人一样，最后还是不免于被中华文明环抱与征服。总之，经过好几代人之后，契丹人趋于文明化（policés）和汉化(chinoisés)。[⑤]由此可知，伯氏对于“汉化”的适用性是持明确赞同立场的。在他看来，北方民族只要欲在中国内地长期有效地统治下去，物质精神生活上的“文明化”和民族属性上的“汉化”就难以避免。以他渊博的北方民族史知识，显然熟悉契丹人在元代已经完全归并入“汉人”的事实以及这种历史融合所导致的在蒙古语、部分突厥语甚至斯拉夫诸语言中广泛采用“契丹人”一词以指代汉人的史实。可惜过去以魏复古和岛田正郎为代表的学者在批判“契丹汉化论”时并未对此明显的史实加以考虑，仅仅以辽亡之前的契丹人尚保持着与汉人的某些差别为由就片面论定“汉化论”的无效。一位在精通内亚史与胡语文献方面冠绝学界的大师，最终却选择坚定地站在“汉化论”一边，耐人寻味。

更重要的是，伯希和的这一立场在不少治学旨趣与知识结构与之类似的学者中均有体现，故绝非孤例。譬如与他大致同时代的劳费尔（B. Laufer）、海尼士（E. Haenisch）

---

① 塞诺著，王小甫译：《论中央欧亚》，收入北京大学历史系民族史教研室译：《丹尼斯·塞诺内亚研究文选》，北京：中华书局，2006 年，第 19 页。

② H.Halén, “Mannerheim and the French Expedition of Paul Pelliot”, in P.Zieme ed. *Aspects of Research into Central Asian Buddhism: In memoriam Kōgi Kudara*, Brepols, 2008, p33.

③ 森安孝夫：《イスラム以前の中央アジア史研究の现况について》，《史学杂志》第 89 编 10 号，1980 年。

④ H.Walravens, *Paul Pelliot(1879-1945): His Life and Works—a Bibliography*, Indiana Univ. 2001.

⑤ 伯希和(P.Pelliot)著：《高地亚洲》，收入耿世民译：《中亚简史》，北京：中华书局，2005 年，第 195 页。其法文原著(*Haute Asie*)于 1931 年刊印于巴黎。

等硕学大家对于“汉化”观点一样不持批评立场，[①]更不用说比他们年长数辈的裕尔（H. Yule），[②]后者极其渊博的东方学语言知识可以从其以个人之力编撰的至今仍受到学界高度评价的辑录印地语中的波斯语、突厥语等外来语汇成分的专业性工具书中得到清晰无疑的反映。[③]上述几人可谓19—20世纪前期西方学界涌现的最擅长处理多语种史料同时也精熟内亚史的代表性学者，但他们一致对“汉化”持正面或积极评价。这就令人信服地证明对非汉文史料的熟悉与运用并非必然导致从知识和观念上排斥“汉化”学说。

20世纪上半期的这些通晓多种语文的学科巨人将他们的治学方法与思维习惯进一步传给了其学术上的接班人。在考证学风和语言功力上最为接近伯氏的柯立夫（F. W. Cleaves）花费半生精力钻研《孝经》的中古蒙古语译本，使之成为他去世后刊出的唯一遗著。[④]这一研究课题的选取反映了他对蒙古人汉化或涵化问题的极大兴趣。而海尼士的弟子傅海波(H. Franke)在西方学术界以金史和蒙元史研究的权威著称，他在为《剑桥辽金夏元史》（1994年出版）所作的导言中，将满洲人的祖先女真人所建立的金朝定性为一个货真价实的中国王朝，同时又将中国式的官僚统治在整个东亚的推广看作是非汉人对于吸收中国制度与文化体系的重要表现形式。[⑤]美国学者司徒琳（L. Struve）在世纪之交曾经对傅氏主编的这一卷英文题名作《非汉族王朝和边疆政权》（*Alien Regimes and Border States*）的剑桥中国史分册没有将清朝也纳入这一序列深表异议，蠡测这反映出汉学家未能正确识别出满洲政权的“非汉”特性，而只注意到了后者中的那些对汉学家来说更为熟悉的中国传统。[⑥]的确，在傅氏看来，满洲人建立的清朝在“汉化”程度上比其祖先建立的金朝更有过之而无不及，他的观点或许正像司徒琳推断的，清朝早已被汉学家看作是中国统治传统的顶峰而非草原帝国。因为恰好是在一篇考察元朝皇帝汉语文修养逐渐提高的论文的结论处，傅氏感慨元末起义的爆发打断了元朝最高统治者成长为像清朝康熙或乾隆那样的汉文化修养更高的君主的进程。但是另一方面，司徒琳也许并不知道，吸收了海尼士学风特长的傅氏又绝非只能使用汉文史料的狭义汉学家，而是同样具备多语种史料研习考释能力的大家。从其著述目录上看，仅他发表的蒙古语文献释读和考证的专业论文即在20篇以上，此外傅氏还撰写了多篇讨论契丹、女真、西夏、满语词汇考释的历史语言学论文，故在涉及语种上业已突破了其师的樊笼。正缘于傅海波的学问如此浩博无涯，远不限于狭义汉学的范畴，所以由其同行发起的献给他的65岁祝寿论文集才以《汉学—蒙古学》为标题，里面刊载了鲍培（N. Poppe）、

---

① B.Laufer, “China no dead nation”, in.H.Walravens ed. *Kleinere Schriften von Berthold Laufer Teil 1: publikationen aus der zeit von 1894 bis 1910*, Wiesbaden 1976, pp922-924.

② H.Yule, *Cathay and the Way Thither*, vol1,London: The Hakluyt Society, 1913, p147. 他同样是以契丹人为例说明北方民族的汉化现象。

③ H.Yule, *Hobson-Jobson, A Glossary of Colloquial Indian Words and Phrases*, London, 1866. 这一巨著由于其无可替代的学术价值，以后多次再版重印。过去曾有学者提出的近代汉语“苦力”一词源于突厥语 qul（“奴隶”）的推测性假说其实早在此书中就已遭到了否定与澄清。惜中国学界长期以来对此书的学术性估计不够。

④ F.W.Cleaves, *An early Mongolian version of the Hsiao Ching*, Bloomington: Ind. 2001.

⑤ [德]傅海波等编，史卫民等译：《剑桥中国辽西夏金元史：907-1368年》，北京：中国社会科学出版社，1998年，第2-3页。

⑥ [美] 司徒琳著，范威译：《世界史及清初中国的内亚因素——美国学术界的一些观点和问题》，收入阎崇年主编：《满学研究》第五辑，北京：民族出版社，2000年，第204页。

海希西（W. Heissig）、鲍登（Ch R. Bawden）等当代蒙古学名流的贺寿文章。[①]而在以后为庆祝其九十大寿而出版的另一部论文集中更是直接以"中亚法律史概观"为书名，内附的15篇论文在主题上涉及了从唐代的突厥汗国到20世纪的阿富汗 Waigal 峡谷地带再到当代的蒙古共和国等整个内陆亚洲在1000年以上所历经的社会历史变动。[②]这突出地反映了傅氏在国际内亚史学界享有的崇高地位。同时这也表明，真正拥有学术原创力的学者不会因为其强调汉文化对内陆亚洲民族的深度影响而累及到后一领域的专业人士对他的学术贡献的推重和称誉。"汉化"也同样不会被有识之士草率地施以"学术过时"的价值判断。另外，司徒琳的提法欠周之处还在于为《剑桥辽金夏元史》供稿的学者阵容中好几位都不是一般意义上的汉学家，如精通伊斯兰史料的爱尔森（Th T. Allsen）、内亚史学者及中国现代民族问题专家罗萨比（M. Rossabi）和西夏学家邓如萍（R. Dunnell）等。因此，不宜随便地用汉学家来概括该卷作者队伍的构成。

此后，对"汉化"观念的捍卫一直延续到作为伯希和再传弟子的那些内亚史学家中间。"新清史"的学者也承认，法夸尔（D M. Farquhar 1927—1985）和傅礼初（J F. Fletcher 1934—1984）是两位语言天赋与历史学识均令人极其钦佩的阿尔泰学家。[③]而这两位以语言才能见长并同出于柯立夫门下学者的"汉化观"同样发人深思。傅氏在为《剑桥晚清史》所撰的"清属内陆亚洲"部分中明确指出，到1800年时，清朝久已接受汉族的文化价值和标准，这使得其原先的政治盟友蒙古人地位下降成为其臣属。[④]而在此前的一篇未刊会议论文中，他同样指出从女真人建立的金朝开始的整个中华帝国后半期，导入了内亚模式统治中国时期，但是这种统治最终却促使中国文化以空前的规模辐射到周边。[⑤]法夸尔则在他那篇研究清朝皇帝的政教合一的宗教领袖形象的名作《皇帝即菩萨：清帝国统治的一侧面》（几乎所有"新清史"的学者都熟悉该文的主要观点），一方面从多语种史料中精细地重建出清帝的文殊化身形象来源及发展并强调其对统治蒙藏地区的政治意义，但另一方面也指出清帝在政教意识上迥异元代，具有清醒的反对高级僧侣政治化并干政的"反神职化倾向"（anticlericalism），而这种世俗化的政治意识又部分来自于对儒家理学思想的汲取。同时清帝对于有关自身的菩萨化身和成就菩萨（boshisattvahood）的政治宣传还表示出一定的节制性，因为他们早就深知其最重要的政治和经济利益位于中国，相应地他们最重要的个人形象展示也应是变成中国人和儒者（to be Chinese and Confucian）而非与满洲人合作的汉人统治阶层所习惯接受的菩萨形

① W.Bauer ed. *Studia Sino-Mongolica: Festschrift für Herbert Franke*, Wiesbaden: Franz Steiner, 1979.

② W.Johanson etc eds. *Central Asian Law: An Historical Overview—a Festschrift for the ninetieth birthday of Herbert Franke*, the Univ.of Kansas in Lawrence, 2004.

③ M C.Elliott, *The Manchu Way: The Eight Banners and Ethnic Identity in Late Imperial China*, Stanford Univ. Press, 2001, p31.

④ [美]费正清主编，中国社会科学院历史研究所编译室译：《剑桥中国晚清史 1800-1911年》（上卷），北京：中国社会科学出版社，1993年，第55页。

⑤ J F.Fletcher, "Bloody Tanistry: Authority and Succession in the Ottoman, Indian Muslim and later Chinese Empire", p68; 参见 R.Bin Wong, "China and World History", *Late Imperial China*6/2, 1985, p5.

象。[①]这种在“汉化”与“藏传佛教化”中寻找平衡并突出中国中心论的观点无疑与目前“新清史”津津乐道的中国只是清帝国治理下的一大区域而已，其地位仅与东北、蒙古、新疆、藏地平行而重要程度甚至还亚于这些内亚地区的所谓全新见解格格不入。

综合本节所论，可以论定从那些致力于将王朝史与内亚史相整合的前辈学人的研究成果上看，对非汉文史料的征引运用往往并不见得就与“汉化”观点冲突。毋宁说这批学者在总体上还对后一观点持包容与理解态度。故对“汉化”观点的批判与否，同研究者的非汉语掌握能力在学理与逻辑上均不构成对应关系。

三、并非上游——北美“新清史”学派在国际满学界所处的位置

在本节论述中，笔者将尝试回答前面提出的第二个问题，即“新清史”究竟在发掘征引前人未利用的非汉文史料上相较前辈取得了多大程度的进展？显然要全面缕清这一点，一方面需要实事求是地返回其代表性论著中加以客观检讨；而另一方面又需要我们将比较的视野延展到整个国际学界，以更好地观察该学派在世界性学术链中占据的位置。单从著述上看，“新清史”学者确实发表了一些澄清非汉文史料（基本均为满语）学术价值的评价性文章，它们对准确认识满语资料的独有价值自有其学术意义。[②]故“新清史”学者的这类论作值得我们参考借鉴。不过欲证实该学派学术成果与满文资料间的契合程度，最有效的途径还是直接调查该学派的代表性著作对于新见满文材料的利用率。在这一方面，首先纳入我们考察视野的是被称作“新清史”研究“四书”的几大著作——柯娇燕《透镜：清朝皇室意识形态的历史与认同》、罗友枝《清代宫廷社会史》、路康乐《满与汉：清末民初的族群关系与政治权力（1861—1928）》、欧立德《满洲之道：八旗制度和中华帝国晚期的族群认同》。[③]

上列“四书”确实在较大程度上代表了“新清史”学派目前所及的研究高度，这可以部分地从柯娇燕和路康乐的著作先后荣膺专门授予北美中国学研究顶尖之作的列文森中国研究最杰出著作奖中得到证实。感谢国内学界的积极推动，最近罗友枝和路康乐两书的全译本终于有机会和中国读者见面了。[④]现在先来关注罗书的史料引用情况。是

① D M.Farquhar, “Emperor As Bodhisattva: in the Governance of the Ch’ing Empire”, *Harvard Journal of Asiatic Studies* 38/1978,p22, pp33-34.

② 代表性的有 P K.Crossley and E.Rawski, “A Profile of the Manchu Language in Ch’ing History”, *Harvard Journal of Asiatic Studies*53/1,1993; M C.Elliott, “The Manchu- Language Archives of the Qing Dynasty and the Origins of the Palace Memorial System”, *Late Imperial China* 22/1,2001; [美]欧立德《满文档案与“新清史”》，收入刘凤云等编：《清朝的国家认同：“新清史”研究与争鸣》，第 377-393 页（此文初刊于 2006 年）等。

③ P K.Crossley, *A translucent Mirror: History and Identity in Qing Imperial Ideology*, Univ. of California Press, 1999; E.Rawski, *The Last Emperors: A Social History of the Qing Imperial Institutions*, Univ. of California Press 1998; E.Rhoads, *Manchus and Han: Ethnic Relations and Political Power in Late Qing and Early Republic of China, 1861-1928,* Univ. of Washington Press, 2000. “四书”的提法始于 K.Guy，“Who Were the Machus? A Review Essay”, *Journal of Asian Studies*61/1, 2002. 中译本参见[美]盖博坚著，王湘云译：《西方学者近期对“满洲”之释义》，收入朱诚如主编：《清史论集：庆贺王钟翰教授九十华诞》，北京：紫禁城出版社，2003 年，第 499-509 页。

④ 美]罗友枝著，周卫平译：《清代宫廷社会史》，北京：中国人民大学出版社，2009 年；[美]路康乐著，王琴等译：《满与汉：清末民初的族群关系与政治权力（1861-1928）》，北京：中国人民大学出版社，2010 年。

书最后的参考文献部分详尽地列举了正文中使用材料的出处，然而出人意料的是，并没有出现任何满文档案及其他类型资料的名称。[①]再核以正文论述，可以认为其确实是一部建立在新见档案材料（来自北京的中国第一历史档案馆）基础上的学术著作，但没有汉文对照部分的新见满文材料对于此书的贡献却寥寥无几。[②]简言之，如果承认该书在取材上确有其优势和特点的话，那完全应该归结为作者在查找汉文档案时所付出的辛劳与努力而非她的满文阅读能力。既然人们对当初罗友枝在与何炳棣的论战中大力强调满语史料的极其重要性这一事实仍记忆犹新，那么此书立论处处倚赖汉文档案方得以成文的学术风格不仅很难说与“新清史”学派共同发出的开发满文资料这一资源宝库的学术号召有任何相符之处，而且也与作为其中主要成员之一的作者本人的一贯学术抱负两不相期。

相对于罗友枝在宣传满文史料价值上的高调行事，路康乐对于满文的兴趣显然要低调而淡薄的多。其中原因在于路氏的研究方向一直划定在晚清立宪与革命运动前后的那二十年内，人们在书后参考文献中列出的其人先期研究成果不难窥知此点。[③]而无论是在北美还是在其他地区，要求一位研究辛亥革命前后非边疆地区历史问题的学者大量使用满文材料作为自己的论证基础显然已经远远超出了人们对这一领域的通常学术期望，这至少在路著撰写问世之际对于此专业方向的从业者来说尚不具备学术操作的可行性。因此，通览全书注释而无法发现任何来自满文材料的提示信息也就不足为奇。当然如果作者确曾受过满文阅读方面的良好专业训练而又对相关学界动向有所了解的话，满文材料仍然可以对其从事的课题研究产生锦上添花的效果。从满学家斯达理（G. Stary）的有关论文可知，辛亥革命前后满族知识界曾出版过若干用满文印刷的报刊，其中有的报刊上登载的政论性文章虽然是译自汉文但对于令人考察当时满汉之间的民族关系以及满族急欲了解新生民国有关政策的迫切心理却有着不容低估的学术意义。[④]故如果对这 20 多年间出版的满文报刊登载的信息进行系统发掘与分类整理的话，或会促使研究者产生全新的问题意识和独特的观察视角。

下面再看柯娇燕的《透镜》一书，相较于其他三部著作，柯氏此书在时空上涵盖的范围更长更大，其讨论的主题从明末后金兴起一直下延到清末民初章太炎、梁启超之间的政治论辩，同时又以皇权意识形态的变迁为主线，涉及后金和清朝的极为繁复的历史史实。可以说就向读者提供的知识信息量而论，它在“四书”中首屈一指。按理说这样一幅描绘 300 年间满洲统治集团君权形态的历史长卷巨制，正好是“新清史”学者展现自己所具有的超出前人的多语种研究能力的绝佳舞台，并且也恰是凸现满文史料珍贵价值的最为适宜的课题。然而，令人同样十分遗憾的是，该书使用的满文史料仅限于反映入关以前满洲历史的《旧满洲档》和《满文老档》，对于在全书中几乎占到八成的入关

① [美]罗友枝著，周卫平译：《清代宫廷社会史》，第 377-378 页。

② 无汉译的单独满文材料的引用据粗略统计仅有一例，参见[美]罗友枝著，周卫平译：《清代宫廷社会史》，第 364 页注 2。

③ [美]路康乐著，王琴等译：《满与汉：清末民初的族群关系与政治权力（1861-1928）》，第 387-388 页。

④ G.Stary, “Manchu Journals and Newspapers : Some Bibliographical Notes”, in. G.Stary ed. *Proceedings of the* ⅩⅩⅧ *Permanent International Altaistic Conference . Venice 8-14. July. 1985*, Wiesbaden : Otto Harrassowitz, 1989, pp217-220.

以后的历史叙事却没有任何有效满文材料的征引。况且《满文老档》从上世纪 30 年代前后已经得到中日两国学者的翻译整理，并进而用于史实考察上。而《旧满洲档》发现的时间稍晚，但从 60 年代末开始，先是由台北“故宫博物院”影印出版，以后又继续出版了其部分译文。①所以这两种史料至少对于主攻清前史的中日两国学者来说，早已成了研究这段历史务必使用掌握的最为基础性的材料，远非其价值才刚刚为人所知的那种出土碑志似的“新史料”。何况柯氏在引用这类满文史料时，也未就目前学界通行的日译本或汉译本做出任何释读与翻译上的纠正与改进，故很难凭此判断其满文阅读与理解能力究竟如何。姑且说与罗友枝相似，柯娇燕的著作同样让那些对“新清史”学者群的满语应用能力抱有颇高期望值的人士大为失望了。

既然“新清史”代表作内“四中有其三”都与新见满文材料的运用关系甚微，那么现在似乎已经可以就本节之初提出的问题做一小结，不过在此还是有必要先来检视“四书”中最后一部出自欧立德之手的《满洲之道》为宜，这样可以使读者对这一学派学术成果的了解得更为全面。应该承认，就学术训练而言，欧氏确实在“新清史”作者群中具有出类拔萃的满语阅读能力(很大程度上归功于他在日本相关学术机构的长期专业化履历)。仅从作者此书引用的满文史料看，不仅有前面提到的入关之前的两种原始资料，更有在入关以后相继形成的康熙、雍正、乾隆三朝满文朱批奏折，故就使用材料来说，《满洲之道》可以说是在“四书”（甚至就笔者管见所及，有可能是在整个“新清史”著作群中）中唯一尝试利用满文资料作为研究基础的学术著作。不过我们还需将讨论的话题引向深入，即这些材料中有多少是国内清史—满族史学界此前未曾系统刊布和利用过的。尤其考虑到国内学术界对满语材料的关注及使用由来已久而收藏各类满文资料的机构单位又分布较广，故现在的问题要害早已不是在相关研究中有无使用满文史料，而是在多大程度上征引了前人所不知晓的这类原始材料。单从发行时间上看，在欧氏大作推出的 3—5 年前，《康熙朝满文朱批奏折全译》和《雍正朝满文朱批奏折全译》分别在 1996 年和 1998 年由中国社会科学出版社和黄山书社出版。因此，就材料的新颖度来说，《满洲之道》所使用的大量朱批奏折同样也非罕见而全新的史料。虽然有的国外评论者很细心地点出了两件欧著中引用的康熙朝奏折并不见于相关《全译》中，但这仅仅是翻译者一时疏忽造成的极个别现象。②

再从对《满洲之道》有关上述三朝满文奏折的征引情况的粗略统计看，明显存在着

① 现在学界通常使用的《满文老档》标准译本是[日]满文老档研究研究会译注：《满文老档》七卷本，东京：东洋文库，1955-1963；该套著作不仅有详细的逐词转写、对译、直译，还附有部分原文图版，非常符合文献整理的学术规范。而关于《旧满洲档》中若干与《满文老档》不尽重合的内容，则有台湾学者陆续刊布的译注，即广禄、李学智译注：《清太祖朝老满文原档》二册，台北：中研院历史语言研究所，1971 年；张葳：《旧满洲档译注：清太宗朝》(一)(二)，台北“故宫博物院”，1977 年，1980 年。

② [美]米华健著，董建中译：《评〈满洲之道〉》，收入刘凤云等编：《清朝的国家认同：“新清史”研究与争鸣》，第 413 页。其英文原作发表于 2002 年。关于对书评原作者提出的产生这一现象的推测（怀疑这些奏折的内容因涉及现实民族类的“敏感”问题而有意回避不译）的反驳参见该页下面的译注说明。关于个别翻译不彻底的批评参见マーク＝エリオット(M.C.Elliott) 原著，楠木贤道等译：《康熙・雍正朝の满文硃批奏折に关する覚え书》，《满族史研究通信》第 9 号，2000 年。毕竟在翻译工作量如此巨大的《朱批奏折》的全译准备过程中出现某些文件漏译的现象并非难以理解，尤其是顾及翻译团队在组织协调分工上面临的难度和实际工作程序上的技术复杂性。

引用率并不均匀的特点，具体来说即以雍正朝满文朱批奏折的引用数量最多，而乾隆朝满文朱批奏折的引用量明显偏少，并且以上引用多为文字简短的大意概括，附有较详细译文的情况极为个别（如书中第 435 页注 109）。考虑到作者一直在不同场合下强调使用翻译过的满文档案即不能算作使用满文档案并极力贬低前面一种做法，那么欧氏的有关态度就有些让人百思不解了。首先翻译是包括满文在内的所有少数民族文献整理刊布过程中的最后一道也是最为重要的程序，对此项工作的意义无须贬低，因为它可以让一部分有能力阅读文献但又不能亲睹原件的学者相对清晰地掌握该项文献的基本信息，更不用说对于一般不具备阅读该类文献的读者了。其次，规范化的少数民族文献整理在翻译之前，通常还需有逐词拉丁字母转写与对译两道程序，并附加原文图版以供备查（针对专业人士而言）。堪为典范的做法即 50—60 年代陆续刊布，后来还得到日本最高学术荣誉奖赏的满文老档研究会推出的七卷本《满文老档》译注，长期以来因其整理之规范，译文理解之准确而得到了各国学者的高度评价与广泛引用。如果完全按照作者的逻辑，那么这一译文的刊布岂不也是恰恰扼杀了《老档》的生命力？最后也是至为关键的问题在于从《满洲之道》的新见档案引用情况来看，往往仅限于作者在正文中用简短语句对整件奏折做一解题式的说明，既无逐词的拉丁字母转写与对译，同时也几乎不提供完整的译文（考虑到作者不大可能得到原件收藏单位的摄影出版许可，故附加图版的要求自可免提），当然也就更谈不上能够对此前已经出版的朱批奏折译文起到任何改正和完善的作用。既然作者曾一再强调不宜使用翻译过的满文档案的观点，那么为何不利用这一良机将自己所发现的现已出版的档案汉译文本出现的种种问题和盘托出，这样既可彰显自己具有不俗的满语阅读理解能力，同时也能为其观点提供最为直接有力的证明。总之，出现在研究著作中的如此做法既不符合满文文献整理征引的通常规范，也无法传递给专业读者以清晰而完整的知识信息。事实上专业读者若非亲睹原件，根本就不可能仅仅根据少许解题类文字就对作者的满文阅读理解能力得出明确的判断结论。故就文献征引的规范性和技术性来说，对于《满洲之道》一书在使用新见满文史料的成绩显然不宜高估。本来关于像此书这类大量引证满语档案的著作，作者应将引用的有关内容详尽地进行技术处理（最好使之与正文分列或单独成卷以开创一种新型学术著作的模范体例）以充分展现其对满语的驾驭能力，从而使专业读者对于其从阅读满文材料所引申出的种种结论持有审慎的信任感。至于现在这种做法，恐怕只能认为，相较于其他“新清史”著作而言，此书在尝试引用满文材料以论述历史问题方面确实付出过一番辛劳和努力而已。

除了以上“四书”之外，还有三部专著也符合本文所讨论的狭义“新清史”定义。它们分别是柯娇燕的《孤军——满洲三代家族与清世界之灭亡》、米华健（J A. Millward）的《嘉峪关外：清属中亚地区的经济、族性与帝国（1759—1864）》、濮德培（P.C. Perdue）的《中国之西征：清朝对中央欧亚地带的征服》。[①]这些著作对于非汉文史料的引用情况构成了我们判断“新清史”学派在这一方面有无取得实质性进展的另一来源。先看柯氏

① P K.Crossley, *Orphan Warriors: Three Generations and the End of the Qing*, Princeton Univ. Press, 1991; J A.Millward, *Beyond the Pass, Economy, Ethnicity, and Empire in Qing Central Asia,1759-1864*, Stanford Univ. Press,1998; Peter C. Perdue, *China Marches West: the Qing Conquest of Central Eurasia*, 2005.

的《孤军》一书，此书集中在杭州苏完瓜尔佳家族的观成（约 1790—1843）、凤瑞（1824—1906）、金梁（1879—1962）祖孙三代人的生活经历的还原与解读上，以论证为何满洲的族性(ethnicity)恰恰是发生在清朝国势日渐衰落的晚期而非统治相对巩固的前、中期的历史命题，同时通过对其族性的逐步“显性化”来凸现满洲人对于“汉化”的有意识抵制。试阅正文后面的书目注释可知，本书的论证基础完全建立在对汉文材料特别是晚清旗人自撰的汉文别集的解读上，并未出现直接的满文材料的释读与征引。这就无疑给读者发出了一个清楚的知识信号，即柯氏多年来一直坚持主张的中国各民族族性的产生是在近代（1840 年以后）来临之际的重要命题其实根本就不是以非汉文材料的使用来开辟研究缺口的，毋宁说来自她本人对于西方人类学界流行的“族性”(ethnicity)话语的个人化思考并将之移用于满洲等民族群体。故在柯氏身上，社会科学概念与理论的运用远比非汉文史料更能起到直接的构建命题并支配观点的综合组织作用。而对于这一点，本文以后的章节还要继续结合其论著详细论证。

米华健的《嘉峪关外》则是“新清史”学派首部尝试系统研究清朝统治新疆历史的著作，故对于以后的国外研究自然具有一种里程碑式的示范作用。该书主要研究的时限是在乾隆、嘉庆、道光三朝，故从文献征引情况看，《清实录》依旧成了全书引用率最高的史料来源。此外归功于作者在北京的第一历史档案馆等专业机构的调查工作，本书还使用了数量可观的新见档案类史料，既有当时尚未完全刊布的朱批奏折，同时还有像内务府来文之类的前人利用不多的珍贵资料。因此，作者在选取使用研究素材上确较前人涉足同一主题的著作有所突破。不过，同样需要指出的是，以上庞大史料群仍然均为汉文，而“新清史”多年来始终宣传的在研究像新疆、蒙古之类的边疆地区时，除了引用汉、满文材料外，还务必不可忽略使用当地文字书写的相关材料（具体到新疆，即指用察合台文拼写的掺有一定当地方言因素的流行于新疆和中亚的晚期书面突厥语）的研究主张依然未能得到有效贯彻。当然使用察合台文史料需要接受相当长的专业训练才能奏效，而这种训练的难度之大恐怕远远超出了倡议者的原初设想。以这种史料的较为成熟而系统的使用情况看，目前主要还只限于俄、日等国的专业突厥学界。即以国内学界而论，能够流畅阅读征引该类型原始史料（尤其是字母拆分辨识极为困难的清代手写本）的汉、维等各族学者均为少数。[①]故“新清史”学者在这方面缺乏过人的表现亦属正常，不过这也间接反映出其学术宣传与现实操作之间存在着不易逾越的鸿沟，而现实的研究情况仍决定了在目前的清代新疆史研究中，要推出叙事脉络清晰完整、结构布局自成体系的专著主要还得倚靠当时留下的汉文史料。[②]

① 在大陆学界，曾供职于中国社会科学院民族研究所的已故柯尔克孜族历史学者安瓦尔·巴依图尔是一位富有经验的察合台文释读专家。有关利用察合台文研究新疆历史的一线著述当数何星亮的《边界与民族——清代勘分中俄西北边界大臣的察合台、满、汉五件文书研究》（北京：中国社会科学出版社，1998 年）。笔者寡闻，尚不清楚美国“新清史”学派是否早已推出了类似水准的专著。

② 在此或可比较日本东洋史学界研究这一领域的学者佐口透和滨田正美的学风特点，前者的研究以使用汉文史料为主而较少顾及察合台文史料，为此曾受到王柯等学者的委婉批评。后者则是目前世界上为数极少的真正深通 19 世纪新疆穆斯林史料的专家之一，对察合台史料的鉴别运用颇具眼光与功力并形成了在研究中的特色优势。不过前者在将自己发表的论文稍加编排后，形成了一部部专著，并最终构建起其关于清代新疆史的完整学术体系；而后者的论文虽然文献学水平甚高，揭示的史实也颇有价值，常能填补以往研究的空白，并由此受到法国突厥学界的赞许，但系统性和综合性均明显逊色。

最后我们来看濮德培的《中国之西征》的史料运用情况。此书在体系架构上堪称庞大，涉及的史实层面也颇为壮阔，还设计有专门的理论阐述章节，可以说是一部融巨量史实于宏大理论体系中的高信息量之作，至少在论证的篇幅上已经超过了此前专论 17—18 世纪清朝—准噶尔汗国双边历史的多数旧著。而该书在论证中较多引用的档案类史料基本源自台北“故宫博物院”从上世纪 70 年代到 80 年代先后影印刊布的多卷册《宫中档康、雍、乾三朝奏折》（1977—1988）等，所引用的相关具体内容均为汉文奏折。此外，本书中其他大量征引的史料仍属汉文系统的康、雍、乾三朝的《清实录》、《亲征平定朔漠方略》、《平定准噶尔方略》等官方史料。实际上，该书中的多数章节均与作者此前发表的相关论文有内容上的重合之处。而无论是作为先期研究成果的论文，还是最终完卷的著作，均以汉文史料作为研究基础。这一研究路线与作者志在贯通清朝史与以准噶尔汗国为中心的中央欧亚史的学术计划难免存在差距。毕竟对后者的研究需要运用多种非汉语史料作为补充才易奏效，至少应该有选择地利用当时流行的几种主要其他语种史料，如旧俄语、蒙古语（含托忒文）、藏语、察合台文以及清朝官方使用的满文。不妨说研究准噶尔汗国史正因为需要掌握如此之多的语种史料，再加上对于二手性的法、德、俄、日等国研究成果同样不可偏废，最终促使此项课题在研究难度上甚至可以和 13—14 世纪的蒙元史并驾齐驱，共同构成了 10 世纪以后内亚史上的两大突出难点，这在学界早有定评。而其中不同史料之间牵涉到的史实之繁复冗杂与头绪散乱可以从考据大师伯希和的遗著《卡尔梅克史评注》的相关内容中得到彰现。①虽然濮氏在此书的理论阐述部分确曾有意将清朝史与内亚史糅合会通，惜语言能力的局限却导致其观察视角仍不免时时落在以内地为中心的窠臼下，尤其是对准噶尔汗国本身在这两百年经历的各种内部变化缺少深度分析。②也就是说“中心 Vs 边缘”与“冲击—反映”的传统结构图式在全书的撰述中始终挥之不去，加上作者的专业本行属于经济史领域，故过度重视经济与环境要素的思维习惯自会影响到他从当时的政治全局上看待历史的大势走向。③同时作者对非汉语史料的历史知识准备明显不足，也无可避免地导致其在此书和更早发表的先期成果中出现史实误判，这一点笔者将在以后的章节中举例说明。当然一位华南经济史出身的专家在将其治学方向骤然改向内亚史时，在学术转型过程中面临的恶补新知难度之大也不难想象，故要凭借从纯粹的史实重建着手再步步为营地导出结论的传统治学方法恐难克其功，相反先前早已定形的以经济要素为中心的思考习惯则可以启发他从不同于前人的角度对这一传统课题产生新的问题意识，因此“经济决定论”有时会被他放大成为一种学术方法上的路径依赖。④

---

① [法]伯希和著，耿昇译：《卡尔梅克史评注》，北京：中华书局，1994 年。其法文原著出版于 1960 年。

②不无遗憾的是，著名的德籍俄国-东欧史专家 Schorkowitz 分析 17-19 世纪西蒙古人政治体制发展与社会变迁的鸿著未被作者参考引证。参见 D.Schorkowitz, *Die soziale und politische Organisation bei den Kalmücken(Oiraten) und Prozesse der Akkulturation vom 17.Jahrhundert bis zur Mitte des 19. Jahrhunderts*. Frankfurt am Main: Peter Lang, 1992.

③ 例如作者认为，清朝虽然致力于用军事手段解决噶尔丹之后的准噶尔汗国，但因为从内地到前线的军需路程过于遥远而难于奏效，故转图西藏以打开僵局。对此说的批评参见姚念慈：《准噶尔之役与玄烨的兴兵之由》，《燕京学报》新二十九期，北京：北京大学出版社，2010 年，第 192-195 页。

④ 王小甫教授尝指出，“国外有的学者喜欢从经济原因分析历史问题，大概与他们在殖民时期形成的文化传统有关，其实未必都中肯”。参见氏著《唐·吐蕃·大食政治关系史》，第 222 页。

以上概述了“新清史”代表性专著中有关非汉文史料的称引情况，最后对此略作补充的是上述学者群在其著作外的论文中使用这类材料的情况。限于笔者所知，他们发表的全新文献释读与翔实考证类论文似寥寥无几，较有参考价值者为欧立德 1992 年发表的考释清朝入关前后在盛京修建的黄教法轮寺四体碑文（汉、满、蒙、藏）的论文。[①]该文指出了碑文内容所受的《头陀寺碑》的影响以及满文碑文在先而汉文碑文在后且两者的某些具体表达差异，并讨论了这种合璧格式所具有的政治意义。论文的附录部分则将碑文的满、蒙、藏部分分别进行了逐词转写和全文翻译（其中蒙、藏部分得到了其老师冈田英弘的悉心指导）。此文大概称得上是“新清史”学者群涉足文献研究的罕见之作。故综合以上的概括归纳，可知从整体上看，“新清史”学者群在满语等非汉文史料的开发与利用上并未较“旧清史”学派取得多么重大的突破性进展，自然也就谈不上进一步采用多语种史料对比互勘的方法在史实的考证重建上会产生多少彻底改变人们旧知的创见。既然“新清史”学派并不以开发非汉文史料这类“采铜于山”的功夫见长，那么其在国际满学界究竟处在什么样的位置上呢？

若以满文史料近 20—30 年的刊布译注来看（与“新清史”兴起的历史在时间上大致平行），显然无疑要数大陆学界做出的贡献最巨。仅据粗略统计，正式出版的这类重要史料现已突破二十种以上，有的如前述康雍两朝满文朱批奏折数量之巨大，在满文汉译的学术史上可以说是规模空前的文化工程，一定程度上也确实给广大清史研究者提供了取之不竭的史料源泉。[②]即使对使用汉译档案持严峻批评立场的欧立德，在接受《东方早报·上海书评》采访时也承认现已出版的汉译朱批奏折并不存在不堪引证的翻译质量问题，只是随后他就将话题转移到直接读满文才能培养起史料感觉的层面上。当然限于出版条件和经济成本，多数这类汉译资料无法做到图版、转写、对译、直译四者俱全，故在整理的技术规范性上距离前述东洋文库版《满文老档》日译本尚有一定程度的差距。而翻译过程中出现各种差池和疑问也在所难免。[③]对于学界来说，审慎而可取的态度是不要把满文汉译材料的刊布看作是释读工作的结束，而应视为崭新的研究起点。事实上满文材料中的许多富含学术价值的细节问题往往需要学术界经过长时期的共同艰苦努力，才能得到大致的澄清。这种情况在国外满学界也完全一样，不足以单单苛责国内学

---

① M.Elliott, “Turning a Phrase: Translation in the Early Qing Through a Temple Inscription of 1645”, in. M.Grimm hrsg. *Historische und bibliographische Studien zur Mandschuforschung*, Weisbaden: Harrassowitz, 1992, pp12-41.

② 代表性的汉译成果参见阎崇年：《中国满学研究五十年（1949-1999）》，收入氏编：《满学研究》第五辑，第 25-26 页；赵令志：《满族史研究》，收入达力扎布主编：《中国民族史研究 60 年》，北京：中央民族大学出版社，2010 年，第 138-139 页。

③ 在进行到具体汉译的环节中，译者通常还会面临译文文体的选择问题（外国学者在将满语译作本国语言时则不会出现这种情况），理论上译文应当随当事人的地位、文化等有所区别。譬如翻译八旗奴仆下人所用的文风就决不能和君臣奏折中的语气相等同，前者自可按通俗白话口气译出，而后者则以选取浅近文言体为佳。故译文质量的高下优劣常取决于多种因素的综合，而译者在书面翻译时面临的种种意想不到的困难也恐怕是没有这种经历的外人所能体会到的。

界。[①]但无论还存在多少不足，都可以认为中国的满学界在开发满语资料这座历史宝库的工作上已经取得了辉煌成就，至少是为将来的深化研究奠定了一个坚实的平台基础，并确确实实在国际满学界已争得了上游的位置。因此，对比“新清史”的满文史料整理与研究现状，作为研究清史和民族史的中国学者，完全没有必要妄自菲薄，褒扬高估前者在这方面的成果，而对本国学者付出的辛劳和取得的成绩却视而不见。

当然考虑到学术背景和学科积累（包括满文资料的收藏现状）的显著差异，诚然不宜简单地以中国或日本学界整理出版满文材料的进度来要求北美“新清史”学界也做出同样贡献。甚至也许还有人会以按照美国现行的社会体制，根本就不可能存在像设在一档馆下的满文部这样得到政府政策与财力支持的常态化进行满文资料翻译的事业性机构为由，为其在满文资料上的进展现状进一步做出回护。这种看法不无道理，不过笔者更相信主要还是由于学风的差异和知识结构方面的因素导致“新清史”学派普遍并未真正将非汉文资料的整理与应用放到其科研的中心位置上来。作为对照，我们或可稍稍浏览一下近 20 多年来欧洲满学界对满文资料整理和研究的成果简况。

欧洲的满学研究应该说具有两重性：即同时兼具汉学和阿尔泰学的双重特色。从满学在 19 世纪的起步上看，欧洲知识界在当时接触到的书面满语资料并不是今天历史学界看重的没有汉文对译文本的奏折档案等原始材料，而是作为翻译文学的儒家典籍和白话小说的满文译本。这就决定了阅读满语著作的前提条件是通晓其汉文原本，故最早的满学家同时也多来自汉学家群体，譬如当时的德国学者芍兑（W. Schott 1807—1889）、贾柏莲（G. von der Gablentz 1840—1893）等。以后这种汉学家与满学家身份彼此重合的情况经过顾鲁柏（W. Grube）、郝爱礼（E. Hauer）、海尼士、福华德（W. Fuchs）等

① 在此不妨略举一例作为佐证。康熙帝在 1696 年于外蒙古追击噶尔丹部众时，曾向留京代理政务的太子寄送满文书信，要求其立即准备好十两名作 žulebeberaldu（也分开写作 žulebe beraldu）的西洋药物以供御用。最早于 1979 年发表译释康熙帝满文书信的冈田英弘在当时即注意到这种药物的名称问题，不过直到 1985 年才撰文考释这一药名。他认为该合成词的前半部分应该可以和阿拉伯语 jūlāb 相勘同，后者在词源上又可回溯到波斯语中的 gūl-āb（“玫瑰露”）。整个药物指的似是一种药用什锦糖浆。以后魏汉茂（H.Walravens）在未看到冈田氏论文的情况下，也得出了近似的结论。国内学者则推测其为专治疟疾的特效药奎宁。实际上与 žulebe 对音最接近的形式应是见于明代回回馆波斯语-汉语辞书中的“主剌卜”（“甘蔗”）这一名词。令本田实信等整理回回馆辞书的学者感到困惑不解的是，当时的波斯语明明存在表示“甘蔗”含义的常见用语，为何现在却用一个词源来历不明的“主剌卜”来代指它呢？笔者认为，该词的原始义必定是一种与蔗糖有关联的物质，这样它才有可能在以后的词义演变中衍生出“甘蔗”的义项来。沿着这一思路出发，不难发现欧洲语言中凡表示“糖浆或果汁饮料”的词语均和“主剌卜”发音接近，具体如西班牙语中的 jarope、葡萄牙语中的 xarope、英语中的 syrup、法语中的 sorbet、德语中的 sirup 等。其词源均来自阿拉伯语的 sharbāt～波斯语 sharabāt（“加入香料或果物的蔗糖饮料”），元人称之为“舍儿别”或“舍里别”等。故笔者怀疑满文药名中的 žulebe 的最终词源可能不像前面学者所述的那样，来自波斯语 gūl-āb （“玫瑰露”）。事实上，因为清代满文资料的官方性，故往往存在大量用满语形式转写记录的实际上却出自其他语言的专名类词语，故在客观上对使用其材料的学者提出了很高的知识要求。上述 žulebe 的疑问只不过是凸显满文资料准确译释难度之大的一个小小实例而已。相关的研究文献参见：H.Okada, “Jesuit influence in Emperor K’ang- Hsi’s Manchu Letters”, in. G.Stary ed. *Proceedings of the ⅩⅩⅧ Permanent International Altaistic Conference . Venice 8-14. July. 1985*, pp168-169; H.Walravens, “Manjurica Curiosa”, in.G.Bethlenfalvy etc eds. *Altaic Religious Beliefs and Practices: Proceedings of the 33rd Meetings of the Permanent International Altaistic Conference .Budapest June24-29,1990*, Budapest,1992, pp405-406. 刘迎胜：《〈回回馆杂字〉与〈回回馆译语〉研究》，北京：中国人民大学出版社，2008 年，第 435；前岛信次：《舍利别考》，收入氏著：《东西物产の交流》，东京：诚光堂，1982 年，第 9-40 页。原文发表于 1939 年。又关于蔗糖及蔗汁类甜饮在波斯的悠久食用历史参见季羡林：《甘蔗何时从印度传入波斯》，收入王元化主编：《学术集林》卷十，上海：上海远东出版社，1997 年，第 140-145 页。

前后数代的传承一直延续到了现在。故汉学的训练对于欧洲从事满学教研的学者来说不可或缺，对他们来说，汉语的重要性及用处可以说仅次于甚至有时不亚于满语。而另一方面，毕竟满语按照语言的学科分类原则，从属于阿尔泰语系的满—通古斯语族，故满学的研究又在很大程度上与所谓阿尔泰研究关系甚深。这种情况决定了欧洲的满学家团体需要同时与国际汉学界和偏重内亚的国际阿尔泰学界均保持密切的学术交往，而其研究成果的发表常常也散布在这两大阵营的学术期刊和专业论文集中。只是随着国际汉学界期刊办刊方向与重点的变化，90 年代以来像《通报》（*T'oung Pao*）、《大亚洲》（*Asia Major*）等已基本不再刊登满学论文，仅余《华裔学志》（*Monumenta Serica*）有时还发表这方面的著述。而相对集中的满学成果需要在主要以德国威斯巴登的出版机构推出的反映阿尔泰学暨内亚研究的期刊《中亚杂志》（*Central Asiatic Journal*）、年刊或两年刊《中亚研究》（*Zentralasiatische Studien*）与不定期出版的《满学专辑系列》（*Aetas Manjurica*）、《通古斯—西伯利亚专著系列》（*Tunguso-Sibirica*）、国际阿尔泰学年会论文集系列（*PIAC*）等中寻找。如果对 20 余年来这些学术出版物的内容做一大致披阅的话，可知“新清史”学者的研究成果极少见于其中。像前述欧立德处理四体碑文的文献学论文刊载于《满学专辑系列》之一的现象实属个别情况。

出现这一局面的原因其实非常简单。欧洲阿尔泰学下的内亚史研究毕竟在战后半个多世纪里依然延续了由伯希和、海尼士等拓展深化的强调语言训练、注重考据史实，淡化理论运用等相对求真笃实的学风，虽然后起者在多语种史料互证对勘方面难以达到伯氏等前辈学人的研究深度。相比之下，“新清史”的学风却与之差别迥异，与“旧清史”的分道扬镳及对其的忽视与批评就已经暗示出“新清史”不会再像“旧清史”那样以实证研究为中心，而是改为更加注重社科理论的运用（此点以后还要详细剖析）。虽然“新清史”确已提出了要重视运用以满语为主的非汉语史料的响亮口号，但要落实到具体学术研究中仍面临诸多知识上的困难。因 70 年代以后北美大学中国学专业训练的重心普遍趋向社科理论化，再加上北美考据学风积累的程度本来就不如欧陆深厚，像劳费尔、伯希和等的考据学著作早已淡出多数学生的阅读视野，对于即将进入学术职业市场并面临成果发表压力的他们来说，社科理论显然比专深考据之作更有助于在短时期内将自己习得的书面知识体系化，为将来作为晋身之阶的专著写作奠定不可缺失的理论基础，同时也省去学习巨量历史与语言知识（尤其是涉及内亚与中国互动这样令人生畏的研究领域）所必需耗费的宝贵时间。故我们一方面看到，“新清史”学者群多出道不久，即能在美国的大学出版社中推出自己以博士论文为基础的专著，使之成为个人职业生涯中的重要里程碑，为将来在职场上的更大成功树立较高起点；而他们的前辈如法夸尔和傅礼初即使天资聪颖得让人羡慕不已甚至五体投地，却在身前均无任何专书传世；更不用说其学问更为精深的老师柯立夫去世之前也只有一册《蒙古秘史》的译本行世。然而另一方面，他们采取的这种明显有别于厚积薄发的成长途径虽然能够更便捷地通向事业上的成功，终究却使自己严重地偏离了以考据为主的实证路线，因此其成果也就很少能发表在较受欧洲满学界认可的前面那些学术出版物上。此为既兴一利则必生一弊。

在“新清史”快速发展的最近 20 多年来，欧洲的满学界研究阵容相对稳定，就笔者对前述刊物和论集泛览之后的总体印象，个人发表成果最多的三位学者应该是斯达理、魏汉茂和俄国学者庞晓梅(T. A. Pang)。1946年出生的意大利学者斯达理是职业满学家，同时还长期负责《中亚杂志》的主编之职，为推动包括中国学者在内的国际满学界的前沿性研究成果在该专业刊物上的发表做出了积极努力。斯氏曾于上世纪 70 年代前去西德师从已届晚年的福华德(1902—1979)，后者是对于二战之后的西方满学界的发展贡献与影响最大的学者。他的科研与教学活动使得西德作为西方世界的满学研究中心的中心地位在半个多世纪内没有受到任何实质性的挑战。而就学风而论，其最大的特点就是严格追随伯希和的研究路数，高度关注文献学和语言学的考证类题目，并在清代满汉舆图的研究上开风气之先。同样他也像伯氏一样，论文纯为解决某个具体科研疑难而作，几乎从不针对普通读者发表普及性文字。[①]从学风承袭的角度上看，伯希和等更老一代学者的实证风格正是通过福氏传承给了战后欧洲的满学界。而自 1980 年代以来，斯氏已逐渐成为了欧洲满学界最高产的满学家，到 2005 年时已用英文、德文、意大利文等公开发表论文上百篇（不含书评），而其刊布的各类著作（含合著、翻译、编著）现已超过二十部。其涉猎范围囊括了满族的历史、语言、宗教、文化等多个方面，所发表的论述也多为实证性研究成果。[②]如此恢弘可观的数量，恐怕在整个国外满学界都不做第二人想。

而比斯氏还大两岁的魏汉茂则在 70 年代毕业于科隆大学东亚学系，主修汉学，并兼习满语，就掌握的语言工具之多之熟而言，应当是那 10 年来德国培养出的汉学高级人才中的佼佼者。魏氏毕业以后长期在汉堡和柏林的图书馆等机构工作从事汉学书目、索引的编撰与汉学史研究，可说是目前全世界对 18 世纪以来西方汉学史最为熟悉的专家。劳费尔、伯希和与符拉基米尔佐夫、艾伯华等的详细著述目录均系其个人凭一己之力编撰完成。如此浩大工作量的创举竟然出自同一人之手，这在当代学界简直可以用“奇迹”来形容。此外他本人的汉学功力深厚，尤精于明代小说版本的鉴定研究，以至其在此领域的不凡造诣曾得到了一线专家的肯定与赞赏。[③]值得满学界庆幸的是，自 90 年代以来，其个人的科研兴趣已较多地从传统汉学调整到满学领域内，其成果以调查研究欧洲各大藏书机构所藏满文典籍情况的书志学论文居多，很好地继承了当初福华德开辟的德国满学研究中的一大传统强项。魏氏这一时期发表的满学论文在数量上甚至已经超过了另两位更为资深的德国满学家嵇穆（M. Grimm）和冯门德(E. von Mende)。他所撰写的中等篇幅的论文多刊载于国际阿尔泰学会的年会论文集（*PIAC*）系列中，可以说和斯达理一起成为参加此项学术活动（即该学会年会）并提交论文最频繁的学者之一。其篇幅更长的论文则投稿给专业学术期刊，例如在《中亚杂志》上发表的论满文《大藏经》中《甘珠尔》目录的长文以及与鲁德福(R C. Rudolph)联合署名在《华裔学志》上以近乎

① W.Franke, “Walter Fuchs in Memoriam”. *Oriens Extremus* 27/1980, SS141-150. 参见[德]傅吾康（W.Franke）著，欧阳甦译：《为中国着迷：一位汉学家的自传》，北京：社科文献出版社，2013 年，第 143 页。

② 有关其个人的履历介绍及 2005 年之前的成果目录参见 A.Pozzi, “Giovanni Stary: Imperturbable und very Patient”; “Bibliography of Giovanni Stary”, in.A.Pozzi etc eds. *Tumen jalafun jecen akū: Manchu Studies in Honour of Giovanni Stary*, Wiesbaden : Harrassowitz, 2006, pp15-20; 21-42.

③ 马幼垣：《水浒论衡》，北京：三联书店，2007 年，第 56-58 页。

专书篇幅刊登的论满学研究参考文献的著述。[①]

俄国学者庞晓梅（T A. Pang）则是欧洲中生代满学家中的最杰出代表，其年龄大约与“新清史”学者群同辈。她的个人研究方向也集中在对欧洲各国收藏的满语文献的整理、刊布与文献学研究上，同样仍是一位经常参加 PIAC 学会活动并在年会论文集上提交学术报告的学者。其用俄文撰写的文献学著作《关于 17—18 世纪清代历史与文化的满语文献》已于 2006 年在圣彼得堡出版。此前她还单独完成了圣彼得堡东方学所收藏满文写本—印本和巴黎所藏满文铭记实物的目录编制工作以及整理了一部俄国人早年在新疆搜集到的清末锡伯族萨满教文献，均相继以单著的形式将这些成果发表。[②]她还因其专深的满文素养，现已成为了斯达理在学术上的重要合作者。两人共同整理发表了不少对于满族历史研究非常重要的原始文献。[③]应当说庞氏的科研水准在整个西方中青年满学家群体中一直是处于遥遥领先的地位。

通过对欧洲满学家代表性人物在这 20 多年来的研究成果的简要概括，我们可以直观地感受到其中以满文原始材料的整理与文献学研究为中心的学术工作依旧占据着主流的地位，或可称作对文献本身的高度关注仍然是西方满学家视野中的首选课题。这和前述“新清史”的学术关怀和研究倾向的差异之大，显然属于两种截然不同学风下的平行产物。而就开发利用原始满语文献来说，欧洲满学界依然牢固地掌握着学术的主导话语权，“新清史”在这方面尚无力与之一争长短，故在整个国际满学的学术链中仍处于相对下游的位置。这一点无需为之讳言。不过需要指出的是，恰如魏汉茂在 20 多年前即已清醒意识到的，欧洲的满学研究面临着后继乏人的学科危机。这一局面迄今也未得到明显改观，可以说研究人员的高龄化和学术梯队的日渐萎缩成了困扰欧洲满学发展的最大问题。相比之下，经过“新清史”的一番宣传推动，近年来北美高校的满语教学却出现了欣欣向荣的乐观势头。那么若假以时日，将来是否有可能北美高校培养出来的更为年轻的学人会成功地从现在欧洲的年长满学家们手中接过学术传承的薪火，并且发展出一种既不同于传统的欧陆式满学研究又有别于日下“新清史”学术路线的特有研究模式来，对此当然还需要由时间来证明。

综合以上所论，现在似可对目前国内关于“新清史”的若干评价意见做一小结性反思。既然“新清史”学派其实并不以开发利用新见满文等非汉文史料见长，在国际满学界也只是处于相对下游的位置，那么现在流行的某些观点譬如“随着大陆一档馆等机构所藏满文档案的开放，再加上受柯文‘在中国发现历史’观念的影响，‘新清史’的诞

---

① H.Walravens, “Der Mandjurische Kandjur”, *Central Asiatic Journal* 51/1,2007, SS77-153;

R C.Rudolph(1909–2003)/ H. Walravens, “Comprehensive Bibliography of Manchu Studies”, *Monumenta Serica* 2009, pp231-494. 斯达理对此著的评介参见 *Central Asiatic Journal* 51/2,2007, pp300-305.

② T A.Pang, *Der Schamanenhof: die sibemandschurische Handschrift “Saman kūwaran-I bithe” aus der Sammlung N.Krotkov*, Wiesbaden: Harrassowitz, 1992; *A Catalogue of Manchu Materials in Paris: Manuscripts, Blockprints, Scrolls Rubbings, Weapons*, Wiesbaden: Harrassowitz 1998; *Descriptive Catalogue of Manchu Manuscripts and Blockprints in the St.Petersburg Branch of the Institute of Oriental Studies, Russian Academy of Sciences Issue2,* Wiesbaden: Harrassowitz, 2001.

③ T A.Pang,/G.Stary, *New light on Manchu historiography and literature: the discovery of three documents in old Manchu script*, Wiesbaden: Harrassowitz , 1998; *Manchu versus Ming: Qing Taizu Nurhaci's “Proclamation ” to the Ming dynasty*, Wiesbaden: Harrassowitz, 2010.

生也就指日可待了”显然也就缺乏成立的前提和基础了。至于还有评论者提出的，“虽然此前中日学者已经开始在研究中注意使用满文材料，但却并未达到‘新清史’学者所注重的高度”，同样也未得到客观证据的任何支持。之所以眼下存在对“新清史”学者利用非汉文史料持普遍高估的评价趋向，或是缘于人们未能将其学术宣传与实际成果作切实认真的比照区分，因此在评议中难免会不自觉地产生一种放大效应，以致几重夸大之后距离事实本相已有很大出入。

四、“七宝楼台，拆下不成片段”：从对柯娇燕著述的史实抽查管窥“新清史”学风的非实证性

就本文以上对“新清史”学术路数及特征的概括来说，可能还有国内学者对此稍有异议。他们或许会表示不使用大量非汉文史料并不等于就放弃了研究中的实证性，同时还会为该学者群在知识结构和语言能力上的专业素养做出回护。的确，如果单从我们从国内渠道接触到的某些学术宣传资料的介绍上看，似无必要怀疑该学派研究成果的实证性及研究者个人的专业水准；较为典型的如最近《满族研究》期刊中刊登的有关柯娇燕的专访中援引她本人的叙述，自称其可以根据研究课题的实际需要，分别查阅利用不同语言记载的清史材料，包括中、日、满、法、德、俄、蒙古、朝鲜语等。[①]若这一介绍完全属实，想必柯氏在历史与语言上的学术功力定能得到国际内亚史研究学界的由衷赞赏，因为在傅礼初和法夸尔相继辞世后，能够具备这种多语种史料对勘互证本领的学者至少在北美清史学界已经极为罕见了。当然她的这一出类拔萃的知识结构也就更值得国内清史—满族史学界钦佩和学习。不过笔者还是认为，对于国外学者的语言素养和研究能力，“听其言”固然有其必要性，更为重要的还是“观其行”，即以其实际研究水准的高下作为判断其科研价值究竟如何的准绳。在此方面，我们不妨就以柯氏的若干受到好评和关注的研究成果为准，具体从史实上检验作者是否确已达到了如她本人所宣称的那种学术水平。

首先来看柯氏 1997 年推出的《满洲人》一书，此书在 2002 年又推出了第二版，并被翻译成了其他文字。本文以下对原书的讨论即以新版为据。[②]该书属于罗萨比（M·Rossabi）主编的《亚洲各民族》（*The Peoples of Asia*）丛书系列下的一种。其封底赫然印着她的导师史景迁向读者的郑重推荐，其中包括“通过她的清晰、博学而简洁的展现，导致我们趋于理解满洲社会组织、满洲族性的形成与满洲人对于普世帝国的特有观念的实践”这样简明扼要的褒扬之辞。全书论证的时间幅度跨度甚大，从满洲人的祖先在史前时期的活动一直下延到帝制消亡以后其面临的生存景况，相应地，其涵盖的知识点也很多。不过粗略浏览了该书的某些章节后，不难发现知识上的太多可商之处。

书中第 17 页称到公元 3 世纪时，儒教和佛教开始影响朝鲜，再从那里向南传播到日本。这里给出的佛教在 3 世纪影响朝鲜的说法全然不能成立。实际上直到东晋永和十

① 汪立珍：《美国著名满学家、清史专家柯娇燕谈满学与清史》，《满族研究》2010 年第 3 期。

② P K.Crossley, *The Manchus*, Blackwell 2002.

三年（357）冬寿墓的墓室藻井和其上面及周围的彩绘和花纹中才出现了一些佛教艺术的因素如莲座等，勉强可以算是佛教开始影响朝鲜的实物证据。[①]而最早记载佛教传入朝鲜半岛之初的汉文文献已经晚到了11世纪中期的金富轼（1075—1151）所撰的《三国史记》，据其记载佛教初传到高句丽是在372年，来自于当时统治中国北方的前秦政权；佛教传到百济是在384年，传播途径是源自南方的东晋政权；而最后直至6世纪，佛教方才传入新罗。[②]故文献记载和考古实物均反映出约在4世纪下半期，朝鲜半岛才开始逐渐承受佛教的影响。

同页称汉武帝在公元前2世纪于朝鲜半岛北部建立了“朝鲜四郡”（”Four Chosŏn Commandaries”），将汉朝的统治进而延伸到东北的南部地区（southern Manchuria）。按国外学界习惯上所指的“南满”在地理上相当于以辽东半岛为中心的今辽宁省部分辖区，这一地带早在秦朝就已由中央政府设立了辽东郡进行管理；而汉朝继续因袭并未废止。故怎么能说是在武帝新设了“朝鲜四郡”以后才开始将统治延伸到那里的呢？此处错误明显反映了作者历史地理概念的混淆不清。

同页又称在满洲地区（Manchuria-按该名称在1860年以后相当于近代意义上的东三省，此前还包括黑龙江以北以东直至库页岛的大片区域），早在旧石器时代（Paleolithic），就有证据表明至少一部分其北方的居民已习惯了乘骑驯鹿。所谓以驯鹿作为交通工具开始于旧石器时代的理论在今天看来已毫无成立的根据，该观点是一些19世纪—20世纪早期的一些多未在北亚—北美寒带针叶林地区真正从事过长期田野调查的人类学家（如U.T.Sirelius、V.Schmidt、V.Coppers等）凭理论模式推导出来的。其说很快就受到劳费尔、哈特（G.Hatt）等有过实地调查经验的人类学家的反驳，后者指出人类乘骑并利用驯鹿是相当晚近的一项技术发明。[③]以后“苏维埃民族学派”的两位代表瓦里列维奇(G.Vasilevich)和列文(M.Levin)更为有力地支持了后面一种观点，即人类只有在积累了相当丰富的驯化大型牲畜的饲养经验后才有可能将驯鹿调教成合适的骑乘工具。而当时正在撰写学位论文，日后成为北亚考古学—民族学权威的西德学者耶特马尔（K.Jettmar），在研究了苏联方面的报告以后，吸取了相关论点并结合考古证据予以推进，支持驯鹿骑乘的南西伯利亚起源说，其成立的前提条件则是骑马术的发明。[④]这种“骑马先于乘鹿”的观点以后在L.Vajda于20世纪60年代末出版的论驯鹿文化的德文巨著中得到发展。[⑤]而在苏联国内，自20世纪50年代开始潜心研究南西伯利亚考古学与民族学的S.I.Vainshtein在70年代末最后提出其观点，认为驯鹿饲养起

① 宿白：《朝鲜安岳所发现的冬寿墓》，《文物参考资料》1952年1期。

② P V.Broucke, “The Accounts of Milbon, Hyet’ong and Myŏngnang in the *Samguk yusa*”(ed by S.Vermeersch), in. A.Heirman etc eds. *The Spread of Buddhism*, Leiden: Brill, 2007, pp277-279. 与之类似的国内学者的观点参见周一良：《百济与南朝关系的几点考察》，收入氏著：《魏晋南北朝史论集》，北京：北京大学出版社，1997年，第551-553页。原文发表于1994年。

③ G.Hatt, *Reindeer nomadism*. Lancaster 1919; B.Laufer, “The reindeer once more”, *American Anthropologist* N.S.22/1920, pp192-197.

④ K.Jettmar, “Zu den Anfängen der Rentierzucht”, *Anthropos* 47/1952, SS737-766; “Zu den Anfängen der Rentierzucht: Nachtrag”, *Anthropos* 48/1953, SS290-291.

⑤ L.Vajda, *Untersuchungen zur Geschichte der Hirtenkulturen*, Wiesbaden: Harrassowitz, 1968.

源具有单中心论，是位于南西伯利亚的萨彦岭地区，发生时间约在公元前 1 世纪，以后在公元后的第一个千年纪才向北亚其他地区扩散。[①]虽然驯鹿驯化的起源地是一元还是多元尚有争议，但对于现在的北亚民族学界而言，确实业已接受了“养马更在养鹿之前”的观点。那种认为旧石器时代就已发明了驯鹿骑乘技术的说法早已成为了不值一提的过时学说。

同页接下来又说直到唐朝，马在满洲地区都很罕见，牛也如此。该观点非常让人奇怪，因为这与大量的文献和考古证据相矛盾。从文献上看，自较早的《后汉书·东夷传》中的扶余到《三国志·魏书》中《乌丸鲜卑东夷传》的挹娄再到《魏书》及两《唐书》中的勿吉—靺鞨均有使用马的记载。而从考古材料上看，事实更加确凿无疑。在 4 世纪时统治辽西与辽东的是鲜卑慕容部建立的前、后燕政权，恰恰是在该政权时期，东北亚地区的骑马文化有了突飞猛进的发展，表现在今辽宁省一带的同期墓葬中大量出土精美优质的马具等，甚至还出现了骑士和坐骑均披重甲的甲骑具装。慕容燕系统的精良马具制作技术还进一步向东邻的高句丽和朝鲜半岛等地广泛传播，最终促成了当时东北亚地区骑马文化全面活跃的高潮。[②]此外，辽东一带在历史上还长期承担着内亚的中型马输入朝鲜半岛和日本列岛的通道作用。[③]而在相对靠北的黑龙江流域，在公元一千纪内也存在着以马为主要对象的畜牧经济，对某些墓地的清理结果还表明随葬马骨的数量超过了猪骨。[④]故历史上的东北从来就不是一个马很罕见的地方。

第 18 页称扶余（Puyo）拥有的中亚文化因素包括佛教和养马的知识，又说当该族在 5 世纪消逝后其名称还保留在后来兀良哈三部的福余卫中。所谓扶余接受中亚佛教因素的论点毫无任何证据支持，不知作者从何处得来这一观点。至于柯氏将福余名称上溯到扶余的意见只是来自箭内亘早年的一个推测，它后来受到了和田清的详尽驳斥：福余的蒙古文形式作 Fuyur，不容与收声无-r 的扶余古族名相混淆，前者在名称上来自金代的蒲与路，而与更早的扶余毫无词源上的联系。[⑤]而这种单凭一丝读音上的相近就断言古代族名还保持在一千年后的专名中对于强调用科学方法治学的当代学者来说本无任何采信的必要。

第 21 页称金朝的领土包括了长江以北的中国，并修建了后来发展成为紫禁城的宫殿建筑。按绍兴和议后，金朝的疆界只是到淮河—大散关一线，没有抵达长江北岸。若按照本书中的提法，岂非当时从长江流域上游的成都、重庆直到中游的襄阳、再到下游的扬州等但凡位于江北的重镇均处在金的版图内？作者对于中国中古史的历史知识似

---

① S.Vainshtein, *Nomads of South Siberia: The Pastoral Economies of Tuva*(trans.by M.Colenso), Cambridge Univ. Press, 1980, pp130-144. 更简明的概括参见 S.I.Vanishtein, “Origin of Reindeer-herding in Eurasia”, *Mémoires de la Société Finno-Ougrienne* 194/1986, pp279-286.

② 董高：《公元 3-6 世纪慕容鲜卑、高句丽、朝鲜、日本马具之比较研究》，《文物》1995 年第 10 期；田立坤、张克举：《前秦的甲骑具装》，《文物》1997 年 1 期；诹早直人：《古代东北アジアにおける马具の制作年代——三燕·高句丽·新罗》，《史林》91 卷第 4 号，2008 年。

③ 林田重幸：《倭人と马》，收入《江上波夫教授古稀记念论集 民族·文化编》，东京：山川出版社，1977 年，第 13-32 页。

④ [苏]杰列维杨科著，林树山等译：《黑龙江沿岸的部落》，长春：吉林文史出版社，1987 年，第 51-53 页。

⑤ [日]和田清著，潘世宪译：《明代蒙古史研究》（上册），北京：商务印书馆，1984 年，第 106-109 页。

也太过贫乏。同样，金的主要宫殿区也与以后元、明、清的宫城区毫无重合之处，因金中都的宫殿建筑早在蒙古灭金之战中即已严重毁坏。以后元世祖是在其北方的区域内重新规划大都城的设计。作者在做这番推测时显然没有参考任何有关北京城市地理演变的正确图籍资料。

第 22 页称不同于契丹和蒙古人，女真人在中国内地没有被金朝授予土地。作者的这一看法显然又严重违背了基本史实。自大量的女真人口移入中原后，金朝政府即将相当数量的土地分配给其民耕种。金前期分配的土地尚以无主荒地居多，而到后期随着南移的女真人口数量的增加，统治者径直采取相当于直接掠夺土地手段的“括地”途径来解决土地的分配问题，为此成为诱发山东等地红袄军起义的重要因素。[①]因此，怎能说女真人在内地没有被授予土地呢？

第 23 页在叙述宋朝纪年时出现了几个错误得让人匪夷所思的数字。文中称北宋的纪年是 980—1227 年，南宋的纪年是 1227—1279 年。不知作者根据何种史料来源将北宋的建立年份从 960 年推后了 20 年。至于其结束的 1227 年似乎应理解成 1127 年之误记，但此书已是第二版，若是一时笔误为何久不更正？而且接下来的叙述中又第三次出现了 1227 这个年份，说是在这一年宋朝把整个长江以北的国土都丢给女真人了。看来作者对于宋金交战的这段历史实在需要好好重温一下，以免动辄就将时间轻易移位一个世纪。何况 1127 年本身也只是东京沦陷，二帝“北狩”导致北宋灭亡的时间，当时不要说长江北岸，就是整个淮河流域都还完好无损地保持在原宋朝军事力量的控制下。甚至金人新占领的包括东京在内的黄河以南区域也是由其扶植的伪楚傀儡政权暂时接手管辖。故女真势力直接支配的前宋朝领土仅限于河北、河东地区。女真铁骑真正饮马长江已经晚至南宋建炎三年（1129）时了，而且从南宋绍兴四年（1134）开始宋军又渡江北伐，重新着手经略江淮之间的大片失地。更不用说汉中一线战局的长期胶着使得金军从来就未实现入蜀夺取长江上游的战略目标。最后宋金双方在 1141—1142 年的议和划界中才正式确定了以大散关—淮河作为两国的边界。

第 24 页称明初的东北女真人在 16 世纪因受蒙古人的影响非常熟悉西藏萨迦派的佛教教义。笔者怀疑这一判断的史实性，也不清楚作者是从何途径得出此结论的。

第 32 页称与金朝相似的在内亚和东北亚都广为流传的萨满教文化更早也见于突厥汗国和唐朝皇室中，并称后者具有一半突厥人血统。这种看法大概是出于作者根据某些关于唐朝“胡化”的论述又进一步臆想出来的。柯氏似乎是把某些唐朝宫廷中的“胡风”表现形式都看作萨满教礼仪了吧，诚若如此，也太“泛萨满化”了吧，毕竟史实叙述不同于文学写作。而就出身来看，唐朝的皇室拥有鲜卑血统不假，但这并不等于可以将鲜卑和突厥画等号，即使保存下来的某些鲜卑语词汇确与古突厥语存有亲缘关系。[②]塞诺针对某些文章极为随便地将“突厥”这样的名称用于时代更早的部族群体身上的做法，

---

① 刘浦江：《金代土地问题的一个侧面——女真人与汉人的土地争端》，《中国经济史研究》1996 年第 4 期。

② 关于这方面的论述，参看 P A.Boodberg, “The Language of the T’o-pa Wei”, *Harvard Journal of Asiatic Studies*1/1936, pp167-185; L.Bazin, “Recherches sur les parlers T’o-pa”, *T’oung Pao*39/1951, pp228-327; Chen Sanping, “Turkic or Proto-Mongolian? A note on the Tuoba Language”, *Central Asiatic Journal*49/2005, pp161-174.

非常明确地表示了反对的意见。[①]他的这番忠告也许值得那种轻率地认为可以鲜卑等同于突厥的人吸取，更不用说鲜卑语究竟和突厥语的关系密切还是和蒙古语密切，目前学界还存在相当分歧化的意见。[②]

同页又将女真人的“射柳”仪式定义为射中柳树树叶，而将整个活动解释成通灵术（necromancy），即萨满依照射柳的结果来作出预测性解释。这一定义既不准确也不符合射箭的实际情况（试问，远距离的较射怎么可能以击落目标过小的树叶为准的？），辽代遵行的射柳规程只是强调“中柳”，而金朝射柳的规定根据《金史》卷三五《礼志》八“拜天”下的记载，表明射中的标志是“断柳”。而该项活动在辽代是有明显的祈雨功能（“瑟瑟仪”），但不需萨满参与；而在金朝这一功用已完全蜕化为娱乐活动。[③]故两朝的这一活动均与萨满预卜吉凶无关。由此看来柯氏头脑中的萨满活动包含得实在真是太过广泛，以致把萨满并未在场的某些风俗仪式也都理解成其职责范围以内事项了。

第33页有一段叙述似乎表现出柯氏自诩的多语种渊博知识。她称：“到努尔哈赤时，其下属所操的语言已经因吸收了外来语词而趋于丰富，它们分别来自蒙古语、俄语、汉语（Chinese）、突厥语、阿拉伯语和最终还有希伯来语（例如满语 doro“法律”来自蒙古语 dörö，而后者又来自希伯来语 torah）。”如上所述，她在分析满语中的外来借词时将俄语的地位还排在汉语和突厥语前面，仅次于蒙古语，看来还真的对俄语的地位颇为偏爱啊！

可惜清代满语词汇中真正经过语言学分析（譬如我们可以用郝爱礼的遗作《满德词典》这一标准工具书为例）能够准确地归结为俄语来源的可谓寥寥无几。这和西伯利亚的埃文基等通古斯语族下的语言中接受了不少俄语借词的情况大不相同，缘于俄国哥萨克等殖民者早在 16 世纪中后期就越过乌拉尔山向西伯利亚扩张，然而越过外兴安岭推进到黑龙江流域附近已是差不多一个世纪以后的事了。至于努尔哈赤在位期间（1606—1626），俄国当时连赖以向外兴安岭方向扩张的大本营雅库茨克都未建立（其初建于1632），怎么可能有大量的借词就提前早早地越过空间媒介障碍轻易地飞进了后金国？以满语中可以证明确实来自俄语的 kesike（“猫”）来说，其进入满语（russ. koška）的时间不会早于 1641 年阿尔巴津（雅克萨）城建立前后，甚至完全可能还要更晚，因为记录该词的语汇资料的上限仅到 19 世纪中期。[④]另外满语中真正的阿拉伯语借词也是少的几可忽略不提，可以举出的一个没有疑问的词例是通过蒙古语为中介借入到满语的 arki（“烧酒”），其最终可以上溯到阿拉伯语的'araqi。[⑤]在笔者看来，与其通过极其稀少的俄语—阿拉伯语借词来揭示满语词汇层次的丰富性和海纳百川的生命力，不如列

---

① D.Sinor, “Reflections on the history and historiography of the nomad empires of Central Eurasia”, *Acta Orientalia Academiae Scientiarum Hungarica* 58/2005.

②持后一种观点的有 L.Ligeti, “Le tabgatch, un dialecte de la language sien-pi”, in. L.Ligeti ed. *Mongolian Studies*, Budapest.1970, pp265-308; Liu Yingsheng, “Zur Urheimat und Umsiedlung der Toba”, *Central Asiatic Journal* 33/1989.

③岛田正郎：《契丹の射柳仪》，《民族学研究》卷十五第一号，1950 年。

④ G.Doerfer, “Manjurische Tierbezeichnungen *kesike* ‘Katze’”, in.L.Bieg etc hrsg *Ad Seres et Tungusos: Festschrift für Martin Gimm zu seinem 65. Geburtstag am 25. Mai 1995*, Wiesbaden: Harrassowitz, 2000,SS97-104.

⑤ E.Hauer, *Handwörterbuch der Mandschusprache*, Wiesbaden: Otto Harrassowitz, 1952, S58; B.Laufer, “Loan-words in Tibetan”, *T'oung Pao*17/1916, p483.

举出数量可观的印度—伊朗语佛教词汇更为合适一些，虽然后者也都是通过蒙古语为中介才进入满语的。

那么满语中的 doro 是否最终来自于遥远的希伯来语呢？可惜这又是一个因信从过时旧说而直接导致的知识误判。该说法肇始于 19 世纪的奥斯曼土耳其学者，他们仅出于音近考虑将近代土耳其等突厥语中的 tura（“习惯，规程”）与其较为熟悉的曾流行于西亚的希伯来语 torah（“律法”）相联系。而到 20 世纪时候，时代更早的前伊斯兰化时期流行于内陆亚洲的古突厥语书面文献大量得到整理释读，其中清楚地出现了表示“习惯法、习俗、传统”的常用词 törü。这样人们才知道它是 tura（“习惯，规程”）的真正来源。故从 20 世纪上半期以后，国际突厥学界已经就该词的来历形成共识，即把它看作较典型的古突厥语原生词汇而非辗转借入的西亚外来词。①

第 34 页称具有与印欧语系各语言不同的黏着语特征的语言除了亚洲的突厥、蒙古、通古斯各语族外，还有分布在欧洲的芬兰语（Finnish）、拉脱维亚语（Latavian）和匈牙利语（Hungarian）。这一概括反映出作者对于芬乌语系和印欧语系各自的分类范围是颇有些混乱不清的。她所列举的拉脱维亚语根本就不属于黏着语系统，而是属于印欧语系下的成员。具体说是该语系下波罗的语族（Baltic branch）下的西部语支的成员，与其同为这一语支的还有立陶宛语（Lithuanian）；而该语族下的东部语支的成员古普鲁士语（Old Prussian）现已绝灭。②柯氏显然是把该语族下的拉脱维亚语和其毗邻却属于芬乌语系的爱沙尼亚语（Estonian）弄混了。作为西方学者如果说有时在中国历史与语言的知识上出现纰漏，或可用在所难免来原宥，因为考虑到在这类知识上要求其和本土学者达到同一水平确实有些强人所难；但是像上述完全属于“纯西方”的基本知识也出差错，那就让人怀疑其学术训练确有严重缺陷了。

同页还用一般现在时称操突厥语的雅库特人（Yakuts）在满洲的极边缘地带（in the extremes of Manchuria）仍有分布。这一说法更是没有根据，真正的雅库特人即使在历史上也未进入过外兴安岭以南和额尔古纳河以东的所谓满洲地区；更不用说在现在了。而在沙俄殖民西伯利亚的时候，雅库特人就已分布在地跨北极与亚北极的今雅库特共和国境内。从那时至今，其分布地点没有经历移动变化。③当然作者的这一失误可能和某些鄂温克人历史上曾被不严谨地称作雅库特人有关，但这些鄂温克人却从不操突厥语而是通古斯语。④故他们和真正的雅库特人还是容易区分的。作为一位满学家更加没有理由将其弄混。

第 34—35 页用现在完成时称通古斯语族各民族（Tungusic peoples）人数虽然有

① G.Clauson, *An Etymological Dictionary of Pre-Thirteenth-Century Turkish*, Oxford 1972, pp531-532; G.Doerfer, *Türkische und Mongolische Elemente im Neupersischen* Band Ⅰ, Wiesbaden, 1963,SS264-267; M.Räsänen, *Versuch eines Etymologischen Wörterbuchs der Türksprachen*, Helsinki 1969, S495.

② D.Q.Adams, “Baltic Languages”, in. J.P.Mallory/D.Q.Adams eds. *Encyclopedia of Indo-European Culture*, London and Chicago: Fitzroy Dearborn Pub., 1997,p46.

③ 有关西伯利亚各小民族的现在分布位置，可参见 W.Veenker, “Vor Herzen”, in.K.Röhrborn Hrsg *Memoriae Munusculum: Gedenkband für Annemarie v.Gabain*, Wiesbaden: Harrassowitz, 1994, S140. 关于雅库特人的历史情况，参见 A.P.Okladnikov, (H.N.Michael ed.)*Yakutia before its incorporation into the Russian state*, Montreal 1970

④ 内蒙古自治区编辑组：《鄂温克族社会历史调查》，呼和浩特：内蒙古人民出版社，1986 年，第 13 页。

限，但较为密集地分布在满洲、阿留申海峡（the Aleutian Straits）、美洲西北部。这里给出的三大片地理分布区域中的后两处均与通古斯人无关，阿留申海峡附近的位于西伯利亚最东北角的楚克奇半岛及堪察加半岛北部一带从无通古斯人活动，其居民属于“古亚细亚”语系的楚克奇人（Chukchi）和科里亚克人(Koryaki)。[①]而将美洲西北部说成是通古斯人的另一密集分布地则简直近乎于异想天开了。不清楚作者是从何处搜集得来这些荒谬不堪的信息的。其实通古斯人最集中的分布地当然是蒙古和满洲以北的从鄂霍茨克海西岸到叶尼塞河之间的广阔区域。另外第 35 页将赫哲人的英文名称 Goldi 误拼作 Gold。

需指出的是，第 34 页的表述颇有炫耀作者那不甚可靠的语言知识之嫌，因为照例在一本篇幅不是很大的知识介绍性著作中（考虑到《亚洲民族》丛书系列的读者对象不少是一般知识人士和大学生），不应该把若干学界尚存在激烈争论而具有极大不确定性的假说也统统以事实叙述的笔调写入书中。而正是在本页的内容中，作者不仅非常明确地把乌拉尔—阿尔泰语系中各语言的相似性延伸到朝鲜语和日语上，还进一步将一些美洲西北部的语言尤其是阿留申语也加进来，而不顾及语言学界一般把阿留申语—爱斯基摩语单独划成一独立语系的主流观点。这类远非主流的假说很容易给读者以知识误导。

第 35 页称天城体(Devanagari)字母系统在公元前 6 世纪已被用于拼写梵文经典，仅过几个世纪以后又成为记录佛经的主要文字。作者再次犯了常识性差错，因天城体字母到 12 世纪以后才出现并流行于印度，怎么现在其诞生时间却被柯氏大大前移到了公元以前？她显然混淆了印度历史上不同文字字体的出现与流行时间。真正在公元前的印度及其附近地区就被用于书写梵语及俗语经典文献的是婆罗迷文（Brāhmī）和佉卢文（Kharosthī）这两种字体。[②]看来作者在“西学”方面的素养诚难达到专业要求的水准。

第 35—36 页在叙述蒙古—满文字母的来历，将其通过回鹘字母上溯到粟特字母，又从粟特字母上延到叙利亚字母（Syriac script），又将叙利亚字母看作是从阿拉伯字母（Arabic script）演变出来的。以上论说的主要部分即粟特字母衍生自叙利亚字母又是 19 世纪—20 世纪初期一度流行以后被彻底否定的陈腐旧说。不过作者对该观点的拥护则是由来已久，因为早在 1987 年发表的一篇论文中就已提出这种看法了。[③]这里试引用伯希和在对巴德利（J.F.Baddeley）著作中类似观点的一段纠谬：“我们再也不能认为应该承认蒙古文是通过回鹘文而从叙利亚文中衍生而来的说法了。叙利亚文与蒙古文很相似，因为蒙古文系由回鹘文派生而来，而回鹘文有时从粟特文派生而来，后者最早又是于公元初期由一种阿拉米字母衍生而出。蒙古文与叙利亚文之间的关系是相似，而不是演变。”[④]最新出版的由罗依果（I.de Rachewiltz）博士主编的《阿尔泰语系语

① 有关鄂霍茨克海及堪察加半岛一带的考古学文化与科里亚克人的可能对应情况及与唐代文献中所述东北亚的“夜叉国”的比定参见菊池俊彦：《夜叉国～至る道——7 世纪の北东アジアの历史と地理——》，收入氏著：《环オホーツク海古代文化の研究》，北海道大学图书刊行会，2002 年，第 53-79 页。

② J.Harmatta, “Languages and literature in the Kushan Empire”, in.J.Harmatta ed. *History of Civilizations of Central Asia* Vol.Ⅱ, Delhi, 1991, p433.

③ P K.Crossley, “*Manzhou yuanliu kao* and the Formalization fo the Manchu Heritage”, *The Journal of Asian Studies* 46/4, 1987, p766.

④ [法]伯希和著，耿昇译：《卡尔梅克史评注》，第 6 页。

文学导论》再次就上述观点作了更为清晰的论述，尤其是在梳理叙利亚字母和其他同样来自阿拉美字母之间的平行关系上。[①]故柯氏此处的叙述不啻犯了双重差错：一则是把粟特字母和叙利亚字母的平行关系误会成因袭关系，这等于说作者今天还停留在伯希和以前的知识水平上；二则是把上述字母共同源自的阿拉美字母（Aramaic）误作很晚才被创造出来的阿拉伯字母（Arabic）。同样接下来的第37页认为朝鲜谚文根据契丹字模式创立，后者又可追溯到回鹘字母上，并最终仍然根源于叙利亚字母的论断也是错误的。何况谚文的创制仿照契丹字的说法远未得到多数学者的支持。[②]这种再次把很不主流的假说作为近于肯定的事实介绍给一般读者的写作手法甚不足取。

第37页称奴儿干都司附近的永宁寺故址是在今黑龙江省（present-day Heilongjiang province）。这当然又是误记。该寺遗址位于黑龙江下游接近出海口的俄罗斯特林地方。

第44页称努尔哈赤身边集聚了使用不同语言并对应各自文化的外来人群，包括汉语、蒙古语、藏语、突厥语、朝鲜语。这里出现的藏语和突厥语似显得证据不足。虽然当时确实有些喇嘛（如曾在后金与明朝间居中传话的李喇嘛等）在辽东一带活动，但他们是否平时与人交流均操藏语则很难断定。至于说后金臣民中还有说突厥语的，就更是难以从当时史料得出这一结论。即使偶有个别，则在数量上是否明显构成其时多元文化下的清晰一极，显然也是没有充分证据的。作者的此番表述有为证己说而过度推论之失。

第62页称在1606年时，蒙古科尔沁部上努尔哈赤为昆都仑汗，也就是“（有）勇武精神的汗”的意思。此段文字在时间和汗名上的叙述是对的，可是却把发起者和汗名的意思均弄错了。根据《清太祖武皇帝实录》卷二，发起人是前一年已来贡马的蒙古巴约特部的恩格德尔，他此次利用引喀尔喀五部来后金进行驼马贸易之机，上努尔哈赤为“昆都仑汗，华言恭敬之意”。“昆都仑”一词显然来自蒙古语动词 kündüle-，含义为“尊敬”，其派生出的名词 kündülel 等也是此义，并无勇武善战的义项。[③]

作者还在第63—65页集中论述了从明末女真社会到后金乃至入关之后的满洲统治阶层曾长期保持着共同统治（co-rulership）的政治传统。她认为努尔哈赤在其兴起之初，先是和其弟舒尔哈赤维系着一种共同领导的体制，以后在其弟被杀后又试图将其子褚英挑选为其共同执政人。不过舒尔哈赤在建州女真社会内部的权力是否足以和其兄平起平坐，尚很难于断言，因为对此存在着文献上的反证。《李朝实录》宣祖二十二年（明万历十七年 1589）七月所记当时从女真逃来的人员汇报的其内部权力特征是“老乙可赤则自中称王（或为‘自称中王’之倒置），其弟则称船将”。有学者据此认为努氏地位已近汗王，而舒氏只不过为一武将头领而已，以后到《满文老档》所记的万历三十六年（1608）后者的地位更因此前在征伐东海瓦尔喀部时表现出观望态度而趋于低落。故努尔哈赤被认为从其建政之初，就是唯一的最高首脑，而舒氏长期仅备副王的资格。[④]在

---

① I.de Rachewiltz etc . *Introduction to Altaic Philology: Turkic, Mongolian, Manchu*, Leiden: Brill, 2010, pp14-15, Fig1.

② 此处仅列举一篇讨论谚文字母和八思巴文字关系的论文以例其余。R.Finch,“ Korean Hankul and the hP’ags-pa script”, in. J.Janhunen etc eds. *Writing in the Altaic World*, Helsinki, 1999, pp79-100.

③ F D.Lessing, *Mongolian-English Dictionary*, Berkeley: Univ. of California Press, 1960, p502.

④ 中山八郎：《清初ヌルハチ王国の统治机构》，收入氏著：《明清史论集》，东京：汲古书院，1995年，第319-320页。

舒氏被杀后一度权力上升的褚英作为努氏长子，更不具备名分上的与其父王共同统领诸弟及群臣的资格，其暂时代理国政只是努氏将其作为政治继承人的一种才干和能力上的锻炼。故一旦其胁迫众人发誓效忠于他的僭越之举遭到揭发，他也就立即失去了其父的政治上的信任。至于柯氏将入关以后的多尔衮在顺治年间的摄政、鳌拜在康熙初年的辅政以及晚清的某些政治变局都看作女真共同统治传统的延续与复兴更是在很大程度上充满着主观臆测，而曲解了历史史实。

第 67 页称岳託是努尔哈赤之子。大误，因为他实际是代善之子，努尔哈赤之孙。第 70 页又一次误称南宋于 1227 年被金人从北中国赶走。

第 71 页称努尔哈赤的军队在其自立以后数量达 1 万人，又称对抚顺的袭击得手使其获得了明军装备的由耶稣会士设计的火炮等优势武器；还称 1619 年的萨尔浒之战发生于当年的夏季。事实上，当时后金军队总数量在一万五千人左右较为可信。[①]后金在 1618 年的攻克抚顺与夺获西洋大炮毫无关联。因为明朝一方迟至天启元年（1621）辽东重镇陆续陷落后，才采取徐光启的建议，从澳门向葡萄牙方面购置 30 门红夷大炮，以加强宁远、山海关等要地的防守。以后又进一步招募了具有专业知识和实际经验的葡萄牙人以具体指导明军练习使用火器。[②]而对于像汤若望这样的耶稣会士也受聘加入到制造火炮的专家行列中，已经是晚至明朝灭亡前夕的 1640 年代了。[③]至于萨尔浒战役的时间则是发生在 1619 年的初春（公历的四月上旬），当时后金军还成功地利用了降雪严寒等天气条件因素以阻碍明军行动。如果此战是延迟在夏季爆发，那么明军需适应的战场环境明显要比初春有利的多。要之，作者以上的这类错讹反映出其对明清之际历史知识掌握得极不准确。

第 75 页称皇太极在 1627 年正月致信袁崇焕后仅过两月就又攻打宁远，使得明朝减少了对袁的信任。接下来的第 76 页又将皇太极初次通过蒙古兵抵北京城下的“己巳之变”说成是 1629 年的夏季。按 1627 年发生在明与后金双方的宁锦之役的时间是当年五月（农历）的溽暑季节，距离年初已有近半年的时间。“己巳之变”的时间也是在 1629 年的冬季而非夏季。以上对后金用兵时节的舛乱记述反映出作者对于季节气候因素对于后金军事行动的影响与制约缺乏认真的思考。

第 77—78 页称皇太极先于 1629 年废除了共同统治的做法，又在 1630—1633 年间将莽古尔泰和阿敏排挤出权力中枢。他于是将此二人原先各自所领的两旗与自己原先统领的一旗组成了上三旗。这段叙述有颇多错误需要纠正。首先天聪三年（1629）只是停止三大贝勒值月听政的旧制，但他们参与政事处理的权力仍未被取消，并继续得以在朝中享受与皇太极并坐的特权。其次阿敏和莽古尔泰先后于 1630 年和 1631 年被革去大贝

① 阿南惟敬：《サルフ战前后の满洲八旗の兵力について》，收入氏著：《清初军事史论考》，东京：甲阳书房，1980 年，第 158-175 页。原作发表于 1960 年。

② 最新的研究参看久芳崇：《明末における新式火器の导入と京营》，收入氏著：《东アジアの兵器革命——十六世纪中国に渡った日本の铁砲》，东京：吉川弘文馆，2010 年，第 170-173 页；又第 187 页注释 32 详细列举了以往论述红夷炮的引入与辽东战局之间关系的详尽参考文献目录。原文发表于 2008 年。

③ J.Needham ed. *Science and Civilisation in China Vol5 Chemistry and Chemical Technology Part7 : Military Technology; The Gunpowder Epic*, Cambridge Univ. Press, 1986, pp393-394.

勒，给皇太极大权独揽扫除了障碍，故根本不用等到1633年。最重要的是，天聪初年莽古尔泰领正蓝旗，阿敏则领镶蓝旗，皇太极本人亲领正黄旗。如果按照柯氏所论，当阿敏和莽古尔泰被清洗后，那么皇太极就正式创立了以正黄旗、正蓝旗和镶蓝旗组成的上三旗。而事实上稍稍熟稔清前期历史者皆知天子自将之上三旗实是正黄旗、镶黄旗和正白旗。上三旗的形成经历了一个变迁的过程，起初缘于皇太极执政时已握有正黄、镶黄两旗。顺治八年世祖又利用清算多尔衮政治罪行的机会，一举接手了后者生前所掌的正白、镶白两旗。以后虽然福临将镶白旗让出以安宗室，但正白旗从此专归皇权掌控，从此逐渐正式形成上三旗之制，最后被载入《八旗通志》中。若干事实本来在上世纪30年代孟森的《八旗制度考实》中就已基本得到澄清。[①]而现在柯氏却把上三旗的形成时间凭空无据地推移到入关以前，并自作聪明地将之与皇太极褫夺两大贝勒权力的政治事件用因果链条联系起来，以致最后把上三旗的名称都弄错了而自己却浑然不知。这样的“研究”实际上是越做越糊涂，其后果无疑相当于在学界制造混乱。假如此书的读者不能对此进行正确分辨的话，那将会使自己对八旗历史的认识还停在“前孟森”时代的低水平上。而作为一位国际知名满学家的柯氏在自己最为看家的研究领域中却闹出了这样常识性的重大纰漏，真不知该如何自解。

第95页称明英宗被俘虏的地点是在突厥斯坦的土木（at Tumu in Turkestan），又说这位正统皇帝被蒙古人扣留了七年之久。这里作者把距离北京还不算太远的河北怀来县土木堡弄错成不知几千公里之外的“突厥斯坦”（国外一般是指新疆的南疆及其以西的中亚），而且英宗本人也只被扣留了不到一年，即由瓦剌方面放还，没有被管吃管住地款待七年。作者虽然不是明史专家，但按照通例，一般做断代史的研究者除了掌握本朝史实外，还需再上下各关注一个朝代的基本史事和制度，这样方才有利于做研究时前后贯通，同时也可以避免一些无谓失误。可惜作者完全未能做到此点。

第98页称噶尔丹在17世纪70年代的晚期返归蒙古，为其被杀害的亲兄长报仇。按此事所系时间有误，正确的年份是在1671年，这有帕拉斯（P. S. Pallas）的记载为准，也与汉文史料的说法并不冲突。[②]同页称康熙帝在1677年已获悉了噶尔丹在西方回部地区的扩张动向。清廷实际上收到这类情报的时间上限是1678年闰三月。[③]

第99页称1686年在清朝倡议下的参加蒙古各方会晤的代表分别来自噶尔丹、达赖喇嘛和内蒙古的诸汗，期间噶尔丹和达赖喇嘛的代表访问了内蒙古以同后者的代表会晤讨论有关对回部（eastern Turkestan）的处理问题。这一错误显得很离奇。1686年的各方会盟实际上是势力已经坐大的准噶尔部插手漠北喀尔喀蒙古内部札萨克图汗和土谢图汗之间日益升级的内讧所致，故参加者除了准部和西藏的代表外，主要是上述喀尔喀两翼汗王及其下属的台吉，而会盟地也选定在漠北库伦伯勒齐尔地方。因此，无论是当事者，还是事发地点均与内蒙古毫无关系，会盟的中心也是试图化解喀尔喀两大部之

① 目前关于清初改旗史实的较新研究参看杜家骥：《八旗与清朝政治论稿》，北京：人民出版社，2008年。第156-167页。

② 羽田明：《ガルダン传杂考》，收入氏著《中央アジア史研究》，京都：临川书店，1982年，第220-222页。原文发表于1958年。

③ [日]佐口透著，凌颂纯译：《18-19世纪新疆社会史研究》，乌鲁木齐：新疆人民出版社，1983年，第2页。

间的纷争，而与如何处理回部问题无关。[①]

同页又称 1686 年会盟后不久，准噶尔即以受邀参加的西藏代表未受到东蒙古方面的礼遇为由，兴师入侵迫使东蒙古大量民众躲入清的领地寻求庇护。对此感到棘手的康熙帝一面力求尽快与俄国达成边界协议，另一面则试图作最后和平的努力。恰在此时，达赖喇嘛病逝而第巴桑结嘉措却隐瞒死讯并暗中怂恿噶尔丹继续进军，并保证原先投诚清朝的蒙古王公将会转而归顺。在准部的军事行动尚未着手实施时，噶尔丹的侄儿策妄阿喇布坦却抢先发难，在 1690 年将前者驱赶入外蒙古。为了想重新挽回影响和获取牧场，噶尔丹只得孤注一掷地带领其严重损失的部众再次尝试入侵内蒙古，但是这一次却被驻防于此的清朝军队击退了。

本段内容比上文所述史实谬误更多。首先围绕西藏代表所发生的礼数争议只是准部挑起兵衅的部分原因。更直接而重要的原因在于 1688 年土谢图汗方面杀死了入援札萨克图汗一方的噶尔丹胞弟，给其提供了为弟复仇的有利口实。因此准部与喀尔喀土谢图汗的战争才全面爆发，并导致后者部众大量南迁到已经完全臣服清朝的内蒙古境内。故战事的发生距离当时会盟已有一年以上。其次，五世达赖早在 1682 年就已圆寂，此时尚在各方会盟之前数年。只不过由于第巴的极力隐瞒导致清朝和喀尔喀方面都对此一无所知。这也是后来康熙对第巴十分恼怒并在其与拉藏汗的冲突中支持后者的直接因素。第三，噶尔丹在 1690 年进军内蒙古时仍处于兵锋全盛时期，当时的策妄阿拉布坦只能在其后方博尔塔拉一带静观其变，根本就不存在用武力迫其退入外蒙古甚至使噶尔丹蒙受惨重人员损失。事实上策妄仅仅是在获知了其叔父在乌兰布通遭遇失利退回漠北科布多一带的消息后，才率师劫掠了包括后者妻子在内的广大部众并进而控制了昔日归附准部的一些回部城市。[②]故柯氏把事件之间的先后顺序和前因后果彻底弄反了，由她梳理出的整个史实过程可说是把历史真相倒置了 180 度。此外需要一提的是，本页还把第巴的名字桑结嘉措误作 Sangye Gyatso。正确的人名转写形式应是 Sangs rgyas rgya mtsho（藏语“佛海”之义）。

第 99—100 页称内蒙古诸汗在 1691 年的多伦诺尔会盟对康熙帝表示臣服，又说 1694 年因外蒙古和回部等地的灾害导致噶尔丹试图又一次南侵内蒙古。显然作者始终没有弄清因受到噶尔丹军事威胁而迅速倒向清朝的蒙古王公是漠北喀尔喀系统而非来自漠南内蒙古，故把漠北蒙古对清朝正式表示臣服的多伦诺尔会盟误解成漠南蒙古的全面输诚，殊不知后者早在清朝入关之前就已首先归顺了满洲君主。本文对 1694 年前后噶尔丹的活动叙述也是不对的。首先 1690 年准部南下失败后即返回外蒙古西部的科布多地方驻留，并不在相对靠东的喀尔喀的传统游牧地活动。至于到 1694 年后其部开始移动的方向也不是指向南方的内蒙古，而是正东方向的克鲁伦河流域，因为此时的噶尔丹已经汲取了当初贸然南下招致失败的惨痛教训，转而指望长期经营克鲁伦河流域以争取和影响

① 乌云毕力格等：《蒙古民族通史》第四卷，呼和浩特：内蒙古大学出版社，1993 年，第 114-116 页。

② 若松宽著，吴永明译：《策妄阿喇布坦的崛起》，收入若松宽著，马大正编译：《清代蒙古的历史与宗教》，哈尔滨：黑龙江教育出版社，1994 年，第 90-94 页。此前策妄对噶尔丹的勉强可算的军事成果只是 1689 年的乌兰乌苏之役，其实该役不过是前者暂时击退了后者的进逼，摆脱了被围剿的危险局面而赢得了喘息之机；不过却被策妄大肆吹嘘为全胜并有意通报给清朝。

喀尔喀和内蒙古各部改变亲附清朝的政治立场。

第 100 页称喇嘛阶层在多伦诺尔盟会上积极说服内蒙古王公归顺清朝而非俄国。这里作者依旧又是把相关史实弄混淆了。所谓喇嘛劝说蒙古王公投奔清朝而非俄国一事是指在 1688 年准部入侵喀尔喀蒙古造成形势空前严峻之时，一世哲布尊丹巴在库伦附近的喀尔喀诸首领大会上以宗教共同为由建议南归清朝而放弃北投沙俄的打算。而在内蒙古多伦诺尔的会盟上，经历了乌兰布通之战，当时喀尔喀部归附清朝的形势已全然明朗化，可以说不存在其他政治选择。在这样一种情况下怎么还需要上层喇嘛对其作耐心的思想开导工作才使其决心臣服清廷而放弃效忠沙俄呢？

第 100—101 页称桑结嘉措于 1705 年被拉藏汗剥夺大权，后者又废黜了第五世达赖喇嘛，立了第六世达赖喇嘛，而六世达赖随后又死在前往北京寻求授封的路途上。于是拉藏汗改立其子为新的达赖喇嘛。此事在西藏引起政治动荡并导致 1717 年准部的入藏及拉藏汗的下台。而清朝也对之实施干预，并在 1718 年占领拉萨后将七世达赖扶植上台。可是清朝的这次军事占领并没持续多久即由准部重新摧毁了其在藏建立的政府。直到 1720 年清朝才又控制了拉萨。

这段文字稍长的叙述就更是错误频现。首先五世达赖早在 1682 年即已圆寂，何来的“废黜”一说？此后拉萨方面即在桑结嘉措的一手安排下，长期秘不发丧以隐瞒其死讯，直到 1696 年才迫于清朝压力正式公布。次年又是由桑结嘉措宣布将来自门隅的仓央嘉措确认为五世达赖的转世灵童也即第六世达赖喇嘛。因此六世达赖实是西藏地方势力所立，和蒙古拉藏汗毫无关系。也正因为以桑结嘉措为代表的拉萨方面和拉藏汗的关系恶化，导致了双方的兵戎相见而蒙古方面占了上风。其结果使得第巴连同他所拥立的仓央嘉措都相继成为政治上的牺牲品。拉藏汗则在排除其政敌后才将其子益西嘉措扶植为新的达赖喇嘛以取代被其废黜的仓央嘉措。而清朝在 1718 年的初次用兵西藏则以完全失败告终，当时进击的清军还未抵达拉萨即已覆灭于喀喇乌苏河，故根本谈不上将新的达赖喇嘛扶上台并组建政体。实际上，从西宁塔儿寺寻访到的新的达赖喇嘛格桑嘉措一直要晚到 1720 年才在清朝大军的护送下首次进入拉萨。故作者此番论述的颠倒舛乱之严重实属大谬不然。

第 109 页称曾静案被上报给雍正的时间是在 1730 年，并说此案事发缘于其前去联络劝说当地的总督（his local governor），结果被对方锁拿至北京听审。作者虽然对曾静案素来究心，特地在此书中安排了不短的篇幅来处理这一事件，可是上面的叙述却同样存在较为突出的史实差错。曾静案的上报时间是在事发的 1728 年，当时并非发端于作为湖南人的曾静前去联络劝说当地的总督，而是其授意学生张熙远道投书川陕总督岳钟琪导致事发，一干人员均被下狱收审。而到 1729 年夏六月，雍正对曾静案的亲自审理已接近告一段落。①不久官方就刊行了收录皇帝上谕与问话及曾、张口供内容的《大义觉迷录》一书。

第 112 页称蒙古人崇拜的大黑天(Mahākāla)具有为死者充当冥路向导神灵的作用。

① 《大义觉迷录》，中国社科院历史研究所清史研究室编《清史资料》第四辑，北京：中华书局，1983 年，第 105 页。

此说法相当可疑，关于其在藏传佛教中的功用可参看相关著作中的介绍。[①]同页又将唐太宗李世民的在位时间 627 年至 649 年极其离谱地错记成 926—947 年，使得这位开创“贞观之治”的唐朝“天可汗”顿时变成了南北尚未统一的五代时期的某位偏安之主。

第 113 页称盛京地区的黄教寺院和佛殿从 1639 开始见于文献。此说距史实有数年之差。相关黄教建筑开始建造并见于文献的正确时间是 1635—1636 年。[②]雍和宫是西藏萨迦派（Sa-skya pa sect）的教学中心。此点显然有误，当为藏传佛教格鲁派（dge-lugs pa）在京的宗教活动中心。

第 118 页称清朝在 1720 年对西藏实行军事占领是为了从军事上反对噶尔丹。这里显然是把策妄阿喇布坦混淆成了已死亡多年的噶尔丹。同页又称在五世达赖和十二世达赖之间仅有一位达赖喇嘛的寿命超过了 23 岁。然而生卒年份在 1708—1757 年的七世达赖格桑嘉措和 1758—1804 年在世的八世达赖绛白嘉措均大大超过了这一岁值。

第 119 页有一段论述藏地民间文学中的英雄主人公格萨尔的文字。作者借此展现了其掌握的有关中古时期内陆亚洲及其附近地区的一些知识。她当然赞同那种由来已久的将格萨尔从词源上追溯到西方的君主称号恺撒（Caesar）的观点（此说在西方学界中几乎得到公认），不过却认为早期藏文文献中指出的出现在西方的冲木（Khrom<Rūm‘罗马’）格萨尔与 10 世纪以后活动在西亚的塞尔柱突厥人，他们的文化在 11 世纪对吐蕃产生了影响，这些突厥人又接受了“罗马的格萨尔”崇拜，而这一人物原本又是流行于萨珊波斯的一位文学性角色。

的确，像西藏四天子说中的冲木格萨尔和整个中古时期流行于欧亚大陆的四天子说中的罗马恺撒之间的对应关系早就被石泰安（R.A.Stein）清晰地予以揭示。不过学界对这种在欧亚大陆许多地方流传的共通性“四天子说”母题在向西藏的传播过程中所历经的中间环节却长期并不清楚。直到 1962 年，法国女藏学家刊布译释了一件反映“四天子说”较早传入吐蕃的敦煌藏语写本后，人们才知道约在 8 世纪时，词源上最终来自罗马恺撒（明显经历了中古伊朗语的中介）的“冲木格萨尔”（Khrom Gesar）就已经作为国度的名称在当时吐蕃人的世界观中占据了一个西方大国的地位。[③]此后有关 8 世纪时统治阿富汗和附近的健驮罗一带的突厥系王朝发行的大夏文钱币得到了专家们的悉心研究，对铭文的释读结果证实了其统治者在当时使用过类似“冲木格萨尔”（Frōm Kēsar）的头衔称号，并以之对抗大食对该地区的入侵。铭文的释读结果也清楚地表明当时两《唐书》中记录的当地突厥统治者乌散特勤的儿子拂菻罽婆其实应该是拂菻罽娑的讹写，因为后四个字恰好为 Frōm Kēsar 的准确音译。[④]因此藏地的格萨尔在最初来源上

① A.Getty, *The Gods of Northern Buddhism*,New Delhi :Munshiram Manoharlal Publishiers, 1978, pp160-162.

② 李勤璞：《盛京嘛哈噶剌考证——满洲喇嘛教研究之一》，收入《藏学研究论丛》第七辑，拉萨：西藏人民出版社，1995 年，第 107-110 页。

② 李勤璞：《盛京嘛哈噶剌考证——满洲喇嘛教研究之一》，第 107-110 页。

③ [法]麦克唐纳夫人著，罗汝译：《“四天子理论”在吐蕃的传播》，收入《国外藏学研究译文集》第二辑，拉萨：西藏人民出版社，1987 年，第 88-108 页。原作发表于 1962 年。

④ 有关 Frōm Kēsar 问题的代表性参考文献有 H.Humbach, “Phrom Gesar and The Bactrian Rome”, in. P.Snoy Hrsg. *Ethnologie und Geschichte: Festschrift für Karl Jettmar*, Wiesbaden 1983, pp303-309; “New Coins ofFrōm Kēsar”, in. G.Pollet ed.

与塞尔柱突厥人没有关系，其最早指的或是阿富汗和北印度的突厥政权并且与萨珊文学也无关。柯氏的见解可以说是只知其一，不知其二。

同页还论述当格萨尔信仰也被蒙古人接受以后，清朝宫廷就将其与汉地的战神关帝信仰相合并，以达到使蒙古人拥护自己的目的，因此前努尔哈赤已经被爱新觉罗氏视作关帝。而本书第 120 页也称清帝自视其为格萨尔的化身。所谓的努尔哈赤与关帝的形象重合只是某些民间传说的内容，没有证据表明清朝官方制造或认可了这种宣传。[①]清帝更没有公开宣扬其为格萨尔的化身。关帝信仰在蒙古与格萨尔崇拜相合并是清朝嘉庆、道光年间蒙汉民间宗教彼此融合的产物，如果要说与清廷宗教政策有关的话，那也只能归结为学者所概括的，当时清朝在宗教政策上致力于将喇嘛教与中国人的宗教思想与理想相结合。[②]而此前的 18 世纪西藏的喇嘛教高层已经将格萨尔和关帝比定作一人了，其间并没有经过努尔哈赤的中介。[③]不过如此一来，那就表明在宗教自然融合的背后，蒙藏民间崇拜也汇入了一些来自汉地的元素，这对于坚决拒斥"汉化"的柯氏来说，当然是无法坦然接受的，故才大费周章地想出了用努尔哈赤作中介，表明关帝信仰只有首先经过"满洲帝王化"后才有可能被蒙古与西藏的民众在心理上予以接纳认可。同页还把佛教神祇毗沙门的梵文名称误拼作 Vaisrana。

第 120 页称"乾隆"一词的意思是"天柱"（the pillar of heaven）。按满洲人理解的"乾隆"一词的含义是 Abkai Wehiyehe，字面含义是"为神所支持拥护的"，[④]以此表示其受到神祇的保佑与宠护。"天柱"的含义不知其从何得来。

第 121 页称阿睦尔撒纳反清的地点是在突厥斯坦（Turkestan），并意图在此建立属于自己的汗国。此叙述反映出作者的地理概念和相关史实皆混沌如一锅粥，因为自明代后期西蒙古人入主天山北路以后，逐渐使这一草原地带成为其游牧汗国的直接统治区，也即后来的准噶尔汗国的直属领土。准噶尔人也由此成为这里的主体民族。一直到今天，该地区在地理特征上仍被称为准噶尔盆地。与其相对，天山南路以塔里木盆地为中心的绿洲农业区则仍是操突厥语的居民聚居地，在清代文献中被称作回部，而在某些外文著作中被称作小布哈拉或突厥斯坦。故准部和回部的地理区别是以天山山脉为界限，而阿睦尔撒纳的反清地点自始至终是在原准部地域内，根本就不在天山南路的塔里木盆地。现在按照本书的表述，阿氏的活动区域则跑到了今新疆的南疆部分。这当然是完全违背史实的。该页又错上添错地说噶尔丹策凌是噶尔丹之孙。其实前者是策妄之子兼继承人，只能算是噶尔丹的侄孙辈。

最后让我们检查一下本书附录部分对若干词汇专名的注解：

第 203 页以下对 Ujen cooha（"汉军"）的语言学重释（释之为"受到珍爱的"而非传统理解的"重的"）没有任何该词（即 Ujen）的实际用法作根据，故并不足取。

第 206 页对具有复数意义的突厥语后缀-lar 的语法功能解说是不确的。

---

① [俄]李福清：《关公传说与关帝崇拜》，收入氏著《古典小说与传说（李福清汉学论集）》，北京：中华书局，2003 年，第 96-97 页。

② [意]图齐、[西德]海希西著，耿昇译：《西藏和蒙古的宗教》，天津：天津古籍出版社，1989 年，第 491-494 页。

③ [法]石泰安著，耿昇译：《西藏史诗与说唱艺人的研究》，拉萨：西藏人民出版社，1993 年，第 149-151 页。

④ E.Hauer, Handwörterbuch der Mandschusprache, S4.

第 209 页所提到的汗（Khan）来自西亚作为君主的统治者头衔（Shah）这种虚无缥缈的任意联想根本就不必提，以免误导读者。同页所作的一大段类似推测也是如此。

第 210 页称“辽”在汉语中有“铁”的意思。此说亦出于想当然耳，恐怕源于其对《金史》中的“辽以镔铁为号”的曲解。

第 212 页说渤海之名称源于西汉在朝鲜设置的四郡之一。按当时的四郡名称分别为玄菟、乐浪、临屯、真番，当时的渤海郡设置在今河北东部沧州一带，莫非还能渡海到了朝鲜不成？

第 214 页称《辽史》中反映兀良哈人当时已经分布到了今西拉木伦河流域，又说月氏人也就是粟特人（Sogdians）。这些与史实全然不合的说法大概也都是作者自己的“原创”发明吧。

通过以上商榷显然可以看出作者的知识结构和学力基础距离将清朝史和内亚史融会贯通的地步还有相当差距，甚至对于一些本来研究者掌握起来均无问题的基本知识，作者也显得无比隔膜与生疏以致常常出现不应有的误断。下面本文仅就其获得了很高学术荣誉的《透镜》一书中的笔者大致翻阅过的一部分内容继续加以讨论。

第 139 页称突厥语的 kut，蒙古语的 sechen 和女真语的 sure 含义均为“聪明的”。按上述词汇中的蒙古语和女真语含义确实是“聪明的”，但突厥语的 kut 的词性却是名词，意思近似于“天赐的福运”，故常用于统治者的身上。[①]

第 185 页注释 21 称明末女真语 baksi 是以蒙古语 baghši 为中介来自于近代汉语（modern Chinese）的“博士”（boshi）。按蒙古—女真语的这一词汇实际上来自宋元以前的中古汉语“博士”而非近代汉语，因‘博’字的中古读音是以-k 收声，恰好可以解释为何蒙古—女真语中的该词汇中间会出现-k-/-gh-，如果是借自-k 收声消失的近代汉语‘博’字，则该现象即无法解释。

第 263 页称阿育王碑刻上（monuments）的文字是用阿拉美语和希腊语刻写，分布在伊朗和阿富汗斯坦。这一论述颇有差池。阿育王在位于前 268—233 年，其时他所留下的所谓法敕（edict）实际上均是刻写于岩崖（rock）和立柱(pillar)上，故学界一般不直接称之为碑铭（monuments）。而且它们的分布地点除了在今印度外，也多见于今巴基斯坦和阿富汗境内，但并未延伸至伊朗境内。

同页又称唐太宗在鄂尔浑河（the Orkhon River）也建立起汉文—卢尼文双语碑铭，以昭示其兼为汗与皇帝的形象。作者进而将其看作与阿育王、忽必烈一类的转轮王式的君主。这一关于唐太宗的叙述大错特错：因为在唐太宗在位的 7 世纪上半叶，所谓的突厥卢尼文尚未创制出来，其出现的时代已经晚到了一个世纪以后的 8 世纪中期，因此作者以唐太宗为例所作的普世性君权的论述完全不能成立。其实草原君主的这类合璧式碑文当以反映 8 世纪末史实的汉文—粟特文—回鹘文《九姓回鹘可汗碑》为典型，然其内容并不显示出柯氏所提出的“共时性”（simultaneous）普世王权的相关特征，即君主个人拥有多侧面形象，既是天子，又是汗王，还是某种高级宗教的赞助者和保护人等。回鹘汗国的这类双体或三体碑文均反映的是其君主作为可汗的英武形象，故军事征战成

① G.Clauson, *An Etymological Dictionary of Pre-Thirteenth-Century Turkish*, p594.

为其中的主要内容，仅有少量记述提到其对传到草原的摩尼教等世界性信仰的态度。[①]故以碑文内容的合璧性来构拟统治者的“普世性”本身就是一种简单化的认识观念。

第265页称蒙古语的bilig如同汉语的‘鉴’那样有“镜子”的含义。此点出于作者误解，因该词在蒙古语中有“智慧、聪明、知识、天赋、能力、悟性”等多种义项，但却没有“镜子”之义。[②]

第270页称遍及东北亚的明末女真会盟时的以青牛白马祭祀天地神祇的习俗是一种中亚传统。按该习俗实际上最早来自东北地区的契丹人的皇家祭祀礼仪中，以后传入到中国内地，在元明时期成为受到官方禁止的民间秘密结社的仪式（常与起义有关），而到 17 世纪初又成为满洲与蒙古结盟仪式的重要组成内容。对此法国蒙古学家鄂法兰(F. Aubin)有专文申述。[③]故该习俗的起源与中亚传统风俗并无关系，应视为东北亚的本土文化因素。

第239—240页、311—312页均有不少篇幅关于大黑天（Mahākāla）与清朝君权间关系的论述。作者的很多叙述其实是没有根据的。如她认为喇嘛教各派中有专门的大黑天崇拜者一派，又说其藏语名称叫做Gompo，而规范的写法是mGon-po（保护者）。作者认为从皇太极到乾隆帝对该神的尊奉实际上是复制了过去蒙古大汗的统治模式，甚至认为这一带有密宗仪式的“道统”可以依次上溯到忽必烈、成吉思汗和唐太宗，并高度强调大黑天对于统治蒙古的极其重要的精神意义。作者的这番论述基本上属于架空立说，没有宗教观念上的切实证据。而皇太极从归附的蒙古喇嘛处得到大黑天神像并尊崇之主要还是看重该护法神具有的战神功用，用一位深通藏传佛教的学者的概括是“元、清两朝都是以少数民族入主中华大地，而且都是依靠军事力量的胜利而取得成功。他们从心理上总有一点恐惧感，需要神的力量加以佑护”。[④]清朝对于战神的崇拜历来重视，观其对于汉地战神关公的加封和尊崇的规格超过前代即可窥知。[⑤]我们对于清太宗的大黑天信仰不宜高估的另一原因是，虽然他在崇德三年专程前往安置大黑天像的场所礼拜，但自崇德五年以后至八年却再未有过类似举动。[⑥]故大黑天之于满洲统治者的政治意义远远没有柯氏形容得那样夸张。柯氏之所以极力抬高其意义无非是为了淡化皇太极得到林丹汗的所谓大元传国玉玺的君权象征意义，虽然该玉玺本身并不像持有者宣传的那样得自秦代——中国历史上第一个统一的皇权支配下的王朝，但就政治意义而言，玉玺显然代表着中原王朝天子统治的正统性而与北方民族传统的汗权观念无关。故清太宗大力彰

①对 该三语碑铭的汉文部分的考释参见林梅村等：《九姓回鹘可汗碑研究》，收入氏著《古道西风——考古新发现所见中西文化交流》，北京：三联书店，2000 年，第 305-320 页；粟特语的部分参见森安孝夫：《シルクロ-ドと唐帝国》，东京：讲谈社，2007 年，第 295-296 页。

② F D.Lessing, *Mongolian-English Dictionary*, pp104-105.

③ F.Aubin, “Cheval céleste et bovin chtonien”, in. R.Dor etc eds. *Quand le ceible était dans la paille...Hommage à Pertev Naili Boratav*, Paris: Maisonneuve et Larose, 1978, pp37-63.

④ 王尧：《摩诃葛剌（Mahākāla）崇拜在北京》，收入蔡美彪主编：《庆祝王钟翰先生八十寿辰学术论文集》，沈阳：辽宁大学出版社，1993 年，第 447-449 页。

⑤ P.Duara, “Superscribing Symbols: The Myth of Guandi, Chinese God of War ”, *Journal of Asian Studies*47/4,1988, pp778-795.

⑥ 李勤璞：《盛京嘛哈噶剌考证——满洲喇嘛教研究之一》，第 110-112 页。

扬获得玉玺的政治意义本身(如《太宗实录》所言“历代帝王相传玉玺久不知其所在，今已为我国得之，其称符瑞，谓得受命之征”)就意味着其在统治名分上开始了从内亚民族的大汗向中原王朝的天子身份的质的转变。而如果认可这一转变，那就意味着在统治合法性上将不得不承认“汉化”现象的客观存在。当然这一点对于像柯氏这样坚定的反汉化论者来说，是丝毫没有接受余地的。因此，她就通过蓄意夸大抬高大黑天的作用来抵消玉玺事件的重大政治影响，处心积虑地试图证明清朝皇帝在统治观念上的“非中国性”，甚至不惜“六经注我”地将其追溯到阿育王的政治模式上。不过根据笔者所见，已有不少国外内亚史学者撰文讨论清太宗获取所谓的传国玉玺的政治意义，显示了实际上学界对于相关问题的看法已有共识，虽然各自阐释的角度并不一致。①相反公开如柯氏这样将清太宗敬奉大黑天像以怀柔蒙古一事抬升到塑造转轮王式普世性统治权力上的专业论文，以笔者之孤陋，似乎还未见过。②这一比照对于习惯将柯氏某些观点视作“国际学界最新成果”的认知倾向来说，应该是个很好的提醒。

第 312 页将蒙古喀喇沁部与永谢布部视为本为一部的两个不同名称。两者的起源情况、常驻游牧地和发展变迁的历史均完全有别，虽然喀喇沁曾一度成为永谢布土绵下的鄂托克，但后来又发展成单独的土绵，不知作者为何要将其混为一谈？③

第 313 页说到 18 世纪中期时理藩院管理的对象还延伸到云贵川的土司及其属民。实际上理藩院职权范围内所涉及的西南土司仅仅是针对少数四川西部的藏族（西番）而言，至于云贵川的大多数原由土司统治的其他少数民族地区在经历了 18 世纪前期的“改土归流”后，已经在行政设置上趋于“内地化”，随着府、州、县、厅等各级行政机构在上述地区的相继设立与完善，从而逐渐为地方督抚实施对这些原来的边远地区的有效监控和管辖创造了条件。而土司官衔则按文、武区别对待，文衔由吏部掌管，而武衔则由兵部掌管，故均与理藩院没有干系。

第 314 页称 Olot/Ölöt 的写法不可接受，因为其来自汉语厄鲁特（elete）的不确音译。其实上述读法来源于西蒙古人的实际发音，就像伯希和当年在裕勒都斯的蒙古人中亲耳听见的那样读作 Ölüt。这与汉语的称呼厄鲁特并不矛盾，因为后者所对应的蒙

① M.Weiers, “Die Historische Dimension des Jade-Siegels zur Zeit des Mandschuherrschers Hongtaiji”, *Zentralasiatische Studien* 24/1994, SS1191-40; “Die Politische Dimension des Jade-Siegels zur Zeit des Mandschuherrschers Hongtaiji”, *Zentralasiatische Studien* 30/2000,SS103-124; H.Okada, ”The Yüan Seal in the Manchu Hands: The Source of the Ching Legitimacy”, in.G.Bethlenfalvy etc eds. *Altaic Religious Beliefs and Practices: Proceedings of the 33rd Meetings of the Permanent International Altaistic Conference .Budapest June24-29,1990*, pp267-270; “The Imperial Seal in the Mongol and Chinese Tradition”, in.G.Stary ed. *Proceedings of the 38th Permanent International Altaistic Conference. Kawasaki Japan. August7-12,1995* , Wiesbaden: Harrassowitz, 1996, pp273-280; F.Aubin, “To Impress The Seal: A Technological Transfer”,in.I.Charleux etc eds. *Representing Power in Ancient Inner Asia: Legitimacy, Transmission and the Sacred*, West Washington Univ. : Center for East Asia Studies, 2010, pp188-190.

② 一篇出自德国满学家关于记录满洲统治者接受大黑天信仰碑文的文献学论文是 M.Gimm, “Zum mongolischen Mahākāla-Kult und zum Beginn der Qing- Dynastie-die Inschrift Shisheng beiji in Shenyang von 1638-”, in. *Oriens Extremus*21/1, 2000,SS69-105.

③ [日]和田清著，潘世宪译：《明代蒙古史研究》（下册），第 526-542 页。曹永年：《关于喀喇沁的几个问题》，收入氏著：《明代蒙古史丛考》，上海古籍出版社，2012 年，第 146-163 页。原文发表于 1993 年。

古名称 Ögelet 实际上就读作类似的 Ölöt。[①]故作者的这一通议论毫无道理，而且反映了其对西蒙古语词语的实际音值很是隔膜。

第 315 页称尼布楚条约签订后，康熙愿意向噶尔丹提出大赦，并称如果其来归附的话将有赏赐。此论断显然太过，在从 1689 年下半年中俄谈判直到 1690 年清军与准部交战之间这段空隙中，噶尔丹以搜索其仇人为由，始终处于咄咄逼人的势头，而清朝在作好战备的同时，也注重用言辞上的怀柔手段暂时安抚准部，以尽量拖延其南下内蒙古的进军计划。故 1690 年夏末康熙帝遣使给噶尔丹带话时，仍不忘好言劝解对方“夫兵，凶器；战，危事。互相仇怨，无有已时，非计也”。(《清圣祖实录》卷一四六康熙二十九年六月甲申条）在这样一种形势全未明朗的紧张气氛下，康熙帝依凭什么资本能够以高高在上的胜利者姿态向一代枭雄噶尔丹提出大赦的条件呢？

同页又称清朝在喀尔喀蒙古之地设旗时，旗下面又划分为札兰（军）和苏木这两种不具有人口统计意义的地域单位。按这种表述是不对的，各旗下面的地域单位直接就是苏木，而札兰（来自满洲语甲喇 jalan）只是旗的军制单位。一般每四至六个苏木设札兰章京一员，故札兰根本就不是地域单位。[②]同页还将满语“和硕”(hošo/hošon）误拼作 ghōšun。

第 316 页称僧格林沁于 1865 年死于“暗杀”(assassinated)，这至少在用词上有欠精确。同页又称喀尔喀各部与林丹汗的仇隙使得他们成了皇太极的盟友。皇太极之时处在外蒙古的漠北喀尔喀三汗尚未和后金—清统治者建立稳固的政治联系，而处在内蒙古的以扎鲁特、巴林等为首的喀尔喀左翼诸部在 1625—1627 年连续遭到了林丹汗和后金的交替打击，以致最后陷于覆灭。[③]何谈成为后者的政治盟友？同页还称喀尔喀王公倒向清朝体制的原因除了噶尔丹的军事威胁以外，还有其试图挑唆沙俄反对清朝的愿望彻底落空。这一论断同样没有史实根据，当时在噶尔丹的军事威胁下，确实有不少喀尔喀王公试图北上寻求俄国的庇护（以土谢图汗所部居多），而全权负责中俄谈判的俄方代表戈洛文也曾积极与之接洽过，极力怂恿他们对沙皇宣誓效忠以正式成为俄方臣民。但不久之后由于局势的改观，多数初期萌生投俄考虑的王公最后还是做出了南下投效清朝的政治抉择。[④]这就是当时一部分喀尔喀王公在清、俄两大政治势力之间的真实观望态度，但对于这些人来说，无论投向哪一方，当务之急都是设法寻求更强大政治势力的庇护以求摆脱眼下噶尔丹造成的军事威胁，而谈不上还有心思与精力要在已处于外交谈判前夕的清、俄之间挑拨关系，制造不和。

同页还称在喀尔喀和青海归顺清朝后，清帝仍然不能解决噶尔丹之问题。这一表述反映出作者将青海和硕特蒙古人和喀尔喀人同等看待，认为他们也如后者一样在 17 世纪 90 年代初期就已彻底成了清的臣民。可是这又是一项史实误判。和硕特蒙古人在清

① [法]伯希和著，耿昇译：《卡尔梅克史评注》，第 25 页。

② [日]田山茂著，潘世宪译：《清代蒙古社会制度》，北京：商务印书馆，1987 年版，第 107 页。

③ 乌云毕力格等：《蒙古民族通史》第四卷，第 12-16 页。

④ 柳泽明：《ガルダのハルハ侵攻（1688）后のハルハ诸侯とロシア》，收入《清朝と东アジア——神田先生古稀纪念论集》，东京：山川出版社，1992 年，第 179-196 页。也参看[俄]齐米特道尔吉耶夫著，范丽君译：《17-18 世纪蒙古诸部与俄罗斯》，呼和浩特：内蒙古人民出版社，2009 年，第 67-85 页。

朝与噶尔丹交兵之初，在两者之间并未表现出明显的政治倾向性，也未像喀尔喀蒙古人那样不久即向清廷全面输诚。和硕特部以后长期和清朝维持若即若离的表面关系，故在康熙末年允禵（胤祯）入藏驱准之役中并未全力协助清军进剿，甚或还私下与准部保持联络。[①]清朝真正对青海蒙古确立起如喀尔喀蒙古那样的统治体制是晚至1724年罗卜藏丹津反清起事以后。而相应的盟旗制度也才开始在青海地区设置。因此作者关于蒙古各部对清朝态度的判断是很不准确的。

作者同页对清朝和准部的关系的最终结局所下的结论也很奇怪。她称事实上一直到清帝国覆亡时，原准部所控制的广大地域从新疆到西藏的一部始终战乱不休。可以说清朝并未完全征服准噶尔人，其成就只是在于把准部完全改造成了蒙古人。这一论点没有最起码的史实依据，难道能说19世纪以来今新疆地区的数次政治动荡（从张格尔叛乱到浩罕武装入侵等）都是准部残余反清势力不断煽动的结果吗？如果说清朝未能完全征服准部的话，那么什么样的定义才符合作者心目中“完全征服”的概念？作者所持的观点显然是荒谬不值一驳的。

第317页对四卫拉特的具体组成所下的判断是卫拉特本部（the Oyirods proper）、土尔扈特、和硕特、准噶尔。作者的这一定义过于随心所欲，试问什么才算是“卫拉特本部”？以前有哪些学者使用过这一概念？她所列举的四卫拉特组成名单可以说是不容于蒙古史中关于这一概念的任何提法。如果依照《蒙古源流》的记载，四卫拉特是指土尔扈特、辉特、巴噶图特、绰罗斯，若按照清代官书的界定，则四卫拉特又是指绰罗斯、都尔伯特、和硕特、土尔扈特。而如果从氏族名称的差异来看，四卫拉特又是和硕特、绰罗斯（再分出准噶尔和杜尔伯特）、土尔扈特。[②]故作者的提法和上述划分均不切合。

同页接下来有段叙述更是充满让人匪夷所思的“新意”。作者指出皇太极在盛京的官僚机构中已经有不算很少的西蒙古人（a small number of Oyirods）。其身份是最早的官员和考官（examiners），地位相当于皇太极身边的谋士（advisors）。很可能是通过结识这些人，理藩院才将西蒙古语单独看做一种不同于东蒙古语的语言。可惜他们在当时所起的作用到了18世纪时已遭到了遗忘。

相信一位认真的专业读者看到上述论断时定会惊诧莫名的，因为居然早在皇太极的时代就已经颇有些漠西蒙古人在为满洲官僚体制尽忠效力了。这可是在其他讨论这一时期的学术著作中难以找到的新奇内容。非常让人遗憾的是，对于学术意义如此重大的“史实发现”，作者却没有注出任何资料来源，无论是原始文献的出处还是二手性研究成果。好在作者稍后为《剑桥清代前中期史》所写的部分又两度涉及这一内容，对于我们查找其来源总算提供了一点小小的线索。柯氏其中一处指出西蒙古人的向东迁移对于努尔哈赤和皇太极的统治体制不无帮助，既使前者接触到佛教对于政治的影响，也使得后者在盛京的官僚机构中的第一批官员和考官中就有了不算很少的西蒙古人。看来柯氏认定西蒙古人在皇太极父亲当政时就已经发挥政治智囊一类的作用，对于塑造后金最高统治者

---

① 胤祯：《抚远大将军奏议》，收入中国社会科学院历史研究所清史研究室编：《清史资料》第三辑，北京：中华书局，1982年，第165-167页。

② 羽田明：《エルト族考》，收入氏著：《中央アジア史研究》，第171-173页。原文发表于1955年。

的宗教政治观真是劳苦功高。可惜此处论述同样没有提供哪怕一条最简单的书目注释，以至于让读者急欲了解其依据了哪些原始史料方做出此等惊人之言的盼望再度落空。不过作者在同书中另一处却写到当皇太极建立官僚机构时，礼部最开始由苏完氏的刚林主持，而他曾在 1634 年被钦定为“举人”。通过与另外两位满洲人和三位西蒙古人联手，他持续地提出详细阐明政府的民事职能的计划。①由此看来作者掌握的有关西蒙古人在最早的后金官僚体制中效力的史料信息与刚林密切有关。那么查考刚林的有关事迹不就可以顺藤摸瓜地寻找到这些西蒙古人的事迹线索了吗？

可是首先查考《清太宗实录》卷九天聪五年（1631）年设立六部的记载，可知当时是由萨哈廉贝勒主该部，其下设满洲承政二人，蒙古承政和汉承政各一人，并未出现刚林的名字。故柯氏关于刚林的叙述开口即错。其实刚林其人在天聪八年（1634）才初见于《清实录》本年的夏四月辛巳条记事中，也确实缘于在礼部主持的考试中因其习满书而被钦赐为举人。而在有关刚林一生的记载中似乎也只有这一次和蒙古人能够明确扯上些关系。因为此次钦赐举人的名单中，满洲习满书者有刚林等二人，而满洲习汉书者有查布海等二人，蒙古习蒙古书者有俄博特等三人。该史料在民国修撰的《清史稿》卷八三《选举志》中却被极其粗心地省略作“天聪八年，命礼部取士，取中刚林等二人；习蒙古书者俄博特等三人，俱赐举人”。如果以后面这条记事和柯氏的叙述相对比，似乎就可看出两者的一些联系了。笔者怀疑她正是在误解《清史稿》这条记载文意的前提下，以为该史料是说刚林与另两位满洲人和三位蒙古人携手得到皇太极的重用以踏上仕途；而且其中的作为人名的俄塞特又因为读音稍显近似之故被她进一步和厄鲁特混淆起来，所以断定这三位与刚林等人同时进用的蒙古人均是西蒙古人。这样的解释不知是否恰好能够澄清柯氏观点的史料来源？当然笔者的以上思路也只是猜测而已，未通之处切盼读者指教。总之作为如此高规格的学术出版物（《剑桥中国史》系列之一）和获奖大作（列文森中国研究最佳著作奖）来说，在如此充满新见而颠覆传统旧说的史实论断下面竟然不注明任何出处来源，而让读者费尽心思地到处东猜西猜，无论是在东方还是西方，这样一种做法难道符合最基本的学术规范吗？

作者在《透镜》的本页及《剑桥史》的相关部分中还将西蒙古人使用的托忒文创制的时间定在 1600 年。其实根据创制人扎雅班智达的传记中的叙述，托忒文的发明时间是在 1648 年。②同页中还称极可能正是这些西蒙古人传教者才将喇嘛教带入到蒙古，时间还在东蒙古人赐喇嘛教上层宗教领袖以达赖喇嘛的称号之前。作者认为在蒙古人中西蒙古人最早接触藏传佛教是因为地理上比较接近的缘故。她还认为西蒙古人将藏传佛教向东传入到辽东北部和吉林。柯氏对西蒙古人最早接触藏传佛教的观点纯属臆测。这也被 20 世纪以来学界对于藏传佛教在明代后期进入蒙古地区的共识性看法所否定。藏传佛教在 16 世纪下半期在俺答汗统治的东蒙古人的地区内首先得到推动，并很快形成以归化城（呼和浩特）为中心的佛学教育中心。直到该地的佛学水平已经远近遐迩以后，

---

① W J.Peterson ed. *The Cambridge History of China, Volume9 Part One: The Ch'ing Empire to 1800*, p328.

② J.Miyawki, “Historical Significance of The Biography of Jaya Pandita”, in. G.Stary ed. *Proceedings of the XXVIII Permanent International Altaistic Conference . Venice 8-14. July. 1985*, p159.

西蒙古人中出现的首位著名高僧学者内济托音（Neyiči Toyin）才在1607年径直前往藏地直接师从班禅，以后又于1619年前来归化求学传法。[①]故西蒙古人普遍信仰藏传佛教的时间要略晚于东蒙古人确是不争的事实。作者不该简单化地仅仅根据地理因素来提出一项事关全局的重大史实判断。何况即使真从地理角度上认真考察，也会发现16世纪的东蒙古人反而比西蒙古人更加临近藏区，因当时前者尚未征服天山以南的塔里木盆地，其主要活动地区还限于今新疆北部和外蒙古西部。相反东蒙古的俺答汗从嘉靖三十八年（1559）前后就开始将势力西扩到青海地区。[②]故东蒙古人接触藏传佛教实较僻处天山北路以远的西蒙古人更加坐享天时地利之便。

同页还论述西蒙古人与其南邻回部的穆斯林统治者建立了军事上的联盟。按所谓军事上的联盟一般都指其中参加的双方或多方多少均享有地位上的平等性，即使联盟中存在以其中一方作为强势的主导力量。而准部强大以后对天山南路的回部可以说采取的是直接的监控奴役与间接的统治相结合的胁迫手段，两者的关系具有明显的主次性和非平等性，远远不具有军事联盟的特性。这一点是治清代新疆史的学者均熟知的，无需在此赘言。另外所谓的军事联盟一旦形成，必然是针对共同的假想敌作为军事防范的对象，不知在作者看来，西蒙古人和回部的军事联盟究竟是针对哪一方政治力量？而这一联盟的存在又反映在哪些具体历史事件上？

第319页称噶尔丹之后的准噶尔统治者策妄阿拉布坦击败了柯尔克孜人，并统治其直到巴尔喀什湖一带。按作者此处弄错了准部西邻突厥系民族的位置，从准部控制的伊犁河流域向西延伸到巴尔喀什湖的大片区域是哈萨克人的传统游牧地，[③]而柯尔克孜人的分布区域则在位置更为靠南的天山山脉地区以及其西的河中和阿富汗一带。[④]而恰恰是在策妄统治时期，准部对其西邻的哈萨克人发动了大规模的军事入侵，造成其部落流离失所，人口和财产均蒙受了惨重损失。此次入侵对哈萨克人无疑等同于一场浩劫。[⑤]故作者明显是将哈萨克人和柯尔克孜人张冠李戴了。

同页接下来又称策妄又吸收了土尔扈特人，并称后者西迁到伏尔加河流域后过着悲惨的生活以至又返归蒙古结果却成了策妄扩张的受害者。而在《剑桥史》的相关部分中，柯氏又补充称策妄击败和吸收了土尔扈特人，其余表述同上。[⑥]笔者读了这段叙述后，感到作者似乎在史实背景上混淆了1700年前后的三济扎布东归准噶尔和1771年渥巴锡的东归这两大重要事件。前者是因为和其父亲土尔扈特阿玉奇汗不和，又加上其试图成为汗国统治继承人的努力遭到失败，因此才轻信了策妄的离间引诱，率领大批部众出走，

① W.Heissig, "Neyiči Toyin:Das Leben eines lamaistischen Mönches", *Sinologica*3/1953, SS1-44; 4/1954,SS21-38. 若松宽：《蒙古喇嘛教史上的两位传教者——乃济托音与扎雅班智达》，收入若松宽著，马大正编译：《清代蒙古的历史与宗教》，第245-248页。

② 薄音湖：《俺答汗征卫郭特和撒拉卫郭尔史实》，《内蒙古大学学报》1982年第3-4期。

③ [日]佐口透著，章莹译：《新疆民族史研究》，乌鲁木齐：新疆人民出版社，1993年，第359-361页。

④切罗伊夫：《吉尔吉斯人》，收入[法]阿德尔等主编，蓝琪译：《中亚文明史》第5卷《对照鲜明的发展：16世纪至19世纪中叶》，北京：中国对外翻译出版公司，2006年 第74-79页。

⑤ 拜巴科夫等：《哈萨克人》，收入[法]阿德尔等主编，蓝琪译：《中亚文明史》第5卷《对照鲜明的发展：16世纪至19世纪中叶》，第60-61页。

⑥ W J.Peterson ed. *The Cambridge History of China, Volume9 Part One: The Ch'ing Empire to 1800*, p352.

前来投奔准噶尔汗国，结果却遭到所领部众被策妄悉数吞并的命运。[①]当时伏尔加河流域的土尔扈特汗国仍处在阿玉奇统治时代，国势还处于相对强盛时期，而跟半个多世纪以后的渥巴锡回归前夕面临的日趋窘迫的艰难处境完全不可相提并论，故根本说不上是“过着悲惨的生活”。又由于策妄是用阴谋诡计的手腕达到了其占有土尔扈特属民的政治目的，故也谈不上是靠武力“击败”（defeated）了他们。

第 319—320 页称阿睦尔撒纳于 1755 年叛清以后的结局是“被杀”（was killed）。实际上其人是患天花而亡。

第 324 页称钦察人和哈萨克人控制了金帐汗国及其后继者白帐汗国。此说在表述上也有“时间错乱”（anachronism）之失，因哈萨克这一名称在 1466 年才出现在中亚历史上，其在当时是指不愿臣事昔班汗而向东前往察合台后裔之地以寻求庇护的前乌兹别克汗的后人。[②]而这时金帐汗国及白帐汗国在中亚草原上的统治早就不复存在了。

第 330—331 页关于清军入藏驱准的叙述犯了和前面《满洲人》一书第 100—101 页几乎完全相同的差错，也是说清军在 1718 年首次护送七世达赖入藏并在拉萨建立起统治体制，但以后遭到准部军事力量的反击而一度退出，直到 1720 年才再次控制拉萨。不过此处比《满洲人》还多出了一处史实谬误，即 1720 年以后原来控制西藏的察哈尔蒙古贵族体制被理藩院的职能所取代。作者显然不知道自固始汗到拉藏汗之间实际干预藏地事务的蒙古汗王均是西蒙古和硕特一脉而非东蒙古察哈尔系统。

当然《透镜》与《满洲人》共享的错误尚不止此。又如第 165 页仍称上三旗成立于皇太极时期，源于莽古尔泰在 1633 年去世后，他生前所领的镶白旗（The Bordered White）即落入到皇太极手中，成为上三旗之一。可见柯氏始终没弄明白上三旗是由两黄旗和正白旗组成，其正式形成于福临亲政以后，又将莽古尔泰生前实际所领的正蓝旗误会成镶白旗，复把后者的逝世年份晚置了一年。仅仅一两行叙述中竟然出现如此密集的史实谬误，这对于一位貌似著作等身且具有国际知名度的满学专家来说，殊难令人理解。第 253 页同样将《大义觉迷录》的刊行时间置于 1730 年，又是比实际时间晚一年。

此外作者在其著作中关于蒙古史的叙述还有更为让人大跌眼镜的地方。《透镜》第 265 页称《蒙古秘史》在清代被重校（revised）和重印（reprinted）过许多次，而在重印前还被翻译成蒙古字体（translating into Mongolian script）。柯氏在《剑桥史》中则称清代的蒙古史著作大多根基于《蒙古秘史》，后者在 1662 年首次由清政府予以刊印。[③]作者的这番叙述实在让熟悉《蒙古秘史》的读者丈二摸不着头脑。试想，如果清代已经有人将《蒙古秘史》从汉字音译的形式转写翻译成蒙古字体，并且还搞过版本的校订工作，那么 20 世纪的那些以毕生之力穷究这一名著的学术巨匠从伯希和、海尼士到小泽重男、亦邻真等还需为《秘史》的整理与还原而呕心沥血、绞尽脑汁吗？有清一代，《秘史》一书在 1908 年以前从来就没有被刊刻过（无论是出于官方还是私人），当时流传的本子均承自明代的十二卷刊本和抄入《永乐大典》的十五卷本，其中前者到后

① 若松宽著，吴永明译：《策妄阿喇布坦的崛起》，收入若松宽著，马大正编译：《清代蒙古的历史与宗教》，第 101-108 页。

② Z.V.Togan,(ed by H.B.Paksoy) “The Origins of the Kazaks and the Özbeks”, *Central Asian Survey*11/3, 1992, pp88-89.

③ W J.Peterson ed. *The Cambridge History of China, Volume9 Part One: The Ch’ing Empire to 1800*, p351.

来只留有残叶，完整的本子仅为明刻的影抄本，故在相当长的时期内留传的并不广，直到 1908 年派生自影抄本的观古堂本由叶德辉刊行问世，该本的情况才公之于众。而后者则被不少清人抄录或再转抄过，因此，留传的范围还要更广一些，有的抄本甚至流散到了国外。①故柯氏此处叙述的错误既如此明显，是采用任何言辞都无法为之粉饰辩解的。

而所谓的刊印时间 1662 年其实是另一部重要的蒙古史书《蒙古源流》的成书时间，不过需要指出的是，该书虽然写成于康熙年间，但以后长期并未付梓，而仅以抄本的形式流通。直到乾隆年间，清朝才以成衮扎布进献的抄本为基础，经过改订以后，再翻译成满文本和汉文本，并刊刻行世，此为《源流》一书之殿本系统。②因此柯氏所犯的错误还不限于在时间上混淆了《秘史》和《源流》两书，同时对于相关古籍刊刻的知识也全系误解。正因为她对清代蒙古史书的情况掌握得极其有限，复多有错误，遂导致其轻率地下了一个完全与事实相反的史学史悖论：清代的蒙古史著作大多根基于《蒙古秘史》。其实深受印—藏—蒙同源思想影响的清代蒙古史书与出于 13 世纪的完全没有浸染佛教思想观念的草原史官之手的《秘史》在历史叙事上的隔阂之大，简直判若云泥，对此只要将前面提到的《源流》与《秘史》对读后即可知道。整个明清时期的众多蒙古史籍中只有罗藏丹津的《大黄金史》中保留了大量与《秘史》相一致的内容，但这种相似性也只是缘于前者与后者一样，均在史源上来自大蒙古国的皇家秘籍《脱卜赤颜》(tobčiyan)，而不能说是直接借鉴因袭自《秘史》的结果。故称清代蒙古史著作大多根基于《秘史》可以说是迄今为止蒙古史学史上一个最为荒谬不堪的命题。那么为什么柯氏会犯下如此严重的错误，个中原因已经不能再单纯地归结为知识储备的不足，而是与作者的整个学术思想体系有着莫大的直接关系。对于这一点，笔者将在以后的章节中详细剖析之。

当然另一方面不可否认，作者在某些专业知识上的训练缺陷也是致其在著述中失误频频的重要原因。这方面的问题有时还可以从专名转写的具体实例中看出。作者在《透镜》和《满洲人》中始终将林丹汗的名字拼写成 linghdan。按此人的名字在蒙古文文献中有多种写法：ligdan、lingdan、lindan 等，③但却从未写作 linghdan(=linγ dan)。而满文文献中则一直写作 lindan，同样不作 linghdan(=linγ dan)。④作者自造的 linghdan 一词显然不合转写时“名从主人”的原则。

关于柯氏内亚史研究的造诣究竟如何，我们还可以通过检查其 2006 年发表的《创造蒙古人》来续加揭示，因为其确曾涉及大量关于内亚的专业历史知识。该文收入由她和另外两位主编合作编辑并承担导言撰写的一本研究中华帝国晚期族性与文化多元性问题的论文集中。⑤是书出版后引起了国内学界的一定反响，有的学者也撰写了较详细

① 亦邻真：《〈元朝秘史〉及其复原》，收入《亦邻真蒙古学文集》，呼和浩特：内蒙古人民出版社，2001 年，第 714 页。

② 田村实造：《殿版蒙古源流について》，收入岩井博士古稀记念事业会编《岩井博士古稀记念典籍论集》，东京：东洋文库，1963 年，第 360-362 页。

③ L.Ligeti, “Deux Tablettes de T'ai-Tsong des Ts'ing”, *Acta Orientalia Academiae Scientiarum Hungaricae* 8/3, 1958, p226.

④ 此点承达力扎布教授教示，特此致谢。

⑤ P K.Crossley, “Making Mongols”, in.P K.Crossley, H.F,Siu and D.S.Sutton eds. *Empire at the Margins: Culture, Ethnicity ,and Frontier in Early Modern China*, Los Angeles: Univ. of California Press, 2006, pp58-82.

的评论文章予以介绍和肯定。[①]不过目前围绕书中具体篇目的有关评论尚未延伸到对柯氏其文的史实商榷上，而这正是本文下面所要着力评价的。

很遗憾若以专业的眼光来审读，该文正文首节的第一句概括性表述（p59）就很不恰当。其原话是：“在中华晚期帝制阶段（1368—1912），内亚和中亚的许多民族均声称他们的世系或者部分的世系来自成吉思汗时代的蒙古人”。这句论断纯属大而无当。实际情况是，许多内亚的统治者（既包括突厥人，也包含蒙古人）均将其血统追溯到成吉思汗家族上，以至在理论上只有具有成吉思汗家族血统者（包括与之联姻）才有资格称汗自立。[②]正因为如此，故学术界长期使用 Chinggisid 一词来指代那些血统上与成吉思汗家族有亲缘关系的统治者所建立的政权，这一点我们只要看看最新出版的《剑桥内亚史》续卷的副标题即可明了。至于广大普通民众的世系是否也要上溯到成吉思汗时的蒙古人则并不如作者这般言之凿凿，例如西蒙古人的传说始祖孛汗就没有被认定为是成吉思汗时代的人。更加确凿有力的反证则是《史集》和《突厥世系》一致反映出蒙古时代及以后的大多数突厥人（也包括一些突厥化的蒙古人）均乐于承认本民族的祖先起源于传说中的神话人物乌古思汗所生活的时代而非现实中的成吉思汗时期。因此作者置于正文开始的这一提纲挈领的论断并不契合当时多数内亚民族的真实思想观念。它对于本文的读者很容易造成一定的误导性。

第 59 页还称明代的卫拉特人分布在巴尔喀什湖（the Lake Balkash）地区。然而如前所述，一直到策妄在位的 18 世纪早期，西蒙古人通过对哈萨克人的军事征讨才开始把统治扩展到巴尔喀什湖地区。况且作者自己对此史实也应是清楚的，虽然她把哈萨克人误判成柯尔克孜人。考虑到西蒙古人的祖先斡亦剌人在蒙元时期即活动在贝加尔湖西北方的昂可剌河（安哥拉河）和该湖西方的谦河（叶尼塞河）之间的广阔区域。[③]因此从地理上看，这里的巴尔喀什湖似为贝加尔湖之误。可为此点佐证的是柯氏在《透镜》中所附的两幅反映清朝及其周边区域的大比例尺地图，分别在第 4—5 页和 130—131 页。作者在前者中将巴尔喀什湖错标成贝加尔湖（Lake Baikal），而把蒙古正北方的贝加尔湖误标作巴尔喀什湖（the Lake Balkash）。而在后者的地图上，巴尔喀什湖的地方未标任何字样，贝加尔湖的位置却依然张冠李戴地标示着巴尔喀什湖（the Lake Balkash）的名称。这样将三者一对照，疑惑就迎刃而解了。原来在多数情况下（除开策妄远征的一例），柯氏竟然把相隔上千公里的贝加尔湖和巴尔喀什湖的地理方位截然弄反了。如此硬伤即便对一位新手来说都是不可原谅的，而现在却居然出现在一位连续荣膺古根海姆学术研究奖和列文森中国最佳著作奖的资深教授身上，并且此类失误还从 1999 年一直延续到 2006 年，这对于那些对“新清史”印象颇佳的读者来说，恐怕是他们万万没有料想到的。

第 60 页在叙述瓦剌集团结束元室后裔在蒙古草原上的统治时，先是指出前者出现

---

① 针对此书的篇幅较长的专业性评论可参见鲁西奇：《“帝国的边缘”与“边缘的帝国”——〈帝国在边缘：早期近代中国的文化、族裔性与边陲〉读后》，收入姚大力、刘迎胜主编：《清华元史》第一辑，北京：商务印书馆，2011 年，第 455-473 页。

② 佐口透：《モンゴル帝国の継承国家について》，《月刊シルクロード》1/10，1979。

③ [波斯]拉施特主编，余大钧等译：《史集》第一卷第一分册，北京：商务印书馆，1983 年，第 192-193 页。

的第一位敢于用武力清除北元可汗的领袖人物是柯尔克孜人兀格赤，以后又称大名鼎鼎的瓦剌首领脱欢、也先都具有柯尔克孜人的血统。若作者的上述论断成立，那么所谓的瓦剌统治集团实际上应该改叫柯尔克孜精英团体了。这一观点对于旧说的颠覆性不问可知。可惜作者给出的文献注释 12 并不详细，很大程度上仍然只能靠读者自己去费力搜寻一番。按杀死北元可汗额勒别克的瓦剌人在《蒙古源流》中作兀格赤·哈什哈（Üge či·qašqa），后面的哈什哈虽然是职务头衔名称但决不能省去，因草原上同名现象极其普遍，唯有加上职务名称才能起到区分作用。按照《源流》的交代，其人来自瓦剌一克呼古特（Oyird Keregüd/Kergüd）部。[①]至于将克呼古特勘同为柯尔克孜，其实源于伯希和等人的见解。[②]当然也不乏其他学者支持。[③]这大概就是柯氏将兀格赤·哈什哈认定为柯尔克孜人的来历了。不过接下来根据《源流》的记载，马合木（《源流》中的巴秃拉丞相）—脱欢（《源流》中的巴噶穆）父子却与克呼古特部没有任何血缘上的关系，虽然脱欢的生母撒木儿公主后来一度改嫁给兀格赤·哈什哈的继承人额薛古。[④]大概柯氏对于《源流》中上述人物之间彼此错综复杂的社会关系没看明白，结果把脱欢之父误识为兀格赤·哈什哈的兄弟，因此才得出了脱欢—也先父子均为柯尔克孜人后裔的悖论。由此可见，作者对于明代蒙古史的知识掌握得很不牢靠而又轻下判断，时作惊人之语，故衍生出了其他学者均得以避免的失误。

实际上就连柯氏不注出处而只是因袭前人的克呼古特即柯尔克孜说现在看来也已无法成立了。历史上的克呼古特部因其长期分布在南西伯利亚一带，故与同样起源于这一大区域的两个影响更大的民族——瓦剌（斡亦剌）和仍滞留在叶尼塞河流域一带而未曾西迁中亚的柯尔克孜人（哈卡斯）均发生过依附从属关系。不仅像兀格赤·哈什哈这样的克呼古特首领曾加入过瓦剌联盟集团，而且后来另一部分克呼古特人还以 Kere(y)it/Kireyit 的族称成为叶尼塞地区柯尔克孜兀鲁思中的重要政治实体 Isar 小邦的重要成分，直到 1704 年才被准噶尔汗国强行迁入准部而被迫离开故土。[⑤]此外，与中亚的柯尔克孜人内部拥有名作 Kereyit 的氏族相对应，在现在的阿尔泰突厥人中也有一个克呼古特(Kergit)氏族。[⑥]这些特征使人易于将其混同为柯尔克孜人了。然而从民族起源的角度上看，克呼古特与瓦剌和柯尔克孜均不相同。首先作为克呼古特的名称 Keregüd/Kergüd～Kere(y)it/Kireyit 与柯尔克孜（黠戛斯）的各种名称在审音上不能勘同。正如蒲立本在对后者从汉到唐的各种汉译名称所作的综合性分析所表明的，从汉代的坚昆到唐代的黠戛斯的译音差异实际上反映了古突厥语的尾音-r>-z 的规律性演

① 乌兰：《〈蒙古源流〉研究》，沈阳：辽宁人民出版社，2000 年，第 267、294-295 页、623 页。

② [法]伯希和著，耿昇译：《卡尔梅克史评注》，第 24、48-49、70 页。

③ [法]勒尼·格鲁塞著，魏英刚译：《草原帝国》，西宁：青海人民出版社，1991 年，第 547 页；切罗伊夫：《吉尔吉斯人》，收入[法]阿德尔等主编，蓝琪译：《中亚文明史》第 5 卷《对照鲜明的发展：16 世纪至 19 世纪中叶》，第 73-74 页。

④ 乌兰：《〈蒙古源流〉研究》，第 267-270 页。

⑤ C.Schönig, "Sübsibirisch-türkische Entsprechungen von Võlker-und Stammesnamen aus der Geheime Geschichte der Mongolen", in.M.Erdal ed *Exploring the Eastern Frontiers of Turkic*, Wiesbaden: Harrassowitz, 2006, S232. 类似的南西伯利亚族名后的复数词尾 it～ut/üt 间的交替变换，也见 Telengit～Tenggu(ü)t，Merkit～Mürküt 等。

⑥ S.M.Abramson, "Ethnogenetic Ties of the Kirghiz with the Altai Peoples", in.*Trudy Dvadcat' Pjatogo Mezdunarodnogo Kongressa Vostokovedov. Moskva avgusta 1960*, T3. Moskva 1963, p302.

变。[①]而克呼古特的族名形式恰恰没有经历这一类似演化而只是出现了复数词尾 it～ut/üt 间的元音交替。其次，克呼古特还作为独立的人群名称（Kerey kiži）而非氏族名称在南西伯利亚的库曼丁人的萨满教诗歌中出现过，并与图瓦人并列。[②]这也显示出其与当地居民同样熟悉的柯尔克孜人或哈卡斯人不同，系自为一古老人群。更为重要的是，早在反映 8 世纪后半期北亚民族分布形势的 P. T. 1283Ⅱ藏文文书中就已经同时出现了该部族和黠戛斯人的名称。下面即对这一材料略作分析解说。

在该文书第 35—36 行出现了一个藏文转写形式为 Khe-rgad 的部族名称，其居住在用白桦树皮搭盖的帐篷中，向当时统治草原的回鹘人交纳青鼠毛皮。[③]较早译注研究它的学者限于其所见不周，怀疑 Khe-rgad 系出现在同一文书中的黠戛斯一名的藏语转写形式（Hirtis/Girtis/Hirkis）的某种讹变。[④]然而两者的词形形态差别之大是决不能用讹变一说来弥缝解释的，故后来重新研究这一文书的学者森安孝夫明确拒绝了这种臆测，他根据文书本身对其物产和生活特征的描述，再结合文书称其分布于某地的东北部而森安氏又将“某地”认定是漠北回鹘本土，故推测其具体位于贝加尔湖的东南方，肯特山以北的区域内，而与唐代史料中的操蒙古语系统的室韦人相对应。[⑤]森安氏对于前人将 Khe-rgad 混同于黠戛斯的批评是有见地的，但对其地望的比定却失之于东，将它和室韦相勘同就更缺乏证据。不过森安氏在其同一论文的法文简译本中的相应注释中却增加了法国突厥学家巴赞（L. Bazin）所写的一则补记：藏语形式的 Khe-rgad 很可能即 Käräyit，其来自蒙古语 * kärägit。故上述比定实际上已经为克呼古特的名称 Kergüd/Kergüd～Kere(y)it/Kireyit 找出了其更早的语音形式，只是巴赞本人的个人关注点在于它和后来著名的蒙古克烈部的名称克烈亦惕（Käräyit）在族名上的联系以及后者的词源。[⑥]如果这些学者对于南西伯利亚靠近阿尔泰地区的克呼古特人在历史上的活动情况能有所了解的话，那么不难发现，藏文文书中的 Khe-rgad 实际上就是明清时期附属于西蒙古人和南西伯利亚柯尔克孜族的克呼古特人。其本来应属于当地操突厥语的森林部族，晚期因与瓦剌人接触，故部分人群渐渐蒙古化，但融入柯尔克孜和阿尔泰突厥人中间的那些民众仍然继续使用突厥语。

---

① E.G.Pulleyblank, "The Name of the Kirghiz ", *Central Asiatic Journal* 34/1-2, 1990, pp98-108.

② D.S.Kara, “Vilmos Diószegi's Collection of Kumandy Shamanism from 1964”, in.A.Sárközi etc eds. *Altaica Budapestinensia MMⅡ Proceedings of the 45th Permanent International Altaistic Conference, Budapest,Hungary, June 23-28, 2002*, Budapest : Eötvös Loránd Univ. ,2003, p302. 作者误将 Kerey 比定作哈萨克人。

③ 森安孝夫：《チベッド语史料中に现われる北方民族——Dru-gu と Hor》,《アジア·アフリカ言语文化研究》14/1977，第 5 页；F.Venturi, “An Old Tibetan Documents on the Uigurs: A New Translation and Interpretation”, *Journal of Asian History*42/1, 2008, p25.

④ J.Bacot, “Reconnaissance en Haute Asie Septentrionale par cing envoys Ouigours au Ⅷe siècle”, *Journal Asiatique*244/1956, p138; G.Cluason, “À propos du Manuscript Pelliot Tibétain 1283”, *Journal Asiatique*245/1957, p22.

⑤ 森安孝夫：《チベッド语史料中に现われる北方民族——Dru-gu と Hor》， 第 25、32 页；T.Moriyasu, “La Nouvelle Interprétation des mots Hor et Ho-yo-hor dans le Manuscrit Pelliot Tibétain 1283”, *Acta Orientalia Academiae Scientiarum Hungaricae* 34/1-3 , 1980, pp178-179.

⑥ 有关对克烈亦惕的词源学分析参看 P.Pelliot et L.Hambis, *Campagnes de Gengis Khan: Cheng-Wou Ts'ing-tcheng lou, traduit et Annoté*, Leiden: Brill, 1951, pp207-209. 其中伯希和已经看出了该名称和克呼古特（Kärgüt）的关联，但仍未怀疑后者即柯尔克孜的论断。

可以表明 Khe-rgad 与东北亚的室韦集团没有关系的另一项证据出现在 8 世纪中叶以后吐蕃控制河西地区期间所留下的藏文借贷文书中。这些大致处于 9 世纪前后的借贷文书中有一件详细列举了当时的借贷者的姓名和族属，其中就有来自 Khe-rgad 的名唤 lha-cung 的人，和他并列的还有汉人、突厥人、苏毗人、多弥人等。文书的翻译者武内绍人接受了森安孝夫的前述意见，径直将其当作蒙古人。[①]罗纳塔斯在评论中则更重视巴赞将其与克烈部相联系的观点，并且赞同森安氏将 Khe-rgad 与黠戛斯严格区分的意见。[②]从 9 世纪前后北亚各政权的联系上看，控制河西的吐蕃与活动在蒙古高原上的回鹘汗国关系尖锐对立，而与西域的葛逻禄和南西伯利亚的黠戛斯结成了共同对抗回鹘的政治联盟。[③]正是在这种政治背景下，河西的吐蕃人和位于遥远的叶尼塞河流域上游的黠戛斯汗国存在着紧密的交往联系。一方面保存下来的叶尼塞地区的卢尼文突厥语碑铭透露出黠戛斯使臣前往吐蕃的事迹，另一方面敦煌所出的藏语写经跋文则反映了吐蕃河西节度使派遣下属出使黠戛斯的史实。[④]笔者认为，正是在河西与南西伯利亚存在交通来往的前提条件下，一部分或许依附于黠戛斯汗国的突厥系克哷古特人辗转来到了敦煌附近并定居下来，成为吐蕃的下属臣民，虽然其后代已渐渐采用 lha 这样的典型藏语词汇来取名。相反如果说这些 Khe-rgad 人是来自蒙古高原东北方的蒙古系室韦人，那么考虑到当时在草原上仍处强势的回鹘力量的存在，驱使双方发生联系的交通路线和政治渠道都难于解释。

当然有条件移入吐蕃境内的克哷古特人必定只是极少数，随着回鹘汗国的崩溃，大量克哷古特人应当跟随黠戛斯人从南西伯利亚向东南方向进入到蒙古草原，其后代又和从蒙古草原东部西迁的室韦—鞑靼人混合，最后形成了 12 世纪强盛一时的克烈部落联盟。故克烈人逐渐成为了突厥化程度最高的蒙古人。这也无怪乎《元史·地理志》会记下相传王罕始居于叶尼塞河流域上游的谦州之类的传说，其实际上反映了草原克烈部对其祖先居地的一些古老记忆，因为迟至王汗的时代他们早已定居在草原上多时了。同时《元史·速哥传》反映了某些克烈人将其祖先与黠戛斯人相混同的族属观。以上材料共同折射出已经完全草原化的克烈部在族源上确实和南西伯利亚的突厥系森林民族有着内在的关联，克哷古特与克烈亦惕在名称上的一致绝非单纯的巧合。[⑤]综上可见，围绕克哷古特问题所需要澄清考察的史实之繁琐复杂，恐怕远非只是简单地依从前人观点再随意发挥的柯氏所能预想到的。

第 61 页称满都鲁可汗去世于 1467 年。事实上应采纳《明实录》的有关记载，他死

---

① T.Takeuchi, *Old Tibetan contracts from Central Asia*, Tokyo 1995, pp81-82.

②Á.Róna-tas, review of Takeuchi, Tsuguhito. *Old Tibetan contracts from Central Asia, Tokyo ,1995*. *Central Asian Journal* 42/2,1998,p323.

③ 王小甫：《唐·吐蕃·大食政治关系史》，第 211-212 页。

④ 高田时雄：《藏文书写阿弥陀经的跋文——藏汉对音资料年代考》，收入[日]高田时雄著，钟翀等译：《敦煌·民族·语言》，北京：中华书局，2005 年，第 62-77 页。

⑤ 关于 12-13 世纪克烈部的语言属性，参见亦邻真：《中国北方民族与蒙古族族源》，收入《亦邻真蒙古学文集》，第 577-578 页；陈得芝：《十三世纪以前的克烈王国》，收入氏著：《蒙元史研究丛稿》，北京：人民出版社，2005 年，第 208-218 页。两文分别主张突厥说与蒙古说，均为国内学界较有代表性的看法。

于1479年而非干支有误的《蒙古源流》所称的丁亥年（1467）。[①]同页还把满都鲁的名字转写成Mandaghol，应改为Mandughul。因为作者误信1467年之说，所以接下来他又把达延汗即位的时间弄错为1470年，实际上应是满都鲁去世的1479年，同样柯氏认为的达延汗与满都海合屯成婚的1481年也是达延汗即位并于同年成婚的1479年之误。同页后面又称15世纪90年代初期，满都海合屯尚率军出征西蒙古人。按所谓的合屯亲征瓦剌的记述来自《蒙古源流》，称当时达延汗还极年幼，所以合屯出征时把前者放在座箱内，一同去讨伐瓦剌，结果在帖思·孛儿图地方大败敌人。[②]这段记事没有注明年份，但若实有其事则不会像柯氏认为的那样晚，因为达延汗即位成婚时已届七岁，到15世纪90年代初已完全成年，怎么可能还被放在座箱内呢？实际上早在1485年，朝鲜方面就称达延汗“为人贤智卓越”（《李朝实录》成宗十六年二月庚辰条记事）。同样《明实录》在这之后的记事也反映出达延汗已经实际掌握了权力，故《源流》的上述记载若真有其事，必然是发生在达延汗还相对年幼的15世纪80年代早期。不过此事本身甚为可疑，未必即为史实。[③]

第62页称成吉思汗就已经与西藏萨迦派建立了政治联系，并提升其地位使之能够控制藏地。按所谓成吉思汗时期即与藏地开始政治交往的说法存属不实之词，这类见于某些晚期蒙古史籍的记载其实是对成吉思汗时期蒙夏关系的曲解，把成吉思汗对西夏君主的政治举措移挪到蒙藏关系上。[④]可以说成吉思汗时期真正意义上的蒙藏交往尚未开始，而包括《蒙古源流》在内的晚期蒙古史书所叙成吉思汗邀请西藏宗教上层来访之事并非事实。萨迦派与蒙古的政治联系开始于窝阔台统治时期的阔端所部入藏以及其后的邀请萨迦派高层前来凉州等史事。[⑤]故柯氏的论述又有“时间错乱”（anachronism）之失。同页后面又把俺答汗和索南嘉措在仰华寺的会见时间误记作1576年，实际上应是1578年。

第63页称四世达赖本是一位喀尔喀王公之子，又称其于1588年被确定为三世达赖的灵童转世。以上两点均为史实误判。首先四世达赖云丹嘉措的灵童身份是在1592年确定，1588年只是三世达赖圆寂的年份，而云丹嘉措出生于近十个月后的1589年初，这样才符合从圆寂到转生通常所需要的时间历程。[⑥]而拉萨方面在确定转世灵童的大致方位一事上也是颇显慎重而耗费多时（这也符合寻访高级活佛转世灵童的惯例），直到1589年的晚些时候才决定派遣使团调查核实云丹嘉措的相关情况。故作者称其于1588年被确认为灵童无疑等于说在三世达赖圆寂不久，灵童的身份即被核实。这既不考虑灵童转世需要耗费的时间长短，同时也昧于寻访灵童程序的复杂性和耗时性，可以说全凭自己主观想象便得出了一个荒谬的结论。其次云丹嘉措并非出生于喀尔喀王公之家。其

① 萩原淳平：《明代蒙古史研究》，京都：同朋舍，1980年，第128-129页。

② 乌兰：《〈蒙古源流〉研究》，第285页。

③ 曹永年：《蒙古民族通史》第三卷，呼和浩特：内蒙古大学出版社，1991年，第192页。

④ L.Kwanten, “Chinggis Kan’s conquest of Tibet. Myth or Reality?”, *Journal of Asian History* 8/1974, pp1-20.

⑤ T.V.Wylie, “The First Mongol Conquest of Tibet Reintepreted”, *Harvard Journal of Asiatic Studies*37/1977, pp103-133.

⑥ 五世达赖喇嘛阿旺洛桑嘉措著，陈庆英、马连龙等译：《一世——四世达赖喇嘛传》，北京：中国藏学出版社，2006年，第262-272页。

有关传记称他是俺答汗王族的苏弥尔台吉与其福晋巴堪珠拉所生。[①]这位台吉实际上就是俺答汗之子僧格都固隆汗第四子。[②]其牧地可能在今商都察汗淖地区。[③]故柯氏的有关提法实在是对基本史实的莫大误解。

同页后面又称在 16 世纪末以降的半个世纪中，格鲁派还需要和萨迦派残留的支持者以及流传更广泛的萨满教作斗争。按从 16 世纪后半期开始，藏传佛教中的红帽派系统中的教派也开始在蒙古地区宣传扩大其教义，隐然形成了与格鲁派相抗衡的局面。前者中的萨迦派也确实在某些地方如漠北喀尔喀一度兴盛过，[④]不过在红帽派内部中，萨迦派对蒙古的影响已明显不如宁玛派和噶玛噶举派，而真正足以对格鲁派构成挑战的势力主要也来自这后面两大教派而非萨迦派。不少史实都可以证实这一论断。例如 1662 年写成的《蒙古源流》第二卷吐蕃部分叙及赞普邀请印度莲华生大师入藏降伏鬼怪的内容即直接取材于宁玛派宗教文献，由此反映出 17 世纪时宁玛派在鄂尔多斯地区所具有的势力和影响。[⑤]此前到 17 世纪前半期为止，宁玛派的有关著作也确实在鄂尔多斯被翻译成蒙古语。[⑥]而那时在宗教信仰上倾向于红帽派系统的重要蒙古政治人物就是漠北喀尔喀部的王公绰克图台吉（Čoγ tu qung tayiji）和漠南的察哈尔林丹汗。前者是噶玛噶举派的信徒，故对其派经典非常熟悉并与西藏红教上层联系紧密，还曾请噶举派僧人助其撰写造寺功德碑文的藏文部分。[⑦]他对格鲁派的敌视态度使得其宗教对立面五世达赖在个人传记中竭力攻击他表面信仰噶举派，实际上却信仰汉地的道教。[⑧]与绰克图台吉同时代的林丹汗在临终前作出的西迁青海地区的决定也被认为是寻求与噶玛噶举派势力合作以对抗格鲁派。而没有像噶举派那样明显卷入教派冲突的宁玛派在蒙古地区的影响则从 17 世纪一直延续到 19 世纪。[⑨]前者在内蒙古的影响日益衰退也可以从其旧有的宗教重地阿尔寨石窟寺在 17 世纪以后渐渐荒废反映出来。[⑩]因此柯氏仅仅强调萨迦派与格鲁派之间的竞争关系，而毫不言及一度影响更大的宁玛派和噶举派的叙述显然在论证上犯了轻重失当的毛病。

---

① 五世达赖喇嘛阿旺洛桑嘉措著，陈庆英、马连龙等译：《一世——四世达赖喇嘛传》，第 263 页。

② 乌兰：《〈蒙古源流〉研究》，第 439 页。

③ 曹永年：《四世达赖喇嘛云丹嘉措生地考》，收入氏著：《明代蒙古史丛考》，171-177 页。原文发表于 2005 年。

④ A.M.Pozdneev, *Mongolia and the Mongols*, vol. Ⅰ (trans.by J.R.Shaw etc),Bloomington, 1971, pp282-283,287.

⑤ 石滨裕美子：《『エルデニ·イン·トブチ』におけるニンマ派文献の影响について——特パドマ·サンヴァバ招请说话について——》，《史观》第 123 册，1990 年。

⑥ W.Heissig, *Die Pekinger Lamaistischen Blockdrücke in Mongolische* , Wiesbaden : Otto Harrassowitz, 1954, SS30-31.

⑦ 冈田英弘：《Čoγtu Qung Tayiji について》，《アジア·アフリカ言语文化研究》1/1968，第 111-125 页；乌云毕力格：《绰克图台吉的历史与历史记忆》，收入氏著：《十七世纪蒙古史论考》，呼和浩特：内蒙古人民出版社，2009 年，第 235-242 页。原文发表于 2005 年。另外，迄今流传于青海蒙古人中间的有关绰克图台吉兵败后逃入洞穴终被固始汗一方俘获的传说被认为正是亲格鲁派观念的反映，参见 W.Heissig, “Zu Einigen Mongolischen Historischen Sagen des Kukunoor-Gebietes”, in.E.Steinkellner Hrsg. *Tibetan History and Language: Studies dedicated to Uray Géza on his seventieth birthday*, Wien 1991, SS228-229.

⑧ 五世达赖喇嘛阿旺洛桑嘉措著，陈庆英等译：《五世达赖喇嘛传》（上），北京：中国藏学出版社，2006 年，第 109 页。

⑨ I.Charleux, “Padmasambhava’s Travel to the North: The Pilgrimage to the Monaster of Caves and the Old Schools of Tibetan Buddhism in Mongolia”, *Central Asiatic Journal*46/2, 2002, pp210-218.

⑩ 巴图吉日嘎拉、杨海英：《阿尔寨石窟——成吉思汗的佛教纪念堂兴衰史》，东京：风响社，2005 年，第 78-79 页。

同页还称从1580年代起，格鲁派就在东部布里亚特蒙古人那里得到传播。事实上，由于地理位置过于偏北，使得佛教传入布里亚特人的历史远没有这么悠久。直到17世纪后半期，由于一部分信仰黄教的漠北蒙古人的北迁，才导致喇嘛教传入该地区。到18世纪时东部布里亚特的喇嘛教才较为兴盛起来，而在大约1741年前后，此地首次建立了被称作扎仓的寺院。相当于僧众首脑的班第达堪布这一头衔也在以后的1764年正式设立。①同页接下来又说林丹汗统治时期将黄教整合到以归化城为中心的牢固建立起来的宗教系统中。这一论断当然与事实更是相去悬远，如上所述，林丹汗本人在思想上更为倾向于红帽派系统而非格鲁派，以至后来在行动中渐渐参与到反格鲁派联盟中。这也是大多数站在黄教一边的蒙藏史籍对其颇有批评的原因所在。②其次归化城长期是土默特蒙古的政治—宗教中心，根本就不是察哈尔蒙古稳固的宗教中心。林丹汗欲染指归化城仅体现在察哈尔部西迁之后于1627年末发动的赵城（归化）之役中。③

第64页称当时的西蒙古人在与藏地发生密切的宗教联系以后，对于西藏各教派中的具有宗教革新特征的格鲁派和改革前的各大宗派均表现出同等开放的态度。这一论断实际上是说西蒙古人对于传统的红帽系和宗喀巴创立的黄教格鲁派均一视同仁。从整体上看，该观点显然又是不能成立的。无论是和硕特部的固始汗等，还是准部从噶尔丹以来的诸汗，甚至已经远徙伏尔加河的土尔扈特阿玉奇汗等，均体现出一致的亲格鲁派政治倾向。这也反映在几乎整个17世纪内，西蒙古人的上述各部的最高统治者均竞相致力于从达赖喇嘛那里请取作为君主头衔的汗名的授封，相形之下，喀尔喀上层统治者则改向清朝皇帝请求类似的封号。而正是通过这些西蒙古的王公从达赖喇嘛那里接受到印章与头衔的政治行为，广大的普通西蒙古人也开始信服了达赖喇嘛的政教权威。④同页接下来为了表明西蒙古人的宗教宽容精神又称当时东蒙古地区的信仰伊斯兰教的起义者屡屡前往西蒙古人控制下的回疆以求庇护。笔者对这一未注出处的论断是否具有客观有力的史实性持保留意见。

同页还称托忒文创制时间是在17世纪初期，如前所述，这一错误业已出现在《透镜》中。不过此处作者还增加了两处新误。其一是将该字体的发明这扎雅班智达说成是一位西蒙古官员（Oyirod official），而实际上他的身份却是一位高僧，虽然有时也介入到世俗的政治活动中。其二则是柯氏在与这段正文论述相对应的注释中指出最值得重视的托忒文历史文献是1640年正式形成的《卫拉特法典》。按托忒文直到1648年才被

① 若松宽：《布里亚特佛教史考证》，收入氏著：《清代蒙古的历史与宗教》，第358-360页。

② 山口瑞凤：《顾实汗のチベット支配に至る经纬》，收入岩井博士古稀记念事业会编《岩井博士古稀记念典籍论集》，第744-746页；萩原淳平：《明代蒙古史研究》，第349-355页；乌云毕力格等：《蒙古民族通史》第四卷，第25-26页；I.Charleux, “Padmasambhava’s Travel to the North: The Pilgrimage to the Monaster of Caves and the Old Schools of Tibetan Buddhism in Mongolia”, p210. 阐释角度稍有不同的叙述参见[韩]金成修：《明清之际藏传佛教在蒙古地区的传播》，北京：社科文献出版社，2006年，第84-87页。关于西藏上层将林丹汗描述成反格鲁派诸政治力量之一的记载参见五世达赖喇嘛阿旺洛桑嘉措著，陈庆英等译：《五世达赖喇嘛传》（上），第101页；杨和瑨著，向红茄等译：《松巴堪布〈青海史〉译注》，收入《国外藏学研究译文集》第一辑，拉萨：西藏人民出版社，1985年，第223-225页。

③ 达力扎布：《蒙古文档案研究——有关喀喇沁部档案译释》，收入氏著《明清蒙古史论稿》，民族出版社，2003年。

④ Y.Ishihama（石滨裕美子）,“A Study of the Seals and Titles Conferred by the Dalai Lamas”, in. Z.Yamaguchi ed.*Tibetan Studies: Proceedings of the 5th Seminar of the International Association for Tibetan Studies. Narita 1989*, Vol Ⅱ, Naritason Shinshoji, 1992, pp501-514.

创制出来，怎么可能在此8年以前就已诞生的《卫拉特法典》会成为最重要的托忒文历史文献？

第 64—65 页开始转入到对明末女真的论述中，而相关叙述仍是舛误不减。首先他说努尔哈赤的后金国在 16 世纪末（in the late sixteenth century）就已出现。这自然又是大谬不然，后金国要晚到 1616 年才在历史上出现，16 世纪末的努尔哈赤还只是正致力于女真内部统一的建州部首领而已。随后更严重的问题出现相关的地望描述上。作者称扈伦四部（辉发、哈达、乌拉、叶赫）和与其结盟的科尔沁蒙古部均位于一般意义上的兴安岭山脉地区（the general region of the Khingan Mountain ranges），还补充说后者大致是蒙古人和女真人的地理分界线。海西四部中乌拉和辉发地望偏东，均在今吉林省的松花江流域范围内；而哈达和叶赫相对偏西，大致位于今辽宁、吉林、内蒙古三省区交界的西辽河和东辽河流域范围内。科尔沁部则又在后两部的西方。[①]上述地区均与地理上的兴安岭山脉距离遥远，作者的这一误断反映了其对明末女真及相邻的蒙古人应在的各自地理方位茫然无知。P65 最后的部分又犯了和前述《满洲人》一样的错误，即认为 1606 年科尔沁蒙古部给努尔哈赤上昆都伦汗的头衔。

第 66 页称科尔沁和喀喇沁两部均位于察哈尔蒙古林丹汗控制的东部边缘地带（at the eastern edge of Lighdan' s domain）。这里对喀喇沁驻地的描述完全与事实相反，因该部作为原达延汗分封的右翼部落之一住于宣府塞外，恰好在左翼的察哈尔部的西方（蒙古的方位观中，左对应东方而右对应西方[②]），因此才在后来的天启、崇祯之交被西迁的林丹汗察哈尔部攻灭。故这一叙述反映出作者对于蒙古人的地理方位观缺乏正确的认知。

同页接下来又叙述从皇太极时期才致力于模仿林丹汗的模式，使自己致力于成为藏传佛教萨迦派和格鲁派的赞助人（sponsorships）。按早在努尔哈赤时期，后金统治者就在宗教信仰上渐渐倾向于格鲁派，并以赞助者的身份（patronage）优遇从藏区前来后金的郎素喇嘛（Nangsu Lama）。[③]而林丹汗与格鲁派的关系相对疏远，其政治举措自然也不为后者所喜，故他和如其父一样继续尊敬礼遇格鲁派的皇太极又有何宗教信仰上的可比性？[④]况且后者对于萨迦派的尊重程度又最终不能和格鲁派相比。同页还称林丹汗在 1634 年的政治结局是其部下将领在皇太极的煽动下将其废黜（deposed）。这又完全违背了历史史实。若林丹汗真是遭到了“废黜”，那么为何在其同年病殁以后，其寡妻还能携传国玉玺带领大量余众来归附后金？同页最后补充说林丹汗去世前的计划是逃向西蒙古人一方。按林丹汗的迁徙方向明确指向青海，但绝不是和当时控制青海的西蒙古和硕特人会合，因后者的固始汗明显偏向于和林丹汗关系不睦的格鲁派，按照目前

---

① 相关的地理方位描述参见 G.Roth Li, “State Building before 1644”, in.W J.Peterson ed. *The Cambridge History of China, Volume9 Part One: The Ch'ing Empire to 1800*, p33.

② [法]伯希和著，耿昇译：《卡尔梅克史评注》，第 20 页。

③ Tak-Sing Kam(甘德星), “The dGe-lugs-pa Breakthrough: The Uluk Darxan Nangsu Lama's Mission to the Manchus”, *Central Asiatic Journal* 44/2, 2000, pp161-176.

④ 清太宗生前曾有出于招揽蒙古的政治目的而试图延请达赖喇嘛前来会晤的计划，后会其突然去世而延迟到顺治时期方才实现。参见青木富太郎：《崇德五年のダライ·ラマ延请中止について》，收入《江上波夫教授古稀记念论集 历史篇》，东京：山川出版社，1977 年，第 375-394 页。

学界的主流意见，这位枭雄的西进青海确当和他心目中筹划建立某种针对格鲁派的政治联盟有关。如前所述，这一点也反映在藏地黄教上层的著述中。

第 67 页称在林丹汗败亡后，皇太极的最大雄心就是招徕具有成吉思汗最纯血统后裔的喀尔喀各部，并称其在 1634—36 年间得到了大批喀尔喀人的归附。这又反映了柯氏对当时的整个政治局势存在基本的误解与错判。从 1634 年皇太极改国号开始，他最关切的当务之急就是如何巩固对于已经归附其统治的漠南蒙古的统治，在此之后其所开展的最重要的政治举措就是将漠南蒙古完全编入旗制。此项工作直到他去世前不久的崇德七年（1642）才暂时告一段落。[①]在这种编立旗佐已成为当时工作中心的历史背景下，根本就说不上还要将争取远在漠北的外喀尔喀各部置于首要地位上（漠南的内喀尔喀部早已覆灭多时，自可不论），后者至多只能说是一种远景设想。而且其时也不存在大批喀尔喀臣民南下蜂拥投诚清朝，以回应皇太极的政治号召之事。同页最后又称“蒙古衙门”在 17 世纪 50 年代已经成为了清朝统治内亚的殖民性权力机构和外交部门。按在 1638 年蒙古衙门已更名作理藩院，怎么能到 1650 年代还存在呢？原来在接下来的 pp67—68 中作者自招其以为理藩院的改名是在顺治年间。

第 68 页称顺治帝和达赖喇嘛的会晤时间是 1651 年，实际上此项重大事件则是发生在 1653 年。接下来的表述更是殊违史实，称此后达赖喇嘛的角色是关于东蒙古地区和青海的法官和主管者（judge and administrator），而理藩院则充当达赖喇嘛履行其上述职能的得力臂膊。清廷对达赖喇嘛的尊崇从一开始就具有明确的实用目的，从未将其权力延展到西藏之外的清朝当时已加掌控的东蒙古部分地域内。而一旦达赖喇嘛的某些做法违背了清室的意志，清帝即明旨予以责备，如康熙初年的五世达赖喇嘛劝清帝与吴三桂裂土㛃和所招致的责斥。[②]此后三藩之乱趋于平息，开始将目光转移到漠北的康熙即明确摈弃了此前清廷试图利用达赖喇嘛来招抚漠北蒙古的既往政策，设法以直接统治后者为政治目标。为此，康熙在 1680 年对理藩院下达的有关喀尔喀进贡规程的训示中明确指出不能允许外藩蒙古悉惟达赖喇嘛之言是听，故务必由理藩院自行决定应否接受蒙古进物事宜而不能再依达赖喇嘛文信为据。[③]故所谓理藩院是达赖喇嘛行政助手的说法显然与这一最高指示在事实上完全相左。

第 68—69 页称于 1646 年正式背叛清朝的腾吉思当初是在 1637 年归附满洲，又说此次事变是在 1648 年库伦（Urga）附近得到镇压，并称前去镇压的清军是以科尔沁蒙古为主要兵力，以图实施“以蒙制蒙”的行动方针。按 1637 年只是腾吉思遣使觐见以与清朝进行政治接触的时间，其真正率部来归则是太宗崇德四年（1639）年冬十月（阴历）的事（《清太宗实录》崇德四年冬十月庚寅条下）。而此事爆发后，前往镇压的清军并非是以蒙古为主力，主将是豫亲王多铎和承泽郡王硕塞，于当年五月（阴历）出师，

① [日]田山茂著，潘世宪译：《清代蒙古社会制度》，第 70-73 页。

② 邓锐龄：《吴三桂叛清期间同第五辈达赖喇嘛通使始末》，收入《邓锐龄藏族史论文译文集》（上），北京：中国藏学出版社，2004 年，第 285-299 页。原文发表于 1998 年。

③ 田村实造：《康熙帝とラマ教——カルカ部の归属をめぐつて——》，收入塚本博士颂寿记念会编：《塚本博士颂寿记念——仏教史学论集》，京都：1961 年，第 468-469 页。

至七月即在漠北获胜后班师（《清世祖实录》顺治三年八月甲申条下）。①1648 年则是后来腾吉思重新归降的年份，不是“被镇压”（suppressed）的时间。故作者此处的叙述既有与史实乖离之处，又常将不同历史事件发生的各自年份彼此混淆。

第 70 页称康熙帝率领配备有重火器的军队亲征噶尔丹是在后者于 1680 年代末期攻击喀尔喀蒙古之后，又称噶尔丹在军事上被击败的时间是 1697 年，其人不久即死去。柯氏显然弄混了 1690 年和 1696 年两次清准之战的史实。康熙亲征发生在 1696 年深入漠北围歼噶尔丹之役中而非 1690 年为援救喀尔喀而爆发的乌兰布通之战。噶尔丹在军事上遭受重创以致一蹶不振并终陷绝境的战事也是发生在 1696 年的昭莫多遭遇战中，而非其死亡的 1697 年。

第 71 页称清帝国在创建后的最初十年内，将察哈尔显贵“合并”（incorporated）入八旗中。这里出现的“合并”一词不单是属于用词不当的文句表达问题，而是反映了作者对于清代旗制的理解极其片面。按清代以旗为单位组织的部族集团，大致可分为三种不同情况。第一是满洲、蒙古和汉军组成的八旗，其驻防地从入关之初就遍及京城和地方各军事要地，这也是人们一般意义上所指的内属旗；第二则是某些边疆部族（如东北的布特哈人等）组织的八旗；第三则是蒙古部落被收编组织成的扎萨克旗。其中第二、三类组织虽然也具有强烈的军事性，但至少其在设立之初是以驻防本地而非外调戍边为主，只是以后随着军情的变化，才开始被清朝有计划地遣往新疆等边陲之地以长期戍守，并最终在这些地区定居扎根。而清朝在 19 世纪中期以后广泛推行的“出旗为民”政策也只是针对第一类内属旗下的旗人，而与后两类旗人并无直接关系。由此可见三者在身份和职能上始终是互有区别的，不可混为一谈。具体到文中所涉及的察哈尔显贵（nobles），其在清初经历的情况可谓非常复杂，因为当时既设立过以林丹汗后人暨蒙古亲王主管的扎萨克旗，又曾经把当初察哈尔溃散时陆续分散来投的部众分隶八旗，也即八旗察哈尔。②其中第一种专设扎萨克旗的情况是决不能用“合并”来定义其显贵去向的，而第二种情况所涉者实际上相当于被“没入旗下为奴”，就地位待遇而言，说不上是以显贵的身份合并融入内属旗中。由此可见，作者对清初旗制的理解尚停留在十分肤浅的较低认识层次上。

第 72 页继续重犯此前《透镜》一书中的错误，称《蒙古秘史》在 1662 年被清朝首次刊印，以后成为许多蒙古史书的来源基础。

第 73—74 页认为准噶尔（Jegün ghar）一词起源于达延汗对蒙古各部的划分。按达延汗时只是左翼三万户和右翼三万户的划分，分别名之为 Jegün-Tümen 和 Baraγ un-Tümen，还未出现字面意思为“左手”的 Jegün- ghar 的固定专称。P74 又重复了部分《透镜》的失误，称策妄击败了柯尔克孜人，将领土扩张到巴尔喀什湖。接着又称他还吸收了许多留下来的土尔扈特人，从“留下的”（remaining）一词来看，作者似乎不知道前

---

① 有关此事的文献学比勘研究参见 J.Chimeddorji（齐木德道尔吉），“Die Tenggis- Affäre im Jahre 1646”, in.K.Kollmar-Paulenz Hrsg. *Tractata Tibetica et Mongolica: Festschrift für Klaus Sagaster zum 65.Geburtstag*, Wiesbaden: Harrassowitz, 2002, SS31-43.

② 达力扎布：《清初察哈尔设旗问题考略》，《清初察哈尔设旗问题续考》，分别收入氏著《明清蒙古史论稿》，第 289-300 页、301-315 页。原文分别发表于 1999 年、2000 年。

述 1700 年前后策妄吞并从伏尔加河东归的三济扎布的万余部众的重大史实，误以为其吸收的该部民众是此前留在当地而没有西迁伏尔加河流域的那部分土尔扈特人的后裔。P74 又称策凌与清廷的议和达成协议是在 1738 年，实际时间应是在 1739 年冬。

第 75 页称在 1757 年前，理藩院已经将喀尔喀蒙古划分为四个汗领地(four khanates)和 86 个旗(eight-six Mongol banners)。实际上却是在乾隆二十四年（1759），才达到 86 旗这一基本数目；而且赛音诺颜部并不称汗，因此在体制上始终维持三汗并立的格局。[①]

P76 称辉特部首领阿睦尔撒纳于 1755 年投向清朝，而其实际归清时间是在 1754 年。同页最后还说 1756 年因包庇阿睦尔撒纳脱逃而被清廷下令处决的作为扎萨克亲王的土谢图汗之子额林沁多尔济实际上很可能是康熙的亲孙子，此说不知有何所本？

第 77—78 页的内容主要围绕喀尔喀蒙古于 1756 年发生的反抗清朝统治的“撤驿之变”事件进行论述。然而作者的叙述又一次出现了无法让人原谅的知识硬伤。首先发动此次事变的主角是青衮杂布，其蒙古语名字是Činggünjab。而作者却把他和曾官拜定边左副将军，后一度被解职的成衮扎布（策凌的长子）的蒙古语名字Čenggünjab 弄混了，结果导致在她的通篇叙述中，发动反清事变的人由青衮杂布变成了实际上一直效忠于清朝的成衮扎布，由此造成的混乱结果可想而知。故在接下来的叙述中，柯氏就把历史上青衮杂布曾积极争取过但未能使之改变政治立场的成衮扎布错换成了后者的弟弟车布登扎布（Čebdenjab），而真正的主角青衮杂布的名字在整篇叙述中连一次都未出现过。以后在平息事变中被重新任命为定边左副将军的成衮扎布再次被误易成其弟车不登扎布。而在全文最后部分的 pp78-79 中，作者第三次将本为兄弟且在平叛期间及以后相继担任定边副将军的成衮扎布和车不登扎布错误地定性为在反清还是拥清的政治问题上，认识立场截然相对的成吉思汗子孙的各自代表。如此一来，相关人物之间本来非常清楚明白的关系被她彻底弄乱熬成了一锅粥。柯氏误识蒙古人名所导致的“乱点鸳鸯谱式”的后果诚可谓“差之毫厘，谬以千里”。[②]

行文至此，笔者从史实的角度对柯氏的著述所进行的抽样检查大致告一段落。需要指出的是，柯氏论文中还存在着大量观点上无法成立的问题。例如像她对蒙古民族共同体出现的时间的判断以及其夸大其词地宣称在蒙古民族共同体的“创建”过程中，许多说突厥语的部族却被包容了进来，而相反许多说蒙古语的群体则被摈弃在外。由于这类观点问题不再单单涉及史实层面，而是更多地和作者的一贯学术思想体系有着内在密切的关联。因此，笔者将在后面的章节中继续分析，这里就不再一一具体商榷了。而仅以上面揭示出的多如牛毛的史实疏误来看，尽管目前某些国内的介绍报道将其定位成专攻内亚史或精通某种非汉文史料的学者，[③]但事实上这类评价显然跟本文的抽查结果大相

① [日]田山茂著，潘世宪译：《清代蒙古社会制度》，第 83-84 页。此点承达力扎布教授赐教，特此致谢。

② 有关围绕“撤驿之变”相关人物的史实叙述参见 V.Veit, “The Qalga Mongolian Military Governors of Uliyasutai in the 18th Century”,收入《“国立”政治大学国际中国边疆学术会议论文集》，台北：1985 年，pp632-639. 乌云毕力格等：《蒙古民族通史》第四卷，第 202-209 页等。

③ 例如网络上的一篇署名励轩的作者在其所著《美国的中国边疆研究现状》中将柯氏定位成研究兴趣集中在内亚史的新清史学者。而另一篇来自《中华读书报》的网络文章《剑桥中国史：一场尚待完成的出版接力》则肯定柯氏精通满语。

径庭：柯氏不仅未能掌握研究内亚史所必须熟悉精通的实证研究方法，而且最让人大吃一惊的是，她在许多前人都没有发生过误会的地方却屡次出现知识上的误判，而这些内容一般来说仅仅属于治内亚史的学人众所周知的常识范畴故并不涉及过于艰深或前沿的专业知识。可以说，就上述几部论著（含论文）的实证性而言，她所达到的学术水平诚难让人恭维，恐怕只能得到低分。

那么为什么作者会出现如此众多的知识硬伤呢？笔者认为这和她本人的一贯强烈的“反汉学”思想倾向有直接关系。发源于欧陆国家的传统汉学研究，虽然存在着观念上的“西方中心论”的缺陷，但是经过数代学者的勤奋耕耘，终于在 20 世纪前半期劳费尔、伯希和等大师脱颖而出的时代，到达了其鼎盛时期。可以说当时那一代学者的最大学术贡献就是将实证性的汉学研究推向极致，并打通了横亘于汉学和其他相邻学科之间的知识壁垒。正是在这样的学术背景下，在审音勘同基础上以多语种史料相互参证为特征的内亚史研究全新模式（有别于俄国巴托尔德式的伊斯兰学研究模式和日本当时方兴未艾的带有配合其大陆扩张政策的满蒙史学派）才得以破茧而出。这也是劳、伯等人虽然出身皆为职业汉学家，但却至今一致受到各国研究内亚历史的多数专家同人钦佩景仰的原因所在。从这一角度上看，重视实证的传统汉学研究对于内亚史步入科学化的学术轨道居功至伟。然而柯氏本人长期以来，就对带有显著考证色彩的传统汉学持一种鄙夷不屑以致失之刻薄的尖锐抨击立场。她的这方面偏见集中体现在其讨论早期近代中国的“族性”（ethnicity）的长文中。她在文中一开始即称汉学研究中常用的“汉化”等概念与当代民族研究毫不兼容，而像“族性”之类的人类学—社会学中的工具概念完全可以移用于帝制晚期的中国研究，并挑战颠覆传统汉学的学术模式。具体的“汉化”概念更是遭其矮化成逻辑上依赖循环论证，术语上暧昧模糊，结论上缺乏说服力，以致充分折射出汉学作为知识体系的全面衰落。拥有实证倾向的传统汉学在她看来不过只是一种个人移情式的知识理论，其导致的全是研究者本人的自说自话。她进而以反语的口吻挖苦说，任何文化都不会有像“汉化”这样的概念所显示出的超凡“魅力”。柯氏还将传统汉学家所秉持的“汉化”观念说成是对中国精英文化所标榜的文治理想的盲目追求，造成其完全漠视中国在历史上发动的开拓疆土的扩张战争，而“汉化”的思维习惯其实只是中国传统陈腐信条的沉渣泛起而已。作为对汉学和“汉化”的反动，作者提出要用帝国主义扩张视角、地方主义视角和民间文化的取向来重新研究晚期中国史。①

幸好此文发表后 10 年左右，读者终于有机会见识了柯氏将中国历史从“旧汉学”的束缚中“拯救”出来的如上大作。可是它们究竟将何种知识和理念传递给了学界？是扎实而深刻的实证研究，还是华而不实的造作学风？首先其著述中所充斥的大量所谓“新颖”见解竟然缺乏必要注释的做法即让严谨的学者从学术规范上很难对此予以认同。至为典型的例子除了所谓的西蒙古人在皇太极时期即在满洲政权中发挥重要作用以外，莫过于作者宣称在“撤驿之变”前夕被处决的土谢图汗之子额林沁多尔济实为康熙的亲孙子了。类似这样的说法如果没有提供铁证如山的论据的话，那么就决不应该被郑重其事地写进专业论文中，因为其足以让读者产生某种捕风捉影式的联想即认为此人居然是

① P.K.Crossley, “Thinking about ethnicity in early Modern China”, *Late Imperial China* 11/1, 1990, pp1-5.

康熙帝某位阿哥的私生子，而这已经同正经学问毫不沾边的所谓“戏说史学”无缝对接了。不过也许作者的这种猎奇兴趣恰恰反映了其学术思想上早已全面接受了后现代史学观念中所流行的“史学研究与文学创作本来就没有天然的鸿沟”或者“文本之外，别无他物”之类的时髦命题吧。[①]

而通过对其论述的史实检查最终揭示出，欲将传统的清朝断代史研究和前沿纵深业已大大拓展的内亚史研究富有创造性地结合起来，仅仅借助于在舆论上大声疾呼“反对汉化”和扬言使用了多少种前人未尝问津的非汉文史料都是无济于事的，其间不仅有巨量的知识障碍需要研究者去逾越克服，更有不计其数的无形陷阱在时刻恭候那些于知识丛林中艰难跋涉的前行者。对敢于尝试此举的个体研究者而言，这不啻是一种以有涯之生前去迎击无穷的知识挑战的难有胜算的巨大考验。因此当研究者确定好这一方向之后，最基本的莫过于对前人的实证性研究方法和成果要做到知有所畏，学有所悟，而不要自视甚高地指望能够凭借某种时兴的社科理论或方法即能“化险为夷”地从容跨越那些让前人屡屡跌跤的知识障碍和陷阱。“宁拙毋巧”恐怕是我们从柯著中汲取到的最为深刻的思想上的教训。其次从作者的诸多失误中，我们也可以总结出，当年宋史大家邓广铭强调的治史者所必须掌握的“四把钥匙”其实同样适合于“新清史”所涉足的研究领域，只是需将其中的职官制度易作审音勘同，其他的三把“钥匙”：年代学、历史地理、目录学均继续适用。假如柯氏当初对于如何利用好这“四把钥匙”稍稍下过一番功夫的话，起码像将Čenggünjab错认成Činggünjab、把巴尔喀什湖和贝加尔湖弄混以及大量的基本年代错误问题，包括误判上三旗的名称与组成等等低级失误自可得以避免。最后通过如上的检查也使我们由衷体会到，评价国外学者的研究成果宜坚持“不惟洋，不惟奖，只惟实”的原则，不可否认有时候“听其言”也有必要，但终究“观其行”才更为重要。

（本文完稿后，承达力扎布教授、姚念慈教授、魏文博士先后提出修正意见，特此一并致谢。）

（钟焓，男，1976年生，历史学博士，中央民族大学历史文化学院副教授．北京　100081）

① 美国学术界内部对后现代式研究的不同评价也参见周锡瑞（J.W.Esherick）：《后现代式研究：望文生义，方为妥善》，收入黄宗智主编：《中国研究的范式问题讨论》，北京：社会科学文献出版社，2003年，第43-71页。而依笔者的体会，柯氏在其上述著述中所出现的史实错误率可能还要高于周氏所批评的何伟亚（J.L.Hevia）的专书。

从蛮夷到华夏：先秦楚人的族源记忆与民族认同

彭丰文

内容提要：先秦楚人的族源记忆与民族认同，经历自西周晚期到战国时期数百年的缓慢变迁，完成了从蛮夷认同到华夏认同的心路历程，以屈原《天问》诗篇所表达的颛项后裔的族源记忆与身份认同为标志，楚人在战国后期已完全融于华夏民族，实现了由蛮夷到华夏、由边缘到中心的重大转变，并最终成为秦汉统一多民族国家的核心主导力量，楚人的心理转变历程，在中华民族形成历程中具有典范意义。楚人融入华夏民族的道路，也是同时期其他周边民族以及后世少数民族融入中华民族、融入统一多民族国家所经历的共同道路。

楚国是先秦时期一个古老的诸侯国，其存续时间大致与周王朝相当，维系统治八百余年，最盛时的统治疆域与影响范围囊括今天南部中国的大部分地区。在春秋战国时期，楚国长期担当南方诸国首领的角色，与北方诸夏国家抗衡；随着秦国实力的壮大，楚国又常常担当关东诸国首领的角色，与秦国形成东西对抗局面。在华夏民族的形成进程中，楚国的地位与作用十分引人注目。楚人的族源记忆与民族认同的形成演变历程，展示了中华民族形成壮大的主要方式和基本途径，对于认识中华民族形成壮大的历史进程及其深层原因具有典范意义。

楚人，严格来说包括楚国统治下的所有人，这里主要指楚国的统治阶层以及体现其思想意志的知识阶层，特别是楚国政权的公室成员。人类早期的历史轨迹往往淹没在人神交错的神话传说中，显得漫漶不清。也因如此，大多数涉及族源的问题都存在较大争鸣，有关楚人的族源问题同样如此。本文的重点不是从考证史实的角度探究楚人的族源，而是侧重从观念与心理的角度，探究楚人对于族源问题的自我认知及其认知的演变趋势。为更加清晰地考察问题，也相应地关注同时代他者对楚人族源、族属问题的认知，以便从侧面对问题作多维度的观察与分析。

梳理先秦典籍文献资料的记载可以发现，楚人的族源记忆与民族认同，经历了从蛮夷到华夏的重大变迁，其演变历程大致可以分为三个阶段，第一阶段为在西周以及春秋早期，是楚人认同蛮夷身份的历史时期，楚人自视为蛮夷，同时也被中原诸夏国家视为蛮夷；第二阶段为春秋中晚期，是楚人民族身份认同的过渡时期，楚人基本上自视为华夏成员，偶尔也有自视为蛮夷的言行，而诸夏则基本上仍将楚人视为蛮夷，对楚人怀有明显的基于民族隔膜的戒备心理；第三阶段为战国中后期，是楚人认同华夏、融于华夏的历史时期，无论是楚人自身还是中原诸夏国家，均已接受楚人为华夏成员的观念，楚人终于走完了由蛮夷到华夏的心路历程，完全融合于华夏民族之中。这个演变历程前后长达数百余年，演变过程虽然缓慢，但是演变的方向则是非常清晰，楚人在漫漫的历史进程中，一步一步走近华夏，最终演变为华夏民族的重要成员。

一、认同蛮夷的阶段

中国上古的历史文化进程，由于资料匮乏的原因，总体上处于线索清晰、细节模糊的状态。资料的匮乏导致今人对上古时期的很多问题、特别是族源问题产生巨大的困惑和争鸣，即以楚人先祖源流问题来说，就存在北来说、东来说、西来说、本土说等多种学说。但是，不管楚人的先祖事实上源自何方，其肇兴于南方的江汉地区，则是毋庸置疑的。楚人最初出现在中华历史舞台上的个性鲜明的形象，令人印象至深。据《史记·楚世家》的叙述，楚人建国始于熊绎，时间在周成王在位时期，即西周初年。熊绎受封“子男之田”，居于丹阳，此时楚国仅是一个方圆五十里的子国，在西周初期众多封国中毫不起眼。然而一百余年之后，即周夷王统治时期，熊绎的四世孙熊渠利用西周王室衰微、诸侯各自为政的形势，在江汉地区频频攻占周边小国，不断扩张楚国疆土，并颇为自负地宣称：“我蛮夷也，不与中国之号谥 。”于是立其三子各自称王，直至周厉王即位后，因畏惧厉王讨伐，熊渠才去除三子的“王”的称号。熊渠封三子为王，固然与西周王室衰微、楚国实力壮大的政治形势有关，然而熊渠自称“蛮夷”，并以此为理由而自居于“中国”的政治体系之外，其所反映的民族心理十分值得注意。此处“中国”之语，既有“中原”之意，也指西周王朝所建立的国家政治体系。熊渠自称“蛮夷”，与“中国”作对等之词，显示熊渠并无身为“蛮夷”的自卑之心，“蛮夷”与“中国”亦无明显的尊卑之别。熊渠的自负，完全用楚国实力的增长来解释是不够的，更深层的原因，是长期生活在江汉地区的楚人，具有有别于“中国”的民族认同，在北方诸夏人士心目中程度不等地带有卑微色彩的“蛮夷”，在楚人心目中则是一个中性词汇，所以熊渠自称“蛮夷”时不仅没有自卑，甚至显露了一定的自负。中原诸国之人与南方的楚人，民族观念显然存在一定差别。这从一个侧面反映了此时中原与南方尚处在两种不同的政治与文化观念体系之中。

熊绎之后约二百年，楚君熊通也发表过类似言论。《史记·楚世家》载，熊通在位第三十五年，率兵征讨汉水之阳的姬姓侯国——随国，楚人对随国人曰：“我蛮夷也。今诸侯皆为叛相侵，或相杀。我有敝甲，欲以观中国之政，请王室尊吾号 。”当楚人的要求遭到周王室拒绝后，楚君熊通怒曰：“吾先鬻熊，文王之师也，蚤终。成王举我先公，乃以子男田令居楚，蛮夷皆率服，而王不加位，我自尊耳 。”乃自立为王，此即楚武王。楚武王在位时期处于春秋早期，西周王室已经东迁洛邑，周王朝统治如日落西山，衰败之势不可逆转，此时据熊渠时代虽已过去约二百年，然而楚武王言辞中所体现的心理状态较之熊渠并无丝毫变化，仍然充满自负，也仍坦然以蛮夷身份自居，将“蛮夷”与“中国”对等视之。楚武王还格外强调了楚君威服蛮夷的功绩，为自己称王寻找理论依据。楚武王成为春秋战国时期首位敢于公开正式称王、与周王室形成抗衡之势的诸侯国国君。三百余年之后，才有秦、齐两国国君公开称王之事，且很快自废王号，比之楚国国君的长期正式公开称王，可谓大为逊色。春秋时期，中原文化中已渐渐强化夷夏尊卑之别，楚武王的言行表明，历经约二百年后，中原诸侯国之人士与南方楚人在民族观念与民族认同上仍然隶属于两种不同文化观念体系，“蛮夷”在南方楚文化观念中仍然是一个中性词汇，与民族尊卑无关。虽然楚武王提到了先祖鬻熊为“文王之师”，先祖熊绎受成王之封而为楚国开国之君，突出了楚人与中原的历史渊源，但这丝毫没影响他认同蛮夷身份，也丝毫没有影响他自尊为王、与周王形成对等抗衡之势的决定。这表明春秋早期楚人在民族观念与民族认同方面仍然具有相当大的独立性，较少受到中原文化的影响制约。

由熊渠、熊通的言行可以看到，西周至春秋早期这一历史阶段，楚人虽然留有先祖来自中原的族源记忆，但是完全以蛮夷自居，自外于“中国”的政治体系与文化观念体系，试图与“中国”形成对等抗衡之势。需要说明的是，楚人留有来自中原的族源记忆，并不等同于楚人认同自身源自炎黄血缘世系。与此相应的是，先秦典籍文献中，确无直接文字资料证实西周至春秋早期楚人认为先祖源自炎黄世系，也无同时期他者持有这一认知的相关文字资料，表明楚人此时还并未认同华夏民族。

楚人自视为蛮夷，自外于中原政治与文化观念体系之外，这种状况，在先秦典籍文献中留下了显著的历史痕迹。在先秦典籍文献资料中，较早述及楚人族源问题的有《国语》和《左传》。《国语》成书于战国初年或稍后时期，其原始资料来源于春秋时期各诸侯国史官的口耳相传，这些资料虽然经过后人的文字加工与润色，但基本内容应该是可信的，具有重要的史料价值。《国语·郑语》记载了周幽王时期郑桓公与史伯之间一场关于时政的讨论。根据相关资料，周幽王八年，郑桓公担任西周王朝司徒之职，他对西周王朝所面临的危局深感焦虑，向史伯咨询应对之策。史伯，即西周王室的太史，是西周王室的史官。史伯指出，周德已衰，秦、齐、晋、楚将次第兴起，此乃天意不可违，唯有迁往河洛，经略中原，才能勉强存续。在这篇文献中，不少文字涉及楚人先祖世系问题，这是目前关于楚人族源问题的最早资料，也是后世论及楚人族源问题时普遍引用的资料。文中记载，史伯认为“王室将卑，戎、狄必昌”，此乃天意，将要兴起的“戎狄”中，包括嬴秦和荆蛮；荆蛮在南方，先祖为重、黎，又名“祝融”，祝融后裔有八姓，其中之一名为“昆吾”，夏朝时为伯，另有名为“大彭、豕韦”者为商伯，他们都已衰亡；荆蛮为芈姓，是祝融八姓之一，芈姓所能追溯到的最早先祖被称为荆子熊严，熊严第三子叔熊“逃难于濮而蛮”，其后裔必将在周衰之后兴起。史伯关于楚人族源与世系的观点，代表了西周末年至春秋前期社会的普遍性观点。根据这份资料可以将楚人的族源与世系梳理为：祝融——熊严（芈氏）——叔熊。《国语·郑语》所提供的这份楚人先祖世系表，为后世认定楚人族源问题提供了最原始的资料，是后世讨论这一问题时的基础和起点。后世的典籍文献在涉及楚人族源与世系问题时，均是以这份资料为蓝本，在此基础上进行增减补充。而这份原始资料提供给我们最有价值的信息是：西周末年至春秋早期，楚人被视为蛮夷戎狄之人，与周王室虽有政治上的隶属关系，但不被视为华夏的同一族类，甚至被视为与华夏相克的族群；另一方面，楚人先祖被认为源自于祝融，祝融具有“昭显天地之光明，以生柔嘉材”的神奇本领，是一位人神属性兼而有之的人物，他曾担任高辛氏的火正之职，由此推测祝融部族与高辛氏曾有政治隶属关系。高辛氏，名帝喾，传说中的三皇五帝之一，华夏民族人文始祖黄帝之曾孙。祝融为高辛氏之火正的传说，似乎隐约体现了西周末年至春秋前期，人们认为上古祝融部落曾为华夏民族政治附庸，这种观念所反映的实质，是人们认为楚人与中原华夏民族存在一定的政治与文化渊源关系，但是据此还不足以说明人们已将这种关系纳入血缘关系的范畴。《国语》虽然成书于战国初年，但是上引资料所叙历史事件则是发生于西周末年周幽王时期。鉴于《国语》基本资料来源于春秋时期的史官，笔者认为其所称历史时代应与客观史实大致相符。

总之，西周至春秋前期，尚未出现楚人先祖源自炎黄血缘世系的观念。无论是楚人自身还是华夏民族，都认为楚人为蛮夷之人，不属于华夏民族的政治与文化体系之内。对于楚人先祖族源的历史记忆，中原诸夏只形成祝融——熊严（芈氏）——叔熊这一相对简略的链条，而楚人自己则仅仅追溯至鬻熊。

二、过渡阶段

至春秋中晚期，楚人的民族心理发生了明显变化，表现出典型的向华夏民族认同过渡的趋势，他们以蛮夷自居，且自认为不如华夏，带有一定的民族自卑心理。中原诸夏对于楚人则是既防范、歧视又包容、同化的态度，他们极大地丰富和细化了楚人的族源资料，尝试将楚人先祖纳入炎黄血缘世系，这些做法为楚人最终融入华夏民族奠定了基础。

自楚成王以来，楚人与中原诸夏之间的政治交往、经济文化交流互动越来越活跃频繁，推动了楚、夏文化的交融。先秦典籍文献资料显示，春秋中后期，楚人的文化取向、精神面貌与中原诸夏已经非常接近。据《国语·楚语上》记载，楚庄王聘请士亹为太子审的老师，士亹就如何培养太子一事向楚大夫申叔时咨询。申叔时作了一番长篇大论。在这番讲话中，申叔时强调应该让太子掌握《春秋》、《诗》、礼、乐等方面内容，培养德、忠、信、义、仁、恭俭、敬戒、慈爱、勤勉、孝顺等品德。从中可以看到，楚国对太子的授课内容和培养目标，与中原诸夏非常接近。《左传》昭公十二年（前 530 年）载，楚灵王评价左史倚相曰："是良史也，子善视之，是能读《三坟》、《五典》、《八索》、《九丘》。"申叔时、左史倚相的事例，显示楚人在精神面貌、政治观念、文化旨趣与伦理观念等诸多方面与中原诸夏基本一致，反映了春秋中后期楚文化与中原诸夏文化深度交融契合，显示出日趋一致、逐渐合流的发展趋势。

楚夏文化上的交融趋势，对楚人的民族观念和民族心理产生了重要影响。前文已述，西周末年至春秋前期，楚人以蛮夷自居，且以蛮夷自傲。然而自楚庄王始，楚人开始表露对蛮夷的不屑。《国语·楚语上》记载，楚大夫士亹曾对楚庄王曰："故尧有丹朱，舜有商均，启有五观，汤有太甲，文王有管、蔡。是五王者，皆有元德也，而有奸子。夫岂不欲其善，不能故也。若民烦，可教训。蛮、夷、戎、狄，其不宾也久矣，中国所不能用也。" 这里士亹将丹朱、商均等历史上有名的恶人，与蛮夷戎狄相提并论，用以论证本性恶劣之人无法用教育来使之向善的观点。显然，士亹认为蛮夷戎狄本性恶劣，不可教化，其不屑之情表露无遗。而这番话既是对答楚庄王之语，则说明这种情绪不独为士亹所有，而且是楚庄王所共有的，至少是楚庄王能够接受的。在蛮夷戎狄本性恶劣的认识支配下，楚人逐渐产生了蛮夷不如华夏的民族自卑心理。《国语·楚语下》载，楚昭王时期，楚国使者王孙圉对答晋国大夫赵简子曰：“若夫哗嚣之美，楚虽蛮夷，不能宝也。”王孙圉作为楚国的使臣出使晋国，其言辞具有明显的官方色彩，因此“楚虽蛮夷”的自我定位，不独为王孙圉个人所有，而且代表了楚人的集体意识。据此则似乎直到楚昭王时期，楚人仍以蛮夷自居。不同于以往的是，王孙圉在提到楚人为蛮夷时，所用的口吻略带自卑。“楚虽蛮夷”之语，隐含着蛮夷一般不如诸夏的含义，这种心态与熊渠、熊通自称“蛮夷”时的自负心态有明显区别。蛮夷不如诸夏，这种观念并非楚文化自身的内容，而是受中原诸夏文化影响的结果。由此可见，在楚夏文化交流互动中，楚人不仅在政治思想方面，而且在民族观念和民族心理方面都已受到中原诸夏文化的影响和支配。蛮夷不如华夏的民族观念与民族自卑心理，客观上加快了楚人主动融入华夏的进程。

楚夏文化的交融互动，促使楚人关于先祖的历史记忆产生了缓慢渐进的变化。楚成王期间，楚人对于先祖的历史记忆，已经由此前的鬻熊上溯到祝融。《左传》僖公二十六年（前 634 年）曰：“夔子不祀祝融与鬻熊，楚人让之。对曰：‘我先王熊挚有疾，鬼神弗赦，而自窜于夔，吾是以失楚，又何祀焉！’秋，楚成得臣斗宜申，帅师灭夔，以夔子归。”《史记·楚世家》曰，楚成王三十九年，楚国兴兵灭夔国，原因是“夔不祀祝融、鬻熊故也。”在楚人看来，夔国不祭祀祝融、鬻熊，是不可饶恕的罪行。楚人将祝融与楚人先祖鬻熊在祭祀活动中相提并论，显然是已将祝融同样视为楚人的先祖。楚成王以祝融为先祖，应该是由于楚人与中原诸夏的交往日益密切，在文化观念上与中原诸夏双向互动的结果。楚灵王时期，楚人对先祖的历史记忆进一步细化。《左传》昭公十二年（前 530 年）载，楚灵王与大夫析父谈论楚国先王创业史，二人在一致认为先王熊绎创业艰难、臣属于周天子之后，楚灵王问析父曰：“昔我皇祖伯父昆吾，旧许是宅。今郑人贪其田，不我予，今我求之，其予我乎？”楚灵王的发问中提供了一个重要历史信息，即楚灵王时期，楚国君臣认可“昆吾”是楚人的“皇祖伯父”，“许”是其祖居故地。关于“昆吾”其人，《史记集解》（刘宋·裴骃撰）注曰：“服虔曰：‘陆终氏六子，长曰昆吾，少曰季连。季连，楚之祖，故谓昆吾为伯父也。昆吾曾居许地，故曰旧许是宅。’”根据《史记·楚世家》的叙述，陆终氏为祝融吴回之子，昆吾为陆终氏长子，季连为陆终氏少子，季连即为楚人先祖。楚灵王君臣认同昆吾为其先祖伯父，许为其祖居故地，是对先祖源自祝融世系的再次肯定，也是对先祖世系的细化与补充。

春秋中晚期，中原诸夏人士对楚人的态度显示出双重面貌，一方面，中原诸夏将楚人视作“蛮夷”，心怀戒备和歧视；另一方面，在中原诸夏流传的典籍文献中，又可以看到中原诸夏竭力缩短与楚人之间心理距离的努力。春秋中后期，“夷夏之辨”的民族观念盛行于中原诸夏。在先秦典籍文献中，这一时期中原诸夏人士在涉及楚人的议题中，对楚人深怀戒备和歧视。《左传》成公四年（前 587 年）记载了鲁成公与卿相季文子的一段对话。鲁成公受到晋国的怠慢，打算叛晋投楚。季文子劝谏道：“不可。晋虽无道，未可叛也。国大臣睦，而迩于我，诸侯听焉，未可以贰。史佚之志有之曰：‘非我族类，其心必异。’楚虽大，非吾族也。其肯字我乎？”由此可见，鲁国君臣认为，晋国即使怠慢了鲁国，但毕竟是华夏同族，而楚国与鲁国不是同一族类，不可能与鲁国同心，因而不值得托付。中原诸夏与楚人之间的心理沟壑与心理戒备是显而易见的。而另一方面，相关资料又让我们看到了中原诸夏努力缩短与楚人心理距离的努力。《左传》昭公十七年（前 525 年）曰："郑，祝融之虚也。"意为郑国是祝融部落旧居之地，从而肯定了楚人先祖源自中原地区。关于楚人先祖祝融的世系以及祝融的形象也不断细化和丰满。《左传》昭公二十九年（前 513 年）载，晋国大夫蔡墨曰："故有五行之官，是谓五官，实列受氏姓，封为上公，祀为贵神。社稷五祀，是尊是奉。木正曰句芒，火正曰祝融。"又曰："颛顼氏有子曰犁，为祝融。"据此可知，春秋中后期，楚人的先祖祝融已被中原诸夏视作"五行之官"之一，并且其世系进一步上溯，祝融被认为是颛顼氏后裔。《史记·五帝本纪》载颛顼为黄帝之玄孙高阳氏。祝融世系被编入炎黄世系，意味着祝融后裔与中原诸夏一样属于炎黄后裔，源自相同的先祖，具有血缘关系。楚人的先祖世系得到不断的细化和补充，特别是楚人先祖世系被明确纳入炎黄世系，在二者间建构了一种牢固的血缘关系，实质是把楚人纳入华夏民族之中，这是楚人融入华夏民族的里程碑，为战国时期楚人完全融入华夏民族奠定了坚实的基础。

总之，春秋中后期是楚人与中原诸夏交融互动的重要历史时期，无论是政治观念、文化教育还是祖先祭祀、家庭生活，楚人都深受中原诸夏文化的影响，他们自认是蛮夷，怀有不如华夏的民族自卑心理，但他们在精神面貌上与中原诸夏已经非常接近；他们认同祝融为其先祖并且来自中原，以中原为其祖居故地，但还没有明确形成先祖源自炎黄血缘世系的观念。与此同时，中原诸夏对待楚人的态度处于一种矛盾状态，既保持戒备和歧视，又努力论证楚人与中原诸夏有着相同的族源，皆为炎黄后裔。所有这些，表明楚人正处在由蛮夷身份认同向华夏民族认同过渡的历史阶段。

三、认同华夏的阶段

战国时期，楚人完全融入华夏民族。其标志一是中原诸夏进一步细化和丰富了祝融形象，提升了祝融在人文与自然界的地位，同时细化了祝融世系，反映了中原诸夏民族对楚人的接纳；二是楚人自身也主动明确认同先祖源自炎黄血缘世系，这是楚人主动融入和认同于华夏民族的有力体现。

在成书于战国时期的系列典籍文献例如《管子》、《礼记》中，楚人先祖祝融的形象进一步丰富。《管子·五行》曰："昔者黄帝得送尤而明于天道，得大常而察于地利，得奢龙而辩于东方，得祝融而辩于南方，得大封而辩于西方，得后土而辩于北方，黄帝得六相而天地治，神明至。送尤明乎天道，故使为当时。大常察乎地利，故使为廪者。奢龙辩乎东方，故使为土师。祝融辨乎南方，故使为司徒，大封辨于西方，故使为司马。"这里将祝融视为五方神之一的南方之神，受命于黄帝而为司徒。而《礼记·月令》则将祝融视为时令季节之神，且将祝融与炎帝联系起来，声称孟夏、仲夏、季夏均为"其帝炎帝，其神祝融。"可见，战国时期祝融不仅是火神，而且被赋予方位神与季节神的形象，这是对西周末年以来祝融形象的重要补充。这种补充具有丰富的文化含义。五方之神和四季之神的形象，体现了中原诸夏文化中的整体宇宙观、自然观念和人文观念，意味着南方的楚人与中原、东方、西方等其他各方民族，被赋予了同等重要的地位，共同组成一个不可分割的宇宙整体和人文世界。祝融从火神演绎为方位神和季节神，是楚人地位在中原诸夏文化中得到提升的反映，也是民族融合加深、夷夏一体观念加强的表现。

与此同时，在战国时期的典籍文献中，祝融世系的细节更加清晰，从而使得楚人与炎黄世系的血缘关系显得更加明确和牢固。《山海经》多次涉及祝融的世系。其中《海内经》曰："炎帝之妻、赤水之子听訞生炎居，炎居生节并，节并生戏器，戏器生祝融，祝融降处于江水，生共工，共工生术器，术器首方颠，是复土穰，以处江水。共工生后土，后土生噎鸣，噎鸣生岁十有二。"据此则祝融为炎帝五世孙，生活于江水（长江流域）。《海外经》又曰："南方祝融，兽身人面，乘两龙。"此处再次突出了祝融生活于南方这一基本信息。《大荒西经》则曰："有芒山，有桂山，有榣山。其上有人，号曰太子长琴。颛顼生老童，老童生祝融，祝融生太子长琴，是处榣山，始作乐风。"此处云祝融为颛顼之孙，生太子长琴，居于榣山。榣山位于何地不得而知，但颛顼为黄帝之孙，则是自春秋以来的社会共识。此则祝融应为黄帝后裔。据此则《山海经》对祝融的世系看似错乱，时而认为是炎帝后裔，时而认为是黄帝后裔。不过从文化的角度来看则并不矛盾。《国语•晋语》载："昔少典娶于有蟜氏，生黄帝、炎帝。黄帝以姬水成，炎帝以姜水成。成而异德，故黄帝为姬，炎帝为姜。二帝用师以相济也，异德之故也。"由此可知，春秋时期，中原诸夏民族将黄帝、炎帝视为同胞兄弟，如此来看，则祝融到底是属于炎帝后裔还是黄帝后裔，在血缘认同上来看并无本质区别，总之楚人与华夏同源共祖，均是炎黄后裔。《山海经》是一部关于上古流传下来的文献，内容涉及上古历史、地理、神话传说，具体的作者已不可考，据学界推测，大致成书于战国时期。《山海经》所载神话故事往往看似荒诞不经，所载地理名称也难以一一考证，但是对于先秦时期特别是战国时期观念史来说，则仍有特殊的史料价值。通过《山海经》能够从一个侧面观察到先秦时期、特别是战国时期人们的思想观念和心理状态。《山海经》对祝融世系的关注，反映的是人们对楚人先祖族源问题的关注。《山海经》不仅肯定了前代关于楚人先祖源自炎黄世系的观点，而且加以细化，在颛顼到祝融之间两个世代之间增加了老童这一世代，其目的在于增加颛顼与祝融之间存在血缘联系的可信度。

另一部记载楚人先祖世系的重要典籍文献是《世本》。与大多数流传至今的先秦典籍文献一样，《世本》的成书年代也存在很多争议，其中影响较大的说法是成书于战国时期，作者可能是一位赵国人士。尽管《世本》成书年代与作者存在多种说法，但是可以肯定的是，这部书反映了战国时期的社会思想风貌。《世本》的主要内容就是三皇五帝和各诸侯国、卿大夫的先祖世系，是一部研究华夏民族族源与世系的重要文献资料，其中有不少内容涉及楚人先祖世系，例如：

少典生轩辕，是为黄帝。黄帝生昌意，昌意生高阳，是为帝颛顼。

颛项娶于滕隍氏之子，谓之女禄，是生老童。

黄帝娶于西陵氏之子，谓之累祖，生青阳及昌意。昌意娶于浊山氏之子，谓之昌仆，生颛项。老童娶于根水氏，谓之骄福。

老童生重黎及吴回，吴回氏生陆终。

陆终娶于鬼方氏之妹，谓之女嬇，是生六子。孕而不育。三年，启其左胁，三人出焉。破其右胁，三人出焉。陆终六子。其一曰樊，是为昆吾，昆吾者卫是也。二曰惠连，是为参胡，参胡者韩是也。三曰篯铿，是为彭祖，彭祖者彭城是也。四曰求言，是为会人，会人者郑是也。其五曰安，是为曹姓，曹姓者邾是也。六曰季连，是为芈姓，芈姓者楚是也。

根据上引文字，可以梳理出楚人世系的大致线索，即：黄帝—昌意—颛顼—老童—重黎、吴回（祝融）—陆终—季连（芈姓楚人之始祖）。与《左传》、《山海经》相比较，《世本》的成就之一是将祝融世系下延了两个世代，即陆终、季连之世，从时间纵向的角度拓展了楚人先祖世系；之二是增加了自黄帝至陆终氏等各个世代的母族信息，横向拓展和丰富了黄帝世系的内容。总之《世本》进一步丰富和细化了楚人先祖世系的内容，使之更加连贯、清晰和全面。从叙述内容上判断，《史记·楚世家》叙述楚人先祖世系的资料大部分与《世本》相同，可见《世本》作为历史资料的重要意义。

先秦典籍文献中祝融形象的不断丰富，与祝融世系的不断补充完善，反映了中原诸夏关于楚人源自炎黄世系的观念不断加深。随着时间的流逝，楚人源自炎黄世系的观念，在中原诸夏的心目中越来越牢固和清晰。而这种现象的出现并不是孤立的，与此形成强大呼应的，是战国时期楚人自身对这一观念的明确、高度认可。

楚人自身认同与炎黄世系的血缘联系，较有力的依据之一是屈原所作《楚辞·天问》篇章，其文开篇即追溯自己的先祖曰："帝高阳之苗裔兮，朕皇考曰伯庸。"意为"我的先祖祝融乃高阳帝（即颛顼氏）的苗裔，我的父亲名字叫伯庸。"屈原诗篇中对身世与先祖的叙述，标志着战国时期楚人已经完全认同华夏民族，自认为是炎黄后裔。

如果单从先秦典籍文献的记载来了解楚人的族源记忆，会发现一个看似奇特的现象，即距离远古年代越久远，对远古先祖的记忆反而越丰富、清晰，与人类天然的记忆规律逆向而行。西周末年至春秋早期，楚人只保留先祖来自中原、与炎黄世系有政治隶属关系的记忆，而并无楚人与炎黄世系存在血缘关系的观念，对先祖追溯到鬻熊；春秋中后期，楚人在此前历史记忆的基础上，将先祖世系从鬻熊回溯至祝融，但仍然没有关于先祖与炎黄世系存在血缘联系的历史记忆；反倒是到了战国时期，楚人的族源记忆追溯到比祝融更为遥远的颛顼时代，在细节上也更为丰富清晰，在颛顼和祝融之间还有老童这一世系。这并不是因为古代楚人的记忆能力有何奇特之处，而是说明古人的族源记忆是一种层累的回溯式的想象，由于历史记忆的层层叠加，距离远古时间越久远，想象就越丰富细致。同时，楚文化与华夏文化的交互影响也深刻地影响到楚人的族源记忆，关于楚人源自颛顼的族源记忆，明显受中原华夏文化主导的结果。先秦典籍文献中关于楚人先祖族源的叙述，对同一内容，中原诸夏人士的叙述总是早于楚人自身的认知，显示出楚人对中原诸夏文化的亦步亦趋之态。

楚人在战国时期融于华夏民族的观点，也为近年来的考古发掘所印证。上世纪 80 年代和 90 年代，先后出土了包山楚简和新蔡楚简。两地楚简均有涉及楚人先祖世系的内容。据考古专家鉴定，包山楚简的形成时间约在公元前 322—316 年，墓主人是一位楚国大夫，官至左尹。在包山楚简中，记录了楚人对先祖老僮（通"童"）、祝融、媸酓、武王的祭祀与祈祷。[①] 李学勤先生认为，包山楚简的"媸酓"，乃是文献中的"鬻

① 参见陈伟：《包山楚简初探》，武汉大学出版社 1996 年版，第 170 页；湖北省荆沙铁路考古队：《包山楚简》，文物出版社 1991 年版，第 13 页。

熊”。[①] 新蔡楚简的形成时间约在楚宣王时期，即公元前 369 年—340 年之间，墓主人是楚国封君平夜君成，简文中有不少内容是卜筮祭祀祈祷的记录。其中编号甲三 11、24 号的简文为：

☑昔我先出自𠣘道，宅兹浞（沮）、章（漳），台（以）選[illegible]（遷）凥（處）

对于这段文字，有学者解读为：“昔我先出自颛项，宅兹沮漳，以徙迁处。”[②] 也有学者认为应该解读为：“昔我先出自雍丘”，并指出“雍丘”是颛项的兴盛与发达之地，新蔡楚简说“昔我先出自雍丘”，正是以颛项兴旺发达之地作为楚民族的始源地，从而证实战国时期楚人奉颛项为先祖。[③] 可见，虽然学者们对这条简文的文字解读略有不同，但是诠释的文化涵义则是相同的，均反映了楚人对颛项的先祖认同。包山楚简和新蔡楚简关于楚人先祖的内容，也是确认战国时期楚人自身认同与炎黄世系血缘关系的重要依据。

综上所述，根据文献和考古资料，自西周末年楚人登上华夏政治舞台以来到战国时期，在漫长的历史进程中，楚人的族源记忆与民族认同经历了阶段性的变迁：西周末年至春秋前期，楚人自豪地以蛮夷自居，自外于华夏民族之外；春秋中晚期，楚人开始受到中原华夏文化的影响，认同蛮夷不如华夏的民族观念，并表现出一定的民族自卑；在与中原诸夏的交流互动长达数百年后，至战国时期，楚人终于融于华夏民族，以华夏先祖颛项为楚人的先祖源头。在这个变迁过程中，血缘的认同只是结果和表象，文化的融合与认同才是关键和本质。因此，从表面上看楚人在战国时期方成为华夏民族的一员，然而从民族形成的历程来看，春秋中晚期对楚人的族源记忆与民族认同的影响才是决定性的。

当然，由于文化观念的惯性使然，尽管战国时期楚人已经完全融入华夏民族，中原诸夏人士中，仍然不乏有人将楚人视为蛮夷并加以歧视。据《孟子·滕文公上》记载，楚国学者许行自南来北，在滕国讲学授徒，学者陈相师从于许行，引起孟子极大的不满。孟子批评陈相道：“吾闻用夏变夷者，未闻变于夷者也。”“今也南蛮鴃舌之人，非先王之道，子倍子之师而学之，亦异于曾子矣。”孟子这里所说的“夷”和“南蛮鴃舌之人”显然是指来自楚国的许行，可见孟子仍将楚人视为蛮夷，并表现出明显的歧视之意。不过，个别学者的言行并不能代表当时整个社会的认知，更不能改变楚人融入华夏民族的历史事实。

四、结　语

楚人由蛮夷到华夏的心路历程，在中华民族形成历程中具有典范意义。楚人最初自外于华夏，坦然以蛮夷自居，经过几百年来与中原诸夏的交流互动，到战国时期，已基本忘却或有意回避源自蛮夷的历史记忆，极力强调自身为炎黄后裔，主动融入华夏民族的族群与国家，成为华夏民族的重要成员，最终成为秦汉统一多民族国家的核心主导力

① 李学勤：《论包山简中一楚先祖名》，《文物》1988 年第 8 期。

② 参见董珊：《新蔡楚简所见的“颛项”和“雎漳”》，简帛研究网，2003 年 12 月 7 日。

③ 参见徐文武：《从新蔡竹简探楚族的起源》，《湖北大学学报》2012 年第 1 期。

量，实现了由蛮夷到华夏、由边缘到中心的重大转变。楚人的心理转变历程，也是秦、燕、吴、越等众多“蛮夷之国”共同的心路历程。在春秋战国时期五百余年中，夷夏各族的共同努力，推动了华夏民族的发展壮大，推动了中国古代统一多民族国家的发展进程。楚人的心理转变，显示了中国古代统一多民族国家形成历程的基本特点，即以中原华夏民族为核心，不断吸引和融合周边其他民族、其他地区，同时，处于中原华夏民族边缘、外缘的民族和地区也积极主动靠近中原，融入华夏，夷夏各族在持续的多方位、多途径的交融中形成一个有机的整体。楚人融入华夏民族的道路，也是后世诸多少数民族融入中华民族、融入统一多民族国家所经历的共同道路。由此本文的结论是：中国历史在开篇伊始之际，就显示了这样一个发展趋势，即以中原华夏民族为核心，各民族各地区之间密切交融互动，在以中原华夏为中心不断向周边扩展、同时边缘民族不断向中心聚拢和融合的过程中，中华民族得以逐渐形成壮大。边缘民族不断靠近中原华夏中心并被夷夏各族所接受，这在中国具有悠久的历史传统，而这一传统在中华民族文明的源头就已初步显露，并在此后的历史进程中，由于一再被重复而得到强化，从而成为中国传统政治与社会运转中的历史惯性。夷夏一体和大一统，成为中华民族根深蒂固的政治信念，成为统一多民族国家赖以存续的坚实的社会心理基础。

（附注：本文为国家社会科学基金 2012 年度重大招标项目《中国古代民族志文献整理与研究》的阶段性成果。项目批准号：12&ZD136。）

（彭丰文，女，湖南浏阳人，1972 年生，中国社会科学院民族学与人类学研究所副研究员，北京师范大学历史学博士，主要研究领域为中国古代边疆史、民族史、思想史）

试论西南民族地区的族际经济交流

万　红

内容提要：在多民族共生的西南，民族间的差异性是比较显著的，这主要是生态的多样性所致。由于各民族的生存环境不同，各自在适应这种生存环境中所产生的生计模式也不尽相同，于是形成了山坝生态类型的差异以及农牧经济结构的差异。由于人们的生活需要是多方面的，而仅就某一地、某个民族所生存的生态环境而获得的产品又是有限的，所以只有通过经济交流互相补充，这种多方面的生活需要才能得以实现。本文在探讨了西南民族地区复杂的地理生态环境所导致的多种生计模式的同时，对山坝结构中的族际经济交流以及农牧结构中的族际经济交流进行了较为详细的论述。

一、西南民族地区复杂的地理生态环境

西南民族地区是我国一块地域辽阔、地理位置重要、自然资源丰富的地区，从狭义上说，包括现今的滇、黔、川三省和重庆直辖市的少数民族聚居区；从广义上说，则还包括今天的藏、桂两地以及湘、鄂西部的一些地区。在这片广袤的土地上，世代居住着30多个少数民族，约占全国少数民族数的一半以上，可以说，西南地区是我国民族构成最为复杂的多民族聚居区。西南民族地区的地理环境十分的复杂，域内有巍峨雄壮的高山、地形复杂的高原、星罗棋布的湖泊、纵横奔腾的江河、开阔平整的河谷平坝以及奇峰竞秀的岩溶地貌等等。由于篇幅所限，本文将以滇、黔、川三省及重庆直辖市的少数民族聚居区，即狭义上的西南民族地区为背景展开论述。

云南省位于西南地区的南部，地处云贵高原和青藏高原的东南部。全省面积39.4万平方公里，东部与广西、贵州为邻，北部与四川相连，西北隅紧倚西藏，西部与缅甸接壤，南部和老挝、越南两国毗邻。全省地势西北高，南部低，地势错综复杂。高原波状起伏，高山峡谷相间，断陷盆地星布，河流湖泊纵横。从地貌分类看，可分为山地、高原和坝子（即山间盆地和河谷）三大类。山地是云南省面积最大的一种地貌类型，主要分布在西部的横断山峡谷区，云南高原边缘切割非常破碎的地区也包括在内，其面积约占全省土地总面积的84%。高原在省内分布很广，多在海拔1000米以上，约占全省土地总面积的10%。坝子多达1440多个，但总面积不大，共计2400平方公里，仅占全省土地总面积的6%。云南省大小河流有600多条，重要的有180多条，多为入海河流的上游，如长江的上游金沙江、西江的上游南盘江、红河的上游元江、湄公河的上游澜沧江、萨尔温江的上游怒江和伊洛瓦底江上游的支流独龙江等。全省河流分别属于伊洛瓦底江、怒江、澜沧江、金沙江、红河和珠江六大水系，除发源于本省境内的金沙江、珠江外，均为国际河流。多数河流因地形的显著变化而具有落差大、水流急、水量变化

大的特点。云南省还有大小湖泊 40 多个，总面积约 1100 平方公里，占全省总面积的 0.28%。湖泊多分布在海拔 1200—3200 米之间，较著名的有滇池、洱海、抚仙湖、程海等。全省的水力资源极为丰富，约占全国水力蕴藏量的五分之一。云南省的气候垂直变化异常显著，干湿季节分明，但气温随季节变化不太明显。由于地势北高南低，南北之间高度相差悬殊，因此全省范围内因纬度变化造成的温差很大。年平均气温，除金沙江河谷和元江河谷以外，大致由北向南递增，平均在 5—24 摄氏度。由于地形地貌复杂和大陆季风、海洋季风的影响，全省气候类型多样。全年无霜期，从西北往南为六个多月至十一个多月。夏季湿润多雨，气候变化无常；冬季温暖干燥，天气晴朗。5—10 月为雨季，以滇西南和元江谷地降水最多，年平均降水达到 2000 毫米以上，向滇中和滇北则减少为 500—600 毫米。11 月到次年的 4 月为旱季，蒸发很盛。西北部高山地区冬、春季有时降温为害。

由此我们可以看到，云南的自然地理与生态环境是具有复杂多样性的：其一，纬度和地势造成的南北差异性。云南位于东经 97 度至 106 度、北纬 21 度至 29 度之间，南北纵跨 990 公里。这一低纬度大致属于准热带和亚热带地区，但地势又是属于高原，并且全省总的是北高南低，呈三级阶梯状自西北向东南倾斜，北部、西北部为高原游牧区，南部和西南部为亚热带作物和水田农业区；其二，自然阻隔造成的封闭性。云南境内高山纵横，江河湍急，高山峡谷相间，交通十分困难，自然的阻碍和分割形成一个个相对封闭、独立的小型自然生态区；其三，立体气候、立体地形形成立体生态。云南山地和高山占 94%，平坝占 6%，在绵延的群山中镶嵌着一个个小型的山间断层盆地和冲积宽谷盆地，坝区的亚热带与山区的高温带并存，山地种植区与坝子水田区互补。

贵州省位于云贵高原的东部，东靠湖北，西连云南，北界四川，南接广西。全省面积 17.61 万平方公里。全省通称贵州高原，隆起于四川盆地和广西丘陵之间，平均海拔 1000 米，地势西部较高，中部稍低，自中部向东面以颇为陡峻的坡度下降。贵州地形变化大，类型多，除了高原、山地以外，还有丘陵、盆地以及河谷地带。就地貌而言，分布广泛的岩溶地貌是贵州地貌的突出特点。岩溶化的碳酸盐岩地层出露面积占全省总面积的 73%，是我国岩溶发育最为广泛的一个省区。由于贵州省是一个强烈上升的高原山地，各河流处于高原边缘向中心强烈溯源侵蚀过程中，而位于河流上游的分水岭地带的高原区，则由于溯源侵蚀未被波及，保留着原来的地面，地势平缓，坝子连片，谷宽水缓，土层比较深厚，地下水埋藏浅，易开发利用。峡谷区河谷深切，两岸地势起伏大，地形破碎，河流在流入干流峡谷时，或潜伏地下成为伏流，或形成跌水瀑布，构成独特的高原峡谷地貌景观。由于自然条件复杂，贵州地理区域的差别较为显著。南部海拔 700—900 米以下的地区，为低山、丘陵、河谷坝区，热量丰富，年平均气温 16 度左右，年降雨量 1300—1400 毫米。西部高原山地，海拔在 1800 米以上，地形坦荡，是省内的温凉气候区，年平均气温 13 度，夏凉冬冷，干湿季明显，易旱缺水，水土流失严重。中部山原、丘原区是贵州高原的主体部分，岩溶广泛发育。贵州地表径流丰富，岩溶地下水蕴藏量也大，主要河流有乌江、红水河（包括南、北盘江）、都柳江、清水江、赤水河等，水流速度快，水位变幅较大。贵州的气候属于典型的高原型湿润亚热带季风性气候，因低纬度、高海拔和主要受东南季风影响，具有夏无酷暑、冬无严寒，降水丰富、雨季明显，热量充足、生长期长，垂直变化、差异很大的特点。

四川省民族地区主要是川西高原山地的阿坝、甘孜、木里藏族聚居区和凉山、马边、峨边彝族聚居区。川西高原山地，实际上是青藏高原的东南隅、云贵高原的西北边缘和四川盆地的过渡地带。这一地区又可分为川西南山地和川西北高原。川西南山地包括凉山彝族自治州的全部和乐山市所属的马边、峨边两个彝族自治县以及甘孜藏族自治州的东南部分。这一地区地貌系横断山脉北段，地势西北高，东南低，山脉呈南北走向，海拔多超过 3500 米，南部较低，多在 2500 米以下。境内以高山和山原为主，地形复杂，地势起伏很大，多断陷的盆地和宽谷。川西北高原包括阿坝藏族自治州的全部和甘孜藏族自治州的西北部。这里地势高亢辽阔，海拔在 3500—4000 米左右，西北高东南低，分为丘状高原、山原和高山峡谷三种地形，拥有水草丰盛的牧场和开阔平坦的谷地。四川民族地区江河广布，著名的有金沙江、大渡河、雅砻江、岷江、白龙江、乌江等。由于近代地壳上升形成的高山深谷，使这一地区的河流水流湍急，自然落差很大，给梯级开发本地区丰富的水能资源提供了十分优越的自然条件。川西高原的甘孜、阿坝两个藏族自治州，气温低，霜雪多，雨量少，日照丰富。凉山彝族自治州及附近地区，其气候类型较为复杂，有“一山分四季，十里不同天”之说。这一地区气候的特点是：日照多，温差大，雨量充沛，无霜期长，山地气候的垂直带性十分突出。

重庆市民族地区主要是酉阳、秀山、黔江、彭水、石柱土家族、苗族聚居区。地形主要为盆周山地。这一地区山脉绵延，地势西南高，东北低。雄伟的八面山绵亘数百里，峙立如屏，成为重庆直辖市与湖南省的天然屏界。境内的山脉虽然众多，但海拔却不高，全境平均高度不过 1000 米左右，梯田梯地大都分布在海拔 400—800 米的地域之内。这一地区多为纵横起伏的深丘和山地，也有零星小块的平坝和浅丘。气温较高，雨量充沛，无霜期达三百天以上，但日照却不充足。

西南民族地区是我国西南边疆一块地域宽广，资源丰富的宝地。在这片辽阔的土地上，有着丰富的农副资源、动植物资源、水能资源、矿产资源和旅游资源。

种植业是西南民族地区的支柱产业之一，云南、贵州农业生产的自然条件较好，四川民族地区的条件较差。除粮食作物外，盛产甘蔗、烤烟、茶叶、油菜、水果等经济作物。

西南民族地区也是我国重要的林业生产基地，素以丰富的森林资源著称于世。云南地貌类型和气候类型复杂多样，为各种植物的生长发育提供了良好的生态环境。怒江、金沙江和澜沧江中上游的怒族、傈僳族和藏族地区是全省森林资源最丰富的地区，以冷杉、云杉等经济价值高的高山针叶林为主；滇西的楚雄彝族自治州、大理白族自治州，玉溪、曲靖、临沧、保山等地的民族地区，松林广泛生长。热带、亚热带常绿阔叶林，分布在红河哈尼族彝族自治州的河口至德宏傣族景颇族自治州的盈江一带。此外，云南的香料植物和观赏植物也十分的丰富。贵州省素称“宜林山国”，有从热带到温带的多种地带植被，其中尤以黔东南苗族侗族自治州的森林资源最为丰富，该州森林面积占全省森林总面积的 32.8%，立木蓄积量占全省总量的 42.6%。林业资源也是四川省及重庆市民族地区的优势资源之一。甘孜、阿坝两个藏族自治州和凉山彝族自治州的木里县，森林以天然原始林为主，用材林和防护林蓄积比重大，蕴藏量占四川民族地区的绝对优势。主要分布在岷江、大渡河、雅砻江、金沙江和白龙江等江河的中、上游的流域地带，不但具有很高的木材利用价值，而且还具有特别重要的维护生态平衡的作用。凉山州的喜德、普格、布拖、美姑、越西、甘洛、金阳、昭觉、盐源、冕宁、德昌、会东、会理、宁南等县和西昌市，乐山地区的马边、峨山以及今属重庆市的酉阳、秀山、黔江、彭水、石柱五个自治县也是重要的林业生产基地。

西南民族地区的各种优势资源中，畜牧业占有相当重要的地位。这里既有热带、亚热带生长的各种畜禽品种，如水牛、黄牛、猪、鸡、鸭、鹅、兔等，也有世界上稀有的高原耐寒畜种，如牦牛、犏牛等。

西南民族地区还是我国重要的药材产地，所产各种野生药材和家种药材有天麻、杜仲、桔梗、黄连、天冬、白芍、艾粉、虫草、川贝、鹿茸、灯盏花、山海棠等等。

矿产资源在西南民族地区的蕴藏量也是备受瞩目的。在已经发现的一百多种矿藏中，在全国占有优势的有：铬、锂、锡、钒、钛、锑、锰、铝、铅、锌、铜、锶、汞、铁、煤、磷、硫铁、芒硝、硼砂、石灰石、大理石等二十几种，云南的个旧、东川，贵州的六盘水，四川西昌太和、会理红格、渡口攀枝花等都是重要的矿产工业基地。

西南民族地区历史悠久，山河壮丽，具有十分丰富的旅游资源。其旖旎秀丽的自然风光，珍贵悠久的文物古迹，举世闻名的珍稀动植物，古老独特的民族风俗，奇异淳朴的风土人情，传统浓厚的地方艺术等，都是这一地区独特的资源与财富。

二、多民族共生与多种生计模式共存

由于大自然赋予了西南地区多种多样的生存环境与丰富的资源，很早便有人类生活在这片土地上，并适应不同的生态环境创造出了不同的经济文化类型，形成了不同的民族，成为我国最为复杂多样的多民族聚居区。

云南省又是西南民族地区尤为复杂的省份，少数民族约占全省总人口的三分之一，全省主要的少数民族有22个，即蒙古、回、藏、苗、彝、壮、瑶、白、哈尼、傣、傈僳、佤、拉祜、纳西、景颇、布朗、阿昌、普米、怒、德昂、独龙、基诺等族。[①] 此外还有尚未确定族系的苦聪人和克木人。云南省建有8个少数民族自治州和29个民族自治县，自治州分别为西双版纳傣族自治州、德宏傣族景颇族自治州、怒江傈僳族自治州、大理白族自治州、迪庆藏族自治州、红河哈尼族彝族自治州、文山壮族苗族自治州、楚雄彝族自治州；自治县分别是峨山彝族自治县、澜沧拉祜族自治县、江城哈尼族彝族自治县、孟连傣族拉祜族佤族自治县、耿马傣族佤族自治县、宁蒗彝族自治县、贡山独龙族怒族自治县、巍山彝族回族自治县、石林彝族自治县、玉龙纳西族自治县、屏边苗族自治县、河口瑶族自治县、沧源佤族自治县、西盟佤族自治县、南涧彝族自治县、墨江哈尼族自治县、寻甸回族彝族自治县、元江哈尼族彝族傣族自治县、新平彝族傣族自治县、维西傈僳族自治县、漾濞彝族自治县、禄劝彝族苗族自治县、金平苗族瑶族傣族自治县、宁洱哈尼族彝族自治县、景东彝族自治县、景谷傣族彝族自治县、双江拉祜族佤

① 参见郝时远主编、任一飞、陈英初副主编：《中国少数民族分布图集》，中国地图出版社（北京），2002年8月，第10、11页。

族布朗族傣族自治县、兰坪白族普米族自治县以及镇沅彝族哈尼族拉祜族自治县。

彝族是云南少数民族人口最多的一个民族，分布也最广，省内绝大部分县都有分布，以楚雄、红河州的哀牢山区、乌蒙山区和滇西北小凉山一带比较集中。白族、哈尼族、傣族、佤族、拉祜族、布朗族、怒族、阿昌族、德昂族、基诺族、独龙族等民族基本上是云南独有的少数民族。白族80%以上聚居在大理州，其他散居在昆明、元江、丽江、兰坪等地；哈尼族聚居在红河和澜沧江的中间地带；傣族主要聚居在西双版纳和德宏两州以及耿马、孟连两县；佤族分布在沧源、西盟、孟连、耿马、澜沧、镇康、双江等县；拉祜族以澜沧、孟连两县为主要聚居区；布朗族主要聚居在勐海县的布朗山及西定和巴达等山区；怒族以碧江、福贡、贡山三县最多；阿昌族90%分布在陇川县的户撒和梁河县的遮岛、大厂；德昂族主要聚居在潞西县三台山和镇康县军弄等地区；基诺族是1980年新识别和确定的一种少数民族，主要聚居在景洪县基诺山；独龙族主要聚居在滇西北贡山县的独龙河谷；傈僳族主要聚居于怒江州；纳西族主要聚居于丽江、宁蒗、永胜、维西、中甸、德钦；苗族和回族在省内广泛分布；瑶族主要聚居在红河州和文山州的部分县；藏族聚居在滇西北的迪庆州；壮族聚居于文山州。

贵州是一个民族成分众多的省份，主要的少数民族有11个，即苗、布依、侗、彝、水、仡佬、壮、瑶、满、白、土家族等。[①] 其中，布依族、仡佬族和水族基本上是贵州省独有的民族。贵州省建有3个少数民族自治州和11个自治县，分别为黔东南苗族侗族自治州、黔南布依族苗族自治州、黔西南布依族苗族自治州、威宁彝族回族苗族自治县、松桃苗族自治县、三都水族自治县、镇宁布依族苗族自治县、紫云苗族布依族自治县、关岭布依族苗族自治县、玉屏侗族自治县、印江土家族苗族自治县、沿河土家族自治县、务川仡佬族苗族自治县以及道真仡佬族苗族自治县。贵州的少数民族人口占全省总人口的30%左右，面积约占全省总面积的50%。

贵州的苗族分布在省内70多个县、市，以黔东南自治州的台江、剑河、雷山、凯里、麻江、黄平、丹寨最多，几乎占全省苗族的一半；其余的苗族杂居在黔南自治州和兴义、安顺、六盘水、铜仁、遵义等地区以及贵阳市周围的县份。布依族主要聚居在黔南自治州的罗甸、荔波、独山、都匀、惠水、贵定、龙里、长顺、平塘等地，兴义地区的望谟、册亨、贞丰、安龙、兴义、义仁、晴隆等地，安顺地区的镇宁、关岭、紫云、安顺等地以及贵阳市的花溪、乌当等区。贵州的侗族主要聚居在黔东南自治州的黎平、天柱、从江、榕江、锦屏、剑河等地，其余则分布在三穗、镇远、雷山、荔波、独山等地，也有一些散居其他地区。水族有一半聚居在黔南自治州的三都水族自治县，其余分布在荔波、独山、都匀、榕江、丹寨、雷山等县。仡佬族人数很少，但分布却十分广泛，其人口与分布面积的比例，在西南少数民族中也是罕见的。贵州省的遵义、安顺、关岭、普定、清镇、平坝、黔西、大方、织金、金纱、贞丰、晴隆等地以及六枝、水城都有仡佬族居住。其他人口较多的民族，例如彝族，主要居住在黔西北；壮族、瑶族分布于黔、桂两省区交界地带；回族则大部分居于黔西的毕节、安顺、兴义、六盘水等地，尤以威

① 参见郝时远主编、任一飞、陈英初副主编：《中国少数民族分布图集》，中国地图出版社（北京），2002年8月，第10、11页。

宁为最多。

四川省少数民族主要有6个，即藏、苗、彝、傈僳、纳西和羌族，[①] 此外，还有待识别的三种人，即阿坝州与绵阳市平武县的达布人、凉山彝族自治州的纳日人和西番人。四川省内建有3个自治州和4个自治县，分别是甘孜藏族自治州、凉山彝族自治州、阿坝藏族羌族自治州、北川羌族自治县、木里藏族自治县、峨边彝族自治县以及马边彝族自治县。

重庆直辖市内的少数民族主要是苗族和土家族，[②] 建有4个民族自治县，即酉阳土家族苗族自治县、秀山土家族苗族自治县、彭水苗族土家族自治县和石柱土家族自治县。

上述少数民族都是世代居住在境内，有一定的聚居区域，保存有本民族的语言、婚姻、宗教、习俗、生产方式和其他特点的当地少数民族。总括西南地区的少数民族，可分为四大族系，这四大族系的民族基本上按生态区划分布。苗瑶族系各民族分布于亚热带季风区的山地丛林带，集中分布在长江水系和珠江水系之间各分水岭上，其分布地海拔多在200—1500米之间。百越族系各民族主要分布在珠江流域宽阔的河谷地带以及红河、南北盘江、怒江、澜沧江中下游河谷地带，分布地区都系亚热带季风湿润区。百越族系各族的分布地海拔最低不过100米上下，最高不超过1000米。氐羌族系各族以青藏高原及云贵高原的西部和北部为主要分布区，所在地主要是高山草原或草甸，海拔高度均在1000米以上，最高分布点达4000米以上，其分布地乔木疏少，草原辽阔。而孟高棉族系各民族则分布在澜沧江、红河以西的广大地区，其地山峦重叠，平坝极少，坡度大，许多山峰和谷地相差1500米左右，系亚热带气候。

在多民族共生的西南，民族间的差异性是比较显著的，如上所述，这主要是生态的多样性所致。由于各民族的生存环境不同，各自在适应这种生存环境中所产生的生计模式也不相同，有狩猎采集型、刀耕火种型、畜牧型、农业型，当然，可能还有介乎不同模式之间的一些亚类型。特别重要的是，即便同一个民族，其支系也可能由于居住分布在不同地区而形成多样化的生计模式。不同的生计模式导致的生活方式或文化也各不相同，甚至思维模式和行为模式也不尽相同。这种生态差异不仅以对人的生存有利或不利影响着人们的经济生活，而且通过生理影响着民族的性格。至于说各民族在生活习惯、风俗，包括衣、食、住、行各方面的差异则更大。

生态从影响民族的分布、民族的生计模式进而影响民族间的关系。由于生态条件的差异，所提供给人们的生存空间和物质资料各不相同，从而决定了其经济和文化的差异。通过围绕经济活动和社会生活的民族间的交往，克服生态对人类生活全面需要的限制，从而形成了既有差异又相互依存的民族关系。

以云南为例，由于境内的高山河流交错分布，把云南分割成一个个相对封闭的自然生态区；由于多山地而形成的立体地形、立体气候以至于立体生产，自然形成一种互补、自足的系统，境内的各民族不需要竭力扩大对外联系，也能维持正常的生计。这种特殊

① 参见郝时远主编、任一飞、陈英初副主编：《中国少数民族分布图集》，中国地图出版社（北京），2002年8月，第10、11页。

② 参见郝时远主编、任一飞、陈英初副主编：《中国少数民族分布图集》，中国地图出版社（北京），2002年8月，第10、11页。

的地理环境和自然生态，不仅导致了立体的多民族分布和多样的生活方式，而且对境内各民族的社会结构产生很大影响：第一，社会是在一种相对封闭的以山坝结构为中心的区域内发展，整个社会受外界的冲击不大，具有缓慢和迟滞性，并带有田园牧歌式的色彩；第二，政治、文化以坝区为中心向四周山地辐射，形成一个个相对独立、自成系统的政治社会单元和自然文化区，并以经济条件自然形成民族等级的立体社会结构；第三，各民族既大分散又聚族而居，形成一个个小的民族自然村落，既有利于各民族之间的交往与互助，又使每一个民族都能保持自己的民族文化而不易被其他民族所同化；第四，一个具有同源的民族被分割在不同生态区域的环境中，与本区域内的其他民族的联系多于区域外同源民族的联系，这样，同一个民族的不同支系既有文化上的共性，又有区域的特征，受同区域内的其他民族影响很大。总之，这种封闭性和自成体系的生态和民族关系，使云南在历史上长期处于部落林立、土司遍布、互不统属、极端分散的“小国寡民”的社会结构的状态中。

各民族所生活的自然和生态环境不同，形成了山坝生态类型的差异和农耕与畜牧经济的差异，并影响其经济活动以及市场贸易，但这恰好是各民族加强联系、相互依存、互相补充的契机。因为人类的生活是丰富多彩的，人们的生活需要是多方面的，而仅就某一地、某个民族所生存的生态环境提供的、获得的产品又是有限的，所以，只有通过经济交流与市场交换，互相补充，才能实现。而各民族在相互的交往中，形成了谁也离不开谁的民族关系。

三、山坝结构中的族际经济交流

由于西南是一个多民族共生杂居的地区，故而在西南各地，实际上形成了很多大大小小的地方族际社会。这里所谓的“族际社会”，也就是多民族社会，是指多民族共生共存的社会。[①] 在这些多民族的族际社会中，各民族生产力的发展水平往往是不平衡的，因而在他们彼此之间也就存在着经济的互补性。这种族际经济的互补性，也是以民族间实际形成的生产性分工为基础的。

杂居在一定地域的各民族，由于自然生态条件、社会历史背景、民族文化传统以及生活习俗的差异等多方面的原因，社会经济发展的阶段、水平和状态，往往都很不一致，不仅生产力水平有高有低，而且各民族生产的产品也多有差异。于是，各民族或其支系、甚至各个家庭在自己经济生活中不能自给的部分，就需要通过族际间的商品交换得到补充。因而，我国西南各地的很多集贸市场，往往都有族际社会的背景，在集市上从事交换活动的人们往往是由周边各民族的群众组成的，人们彼此交换的商品也每每来自不同的民族。

在以山坝生态差异为主的族际社会中，坝区与山地由于生态结构的不同，导致相应的经济结构和商品种类也大不相同。坝区由于地势低平，水利便利，以水稻种植为主，粮食以大米为主要交换物；此外，农副产品种类较多，水产品，蔬菜以及手工业加工等等，自然形成一个经济中心和货物集散地，外来所需的生活品也多流于坝区集镇中。山

① 周星：《元江发展模式与地方族际社会》，日本国立民族学博物馆调查报告 8 号，1998 年，第 300 页。

地则又是另一类农副产品，即粮食以玉米、马铃薯、青稞、荞、麦等为主，因地广人稀，饲养鸡、牛、羊等也极为方便；此外，山地种植业所产的经济作物也很多，如茶、药材、经济林木、果树等等，这种山地的经济和农产品不仅有整个山地经济的特点，而且还有因各地气候、海拔、生产传统等各种自然和人文的因素而造成区域的不同，甚至在同一区域的不同海拔也各有不同。由于民族的分布与生态环境相对应，所以，这种经济产品和市场结构也有很大的民族性。根据一些历史资料的证据，还有作者在云南、贵州一些具有多民族色彩的集贸市场的实地观察，一般是生产力水平较高的民族生产铁制的工具和较多的工业及手工业品出售；居住在平坝盆地及河谷一带的民族，在市场上更多的销售粮食；而生产力水平较低的民族，尤其是山区民族，则主要以他们的各种土特产品参与交换。例如，在以傣族为主的西双版纳地区，杂居其中的民族有汉族、景颇族、德昂族等。在那里的集市上，往往是傣族主要出售农副产品，购买犁、锄、耙、布机、石臼、柴薪、衣服、鞋袜和日用百货；汉族出售手工业和工业品如犁铧、耙、锄、刀、铁锅、石臼、陶瓷器、木桶、饭甑、衣帽、鞋袜、盐巴、药材和日用百货等，主要购买大米、瓜菜、烟草等；德昂族出售木制品和山货，如犁架、木锨、木耙、木布机、席子、竹器及山果等，购买大米、布、油、盐及日用品；景颇族则出售柴薪、山果、野菜等，购置大米、食盐、烟草、槟榔、酒类及日用品。在西双版纳的很多初级市场即所谓的“街子”上，我们常常可以看到这类多民族互通有无的景象。在一个个“山坝结构”所构成的自然生态区域内，通过交易互市把各地区各民族的经济生活紧密地联系在一起。这种联系是以几个集市为中心，通过固定的街期循环地在这几个集市上交易；而一个定期的集市往往辐射周围几十公里、上百公里内的地区或村寨。

从市场结构来看，傣族与各民族的交易市场和经济生活具有立体性和民族性特征。这是特殊的立体生态和民族的立体分布使然。在一个“山坝结构”的区域内，集市贸易不仅有中心集市和边缘集市、坝区集市和山区集市的区别，而且在不同的等高线上的市场因民族分布及其由生态导致的经济生活而使市场具有民族特征。例如，勐海县内的主要集市西定街，在海拔近 2000 米的半山上，高出勐遮坝近 1000 米（勐遮坝的海拔为 1100 米）。该街具有明显的山地集市的特点：因在西定居住的哈尼族种植包谷等杂粮，养鸡多，所以在街上卖鸡以吸引勐遮坝区的傣、汉等民族；又因西定海拔高，霜大，很难种植蔬菜等物，故而勐遮坝区的傣族可以用稻米和蔬菜、食盐换取以鸡为首的土特产；此外，居于西定山区的哈尼族、布朗族大量种植茶叶，傣族收购后可贩运到外地换回他们所需要的盐和布匹等。这种交易的格局和市场的结构特点在其地已持续了几百年。①

在坝区的集市（往往也是中心集市）则又是另一种景象，在市场上售卖的与山区集市大不相同。比如勐遮市场，主要售卖坝子内的物产多为稻米、蔬菜、肉食（主要是猪、牛肉）鱼、瓜果等物，具有水域“鱼米之乡”的集市特点；集市上出售的鸡是傣族商人从山上民族中收购下来，工业品、食盐、百货、铁制农具等则是从内地汉族地区运来的（后来的农药、化肥亦是如此）。② 这种有民族性和立体特点的集市在交易物的结构、

---

① 参见赵世林、伍琼华：《傣族文化志》，云南民族出版社（昆明），1997 年 6 月，第 249 页。

② 参见赵世林、伍琼华：《傣族文化志》，云南民族出版社（昆明），1997 年 6 月，第 249 页。

类型、流向等方面都各有不同，从而又构成一个各民族、各地区人民经济上互相依存、互相补充的大市场。

这种山坝族际经济交流的案例除了西双版纳、德宏等自治州之外，尤以元江哈尼族彝族傣族自治县最为典型。该县位于云南省中南部，是滇中至滇南的重要门户，也是一个典型的地方族际社会。

元江的地形呈立体型状态，山区与坝区及河谷地带气候差异较大，从海拔高差看，大体可分为热带、南亚热带、中亚热带、北亚热带和暖带等五个特殊小气候。由于气候多样，给全县农业生产带来了复杂的情况，一年四季，栽种和收割交错进行。

元江是哈尼族、彝族、傣族聚居的地方，另外还有汉、白、苗、拉祜等民族。据统计，2006 年末，元江县总人口 198705 人，其中少数民族 158723 人，占全县人口总数的 79.88%。在少数民族人口中，哈尼族有 81709 人，彝族有 44027 人，傣族有 24387 人，白族有 6381 人，苗族有 728 人，拉祜族有 960 人，其他少数民族有 531 人。[①] 哈尼族集中分布在哀牢山东麓海拔 1000 米至 2000 米之间的山区或半山区，村落分散，部分与少量的汉、白、彝等民族交错杂居。哈尼族居住的山区一般水利条件较好，梯田层层，适宜多种作物的生长。彝族以大分散小聚居形式，与汉、傣、哈尼等族交错杂居，相对地多集中分布在元江东北岸海拔 1000 米至 500 米之间的山区。彝族聚居的山区山峦起伏，连绵不断，山多水少，气候温和，适宜玉米、薯类、柑橘的生长。傣族主要分布在元江沿岸海拔 1000 米以下的旱热河谷地区，其中元江坝子有“天然温室”的美称，环山临水，适合水稻、甘蔗、蔬菜和热带水果等多种作物生长。白族是元江县人口较少的少数民族，集中居住在因远和安定两个乡。[②]

元江的立体生态和民族分布，使得山区和坝区各民族在生计上存在着很强的互补性，元江各地沟通各民族经济往来和文化交流的集市贸易，恰好正是培养和满足各民族间相互依存关系的最为主要和基本的方式。可以说，不同民族的人们，不仅在集市上相互交换其产品，而且还通过集市及其它各种途径，共同创造出了超越各个单一民族，把元江各民族都包括在内的地域性的族际社会。

元江山区的少数民族向有物物交换的传统习惯，不言而喻，其交换行为既存在于同一民族内部，但也往往会涉及山坝间及族际间的互通有无。旧时曾有若干“草坪街”作为交换的场所。据 1919 年的《元江志稿》记载，全县当时约有 20 个左右这样的“草坪街”。50 年代以后，由于统购统销政策曾使草坪街一度衰落，改革开放以来，才又逐渐恢复，1987 年为 10 个，1990 年全县较大的集贸市场又达到约 20 个左右。[③] 元江的集贸市场在前后两个不同时代的数字如此接近，似乎可以令我们看到历史上某些规律性的发展状态。在元江，除了“草坪街”，还有为数不多的小镇能发挥某些商业中心的功能。此外，又有一些行商穿梭于山区和坝区之间。总体而言，由于自然经济状态的制约，元江的少数民族能够用于交换的农副产品的数量是比较有限的。

---

① 县史志办：《人口・民族》，元江哈尼族彝族傣族自治县政府门户网。

② 元江哈尼族彝族傣族自治县概况编写组：《元江哈尼族彝族傣族自治县概况》，云南民族出版社（昆明），1986 年，第 26 页。

③ 周星：《元江发展模式与地方族际社会》，日本国立民族学博物馆调查报告 8 号，1998 年，第 300 页。

近几十年来，地方政府的介入，对族际间的商贸往来具有很大的影响。例如，政府的统购统销政策，曾在一个时期发挥了“替代”作用，其表现是传统的“草坪街”体系逐渐萎缩，有限的商业网点多逐渐转移到基层乡镇政府的所在地，出现了地方国营的民族贸易公司，民族特需商品的经营皆被“统”了起来等等。再比如，改革开放以来，由地方政府主导的现代化建设、搞活流通和商品农业的发展，极大地提高了各族农民参与集市贸易活动的积极性，同时也提高了他们对于集贸市场的依赖程度，进而改变了各族农民进入市场的方式以及他们的生产与生活状态。元江坝区的农副产品，大约65%以上是纯粹用来交换的，少数村社甚至可达80%左右；这个比例即便是在山区，也已经接近50%。特别值得指出的是，由地方政府支撑的商业、服务业和物资供销系统，实际上已经深入到元江地方族际社会的各个角落，他们通过各种方式基本上已经把当地民间传统的集市贸易纳入到了一个更大的市场体系之中。总体而言，市场经济正在日甚一日地把元江各族民众都卷入到一个经济和生活更加一体化的族际社会里去，而集市贸易则是这种动向的一个非常重要的侧面。

元江案例展示了西南多民族地区不同民族间的交换关系是基于不同的生态背景、分布格局、生计方式和劳动产品而形成的。一方面，它成就了多民族共同的市场，另一方面，又进一步促成了族际间的社会分工。西南的集贸市场往往具有多民族的属性，构成其背景的族际间的生产分工，对于促进各民族，特别是后进民族社会经济的发展有着极为重要的意义。集贸市场之互通有无、调剂余缺的功能，非常有利于先进生产工具和先进技术的推广，也可满足各族民众多方面的生产及生活需要，提高各族民众的生产力水平和消费水平。此外，还能加强各族交往，沟通民族感情，消除民族隔阂，增强族际间的友谊与团结。民族间的关系是围绕经济活动进行的，或者说经济生活构成一定区域内民族关系的主导方面，而维系人们经济交往的纽带或桥梁，就是市场。

市场是族际经济交流的主要场所，同时又是民族文化的传承之地。在市场上各族民众在进行交易活动的同时，也进行着文化的交流活动，进行着民族文化的传递。为了顺利完成交易活动，不同民族必须互相学习语言，学习和传递交易方式以及交易观念。例如，在傣族地区及邻近傣族地区的集市上，往往都通过用汉语或傣语进行交易；而傣族也普遍会讲邻近民族的语言。布朗族长期与傣族具有经济和文化上的交流，受傣族文化影响很深，虽具有自己的语言，但在数字上除记数的一至十不同外，十以上的数字几乎都借傣语表达。而在易武街上的汉族居民，多数都会讲傣话、哈尼话和瑶族话，这都是长期经济交往的结果。

四、农牧结构中的族际经济交流

在我国西南地区，族际性的贸易和交换活动，实际上还有着更为广阔的背景和更为深刻的依据。历史上农耕世界和畜牧世界的经济交流，在我国西南部分地区就表现为曾自然形成了以“茶马古道”为纽带的族际性的茶马贸易。此外，以各种商道和大大小小的商业据点，进而也包括难以计数的集贸市场的网络，不仅在西南边区和内地汉区之间形成了非常密切的互补性经济联系，甚至还通过跨界民族的存在及边境集市等渠道，沟通了与西南地区周边国家的多种经济联系。

西南的牧区主要是在滇西北的迪庆高原以及川西北的阿坝、甘孜等藏民族聚居区。迪庆、阿坝等草地的藏民们，大都以畜牧为业，饲养牛、羊、马、驴、骡等，牛有牦牛、黄牛和犏牛三种，羊以绵羊为主，马供牧人骑坐，驴、骡用于运输。牧区的经济结构比较单一，不可能像农区那样自给自足。游牧民族不种植谷物、桑麻，因而粮食和布帛皆仰给于农业民族，而且以牛羊肉及奶制品为主食的民族必须喝茶，所以历来都盛行茶马贸易。藏区的矿产均未开发，藏民多不会锻冶，所需铁器、铜器全靠外民族输入，而牧民的铁刀、铜锅又是必不可少的生活用品。因此，牧民们必须用牲畜、皮毛及其它畜产和土特产品换回粮食、布帛、茶叶、食盐及各种日用必需品，与其他民族进行交易，特别是汉族和回族。牧区输出的主要是皮毛、毡毯、酥油、牲畜、兽皮、鹿茸、麝香、贝母、虫草、羌活之类，输入的主要是铁器、粮食、茶叶、食盐及日用必需品。

以滇西北迪庆高原为例可以较好地展现出农牧结构中族际经济交流的历史脉络。

滇西北高原位于青藏高原的东南缘，在行政上属于云南省迪庆藏族自治州，因而又称迪庆高原，包括香格里拉县、德钦县和维西傈僳族自治县，自治州总面积为 23870 平方公里。① 迪庆藏族自治州的东南为玉龙纳西族自治县，正东为宁蒗彝族自治县，东北为四川木里藏族自治县，北邻西藏的盐井、四川的德荣、乡城；南邻云南丽江、兰坪、福贡；西与云南贡山及西藏的昌都地区为邻。迪庆州处于青藏高原的东南边缘的延伸地和横断山脉纵谷的西北缘，整个地势北高南低，许多山峰处于雪线之上。迪庆高原因被怒江、澜沧江和金沙江及其所属水系分割，形成多块高山平坝，彼此间以峡谷，谷和峰顶之间的垂直变化大，气候、土壤、植被、森林及生态各异。就地形、气候、植物与生态诸方面看，迪庆的自然环境，因海拔不同，表现为以下三种情况：

（一）海拔 2800 米以上，地貌特征为高原、中高山及高山形态，占全州土地总面积的 32.5%。其中又可分为两个地带：海拔 4000 米以上地区，空气稀薄，四季寒冷，光照强，日气温变化大，一年有 6 个月积雪，难有住户生存。再往上则是高山流石滩、冰荒漠和雪山冰漠带，且间有不少现代冰川，有梅里、太子、察里等雪山 13 座。雪线的伸缩线域，为良好的牦牛牧场。海拔 4000 米以下的地面属于高寒山区和高寒坝区，除部分中、高山外，是在山间形成的大小不等的高山坝子和湖泊，著名的如大、小中甸坝和属都海、纳帕海等。这一地区为冷杉、红杉及混生高山栎类和桦类的生长地，其间的大片高山草甸、亚高山草甸和沼泽草甸草场都是良好的牧场。由于气温低、气候干燥、土壤并不肥沃，只适于种植青稞、土豆、燕麦、小麦、荞麦、蔓菁一类能抗寒和耐土地贫瘠的作物。

（二）山区，海拔一般为 2200—2800 米，占全州土地总面积的 48.3%。由于这一区域内垂直绝对高度和相对高度相差较大，从地貌上看，山高、谷深、坡陡，田土散处，且多梯田坡地。属中温带季风气候，作物以玉蜀黍和小麦为主，荞麦、洋芋、青稞次之。少数江边地区可种水稻。此外，大片的山地灌木灌丛草甸牧场，为放牧提供了良好的场地，属本州的重点畜牧区。

（三）处于海拔 1503—2200 米的河谷地区，主要分布于金沙江、澜沧江和其所属

① 《迪庆概况》，迪庆藏族自治州人民政府网。

水系沿岸，为山脚水滨形成的冲积平原和冲积成的河漫滩、冲积滩，大部分属梯田台地，平坦地不多。气候炎热，季节分明，属南温带及北亚热带季风气候。农作物有水稻、小麦、蚕虫、豌豆、四季豆等，是迪庆州的主要产粮区。植被主要由云南松、常绿灌木林、混交林及山地河谷杂草草场构成。[①]

由此可知，迪庆地区的自然特点是：地势高拔，山谷纵深，垂直变化大，地理复杂，草原成片，气候干燥，温度偏低，空气稀薄，发展农业条件差，但却是经营畜牧业、林业和副业的好场所。迪庆地区的整个地貌与生态，同其背后的青藏高原属于同一类型，它实际处于青藏高原向东南延伸的端点与前缘，为古羌人及其后裔的高原民族活动舞台的一部分。也就是说，由于这种自然地理因素，影响到迪庆地区的民族、文化，一直以来，都同青藏高原的民族与文化有着密切的关联。

从出土文物和历史文献记载上看，藏族是迪庆最古老的居民，而且最早是以游牧为生的，后来附近和内地的其他民族才陆续迁来。由于所处地域特殊，迪庆藏族具有自己的特点，即在社会经济结构与文化上，既保持有居于青藏高原上的藏族的特点，同时由于地处高原的边缘，是高原同云南、四川及内地各民族进行联系的前缘枢道，因而又渗透着内地经济与文化的影响。从迪庆地区总的民族分布情况来看，藏族主要居住在维西北部的塔城地区以及中甸县（今香格里拉县）5个区中的上四区和德钦的全境。他们一般都住在高原地区，住在河谷地区者极少，多以牧业为主。同藏族相处的民族还有傈僳族、纳西族、汉族、白族以及人数不多的回族、彝族和苗族等。傈僳族大多集中于维西县，居住于金沙江和澜沧江两岸的高寒地区，靠从事狩猎和刀耕火种的农业经济为生，他们是400多年前从县外迁入的。回族主要在中甸的中心镇、维西的保和镇、德钦的升平镇，从事商业贸易活动，他们是清朝初、中叶以来，随着迪庆同内地的商业贸易往来而流入的。苗族是随着清中叶即乾嘉苗民起义失败而流入的，散居于金沙江畔的高寒地区，以采药和狩猎为生。彝族是清朝政府为守护中甸的桥头以上进入中甸的通道而迁入的，住在下桥头以北的土官村高寒的山上，以从事畜牧和刀耕火种的农业为生。白族则从大理、剑川或从丽江地区辗转迁入，从事泥土建筑和砖瓦烧制或小手工业。纳西族主要住在维西和中甸的金沙区及三坝地区，他们的先世是宋以后随着纳西族土司的征战而陆续迁入的，但今多已藏化，从事小手工业、商业或农业。汉族主要住于金沙区、桥头、三大镇及中甸与德钦的矿区，多为戍兵、商贩或逃亡者的后裔，从中古以来自内地辗转迁入并定居，多数已经藏化。

隋唐以前，有关迪庆的记录不多，此后文献记载开始多了起来。承继隋朝的大一统之后，李唐王朝所建立的中央集权国家不仅给内地的封建政治、经济和文化的发展创造了条件，也为边疆地区的发展创造了良好的环境。唐初，西藏地区建立起统一的吐蕃政权，其所控制的势力范围，东及青海和四川西部，东南到迪庆高原。土蕃王朝需要与唐中央王朝之间进行经济文化交流，以求得自身的发展。内地的食盐、茶叶、铁器等是他们所必需的，这样就从河西走廊、川西及迪庆高原和广大滇西北地区，同唐朝发生交往，其间有和好，也有战争，而此时的滇西则仍然处于六诏势力之下。吐蕃政权为了东出，

① 参见王恒杰：《迪庆藏族社会史》，中国藏学出版社（北京），1995年8月，第5—6页。

一侧要北控河西走廊，另一侧则要出迪庆高原，南下控制洱海地区。这既可以保证对来自云南的茶叶及其它物资的供应，也是为了出兵四川右翼的安全，使迪庆高原成为同唐朝与六诏角逐的基地。为此，吐蕃王朝在位于迪庆高原边缘的铁桥镇设置了神川都督，在六诏没有统一之前，将自己的势力扩及洱海地区，而迪庆高原则处于吐蕃王朝的直接控制之下。此后，在吐蕃同六诏等洱海附近各部落及唐王朝的三角斗争中，迪庆一直是吐蕃王朝在东南翼的基地。唐朝为了把吐蕃军事力量从洱海地区逐回迪庆，采取支持南诏统一的政策，以期扶植其成为自己对抗吐蕃的一支力量。虽然后来六诏统一，吐蕃势力退回迪庆高原，但迪庆及滇西地区长期处于非和平的争斗状态之中。之所以如此，是因为吐蕃与南诏各处一方，在政治上既想保持一定的分立，在经济上又互有所需。唐朝出于战争需要，希望得到吐蕃地区的马匹，而吐蕃则需要川西的盐与云南的茶叶；此外，迪庆高原的牛、羊等牲畜以及内地的文化和工艺又为南诏所向往。据《蛮书》记载：其时“往往有吐蕃至赕贸易”。[①]“赕”指洱海地区，依此可知从吐蕃到云南行商的情况，亦足见滇藏贸易的悠久。是时“大羊多从西羌、铁桥接吐蕃界三千二千口将来博易”。[②]“西羌”是指川、青地区，铁桥指今塔城地区，依此可知，包括今迪庆所属香格里拉（中甸）、维西、德钦各县当时俱为吐蕃地域，其赶出的“大羊”，一次可达二、三千口，可见其贸易数量之大，而且是直接出云南通过迪庆自丽江进入洱海地区，由此可以看出迪庆乃藏区的前缘，亦是滇藏贸易的门户。

从迪庆高原出云南的古道，今天是两条，一条是东路，自德钦经中甸，沿冲江河谷至金沙江边的长江第一湾过江，进入丽江；另一条为西路，自德钦、经维西、过塔城、丽江进剑川。前一条路地质结构较好，但要途经白马雪山，每到冬十二月至春五月都会被冰雪所封。西路封山期短，但地面结构较差，交通十分不便，二路各有短长，都是古道的延续。从《蛮书》所记载的情况来看，至少自唐代以来，这两条古道即被作为由藏区入滇的通道。而从藏区进入洱海地区的两条通道，是迪庆及广大藏区的藏民们同滇西的纳西、白族等族人民在长期的经济文化交往中形成的。最早在这条路上做出开创性贡献的，是迪庆高原的藏族先民；洱海北部和迪庆高原的外缘之“施蛮”、“顺蛮”、“磨些蛮”即傈僳族先民和古纳西族人民也做出了一定的贡献。

10 至 12 世纪，大理政权在云南北部所控制的地域，是从今永胜到丽江北一线，都在迪庆高原之外。永胜以西、丽江以北的居民主要是藏族，为藏族统治者所管理；而维西县北部，仍为藏族所居，并有藏族统治势力。维西的大部分，特别是江边及南半部的居民则大多为傈僳族和纳西族。维西应是迪庆高原藏族同来自洱海和丽江地区的其他民族进行经济文化接触的前缘与过渡地。如今迪庆地区金沙江以北的香格里拉（中甸）、德钦及维西西北的居民主要为藏族，东南部则主要为傈僳族和纳西族。这一民族分布格局是和大理时期相一致的。

从 14 世纪起，由于丽江纳西族土司对迪庆藏区的虎视与征服，使迪庆地区经历了 200 多年的战乱。到了 17 世纪，最终以木增为代表的丽江封建土司势力确立对迪庆及

---

① [唐]樊绰：《蛮书》卷二，北京：中华书局向达校注本，1962 年，第 43 页。

② [唐]樊绰：《蛮书》卷七，北京：中华书局向达校注本，1962 年，第 204 页。

附近藏区的统治而告一段落，开始出现了稳定局面，社会经济文化得到了进一步发展。这一时期的云南藏族被称为“古宗”或“估宗”，又名西番或细腰蕃（当时亦把部分普米族混入这两个称呼中）。他们主要居住在迪庆境内，周围的丽江和鹤庆地区也间有分布，主要以牧放牦牛和羊为生，也畜有少量马匹。这个时期，藏族经济中也有农业种植。除了农牧业之外，他们也从事狩猎与采集以获得肉类、毛皮与药材供对外交换之用。此外，制靴业、制陶业、制碗业、淘金和采银等副业及手工业也发展了起来，从而给商业的兴盛创造了条件。在迪庆藏区的贩运商业中，除了房东、商户之外，驮夫也是不可缺少的成员。驮夫之中的小部分是领主的庄奴，大部分则是受雇的农、牧户成员。他们有的为养有驮马或驮牛的领主充当赶马人，有的则自己饲有少量驮马和牦牛，农闲为人驮运，以获取一定的驮运费用。这些驮夫和商人，经常出入或驻于丽江、鹤庆及大理，每年丽江的骡马会、大理的三月街，大批藏商和驮夫赶载各种山货、药材及藏区各种土特产前来交易。内地的辣椒、糖、布匹、生活用品等汇集于此，特别是云南的茶叶，为入藏之一大商品。丽江、大理、鹤庆之多民族汇聚的集市成为族际经济交流的重要场所。

这一时期，纳西族、傈僳族、白族、汉族等族人民较多地迁入迪庆高原。他们在藏族的影响和帮助下，生产上学会了牛羊的饲养和高寒地带的作物种植，生活上学会了穿“楚巴”（藏袍）、喝酥油茶和吃炒面。此外，随着纳西族的进入，其祭天习俗及其宗教仪式也被一些藏族所接受，入居的纳西族子孙后来也都藏化。而一些经商于丽江和鹤庆的藏民，却在当地立户，同当地的纳西族、白族居民结婚成家，融于当地民族之中。

到了清朝改土归流，特别是乾隆中叶以后，内地的汉族及其他各族人民迁入迪庆的越来越多，从云南、四川、陕西、江西等地而来的多是到阿墩子茂顶开矿；来自湖南、湖北和广东、广西的则多聚居于维西等地；南京、北京也有流入此地的，但为数不多。这些迁入的民众或务农开荒，或行工、开矿、经商，或从事文化教育，同藏族人民一起，对促进迪庆地区的社会发展做出了贡献。改土归流以后，迪庆地区的内外贸易得到了进一步发展。中甸的中心镇东部藏族房东不仅接待来自云南及内地贩运茶、糖、布匹、日用品的商人，也接待来自川、藏的出售毛皮和麝香等土产药材的商人。每年二、三月和六、七月都有大批川、藏商人经中甸和维西去参加大理的三月三及丽江的七月骡马大会，进行商品交换。滇藏通道上的来往人员除商人外，还有西藏官方到云南购铜的马队以及从云南的丽江、宾川、迪庆去西藏学经的喇嘛。由于西藏庙宇所用铜料大多来自云南，所以西藏常派人入滇购铜，而一入滇就需中甸人员的护送。

19世纪末至20世纪初，迪庆周围及内地的汉族、纳西族、白族等民族相继进入藏区，同藏族人民友好相处、融合，并加强了文化、经济的交流。作为迪庆藏区最古老的居民藏族，到了清代中后期，仍以中甸的小中甸、大中甸、尼西和格咱等上四境以及维西的其宗、喇普、奔子栏和清末从维西分出的阿墩子为主要聚居区。藏族的人口在这一时期有所增长，主要表现在农牧区门户额紧张、荒地减少，藏族民众向城镇、厂矿以及丽江、鹤庆、剑川、兰坪、大理乃至昆明和西藏地区迁徙。自然流入内地的藏族人口有属于被逼逃亡者，也与藏族人口与经济发展有关。他们经商、从事小手工业、做矿工或赶马，奔走于滇藏贸易的交通线上。清中叶，傈僳族已经发展为维西地区的主体民族，并随着人口的增长而迁入怒江、保山和腾冲地区。纳西族和白族几乎同时迁入迪庆地区，前者经商或从事木工、泥瓦工，后者从商或从事各种手工业。汉族主要是改土归流前后，随着清兵的驻扎而落居或陆续迁入的，主要居住在中甸、维西、阿墩子等市镇、沿江边的塘汛和交通线上，各矿厂也是他们的主要居住点。中甸汉族主要来自两湖、两广及南京；阿墩子则以来自云南内地及两湖、两广、江西、福建、陕西者居多，他们多经商或从事工矿业。在中甸及阿墩子的汉族逐渐同藏族通婚，融为藏族的一部分。此外，回族、西番、彝族、苗族、怒族和独龙族此一时期也多有迁入。

清中后期，迪庆藏区藏族人口增长速度不快，但是由于大批附近及内地各族人民的流入，其中许多都融于藏族，使藏族及整个迪庆地区的人口增加。这种人口的流入与民族融合，特别是藏族人民同流入的汉族、纳西族、白族等各族人民友好相处，共同劳动、共同生活，成为清后期经济、政治、文化发展的重要因素。大批来自内地汉区的各族人民的涌入，带入了先进的工艺、科学文化及改良主义和革命思潮，随着经济发展与商业贸易的活跃，冲击着迪庆地区自给自足的自然经济和农奴制度。

由于中甸、维西的设治、人口的增加和经济的发展，中甸的中心镇和维西的保和镇，已经发展为迪庆地区经济、文化中心，与迪庆西北角的升平镇一起被称为迪庆藏区的三大镇。除了这三大镇外，大中甸的白腊谷（汉名小街子）、江边的下桥头、维西下属的奔子栏也迅速崛起，成为新的商业中心，号小三镇，于是大、小六镇就成为迪庆藏区的农牧产品聚散地和来往商人的活动点。在这些市镇的街面上，除了随处可以看到一些销售日用品的小商点外，还有聚集了境内的土特产品及生产生活必需品的大商店。这时经过迪庆藏区运往康藏地区的商品十分丰富，有上好的绸缎、丝线、布匹、瓷碗、康定绿皮、中甸红皮、红毡、木碗、藏红花、黄铜瓢、红黄铜片、棉花、铁器、香、乳胶木根以及一些藏族习用商品。这一时期，云南一些地区的产品，已经成为西藏的必需品，如云南思茅所产的普洱茶，永北（今永胜）、鹤庆的砂糖、庆酒、伙肘、腌肉，丽江出的豆粉丝、西瓜子、麦粉片、麻线，中甸的木碗，维西的麦面，大理的棉线等，成为藏无滇有，专需大宗之物品。迪庆及康区的毛皮、藏红花、虫草、贝母、麝香、熊胆、鹿茸、羚羊角等土产山货药材，又为内地所不可少。这种供求关系表明，当时云南与西藏、以及西藏同内地的相互依附关系已经密不可分，而迪庆藏区则是联系两者的重要纽带。

辛亥革命后，社会相对安定，内地人民不断流入，藏区同内地经济文化交流日益加强。在中甸和德钦的居民中，藏族人口仍占很大比重，是两县的主要居民，维西藏族数量不多，却较集中，主要在县属西北地区，贡山则集中于丙中洛区。和藏族杂居的民族有汉族、纳西族、白族、普米族、傈僳族、回族、怒族、独龙族、彝族、苗族等。汉族、纳西族、白族、回族等民族主要聚居于城镇交通枢纽及矿山；普米族住于维西攀天阁等地；彝族居住于中甸土官村地；苗族不多，住于金沙江边山区；傈僳族、怒族、独龙族都住在高寒山区，其中傈僳族是少数民族中为数较多的一个民族，以维西较为集中，从事狩猎和刀耕火种的农业；汉族、纳西族、白族、回族则主要从事手工业、商业，社会经济发达，对藏区的社会经济发展有一定的影响。

民国初年，随着经济的发展，地处川、藏、滇贸易要冲的迪庆高原，如德钦的升平镇、奔子栏，维西的保和镇，中甸的中心镇、白腊谷（小街子）、金沙，三坝的金银矿点以及在下桥头所开的商市，都成为重要商业贸易网点。聚集在这些地区的商人，除卖糖、茶、糕点、针线等日常用品的小商贩外，其余商人分坐贾与行商两种。坐贾有一固定居处点，房屋租之于土司、属卡、民间，他们一方面坐地收购本地藏区的毛皮、鹿茸、麝香、熊胆、虫草、贝母、大黄等土特产和山货药材，转销至丽江、大理、昆明等地，然后将内地的茶叶、布匹、线、铜器、粉丝、糖、辣椒、纸等运入，或转卖给进藏的商人。行商则利用驮骡、马、驴等，往来于中甸到巴塘、理塘、打箭炉、盐井、昌都、拉萨或出国到印度等地进行贩运贸易，向东南也到丽江、剑川、大理或昆明。清末民初，中甸（今香格里拉）成为滇、康、藏三省的交通要道，商贾辐辏，商品云集县城东处，本寨有大商店 50 余家，归化寺左侧的白腊谷有店 30 余所，形成一巨商堡垒，两地每年货财出入最少亦有 700 万元以上。福寿祥、宝源、茂恒、长兴、永兴、达记、永昌祥、仁和昌、福兴昌等，资本达数万到 10 多万元，堪称大商号。一些大商号，既坐地收购，也雇佣“马脚子”，兼事贩运。寺院也是大商业户主，归化寺、东竹林寺、德钦寺等，在主管经济开支的西苏一职下，设有葱本（经济员），从西苏处领取资本，专门组织进藏或往康区打箭炉和大理、丽江等地区，进行贩运贸易。他们有驮骡，派发寺院庄户充任驮夫。有的活佛和喇嘛还投资，由地方俗家外出贩运，获利后坐地分银。在各地商人中，以藏族商人最能吃苦和富于冒险精神，往来于康藏和印度，只有他们能够胜任。内地商人主要来自丽江、鹤庆、剑川、大理和四川、江西等地，有纳西族、白族、回族和汉族。仁和昌、达记、福兴昌、永兴昌等商号，由来自丽江的汉族、纳西族商人经营；长兴号的商主来自鹤庆；永兴祥、永昌号的商主来自大理。他们往往同土司和地方政府官员相互联系。地方官吏代商人销售、收掠土产或直接入股分红利。官僚、土司都参与商业活动，内地商人要到藏区经商，必须为土司、县长效劳，串通一气，方可立足。

云南迪庆高原经济资源的开发与经济的发展和对土特产品需求的增加，其所起的商品转运与贸易桥梁作用，到 1937 年抗日战争爆发后发生了新的变化。中国政府当时得到的国外抗战物资援助，一方面由滇缅公路转运，一方面由印藏渠道输送。其中部分贸易品和外国援华物资，须经云南藏区这一通道。后来日本军队占领了缅甸，侵入我国腾冲，切断滇缅公路，使外国援华物资无法从缅甸运入中国，只得通过印度运入西藏，再转送大西南各地。尽管当时还有空运渠道，但只能运送部分军需品，部分军用品及所有民用物品只能经由西藏、德钦、中甸（今香格里拉）运入内地。因此，云南藏族人民除了要为内地生产和供应土特产品、药材等，支援内地抗战之需外，还要承担为祖国抗战运送后援物资这一重任。抗战胜利后，随着大西南运输线的衰落，滇藏贸易又冷落下来。尽管如此，迪庆藏区及藏族驮夫仍在内地同大西南和西藏的联系方面发挥着重要作用。

20 世纪 50—60 年代，由于取缔和停办了各种庙会、集市，族际间的经济交流活动受到很大的影响。1978 年以后，随着改革开放政策的确立，迪庆高原上许多大型的传统庙会恢复了，例如中甸县（今香格里拉县）松赞林寺恢复了迎佛会、降神会等宗教节日，三坝白水台二月八、五凤山五月端午赛马会等也成为地方民族传统节日。[①] 这些集会成为重要的民族经济交流场所。届时，成千上万的各族民众载歌载舞，商业摊铺鳞次栉比，来自省内外、国内外的游客、富商也纷纷慕名前来观光、经商，经济交流活动日

① 参见云南省中甸县地方志编纂委员会编纂《中甸县志》，云南民族出版社，1997 年 8 月，第 673 页。

益活跃，高原上各民族古老而富有特色的民族文化也重新焕发了生命力。

关于西南地区族际经济交流方面的案例不胜枚举，内容亦是丰富多彩。由于篇幅所限，作者就不再多举例说明了。综上所述，我们可以清晰地看到，西南地区各民族基于生态环境和社会传统的多样性而形成各种不同的经济结构，并根据各民族自身的需要，彼此交流、互通有无，形成了相互依存、共同发展的民族关系，不但共同开发着西南这块丰饶瑰丽的土地，同时也为我国统一多民族国家的建设与发展做出了各自的贡献。

（万红，女，中国社会科学院民族学与人类学研究所副研究员，博士。北京：100081）

内蒙古呼伦贝尔地区多民族社会的构建

——以大兴安岭为中心

谢咏梅

内容提要：大兴安岭自东北向西南纵贯呼伦贝尔中部，不仅成为该地区显著的地理分界线，同时也成为其独特的多民族社会构建的重要因素。以大兴安岭为中心，形成岭南—岭北或岭东—岭西两条重要的民族集团移动的脉络，由此形成了不同时期各民族或诸部族的移民浪潮，导致了当今呼伦贝尔地区多民族混居的独特格局。本文重点探讨了始于 20 世纪中叶的来自兴安岭东南麓而形成于呼伦贝尔牧业四旗的庞大的“岭南蒙古人”群体和岭东地区达斡尔人的向西移动而形成的“海拉尔达斡尔”群体。

序　言

中国是由多民族构建的国家，作为中国北部边疆的内蒙古，在这片土地上曾有诸多民族兴衰与更替，分化与融合。自清代以来的被动与主动移民使这里的民族学地图变得尤为复杂，也使其成为中国周边地区多民族社会的典型一例。其中位于内蒙古东北部的呼伦贝尔地区尤为突出。

呼伦贝尔地处内蒙古高原东北部，介于内陆北亚与东亚之交界地带，属于欧亚非干燥地带之最东端。其北、西北以额尔古纳河为界，与俄罗斯隔河相望；西、西南与蒙古国接壤；东部与黑龙江毗连；南与内蒙古兴安盟相接，是中国北部边疆一片富饶的土地。

大兴安岭由东北向西南纵贯呼伦贝尔中部，构成该地区地形的主体，也是呼伦贝尔高原与松嫩平原的分界线。自然条件的差异，造就了呼伦贝尔的三大地形单元，即大兴安岭山地、呼伦贝尔高原和松嫩平原。

地形地貌的不同也使呼伦贝尔地区被划分为不同的经济区域。即位于大兴安岭以西的牧业四旗（鄂温克族自治旗、陈巴尔虎旗和新巴尔虎左右两旗）、大兴安岭山地的林业四旗市（牙克石市、根河市、额尔古纳市、鄂伦春自治旗）和嫩江河谷平原地带的农业三旗市（扎兰屯市、阿荣旗和莫力达瓦达斡尔族自治旗）。

地理环境与经济类型的不同，使大兴安岭的东与西，南与北，在地形形态、经济类型上有着较为显著的差异，因而形成岭南—岭北、岭东—岭西两条重要的民族集团移动的脉络。自清代以来，在呼伦贝尔地区入居了历史文化各不相同的诸多民族。由于呼伦贝尔民族的多样性，1950 年暑期，燕京、清华、北大对内蒙古呼纳盟民族进行了调查，撰写了《内蒙古呼纳盟民族调查报告》，其中提到：“呼纳盟不但是内蒙古自治区民族最复杂的区域，也是中国东北部民族最复杂的区域”，并将该地区的民族分类为汉语族、蒙古语族、通古斯语族、突厥语族和其他语族五种类型予以介绍[①]。据1957年中苏黑龙江联合考察队的调查，呼伦贝尔地区（当时的呼伦贝尔含兴安盟）“除汉族外，尚居住有蒙、达呼尔、鄂温克（包括原索伦、雅库特、通古斯）、鄂伦春、朝鲜、回等10多个兄弟民族，共有31万人，少数民族人口计占区内总人口28%”[②]。1997年呼伦贝尔盟民族事务局编写了《呼伦贝尔盟民族志》，提到1990年时，呼伦贝尔地区共有35个民族。至2004年，全市共计37个民族，汉族222.4726万人，占总人口数的82.13%，少数民族人口48.4127万人，占总人口数的17.87%。直至今日，呼伦贝尔地区地名中仍大量留存多民族语言地名，足见其民族的多样。

本文主要以大兴安岭为中心，以岭南与岭北，岭东与岭西为考查范围，展开对呼伦贝尔多民族社会之研究，从而探究自清代以来呼伦贝尔地区的民族社会重构过程。该文是在自2010—2013年间的田野调查和相关资料的基础上撰写而成。

一、呼伦贝尔地区多民族社会现状

呼伦贝尔是以蒙古族为主体，汉族为多数，以三个少民族自治为特色的多民族聚居区。由于各民族的生活习惯不同，生产方式不一，加上历史和现实形成的原因，其分布情况有所不同。有些民族具有相对集中的聚居区，有些则散落在各民族当中，混杂而居。然而即使不足20%的少数民族群体，却涵盖30多个民族，这些民族在呼伦贝尔历史，乃至内蒙古近代史上起到过举足轻重的作用，也使呼伦贝尔地区异于其他盟市，成为典型的多民族聚居区。除了民族的多样性，各民族所拥有的部族多样性跨越民族界限，使呼伦贝尔地区的民族社会更具复杂性。

内蒙古于1947年最先被列为自治区。自治区所辖三个少数民族自治旗均位于呼伦贝尔，即鄂伦春自治旗（1951年）、鄂温克族自治旗（1958年）、莫力达瓦达斡尔族自治旗（1958年）。自治旗又辖多个民族乡，于1956年12月便建立了10个民族乡，如今全自治区19个民族乡（苏木）中，呼伦贝尔即占有14个之多。除了以上三个少数民族外，又有朝鲜、俄罗斯、回族等多个民族乡或苏木零星散落于呼伦贝尔各旗市之间，使该地区形成独具的二重或多重民族自治构造。

在呼伦贝尔地区的30多个民族当中，较具影响的除了鄂温克族、鄂伦春族、达斡尔族三个民族外，还有在人口规模上占绝对优势蒙古族和汉族。

鄂温克族，是原居于呼伦贝尔地区的“索伦”、“通古斯”、“雅库特”部的统称[③]。“鄂温克”为本民族自称，意为“住在大山林中的人们”。初居于黑龙江流域，称为“索伦”，清代将鄂温克族以“哈拉”为单位，设置“佐”。17世纪中叶，因沙俄的侵略，

① 燕京、清华、北大1950年暑期内蒙古工作调查团编，呼伦贝尔民族事务局整理《内蒙古呼纳盟民族调查报告》，内蒙古人民出版社，1997年，第15页。呼纳盟，即1949年原岭西的呼伦贝尔盟与岭东的纳文慕仁盟合并称呼伦贝尔纳文慕仁盟之简称。

② 中国科学院地理研究所编辑《呼伦贝尔盟经济地理》，科学出版社，1959年，第43页。

③《内蒙古自治区人民委员会关于我区“索伦”“通古斯”“雅库特”统一改称鄂温克族的通知——1958年3月5日（58）蒙古族——逸字第五号》，《内蒙古政报》，1958年第十二期（汉文版）。引自涂格敦·林娜、金海选编《鄂温克族资料选编》，内蒙古人民出版社，1988年，第39页。

索伦与达斡尔等一同被迁至嫩江流域布特哈地区，编成八旗统治。雍正十年（1732 年），清廷挑选 1600 名索伦兵丁与达斡尔、巴尔虎等一同迁至岭西呼伦贝尔驻防[①]，设立索伦左右翼八旗来管理。1933 年，将所有左右旗、额鲁特旗、布里亚特等诸旗合并为索伦旗。1958 年 8 月 1 日，正式成立鄂温克族自治旗。今鄂温克族主要分布在内蒙古自治区和黑龙江省，据 2000 年统计，其中内蒙古自治区占 85.9%。呼伦贝尔地区所辖鄂温克族自治旗。陈巴尔虎旗、阿荣旗、扎兰屯市、根河市、莫力达瓦达斡尔族自治旗、鄂伦春自治旗等旗市则分布着 22821 人口的鄂温克族，占全自治区的 97.66%[②]，主要从事畜牧业和狩猎、农耕。其中鄂温克族自治旗是鄂温克族聚居区，2005 年为止，全旗鄂温克族 10 234 人，主要居住于巴彦托海、辉苏木、伊敏苏木等地[③]。

鄂伦春族，族称意为“使用驯鹿的人”或“山岭上的人”。鄂伦春实与鄂温克族为一族，均属通古斯语族。曾居于贝加尔湖以东，黑龙江以北。17 世纪中叶因沙俄侵略，被迫迁至黑龙江南岸。大部分居住于兴安岭南北河流流域并散居于森林中，以打猎为生，信仰萨满教。新中国成立后鄂伦春族实行了定居，并开展多种经营。1951 年 10 月 1 日，成立鄂伦春自治旗，是为中国第一个少数民族自治旗。鄂伦春族人口稀少，1953 年第一次人口普查时，呼伦贝尔境内鄂伦春族仅为 951 人。1990 年全国第四次人口普查时，增至 2753 人。

达斡尔族，有关其族源有“契丹后裔说”和“蒙古分支说”两种[④]。达斡尔语属于阿尔泰语系蒙古语族[⑤]。在民族识别之前，达斡尔族多自称“达斡尔蒙古”。1956 年，“达斡尔”被划为独立民族。起初，达斡尔与索伦、鄂伦春等族一同活动于黑龙江流域，17 世纪中叶，为了避开沙俄的侵略，清廷陆续将索伦、达斡尔从黑龙江流域迁至嫩江中上游，即兴安岭东麓布特哈地区，清廷设八旗来统治。1732 年，从布特哈八旗抽调了索伦、达斡尔、巴尔虎 3000 名兵丁驻防呼伦贝尔（兴安岭以西地区）。其中达斡尔甲丁为 730 名，并将它们编为索伦左右两翼八旗[⑥]，与后来之新巴尔虎左右翼及额鲁特旗构成呼伦贝尔五翼总管旗。乾隆年间，因不适应在岭西地区生活，大部分达斡尔人被递回原籍[⑦]。留居在海拉尔地区的郭、敖、孟、鄂等姓氏为主的达斡尔人，后来被称为海拉尔浅[⑧]，即海拉尔达斡尔，他们世代生息于呼伦贝尔草原。后来陆续有布特哈或齐齐哈尔

① 吕光天《鄂温克族》，《中国大百科全书•民族》，上海：中国百科全书出版社，1986 年。

② 这是 1990 年的统计数据。见呼伦贝尔盟民族事务局《呼伦贝尔盟民族志》，内蒙古人民出版社，1997 年，第 225 页。

③ 鄂温克族自治旗史志编纂委员会：《鄂温克族自治旗志》（1991—2005），内蒙古自治区地方志丛书，内蒙古文化出版社，2008 年，第 105 页。

④ 国家民委民族问题五种丛书之中国少数民族自治地方概况丛书，《莫力达瓦达斡尔族自治旗概况》编写组《莫力达瓦达斡尔族自治旗概况》，内蒙古人民出版社，1985 年，第 12 页；国家民委《民族问题五种丛书》之《中国少数民族简史丛书》（修订本），《达斡尔族简史》编写组、《达斡尔族简史》修订本编写组《达斡尔族简史》，民族出版社，2008 年，第 3 页。

⑤ 鄂温克族自治旗史志编纂委员会《鄂温克族自治旗志》（1991—2005），内蒙古自治区地方志丛书，内蒙古文化出版社，2008 年，第 126 页。

⑥ 金海、齐木德道尔吉、胡日查《清代蒙古志》，人民出版社，2009 年，第 182 页。

⑦ 全国人大民委办公室编《巴彦托海索木达呼尔族情况•大呼尔族调查材料之二》，1958 年 3 月，第 1 页。

⑧ 国家民委民族问题五种丛书之中国少数民族自治地方概况丛书，《鄂温克族自治旗概况》编写组《鄂温克族自治旗概况》，内蒙古人民出版社，1987 年，第 39 页。

达斡尔迁来岭西地区，形成了岭西地区的达斡尔人相对聚居区。1958 年 8 月 15 日，莫力达瓦达斡尔族自治旗成立[①]。据 2000 年人口调查，全国达斡尔族总人口为 13.24 万，主要集中分布在内蒙古自治区的有 77188 人，呼伦贝尔地区则 70 287 人，占据 91%，以莫力达瓦达斡尔族自治旗和鄂温克族自治旗为主要聚居区。达斡尔族有着从事农业的悠久历史，今嫩江流域的达斡尔仍主要从事农业，习汉文，而移居岭西地区的达斡尔或从事游牧或过着农牧兼营的生活，多习蒙古文。

汉族，是呼伦贝尔地区为数最多的民族。据 1950 年代调查，全盟汉族人口 238 805 人，占全盟人口的 74.6%[②]。新中国成立后政策移民不断增加，大量汉族陆续移入呼伦贝尔地区。1990 年时，即新中国成立不到半个世纪，增加 10 倍，达到 2 186 343 人，占全盟总人口的 84.89%。清代呼伦贝尔地区开始有了定居汉人，他们主要以服兵役、屯垦、行商、采伐或以匠人等身份移居呼伦贝尔。当时在岭西地区的晋商，号称“八大家”，集居海拉尔，对当地社会影响深远。民国时期中东铁路的修建也促进了汉人移民的到来[③]。起初，呼伦贝尔地区统治者与牧民采取了将汉族流民驱除出境的办法，但随着时间的推移，汉人逐渐融入当地社会。1937 年时，汉人已占据呼伦贝尔地区人口的首位，即 64%。新中国成立以后，为了资源开发，汉族移民大幅增加。据 1956 年代统计，汉族人口已达到 448106 人，占据总人口的 85%。随后响应国家兴办国营农牧场、开发矿产与森林资源的政策，大批汉人移驻呼伦贝尔地区。1960 年时，汉族人口激增为新中国成立之初的 4 倍。到 70 年代“文革”时期，受“左”倾路线的影响，大量汉族“盲流”从全国各地携眷进入呼伦贝尔农林区，以阿荣旗、牙克石等地尤为严重。今汉人除了聚居海拉尔、满洲里等重要城市之外，农业三旗市和林业四旗市的汉族占当地人口的 88%。

蒙古族是呼伦贝尔地区的主体民族，也是人数最多的少数民族。主要分布在大兴安岭西北的巴尔虎草原和伊敏河流域的牧业四旗。蒙古族不仅具有鲜明文化特色，而且具有部族多样性，人口所占比例也具有绝对优势。据 2010 年统计，蒙古族人口约为 23 万人，占呼伦贝尔总人口的 9.02%。明代，阿鲁蒙古诸部分布在大兴安岭以北呼伦贝尔草原。明末、清初陆续南迁，呼伦贝尔一度杳无人烟。自 18 世纪 30 年代始，各族相继迁入呼伦贝尔地区，先后前来该地区的蒙古诸部，分别为新旧巴尔虎部落、布里亚特部落、额鲁特部落和其他部族蒙古人，形成了呼伦贝尔地区多部族蒙古人混居，且相对聚居的局面。

巴尔虎部落依其至呼伦贝尔地区的先后分别称为陈巴尔虎和新巴尔虎两部。巴尔虎蒙古自清中叶即迁来聚居，并建有三个巴尔虎旗。雍正十年（1732 年），同“索伦”、“达斡尔”一同自布特哈地区移居呼伦贝尔驻防的 275 名巴尔虎士兵曾被编入索伦左翼旗内，

① 国家民委民族问题五种丛书之中国少数民族自治地方概况丛书，《莫力达瓦达斡尔族自治旗概况》编写组《莫力达瓦达斡尔族自治旗概况》，内蒙古人民出版社，1985 年，第 47 页

② 燕京、清华、北大 1950 年暑期内蒙古工作调查团编，呼伦贝尔民族事务局整理《内蒙古呼纳盟民族调查报告》，内蒙古人民出版社，1997 年，第 17 页。

③ 参见呼伦贝尔盟民族事务局编《呼伦贝尔盟民族志》，内蒙古人民出版社，1997 年，第 361—363 页。王玉良《鄂温克族自治旗汉族移民初探》，内蒙古师范大学硕士学位论文，2012 年。

今在陈巴尔虎旗境内，他们也被俗称为陈巴尔虎人或奇布钦巴尔虎。雍正十二年（1734年），清廷自喀尔喀蒙古车臣汗部迁来的巴尔虎蒙古2400人编制左右两翼八旗，分别安置，他们是今新巴尔虎左右两旗新巴尔虎人的祖先。据1950年调查统计，陈巴尔虎蒙古4400人，新巴尔虎蒙古16000人。1990年不完全统计，新巴尔虎蒙古人约3.48万人，陈巴尔虎蒙古人约1万人。呼伦贝尔境内的巴尔虎人在1917年、1928年、1946年有三次较大规模的外移，进入今蒙古国。

巴尔虎蒙古之外，沿着伊敏河聚居着较早迁徙而来的蒙古部族布里亚特与额鲁特蒙古。布里亚特蒙古是在1919——1920年间，俄国发生内乱之时，来到呼伦贝尔的。"他们一部游牧于甘河附近及墨尔根河沿岸，一部游牧于海拉尔迤南之程河及温特肯河左近"[①]。康德二年（1935年）酒井二郎在《呼伦贝尔民族史》中列举呼伦贝尔民族时，也提及"后贝加尔布里亚特"，他们大概于1921年被安置于锡尼河流域[②]。首批是160户，700多人，到1928年时，锡尼河地区布里亚特住民已达3000人。1950年时3300人，1990年5400人左右。今主要聚居于鄂温克旗锡尼河流域锡尼河东、西苏木，人口近7000人，从事牧业，也是鄂温克地区占据草场面积最大的部族。

额鲁特蒙古聚居于今鄂温克旗伊敏苏木，他们来自于阿尔泰蒙古[③]，是蒙古四卫拉特部之一。由于噶尔丹战败后清朝意欲分割其势力，1732年将舍布腾旺布迁移于喀尔喀河流域[④]，继而迁至锡尼河南，伊敏河东地区。因这部分额鲁特先到达呼伦贝尔，又称陈额鲁特，设镶黄额鲁特旗，分为两个苏木。1755年，清廷将部分额鲁特人遣送黑龙江等地，一部分人后迁驻呼裕尔流域，一部分则迁居呼伦贝尔流域，又称新额鲁特，这批额鲁特据说147户735人。据说呼伦贝尔额鲁特人起初是590户3000余人，后因数次遭遇瘟疫，死亡很多。1950年有600人；1990年有169户751人；现有700余人。

除了以上清与民国时期迁住呼伦贝尔地区的蒙古部族外，该地区还有自20世纪中叶开始自大兴安岭以南的兴安盟、哲里木盟等地迁来的农耕蒙古人，被原住民俗称短袍蒙古人（oγodung mongγol）、喀喇沁蒙古人（qaračin mongγol ，oγodung qaračin）或南省蒙古人、岭南蒙古人（door-a γajar-un mongγol，dooraqi mongγol）等。据1990年的不完全统计，这些蒙古人达到133972人，占全盟蒙古族的72.45%。那么这些蒙古人何时、何以来到呼伦贝尔地区的呢？

二、农耕蒙古人的北上及"岭南——岭北"地域重构

大兴安岭自东北穿越呼伦贝尔中部向西南蜿蜒，成为呼伦贝尔高原与松嫩平原的分界线，其东南麓，即岭南地区是科尔沁人近五百年来生息繁衍的地区，自19世纪以来随着喀喇沁土默特地区的新型农耕化蒙古人陆续北迁，使这一地区形成了科尔沁与喀喇

① [苏]阔尔玛佐夫著，格日勒图校注《呼伦贝尔》，内蒙古文化出版社，2008年，第40页。

② 酒井二郎《呼伦贝尔民族史》，《蒙古时报》，康德二年十二月，第45页。需要说明的是，阔尔玛佐夫所提及的呼伦贝游牧民族当中不见巴尔虎人，而有"察普臣"（旧布莱雅）和"新布莱雅"，实指巴尔虎人。察普臣即指1732年来自嫩江流域的巴尔虎人，即后来的陈巴尔虎，察普臣是巴尔虎之一个哈拉（姓氏）之名一奇布钦。

③ 程廷恒、张家潘纂《呼伦贝尔志略》，内蒙古文化出版社，第194页。

④ 程廷恒、张家潘纂《呼伦贝尔志略》，内蒙古文化出版社，第194页。

沁文化的混合区域。自20世纪初这里逐渐形成了农耕村落社会，操着夹杂着汉语的独特的喀喇沁—科尔沁方言，生活方式上也逐渐接受汉文化因素的新农耕蒙古人居住在这里。大兴安岭西北，即岭北地区则是呼伦贝尔高原，在明代这里曾居住着科尔沁部落。清代以来随着科尔沁人的陆续南下，清廷将索伦、巴尔虎、额鲁特等部陆续迁至杳无人烟的呼伦贝尔地区戍边驻防[①]，从事游牧生活。兴安岭东南麓地区的蒙古人，即岭南蒙古人自19世纪30年代便有零星跨越大兴安岭到达呼伦贝尔地区的现象，阿尔山地区成为岭南——岭北地区的交通枢纽亦由来已久。自20世纪中叶开始，岭北地区的牧业四旗[②]成为接受岭南地区农耕化蒙古人的大熔炉。其中最具规模的政府移民则始于20世纪60年代，这也可谓是岭南蒙古人移民潮流的滥觞。他们大多来自与呼伦贝尔高原接壤的扎赉特、科尔沁右翼前旗、突泉县等地。此外，60年代初，政府以支援边疆为名将乌兰浩特师范学校毕业生或兴安岭东南麓各旗县干部有组织地分配或调动至呼伦贝尔地区，充当教师或干部。起初，这些蒙古人被原住民称为"短袍蒙古（oγodung mongγol）"、"喀喇沁蒙古（qaračin mongγol，oγodung qaračin）"或"南省蒙古人"、"岭南蒙古人"（door-a γajar-un mongγol，dooraqi mongγol）。随着岭南蒙古人融入呼伦贝尔当地社会，大部分已经扎根于呼伦贝尔地区，与呼伦贝尔当地各民族混合居住，均以"呼伦贝尔人"自称。自1980年代开始，又有为数不少的岭南蒙古人开始零星地或以投奔亲戚或以从事各种劳动为由，陆续移住呼伦贝尔地区，从而又一次掀起了岭南蒙古人北迁高潮。

兴安岭东南麓蒙古人进入呼伦贝尔牧区后，改变了当地人口的结构、语言与风俗习惯。从这个意义而言，呼伦贝尔地区可谓是研究东部内蒙古之重要组成部分，也成为近现代多民族移民与区域社会重构之典型地区。

（一）岭南蒙古人的北上原因

呼伦贝尔地区的岭南蒙古人，在原驻地，即岭南的科尔沁地区主要分布在农业区，从事着农耕，属于新型的农耕化蒙古人[③]。他们多数是在19世纪中叶至20世纪40年代为止，自东南部的喀喇沁地区迁至岭南地区的[④]。他们被科尔沁当地的原住努图克人（nutuγ-un saγuγali）称为"喀喇沁人"或"外旗人（γadan-a-yin kömün）"。所以由岭南至岭北的迁移，对这一群体而言是属于二次移民或三次移民[⑤]。正因他们来自喀喇沁土默特地区，这一称呼随着这些移民再度迁徙至呼伦贝尔地区时被带到了那里。自20世纪中叶开始，岭南蒙古人北上大体源于以下几点原因。

1. 政策引导移民

（1）"以粮为纲"的政策导向

1960年12月于内蒙古党委第十二次全体委员会议上提出：农业作为国民经济的基

① 呼伦贝尔地区，至上世纪50年代，仅指兴安岭西北地区。"满洲国"时期，岭西的呼伦贝尔地区被称为兴安北省，岭南地区则被称为兴安南省。

② 即巴尔虎三旗（陈巴尔虎旗、新巴尔虎左右翼旗）和鄂温克族自治旗。

③ 参见孛儿只斤•布仁赛音著，娜仁格日勒译《近现代蒙古人农耕村落社会的形成》"序论"，内蒙古大学出版社，2007年。

④ 乌力吉主编《扎赉特历史与文化》，内蒙古教育出版社，2007年，第128—129页。

⑤ 参见孛儿只斤•布仁赛音著，白玉双译《喀喇沁土默特移民与近现代蒙古社会—以蒙郭勒津海勒图惕氏为例》，《中国边疆民族研究》，第六辑，中央民族大学出版社，2012年。

础，本着自给自足的方针，有计划地发展牧区农业经济，一改牧区不生产粮食和单一经营畜牧业经济的历史。在这一“以粮为纲”的政策导向下，呼伦贝尔地区也为“大办农业，大办粮食”，向人口稀少的呼伦贝尔地区牧业四旗有组织地迁徙岭南农耕蒙古人，大兴农业。当时仅就移往新巴尔虎右旗的来自科尔沁右翼前旗和中旗以及扎赉特旗的有组织移民共 700 户，约 4000 人。这些移民一部分组成农业队，定居生活，主要耕种饲料或土豆、白菜、萝卜等蔬菜。

（2）“支援边疆”的政策引导

内蒙古自治区成立后针对牧区人口稀少的状况，乌兰夫提出“人畜两旺”政策。呼伦贝尔牧业四旗人口稀薄，据 1950 年燕京、清华、北大工作团编写的《内蒙古呼纳盟民族调查报告》中的统计数据，巴尔虎、布里亚特、额鲁特蒙古人共计 24300 人，占全盟总人口的 7.6%。1953 年第一次人口普查中为 26984 人，占总人口的 7%。当年，新巴尔虎左旗人口密度为每平方公里 0.26 人。呼伦贝尔地区为了补充劳动力不足，建设边疆，经自治区批准，20 世纪中叶开始“上送干部”，并于 1960 年始政府组织移民。

2.“三年暂时困难时期”农耕蒙古人被迫北上

1958 年开始的“大跃进”，导致全国农村粮食消费量下降，“一方面农村劳动力大为减少；另一方面吃商品粮的人口大量增加。为了保证城镇居民的最低商品粮供应，不得不加大对农民粮食的征购量，实行高征购”[①]。国家粮食征购量的加大迫使农民的口粮降低，1960 年人均仅为 312 斤[②]。扎赉特旗等内蒙古农村地区粮食消费量更低，据一些老人讲，当时人年均拥有加工后的粮食仅 150 斤左右，平均一天只有 0.41 斤的食物。而呼伦贝尔地区相对而言生活条件很好，定粮够食用，肉食充足，还有奶制品等，因此也成为当时政府组织移民的一个很好的宣传。

3.地缘关系为岭南蒙古人北迁提供条件

岭南地区扎赉特旗、科右前旗部分旗县与呼伦贝尔盟以兴安岭为界，南北相邻。1954 年 4 月 30 日，撤销东部区行政公署，将原兴安盟和呼纳盟所辖地区合并，改称呼伦贝尔盟，成立呼伦贝尔盟人民政府。直到 1980 年 7 月恢复兴安盟建制，期间科尔沁右翼前旗、科尔沁右翼中旗、突泉县曾分属吉林省白城地区外，扎赉特旗一直下辖于呼伦贝尔盟。这一行政隶属关系，为日后兴安盟若干旗农耕蒙古人北迁和干部、职工等工作分配、调动创造了有利条件。

（二）岭南蒙古人移住呼伦贝尔的过程

由于地缘关系，兴安岭东南麓蒙古人自 20 世纪初即有零星跨越兴安岭到达呼伦贝尔地区的现象。尤其位于呼伦贝尔和兴安盟之间的阿尔山地区更是很早以来汇聚着来自岭南、岭北地区的求医者并扮演着兴安岭南、北地区的交通枢纽，兴安岭东南麓一带的农耕蒙古人往往通过阿尔山地区零星到达呼伦贝尔草原。据说很早就有岭南蒙古人与岭北索伦人在山中开辟林间小路私自交往[③]。1917 年，巴布扎布余部在色布精格的带领下

---

① 罗平汉《“文革”前夜的中国》，人民出版社，2007 年，20 页。

② 罗平汉《“文革”前夜的中国》，人民出版社，2007 年，20 页。

③ 直至今日，沿着兴安岭自兴安岭北麓红花尔基，经罕达盖、伊尔施、阿尔山到达岭南地区仍然是交通要道。

曾盘踞呼伦贝尔草原地区。30 年代末，诺木罕战争期间即有部分兴安岭东南麓蒙古人在战乱之中逃至呼伦贝尔地区。而最具规模的政府移民则始于 20 世纪 60 年代，这也可谓是兴安岭东南麓蒙古人移民潮流之滥觞。

岭南蒙古人大体分两个阶段移住呼伦贝尔。第一阶段为 20 世纪 60 年代的有组织的政府移民。其中包括蒙古农民移民和支援边疆的上送干部。1960 年，将以扎赉特旗东南部农区为主的蒙古农民 1000 户，5000 人口，迁入新巴尔虎左右二旗，主要组成农业队（ küdelmüri γačaγ-a)、机械队或入住牧户放牧。这批移民因为是响应国家政策号召有组织地移民，习惯称为“政府移民”或“国家移民”（ulus-un negüdel arad）而区别于零星迁入呼伦贝尔地区的移民。洮齐铁路（洮南至齐齐哈尔）和滨洲铁路（哈尔滨至满洲里）为这些移民的北迁提供了便利条件。政府组织移民时做了充足的宣传工作，移民放弃了所有的家当北上呼伦贝尔，有些村落几乎集体移民北上。由于呼伦贝尔高原天寒地冻，不适宜耕种，移民又多不适应牧区生活，因此 1962 年 8 月，将近 200 户，1500 余人递回原籍①，余下移民逐渐融入当地社会，由农民转身重新回归牧民。此外，60 年代初，政府以支援边疆的名义将乌兰浩特师范学校毕业生或部分干部有组织地分配或调动至呼伦贝尔地区，主要充当教师、干部，其中鄂温克族自治旗的“上送干部”占据一定比例。第二阶段是，80 年代末，90 年代初，新一批岭南蒙古人的北上。他们主要是以投奔亲戚或以充当雇佣工的形式，零星地移入呼伦贝尔地。这些人起初大部分是“雁行人”，农闲时赴呼伦贝尔帮牧民饲养家畜或进入林区充当伐木工人，久之，拥有一定财产并安家立业。据统计，仅鄂温克族自治旗从 50 年代前后至 1989 年，由岭南地区扎赉特、科尔沁诸旗移居的蒙古族有 1.6 万人。

小　结

20 世纪中叶兴安岭东南麓蒙古人的北迁问题，可谓是近代内蒙古移民潮流的后续，亦为近代以来内蒙古历史上的第二次较具规模的蒙古移民潮流②，也使自 19 世纪以来的东南蒙古人的移民浪潮推进至呼伦贝尔地区。岭南蒙古人的北上对 20 世纪后半期呼伦贝尔区域社会重构以及内蒙古东部地区社会变动影响至深。因这些岭南地区的新农耕蒙古人的到来，呼伦贝尔地区蒙古族人口结构中出现了一批异于原住蒙古人的蒙古人群体，他们将喀喇沁—科尔沁方言③、半农半牧生活习俗带到了呼伦贝尔。其中，除了一小部分移民 60 年代初返回原籍外，绝大部分已经扎根呼伦贝尔地区，安家落户，与呼伦贝尔当地各民族混居，转型为牧民，或志力于当地各领域，甚至牧业四旗出现了类似于新巴尔虎右旗境内的达石莫嘎查一样的移民聚居区④。他们起初被当地巴尔虎、额鲁特等

① 新巴尔虎右旗档案文件《关于移民遣返旅费和欠款问题的请示报告》（1962 年），转引自乌吉斯古楞《试论内蒙古蒙古族移民组成的牧业社区——以呼伦贝尔市新巴尔虎右旗呼伦镇达石莫嘎查为例》，内蒙古大学硕士学位论文，2011 年。

② 蒙古社会内部第一次大规模的蒙古移民潮始于 1891 年的金丹道暴动，参见孛儿只斤•布仁赛音著、王晶译《边缘地区异族冲突的复杂结构——围绕 1891 年“金丹道暴动”的讨论》，《中国边疆民族研究》第五辑，中央民族大学出版社，2011 年。

③ 有关呼伦贝尔地区的科尔沁或喀喇沁—科尔沁方言，参见萨茹拉《新巴尔虎右旗科尔沁蒙古族口语研究》（蒙古文），内蒙古民族大学硕士学位论文，2009 年 4 月。另参见双山《论喀喇沁——科尔沁方言》，《中国蒙古学》2013 年第 3 期。

④ 参见乌吉斯古楞《试论内蒙古蒙古族移民组成的牧业社区——以呼伦贝尔市新巴尔虎右旗呼伦镇达石莫嘎查为例》（蒙古文），内蒙古大学硕士学位论文，2011 年 5 月。

原住民视为“他者”而被称为“短袍蒙古（oγodung mongγol）”、“喀喇沁蒙古（qaračin mongγol ，oγodung qaračin）”或“南省蒙古”、“岭南蒙古人”（door-a γajar-un mongγol，dooraqi mongγol），但经过半个世纪的融合，曾经的蒙古移民逐渐自我认同为呼伦贝尔地区的“坐地户”，并以“呼伦贝尔人”自称，从而视自80年代以后陆续迁来的蒙古移民为“他者”，称其为岭南蒙古人（door-a γajar-un mongγol，dooraqi mongγol）而区别于自己。这些蒙古人的到来，使呼伦贝尔地区多民族社会更加丰富与多样化，给原本较为单一的游牧生活方式注入了诸多农耕文化的因素，巴尔虎、额鲁特等部族文化也影响了这些已经农耕化的蒙古人，使他们得以逆自清代以来内蒙古地区移民与农耕化并行之潮流，重新回归游牧世界，形成了呼伦贝尔区域独具的文化特色的群体。从岭南—岭北的蒙古移民潮流及其影响，我们也可以窥知，兴安岭南北的区域统和性和通过移民重构，新的区域社会以及蒙古社会内部的震荡，这对研究内蒙古地区史、内蒙古社会史和蒙古族历史均有裨益。

三、达斡尔集团的移动与“岭东——岭西地区”的再编

大兴安岭东与东南是嫩江及其支流的河谷冲击平原地带，嫩江流域分布着几万人口的达斡尔族。有学者认为，达斡尔是蒙古的分支①，在1956年民族识别之前达斡尔人概自称“达斡尔蒙古”②。起初，达斡尔与索伦、鄂伦春等族一同生活于黑龙江流域。如今很多老人还会唱达斡尔人古老的歌谣，歌中唱道：“再唱达斡尔蒙古歌，黑龙江上游的古老蒙古人……”③17世纪中叶，清廷陆续将索伦、达斡尔从黑龙江流域迁至嫩江流域，设八旗来统治。兴安岭以东嫩江流域，即布特哈地区便成为达斡尔人数百年来的活动舞台。18世纪初，一部分达斡尔人被迁徙至兴安岭以西地区驻防呼伦贝尔。从此达斡尔人主导呼伦贝尔地区历史达200年之久，也形成了所谓的“海拉尔浅”（qailarčin），即“海拉尔达斡尔”的特殊区域社会，为岭东达斡尔陆续移住呼伦贝尔奠定了基础。如此岭东至岭西的达斡尔人的移动，导致了兴安岭东、西区域的再编，也对呼伦贝尔地域社会的形成产生了深远影响。

（一）海拉尔达斡尔群体的形成及其存在意义

1. 海拉尔达斡尔群体的构成

雍正十年（1732年），清廷从布特哈八旗抽调了索伦、达斡尔、巴尔虎3000名兵丁驻防呼伦贝尔（即岭西地区），其中达斡尔甲丁为730名，并将他们编为索伦左右两翼八旗。同时在海拉尔河一带筑呼伦贝尔城，设立呼伦贝尔副都统衙门，置副都统衔，

① 有学者认为，达斡尔或是留在兴安岭东北地区的原蒙古人室韦—鞑靼后裔，或是蒙元时期斡赤斤的属民因特殊原因遗留下的部分。

② 采访中多数海拉尔达斡尔老人直至今日仍在坚持认为达斡尔是蒙古族的一个部族而已，可能缘于以下原因。1912年，清朝灭亡，民国建立，提出了“五族共和”，五族即汉、蒙、满、藏、回族。在新的国家框架里，曾经是呼伦贝尔地区统治者的海拉尔达斡尔人，急需找到自己的位置。而在清朝，曾被编入满洲八旗而被视为新满洲人的达斡尔人，并不希望自己在新的国家里与已经衰微的满族为伍，相对而言，会说蒙古语的海拉尔达斡尔人，更希望被纳入蒙古人的民族运动当中，承认自己是蒙古族。因而撰写历史，追根溯源，企图更多地证明自己与蒙古人同源。接下来在特定的历史背景下，达斡尔人终于如愿。也正因为如此，可以说部分内蒙古革命史是由在特定环境下自称为蒙古人的异民族来谱写的。

③ 受访者：丹津苏荣，郭布勒哈拉海拉尔达斡尔，现年73岁，笔者于2012年7月22日在南屯对其进行了访问。

受黑龙江将军节制，在边界设鄂博、卡伦。由于达斡尔人善于耕种，起初达斡尔兵丁主要任务是实行屯垦，解决当地粮食供给。然而，岭西地区较为寒冷，不适宜耕种，多次试种均告失败。粮谷的缺少使呼伦贝尔地区兵丁难以糊口。乾隆七年（1742），清廷将驻防呼伦贝尔的达斡尔兵丁连同其子弟递回布特哈原籍。当时郭博勒哈拉（简称郭氏）满那莫昆的奎苏，敖拉哈拉（简称敖氏）登特科莫昆的范恰布，因公职在身，未返，与家属落户呼伦贝尔。乾隆五十四年（1789 年，另说 1803 年），莫日登哈拉（简称孟氏）的珠善驻防呼伦贝尔，留居海拉尔。这些居于海拉尔地区的郭、敖、孟三氏达斡尔人习惯自称海拉尔浅[①]。从此“海拉尔达斡尔”便成为清代移住岭西地区的达斡尔之概称。狭义而言，将 18 世纪居于海拉尔地区的敖、郭、孟氏后代，统称老海拉尔达斡尔[②]。广义而言，海拉尔达斡尔则又包括民国初年至 1945 年新中国成立以前从布特哈等地区迁移而来的达斡尔人。

2. 海拉尔达斡尔的政治影响

从乾隆七年（1742 年）海拉尔达斡尔形成至新中国成立以前，历经三个政权，即清朝、民国、“满洲国”时期。在这期间，海拉尔达斡尔在呼伦贝尔地区政治领域有着主导地位，尤其是在清末民国年间，出现了独秉呼伦贝尔政权的局面[③]。因而被后人称作“达斡尔政权”。据统计，清至“满洲国”时期海拉尔达斡尔任官达 70 人，这对不足 1000 人口的海拉尔达斡尔而言，比例的确不小。进入 20 世纪以来，海拉尔达斡尔人在两次呼伦贝尔“独立”“自治”运动中都发挥了积极的作用。首先，在 1912 年，在蒙古独立之际，海拉尔达斡尔人胜福等为首策划领导了呼伦贝尔独立。呼伦贝尔地区实际成为海拉尔达斡尔胜福等蒙旗上层“自治”、“自主”和俄国多方控制的“特别区域”，在清朝崩溃之际，继续实握管理本地区事务的权力，这种局面维持到 1920 年[④]。1932 年日本建立“满洲国”，呼伦贝尔为其所辖，为兴安北省，海拉尔达斡尔凌升为兴安北省省长，但他们却并不完全服从日本，甚至私下支持抗日将领苏炳文，试图维护呼伦贝尔地方权力。凌升等海拉尔达斡尔集团因反对日本向东北地区迁入开拓团占领土地等政策，1936 年以“私通苏俄”之“间谍罪”被处以极刑。“凌升事件”其实是为了维护海拉尔达斡尔统治呼伦贝尔地方的至高权力。“满洲国”崩溃之后的 1946 年，呼伦贝尔地方自治政府成立，实际为海拉尔达斡尔筹备建立的自治政府，当时自治政府委员多数为海拉尔达斡尔。至 1947 年内蒙古自治政府正式成立，乌兰夫当选为主席，进而对牧业四旗和海拉尔市进行“一条心”运动，随即发生“葆定派”案件，被抓捕的七人都是海拉尔达斡尔[⑤]。至 948 年正式宣布撤销呼伦贝尔地方自治政府为止，海拉尔达斡尔实握呼伦贝尔政权。

① 相对应地，将岭东地区的达斡尔人，即现在莫力达瓦自治旗境内的达斡尔，称为 Badqančiyn ，意为布特哈达斡尔人。齐齐哈尔达斡尔则称为 qotančiyn，意为齐齐哈尔城里的达斡尔人。

② 另有说鄂嫩哈拉达斡尔也属于海拉尔达斡尔。参见国家民委民族问题五种丛书之一，中国少数民族自治地方概况丛书，《鄂温克族自治旗概况》编写组编《鄂温克族自治旗概况》，内蒙古人民出版社，1987 年，第 39 页。

③ 方德修著《东北地方沿革及其民族》，开明书店印行，民国三十七年。

④ 参见白拉都格其、金海、赛航撰写《蒙古民族通史》第五卷(上)，内蒙古大学出版社，年，第 295 页

⑤ 1948 年 10 月葆定等因呼伦贝尔自治问题被呼伦贝尔公安局和保卫厅逮捕，1949 年三月送劳审查，1952 年和 1953 年先后认为无罪释放。

（二）海拉尔达斡尔的社会生活

1. 海拉尔达斡尔的社区

海拉尔达斡尔在呼伦贝尔地区形成了较为稳定的几个社区。即南屯（今巴彦托海）、莫和尔图（今巴彦查岗）和洪花尔爱里（西屯）、呼伦贝尔城内、南门外等。

南屯（emün-e ayil）：嘉庆八年（1803），敖氏倭格精额，郭氏孙台庆嘎，迁移至位于呼伦贝尔城南十七里处，索伦左翼之胡吉尔陶海之地的广惠寺（也叫呼和庙）附近，成为南屯最早的居民。南屯这个地名是在北京八大商进驻海拉尔后，位于海拉尔南的屯叫作南面那个屯子，位于西面的叫做西面那个屯子，逐渐简称南屯（emün-e ayil）或西屯（baraγun-ayil）而来。南屯就是现在的巴彦托海镇，当时居民主要以郭、敖两姓为主。当时郭姓与敖姓以马路为界，马路东、西两面郭氏、敖氏分别聚居，经营畜牧，屋前屋后置有菜园，种植日常所需蔬菜。1938 年孟氏迁来，居于南屯南面。根据他们坐落的形势，把南屯又分为西爱里（屯）、东爱里、南爱里①。1980 年南屯改称为巴彦托海镇，成为鄂温克自治旗政府所在地，也成为达斡尔、鄂温克、蒙古、汉等多民族聚居地区。

西屯（baraγun-ayil）：是以孟氏为主的爱里，位于呼伦贝尔城西南五里处，又作洪花尔爱里（沙丘之意），是孟氏始居村落。可能建于乾隆年间（亦有谓嘉庆年间者）。西屯人在清与民国及“满洲国”统治的不同历史时期，均有跻身于本地区社会上层者②。西屯主要经营畜牧，比其他村屯更富裕。在“满洲国”时期，该地区成为日军军事用地，建了飞机场，要求他们撤离。于是在 1938 年，全屯搬到南屯居住。

莫和尔图（mökertü）：位于海拉尔东南 55 公里，莫和尔图河和扎拉木台河会流之处，因而得名。又有谓莫和尔图者来源于达斡尔语“车辋”（tergen möger）一词③。由于南屯人口逐渐增加，牲畜繁殖，牧场日趋拥挤，1860—1870 年间，敖拉哈拉登特科莫昆和郭博勒氏满那莫昆的一部分人，挑选这水草丰美的地方，建立了屯子。今称巴彦查岗，俗称莫和尔图，仍是海拉尔达斡尔聚居区。

南门外：位于西屯以北，呼伦贝尔城西南城边的文庙街④。大概在“满洲国”时期自布特哈或齐齐哈尔地区迁来的达斡尔居住⑤。起初有孟、金、苏等四、五户居住。50 年代从齐齐哈尔等地继而有达斡尔人迁来。《呼伦贝尔盟民族志》中也提到了在南门外居住的一部分达斡尔人。

呼伦贝尔城（anban qota）：居住在海拉尔市内的达斡尔人均为民国六年（1917 年）始迁而来，主要由洪花尔爱里迁去的孟氏等海拉尔达斡尔之上层显赫家族居住在城内，这盖源于 1915 年孟氏胜福任呼伦贝尔副都统。

海拉尔达斡尔人数较少，据 1932 年的统计，海拉尔达斡尔共有 92 户，其中，南屯 47 户，莫和尔图 16 户，西屯 21 户，海拉尔市 8 户，约有 700 余人。1935 年时海拉尔

---

① 受访者：巴拉米德，敖拉哈垃，78 岁，笔者于 2012 年 7 月 24 日于海拉尔市对其进行了访问。

② 孟和那苏《西屯的变迁》，中国人民政治协商会议海拉尔市委员会文史资料委员会编《海拉尔文史资料》（第六辑），第 154 页。

③ 受访者：郭音巴，现年 75 岁，2012 年 7 月 26 日笔者研究生张塔娜、哈申其木格于莫和尔图嘎查对其进行了访问。

④ 受访者：额尔顿巴特尔，莫尔登哈拉海拉尔达斡尔，77 岁，笔者于 2013 年 1 月 31 日于呼和浩特对其进行采访。

⑤ 在 1932 年的统计数据中并不提及南门外，疑于此后自岭东迁来。

达斡尔有 115 户，713 人。在新中国成立以前总人数不到 1000 人，新中国成立以后人数增长幅度也较为缓慢，尤其海拉尔达斡尔子弟大多参加了工作，90%—95%的青年或是干部，或是在外地就读中学、大学的学生[①]。

2. 海拉尔达斡尔的经济生活

定居牧放：海拉尔达斡尔移住岭西地区之后因不适宜耕种，渐渐转型以牧业为主。但海拉尔达斡尔人的畜牧业的一个显著特点是定居放牧，这与他们盖房定居有密切关系。他们将原有的农耕文化的因素注入游牧文化当中，在岭西地区创造了独具的"定居牧放"经济模式，即房屋两侧都有畜圈，把牲畜赶到屯落附近，晚上再赶回圈里，还有以每个爱里为单位的大草场，便于蓄草，设在离屯子较远的地方。至民国时期，南屯、西屯的家家户户都有牲畜。直到新中国成立初期，南屯地区海拉尔达斡尔人还坚持着畜牧业，当时宅间就有牧场，乳牛或牛粪都散放在自己院落周围。后来随着布特哈、齐齐哈尔地区达斡尔的不断移来，宅间牧场逐渐消失[②]。

庭院经济：达斡尔族向来善于农耕，虽然来到海拉尔之后由于气候原因不能耕种，但每家每户都在房前房后经营小园子，种植一些土豆、豆角等日常所需蔬菜，秋收后晒一些干豆角、储存土豆等冬天食用[③]。达斡尔人的庭院式经济对周围的蒙古人影响颇深。正如《苏都护呼伦贝尔调查八旗风俗各事咨部报告书》中写道："查本属地方以索伦、达呼尔、新巴尔虎、额鲁特人等，编设五翼内外八旗驻防。习俗与外蒙比类相同，均依游牧为生，向无农田，民垦之地，近来内其索伦、达呼尔偶有耕种者，皆不过几亩几垧，忽种忽弃，殊不足以资。"[④]可以说，海拉尔达斡尔最早将农耕带到了岭西地区呼伦贝尔草原。

3. 海拉尔达斡尔的文化习俗

注重教育：民国十二年（1923 年）所著《呼伦贝尔志略•民族》中列"达呼尔"一条，并记其："现以郭、孟、敖三姓为境内之大族，分居南屯、西屯，注重开化，亦以三姓子弟为最。"[⑤]达斡尔族是个热心于教育的民族，尤以海拉尔达斡尔最突出。在呼伦贝尔地区历史悠久的多所学校都由海拉尔达斡尔所建，直至今日这些学校仍为教育阵地。乾隆初年（1736 年），在海拉尔旗属内设立了呼伦贝尔学堂，笔帖式任教，主要习满蒙文。不过当时额定学生数量仅为 24 人，可以称之为贵族教育[⑥]。后来设立了私塾，早在 1832 年—1851 年间历史上著名的海拉尔达斡尔诗人敖拉・昌兴就曾用自家的房子，在春夏之时集中本屯的孩子读书识字[⑦]。光绪三年（1877 年）在南屯出现了私塾，由齐齐哈尔聘任教师授本部子弟，教以汉满文字[⑧]。光绪八年（1882 年），副都统公署始建文

① 全国人大民委办公室编印《巴彦托海索木达呼尔族情况—达呼尔族调查材料之二》，1958 年，第 5 页。
② 全国人大民委办公室编印《巴彦托海索木达呼尔族情况—达呼尔族调查材料之二》，1958 年，第 6 页。
③ 受访者：玛尼，海拉尔达斡尔，83 岁。2013 年 2 月 1 日笔者于呼和浩特对其进行访问。
④ 呼伦贝尔盟历史研究会《苏都护呼伦贝尔调查八旗风俗各事咨部报告书》，1986 年，第 1 页。
⑤ 程廷恒、张家璠纂《呼伦贝尔志略》，内蒙古文化出版社，2003 年，第 193—194 页。
⑥ 参见陆万昌《清代达斡尔族教育探析》黑龙江民族丛刊，2009 年第 6 期。
⑦ 阿力《敖拉・昌兴生平轶事简介》，《达斡尔文学宗师敖拉・昌兴资料专辑》，第 771 页。
⑧ 程廷恒、张家璠《呼伦贝尔志略》，内蒙古文化出版社，2003 年，第 227 页。

庙附校舍二所，为官学。后将官学改为初级小学堂和初高两级小学堂[①]。蒙古民族运动领导者郭道甫即为海拉尔达斡尔人。20 世纪初，在海拉尔达斡尔各村屯都出现了新式学堂。郭道甫先后建立了呼伦贝尔蒙旗小学、莫和尔图学校、东北蒙旗师范学校等，培养了大量的人才[②]。

生活习俗：海拉尔达斡尔久居呼伦贝尔，与岭东地区的布特哈达斡尔及齐齐哈尔达斡尔，在语言、习俗以及自我意识等诸多方面都有了较大的差别。由于与蒙古各部族长期接触，从事畜牧业以及学习蒙古文，海拉尔达斡尔人的语言中掺杂了不少蒙古语。因而布特哈达斡尔认为海拉尔达斡尔是蒙古化的达斡尔人，从而强调其蒙古特性。海拉尔达斡尔则认为布特哈达斡尔为汉化的达斡尔。1956 年在民族识别前海拉尔达斡尔均自称“达斡尔蒙古”，认为是蒙古之一部族，性格也趋于蒙古化，新中国成立前每家都供奉着成吉思汗像，也有供奉佛像、祭敖包等习俗[③]。

小　结

清代以来，达斡尔自岭东之布特哈地区移驻岭西之呼伦贝尔草原地带，经过“岭东—岭西”区域社会的再编，实握呼伦贝尔地区政权的海拉尔达斡尔在达斡尔群体中脱颖而出，拥有了很高的政治地位。海拉尔达斡尔能够居有如此优越地位可能缘于以下几点：首先，呼伦贝尔这地区处于中、蒙、俄三国边境，且 20 世纪以来成为日、俄势力角逐的缓冲地带，使海拉尔达斡尔集团变得更具政治头脑。其次，其农牧兼营的文化生活使他们的视野更为广阔，易于与各民族群体自如交流。三是，先进的教育理念使海拉尔达斡尔更开化。所有这些因素使海拉尔达斡尔不仅在达斡尔人社会，抑或呼伦贝尔区域，乃至在整个内蒙古地区广为人知，极富盛望。然而，1958 年，随着在布特哈地区成立莫力达瓦达斡尔族自治旗后，达斡尔族的中心自岭西的海拉尔地区逐渐转向莫力达瓦旗，出现了同一民族内不同集团之间的权力交替。

结　语

自呼伦贝尔形成以来大兴安岭影响着其诸多领域。大兴安岭是我国保存最完好的森林地带。据 1957 年统计，呼伦贝尔境内的林地面积约 1200 万公顷，木材储蓄量达 9 亿立方米[④]。因此开发森林资源，也是新中国成立后政府积极采取的一项重要的政策，国家有计划地移民呼伦贝尔地区，尤其森林地区成为主要的移民接受地。继而出现喜桂图旗、红花尔基、免渡河等林业局，形成了汉族林业工人聚居的特殊社会。如，新中国成立以后仅喜桂图旗随着大兴安岭林业建设的发展，从 1950 年 2.5 万人增长到 1957 年的 15 万人，8 年中人口增长 6 倍之多[⑤]。1949 年，呼盟林区人口占当年呼盟人口总量的 14%

① 徐世昌《东三省政略》，卷一，转引自《达斡尔族简史》，民族出版社，2008 年，第 68 页。

② 阿·恩和巴图《呼伦贝尔民族教育的萌芽》，《风雪录》内蒙古大学出版社，220 页；索能苏荣《莫和尔图学校史》，第 7 页（内部资料）。

③ 全国人民代表大会民族委员会办公室编印：《巴彦托海索木达呼尔族情况——达呼尔族调查材料之二》，1958 年，第 56 页。

④ 中国科学院地理研究所编辑《呼伦贝尔盟经济地理》，科学出版社，1959 年，第 60 页。

⑤ 中国科学院地理研究所编辑《呼伦贝尔盟经济地理》，科学出版社，1959 年，第 48 页。

左右，1965 年，则占到了 39%强，现基本上保持在 40%左右[①]。大兴安林森林与矿产资源的开发与汉族移民，对呼伦贝尔民族结构和多民族社会形成影响巨大，需要进一步研究，这些工作我们正在进一步有序地进行。

（原文载于名古屋大学研究科比较人文学研究室出版的アフロ・ユーラシア内陸乾燥地文明研究叢書 6「多様化するモンゴル世界 Ⅰ」ボルジギン・ブレンサイン編著「内モンゴル東部地域における定住と農耕化の足跡」。收入本书时，据最新研究做了一些修改。）

（谢咏梅，女，1970 年生，历史学博士，内蒙古师范大学旅游学院蒙古历史文化研究所教授，内蒙古高校人文社科中国北疆史研究基地研究人员。呼和浩特：010022）

① 《呼伦贝尔盟志》，第三卷，人口，第 165 页。

城市化进程中的民族工作创新研究

——以青海省城市民族与宗教工作为个案的调查与研究

韩官却加

内容提要：随着改革开放的不断深入和城市化进程的加快，城市居民中的民族成分和民族人口数量逐年增多，多民族、多宗教现象日渐突出；又因各民族的风俗习惯、宗教信仰的不同和市场经济的不断发展，城市各民族群众间经济社会交往活动日益频繁，彼此间的相互摩擦与矛盾也随之增多。只要我们充分认识城市民族工作的长期性、复杂性和重要性，不断创新城市民族工作思路与方法，才能更好地把各族人民的智慧和力量凝聚到全面实现小康社会的奋斗目标上来，才能更好地实现各民族的和睦相处与共同繁荣进步。

城市民族宗教工作是城市民族工作的重要组成部分，是当前民族关系的晴雨表。随着城镇化的发展和城市功能的完善，城市民族工作在内容和形式等诸多方面有了新的变化和发展，这是历史发展的必然趋势，是城市民族宗教工作面临的机遇和挑战。因此，重视并做好城市化进程中的民族与宗教工作，是城市化时代一个值得高度重视的问题。

本课题组主要针对目前新形势下城市民族宗教格局的新变化、新问题入手，从2011年元月至2012年11月期间，以西宁、格尔木、德令哈等3座青海省仅有的城市为对象，在各统战部、民族宗教局与民政局等相关部门的配合下进行了调研，通过实地走访、座谈研讨、查阅收集相关文献资料等形式，对当地的民族基本现状、目前所面临新情况新问题以及他们应对新局面的基本做法与经验进行了归纳研究，并对目前民族与宗教工作中出现的一些新情况做了思考。

一、青海省城市民族与宗教的基本情况

青海是一个多民族、多宗教的省份，民族宗教工作任务繁重。从1949年中华人民共和国建立至今，经过各级政府的不懈努力，城市民族宗教工作取得了巨大成就。据第六次全国人口普查显示，青海省共有人口约562万，其中汉族为298万，少数民族为264万；大约有54个民族在这里生活、工作和学习，其中汉族、蒙古族、藏族、土族、回族、撒拉族是世居民族。在这次课题组调查的西宁、格尔木、德令哈3个市中，少数民族人口已达61.46万人，占3市总人口的22%。下面是青海省所辖3个城市民族与宗教的基本现状：

(一)西宁市：西宁市简称宁，因取“西陲安宁”之意而得名。西宁市位于青藏高原东部，平均海拔2261米。西宁是青海省的省会城市，是全省政治、经济、科技、文化、

交通中心，主要工业基地，也是多民族聚居、多宗教并存的地区。西宁市现辖城东区、城中区(含城南新区)、城西区、城北区、海湖新区、国家经济开发区及大通、湟中、湟源三个县，总面积 7649 平方千米，其中市辖区面积 380 平方千米。截至 2011 年 11 月 1 日，西宁市总人口达 220.87 万人，占全省 39.25%，城镇化率达到 63.7%。

西宁市现辖社区总数 138 个，其中城市社区 88 个，城镇社区 50 个。居住有 37 个民族，其中有回、藏、土、蒙古、撒拉等 36 个少数民族，有藏、回、土、撒拉、蒙古等 5 个世居少数民族，少数民族人口 57.35 万，占全市总人口的 25.96%，是全国省会城市中少数民族人口比重较高的城市之一。目前全市共有在政府有关部门依法登记的宗教活动场所 287 座(处)，其中藏传佛教寺院 14 座，伊斯兰教寺院及活动点 237 座(处)，拱北 2 处，汉传佛教寺院及居士林 1 2 座(处)，道观 6 座，基督教堂及活动点 1 2 座(处)，天主教堂及活动点 4 座(处)，分布于全市 4 区 3 县的 56 个乡镇(街道办事处)；宗教教职人员共 1391 人，信教群众 64.74 万人。

西宁市所辖四区中，城东区是民族宗教工作的重点之地，该区总面积 114.59 平方公里，下辖 1 个镇，7 个办事处，15 个行政村，29 个居委会，居有汉、蒙古、藏、回、土、撒拉等 34 个民族，总人口 36.52 万人，少数民族人口 13.97 万人，占总人口的 38.25%（回族人口 11.4 万人，占全区总人口的 31.22%）。辖区现有批准开放的伊斯兰教清真寺（活动点）29 座（个）、伊斯兰教拱北 2 座、基督教堂（活动点）2 处，宗教教职人员、满拉、民管会成员 370 余人。它以民族成分多、信教群众多、宗教寺院多、流动人口多而成为西宁市的一个特殊区。此外，城中区也是民族人口与宗教寺院比较集中的地方，该区总人口 23.1 万人，其中少数民族成分 29 个，少数民族人口 2.32 万人，占总人口的 10%。共有宗教活动场所 12 处，其中清真寺 4 处，汉传佛教寺院 3 处，藏传佛教寺院 3 处，基督教堂 1 处，宗教教职人员 88 人，信教群众近 5 万人。

（二）格尔木市：格尔木是蒙古语，意为河流密集的地方。该市西接新疆维吾尔自治区，北接甘肃省，南与西藏自治区毗邻，位于柴达木盆地中南部格尔木河冲积平原上，平均海拔 2780 米，总面积 12.45 万平方公里。市区地处青藏、青新、敦格公路和青藏铁路交汇处，为青藏高原交通枢纽，是连接西藏与内地的重要中转站和物资集散地，总面积近 12 万平方公里。城市总体规划面积 52 平方公里，市区建成面积 30.51 平方公里，是青藏高原继西宁、拉萨之后的第三大城市。

格尔木市现辖 3 个工行委、2 个镇、2 个乡、5 个街道办事处和 1 个经济开发区。截止 2009 年全市总人口 27 万余人，流动人口 12. 6 万人，占总人口数的 46.6%，有 26 个民族成分，少数民族人口 5.3 万人，占全市总人口的 19.6%，少数民族流动人口 6.2 万人，占全市总人口的 23%，其中回族占 41.7%，撒拉族占 6.7%，藏族占 1.9%，蒙古族占 0.3%，土、东乡、哈萨克等其他少数民族占 0.5%。还有安置的三江源生态移民的藏族群众 373 户，2123 人。

随着人口的大量流动迁移，格尔木市原有的民族居住分布格局逐步打破，民族散居、杂居化趋势明显增强，宗教信仰呈现多元化趋势。目前格尔木市有伊斯兰教、藏传佛教、基督教、天主教、道教五种宗教，各类宗教活动场所 28 处，其中经政府批准开放的有 6 处，未经政府批准开放的有 22 处。少数民族流动人口中信仰伊斯兰教的 6 万余人，占流动人口的47．6%，信仰藏传佛教的占流动人口的2．4%，信仰基督教、天主教等宗教的占流动人口的1.1%。

（三）德令哈市：德令哈市是蒙古语，意为“金色的世界”。地处柴达木盆地东北边缘，平均海拔2980米，区域总面积32401平方公里，其中市区面积25平方公里。该市是青海省海西蒙古族藏族自治州州首府所在地，是全州政治、经济、文化的中心，也是青海西部重要的交通枢纽和商品集散地。

德令哈市现辖3个镇、1个乡、3个街道办事处、16个居委会、42个村（牧）委会。总面积2.77万平方公里， 市区海拔2980米。全市总人口近10万人，常住人口73983人，有蒙古、藏、回、撒拉、土、汉等20个少数民族。少数民族常住人口20208人，占全市总人口的27.4%，其中蒙古族7471人，占少数民族人口的37%；藏族5164人，占少数民族人口的26%；回族4750人，占少数民族人口的24%；土族2583人，占少数民族人口的13%；撒拉族334人，占少数民族人口的1.6%。

德令哈市现有清真寺4处，即德令哈清真寺、渠南清真寺、泉水村清真寺、东升村清真寺。德令哈清真寺位于本市河西中心地带，该寺建于1982年，1985年批准开放。2005年10月批准建渠南清真寺，2006年竣工使用。泉水清真寺、东升村清真寺在德令哈市尕海镇，于2004年批准修建。在上述四座清真寺中德令哈清真寺属新教清真寺，其余三座为老教清真寺。全市有穆斯林群众5519人，其中河西街道办事处836户、3397人，常住人口2132人，流动人口1265人；火车站街道办事处122户、409人，常住人口75人，流动人口334人；尕海镇300户、859人，常住人口823人，流动人口36人；柯鲁柯镇129户、569人，常住人口565人，流动人口4人；河东街道办事处95户、285人，常住人口232人，流动人口53人。

德令哈市现有藏传佛教寺院2座。阿力腾德令哈寺，修建于清光绪三十四年（1908年），属于藏传佛教格鲁派寺院，2002年7月经海西州民族宗教事务局批准，将寺院从柯鲁克镇北山迁至德令哈市区，寺院总占地面积2383.2平方米，建有165平方米的经堂一座。郭里木寺最早创建于1796年，2003年6月经州民族宗教事务局批准开放为寺院。寺院占地面积8172平方米。全市现有僧人72人，信徒均为蒙藏民众。

二、新形势下青海省城市民族与宗教工作面临的主要问题

随着我国城市化进程的加快，青海同全国一样，少数民族流动人员大量涌入城市，致使城市民族格局发生了重大变化，从而使城市民族宗教工作面临诸多新问题、新情况，也提出了新的挑战与考验：

（一）民族成分多，工作难度加大。由上述分布情况可以看出，西宁市、格尔木市、德令哈市民族混杂区扩大，民族成分多，信教群众多。民族宗教工作涉及不同的民族关系、地域关系和宗教关系，民族宗教工作任务繁重，难度较大。城市少数民族中除了大量普通民众外，还汇聚着少数民族层次较高的文化人、工商界代表和民族干部。人大及政协的少数民族代表、委员很大一部分生活工作在城市；少数民族职业构成多样化，分布在各行各业、各条战线；随着城市少数民族流动人口逐年增加，民族问题多易发生在城市，敏感问题和热点问题也突出反映在城市，因而工作头绪繁多，管理工作难度加大。

（二）地处边远，经济社会发展相对滞后。由于历史、地域等原因，民族地区基础设施薄弱、经济发展缓慢、社会发育程度低、科、教、文、卫等发展滞后、贫困化程度突出等诸多问题依然存在，与发达地区和周边省份相比较，与日益增长的人民群众的物质文化需求相比，整体上还比较落后，而且这种差距呈现不断扩大的趋势。随着新时期经济社会的快速发展，城市周边地区少数民族大量涌入，使得多民族化进程加快、多元文化相互交融、散居化趋势明显、民族意识逐渐增强、贫富差距凸显、协调工作发生重大转变等等，对加强城市少数民族的服务和管理，促进其经济的繁荣发展是当前工作的重中之重。

（三）民族问题与宗教问题相交织，管理难度大。西部大多数少数民族基本上全民信教或几个民族信仰同一种宗教。随着城市的扩升提位和周边少数民族的大量涌入，各民族间在经济利益上、信仰习俗上、民族文化上、核心价值体系缺失等矛盾纠纷不断增多，如少数民族流动人员与当地群众相互了解和尊重不够引发的矛盾、少数民族流动人员在经营活动中不服从当地管理引发的矛盾、极个别少数民族流动人员的违法犯罪问题、因经济利益引发的矛盾和问题、不尊重少数民族风俗习惯和宗教信仰引发的矛盾、与少数民族群众日常生活密切相关的设施建设滞后引发的问题、忽略少数民族合法权益引发的问题、民族优惠政策贯彻不力引发的问题。诸如此类的矛盾纠纷往往会与宗教问题相交织，处理不好，极容易引发群体性事件，特别是近年随着城市开发建设进程的加快，拆迁补偿问题成为各种矛盾的焦点；境外宗教极端势力、民族分裂势力和其他敌对势力利用宗教渗透破坏的现象依然十分严重，这些都在一定程度上影响了城市的民族团结、社会稳定。

（四）宗教活动场所缺少，私设乱建宗教活动点现象突出。随着城市建设的规模不断扩大和生态移民工程的实施，边远藏区的信教群众陆续到城市购房居住，或上学就业，城市的信教群众不断增加。而城市中的宗教活动场所较少，不能满足信教群众进行正常宗教活动的需求。私设乱建宗教活动场地的情况屡有发生，甚至追求豪华攀比，这既加重了信教群众的负担，也引发了宗教内部的各种纠纷矛盾，增加了社会管理的难度。还有一些边远地区宗教寺院，甚至是历史古迹，因年久失修，存在有坍塌等诸多安全隐患，以上种种都会影响到城市的和谐与稳定。

三、新形势下青海城市民族宗教工作的创新做法

在新形势下，青海城市的民族与宗教工作面临前所未有的繁杂多变的矛盾与问题，做好这项工作必须创新工作思路和工作方法。认真贯彻落实《城市民族工作条例》精神，针对民族与宗教工作当前面临的新问题，各级领导要充分重视，各职能部门要相互配合，以民族团结进步创建活动和平安寺院建设活动为主线，着力推进城镇民族工作，着力创新民族宗教社会管理，全力促进当地经济社会发展和民族团结、宗教和谐与社会稳定。

（一）广泛深入开展民族团结进步创建活动

进入新世纪以来，青海省民族宗教工作全面贯彻落实党的民族宗教政策，紧紧围绕省委省政府中心工作，牢固树立民族团结、宗教和谐的理念，坚持以民族团结进步创建活动为抓手，广泛深入地开展党的民族与宗教政策再教育活动，不断巩固和发展了平等、

团结、互助、和谐的民族关系，有力地促进了经济社会又好又快的发展。

1. 坚持把加强民族政策再教育作为实现各民族共同团结进步的重要基础。近年来，三个城市的党政机关与民族宗教事务部门紧密配合，结合本地区特点，面向机关单位、部队、农牧区、社区、校园及寺院教堂，以每年的民族政策宣传月活动为载体，确定主题、突出重点、因地制宜、分层施教，向各族群众深入宣传党的方针政策和法规。把积极开展以科学发展、民族团结、反对分裂为主要内容的宣传教育活动及广泛宣传党的民族与宗教政策再教育，作为推动经济社会发展的重大部署和政策措施，有效地增强了各族干部、信教群众及宗教人士加快发展、维护稳定、抵御渗透的责任感和自觉性。如西宁东关清真大寺的马长庆阿訇利用“主麻日”，多次在进行“瓦尔兹”宣讲活动时，要求大家爱国爱教，不利于团结的话不说，不利于团结的事不做，受教育群众达 10 多万人，为倡导民族团结、遵纪守法的新风起了积极的作用。又如海西德令哈共召开动员会 55 场（次），座谈会 71 次，发放宣传材料 5000 余份，办宣传栏 74 期。举办宗教界人士和主管部门负责人培训班 19 次，参加培训的人员 592 人（次），宗教活动场所和教职人员受教育率达到100%，为民族团结进步创建活动的深入开展营造了良好的社会氛围。格尔木市还成立了城市民族服务中心，在 3 个工行委、5 个街道办事处、5 个社区成立了“民族之家”，开展工作的有专兼职少数民族工作人员 56 名，制作和编印了各种宣传栏和宣传材料，编印少数民族便民手册 600 余份。三个城市还组建了一批文化专业户、农家书屋和乡镇文化站，把党和政府的声音及时传送到街道村镇、农村牧区，把民族团结宣传教育普及到千家万户，“三个离不开”思想日益深入人心。通过民族团结进步创建活动为各城市民族工作营造了宣传舆论氛围，在全社会形成了正确认识民族与宗教问题、尊重信教群众的宗教信仰、重视民族与宗教工作、促进民族与宗教和谐的良好局面。

2. 坚持把发现问题和化解矛盾作为推动各民族和睦相处和谐发展的关键环节。三个城市的各级政府和民族工作部门紧紧着眼于民族地区和谐发展，把排查化解影响民族团结的矛盾纠纷作为一项全局性工作列入重要议事日程，坚持“团结、教育、疏导、化解”为主的工作方法，落实责任、明确时限、完善措施，依法及时处置了一系列矛盾纠纷及隐患。坚持把民族团结创先争优作为促进各民族交往、交流、交融的有力抓手，加强区域间的交流与合作，推动共创共建，组成了不同层次的共建对子，有力地促进了相邻地区之间的和谐稳定，有效防范和抵御了境内外敌对势力的分裂渗透。2008 年“3·14”事件发生后，由于深入开展了扎实有效的法制宣传教育，积极排除化解了引发群体性突发性事件的各类隐患，确保了各城市社会大局稳定。青海省自 2004 年 4 月在全省范围内开展广泛深入的民族团结进步创建活动以来，培育和发掘了一大批事迹突出、影响广泛的先进典型，先后有 936 个模范集体和个人受到国务院及省、市、州、县表彰，在全省广泛形成了学习典型、争当模范的浓厚氛围，各民族间互学、互助、互敬蔚然成风。特别在玉树“4·14”抗震救灾中，涌现出的 12 个民族团结进步模范集体和 19 名先进个人，受到了中共中央、国务院、中央军委的表彰。

3. 坚持把制度建设作为实现民族团结进步事业科学发展的重要保障。青海省高度重视自治地方法制建设，先后颁布了 122 件贯彻落实《民族区域自治法》的地方性法规、单行条例和政府规章，13 个民族自治地方全部修订和完善了自治条例，依法保障民族地区经济建设、政治建设、文化建设、社会建设全面协调推进。民族法律法规执行情况的督促检查，有效保障了各族人民群众的合法权益；探索建立了促进民族团结进步工作的有效机制，使创建活动的规范化水平不断提高。同时，为群众办实事解难事的力度进一步加大，在“十一五”期间，青海省完成规划投资环境 36293 万元，其中，申请中央专项资金 9600 万元，省州（市）县配套资金 17879 万元，地方自筹资金 1038.5 万元，扶持人口较少民族发展资金 7721.5 万元。基础设施得到明显改善，通过实施扶持项目，解决了 6390 户、3.3 万余人的行路难问题，90 个村通电率、通路率和通话率达 100%，通广播电视率为 73%，95%以上的村镇解决了安全饮水问题。社会事业得到迅速发展，通过实施 90 多个社会事业建设项目，在 50%以上的村镇新建了卫生室和文化活动室，九年义务教育普及率达 98.3%，新型合作医疗参全率达到 96.8%，孕产妇住院分娩率达到 88.1%，社会求助体系初步建立。

（二）扎实推进“平安寺院”建设活动，促进和谐青海建设

青海省自 2006 年以来，在全省范围内开展“平安寺院”建设活动，把“平安寺院”的建设作为开展民族宗教工作的有效平台，紧紧抓住宣传教育、矛盾排查、建章立制、整改提高等关键环节，将寺院和宗教人员纳入社会管理和公共服务范围为突破口，使得民族宗教工作由原来各级宗教事务部门“单打独斗”，转变成以党政部门的社会管理和寺院内部管理相结合，形成了比较配套、完善的宗教事务管理制度和机制。

1. 建立健全常规工作机制，维护宗教领域的和谐稳定。在扎实稳妥地推进政策、法律法规进寺院，提高广大僧侣思想认识的基础上，及时的处理和解决宗教领域内的矛盾纠纷，是“平安寺院”建设的一项重点工作。青海省各级党政部门及民族宗教工作部门相互配合，落实和完善矛盾纠纷排查化解机制，建立三级矛盾纠纷信息网络和重大情况报告制度，确保信息畅通，及时把握动态，建立矛盾纠纷分析研判制度和定期排查制度，定期对宗教活动场所进行巡查。制定完善突发事件工作预案和快速反应机制，实行定人、定责、定岗，做到早发现、早报告、早控制、早化解，所有矛盾纠纷均已纳入当地党委政府排查化解的工作范围之内。目前，全省各地大多数寺院教堂民管会都成立了矛盾纠纷排查处理小组，进一步完善了内部矛盾纠纷排查调处机制，有力地促进了民族宗教领域的稳定和谐。如西宁市强化矛盾纠纷排查调处机制，及时调处民族宗教领域的矛盾纠纷 8 起，排查解决苗头性问题及隐患 16 件，有效维护了宗教领域的和谐稳定。又如大通县妥善处理了桥头镇小煤洞上下清真寺纠纷、黄家寨乱建庙宇等问题，对基督教私设聚会点的问题也进行了调查，将隐患及时地解决在了萌芽状态。为了加强民族政策与法规学习，全市在相关人员中共举办各类政策法律培训班 90 余期，培训人员 9500 余人次。通过教育培训，教职人员的政策法律水平有了新的提高，增强“四种意识”，做到了“四个维护”。

2. 强化寺院社会管理工作，提高依法管理宗教事务的水平。青海省结合城市寺院管理的现状和工作需要，进一步整合社会管理资源，建立各级政府负责、统战部门协调、宗教工作部门和有关部门依法管理、发挥乡镇政府及村级组织属地管理作用、条块结合、以块为主，职责明确、协调配合的寺院社会管理体制。在“平安寺院”建设活动中，创新和加强寺院民主管理工作，切实落实寺院民管会统领寺内一切事务的管理职责，进一

步完善寺院内部的管理制度，构建寺院社会管理和民主管理相得益彰的新格局。西宁市首批开展建设活动的宗教活动场所共修订完善规章制度 192 项，新建规章制度 50 项，其中区县统战、民宗部门统一修订和制定 20 项。如大通县进一步完善了《宗教活动场所管理制度》等八项制度，并要求宗教教职人员集中时间认真学习并严格执行。三个城市依法加强宗教事务管理，指导和帮助各地按期完成宗教教职人员“两证”颁发任务。进一步健全和完善宗教教职人员资格认定及准入制度体系，推动宗教活动场所社会管理和民主管理机制的贯彻落实。规范朝觐报名排队工作，做到穆斯林零散朝觐零控制，圆满完成全省 1969 名朝觐人员出境工作。积极推进宗教活动场所财务监督管理试点工作。如湟中县塔尔寺在修订和完善财务管理制度等 8 项制度的同时，建立了《活佛请销假制度》等 4 项制度。使宗教活动场所自我管理、自我教育、自我解决问题的能力得到提高。同时，民族宗教界代表人士在举办的讲经、传道、法会、聚礼等宗教活动时，把本宗教的教规教义同时代发展的要求和广大信教群众的精神物质需求有机结合起来，动员信教群众勤劳致富、崇尚文明，使广大教职人员和信教群众对宗教积极与社会主义社会相适应的认识更加明确，爱国爱教和反分裂、反渗透的意识明显增强。这次活动共表彰平安寺院建设先进集体 25 个、先进个人 25 名。虽然，青海省有些地区出现了一些问题，但城市民族宗教工作确保了其和谐与稳定的态势。

3. 认真落实党和国家扶持政策，促进宗教与社会主义社会相适应。在平安寺院建设活动中，为了保障寺院管理工作的正常进行，各地在加强寺院社会公共服务方面做了大量工作，协调解决了大多数宗教活动场所通路、通电、通水问题和贫困宗教人员的生活困难和就医难问题。据不完全统计，到 2011 年底，青海省共投资总额 6614.87 万元，解决了 422 座寺院通路、301 座寺院通电和 208 座寺院的通水问题。宗教人员中 29845 人纳入农村医保，3130 人纳入农牧区低保，762 人纳入了“五保户”范围，有的地区还为残疾僧侣解决生活困难，为宗教活动场所解决了通讯问题等，让寺院和僧侣共享改革发展的成果，既赢得了民心，增进了党和政府同宗教界人士的关系，也为政府强化宗教事务管理创造了更加有利的环境。如西宁市委统战部、市民宗委协调有关部门解决大通广惠寺道路硬化资金 15 万元，湟源东科寺、扎藏寺寺院维修后续项目工程资金 20 万元。湟中县协调落实塔尔寺道路及给排水修建项目资金 2700 万元；投资 8000 万元的塔尔寺酥油花馆项目已经通过专家的评审；国家电网投资 1253 万元实施了塔尔寺电网改造工程；为塔尔寺贫困僧人和敬老院发放面粉 20 吨，给 65 岁以上僧人每人发放现金 100 元。湟源县落实藏传佛教寺院民管会成员生活补助费 1.08 万元；落实东科寺 7 名僧人危房改造项目，将 6 名僧人纳入低保范围。

通过活动，全省宗教界积极参与各种社会公益事业，热心开展捐资助学、扶贫济困、送医送药、修路通水等“送温暖，献爱心”活动。西宁市所属宗教寺院及活动场所还积极为贫困家庭和特困学生“送温暖、献爱心”活动，为各族群众捐款 75 万余元、面粉 500 万余斤、衣物 220 余件及一些种子、苗木、建筑材料等。仅湟中塔尔寺就为各族群众捐款捐物、义诊施药，折合人民币达 69.5 万余元，受到各界群众的高度赞扬。

(三)创新基层工作方法，积极构建城市民族宗教工作新局面

1. 强化领导体制和工作机制。各级党委政府、各部门要把做好民族工作、促进民族

团结提高到战略和全局高度，贯彻到各项工作的始终。将城市民族工作作为一项事关社会稳定、促进城市发展的大事来抓，依靠各民族力量，进一步建立健全城市民族工作领导体制和工作机制：一是健全城市民族工作网络。城市民族工作重点在基层，需要做到上下一致，整体推进。必须按照“主体在市级，推进在工行委，延伸到街道(乡镇)，落实到社区(村社)”的要求，进一步建立和完善市、工行委、街道(乡镇)、社区(村社)四级民族工作网络，把民族工作融入社区工作中，从而形成党政领导、部门主抓、各方互动、齐抓共管的民族工作新机制，进一步促进民族工作的规范化、制度化、社会化。二是健全好完善城市民族工作机构。紧紧抓住统一思想、落实责任这个主旨，积极解决城市民族工作机构编制人员少、活动经费短缺等问题，按照市委的部署要求，结合各自工作实际，进一步健全和完善城市民族工作机构、充实加强工作力量，着力形成民族工作事事有人管、层层有人抓、环环相衔接的责任网络。三是健全完善城市民族会议机制，推进社会化管理。城市民族成分多、人员构成杂，做好城市民族工作需要各个部门的共同努力，尤其是在处理涉及与少数民族矛盾纠纷的工作中，需要民族、公安、信访、维稳等相关部门的参与。进一步完善联席会议制度，拓展延伸这一合作平台，做到资源共享，信息互通，交流互动，配合协调，使城市民族工作健康发展。

2.完善宗教寺院的社会化管理工作。

（1）确定目标：一是确定管理主体，建立街道(乡镇)管理为主，社区(村)为基础的宗教活动场所社会管理工作方式。二是确定部门职责，形成纵向协调联动、横向齐抓共管的工作格局。统战、民宗、公安部门全面完成教职人员基本信息录入工作；公安部门加强寺院治安管理；民政、土地等部门掌握宗教寺院建筑面积，发放寺院门牌，登记僧舍房屋；交通、林业、卫生、教育等部门积极参与，发挥职能，为寺院办实事、办好事。三是确定寺院定员，全面掌握宗教活动场所的基本情况，做到“四个摸清”，即摸清宗教活动场所、宗教教职人员、驻寺僧人满拉、民管会成员的基本情况，统筹考虑各宗教发展的趋势、布局、总量及宗教活动场所规模，明确掌握实有人员、自养能力、信教群众负担等多种因素，认真做好定员工作，建立宗教教职人员信息库，为依法加强宗教寺院的社会化管理奠定坚实的基础，

（2）分解细化任务：一是完善寺院民管会组织及其内部机构。严格按《青海省宗教事务条例》有关规定加强管理，对三个城市寺院民管会班子工作进行全面评估，及时进行改选、调整民管会成员，理顺寺院内部管理体制。二是建立和完善寺院内部各项制度。帮助寺院民管会修订、完善、新建财务管理、教职人员入寺审批、寺院建设等规章制度，并积极督促寺院民管会切实抓好制度落实。同时，进一步做好宗教界人士的教育、培养、培训和管理工作。目前，参加省佛学院举办的中国藏语系高级佛学院第十三届（青海）活佛大专班学员顺利毕业，已顺利举办4期藏传佛教教职人员培训班、阿訇培训班和伊斯兰教代表人士培训班工作。三是完善寺院民主评议制度。成立由基层干部、宗教教职人员、信教群众代表组成的寺院民主评议委员会，实现了“一寺一委”；制订评议制度、办法和细则，开展评议活动，将评议结果及时向民管会进行反馈，及时整改落实。四是完善寺院社会管理联席会议制度。及时召开由统战、民宗部门牵头，社会管理成员单位参加的联席会议，传达有关会议精神、通报工作开展情况、共同研究部署工作，推

动社会化管理工作深入有效地开展。五是明确寺院“四通、五有、六覆盖”[①]工作目标。坚持管理与服务并举，努力为宗教界办实事、解难事。各级党委、政府把寺院基础设施建设纳入当地经济社会发展规划，统筹安排、投资，对寺院进行维修、修缮、绿化等。进一步落实宗教活动场所社会化管理机制，落实县乡政府宗教活动场所社会化管理责任，积极做好常态管理后的寺院社会管理化工作。加强宗教事务管理法制建设，按照宗教管理条例，积极探索并逐步建立健全寺院社会化管理和民主管理的新体制、新机制，有效地解决了寺院教堂“谁来管、怎么管”的问题和宗教工作中长期存在的“不敢管、不愿管、不会管”的问题，有力地推动了宗教与社会主义社会相适应。

3. 防范与治理并举，维护稳定促进和谐。针对目前城市民族宗教工作还较薄弱的现状，不断完善维稳工作预案，强化“三道防线”，严格落实值班和信息报送制度；严格审批程序，纠正规范乱建私设宗教活动场所的行为；不间断开展集中清理非法音像制品和印刷品专项活动，对广播电视接受设施、图书音像市场、互联网等进行摸排，开展以打击“藏独”反动出版物和宣传品为重点的专项活动，有效控制了各类非法出版物和境外广播电视的渗透传播。

四、开创城市民族与宗教工作新局面所取得的基本经验

（一）做好城市民族与宗教工作，必须立足于市情，高度重视和正确分析处理问题。

随着西部大开发战略的深入实施和西部循环经济试验区建设进程的加快，从青海东部和外省区来三个城市打工、就业、经商、办企业的少数民族群众日益增多，青海各城市已经成为一个多民族聚居、多宗教并存的城市，民族散居、杂居化趋势明显，城市民族格局趋于多元化。城市民族问题与宗教问题相互交织，影响城市民族关系的不稳定因素增多，城市民族工作任务更加繁重。只有立足这一实际，充分认识城市民族工作的长期性、复杂性和重要性，不断加快城市化进程，不断扩大改革发展共享成果，才能更好地把各族人民的智慧和力量凝聚到全面建设小康社会的奋斗目标上来，凝聚到建设青海现代化中心城市的战略部署上来，才能更好地实现各民族共同团结奋斗、共同繁荣发展。

（二）做好城市民族与宗教工作，必须坚持以经济建设为中心，着力加快区域经济社会又好又快发展。

发展是解决民族地区一切困难和问题的关键，是解决我国现阶段民族问题、实现民族平等团结的根本途径。纵观城市的开发建设历程，各市民族团结能保持到现在这样一个大好局面，关键是区域经济社会发展取得了长足进步，国民经济快速增长，综合实力显著增强，各族群众的生活水平不断提高。实践证明，经济的落后，就会带来一连串的落后，经济的发展，就能带来各方面质的飞跃。在一个国家、在一个城市，如果经济繁荣、社会稳定，就会大大增强民族凝聚力和向心力，在坚不可摧的民族大团结格局中，一切民族分裂行为必将注定失败。

（三）做好城市民族与宗教工作，必须走党委决策部署、政府领导实施、各部门各司

① 四通五有六覆盖：通水、通路、通电、通讯；有一个坚强的民管会领导班子、有一套行之有效的制度体系、有一套完整的档案体系、有一个治安警务室、有一个以寺养寺的经济实体；各项社会保障体系覆盖到寺院、各项公民待遇覆盖到寺院、各项利民惠民政策覆盖到寺院、各项建设规划覆盖到寺院、各部门服务覆盖到寺院、各项行政管理覆盖到寺院。

其职的社会化路子。

坚持党的领导，是坚持和完善民族区域自治制度的首要政治前提，是做好民族工作的根本保证。加强党对民族工作的领导，就是要正确认识和处理新形势下民族工作面临的新情况和新问题，坚定不移地全面贯彻执行党的基本路线和方针政策，从大局出发，把民族问题放在建设有中国特色社会主义事业的伟大进程中去解决；就是要按照“决策在市一级，推进在工行委，延伸到街道(乡镇)，落实到社区(村社)”的要求，着力健全完善市、区、街道(乡镇)、社区(村社)四级民族工作网络，把民族工作融入社区工作中，从而形成市委市政府领导、部门主动、社会联动、各方互动、齐抓共管的民族工作新机制，进一步促进民族工作的规范化、制度化、社会化。

(四)做好城市民族与宗教工作，必须狠抓民生服务，畅通诉求渠道、构建和谐公共服务体系。

做好城市民族工作，尤其是少数民族流动人口的工作，抓好服务是关键。有了服务才能有交流，有了交流才能有理解，有了理解才能有尊重，有了尊重才能有感情。这就要求必须积极构建务工、经商、入学、就医、就业培训、法律援助等全方位的公共服务体系，进一步健全为民办实事工作长效机制，做到“民有所呼、我有所应”。公安、卫生、工商、教育、计生、劳动保障、城市管理等部门要协同配合，对少数民族流动人口在户籍、就业、就学、医疗保健、计划生育等方面提供服务，让他们充分共享改革发展成果，从而自觉地做到遵纪守法，逐渐减少管理与被管理之间的摩擦和纠纷。

(五)做好城市民族与宗教工作，必须坚持以人为本，加强对优秀少数民族干部的培养。

大力培养和选拔少数民族干部和各类优秀人才，是做好民族工作的重要条件。多年来，广大少数民族干部和各类人才始终与市委、市政府和各族人民同心同德、风雨同舟，为城市经济社会发展和民族团结进步事业做出了重要贡献。要把选拔少数民族干部和各类人才的工作摆在突出位置，采取更加有力的措施，努力建设一支政治上跟党走、群众中有威望、工作上有实绩的高素质少数民族干部和人才队伍。

(六)做好城市民族与宗教工作，必须广泛持久地开展民族团结进步宣传教育。

城市中民族差异和多元文化相互摩擦、碰撞，不可避免的产生一些不同民族成员之间的矛盾纠纷、个体冲突，如果疏导不及时，极有可能引发群体性事件，对民族关系产生极坏影响。同时，经济社会发展中的一些社会问题，如就业、教育、资源开发、环境保护、贫富分化等问题也相对集中在城市，并与城市民族关系相互交织，特别是在民族地区的城市，这种交织更为明显，引发矛盾纠纷的几率更大。因此，必须深入持久地开展民族团结进步宣传教育活动，特别是党的民族与宗教政策再教育活动，使得“三个离不开”的思想深入人心，努力增强城市内各族群众维护民族团结的自觉性和坚定性，防止敌对势力的插手和炒作。

(七)做好城市民族与宗教工作，必须在尊重少数民族风俗习惯、宗教信仰的前提下，引导各族群众树新风、改陋习。

长期以来，少数民族群众在生存发展中形成了许多具有民族特色的生产方式和生活习惯，在开展城市民族工作中既要注重教育引导各民族充分尊重其他民族的风俗习惯和生活方式，促进共同发展、共同繁荣，又要积极倡导先进的生活理念和城市生活方式，以公民意识和遵纪守法教育为核心内容，加强对外来少数民族群众的教育引导工作，从思想上正确引导教育少数民族同胞融入城市，摒除陈规陋习和陈旧思维方式，在继承和发扬少数民族优良传统的同时，又要提倡解放思想、更新观念，适应城市生产生活方式，促使少数民族成为城市发展的生力军。

五、新形势下开展民族与宗教工作的几点思考

（一）注重民族宗教工作的方法与策略研究。

青海省是一个多民族、多宗教的地区，做好民族宗教工作面临许多困难。但我们一定要吸取过去工作的经验与教训，防止“左”倾思潮的再度发生。严格依法管理民族宗教事务，尽量减少行政对正常宗教活动的干预，严格区分刑事犯罪与民族宗教问题之间的界限，坚决依法严打违法犯罪活动，坚决不让违法犯罪分子在民族与宗教问题上得以任何可乘之机。经过中国共产党几代人的努力，民族地区的执政基础是非常巩固的，我们各级党政组织应该坚定自信心。民族地区出现一些问题与矛盾是正常的，我们应该正视现实，明白坦然地去解决问题，而不是草木皆兵地组织大量人力去死捂硬盖，严防死守，或者设立诸多禁令，使某些少数民族群众在国内出行、安检、住宿等方面受到不同等待遇的限制，从而引起心理上的反感和抵触，甚至产生长期暗中对立的负面效应，影响当前的社会稳定与和谐。

（二）加强对少数民族流动人口管理。建章立制，完善措施，推动城市外来流动人口服务管理工作健康发展。

1. 建立长效的协调管理机构。外来流动人口管理是一项综合性工作，涉及很多部门，有必要建立更加适应形势和要求的管理机构和工作机制以利于依法规范管理。建议在市级设立流动人口服务管理工作协调领导小组及办公室，在工行委设流动人口服务管理领导小组及办公室，在乡镇(街道)设流动人口服务管理中心及办公室，在村、社区设流动人口服务管理工作站。扎实抓好流动人口居住登记制度和严格出租房登记备案措施。通过统一组织，合理分工，密切配合，各司其职，共同把外来人口的登记、办证、检查、管理、服务工作做好，做扎实。

2. 加强外来流动人口服务管理工作力量。鉴于西部城市流动人口中少数民族众多的现实，根据精干、效能原则，城市统一招聘流动人口服务管理专职协管员，每500—700人配一名协管员的标准，充实到乡镇、街道流动人口服务管理中心和流动人口服务管理工作站，专职协管员享受公益性岗位待遇，由市综治委统一颁发流动人口服务管理资格证书，持证上岗。同时，将公安、劳动、工商、民宗、民政、司法、计生、卫生、建设、农牧、铁路、交通等部门人员纳入流动人口服务管理工作中心和工作站中，实行专职协管员岗位目标责任制，由市综治委流动人口协调领导小组办公室牵头，工行委及乡镇、街道综治委实施，层层进行目标考核，落实奖惩措施，推动工作落实。

3. 加强日常行政管理。各有关职能部门要按照市委、政府和综治部门及“领导小组办公室”的指示，加强对外来流动人口的日常管理，认真履行职责，严把“进、出、住、行”四个关口。掌握外来流动人口进入本市及劳动用工合理流动信息、了解外来流动人

口的雇佣、租赁、留宿情况，流动人口办公室要求外来人员必须随身携带相关有效证件、加强临时的检查与监督。

（三）充分发挥宗教团体的作用。

宗教团体是政府联系、团结、教育、引导宗教界人士和信教群众的桥梁和纽带，充分发挥作用，为党和政府排忧解难，积极维护宗教界内部的和谐稳定。首先要积极引导宗教团体主动服从国家大局，积极为促进经济发展、加强民族团结、维护社会稳定而努力。其次，引导宗教团体协助政府做好维稳工作。坚持独立自主自办教会原则，大力开展防范境外宗教势力渗透工作，确保宗教界和社会政治的稳定。第三，引导宗教团体积极服务社会，发扬宗教团体和信教群众传承中华民族传统美德，广泛开展“情系西部献爱心”、“情系社会献爱心”、“慈善工程”等活动，自觉走宗教服务社会、服务群众之路。目前，青海省城市的各级伊协、佛协、道协、基督教协会等，由于受编制、人员、经费、办公条件的限制，在协助政府部门有效开展宗教人员培训、化解宗教内部矛盾等方面作用发挥的不够理想，有些寺院民管会主要负责人综合素质不高、文化程度偏低，民主管理、依法管理意识淡薄，需要进一步加强。

（四）加强清真食品生产经营的管理。

青海省穆斯林人口众多，各城市是清真食品及伊斯兰生活用品的主要生产区，是经营、销售、消费清真食品最集中的地方，认真落实《青海省清真食品生产经营管理条例》，不断加强对清真食品的统一管理和监督，建立系统性、规范性、可操作性的清真食品准入市场经营制度，严格查处严重违反清真食品生产经营过程的违法活动，从根本上解决清真食品“清而不真”现象的发生。

总之，我们在开展城市民族与宗教工作中，要全面贯彻落实党的民族与宗教政策，坚持和完善民族区域自治制度，牢牢把握各民族共同团结奋斗、共同繁荣发展的主题，深入开展民族团结进步教育，加快民族地区发展，保障少数民族的合法权益，充分发挥宗教界人士和信教群众在促进经济社会发展中的积极作用，加快建立并不断完善城市民族与宗教工作长效机制，巩固和发展平等团结互助和谐的社会主义民族关系，为建设富裕文明和谐新青海营造良好的社会氛围。

参考文献：

[1]国家民委监督检查司：《各地推进民族团结进步创建活动材料汇编（资料）》，2011年。

[2]青海省民族宗教事务委员会：《青海民族宗教工作大事记（资料）》2009年。

[3]温军：《民族与发展:新的现代化追赶战略》，清华大学出版社.2009年。

[4]汤夺先、高永久：《试论城市化进程中的民族关系——以对临夏市的调查为视点》，载《黑龙江民族丛刊》2004年第4期。

[5]林钧昌：《城市少数民族的权益保障》，载《黑龙江民族丛刊》2004年第4期。

[6]陈炜、陈能幸：《论西部民族地区城市化进程中的民族宗教问题》，载《贵州民族研究》2007年第4期。

（韩官却加，男，1955年生，青海省委党校民族宗教学教研部教授。西宁：810001）

少数民族特色村寨保护的地扪模式探讨

段阳萍

内容提要：民族特色村寨是指少数民族人口相对聚居，且比例较高，生产生活功能较为完备，少数民族文化特征及其聚落特征明显的自然村或行政村。本文以贵州地扪人文生态博物馆为例，讨论了民族村寨保护的问题。认为村民是民族村寨不可缺失的保护主体，政府对民族村寨的保护有重要义务。

20世纪80年代以前，保持古老文化风貌的民族村寨比比皆是。但是，随着改革开放后经济的迅猛发展，在现代化、城镇化浪潮的冲击下，传统的民族村寨快速消失。为了保护各民族优秀的建筑文化遗产，弘扬少数民族的精神文化，社会各界都积极探索民族村寨保护的理论、方法。建立生态博物馆就是民族特色村寨保护的一种重要实践。

一、地扪人文生态博物馆的建立

生态博物馆（ecological museums）是法国博物馆学界于20世纪70年代提出的一种新型博物馆理念，其核心思想是在文化原生地进行文化的整体性生态保护。反对将文化对象异地、静态地收藏于建筑物中。1997年，中国和挪威政府决定合作在贵州六枝梭戛建立生态博物馆，对当地长角苗村落和文化进行保护。同年10月，中国国家主席江泽民和挪威国王哈拉尔五世出席了梭戛生态博物馆项目的签字仪式，1998年，中国第一个生态博物馆建成。此后，双方又合作建设了镇山（布依族）、堂安（侗族）、隆里（汉族）等四个生态博物馆。“生态博物馆”这一新型的文化保护理念和方式，一经推出，就在国内就产生了巨大的反响，许多地区、部门、企业纷纷参与生态博物馆的建设。2004年，受中—挪生态博物馆建设的启示，香港企业家李伟杰资助的民间文化机构“中国西部文化生态工作室”，决定在民族特色村寨保存较多的黎平县，建立一个以民间文化机构主导营运的生态博物馆。这一想法得到黎平县政府的支持。

地扪是中国侗族地区民族文化保存较为完整的一个村寨，该村（行政村）位于贵州省黎平县茅贡乡境内，距乡政府4 公里，由 5个自然村组成，有520户，2100多人。这里山川秀美，文化特色鲜明，寨门、鼓楼、廊桥、民居、禾仓、鱼塘、古井、石板路、青山、溪流、稻田构成了一幅完美的田园山水画；侗语、侗歌、侗戏、手工造纸、织布染布承载了侗族浓郁的民族文化。

2004年12月，黎平县政府批准民间机构“中国西部文化工作室”建立“地扪人文生态博物馆”。2005年1月8，博物馆举行开馆挂牌仪式，“地扪人文生态博物馆”正式挂牌。按照博物馆的规划，黎平县茅贡乡所辖15个行政村的范围均为“地扪人文生态博物馆”

的范围，地扪村是“博物馆”的核心保护区，博物馆信息数据中心建在地扪村，也是博物馆的日常办公驻地。国内多家网络媒体均以“中国首座民办生态博物馆”或“中国第一家民办生态博物馆”为标题作了报导①。

“中国西部文化生态工作室”是在香港注册成立，隶属于香港明德创意集团旗下的一个非政府性质的机构，主要开展文化研究与旅游开发咨询业务。2003 年 3 月，黎平县政府为推动侗族文化生态旅游的发展，聘请“中国西部文化生态工作室”担任文化保护和旅游发展顾问，希望通过此举引进“港资”和“港智”。无论是处于经济的或是文化保护目的，运用生态博物馆这一炙手可热的符号，在黎平做出点实绩，成为“中国西部文化生态工作室”较为现实的选择。经过多方考察，他们把地扪选定为自己生态博物馆建设的“试验田”。至于为什么博物馆名称叫“人文生态博物馆”，多了“人文”两个字，主要是为了和当时贵州已经建成的 4 座公办生态博物馆有所区别。建馆之时博物馆负责人对媒体和村民发布了三步走战略：“初创阶段 3 年时间，从2004 年到 2006 年，主要完成基础设施建设、制定相关发展规划和各种管理手册；过渡阶段 5 年，从2007年到 2011 年，主要完成对小区居民的系统培训，基本实现博物馆的自我生存和可持续发展；2011 年后，进入成熟阶段，实现小区居民的自我管理、自主发展”②

二、村寨保护的实践

村寨文化保护和小区发展是中国生态博物馆建设最重要的原则，地扪人文生态博物馆建馆7 年来，在这两个方面做了一系列工作：

（一）文化保护方面

第一，记录村落大事。博物馆信息数据中心坚持每天记录地扪发生的大事。最初，这项工作是贵州生态博物馆的主要创建人之一——省文化厅文物处退休的老处长胡朝相先生从事，胡先生详细记录了建馆以来地扪每天发生的生产、生活、民俗等方面的大事，并用毛笔誊抄装订为8开线状本保存于博物馆内。后来，该项工作由本村侗族农民吴章仕记录，设计了专门的记录表格，遇到村内有重要活动，还要进行拍照和录像。随着时间的推移，村落中许多物质与非物质文化必然要发生变化，信息数据中心所做的这项工作具有重要的历史价值。

第二，调查文化遗产。胡朝相先生带领中央民族大学等学校的学生，对地扪文化小区内的15个侗族村寨进行了调查。调查的内容包括：民居、鼓楼、花桥、禾仓、戏台、凉亭、祭祠的分布、数量、样式、建造时间等。他们还建立了当地歌师、戏师、掌墨师、石匠、手工艺人的档案。这项调查初步弄清了地扪文化遗产保护的状况。

第三，培养文化传承人。多声部无伴奏的侗歌大歌是侗族人民标志性的文化特征之一，博物馆重视侗歌的传承，先后组织培训班，培养了数十名侗歌传承人；资助村里侗歌侗戏的表演活动；博物馆比较有特色的活动是“博物馆开放日活动”，每周六上午，

---

①新华网 http://www.gz.xinhuanet.com/xwpd/2005-01/09/content_3532459.htm；中国青年报电子版新闻 http://zqb.cyol.com/gb/zqb/2005-01/24/content_1021718.htm

② 周芙蓉，《贵州积极打造生态博物馆群》， 新华网贵州频道。http://www.xinhuanet.com/chinanews/2005-10/05/content_5279269.htm

博物馆开放信息数据中心，请侗戏或侗歌的传承人教授自愿来学习的小学生，给予优秀的孩子发放奖学金、奖品，鼓励民族文化的学习。

第四，传播民族文化。传播民族民族文化，对获得社会人认同，提高小区居民的文化自信心有重要的意义。博物馆开展的文化传播活动主要有三个方面：第一是学生之间的交流，博物馆联系深圳、香港等地的小学与地扪小学举办"手拉手活动"，请他们定期来地扪进行考察，与地扪小学生进行联谊活动，让城市的孩子了解地扪侗族的文化，让地扪的孩子认识城市的孩子；第二是承办学术会议，博物馆承办了"2010中国地扪·生态博物馆论坛"，"贵州生态博物馆本土化暨国家文化创新工程项目研讨班"等多个文化遗产保护的学术会议，传播地扪侗族的民族文化；第三是接待国内外社会名流、官员、学者、记者访问地扪，博物馆先后接待了香港城市大学、香港大学、中央民族大学等20多所大学师生的学术考察，其中中央民族大学学生通过学术考察以地扪为个案，撰写了两篇博士论文，两篇硕士论文，揭示了地扪侗族深厚的文化内涵。博物馆接待前来考察的台湾作家胡因梦、美籍华裔作家谭恩美、美国华裔剧作家黄哲伦、诺贝尔经济学奖得主约瑟夫·斯蒂格利茨（Joseph E. Stiglitz）等社会名流及美国的《金融时报》、《国家地理杂志》、国内的新华社、中央电视台、中央人民广播电台、中国青年报、新京报等媒体的采访，提升了地扪侗族的文化影响。其中，美国《国家地理》杂志2008年5月的"中国专辑"，以24个页码的篇幅，图文并茂地介绍了地扪侗寨的风土人情，给地扪带来较大的社会声誉。博物馆也因接待国家文物局长及省市的文化官员的考察而声名远扬。

（二）小区发展方面

通过博物馆建设促进小区的发展，这是生态博物馆与传统博物馆重要的不同，因此，在生态博物馆建设中改善村落基础设施，推动地方经济发展是博物馆必须面对的工作。博物馆主要从生态旅游、生态农业、传统手工艺等方面引导村民发展经济，改善民生，组织"乡村旅游合作社"、"生态种养合作社"、"传统手工技艺合作社"。[①]

"乡村旅游合作社"。发展旅游是大多数民族特色村寨发展经济的首选方式，地扪自然风光旖旎，民族文化浓郁，旅游资源十分丰富，黎平县政府批准建立地扪人文生态博物馆的初衷也是发展旅游。乡村旅游合作社经营方式是：由政府资助购置酒店内部设备，村民和博物馆出房子加盟；管理上由博物馆作为总接待站，负责来客安排和收支管理，加盟的农户按接待量定期分配收入，不同于一家一户独立经营的农家乐（民宿）。

"生态种养合作社"。由博物馆牵头，农户自愿加入的形式组成，运作方式是博物馆从北京、上海、广州、香港等大城市的企业、公司和个人客户处取得订单，种植小红米、黑禾糯，加工茶叶、茶油，酿制特色果酒，腌制腊肉、酸辣椒等农产品和土特产销售。生态种养理念就是种植不施农药的高质量农作物，使出售的农产品获得较高的经济回报。地扪处于深山旷坝之中，山川秀丽，溪水清澈，生态环境良好，推广生态种养有优越的自然条件保障，产品容易被外界认可，也有利于侗族以稻作为核心的农耕文化的保护。

"传统手工技艺合作社"。合作社由博物馆负责组织，农户自由加盟。具体方式是

① 段阳萍：《中国西南不同类型生态博物馆的比较研究》，中央民族大学博士论文，2012年，第96页。

博物馆聘请专业人士培训地扪传统造纸、香皂、纺织、编制、刺绣的人才，提升产品的质量，接受城市客户的订制。得到订单后，由博物馆聘人加工，数量比较大的时候，将订单分配到农户中进行加工。

“乡村旅游合作社”、“生态种养合作社”、“传统手工技艺合作社”从设计理念来看，是一种以传统文化、传统工艺为手段，推动小区经济发展的方式，符合生态博物馆文化保护、小区发展的建馆宗旨。但要形成产业化格局，还有较长的道路。因此尽管地扪人文生态博物馆建馆7年多，但对推动村落发展则十分有限。

三、问题与思考

地扪人文生态博物馆在文化记录、文化传承、文化传播等方面做了许多卓有成效的工作，使这一名不见经传的小村蜚声中外，村民由此而充满自豪感。但是，村民并没有盼来预期的小区发展，绝大部分青年人都外出打工；也没有成为博物馆的主人，认为“博物馆”就是香港老板和他的旅馆（指信息数据中心）；小区与博物馆的隔阂和鸿沟越来越深，一群极端的村民甚至曾故意破坏信息数据中心的一些设施。那么，问题出在什么地方呢？

第一，小区发展停滞不前

“生态博物馆”出现于西方后工业时代，是小区物质生活水平高度发达，人们具有强烈的“文化怀旧”心理背景下产生的新型博物馆。但是，中国政府和学术界关注和保护的民族村寨基本上是处于偏远和贫穷的地区，村民对小区的发展有着较为强烈的向往。因此，2000年，中国和挪威合作建设第一座生态博物馆——贵州六枝梭戛生态博物馆时，挪威专家约翰·杰斯特龙（John Gjestrum）与中国专家面对现实，确定了中国生态博物馆建设的9条原则，即“六枝原则”[①]。“六枝原则”可以看作是生态博物馆理论的中国化阐述，其中第9条：“促进小区经济发展，改善居民生活”，明确提出生态博物馆建设的目标是要发展经济，改善民生。这也是生态博物馆这种文化保护形式与其他文化保护形式的最大不同，也是它吸引地方政府和老百姓的一个重要原因。事实上，2005年建馆之时，地方政府和地扪的村民们也是怀着这样的期待。当时，来自香港的企业家关于“打造侗族文化生态旅游品牌”，“规划发展6个侗族文化生态小区（文化生态保护圈），在未来3—5年，规划建设50—100个小区生态博物馆”[②]的宏伟计划，让地方官员和地扪的村民们对旅游业的发展满怀期待。但是，7年过去了，预期的旅游业并没有得到发展。当地侗族人民的生产、生活依旧保持着“原生态”。旅游没有得到发展的原因其实非常简单。首先，从理论上来说，距离大城市，中心城市500公里以外的地区，实际上都不适合发展乡村大众旅游，贵州较早建立的4个公办生态博物馆就是最好的例子，4个博物馆中，除

① 六枝原则：1.村民是其文化的拥有者，有权认同与解释其文化；2.文化的含义与价值必须与人联系起来，并应予以加强；3.生态博物馆的核心是公众参与，必须以民主方式管理；4.当旅游和文化保护发生冲突时，应优先保护文化，不应出售文物但鼓励以传统工艺制造纪念品出售；5.长远和历史性规划永远是最重要的，损害长久文化的短期经济行为必须被制止；6.对文化遗产进行整体保护，其中传统工艺技术和物质文化资料是核心；7.观众有义务以尊重的态度遵守一定的行为准则；8.生态博物馆没有固定的模式，因文化及社会的不同条件而千差万别；9.促进社区经济发展，改善居民生活。

② 任和昕，《打造侗族文化生态旅游品牌》http://www.gz.xinhuanet.com/zfpd/2004-12/10/content_3369852.htm.

贵阳郊区的镇山旅游业得到快速发展外，其他几个都没有因生态博物馆的盛名而吸引来大批游客。其次，缺乏旅游基础建设，具体来说就是缺乏旅游所必需的吃、住、行条件，“港商”并没有在地扪进行实质性投入，实施他们“打造侗族文化生态旅游品牌”规划，普通游客来了没餐馆吃饭，没有旅馆住宿，道路泥泞岖崎，难以进入。但与此形成鲜明反差，被称为博物馆“信息数据中心”的建筑却由最初的2栋变为8栋，按星级酒店标准设计建造的所谓“专家工作室”，往来的“高端游客”络绎不绝。当地居民因而产生较大的心理落差。而“博物馆”方祭出的是“不保护就是保护、不发展就是发展、不建设就是建设”[①]的宏论，对当初的许诺进行辩解。

第二，村民主体性缺失

“六枝原则”强调“村民是其文化的拥有者”，“生态博物馆的核心是公众参与，必须以民主方式管理”。地扪人文生态博物馆建立7年，黎平县政府的批文中有“博物馆文化小区的覆盖范围等同于相关村寨的地理范围”的界定，也就是说整个村落就是一个博物馆。但是在村民的观念里，博物馆是指村外的“信息数据中心”（或者“香港老板的房子”），和他们没有任何关系，文化的拥有者没有参与到文化的保护中，出现文化主体性的缺失。这种情况在许多民族特色村寨的保护或开发中曾普遍存在。如贵州梭戛生态博物馆的苗族村民，云南景洪基诺山的巴卡小寨民族文化生态村的基诺族村民，他们都没有积极地参与到村寨的保护中，作为文化的主人而出现，前者认为“博物馆”（信息数据中心）是政府的，后者认为文化生态村（“传习馆”）是学者的。

文化主体性缺失可能有两方面的原因：一种是发展程度的局限；另一种是利益主体的缺失。梭戛和巴卡属于第一种情况，都是较为贫困的山地民族村寨，解决温饱是他们最迫切的要求，“生态博物馆”、“文化生态村”是做什么的他们并不关心，他们关心的是政府或学者们能给多少钱。地扪则属于后一种情况，这里自然资源和人文资源都比较丰富，侗族人民丰衣足食，经济文化水平相对较高，对于“地扪人文生态博物馆”，他们开始是满怀发展的期待。因此“博物馆”无论是组织文化活动还是产业开发，村民都是积极参与。但是后来他们逐渐发觉，“地扪人文生态博物馆”建设的受益者和利益主体是“博物馆”，村民的参与都是为这一利益主体打工，并没有成为文化真正的主人。例如，组织侗歌侗戏的表演是为给游客看，有了收入大头是博物馆的；组织“乡村旅游合作社”对旅游业实际上形成垄断，村民不准私自接待游客，要“博物馆”统一安排，而“博物馆”条件最好，有钱的游客自然都到了“博物馆”；“生态种养合作社”从村民手中收购2元一斤的稻米，30元卖出；“传统手工技艺合作社”的造纸、制茶、纺织等只做所谓“私家订制”，量少而形不成产业，实质沦为“高端游客”的观赏物。“博物馆”的建设没有起到“促进小区经济发展，改善居民生活”的作用，而是表现出一种“以民争利，以民牟利”的做法。地扪村民在博物馆建设中处于一种主体性缺失的状况，这种缺失本质上是一种利益主体的缺失。反观贵州黔东南州雷山县的朗德上寨，采取的是一种小区自主保护和开发的运行模式，责任和利益的主体都是当地村民。村民参与的表演或公益活动

① 陈艺、兰岚，《任和昕：乡村里的城市观察员》，《金黔在线——贵州都市报》2012-08-02，http://jqphoto.gog.com.cn/system/2012/08/02/011575348.shtml

都以“公分”的形式记录，集体所获收入按“公分”来分配，村落环境和文化保护给郎德人带来了旅游的商机，村民充分认识到村落保护的重要性，养成了自觉维护村寨环境的良好习惯，尽管历经20多年的旅游发展，但村落风貌、自然景观、文化传统依然保持良好。

生态博物馆“文化就地保护”的理念是民族特色村寨保护的重要理论基础。民族村寨保护的主体应该是世代居住那里的居民，政府对文化保护有义不容辞的责任，企业、公司介入会对村落带来一些名和利，但从长远看，政府引导、村民主导、社会参与应是少数民族特色村寨建设的主要方式。

（段阳萍，女，1977年生，中央民族大学历史文化学院助理研究员，北京：100081）

关于乾隆朝内府抄本《理藩院则例》

赵云田

《清史研究》2011 年第 4 期刊登的《关于清代内扎萨克蒙古盟的雏形——以理藩满文题本为中心》一文的第 14 注释中，涉及了笔者所点校的《乾隆朝内府抄本〈理藩院则例〉》一书。该注释中说："关于该书，点校者误将其作为乾隆朝内府抄本《理藩院则例》。据达力扎布《关于乾隆朝内府抄本〈理藩院则例〉》(载《中国边疆民族研究》第四辑，中央民族大学出版社，2011 年 1 月）一文考证，该史料所用版本，应为嘉庆朝编纂之《大清会典》中关于理藩院之资料，并非理藩院自身所纂《理藩院则例》。"①文章的作者在这里搞错了，乾隆朝内府抄本《理藩院则例》怎么可能是"嘉庆朝编纂之《大清会典》中关于理藩院之资料"呢？看来，有必要对乾隆朝内府抄本《理藩院则例》及相关问题做些说明。

第一，有没有乾隆朝内府抄本《理藩院则例》一书？答案是肯定的。这可以从以下几个方面看出：1. 早在上世纪前半叶，邓衍林先生编辑的《中国边疆图籍录》(商务印书馆版本，又见沈云龙主编《近代中国史料丛刊续编》第 105 册第 5 页）中，就有此书的记述：《理藩院则例》，清理藩院编，清乾隆间抄本。存宾客清吏司、柔远清吏右司、柔远清吏左司、理刑清吏司、录勋清吏司、银库。2. 笔者根据邓衍林先生的提示，在上世纪 80 年代初，在北京图书馆（今国家图书馆）善本特藏部的目录卡片中，找到了这部书。该目录卡片写：理藩院则例，乾隆内府抄本，8 册。考虑到研究工作的需要，我把这部书全文抄录了下来。1987 年，中国边疆史地研究中心的吕一燃、马大正先生知道了此事，建议我编一部理藩院的资料书，他们负责联系出版。我请示了当时北京图书馆出版社负责人杨纳先生，问可不可以出这部书？杨纳先生认为可以。这就是 1988 年出版的《清代理藩院资料辑录》一书的由来。乾隆朝内府抄本《理藩院则例》就收在该书中。此外，在 1989 的年中华书局出版的拙著《清代蒙古政教制度》中，也附有乾隆朝内府抄本《理藩院则例》的书影。3. 若干年之后，达力扎布先生在国家图书馆善本部也看到了这部书，并对该书的封面和规格进行了比较详细的描述：此书为线装，黄绞封面有云龙纹，题签也是凌子。书内有红格，单鱼尾纹为红色，花口，版心有"理藩院则例"书名。版框高 23.2 厘米，宽 17 厘米。卷首题签：理藩院则例。钤有红色京师图书馆藏书之印。从此书的装帧来看，应为乾隆二十一年上呈的黄册。②4. 2010 年 5 月，

---

① 达力扎布文章的题目是《有关乾隆朝内府抄本〈理藩院则例〉》，而不是《关于乾隆朝内府抄本〈理藩院则例〉》。顺便指出，该文的注①中，把笔者发表在 1994 年第 3 期《中国社会科学》上的文章《清朝治理蒙藏地区的几个问题》，写成了《清朝治理蒙藏地区的几个政策》，也是不妥当的。

② 见前引达力扎布文。

全国图书馆文献缩微复制中心影印出版了《理藩院公版则例三种》，其中就有乾隆朝内府抄本《理藩院则例》。该书的前言中说：《理藩院则例》，清乾隆内府抄本，共存八卷．宾客清吏司一卷，柔远清吏右司一卷，柔远清吏左司二卷，理刑清吏司一卷，录勋清吏司二卷，银库一卷。综上所述可知，确有乾隆朝内府抄本《理藩院则例》一书。

第二，乾隆朝内府抄本《理藩院则例》是一种什么性质的书？关于这个问题，在上世纪 90 年代学界多有讨论，最后基本上已达成共识，这就是：乾隆朝内府抄本《理藩院则例》是乾隆朝会典馆编纂的《大清会典则例》中理藩院部分的则例，是给皇帝看的呈进本，未刊本，而不是理藩院编纂的《理藩院则例》。既然如此，为什么现在又讨论起这个问题来呢？这与笔者 2006 年点校出版乾隆朝内府抄本《理藩院则例》的前言有关。

2005 年，中国藏学研究中心相关方面负责人要编一套和西藏有关的汉文资料书，以推进藏学研究的进一步开展；他们征求意见时，我向他们推荐了乾隆朝内府抄本《理藩院则例》，并就一些问题作了说明。后来，经过国务院古籍整理规划小组同意，该书列入出版计划。
当时，我正承担国家清史编纂委员会委托的一个项目，时间很紧，任务也重。在这种情况下，乾隆朝内府抄本《理藩院则例》的前言，就用了 1988 年写成的旧稿，而没有重新改写。这样一来，也就给人造成了一种印象，怎么我还坚持旧观点，甚至在 1995 年的观点倒退回去了呢？我想，这也是达力扎布先生《有关乾隆朝内府抄本〈理藩院则例〉》一文的由来。因此，有关乾隆朝内府抄本《理藩院则例》讨论中的这种“回流”现象，我应当负责。

第三，乾隆朝内府抄本《理藩院则例》的学术价值。2010 年 5 月全国图书馆文献微缩复制中心影印出版《理藩院公版则例三种》前言中，关于乾隆朝内府抄本《理藩院则例》还有这样的说明：清乾隆朝内府抄本《理藩院则例》在体例和内容方面都与以前的不同，是理藩院在处理蒙占事务进程中，由有关人员对顺治以来颁布的零散蒙古例和大臣所奏稿案进行收集整理，分类编辑抄正，以备各司在处理蒙古事务或修改法规时使用。内府抄本《理藩院则例》是乾隆朝《大清会典则例》的《理藩院则例》编纂过程中的未刊本。这段话的不足之处是，没有更进一步说明乾隆朝内府抄本《理藩院则例》和刊本乾隆朝
《大清会典则例》理藩院部分的则例有什么不同。达力扎布先生的《有关乾隆朝内府抄本〈理藩院则例〉》一文，比较详细地分析了乾隆朝内府抄本《理藩院则例》和刊本乾隆朝《大清会典则例》理藩院部
分的则例的差别，不足之处是没有进一步指出乾隆朝内府抄本《理藩院则例》的学术价值。

达力扎布文章中指出，乾隆朝内府抄本《理藩院则例》和刊本乾隆朝《大清会典则例》理藩院部分的则例，差别主要表现在六个方面：（一）理藩院机构发生了变化。（二）理藩院改变后各司的职掌有所调整。（三）删除了“准噶尔互市”条。（四）增入了乾隆二十以后直至二十七年的新内容。（五）增补了乾隆二十年以前的个别内容。（六）增删修改了个别内容和词句。既然如此，乾隆朝内府抄本《理藩院则例》的学术价值是明显

的。它使人们进一步认识了理藩院机构在演变过程中的具体变革情况，进而也深化了人们对清朝多民族国家形成发展认识的过程。

最后还需要说明的是，达力扎布先生的《有关乾隆朝内府抄本〈理藩院则例〉》一文的附录，指出了 2006 年出版的乾隆朝内府抄本《理藩院则例》一书中的脱漏等错误，很好。这可以使人们更好地利用该书。

（原载《清史研究》2012 年第 4 期）

（赵云田，男，中国社会科学院近代史所研究员。北京：100088）

《新疆图志补编》初探

史明文

内容提要：《新疆图志补编》为新发现的资料，是对《新疆图志》的补充，其内容为袁大化任新疆巡抚期间取得的成就和其间新疆发生的事情。本文简述了《新疆图志补编》的版本信息，详细介绍了各卷内容，并论述了它在研究《新疆图志》编纂、保存清末新疆经济、军事资料等方面的价值。

《新疆图志》是清末新疆布政使王树枏主持编纂的一部新疆省志，全书有二十九种分志，共一百一十六卷，资料翔实，内容丰富，受到学术界重视。《新疆图志补编》（下文简称《补编》）是在王学曾的主持下对《新疆图志》的增补。由于《补编》没有刊行，而是附在新疆通志局呈送宪政编查馆供审查的样本中[①]，所以它最初保存在宪政编查馆中，后流入藏书家手中，现藏于天津图书馆。笔者在 2010 年查阅《新疆图志》版本资料时发现了这部分内容，曾做过简略介绍，本文将全面探讨《补编》的编纂、内容和价值[②]。

一、《补编》的编纂及版本信息

《新疆图志》由王树枏主持修纂，并设立新疆通志局来负责具体编纂工作。1906 年（光绪三十二年），王树枏出任新疆布政使，到任后看到“新疆僻处中国西偏，蒙、哈、缠回种类庞杂，通知汉人文字者甚稀，自开辟以来文字寥寥，无可征信”，[③]“慨然念先朝沐栉之劳，文治武功，历时愈远愈益湮没坠失，无可征信”，[④]于是网罗人才，编纂新疆通志。1910 年（宣统二年）十月，王树枏因王高升迪化纵火案被革职，1911 年（宣统三年）四月离开新疆，返回内地，由王学曾主持新疆通志局，继续《新疆图志》的纂修工作。王树枏离开新疆时，《新疆图志》基本完成，有些分志如《山脉志》、《国界志》等已经由新疆官书局印行。1911 年（宣统三年）袁大化任新疆巡抚后，支持新疆通志局工作，并为《新疆图志》撰写总序及分志序言。袁大化到新疆后，采取一系列措施，整顿吏治，进行经济、教育改革，取得一定成效。王学曾等人为了表彰袁大化治理新疆的政绩，补撰 4 卷，作为《新疆图志》的附录，称《新疆图志补编》。关于撰写

【基金项目】全国高等院校古籍整理研究工作委员会项目“《新疆图志》文献学研究”阶段性成果。

① 此版本被称为黄册抄本或宪政编查馆本。

② 笔者曾撰《〈新疆图志〉黄册抄本探析》（发表于《新疆地方志》2011 年第 3 期）等论文。

③ 王树枏：《陶庐老人随年录》，中华书局，2007 年，第 63 页。

④ 王树枏：《新疆志稿序》，1912 年《湖滨补读庐丛刻》本。

《补编》的缘由，王学曾在《序》中做了说明：

学曾编纂《新疆通志》，次第定稿。今岁五月，适涡阳袁公抚是邦，不数月间垦牧、工艺、矿务、银行、军政凡关国计民生者靡不举行，政教从兹而换新，旌旗因之而生色。尤可志者，当中原角逐扰攘，正赤子弄兵潢池，我公不动声色，俄顷之间得以转危为安，诛首要，赦胁从，不崇朝而大乱定矣。此十一月初九事也。于是全疆之人，仰赖我公之威福，尤信服我公之宽仁，欣欣然有喜色，而相告曰：是公为朝廷布教化，宣德意，真吾民父母者也，来何暮歟！吾属司编辑者尤莫不曰：公之治新，岂曰小补之哉！是不可以无书。相顾属学曾为之辞。夫以公之德教，尚未有艾，譬如山海之崇深，岂窥蠡测所能及！独思真西山之《大学衍义》得邱文庄补之而益彰，国朝《四库全书目录》得阮文达补之而益显，是人非同于一时，书非出于一手，犹复考献征文，蒐遗补缺，矧目击心，醉之事功，可恝然而不顾也。爰分门撮要，以记其实，名为《新疆图志补编》，溢薮之词，歌颂之语，都略而不叙，惧谀也。后之览者，披图而瞭如指掌，开卷而燦若列眉，不贻笑学曾之疏拙幸已。顾或者以公治新政绩弥补前贤之缺失，功不在女娲神禹下，补编之作，殆议宋儒考工格致之续，予何敢哉！

从《序》中可以略知《补编》的编纂缘起与内容。关于《补编》的作者，由于资料所限，目前还无法确定，但应该是新疆通志局中的编纂人员。从《补编》的内容来看，资料主要来源于各地上报的簿录与政府部门保存的档册。

《补编》附于黄册抄本之后，没有随《新疆图志》一起印行。黄册抄本现藏于天津图书馆古籍部，其古籍书目卡片著录信息如下：

善F　（宣统）新疆图志，黄册，一百二十卷，卷首一卷
4631　袁大化修，王树枏、王学曾纂
85570　清宣统三年（一九一一）精抄本
一百二十三册

《中国地方志联合目录》对这个版本有著录：

（宣统）新疆图志一百十六卷　卷首一卷
袁大化修　王树枏 王学曾纂
清宣统三年（1911）抄本
北大　天津
注：书名题《新疆图志黄册》

《中国地方志联合目录》的著录有误，黄册抄本只有一部，现藏于天津图书馆。北京大学图书馆无黄册抄本，机读书目、卡片目录及编制的各种馆藏古籍目录均无著录。此外，黄册抄本书名也不题《新疆图志黄册》，封面不题书名，只是在每卷卷首题《新疆图志》。

黄册抄本版本信息如下：

书高 28.5 厘米，宽 16.7 厘米，天头约 7 厘米，地角约 3 厘米。无行格，无页码，半叶 10 行，行 20 字、21 字、22 字不等。小字双行，半叶 20 行，行 22 字。字体工整，抄写认真，全书字体基本一致，《补编》偶尔有两种字体。每卷 1 册，共 123 册，《补编》

为最后4册。卷首第1叶自上而下有“天津市人民图书馆藏任氏天春园捐赠图书之章”、“天春园图书印”、“任氏振采”3个藏书印，每卷第1叶均有“天津市人民图书馆藏任氏天春园捐赠图书之章”藏书印。

此抄本每册都用黄色书衣包裹，这也许是被称为黄册抄本的原因。书中有三个藏书印，说明了它的流传过程。“天春园图书印”、“任氏振采”这两个藏书印是民国时期天津著名藏书家任凤苞的印章。任凤苞，字振采，江苏宜兴人。在清末曾任邮传部路政司行走丞等职，后供职于北洋政府。1928年寓居天津，投资于银行业，先后任金城银行董事、盐业银行董事长等职。1953年卒于天津。任凤苞积30年之功，搜集方志达2500多种，“成为私家收藏地方志的‘巨擘’，是名副其实的地方志收藏‘第一家’”。①他的藏书楼名为“天春园”，藏书印有“任振采所收方志之一”、“任氏振采”、“天春园图书印”等。1953年，任凤苞将其所藏地方志全部捐献给天津市图书馆，成为今天天津图书馆藏方志的重要来源。“天津市人民图书馆藏任氏天春园捐赠图书之章”即是天津图书馆接受任凤苞藏书后加盖的印章。黄册抄本是任凤苞所捐新疆方志的一种。此外，天津图书馆还藏有任凤苞所捐的通志局本和东方学会本《新疆图志》。

《补编》的卷数接《新疆图志》,《补编一》题“新疆图志卷一百十七”。《新疆图志》最后一卷为“卷一百十六”，故此处题“卷一百十七”。

此外，在《补编》第1册有贴签“补编四卷专事献腴抚藩，措词均不合通志体裁。”此贴签可能是藏书家或东方学会相关人员校订通志局本时所写。王学曾虽然说纂写《补编》的目的是为了保存资料，“溢薮之词，歌颂之语，都略而不叙，懼谀也”，但此序充满了对袁大化的赞誉之词，甚至把袁大化在新疆的政绩与女娲补天、大禹治水相提并论，献腴之心不言而喻。

二、《补编》内容

《补编》共4卷，分装4册，其体例与《新疆图志》相同，卷首有总序，分志有小序或相当于小序的文字，内容为袁大化在新疆任职期间所取得的成就或这时期发生的事情。

1.《补编一》内容

《补编一》包括王学曾《补编序》,《藩部志补》,《实业志补》三部分。

《蕃部志补》记叙了哈密回王沙木胡索特等人在袁大化到新疆后的某些活动，如在袁大化的感化下开垦荒田二千余顷；1911年十一月刘先俊在伊犁起事时增援清军，镇压革命党等事迹。此志有序，为内容空洞的说教。

《实业志补》内容较多，有农业补，林业补，蚕业补，牧业补，商务补。农业补增加了新垦荒田数据，如绥来知县郑履亨上报的新垦荒地一千余顷。商务补的内容很有价值，罗列了1911年五月至十一月间新疆的贸易情况，并附有《兴殖银行章程》、《储蓄章程》、《新疆迪化商务总会试办便宜章程十二条》3个重要文件。这3个章程对研究清末民初新疆的经济情况有重要价值。《储蓄章程》内容如下：

① 江庆柏：《任凤苞与地方志收藏》，《中国地方志》1999年第4期。

一、本行因近日本地单身旅客具其多数，往往余有资财，无从寄放，旋复散失消耗，甚至有客处终身不能积资回籍者，情殊可怜，因倡为储蓄主义，代为储存，兼付微息，以资歆动，庶与旅民尤为便利。

二、储蓄款项无论多至万金，少至十金，本行均准其储蓄。自储蓄之日起，即准按月以四厘起息。储蓄后何日来行取用，何日付给，毫无阻滞，但利息需截月计算。

三、储蓄款项之人，无论何项人等，本行一律以客商相待。

四、巨款之储蓄，如愿改为长年入股者，亦可听其改变，但须在本行股票未经售尽以前，方能改易，如已至售尽之时，即不能据照此例，随便改易。

五、储蓄银项不付执据，仅以息折为执据。

六、储蓄息折本行认折不认人，如有损失，不得补给。

《储蓄章程》和《兴殖银行章程》为我们提供了当时新疆的金融资料。

此外，《实业志补》卷首附有《新疆实业全图》，简略绘制了新疆全省兴办实业的情况，一目了然，便于了解新疆各地兴办实业的概况。

2.《补编二》内容

《补编二》包括《食货志补》、《赋税志补》、《盐法志》、《民政志补》、《沟渠志补》、《道路志补》6 部分，内容较多。

《食货志补》内容分银币和纸币两部分，简述袁大化到新疆后整顿币制的措施和成效。清代新疆财政主要靠协饷维持，光绪末年，由于财政困难，政局动荡，时常出现协饷不能到位的情况。新疆财政困难，导致一系列问题出现，如兵饷亏空，银价上涨，加之英、俄的经济掠夺，新疆财政濒于崩溃边缘。王树枏任新疆布政使时整顿经济，取得一定成效，但他离职后有些措施随即废除。袁大化到新疆时，新疆的经济更加危急，“新疆自宣统三年协饷不至，市面苦无现银，商界之储有现银者，悉按鏕期运入内地，以顾其信用。于是闤阓因而摊挤，现银兑换申水至十一二两不等”，袁大化“察其弊之所出，先计乎本省银币得有所存储，复计乎本省纸币得有以扩充，而后空荒略定”。[①]银币和纸币记载了整理币制经过和相关问题，是重要的经济史资料。

《赋税志补》记述了实行统税的缘由和措施，并附有《重订统税章程》32 条和《新疆全省统税酌定比较数目一览表》，详细地说明了新疆税收情况。

《盐法》在《新疆图志》中为《食货志》的第一部分，《补编》把它独立出来，内容主要是“改办盐务缘由”及其措施和成就，后附有《开办官盐总分各局章程》。盐是人们的生活必需品，盐税是国家的重要税收来源，历代政府都重视对盐的管理，国家掌握盐的生产和销售。新疆产盐多，有些盐质量好，不需加工，可以直接食用，但是政府缺乏管理，市场混乱。“新省产盐甚多，天山南北无处不有，向皆听民自取自食，官家概不过问，近数年来间有商人包办之法，而既无专责，又无定章，每年所收实属寥寥，甚且土豪劣绅，串通差役，因缘为奸，从中渔利。以天地自然之利权，竟上不在公，下

① 王学曾等：《新疆图志补编二・食货志补序》，黄册抄本。

不在民，徒为若辈营私谋利之渊薮，可惜孰甚。”[①]清末新疆“协饷”不能按时足额解到，财政困难，一些主政新疆的官员开始设法筹集资金，改革税收制度，逐渐重视对食盐的管理。袁大化任新疆巡抚后，进行经济改革，整顿税收，实行新的盐法，制定《开办官盐总分各局章程》。《开办官盐总分各局章程》内容如下：

总则

一、省城设立官运总局，内设督办一员，以藩司兼任，设提调一员，以现任或有差人兼充。另设总管、司事、门柜、盐夫、巡丁、伙夫等，纯用商家性质，以节糜费而收实效。

二、省城南关外及奇台、孚远、阜康、绥来、呼图壁、昌吉各设分局，一切事宜均应禀明总局核准，方可施行。

三、此次盐务改归官办，先从迪化附属办起，以期次第扩充。

四、省城、绥来、呼图壁、昌吉专运销达坂城盐，孚远、奇台专运销东盐池盐。此外无论何处产盐，概行封禁，倘有私挖私运者，一经拏获，照章罚办，再创办之。初孚远、奇台一半分销达坂城盐，由省运往，以归划一。

五、往返坂城运盐，由总局发为三联票，将运盐实数详填票内该处，照票发运，总局称量收仓，再行填给发票，运往各分局，藉杜夹私之弊。

六、运盐脚价无论自产盐处所运省暨由省分运各局，每百里百斛至多不得过一钱八分。

七、总分各局出售盐，存仓日久，不免消耗，每月清仓后准其据实报耗。然每百斛不得过五斛，每石不得过五升，以示限制。

八、盐价总局照前价每斤售红钱八文，每斗售文银壹钱四分，各分局按百里百斤一钱八分加价，将来盐价或涨或落，俟察酌情形再行定夺。

九、新省地面辽阔，距城较远之村镇，势难遍设分局，应设分销店，择殷实商民承充。每石除脚价外，提出银二分，以资津助。其出售盐价须由总局酌定，不准私自涨落。

十、各分局每月售盐若干，务于下月初十以前开具清册二分，呈报总局，一由总局稽核后汇呈督办，一存总局。所售银两随时解缴，不得擅自亏挪，亦不庸加平补水。

十一、各分局及分销店所用称斗、升、斛概由总局较准发往，不准稍有参差，以昭平允，违者究办。

十二、总分局拏获私盐，如系人盐并获，即送地方官衙门讯办，除将所获之盐全数充公外，仍加十倍议罚，以示惩儆，其所罚银两以一半充公，一半充赏，惟不得肆意搜查，致滋扰累。

十三、前包商售剩之盐，自九月初一日起一律过量缴公，给予运价，即各分销店由前包商手中囤卖者亦著令退还包商，归公家承受，均补给运，违者以私论。

经费

① 王学曾等：《新疆图志补编二·盐法》，黄册抄本。

十四、总局督办不支薪；总管一名月支薪水、伙食银三十两；司事与司帐一名，月支薪水、伙食银一十六两；门柜与杂务一名，月支薪水、伙食银一十二两；巡丁两名，盐夫一名，伙夫一名，各月支工食费六两。南关司事一名，巡丁三名，伙夫一名。绥来分局司事一名，巡丁三名，伙夫一名。呼图壁分局司事一名，巡丁一名，伙夫一名。昌吉分局司事一名，巡丁二名，伙夫一名。奇台分局司事一名，巡丁三名，伙夫一名。孚远分局司事一名，巡丁二名，伙夫一名。以上各分局除司事月支薪水十二两除，均与总局同，房租另行酌给。

十五、达坂城设司事一人，月支薪水、伙食银一十二两；另设巡勇四名，由营分拨，除全给勇饷外，每月另由总局各津贴银三两。此外，如迪化之盐池墩，素产私盐，由营分拨马勇二名，常川驻扎，以资缉私，津贴与达坂城营勇同。绥来之唐朝渠、呼图壁之新渠、奇台之红沙泉，又迪化之旱八户、十二户等处均私盐充斥，派营勇巡缉与达坂城同。

十六、总分各局管事人等如果经理得宜，销数畅旺，除开支外，年终结算余利，酌提一成，按股份给，以示鼓励。

十七，各司事人等如将盐款挪移亏短，不按期按数解缴者，除斥革外，交地方官押，追惩办不贷。

十八、各局司巡在外，缉获私盐，如有得贿卖放，不呈报局者，一经查出，或被告发，与贩私一体治罪。

十九、各差司事多久任事勤劳，由总管出具考语，禀请督办酌加薪水，各分局巡丁勤惰，由司事禀明总局，斟酌赏罚去留。

这份《开办官盐总分各局章程》是研究清末民国初年新疆经济的珍贵资料。

《民政志补》较为简单，略述新疆巡警的某些情况和新措施。《沟渠志补》增补了新开的几条沟渠。在《沟渠志补》下有《工业补》和《矿业补》，叙述新疆的工业制造和新开矿产情况。

《道路志补》记述建设新疆铁路的筹备情况，附有《新疆东西铁路虚线全图》。新疆距京城路途遥远，交通困难，与内地联系不便，而英、俄则积极在与新疆相邻的地区修建铁路，特别是俄国西北利亚铁路修成后，不但便于从经济上掠夺新疆，而且在军事上给新疆带来极大威胁，熟悉新疆事务的有识之士提出了在新疆修建铁路的许多建议，《道路志补》专门记述建设新疆铁路的有关事宜，从中可以窥见时人对建设新疆铁路的认识。

盖闻古之治边者常以守土为政策，故利在屯垦；今之治边者常以殖民为政策，故利在交通，此古今之异宜也。夫以新疆战守大事论之，北控蒙古，南蔽西藏，东枕长城，常为秦陇之锁钥，燕晋之屏卫，度葱岭而与英俄属地连畛交错，击柝之声相闻。俄国铁道圆环如带（俄人由莫斯科旧京乘汽车至塔什干省五日而达，至鄂穆斯克省亦五日而达），南临喀什（俄车站至喀什约五日程），北逼宁远（俄车站距宁远约八日程），北界塔城（俄车站北界塔城约五日程）英属铁路亦自北印度之劳尔而东接展，至克什米尔边境。一旦有警，风驰飚举，朝发夕至，藩篱尽撤，防不胜防，居今日而言守土，其难什倍于古也如此。故治边之要务，重交通，

> 必铁路大通而后，地可以辟，民可以聚，以守则固，以战则强。……光绪三十三年邮传部规定轨线，其关于西北大势者，一由洛入潼，至西安，走固原，经兰州、甘凉，出嘉峪关，以达新疆，是为中原干。新疆一省且为之隔绝不通。俄人虎视眈眈，刻日勘定疴母河至塔什干路线，现皆傍我西边，又岂肯让人先着！因请先修东西铁路。先修陕、甘、新三省铁路，直接俄路佈捍，将来东西大通，路近天暖，环球当以此路为枢纽，人货自无不出于其途。

清末关心新疆时局的有识之士主张修筑铁路，加强新疆与内地的联系，关于新疆铁路的线路，有几种不同的意见，钟镛在其编纂的《新疆图志·道路志》中特设“铁路”一个子目，但《新疆图志》出版时这一内容被删掉。钟镛所撰有关铁路的内容保留在其著作《新疆志稿》中。袁大化主政新疆后，十分重视新疆交通建设，上奏折《请借款修通东西铁路以保西域而固全局折片》，力主在新疆修建铁路。《道路志补》中铁路建设方面的内容，就是当时有关修建新疆铁路的综合论述。

3.《补编三》内容

《补编三》包括《金石志补》、《艺文志补》、《武功志补》、《忠节志补》4部分。

《金石志补》收录了“古钟鼎文铜印”、“北魏折冲将军薪興令造寺碑”、“元勅赐西宁王忻都公神道碑”，这些文物（文献）对研究新疆历史文化有一定价值。

《艺文志补》有序言，但只补充了一种文献，即袁大化的《抚新纪程》。其内容如下：

> 《抚新纪程》四卷。谨按：《抚新纪程》国朝袁大化撰。大化，字行南，安徽涡阳人，官新疆巡抚。是书起洛阳，迄迪化。自宣统三年二始，越四月告成，为书仅四卷，而言简意赅，凡所经过必载明山川形胜，辨别古今异同，吏治民情皆历历述之，何地可战，何地可守，尤额外留意。出玉门关、过星星峡，入新疆界，其所著倍详。汉唐元明之所经营，高昌伊吾卢之所建置沿革变更，必考据详明。凡其地宜垦、宜收、宜矿、宜渠之属，必测量其道里几何，工费几何，布置井井，各有条例。扼塞险阻必躬亲跋履相度，其宜战、宜守、宜正、宜奇为军事上之预备，条分缕析，无微弗至，视耶律楚材《西游录》、林则徐《荷戈纪程》，则又详哉其言之矣。

此提要对《抚新纪程》的内容概括准确，评论也公允。后附有“徐翔采读《抚新纪程》书后”，文中多献諛之词，称《抚新纪程》刊行后，“一时洛阳纸贵，士大夫相与争先快睹”，“是书蜚光腾采，早射入人之眼里簾，灌输人之脑海”。

《武功志补》记载了警务学堂监督宋敬熙与革命党人交战的经过。《忠节志补》记述了邓玉山、温新合、郝殿生三人在刘先俊起事中殉难的过程。

《武功志补》记述宋敬熙与革命党人交战经过如下：

> 十年十一月初九日，湖南刘先俊闻武昌之变，潜来省垣，勾结抚署东营城守协营，密谋起事。先于月初散布谣言，人以惶惑。是日上午，湘人崔某来辕，扳称匪徒踪迹，拿获十余人。晚八时，宋观察带同警勇数名，亲赴各区巡逻。先至东城第一区，与区官筹商防匪事宜。有匪人自外蜂拥而入，抢劫军装。宋观察身先警勇，匪以短刀相接，宋观察面背左臂受重伤，血流满襟，犹复前敌，回顾部

下曰："今日事急矣！有死无二。"警兵见官长呼，忠勇奋发向前轰击，毙匪六人，伤多人。匪惧奔免，追之不及。警兵郝典生死之。是役也，匪党拟先劫各区军械，然后轰毁各署。东区最旷稀刃具，故首发难焉。不幸匪适与宋观察遇，受创甚巨，力竭而止，炮营、东营之乱始平。

关于刘先俊等革命党人起义的经过，有一些史料，但各材料之间有相互矛盾的地方，《武功志补》、《忠节志补》叙述了刘先俊起义的某些细节，可补其他史料之缺。

4.《补编四》内容

《补编四》包括《兵事志补》和《奏议志补》。《兵事志补》主要记述了新疆革命党人起事及被镇压的经过。《奏议志补》共收 3 篇奏议，即《新疆巡抚袁大化奏陈新疆款绌人稀情形折》、《新疆巡抚袁大化奏办东西铁路折》、《塔城参赞额勒浑修陈边计折》。这 3 个奏折是研究新疆历史的珍贵资料。《塔城参赞额勒浑修陈边计折》为《新疆图志》所无。《新疆巡抚袁大化奏陈新疆款绌人稀情形折》和《新疆巡抚袁大化奏办东西铁路折》与《新疆图志》卷一百六《奏议十六》中所收袁大化《边省款绌人稀宜先其所急以固根本折》、《请借款修通东西铁路以保西域而固全局折片》内容有些重复，但《补编》所收奏折内容比《新疆图志》所收奏折内容多。这两个奏折阐明了袁大化对新疆时局的认识，如《新疆巡抚袁大化奏陈新疆款绌人稀情形折》对"新政"以来兴学堂的认识：

学堂一项为造就人才之地，本不敢视为缓图，但缠回、蒙、哈宗教不同，语言文字又不同，强迫其子弟入我学堂，其父兄不以为善，反以为苦，多有积资雇觅丐者之子以为充差之地。学司以职掌所在，严饬所属将各种学堂勒限成立，图书器具必依式完备，课程表册必按次誊赍。地既相去辽远，势须寄耳目于视学，而视学员贤否不一，或因缘假借，遂以爱憎定考成，各郡县吏缘此得罪记过参革者已有三十余员名，如乌什厅同知方鋆，奇台县知县杨方炽等著名贤良循吏，皆由视学员一言罢职，未免可惜。各属以功令綦严，救过不暇，亦遂不计民生之疾苦，财力之绌盈，专以凌轹强迫为事，而尽出敷衍迁就之途。一属所立学堂，自十余处至二十余处，但期速报成立，不问人数多寡、效果有无。顷据喀什噶尔道袁鸿祐禀称，一属学堂之费，动至数万，概须筹之本地民间，而所选学童，又尽属寠人之子，多由该头目雇用替来，殷实子弟实无肯入学者。每一学童由各户摊费五十两，以给其家，各乡约之藉公勒索尚不止此。缠民宗教各别，终以读书为苦差，学费摊捐已无已，又以兴学为虐政，民力既属难堪，民气遂致嚣张。于阗、疏附各县有售产逃入俄国者，有开寺聚众呼天者。屡与英俄领事接见，皆言各属办学过于操切。英领事则言中民迫于兴学，欲改投英籍，皆未收纳。俄领事则谓疏附接界安集延部，缠民虽籍俄国，并未强以俄学，现喀什、阿克苏地方如此不靖，皆因华官迫令缠回入学，抽收办学捐费。英领事曾电达该公使，照会外务部电咨前抚臣行查在案。该领事等目击学务缠民怨苦情形，颇可危惧，深恐鬱而必发，致受鱼池之累，故皆阴有戒心而预为是言等语。伏查边地兴学如实在窒碍难行，前经学部奏明，准仿照外洋治边之策。另筹特别变通办法等，因在朝廷既为执一律以相绳，在边省又何妨变通以尽利。现拟饬该道等切实核办，按照缺分繁简，酌定学费多寡，大缺筹款以一万五六千为准，次缺八千至一万为准，以下则比类筹措，量力推广。堂数多学徒少者，照六十名定额核实归并，以节学堂靡费，简易识字学塾附习汉语学堂。乡曲人少费多，城关乡镇八栅及礼拜公所皆有缠民私塾，商绅子弟无不入学缠文者，将应设乡镇学塾并入缠塾，加派教员，限半日专习识字、汉语各课，半日仍习缠文，缠汉并教。由缠文输入汉文，较尽弃其学而学我者为易入，染濡日久，课日程功必知中学为有用，庶可收教育普及之效，亦少省创建学堂之资，此变通南疆学堂之办法也。至于北疆学堂，亦苦人少，多有招募陕甘学生来新肄业，于造就本省人才宗旨多不相符，拟饬司道等按照本地人数、财力核实办理，不必以多为美，专骛虚名，迄无实效。伊塔等属汉民较少，蒙哈各部不通言语，游牧为生，居无定所，学堂恐难遍及。拟饬该道府因地制宜，相机劝办，期于实事有裨，此北疆学堂之办法也。

设立学堂是清末新疆"新政"的重要内容，《新疆图志》卷三十九《学校二·学堂》罗列了当时新疆现有的学堂，但并未记载学堂的具体情况。袁大化《新疆巡抚袁大化奏陈新疆款绌人稀情形折》中所陈述的有关新疆学堂的情况应该比较符合事实，与王树枏对当时新疆兴建学堂的认识基本一致。

三、《补编》的价值

《补编》内容虽然不多，但也保留了一些珍贵资料，特别是袁大化任新疆巡抚后的经济和军事资料，如关于新疆筹建铁路、赋税改革、币制改革、革命党人起义等史料。笔者认为《补编》的价值主要有以下几点。

1. 为研究《新疆图志》的编纂提供了信息

关于《新疆图志》的编纂情况，由于资料所限，学术界至今未能梳理出较为清晰的脉络。《新疆图志·凡例》说"是书始事于己酉春三月，而卒事于辛亥冬十二月"，[①]即1909年（宣统元年）开始纂修，1911年（宣统三年）完成，这应该是《新疆图志》正式纂修的时间，而《新疆图志》的筹备工作则更早一些。《新疆图志》的修纂过程较为复杂，参与其事者有70余人，作者众多，正如《凡例》所说"是书分类较繁，则分纂诸家甚众，而服官于此者居多数，有初稿甫定即行奉檄他出者，有甫成半稿经后贤接续者，有一志数门分员编纂者，虽经诸总纂所酌易，亦各随其识，略删润之"。[②]对于《新疆图志》编纂的起止时间、分志的作者、版本及刊行时间等问题，众说纷纭，莫衷一是。《补编》为研究《新疆图志》的编纂提供了一些新资料。首先，《补编》的纂修，说明王树枏离开新疆后，在王学曾的主持下，新疆通志局继续进行《新疆图志》的编纂工作，《新疆图志》没有因王树枏离职与迪化局势动乱而停止。其次，从《补编》的序言和内容来看，《新疆图志》的编纂工作在1911年（宣统三年）十二月才完成。关于《新疆图志》修成和印行的时间，有争议。袁大化写《新疆图志》总序的时间是"宣统三年岁次辛亥嘉平月上澣"，即1911年十二月上旬，写其他分志的时间分别在1911年的六月至十二月之间。王学曾《补编序》完成的时间是"宣统三年嘉平月中浣"，可知《补编》

① 袁大化修：《新疆图志·凡例》，1923年东方学会本。
② 袁大化修：《新疆图志·凡例》，1923年东方学会本。

在十二月中旬才完成。《实业志补序》也称："是年冬十二月，适新疆通志成，编辑者咸以为公之德镂人心，公之功铭彝鼎，而公之实业固昭昭在人耳目，不可不大书特书以为吾志光宠。"这些资料都说明《新疆图志》的文本在1911年十二月中旬已经定稿，为推定《新疆图志》的完成时间提供了依据。

2.《补编》提供了袁大化主政新疆时的政治、经济等方面资料。

《补编》虽为颂扬袁大化的政绩而作，但也保留了一些很有价值的资料。《补编》的具体内容上文已详述，它提供的经济方面的资料价值十分突出，《食货志补》、《赋税志补》、《盐法志》、《工业补》和《矿业补》都是经济资料，《沟渠志补》中也有一些。有些资料弥足珍贵，如《新疆迪化商务总会试办便宜章程十二条》，下面略举数条：

第一条，总纲。本会遵照奏定章程，参取保定商会会章，斟酌损益，因地制宜，抱定保护商业，开通商智之宗旨，以冀仰副朝廷振兴实业之盛举，而尤以联络各帮，化除畛域为唯一之办法。

第二条，会所。新疆幅员寥廓，风气未开，自改设行省以来，客商云集，南北两路大小商店无虑数千百家，然各分各帮，势极涣散，声气向不相通，除伊犁已设商会外，他处尚无团体，今拟联合全省，设立会所，唯有先就省城地方树之风声。迪化省城为南北路商货转输之中枢，全疆贸易机关之起点，自应遵照部章第三条设立总会一所，与伊犁联为一气，以维全局，即名曰新疆迪化商务总会。创办伊始，经费艰难，并拟援照部章第十七条，请先由地方官体察情形，借给公房，以资办公，一俟积有余款，酌量盖造，逐渐扩充，以臻完备。

……

第九条，权利。凡列名本会各商，既经注册达部，本会即担保护之责，其有资本，并非不足，俨然已及商格，而私见特深，离群独立，不顾列名本会者，本会亦不便相强入会，惟既不入会，该商遇有事故，商会亦碍难管理，商会应享之权利，该商亦一概不得均沾。其小本经营，因无力纳费，未得列名者不在此例，仍应一视同仁，曲加保护。

第十条，集股。商会成立后，应提倡各事，需款甚繁，如有殷实巨商，倡立公司，或召集股本，振兴商业，裨益要务者，应由总协理等禀请农工商部，照奖励公司章程，量予奖励，以昭激劝。

第十一条，名誉会员。总会成立即应联合外埠，劝立分会，凡我省外商界同人，如有特别高见，足以裨补本会者，幸勿吝教，如蒙赐函指示，全体认可即延请为本会名誉会员。

第十二条，遵章。本章程宣布后，如有未尽事宜，随部章以照遵守。

此章程是新疆迪化商务总会成立后拟定，反映了当时新疆商界状况，为研究清末民初新疆的商业、社会生活等方面提供了资料。

清末民国初年是新疆社会发展的一个重要时期，但由于战乱等原因，很多资料都散佚，没有保存下来，《补编》的编者搜集到各种经济资料，撰成《食货志补》等，保留了一些原始资料，为研究清末新疆经济提供了资料。

3.《补编》提供了辛亥迪化刘先俊起事等军事方面的详细资料

《补编》是在《新疆图志》定稿后又补充的新资料，记载的史事多为袁大化主政新疆时所发生。由于是记述当时发生的事情，所载事情经过比较详细，且比追述或道听途书的记载确切。《补编》记述1911年革命党人在迪化起义，与清军作战的情况较为详细。《蕃部志补》、《忠节志补》、《武功志补》、《兵事志补》所记的事情有些与革命党人起义有关，邓玉山、温新合、郝殿生等死于刘先俊起义事件中，哈密回王沙木胡索特也曾带兵增援清军。这些材料既可以和其他记载相印证，又可补其他文献所不足。如《忠节志补》叙述邓玉山、温新合、郝殿生等战死经过：

十一月九日，适搆刘先俊之便，其志重在劫夺炮队，轰击抚署，以控制全城。玉山受袁抚密令，早经过准备军资，指示方略，为巷战计。闻变驰出，督兵刃斗。时夜黑无阴，乱党麕集，玉山挺枪当先冲锋直入，手毙多名，气不少馁。乱军并力攒攻，战取一人，玉山遂不幸遇害。该匪既侦知炮队有备，所部兵复勇猛竞进，一以当百，而夺炮之望遂绝。炮不夺则抚署无恙，全城数十万人之生命财产固若金汤矣。

玉山之巷战也，新合实前后左右翼蔽其身，及玉山冲入匪团，新合独与之俱。玉山死，新合犹大声狂呼，狼奔豕突，所向处匪辄披靡，手杀多人，力尽绳嘶而死。质明检其尸，血淋淋透衣履，脑部、胸部及髅部刀痕、枪痕无算。

刘先俊起事之前十日，省垣已谣说纷传，人心骚动。宋观察调取殿生值公所宿卫。初九晚七钟，抚署东巡防营，炮声陡起。宋观察躬率警士履各区段梭巡，殿生附之。九钟至第一区，观察方坐谈戎机，指授方略。适警士数人排队入，诈称东南隅巡逻者。观察知有变，呼属严拿，该匪已手起刀落，观察虉绝腕裂，腰脊亦受重伤。是时也，该匪已蜂拥而入，殿生奋不顾身，短兵相接，陷入重围，手刃数贼。该匪败退出局，殿生犹协同曹绍年、辛得元、吴财胜辈奋力尾追，争先竞进，未及数武而殭矣仆然。验之则小腹洞穿，已不知何时受伤，何时中弹。

这些记载可以与张开枚《新疆伊犁乱事本末》、钟广生《辛亥定变纪略》等文献相互补充，为了解清末刘先俊等革命党人在新疆的活动提供了新资料。

关于刘先俊在迪化起事的经过，很多文献都有记载，有些是经历者的追述，有些是后人根据相关史料编纂而成，这些资料详略不同，对同一事件的记述也不尽相同，如钟广生在《辛亥定变纪略》中对1911年刘先俊迪化起事的记述如下：

薄暮，先俊知谋泄，突率暴徒百余人，左臂缠白布，各持枪械，若伪为巡夜状者，扑犯抚署东营，营兵之小部微为内应，经帮带某竭力镇压，手刃数人，始惧伏不敢动，卫队队官王学斌督兵拒战于督练公所东墙外，奋勇袭击，歼贼数人，而学斌亦受伤。旋窜扑陆军炮营，已斩关直入矣。督队官邓玉山躍登短垣，周呼指挥，为流弹所中，立殒。适有炮兵三十名将荷枪出巡，遇诸门外，拦头迎击，屡进屡却，贼知有备，始返奔。复窜至警察第一区，值会办道员宋敬熙自内出，相遇于屏门间，被贼挥刀砍伤头部，几殆，幸区官桂瑞麟督警救护，开枪拒敌，贼终不得逞，气为之慑，乃纷纷溃退。

钟广生是《新疆图志》的编撰者之一，撰有《实业志》等分志，深受王树枏器重。《辛亥定变纪略》是钟广生所撰专门记载刘先俊起事的著作，但由上文可知，他对起事过程的记述不如《补编》详细。如对宋敬熙受伤的记载，《辛亥定变纪略》为“被贼挥刀砍伤头部，几殆”；而《补编》有两处记述，一为《武功志补》“宋观察身先警勇，匪以短刀相接，宋观察面背左臂受重伤，血流满襟，犹复前敌，回顾部下曰：‘今日事急矣！有死无二。’”一为《忠节志补》“观察知有变，呼属严拿，该匪已手起刀落，观察颧绝腕裂，腰脊亦受重伤。”由此可知，《补编》所载军事方面的资料较其他同类文献价值大。

《补编》是新发现的资料，《补编》的资料来源，作者及未能随《新疆图志》刊行的原因等问题，还有待于深入研究。笔者认为，随着研究的逐步深入和新资料的不断发现，这些问题将会解决。

（史明文，男，1972 年生，首都师范大学副研究馆员。北京：100048）

日本的蒙古史研究简史

（1905—1945）

[日] 山田信夫著　陈得芝译

日本人开始注意蒙古民族和蒙古地区，还是不久以前的事。虽然蒙古史作为中国边区史的一部分早已为研究中国史的日本人所知，但蒙古或蒙古人作为与农业地域的日本和中国本部全然不同的游牧—骑马民族之邦，引起日本人的特殊注意，那仅仅是从上世纪末，或者更确切些说，是从日俄战争（1904—1905）时开始的。这是和当时的政治条件，即日本帝国主义进入亚洲大陆这件事有关的。基于同一原因，1945 年第二次世界大战中日本人的投降，对整个蒙古研究史也就有重大的影响。

我们可以用 1930 年为分界线，把它分为两个阶段来叙述。

一、1930 年以前的研究

首先，让我们简单叙述一下日俄战争之前的研究情况。这个时期，蒙古开始被作为史料研究领域的主要课题之一。最有代表性的研究是那珂通世关于元代史的著作。他还完成了蒙古名著《元朝秘史》的第一部日文译本。此外，白鸟库吉也开始从事于研究曾在蒙古地区活动过的诸民族的历史。1899 年在罗马举行的国际东方学家会议上，他提出了两篇论文《匈奴、东胡民族考》和《阙特勤碑汉文部分的考释》。这是最早被介绍到欧洲去的日本人的著作，因此是特别宝贵的。他所写的上百篇主要研究分布在从蒙古到中亚这一地域诸部族的著作中，有许多篇都是划时代的作品，因为在这些著作中，他采用了西方的科学研究方法（主要是比较语言学和人种学），而抛弃了直到当时还在日本盛行的中国的旧的治学方法。至少在第二次世界大战以前，日本专治蒙古和中亚历史的学者，都直接或间接的受到他的影响。

除了上述两位学者外，这个时期就没有什么有名的作品了。这时蒙古也还没引起人们政治上的特别注意。然而，吉原四郎论述蒙古现状的题为《东蒙古的俄国势力》（《外交时报》，74 号，1904—1905）这篇文章以及在他死后发现的其他手稿[①]，作为最早的一批实地调查报告，却很值得注意，因为这类实地调查的工作是后来才活跃起来的。吉原四郎是在日俄战争爆发前夕，应内蒙古最南部的喀喇沁部王爷的邀请，到那里去做日本顾问的。差不多同时，一宫（河源）操子也因应邀去教育蒙古妇女，到了蒙古，她是第一个访问蒙古地区的日本妇女。日俄战争时，她居留在蒙古，1905 年回国，发表了

① 吉原公平：《吉原四郎遗稿〈东蒙古的俄国势力〉》，《蒙古》第一期，1939 年；《吉原四郎东蒙古视察手记》，《善邻协会调查月报》第 81、82 期，1939 年 2 月，3 月。

一部日记，题为《蒙古印象记》（东京，1909 年出版，1944 年修订版）。[①]

由于日俄战争的结果，日本的权益牢固地确立了。对蒙古的研究不仅在那珂和白鸟两氏开辟的史料研究方面，而且在其他领域，都有了长足的发展。

这个时期，在历史研究方面，白鸟库吉的活动尤为突出。从欧洲（他 1901—1903 年住在欧洲）回来后，他发表了一系列论著，其中有无与伦比的杰作《蒙古民族之起源》（载《史学杂志》第 18 卷第 2—5 期，1907 年），在这篇论文中他详细的论述了匈奴属于蒙古语族的新论点。这篇论著对日本学术界的影响至今仍是明显的。

同时，白鸟氏还积极地从事于为许多学者提供学术研究园地的各种活动。其中之一是于 1905 年创立了“亚细亚学会”。这个研究机构于 1907 年改名 为“东洋协会学术调查部”，并于 1909 年开始出版刊物《东洋协会学术调查部报告》，该刊 1911 年改名为《东洋学报》，直到现在继续出版。

另一个活动是白鸟组织了一个最初是为了研究满洲和朝鲜历史地理的团体，这个团体从 1908 年起存在了 13 年左右，1908—1914 年它是南满铁道[株式会社]的历史研究部，1914 年转入东京帝国大学。[②]

虽然这两个活动并不是直接着眼于研究蒙古，但都在广义的东洋史研究方面占有重要的地位，自然也就包含了当时大多数优秀的研究蒙古史的著作。特别是后一组织，是由东洋史尤其是东北亚洲史方面的著名学者组成的，他们之中有许多人除研究满洲、朝鲜外还研究蒙古，如津田左右吉和松井等研究辽史，箭内亘研究元史，和田清研究明代蒙古。

箭内亘是继那珂博士之后的元史专家，他关于元史的主要著作都收集在死后编纂起来的文集《蒙古史研究》（东京，1930 年版）中。和田清则从事于艰难的明代蒙古的基本研究，这在当时还是未开辟的领域。为此他搜集了许多新资料。他的蒙古史研究成果都包括在他的第三部著作集《东亚史研究[蒙古篇]》中（东京，1959 年版）。

在这个阶段，从事蒙古史研究的学者逐渐增多，在各自的研究领域里出了许多新成果。这是那珂和白鸟的学生们进行活动和出成果的时期，同时也是这两位老师集中力量研究元史和北方民族史的时期。

在同时期，学者们不仅注意中国史料，而且也注意到西方史料和西方学术界的成果。1909 年田中萃一郎翻译了《多桑蒙古史》。《马可波罗行纪》的两种译本也几乎同时出版了。历史著作之外的其他中国史料也受到注意。除研究《蒙古秘史》外，还开始对汉蒙字汇《华夷译语》和《至元译语》进行书法学上的研究。[③]

最值得注意的是，这个时期还开辟了历史研究之外的其他领域，虽然这些领域的研究还没有提高到学术的水平，但却是十分努力地为更成熟的研究铺平道路。由于国策的需要，除研究满洲外，研究蒙古的要求也增长了。许多日本人开始进入蒙古做实地调查。访问东蒙古的普通人所写的旅行记至少有十部之多。此外一定还有许多上述人员或是没

---

① 1968 年又出版了这部书的修订版，改名《喀喇沁王妃和我》，东京。

② 这个组织在南满铁道株式会社时出版了《朝鲜历史地理》和《满洲历史地理》，转到东京帝国大学后，又出版了十六期《满鲜地理历史研究报告》。

③ 参见山崎忠：《我国的〈华夷译语〉研究史》，《朝鲜学报》第五号，1953 年。

有写下什么著作，或是其成果早已经湮没无闻。至于那些总是与某一组织有联系的人，则大多数致力于为下文要讲的地理和产业报告提供各种资料，而不是留下个人的记述。

同时，历史学家桑原骘藏在 1918 年与矢野仁一一道到东蒙古做了一次旅行，访问了许多历史遗址。他的行纪《东蒙古旅行报告书》，后来收在所著的《考史游记》（大阪，1942 年）中。

鸟居龙藏是一个人类学家和考古学家。早在 1906—1908 年，他就和妻子到东蒙古做了一次范围极广的调查旅行，这确是学术界的一个重大成就。他们的成果最初简短地披露在他俩合写的《蒙古游记》（东京，1911 年）中，后来更详细地作为一个科学报告，以《东蒙古的原始居民》为题，发表在东京帝国大学 1914 年的西文学报上，其中报告了世界上第一批发现的蒙古石器和金石并用时期的器物资料。

这个时期关于朝鲜和南满地区的史前考古学以及艺术、建筑史方面的研究，每年都相继取得成果。契丹史方面，在热河和蒙古进行了积极的调查。鸟居氏除了上述研究外，在这方面也发表了另一部著作。鸟居夫人在大多数情况下伴随着她的丈夫去旅行，另外在 1906—1907 年她继一宫操子之后，住在喀喇沁部王府，在鸟居君子的《土俗学上所见的蒙古》（《蒙古的风俗习惯》）一书中，她介绍了她的旅行和她在喀喇沁部王府时观察到的蒙古习俗。

此外，许多据调查写成的地理和产业方面的著作和文献资料在这个时期也开始出版。其中的大部分是据对满洲进行政治控制的观点编成的。因而自然都是官方经办的。早在日俄战争之前，就由参谋本部编辑了《蒙古志》。

1930 年之前的这段时期，参谋本部还编辑了《东蒙事情》(《东蒙古状况》,1915 年)。同时关东都督府（在中国的租界）也出版了《东部蒙古志》（3 卷，1908 年）、《东蒙古》（1915 年）和《满蒙产业志》（1916 年）。内务省也发行了（虽说是不公开的）《矿产调查复命书》（1917 年）。其外，农商省在进行调查之后，也出版了大量的报告书，如《现代蒙古》（1914 年），《东部蒙古事情》（《东部蒙古状况》，1915 年），《东部内蒙古产业调查》和《东部内蒙古畜产事情》（《东部内蒙古畜产状况》，1917 年）。那个时期的总趋向反映在东亚同文会所译俄人波慈德涅也夫《蒙古和蒙古人》一书的序言中，它写道："现在，全世界的注意都集中到亚洲的北部……"

学者个人的用力著作，有中岛竦的《蒙古通志》（1916 年），柏原孝久和滨田纯一的《蒙古地志》（3 卷，1919 年）.这两部书在以后也常被人们所参阅。1922 年南满铁道株式会社调查部编辑的《满蒙全书》(七卷)，是上述著作及其他蒙满研究著作的集刊。

在这种情况下，对实用蒙古语的研究也取得了值得注意的进展。关于蒙古会话、作文和语法的著作相继出现。[①]其中至少有两种蒙日辞典。除了这些实用著作之外，关于蒙古语的完全够标准的科学研究，这时还未开始，尽管已在努力对满语作为阿尔泰语系之一加以研究了。虽然如此，上文提到的历史学家们对《元朝秘史》的研究，已为蒙古语的科学研究打下了基础。

末了，我们还要提一下南满铁道株式会社的调查机构。日俄战争之后，日本政府获

① 参竹内几之助：《蒙古研究的发达》Ⅱ，蒙古语，6）东方的蒙古语研究。《善邻协会调查月报》第 47 期，第 113 页。

得了南满铁道的全部权益和俄国租借地。1906年9月，在旅顺港建立起了关东都督府，以管辖租借地和铁路沿线的租地。同年12月，组成了一个半官方的公司—南满铁道株式会社。它成为对大陆进行经济控制的最强有力的桥头堡。

满铁一成立，就组织了一个调查科。虽然其机构的设立有过一次变迁，但一直保持着原来的主要目的，即对满洲地区进行全面的经济研究。它的活动在满蒙研究领域里一直居于首要的地位。在我们本节说到的初创阶段，它实际上是一个调查机构，称为“调查部”，“总务部”，或“总务部调查科”，直到1932年（“满洲国”于这一年成立）公司全面的改组时止。①

该机构单在这一时期内，就出版了上十种定期或不定期的刊物以及为数超过二百种的“资料”和“报告”。这些资料和报告都发表在按月出《满铁调查月报上》。②

此外，1917年在东京又成立了一个与公司的东京办事处平列的调查组织——东亚经济调查局，后来在1929年改组为法人财团。这个组织从1915年起定期出版《经济资料》（最初名为《调查报告》）。1928年又开始出版一种《东亚》月刊。其出版物，包括小册子和丛书，总计达200部以上。

调查局出版物的内容，也就是说其调查研究活动，包括从编纂大量的西方的、俄国的和中国的资料的翻译和介绍，到现实情况的调查。调查的领域主要是经济，但也扩展到更广泛的范围，涉及政治、国际事务、地理、运输、自然资源、历史、风俗和语言等方面。涉及的地域基本上是限于满洲、西伯利亚和东蒙古，虽然偶尔也扩展到其他地区。这里只要指出一点就够了，这就是东满洲风俗的调查中，有着对东蒙古农牧地区的调查研究，而这直到今天还被视为调查局所进行的早期基本调查中极重要的成果。

《蒙地》报告书（收在《满洲旧惯调查报告》第1卷，1914年大连出版）记述了满洲境内蒙古王公管辖区和蒙古人居住区各地的土地所有制的历史。它着重说明了如下一个问题，即在弄清土地转卖给民人的实际情况的基础上，说明牧地如何转变为农耕地以及人们如何开垦土地的过程。

趁这个机会简单的提一下满铁所属的图书馆是适宜的。大连图书馆建于1918年，随后又建立了沈阳图书馆和哈尔滨图书馆。大连图书馆的期刊《书香》，从1929年4月第一期起，各期上都登载杰出的文章和报告。该馆还出版了《大连图书馆刊行书目》。哈尔滨图书馆也出版了《哈尔滨图书馆丛刊》。

二、1930年以后的研究所和调查领域

受到第一次世界大战推动的日本入侵亚洲大陆的计划，因满洲事变的爆发和“满洲国”的建立，达到了一个新的阶段。蒙古研究也出现了引人注目的进展。此外，自从1937年中日全面战争爆发以后，内蒙古傀儡政权也随着“满洲国”的建立而建立起来，日本学者在进行调查方面也变得更方便了。所有这些都为日本的蒙古研究创造了十分有

① 参《南满铁道株式会社三十年略史》，大连，1937年版。

② 该月刊原名为《满铁时报》（1922—1930），后改《满蒙事情》（1930—1931），复改为《满铁调查月报》（1931年6月—1944年2月）。还有《满蒙调查月报总目录》，1931年9月—1941年12月，载《调查月报》，第二十二卷第1期（第244号），1942年1月；《满铁刊行物目录》，1941年；《满铁刊行资料目录》，1944年。

利的条件，因而造成了前所未有的兴盛景象。

不用说，日本影响地区的周围地带，也成为广泛调查和研究的对象了。例如，广义上的中央亚细亚，主要是苏联控制下的地带，如西伯利亚、外蒙古、新疆和苏联领土内的中亚地区，在这个时期都开始成为系统研究的对象。然而，对于开展全面的研究，条件还不充分，因此，最初的任务只在迅速的介绍和吸收外国的著作。

满铁所属调查机构继续进行活动，其组织规模则扩充了。例如，1932 年 1 月创立的“经济调查会”，就是该公司扩充和增强其调查科而组织起来的一个研究所，其目的在于对满洲和蒙古进行全面的调查以及按照满洲事变发生后日益加快的建立“满洲国”的步伐而研究和起草各种计划。“经济调查会”的出版物中，有一套名为《苏联远东及外蒙调查资料》的丛刊以及它的卷帙浩繁的刊物《一般经济资料》，都是值得特别注意的。除上述以外，它的两个分支机构，即“北满经济调查所”与“张家口经济调查所”，在蒙古研究方面也出了许多书。这两个研究所还出版了各自的《调查资料》。

至于满铁组织的实地调查，则对满洲国控制下的蒙古部分的畜牧业，是经常进行调查的。其中值得注意的是 1939——1941 年张家口经济调查所领导的内蒙古经济社会之基础的调查，它是由三个小组分别对手工业、商业和农业社会进行调查的。后一组（农业社会组）又分为三个队，分别调查蒙古的农业、半农业和游牧社会。这些调查据说为了制订一部新的民法。虽然这些全面调查的成果没有集中出版，但个人的报告中有一些著名的著作（详下文）。藤井满洲男的《满铁的调查和资料》（满洲国立图书馆《资料公报》第 8、9、10 卷，1944 年出版）对于了解这些调查的概况是有帮助的。还有满铁大连图书馆出版的《书库》，刊载了《支那、满、蒙关系之书目的目录》（16 卷 3 号和 4 号，1944 年）也可以参考。

到这个时期，在满铁组织之外，又有许多新的组织建立起来，其中最有名的是“善邻协会”，它创办于 1933 年底，有两个办事处，一个在东京，一在新京（今长春）。后来于 1937 年底蒙疆政府建立后，除东京的机构外，又在张家口建立了一个总部，它有两个分支机构，一在厚和（归绥），一在阿巴噶。虽然它基本上是一个对蒙古进行政治控制的组织，但也积极从事于蒙古研究。

善邻协会的期刊，先是出了 31 期（打印的）《调查旬报》，从 1935 年 2 月起出一种名为《善邻协会调查月报》的月刊。该刊继续出到 1944 年，只是 1939 年 4 月刊名改为《蒙古》，这可能是由于机构改组的缘故。这个刊物登载了日本和外国学者的各种研究及关于现状的文章。此外，还专门为了人文方面的科学研究，出了一种《蒙古学》（西文名《Mongolica》）（1—3 期，1937 年 4 月—1938 年 12 月）。但该刊在 1939 年中止出版，这是因为这一年一个以白鸟库吉为首，以羽田亨、和田清为骨干的联合科学研究组织——蒙古研究所成立了。

蒙古研究所出版了《蒙古学报》（西文名《Journal devoted to the study of Mongolo and Mongolica》），只出版了两卷（第一卷，1940 年 7 月；第二卷，1941 年 4 月）。此外，还出版了一套丛书，名为《蒙古研究丛书》，该丛书包含有世界著名研究的译文和有关蒙古的文献。但实际上只出了预告的大约十部中的小部分。张家口的善隣协会也出了一种刊物，名为《内陆亚细亚》，但也只出了两期就停止了。此外，1938 年蒙古研究所还成立了一个分支机构——回教圈研究所，其月刊《回教圈》致力于回教中亚的研究（详下文）。各个方面的组织还积极从事于研究和调查，其中最主要的是1943年进行的乌兰察布盟的全面实地调查，虽然其成果至今不明。研究的成员个人进行的探索考察，也出了许多报告书，其中一些刊载在《调查报告》和《蒙古》上。

1938年在东京成立了“东亚研究所”，其目的是研究整个亚洲。该所提供丰厚的资金从事全面的研究。虽然它主要是注意日本当时还未充分研究过的南亚地位，但也有一个分支机构专门研究内陆亚洲。它除了刊印大量史料（非卖品）[①]外，还出版了一种月刊《东亚研究所报》。除本所成员进行的研究和调查外，该所还委托所外的个人和组织从事研究。例如，1939 年进行的内蒙地理调查以及异民族统治中国的事例的搜集。众所周知，这是一项范围很广的历史研究。

许多日本学者参加了“满洲国”和1939年在内蒙古成立的“蒙古联合自治政府”主办的调查。他们的一些报告是用日文出版的。满洲国的兴安局调查科，以调查兴安四省为中心，也包括了满洲国治下的蒙古区域[②]。1938年对“放垦”的蒙地进行了土地制度和喇嘛教的调查；1939年和1940年又对“未放垦”的蒙地进行了同类调查。1938年的调查成果编为《开放蒙地调查报告》（五卷，1939—1940 年版），由兴安局刊行，但后一次调查却无现存报告。然而，参加这次报告的一些人组织了一个研究蒙古的团体，名为“蒙古研究会”，并出版了一种季刊《蒙古研究》（第Ⅰ 1—4号，1939年；第Ⅱ—Ⅴ号，1940—1943 年），其中登载了各种研究成果[③]。此外，满洲国立中央图书馆也出版了《资料公报》，一直出到第五卷第12期（1944年12月）。

还有，为了着手对当时的紧迫政治课题——土地改革进行全盘研究，在蒙古联合自治政府的土地管理局建立了一个研究土地制度的研究科。与此相应，出了一些根据文献资料编成的历史研究报告，如安斋库治的《清末土默特的土地整理》（1939年）一书[④]。据说还印了一些出版物，如《土地买卖文书目录》等，虽然其详情至今还不清楚。此外，一些活跃的学者自己还组织了一个“蒙古文化研究所”，虽然没有用这个组织的名义正式出过报告书。1944年，在张家口还创办了“西北研究会”，作为蒙古善邻协会的分支组织。虽然它进行了积极的调查，但其成果仅是在战后由学者个人发表。

最后，讲一下日本国家科学机关的活动。帝国学士院成立了一个“东亚诸民族调查委员会”，也注意内陆亚洲各民族的调查。该会所出的著作，仅有范围广泛的《东亚民族名汇》（东京，1944年）和《东亚民族分布图》（东京，1942年）。除此之外，该会还计划出一种范围广泛的《东亚民族要志》，但没有实现。然而，为该书准备的资料，1943年发表在一套四册的《东亚民族要志资料》中，其第四册名为《身性关系资料》（《体质特征资料》），包括《Ⅱ—西伯利亚的突厥诸族》及《Ⅲ—蒙古人和达斡尔人》。此外，

---

① 参东亚研究所编：《东研成果摘要》，东京，1943年。

② 关于满洲国内的蒙古行政机构，参见白浜晴澄和山根纯太郎的《满洲帝国蒙政十年史》，《蒙古研究》第四卷 5—6期，1942年12月。

③ 略见竹村茂昭：《蒙地之话》，新京，1940年。

④ 初以蒙古联合自治政府地政总署调查资料Ⅱ，于1939年10月发表。同年12月又在《满铁调查月报》第十九卷12期（第219号）再次发表。

1942 年该会还派石田英一郎（人种学）、野村正良（语言学）和须田昭义（自然人类学）到蒙疆进行回民调查。虽然这次调查的报告书全部在印刷所中毁于战火，但我们通过《昭和 16—17 年度东亚诸民族调查事业报告》（1943 年版），还可以了解到这次调查情况的轮廓。

1943 年设立了国立民族研究所，以继续帝国学士院调查委员会的活动。但是，这个研究所的现存报告仅有《民族研究所纪要》（东京，1943 年）一种。另外，1944 年岩村忍、佐口透、小野忍在蒙疆进行了其他调查，但除了民族研究所和西北研究所合编的小册子《第一期蒙疆回民调查报告》之外，没有出版完全的报告。然而，一部分报告书还是在战后出版了（详下文）。

除上述组织外，一些与各大学和学会有关的个人，也不仅在研究室从事研究，而且进行了实地的基本调查。其中有能力组成调查组的有如下一些：

1933 年，满洲国第一次科学考察团。团长：德永重康。地区：热河。调查范围：地貌、考古、人种、生物。其报告书包含六部分，每一部分又分为若干卷，1934——1940 年出版。可参看《第一次满蒙学术调查研究团报告总目》（东京，1940 年）。

1938 年，京城帝国大学蒙疆学术探险队。队长：尾高朝雄。地区：热河、察哈尔和锡林郭勒。范围：经济、动物、植物、地理和地质。报告书：京城帝国大学大陆文化研究会编《蒙疆之自然与文化—京城帝国大学蒙疆学术探险队报告书》（东京，1939 年）。

1938 年，京都大学蒙古调查队。队长：木原均。地区：全内蒙古。范围：主要是生物学。报告书：木原编《内蒙古生物学的调查》（东京，1940 年）。笔记和日记：宫崎武夫《蒙古横断—京都帝国大调查手记》（东京，1943 年）。

1940—1941 年，戈壁沙漠调查队。队长：多田久男。地区：戈壁沙漠东部沙丘。范围：地理、地质、先史时期、植物和动物。其成果除了个别成员所写的报告书外，没有编成单独的著作。日记和书册有戈壁沙漠学术探险队编的《戈壁沙漠》（东京，1943 年）。

1942 年，大兴安岭探险队。队长：今西锦司。地区：大兴安岭北部。范围：植物、动物、地形和地质。报告书：今西编《大兴安岭——1942 年探险队报告》，与战后的 1952 年出版。

从下文可以看到，考古方面的活动特别突出。我们先介绍主要有东亚考古学会计划和进行的两次考察。该会也很着力于其他方面的研究。

1931 年，横尾安夫、江上波夫、松泽勳和竹内几之助的蒙古考察队。地区：锡林郭勒。

1935 年，东亚产业协会的乌兰察布考察队。赤崛英三（人种学家）、江上波夫（考古学家）也参加了这次考察。

这两次考察队的日记和插图记录，作为东亚考古学会蒙古学会调查班编的《蒙古高原横断记》出版（东京，1937 年版；1941 年修改版）。原先计划出两卷的报告书，只出了关于地质、古生物和人种部分的一卷：《蒙古高原——前编》（内蒙古锡林郭勒盟和乌兰察布盟的自然史调查），东方考古学的丛刊第二集，卷四，1943 年出版。

三、历史以外的其他方面的成果

要介绍这个时期各个领域所取得的全部成果是不可能的。这首先是因为其数量极大。其次是难于毫无遗漏地一一列举出来，我发现，即使是京都大学人文学科研究所 1953 年出版的，由该所五个以上有才干的成员编集，收了大约两千部著作的极为有用的《蒙古研究文献目录 1900——1950 年》一书，也有不少遗漏。

1945 年，也就是日本投降的一年，南满铁道株式会社研究部、善邻协会和东亚研究所都被占领军解散，所有文件都被没收。今天，日本各地的图书馆只收藏有那些资料中很不完全的一部分。虽说情况如此，我们还可以对各个领域研究的趋势作一概括的描述。

在地理、地质方面，对蒙古东部和南部的沙丘、气候的变化，特别是对土地的干燥问题进行了研究；还对这个地区各部分的地理构造以及扩展到华北的黄土地带进行了观测。许多文章发表在日本的有关研究所和学会的期刊上，诸如《地理学》、《地学杂志》、《地理学评论》和《资料科学研究所汇报》等。最积极的学者是东京大学的多田久男（原先在京师大学任教）和京师大学的保柳睦夫。后者出了本集子，名为《北支.蒙古的地理》（东京，1943 年）。此外，1940 年左右，当政治地理学勃兴时，一些地理学家也从这个角度写了一些文章。地质学方面，战后曾计划将过去取得的成果编成目录（见下文）。

在植物学方面，明确了内蒙古草原作物生长的特有的分布情况，这是从中亚伸展到满洲的整个内陆分布的一部分。

动物学方面，对兽类、鸟类、鱼类和昆虫进行了考察和分类，同时还进行了家畜的调查。虽然蒙古动物一般说没有特色，但阴山南北之间、沙漠和草原之间的动植物分布和生态学上的地区差别以及这些地区与东部兴安岭区的动植物生态学和分布的地理、景象上的差别，则是弄清楚了。简括的说，在其地理分布和生态学方面，做出了许多成果。这些发现都包含在各种考察报告中。

关于自然人类学的研究，也就是对蒙古人、满洲人、朝鲜人和日本人进行比较的研究，是在这个时期开始的。其主要成果发表在东京人类学会的《人类学杂志》和日本解剖协会的《解剖学杂志》上，主要是京都大学的今村丰、岛五郎和东京大学的赤崛英三、横尾安夫等人写的文章。横尾氏还出版了《东亚的民族》一书（东京，1942 年）。

在文化和社会人类学方面，许多学者有著作问世，包括从简单的调查日记到各种风俗的更有系统的研究。这些著作发表在日本人种学会的《民族学杂志》和其他各种刊物上。对传统的萨满教也进行了许多研究，其代表作是赤松智城和秋葉隆的《满蒙之民族与宗教》（东京，1941 年）。还有一些对传说和传统音乐的研究。戏剧和艺术也因与喇嘛教有关而得到了研究。

至于对社会构造的研究，只有历史学家从他们各自的角度出发做了一些，数量是有限的。森三郎在《蒙古研究》上写了一篇满洲国治下的蒙古地区社会结构的调查报告。关于内蒙古地区，田村英男写的《构成蒙古社会的基层单位——苏木》（《满铁调查月报》第廿十二卷 2 号，1942 年 2 月，是一篇研究接受农业生活的蒙古社会的有价值的报告。东亚研究所的青木富太郎做了一次关于家庭制度的调查，他的著作里是在战后陆续发表的（见下文）。关于部落和少数民族集团的分布问题，山根顺太郎在《蒙古研究》上写了许多报告。这个时期曾计划对不同的种族进行系统的比较研究，但这项研究没有什么进展。

语言学方面的研究。在这个时期前后，日本国内从比较语言学的观点对阿尔泰语进行的研究取得了显著的成果。1934 年，石滨纯太郎发表了《满蒙语言的系统》一文，收在岩波书店出的《东洋思潮》一书中。从这个时候起，更多的语言学者到蒙古去进行研究：服部四郎在东蒙古的呼伦贝尔进行研究，野村正良经常在内蒙古各地从事调查。他们都写有有价值的报告。在语言学和词态学方面也做了艰苦的研究。特别是对称为东部蒙古语或南部蒙古语的方言的研究，对科学界是一个很大的贡献，因为直到当时，在世界语言学研究中，这还是人们很少问津的领域。根据这些研究，有些人主张通常的蒙古语方言分类法必须改变，这些研究的报告都发表在日本语言学会的《言语研究》以及《蒙古》、《蒙古学》、《蒙古学报》、《满洲国语》等刊物上。

还有对古典蒙古语的研究，它激发了更进一步的历史研究。虽然这些研究是由历史学家搞的，从语言学的角度看不无问题，但下列三部有关蒙古史的主要书籍的研究和翻译，还是值得注意的。

《元朝秘史》

继那珂通世的译本之后，小林高四郎出版了第二个日译本《蒙古的秘史》（东京，1940 年）。继此之后是白鸟库吉的辛勤著作《音译蒙文元朝秘史》（东洋文库丛刊 8，东京，1943 年）。除这些著作外，语言学家也开始对此书进行基本研究。服部四郎曾试译第一卷为蒙文，题为《蒙文元朝秘史卷一》（东京，1939 年），又完成了一部早已动手的著作《元朝秘史中表示蒙古语之汉字的研究》，由于在印刷时遭到战祸，此书到战后才出版（东京，1946 年），且有一部分失落了。

《黄金史》（Altan tobči）

该书的第一部日译本是山本守的《圣成吉思汗的家谱》（刊于《东洋史研究》第一卷 1—5 期，1935 年 10 月—1936 年 6 月），仅有原书的一半。第一部全译本是小林高四郎的《Altan tobči——蒙古年代记》（东京，1939 年）。不久同作者又出了一部新译本：《蒙古黄金史——蒙古民族的古典》（东京，1941 年）。

《蒙古源流》

山本守的《蒙古源流杂考》（《满洲史学》第二卷 1，3，4 期，1938 年 5、11 月；1939 年 3 月），仅是对该书版本的研究。真正根据满文本全译为日文的是江实的《蒙古源流》（东京，1940 年）。这是一部用力甚勤的著作，它包含有一篇研究，满、汉文原文，翻译和注释。此外，语言学家藤冈胜二所作的《罗马字转写、日本语对译喀喇沁本〈蒙古源流〉》的手稿，在他死后，由服部四郎将其作为这方面的创始著作给以出版（1940 年东京版）。然而，虽然这部著作原定与日译一道将汉文本全部转译为蒙古文，但实际上只包含了《蒙古源流》上半部分，其下半部则是由《黄金史》和另一种称为《成吉思汗行记》的短书组成的。而且，藤冈的日文翻译还缺了第一部分和末了部分。这部书里还有服部四郎所写的关于《蒙古源流》和《黄金史》的版本研究的序言。此外，石滨纯太郎还写了一篇《蒙古源流札记》，刊在《北亚细亚学报》上（第一卷，1942 年 12 月）。

石田干之助对汉蒙对译资料和字典进行了版本上的研究，如《关于〈至元译语〉》（《东洋学丛编》，西文名 Philologia Orientalio，第一卷，1934 年）；《〈卢龙塞略〉中所见的汉蒙对译语汇》（《蒙古学》第一卷，1938 年 2 月）和《所谓的丙种本〈华夷译语〉和〈鞑靼馆译语〉》（《北亚细亚学报》Ⅱ，1943 年 12 月）。他为奠定中古蒙语研究的基础做出了很大的贡献，这推动了后来语言学家们的研究。

实用蒙古语的研究也开始积极进行。东京和大阪的国立外国语学校和私立天理外国语学校都在教授蒙语；出了各种蒙古语概论、自学课本和会话书。至于语法学，在此之前主要是依靠翻译外国著作。最初一部日本人自著的语法书是小岛武男的《蒙古语文典》（东京，1938 年）。

字典方面，出版了下列几种：铃江万太郎和下水宪次的《蒙古语大辞典》（3 卷，东京，1933 年军部出版）。这是一部多卷著作，包括蒙—日（第二卷）和日—蒙（第三卷）部分。韩穆精珂和鸳渊一的《蒙和辞典》出版于 1928 年，1937 年由楕松精一加以修订和补充，到 1944 年再版了三次。除此之外，满铁调查部刊行的《最新标音蒙.露.日大辞典》（东京，1941 年）是第一部喀尔喀蒙古辞典。此外还有荻尾长一郎的《蒙日辞典》（新京，1943 年）和大阪外国语学校的《和蒙辞典》（大阪，1941 年第四版）。

在经济方面，有实力的调查组织，如满铁调查部、善邻协会和满洲国兴安局等，根据调查出版了许多有价值的著作，尽了努力，这在上文已经谈过了。学术和政治两方面研究的关键问题是土地问题，即研究原先的蒙古人牧地如何在清末为汉人移民所垦辟以及蒙古人又如何接受农业生活等。除上面提到的满铁 1914 年所出《满洲旧惯调查报告》中的《蒙地》一文（此文即是调查这个问题）外，1938—1940 年兴安局进行的蒙古调查也是为了同一课题，根据在满洲国的热河和内蒙古的绥远进行的各种调查，出了许多有关这个问题的文章。并且在这个时期还产生了许多关于土地所有制和租佃关系的调查和研究报告。

家畜饲养是另一个重要课题。做了许多关于一般家畜饲养技术的研究和蒙古人的羊、马放牧以及畜病的实际状况研究。

除了上述几个方面外，在商业、运输业和手工业的研究中，也取得了显著成果。然而遗憾的是，这些广义上的经济研究虽然都以基于基本的分析而突出，但可能限于时间，未能完成。其中最主要的研究成果都包括在《满铁调查月报》和《善邻协会调查月报》和其他期刊中。①

与上述研究并起的是尽力研究有关喇嘛教的问题。因此，在这里提一下对喇嘛教以及与之有关的一切的研究是合适的。日本的喇嘛教研究，作为佛教研究的一部分（即西藏的佛教），很早就开始了。1890 年河口慧海进入西藏以及 1912 年青木文教和多田等观作为大谷考察团计划的一部分在西藏所进行的工作，是这一项研究的创始。其后，随着日本势力扩张到蒙古，这个地区的喇嘛教引起了更多的注意。桥本光宝的《蒙古的喇嘛教》（东京，1942 年）一书是这个时期研究水平的代表。除了政治著作以外，还有一些关于喇嘛教美术、中世纪艺术和药学著作。

① 经济方面的主要著作参见山田信夫《日本的蒙古、中亚研究简史》，金泽町，1970 年版，36-39 页。

满洲喇嘛教情况，有兴安局调查科刊行的《喇嘛教庙产调查报告（统计篇）》（1939年出版），这是1938年一次调查的报告。内蒙古喇嘛教情况，除了上述桥本上人作为一个佛教僧侣从1933年起三年间在内蒙古许多寺庙进行的调查外，兵尾雅人在1943年从学者的角度做了一次实地调查。他除了当时所写的报告《蒙古喇嘛庙调查记》（《东方学报》，京都版，第十四卷第4期，第十五卷第2期，1944年10月，1945年2月）外，战后还出了两部著作：《蒙古喇嘛庙记》（京都，1947年）和《蒙古学问寺》（京都，1947年）。此外，1944年在江上波夫领导下进行了一次内蒙古喇嘛庙的全面调查。虽然原先的计划没有完成，但战后还是发表了其中一部分调查成果。

回民情况是一直受到注意的。除了上述帝国学士院和国立民族研究所从事的全面研究外，还进行了下列的一些研究，虽然其范围并不广。这些研究是：佐久间贞次郎的《北支及蒙疆之回教徒的现状》（《Islam》，第三号，1938年4月）；无名氏的《包头回民概况》（《回教事情》第二卷第2期，1939年）；细谷清的《蒙疆之回教徒》（《蒙古》第九号，1939年12月）；东亚研究所编的《满洲国的回教调查资料》（资料丙，ID，1941年5月）；竹内好的《北支蒙疆之回教》（《回教圈》第六卷第8、9期，1942年9月）；清水敏的《回教的衣、食、住实态调查报告》（《蒙古》第十卷第6期，1942年6月）。

基督教方面的著作，有1939年蒙疆自治政府出版的平已致十的《蒙疆天主教大观》和其他一些文章，诸如：前岛重男的《内蒙古基督教的概况——以呼和浩特为中心》（《内陆亚细亚》第一号，1941年6月）；泽崎坚造的《蒙古传道与蒙古语圣书》（《东亚人文学报》第四卷第2期，1945年3月）。战后还出了一部著作：安达生恒的《基督教村开拓史——内蒙丰镇县玫瑰营子村调查报告》（《自然与文化》，第2号，1951年4月）。

上述各个方面的基本研究著作，在数量上确是前所未有的。后藤十三男根据上述调查写成的《蒙古的游牧社会》（东京，1942 年），就其并非一种单纯的书斋学说这一意义而言，可以算是这个时期的代表作之一。趁此机会还必须指出，这个时期所出的下列年鉴也是可贵的，因为它们表现了当时蒙古研究的水平。这些年鉴是：昭和十一年版《蒙古年鉴》（京都，1936年）；昭和十三年版《蒙古大观》（东京，1939年）——以上两部都是善邻协会调查部编辑的。还有蒙疆新闻社编辑的1936年和1943年的《蒙疆年鉴》。

由于日本对苏联和中国的政治、军事策略，这个时期日本人对外蒙古特别感兴趣。除历史之外，从外交和军事角度出发写作当代评论，被作为先于其他学科的课题。同时，还出了许多介绍其国家和人民概况的著作。注意到了先前外国主要是在这方面进行调查和研究，因而系统的研究也着手进行，虽然这个企图没有产生多少成果就由于1945年的投降而中断了。这些研究主要是上文提到的各个组织，如满铁、善邻协会、东亚研究所以及外交部和军部的调查部门进行的，发表在各种秘密的或公开发行的期刊上。还翻译和编辑了一些外国著作。多数著作都是以文章的形式发表在各种期刊和主要杂志上。

关于外蒙古概貌方面，有如下几部著作：满铁调查部的《外蒙古地志》（大连，1934年），《外蒙调查资料》（大连。1934年）；东亚协会调查部的《最近的外蒙古状况》（《调查资料》第10号，东京，1936年）；善邻协会调查部的《外蒙古之现势》（东京，1936年）；东亚研究所的《蒙古人民共和国概说》（东京，1942年）。个人著作有石田喜与司的《蒙古人民共和国》（东京，1941年）。

文章中占优势的是研究政治状况的文章。其中有些是根据从参与叛乱的逃亡者和1912 年革命政府建立后的逃亡者那里获得的报告写成的有价值的著作，如桥本光宝的《外蒙避难民之统计研究》(《善邻林协会调查月报》第 51 期，1936 年 3 月)；久井箭二的《外蒙古的叛乱》(《善邻协会调查月报》，1937 年 9 月)。此外，东亚研究所编辑和出版了下些列著作，作为《调查资料》的一部分：《蒙古人民共和国的政治与政治生活》，资料丙，315—C，1943 年；《外蒙国家体制的建设过程》，资料丙，373—B，1944 年；《蒙古人民共和国宪法》，资料乙，61—2B，1943 年。

还有许多关于外蒙古军事状况的研究。最有代表性的是三岛康夫所作的《外蒙赤军之全貌》一文（Ⅰ—Ⅲ，善邻协会调查月报》第 70 期，1938 年 3 月；第 72 期，1938 年 5 月；第 73 期，1938 年 7 月）。除此之外，还有少数关于运输特别是铁路以及地貌、自然资源的著作。

还有一些数量有限的关于布里雅特、图瓦和卫拉特民族的著作。除善邻协会调查部所编《布里雅特蒙古之全貌》(东京，1935 年）这部概述布里雅特加盟共和国状况的以书的形式发表的仅有著作外，还有若干有关当地政治状况、风俗习惯及民族运动的文章。上述善邻协会编辑的昭和十一年版《蒙古年鉴》及昭和十三年版《蒙古大观》的内容，包括了满洲国境内的蒙古以及内外蒙古，特别是后一部最称完备，包含了当时蒙古研究中的全部成果。

最后，让我们略述一下日本的回教研究概况。此项研究虽然本是作为中亚研究的一部分，但绝非与蒙古研究无关。1932 年创立了回教文化研究所作为日本第一个回教研究的组织，其机关刊物命名为《回教文化》。其后，1937 年建立了回教文化协会（机关刊物：《伊斯兰》(回教文化))。1938 年建立了大日本回教协会。另外，上述早先已有的回教圈研究所于此年转入善邻协会。把这些组织连成一线，日本研究回教与回教世界的基础于是臻于完善。

回教协会出了一种月刊，名为《回教世界》；回教圈研究所出的月刊称为《回教圈》。同年，外交部研究科也开始出版《回教事情》。尽管回教研究以东亚为中心，同时兼及东南亚，——这是在此之前日本最少研究的两个地区——，而中亚也自然受到注意。善邻协会、东亚研究所和民族研究所都注意对新疆省和蒙疆的回族进行研究。在蒙疆地区进行的各方面的调查我们上面已经说到，至于对新疆和中亚各地区的研究，主要是翻译了一些外国的研究著作，只有历史学除外。其中，岩村忍的《甘肃回民之二类型》(《民族研究所纪要》第一卷，1944 年 8 月）一文虽然是根据外国资料写的，但以其新颖的解释，仍然是值得注意的研究。此外，还有满铁所属大连图书馆 1939 年出版的《支那回教文献目录》。

四、考古和历史研究的趋势

最后，让我们简单评论一下 1930 年以来考古学和历史学研究的总的趋势。当朝鲜和满洲的考古研究有了可观的进展之时，日本学者却难得触及对蒙古的研究，虽然已有上述鸟居龙藏对东蒙古石器时代的开辟著作。无论如何，关于热河地区，对辽代遗迹的研究作为在满洲进行的研究的一部分，已取得了坚实的进步。到这个时期，日本考古学者开始广泛进入内蒙古，各个组都积极地进行田野工作，产生了许多有关石器、铜器、早期铁器及历史时期的各方面著作。在南满调查中起过主要作用的东亚考古学会，在这些研究中依然是主角。

该学会在 1930 年进行了数次初步调查。1931 年在锡林郭勒盟周围地带做了第一次全面考察。这次考察的报告即水野清一与江上波夫的《内蒙古长城地带》（东洋考古学丛刊，B 集第一卷，东京，1935 年）。此外，江上波夫在 1935 年又对同一地区进行了第二次广泛的调查，还包括了一些上次未曾调查过的地区。这两次全面的调查以及上面提到的其他方面的调查，都是东亚考古学会主持的。在这些调查中，发现了许多史前遗迹，同时还搜集到许多细石器和绥远青铜器。对元明时期的城堡废墟也进行了调查，其调查报告已如上述，虽然有关考古部分未曾发表。

同年，在热河的蒙古地区，对史前遗迹进行了全面的发掘。此外，东亚考古学会在多伦诺尔周围地区从事全面的系统发掘工作。这次发掘是在原田淑人领导下进行的。这里的遗址正像那些元代蒙古人的遗址一样，都是早就引起注意的事。这次发掘的报告编在原田淑人和驹井和爱的《上都——蒙古多伦诺尔的元代遗址》（东洋考古丛刊，B 集第二卷，东京，1941 年）一书中。

1939 年和 1941 年，江上波夫等人对百灵庙、鄂伦苏木和汪古——元代汪古部首府遗址进行了调查。有一个分队发现了建于 13 世纪末的一座天主教堂废墟以及许多其他基督教遗物。虽然这一带还有许多元明时期的遗迹，但在这次调查中没有全面地进行考察。

东亚考古学会从事的最后一次调查，是 1944 年驹井和爱等人对绥远南部一个古城堡废墟的调查。然而，虽然注意到了这座城堡包含有两个文化层，但由于政治状况变紧张了，没有能进行彻底的考察。

对大同盆地及其附近的长城以北地区也积极地开展研究。这里是从古以来汉族与蒙古部落频繁地交替统治的地区。引起特殊注意的是鲜卑族统治的北魏、契丹族统治的辽朝、女真族统治的金朝和蒙古族建立的元朝等异民族统治朝代的遗迹。

至于古建筑的研究方面，村田治郎在 1939 年对大同地区的辽、金时代的佛寺进行了彻底的考察，这些佛寺早自明统治时代起就已是人们注意的中心了。1943 年，村田治郎与历史学家藤枝晃一道又调查了居庸关，这次调查的报告是在战后发表的。

对蒙古和中亚部分的研究没有做什么显著的工作，和在东蒙古、南蒙古进行的挖掘和研究比较起来是远为落后的。这是因为日本学者很难进入这两部分地区。然而，这个时期日本还是开辟了对邻近蒙古的内地，诸如欧亚草原、南西伯利亚和土耳其斯坦等地区的系统研究。

历史方面，那珂、白鸟、羽田等氏开创的蒙古史、中亚史研究，已成为日本的东方史研究中足以和中国史领域相颉颃的一个新领域。日本学者有一个有利条件，即他们可以像中国人一样方便地利用提供这些地区最丰富资料的汉文史料。特别是，迅速采用西方的研究方法使他们有可能开辟新的研究领域。当此之际，由于有出版研究成果的好机会，学者和科学机关的数量也增加了。不仅增加的专门性历史期刊，而且各研究组织的其他出版物也都发表历史方面的研究著作。下文我仅限于从研究史的角度指出蒙古史研究的总题目和趋势。

白鸟库吉把他过去的主要研究成果编集为《塞外民族》(1936 年，岩波书店出版)。该书是在此之前日本蒙古史研究的总结，同时也是下文所述此后研究的起点。

(1) 元史的研究：元史的研究扩展到了对草原蒙古游牧国家的研究。在原来的研究课题如有关蒙古国家发展问题、对周围诸国的征服过程，其传统地区的政策和制度问题等之外，又加进了诸如成吉思汗国家建立的过程以及各个蒙古部落的趋势等新课题。关于民族结构方面，还研究了“投下”和“奥鲁”的意义及实状。这些研究都与对基本的蒙古史料如《元朝秘史》的研究之进展有密切关系。

(2) 匈奴史的研究：这方面，结合考古学和人种学的成果，对几乎是匈奴史的唯一史料——《史记》和两《汉书》的《匈奴传》进行了彻底的研究。

(3) 突厥与回族的研究：随着古突厥碑文研究的进展，对其相应时期中国史料中大量记载这些欧亚草原国家的历史研究，开辟了一个新的领域。

(4) 清代蒙古的研究：由于新资料的发现——这些新资料增加了对现代东亚对外关系史的普遍兴趣——以及在东南蒙古和东蒙古的各方面调查的结果，清代蒙古史的研究也有了进展。

(5) 许多学者还对蒙古和突厥民族游牧社会的民间传说的历史和资料，有关各个国家的建立和建立者的神话，喇嘛教的仪式和风俗，一般的风俗习惯以及其他各个问题，也都进行了研究，虽然不是系统地从事这些方面的研究。

以上所说的是 1930 年以来新增加的研究课题。根据这些课题我们可以指出这个时期两个显著的趋势：

第一个趋势是社会经济史的研究。这不但是蒙古史领域的趋势，并且多少也是整个日本的历史研究，包括日本史和中国史研究的趋势。激发出这种趋势的主要是对南蒙古和东蒙古土地制度的专门调查和研究。与游牧社会最有关的社会经济史研究的课题，可以分为三组：①游牧国家的结构（其建立和灭亡的历史）；②游牧社会本质上是部落制的还是封建制的？③游牧部落定居的过程——从畜牧业向农业化转变的过程。

其次一个趋势是倾向于把蒙古史——与中亚联系在一起——从中国边区史中分离出来，把它看作为是占据着一定地域的种族的连贯和独立的历史。进一步发展成一种倾向，即把蒙古和中亚合起来，把这个地理上称为荒凉的内陆地带看成在历史上也是一个独立的地域。这种趋势最明显的反映在上述 1937 年出版的期刊《蒙古学》上。该刊写道：“迄今为止的东方史研究，基本上只限于中国史和印度史。现在，我们要从世界史的观点出发，也考虑到中亚史（包括蒙古——山田注）的研究了。”

（译自《亚洲研究学报》Acta Asiatica 第 24 期　1973）

（陈得芝，男 1933 年生，南京大学历史系教授，南海中心成员。）

新疆出土佉卢文文书所见奴隶和农奴的处境

[印]阿格华尔著 杨富学 徐烨译

一、概说

奴隶制度曾在世界大部分地区的古代社会中流行过。在古代印度，被雅利安人征服的原土著居民被称为达萨（dāsas）或达休（dasyus）。他们被看做是侍奉雅利安人的奴隶。古罗马克劳狄皇帝时代（公元41—54年）的奴隶数量高达2083.2万人。① 在雅典，有8万奴隶和4万公民共同生活着。② 在古代欧洲的众多市场中，奴隶买卖是公开进行的。当时的人对此没有提出过任何反对意见。其中主要的奴隶贸易中心是塞浦路斯、企沃斯岛、以弗所、萨摩斯岛和色雷斯。在基督降生前的古代中国，奴隶制度也是被广泛认可的。这使得私人蓄奴的行为十分普遍，并且不受任何限制。甚至连政府也有赖于众多奴隶的服务。公元前128年，西汉政府规定：把自己的奴隶献给国家的人可以享有一定的特权。③公元1世纪初，王莽篡汉，进行改制，更名天下田为“王田”，私人不得买卖；奴婢称为“私属”，不得买卖。④

亚洲中部的匈奴人拥有数量庞大的奴隶，其中有战俘和在战争中掠夺来的人口⑤。那些被掳掠来的人口，要么被杀，要么沦为匈奴人的奴隶。⑥ 恰如安息帝国首领们以拥有广阔的土地和众多的奴隶而显贵。⑦ 斯基泰人（Scythian）在其首领死去一年后，会杀掉50个奴隶和50匹马，陪葬王陵周围。⑧

从新疆出土的佉卢文文书是一个巨大的信息宝库，⑨ 记录了2至4世纪间奴隶和农

---

①《大英百科全书（Encyclopaedia Britannica）》第20卷，第14版，第775页。

② 巴克（E. Barker）:《希腊政治理论（Greek Political Theory）》，伦敦，1947年，第31~32页。

③ 葛兰言（Marcel Granet）:《中国的文明（Chinese Civilization）》，伦敦，1930年，第414页。译者注：见《史记》卷30《平准书》，北京：中华书局，1982年，第1422页。

④ 葛兰言：《中国的文明》，第128页。译者注：原作者对王莽改制内容的叙述明显有误，原文为“皇帝王莽开始了包括国营化、公平分配土地和废除奴隶制在内的社会改革”。

⑤ 这与印度梨俱吠陀时代和希腊荷马时代的情况相类似。

⑥ 麦高文（W. M. Mcgovern）:《中亚古国史（Early Empires of Central Asia）》，北卡罗来纳州立大学，1939年，第105页。

⑦《中亚古国史（Early Empires of Central Asia）》，第73页。

⑧《中亚古国史（Early Empires of Central Asia）》，第56页。

⑨ 这些文书由斯坦因（A. Stein）发现于新疆安迪尔、尼雅和楼兰遗址，计782件，分别书写于简牍、皮革和帛书残片上，只有少数是写在纸上的。参见拉普逊（E. J. Rapson）等编《斯坦因爵士在新疆发现的佉卢文书集校（Kharoṣṭhī Inscriptions discovered by Sir A. Stein in Chinese Turkestan）》（1~3卷），牛津，1920~1929年；贝罗（T. Burrow）《尼雅新发现佉卢文文书（Further Kharoṣṭhī Documents from Niya）》，《东方研究学院学报（BSOS）》第9卷，第111~125页。

奴的处境。奴隶和主人是用不同的词来表示的。dasa（第 345、491 号文书）、dajha（第 569 号文书）、dhajha（第 225 号文书）和 dajha-jamna（相当于梵语 dāsa 或 dāsa-jana）是指男性奴隶。dajhi（第 39、45 号文书）或 dasi（第 621 号文书）则是指女性奴隶。bhatare（第 147 号文书）或 bhataraga 都是指奴隶主。奴隶和仆人那是有本质区别的。[①] 后者用 vatayaga 或 vathayaga（相当于梵语 Upasthāyaka）来表示。[②] 这种表示法后来被于阗塞语所效法，例如 vathāyaa。[③] 贝利（H. W. Bailey）博士认为应该对其他一些于阗塞语单词进行比较研究，例如 vaksāyaa 或 vaksāyai、vaksāyā、vathāyai。[④] 贝罗在对塞语词汇 vatāyaa 和吐火罗语词汇 upasthāyak 进行比较后，认为这种较晚的词汇格式是直接从梵语中借用过来的。[⑤] 可参见巴利语单词 upatthāka。[⑥]

有些文书（第 19、54、403 号文书）还提到了可以得到工钱的一类人。第 19 文书中提到这些人在牧群中工作，可以得到工钱、食物和衣物。在第 506 号文书的案件审理中，奴隶只得到食物和衣物，并没有涉及工钱的问题。第 25 号文书中提到作为工钱的 3 米里马(milima)谷物。第 476 号文书中也提到了作为卫兵工钱的 1 米里马 10 希(khi)谷物(均为当地的计量单位)。在第 376 文书中还提及守门人，但没有相关的具体细节。以上这些现象在《佛本生经》的故事中也有反映。[⑦]

二、奴隶的用途和行为

在印度《家庭经（Grhya Sūtra)》时代，奴隶被用来给遗体洗脚。[⑧]他们还要在门前清扫、收集和搬运垃圾屎尿，为主人按摩。[⑨] 这些都是奴隶本职工作的组成部分。[⑩] 综合佉卢文文书的内容可知，奴隶在主人的家里不仅有仆人的职责，还要在主人的农田里

---

① 佉卢文文书中提到了家用仆人。见贝罗《新疆出土佉卢文文献语法（The Language of the Kharoṣṭhī Documents from Chinese Turkestan)》，剑桥，1937 年，第 108 页。参看拉普逊等编《斯坦因爵士在新疆发现的佉卢文文书集校》第 3 卷，第 358 页。第 204 号文书称，有一个人的称号就是波列施（preshi)。

②《大英百科全书》第 20 卷，第 778 页。

③ 贝罗：《新疆出土佉卢文文献语法》，第 118 页。

④ 贝利（H. W. Bailey)：《犍陀罗语（Gāndhārī)》，《东方研究学院学报》第 11 卷，第 791 页；贝利《于阗语杂考（Hvatanica)》(三)，《东方研究学院学报》第 9 卷，第 542~543、537 页。

⑤ 贝罗：《新疆出图佉卢文文书中的伊朗语借词（Iranian Words in the Kharoṣṭhī Documents from Chinese Turkestan)》，(《东方研究学院学报》第 7 卷，1935 年，第 515 页。

⑥ 贝罗：《新疆所出佉卢文文书译文集（A Translation of the Kharoṣṭhī Documents from Chinese Turkestan)》，伦敦，1940 年，第 79 页，第 387 号文书。

⑦ 例如，dāsa kammakaras 为 bhataka 劳动以求回报。《阿育王法敕》第 9 号铭文中也有“dāsa bhatakasi sampaṭipati”。“paresam bhatim katvā kicchena jīvamti”指的就是靠工资来过活的女人们，见梅塔（R. L. Mehta)《前佛教时代的印度（Pre-Buddhist India)》，孟买，1937 年，第 207 页。

⑧《佛本生经》中提到了奴隶的用途。见梅塔《前佛教时代的印度》，第 211 页。

⑨ 见《那罗陀（Nārada)》第 5 卷第 6-7 条。

⑩ 戈沙尔（U. N. Ghoshal)：《印度史学之初兴及其他（Beginning of Indian Historiography and other Essays)》，加尔各答，1944 年，第 92 页注 33。在古希腊，男奴耕种土地，而女奴通常负责家务劳动。见《大英百科全书》第 20 卷，第 773 页。

工作。[①]他们与古罗马“准殖民化”或“乡村化”[②]的奴隶不同，如果去主人的田庄工作，就意味着远离自己原来的住处（第550号文书中）。这些奴隶要长期在农村工作，可能是10年（第550号文书），也可能是12年（第364号文书）。我们无法准确地知道给一个奴隶指定的实际服役期限是多少。实际情况可能是：奴隶必须无条件地为主人工作，而没有具体期限。完全的顺从才是主人所希望的（第31号文书）。但第764号文书中提到有些奴隶不服从主人的决定。在第550号文书中，奴隶甚至对一些高级官员的命令不予理睬。而古希腊斯巴达的奴隶在严密的恐怖统治下只能顺服。[③]

有关中国公元前2世纪“家用奴隶”的情况，参看奥尔加·朗（Olga Lang）《中国之家庭与社会（Chinese Family and Society）》，纽黑文市，1946年，第7页；庄延龄（E. H. Parker）《鞑靼千年史（A Thousand yeas of the Tartars）》，伦敦，1924年，第11~12页。

上面提到主人希望奴隶顺从于自己。而第709号文书提到一个奴隶曾和别人打架。我们在文书中试图寻找对奴隶正直和善良品质的描写，却发现他们经常偷取财物（例如第345号文书中被偷的丝织品[④]）和牲畜（第561号文书）。有时，从进行偷盗的奴隶那里可以找回被偷的物品，比如丝织品（第318号文书）。在第561号文书中有一起法庭判决的偷窃案件。被偷的3峰骆驼要从犯罪的奴隶那里追回。按照古代盎格鲁—撒克逊人的基本法律，如果一个奴隶偷了自由民的财产，那么他必须为这种盗窃行为付出两倍的赔偿。[⑤]

三、奴隶的社会生活

按照古罗马的基本法律，奴隶主拥有奴隶的一切，包括生命。如果我们考虑到古罗马“家长制”的社会特性，就不必对此吃惊。[⑥]自由民与戴着脚镣的奴隶在社会地位方面是有明显区别的。柏拉图曾提到古希腊人在对待奴隶方面存在两种截然不同的方式：一种是宽容的，另一种是残酷的。而他赞同后者：“当奴隶做错了事，就应该对其进行严厉的惩罚，而不是仅仅责骂；主人应该始终用命令的语气和奴隶说话，而不需要什么公正的态度”。[⑦]在古印度，《传承经（Smrti）》故事反映出奴隶的整体处境与《政事论（Arthaśāstra）》的时代相比，变得更糟糕了。[⑧]

从新疆出土的这批文书中可以生动地看到奴隶在世界古代社会中的卑微地位。

（一）奴隶被殴打

① 耕作即Kamaveti，见贝罗《新疆出土佉卢文文献语法》，第50页。第31号文书言有人派奴隶工作，见贝罗《新疆所出佉卢文文书译文集》，第7页。

②《大英百科全书》第20卷，第778页。

③《大英百科全书》第20卷，第776页。

④ 被偷物品的总价值合计为100穆立，1穆立为一个希腊金币（stater）的十分之一（第419号文书，1金币+2穆立=12穆立）。

⑤ 古里叶（G. S. Ghurye）《印度的种姓和种族（Caste and Race in India）》，伦敦，1923年，第134页。

⑥《大英百科全书》第20卷，第775页；戈沙尔《印度史学之初兴及其他》，第90页注23。

⑦ 出自柏拉图的《理想国（Republic）》，引自巴克《希腊政治理论》，第323页注2。参看亚里士多德《政治学（Politics）》第1卷第13条。

⑧ 戈沙尔：《印度史学之初兴及其他》，第97~99页。

奴隶似乎被当作不会说话的牲畜，甚至可以将其打死（第 144 号文书）。我们不必对此太过吃惊。在佛教时代的印度和古代罗马都有殴打奴隶的事例。① 在第 144 号文书中有一个司法询问的实例（带有誓词和证词）。案子的焦点是被害奴隶是不是死于别人的暴打，还有打人者在殴打奴隶之后做了什么。如果证明奴隶的确是死于殴打，那么打人者就必须给予这个奴隶的主人相应的赔偿。第 56 文书中有人在殴打一个奴隶后将其带走。被收养的孩子不能被看做是抚养人的奴隶（第 569 号文书）。

（二）奴隶被绑架

在古代新疆地区，奴隶被殴打的现象似乎非常普遍（第 56、324、491 号文书）。如果有人殴打和带走别人的奴隶而又不进行相应补偿，那么通常都会引发诉讼。②在希腊，“一个被拐买的人如果被赎买，那他就要成为买主的奴隶，直到他偿还了赎金。偿还的方式是付现金或为买主劳动”。③ 但在古代新疆地区，一个被拐卖的奴隶如果回到原来的主人那里，那么参与拐卖的人将失去对该奴隶所有的权利（第 491 号文书）。

（三）奴隶被强迫劳动

新疆地区发现的古藏语文书中提到一种属于寺庙的奴隶（lhah bans）。陶慕士（F. W. Thomas）认为这种奴隶可以被出租或借私人使用（佉卢文文书和《政事论》都记载了强制劳动）。④ 但尼雅出土的文书中没有任何关于这种情况的内容。

（四）奴隶被当作赠送、交换和买卖的物品

对于将奴隶作为礼物和赠品的行为，似乎没有什么限制。⑤《爱达雷耶梵书（Aitareya Brāhmana）》第 39 卷第 8 节中提到，一位国王曾将一万名女奴和一万头大象送给一位僧侣。⑥

在第 324 号文书中，我们发现了一个既被拐卖过又被赠送给别人的奴隶。接受这个奴隶的人将两个金币和两个银币作为对此的答谢。该奴隶在此之后又被卖给了其他人。他已经成了可以转让的财产了。这种赠送和买卖完全由主人一时的想法决定（第 133、143 号文书）。一个奴隶的价值是 110 穆立（muli，价值单位）。⑦ 买卖和转让的正式协

---

① 见《中尼柯耶（Majjhima Nikāya）》第 I 卷第 125 条；《佛本生经（Jātaka）》第 1 卷，第 402 页；戈沙尔《印度史学之初兴及其他》，第 91 页注 25。奴隶有时会被杀，见《大英百科全书》第 20 卷，第 776 页。

② 第 56 号文书。第 585 号文书中的单词 Lote 或 Lota 表示奴隶为自身自由而付的赎金。奴隶娶妻时也要交钱，见贝罗《新疆出土佉卢文文献语法》，第 115 页。

③《大英百科全书》第 20 卷，第 774 页。

④ 参看陶慕士（F. W. Thomas）《与新疆有关的吐蕃文书（Tibetan Literary Texts and Documents concerning Chinese Turkestan）》第 7 部分，《皇家亚洲学会杂志（JRAS）》，1934 年，第 102~103 页。

⑤ 见《梨俱吠陀》第 8 卷第 56、3 条。凯恩（P. V. Kane）《法论史（History of dharmaśāstra）》，浦那，1941 年，第 3 卷第 1 部分，第 181 页。

⑥ 见《梨俱吠陀》第 8 卷第 19、36 条；《黑耶柔吠陀》中的《鹧鸪氏本集（Taitt Samhitā）》》第 2 卷第 2、6、3 条；凯恩《法论史》，第 181 页。有人为了表示对奎师那（Krsna）的敬意而给予他一百个女奴，见《摩诃婆罗多（mahābhārata）》第 5 卷第 86、8 条。参看奥特卡（A. S. Altekar）《印度教文明中的妇女地位（Position of Women in Hindu Civilization）》，巴纳拉斯，1938 年，第 254 页。

⑦ 在《佛本生经》中，奴隶的价格从一百到七百加尔沙帕那（kārsāpana，公元前 4 世纪摩羯陀国货币）不等。见戈沙尔《印度史学之初兴及其他》，第 89 页注 16；《律藏》卷 1，巴利圣典协会版，第 76 页；戈沙尔《印度史学之初兴及其他》，第 90 页注 24。参看梅塔《前佛教时代的印度》，第 209 页。

定是买卖双方达成的，[①] 而奴隶对此是没有发言权的（第 345 号文书）。几个世纪后，古代新疆地区的奴隶价格大涨。因此万一奴隶逃跑，原来的主人就必须补偿买主一个同等体质的奴隶。[②] 这种情况在基督降生后的几个世纪中并不是个案。在交易中借给别人使用的奴隶，原主人也是不能随便索回的。[③] 新主人可以很容易地掌握所买奴隶的一切，但逃跑的奴隶可以被原主人买回去。[④] 我们不知道这种奇特的事情是如何发生的。在第 491 号文书中，我们发现了一个从强盗的魔掌中逃跑的奴隶。他被绑架后逃回原主人那里，而原主人则恢复了对其的所有权利。[⑤]

（五）奴隶的法律地位

文书中没有关于奴隶自身权利的任何记载。当他们受到主人的虐待时，法律是不会予以保护的。在第 696 号文书中，提到当地某些当权人物使奴隶们非常痛苦。这些事已经传到了统治集团高层的耳朵里。他们要求整治，但无下文，不知何故。第 144 号文书中有一个奴隶被杀害的案子，而法庭在其死后却迟迟不予裁决。值得注意的是对此提出控告的是被杀奴隶的主人。可能奴隶的亲属无权为这个不幸的被害人向法庭申诉。奴隶主为这个奴隶提出申诉也不是出于人道主义，而完全是因为讨要补偿的贪欲。在古代欧洲社会，现实也是同样残酷的。在古罗马，除了乱伦和通奸行为，奴隶是不能控告主人的。奴隶在打官司的过程中无法得到保民官的帮助。法律规定中对奴隶的处罚也是特别地严厉。[⑥] 在古代中国，奴隶不能娶自由民的女子。[⑦]

到公元 2 世纪，人道主义在罗马社会中取得了决定性的胜利。皇帝图拉真（98—117 年在位）的顾问克里索斯托（Dio Chrysostom）公开宣称奴隶制的原则与自然的法则相抵触。奴隶贩子开始受到死刑的惩罚。安敦尼皇帝（138—161 年在位）时，一个杀死自己奴隶的人被处死了。尼禄（54—68 年在位）时代的地方官员被要求接受关于奴隶被虐待的诉讼。奴隶的誓词仍然不能被罗马法庭采纳。奴隶在指控主人罪行的官司里，可以请一个代理人申诉。从东罗马帝国皇帝的法律中可知基督教的兴起使罗马帝国奴隶们的地位进一步改善。[⑧] 有证据表明，奴隶中也有人爬到了显赫的位置上。鞑靼人的一个首领在一次战争（302~304 年）中被掠买为奴隶。但他后来被中国的君主“LiYuan”任命为将军。[⑨] 类似的还有，段氏家族（Twan，3 到 4 世纪）的远祖就是乌桓部落首领

---

① 第 295、296、496 号文书，其中的一些单词被认为是“奴隶市场”的意思（见陶慕士《新疆出土佉卢文文书考屑（Some Notes on the Kharoṣṭhī Documents from Chinese Turkestan）》，《东方学报（Acta Orientalia）》第 13 卷，1936 年，第 64、79 页。

② 在新疆地区出土的藏语文书中提及过。参看弗兰克（A. H. Francke）《斯坦因于新疆所获吐蕃文文书校注（Notes on Sir Aurel Stein's Collection of Tibetan Documents from Chinese Turkestan）》，载于斯坦因（Aurel Stein）的《西域考古图记（Serindia）》，牛津，1921 年，第 1463 页。

③ 第 506 号文书。

④ 第 709 号文书对此有所反映。古印度的考底利耶（Kauṭalya）和迦旃延那（Kātyāyana）表达过一些禁止奴隶买卖的观点。见戈沙尔《印度史学之初兴及其他》，第 98~99 页。

⑤ 奴隶寻找各种机会来摆脱主人的控制。见梅塔《前佛教时代的印度》，第 211 页。

⑥《大英百科全书》第 20 卷，第 776 页。

⑦ 古里叶：《印度的种姓和种族》，第 129 页。闪族社会的情况却相反，见古里叶《印度的种姓和种族》，第 126 页。

⑧ 关于王莽统治时代（公元 9~23 年）废除奴隶制的内容，见《大英百科全书》第 20 卷，第 776 页注 4。

⑨ 庄延龄：《鞑靼千年史》，第 76 页。译者注：这个人应该是石勒。他曾被自称汉王的刘渊任命为将军。原文中的“LiYuan”应是“LiuYuan”的误写。见《晋书》卷 104《石勒传上》，中华书局，1974 年，第 2708、2710 页。

的奴隶。[①]

（六）收养的权利：

鄯善国对奴隶之间收养对方孩子的行为并不禁止（第 39 号文书）。这种事需要孩子原父母主人的许可，而收养孩子的奴隶则不需要其主人的允许。女奴可以把自己的女儿交给他人收为养女（第 39、45 号文书）。

（七）被释放奴隶的权利

《摩奴法典》和《那罗陀》都允许奴隶从主人的奴役中寻求解放。[②]一个被释放奴隶所给予的食物，人们是可以吃的；他给的礼品是可以接受的；甚至他有可能受到社会贤达的尊敬（例如巴利文 bhujissa 就是指被解放的奴隶。见上引梅塔《前佛教时代的印度》，第 211 页尾注 4）。

在古罗马，释放奴隶的行为也受到了鼓励。在得到主人同意的情况下，皇帝会以赐予金环的方式给予奴隶自由。这一法定程序被叫做"授予生来自由人身份（Restitutio Natalium）"。它给予被释放奴隶完全的公民权。[③]

在第 585 号文书中，有一个奴隶用赎买的方式寻求自由（为自己的生命付赎金）。[④]我们可以知道他的赎金还没有付清。只有在交纳全部赎金后，奴隶获得自由的事实才会被最后认定。另外，主人可能会释放顺服和正直的奴隶。政府有时也会帮助奴隶摆脱枷锁。但这两种情况是非常少见的。

四、奴隶的经济与宗教生活

奴隶的个人权利是包括财产权的。考庇利耶（《政事论》III, 3）允许自买自身的奴隶、家生的奴隶和因债务抵押变成奴隶的人在不损害主人利益的前提下拥有自己挣得的财产，甚至可以继承自己祖辈们的财产。[⑤] 在同样的前提下，还允许奴隶（购买来的奴隶）将自己的财产转给亲属，虽然这些东西在原则上是属于主人的。但另一方面，《摩奴法典》第 8 卷第 416 条规定："妻子、儿子和奴隶都不能拥有他们自己的财产。其所能去的一切都是其所从属的人的所有物"。那罗陀、提婆罗（Devala）和迦旃延那（Kātyāyana）也反复提到这一观点。[⑥] 古罗马社会中也有相似的情况。[⑦]

佉卢文书则描述了一个完全相反的情形。古代新疆地区的奴隶在那个时代并没有被

① 庄延龄：《鞑靼千年史》，第 100 页。译者注：此人是段氏的远祖日陆眷。见《魏书》卷 103，中华书局，1974 年，第 2305 页。

② 见《摩奴法典》第 8 卷第 14 条。参看戈沙尔《印度史学之初兴及其他》，第 103 页。《阿帕斯塔巴（Āpasta-mba）》第 2 卷第 4、9、11 条则发出了人道主义的声音，声称一个人可以克扣自身、妻子或儿子的食物，但不应该对服侍自己的奴隶吝啬。见戈沙尔《印度史学之初兴及其他》，第 87 页、第 91 页注 26；梅塔《前佛教时代的印度》，第 210 页。

③《大英百科全书》第 20 卷，第 776 页。

④ 关于 lote mukesi"的问题，可参看陶慕士的论文，《东方研究学院学报（BSOS）》第 6 卷，1934 年，第 519 页及其以下。又见贝罗《新疆出土佉卢文文献语法》，第 115~116 页。

⑤ 戈沙尔：《印度史学之初兴及其他》，第 100 页。

⑥ 同上。《摩奴法典》第 8 卷第 416 条也有这种观点。迦旃延那也提到过。《传承经》中还提到一些例外情况，见戈沙尔《印度史学之初兴及其他》，第 100 页。

⑦《大英百科全书》第 20 卷，第 775 页。

完全剥夺经济上的权利。我们通常可以看到，奴隶将牲畜作为赎金来换取自由（第585文书），并拥有财产（第36号文书）。在第327号文书中，他们还进行土地和织品（只提到了粗地毯 kojava）的买卖。[①] 有些奴隶甚至拥有大面积的不动产（第24、327号文书）。从第33号文书中王室的命令来看，主人不能随便侵犯奴隶的个人财产。如果主人侵犯了奴隶的财产，就必须退还。国王有时会慷慨地赐予奴隶土地和房屋（第24号文书）。如果主人侵犯国王给予奴隶的财产，那么将受到制裁。这与埃及金字塔时代的奴隶和农奴们形成了鲜明对比。他们没有任何土地。[②]

有时主人还会帮助自己的奴隶进行土地买卖（第574号文书）。这样做或许是为了达成一个更有利于奴隶的公平合理的合同。第24号文书提到一个奴隶欠别人的“马债”。据此，我们可以有根据地认为中亚地区的奴隶根本不是乞丐和赤贫。他们与那个时代其他地区的奴隶大为不同，并不是我们想象的那样“在威胁和鞭打中生活，他们的脸上残留着哭泣的泪水，并默默地执行国王的命令”。[③] 鄯善的奴隶会按时得到食物和衣服（第506号文书），这一点和那些还拿工钱的人是一样的。

在宗教生活方面，《律藏》中说，佛是禁止未被释放的奴隶出家的。然而我们仍然在寺庙供奉的圣人行列中找到了这种人的身影。[④]

一个令人惊奇的事实是：我们在文书中可以看到僧侣们不但蓄奴，而且还过着奢侈的世俗生活。[⑤] 他们有子女，拥有土地，并在国家机构中担任官员和办事员，等等。如此堕落的僧侣拥有奴隶（第345号文书）或沦为奴隶（第152、506号文书），都不会令人吃惊。古代精绝（Chadota，今尼雅遗址）的僧侣团体中出现过一件关于交换奴隶的纠纷（第506号文书）。可见，奴隶制甚至在当地的僧人（Samgha）中都得到了认同。于是僧侣们认为有相当数量的奴隶为之工作，这并没有什么不好的。文书中完全没有提到奴隶的宗教权利和受教育的资格问题。[⑥]

在一些文书中提到了另一种处于被奴役地位的人，被称为 manuśa 或 mamnuśa（在梵语中意为“男人”）。相对单词 dajba（男奴），文书中很少提到 manuśa 这个词。如果仔细地研究文书内容，dajba 和 manuśa 这两个词好像是一个意思。他们都是“属于他人的人”。[⑦] 我们也没有找到两者的明显区别。后者可以像典型的奴隶那样被买卖、转让

① 有时主人也会参与其奴隶财产的买卖（第574号文书）。在第327号文书中，一个奴隶买土地给另一个奴隶。令人奇怪的是，几乎没有一件文书提到奴隶有节日盛装或使用贵重的丝织品。

② 古里叶《印度的种姓和种族》，第124页注1。译者注：作者对第24号文书的理解值得商榷。林梅村认为是奴隶的债主要求用国王赐予其主人的财产来抵偿马债。见林梅村《沙海古卷》，北京：文物出版社，1988年，第44页。

③ 小乘《人施设（Puggala Paññatii）》（巴利圣典协会版，第56页）中提到印度奴隶的状况就是如此。见戈沙尔《印度史学之初兴及其他》，第91页注25。

④ 见《长老尼偈（Therigāthā）》，巴利圣典协会版，第123页；《长老偈（Theragāthā）》，巴利圣典协会版，第4页；戈沙尔《印度史学之初兴及其他》，第91页注29。

⑤ 第418、419、474、553、655、621号文书。其他一些文书也有所涉及。参看本人拙作《新疆地区的佛教僧侣（Buddhist Monks in Chinese Turkestan）》，《拉克希米纪念文集（Laksmana Sarup Memorial Volume）》，霍希亚布尔，第157~183页。

⑥《本生经》提到奴隶可以学习写字和阅读。见上引梅塔《前佛教时代的印度》，第210页。

⑦ 参考贝罗对 aviṃdhama 这个词的解释。见《新疆出土佉卢文文献语法》，第78页。他正确地指出第144号文书中的 mamnuśa 是奴隶身份。事实上我们发现有些人是先做了奴隶，而后来就变成了 mamnuśa。在第437号文书中，一个属于某个人领地（kilme）的男人将一个女孩给卖了。

和赠送。[①]

“男人”可以像财产一样被买卖。一个叫支摩伽（Chmaga）的“男人”被多次转卖（第575号文书）。在第106号文书中，一个属于国王的“男人”被卖给了别人。因为这个人属于国王，所以他拒绝为新主人工作。此人的勇气很值得称赞。在第130号文书中提到一个人被禁止出售。为什么会出现这样的事，我们不得而知。第400号文书提到一个“男人”被绑到和阗。他的手脚竟然被人反绑于后。

在第591号文书中，那个“男人”的买主被赋予了种种特权：“可以出卖、抵押、交换、赠送，甚至可以为所欲为”。以后对这个买卖合同的任何异议，都是不能容忍的。任何对此进行侵犯的人都会受到严厉的惩罚。类似的事在第308号文书中也提到过。

“男人”也可以像财产一样被交换。僧侣和官员之间（第130号文书）、僧侣团体和普通信徒之间（第322、187号文书）都存在着这种交换使用的现象。奴仆甚至还可以被出租。例如一个叫甘吉（Kamki）的“男人”被出租给迟摩耶（Jibmaya）。此事在312号文书中。奴仆还可被当作共同财产的一部分。例如在第256号文书中，三个人要平分全部遗产，但一个叫帕特罗耶（Patraya）的人也是财产的一部分。这是一个很难解决的问题。最后决定让其为这三个人轮流工作一个固定的时间（第260号文书和此文书原属同一文件）。

对于逃亡者，通常是绑送至国王处（第156、217、248、403号文书）。[②] 国王有权将这些人送给其他人（可能是作为礼物）。[③] 但这并不意味着这些逃亡者肯定会受到虐待。在文书中，我们发现这些人得到了国王的同情。国王给予他们农田、房屋甚至种子。这是为了使逃亡者能进行更多更好的耕种（第292、471号文书）。

五、农奴

关于rajade和kilmechi这两个词（第374号文书），贝罗博士的观点是：“rājya是国王直接管辖的土地，而kilmes[④]是贵族的封邑和领地”。[⑤] 这些受封贵族的头衔看起来来都达到了最高的等级，比如Ogu、Chamkura、Kala等等。没有一个高级头衔就不会有kilme（封邑）。“所以这不仅仅是简单的土地所有权和租赁关系问题，而是涉及了封建制度”。[⑥]

---

① 第106、130、312、322、575、591号文书。

② 即palayanaga或palayamnaga。见提到和阗逃亡者的文书（第333、403、471号文书）和提到楼兰逃亡者的第675号文书。流放或充军一直是古代新疆地区的常见现象。参看陶慕士《与新疆有关的吐蕃文书》第7部分，《皇家亚洲学会杂志》，1934年，第101~102页。在现代土耳其语中，palā-māg就是流放充军的意思。见陶慕士的论文，《东方学报》第7卷，第52页注1。

③ 第296、355、403、735号文书。有时逃亡者会被罚做奴仆，例如第296号文书中。

④ 参见来源于吐火罗语Kalyme的Kilme一词。见贝罗《新疆出土佉卢文文书吐火罗语因素（Tokharian Elements in the Kharoṣṭhī Documents from Chinese Turkestan）》，《皇家亚洲学会杂志》，1935年，第673~675页；陶慕士的论文，《大印度学会杂志（Journal of the Greater India Society）》第6卷，加尔各答，第61页。其中讨论了这个单词与希腊语Klim的关系。

⑤ 贝罗：《新疆出土佉卢文文献语法》，第83页。王室领地和私人采邑都要收取年税，见贝罗《新疆所出佉卢文文书译文集》，第75页第374号文书。

⑥ 贝罗：《新疆出土佉卢文文献语法》，第83页。

第 358 号文书中，一个拥有财产和声望的地主却在整天挥霍佃户们的酒肉。他过着非常奢侈的生活。[①]

第 450 号文书言，一个在地主土地上耕作的佃户被剥夺了原本享有的全部基本权力。东家要求他离开自己的土地，并搬到东家所在的地方。这个贫穷的家伙被命令带着母亲、妻子、儿子和女儿一起到新的居住地。

在第 532 号文书中，一个叫布色米迦（Vusmeka）的男人是耶吠（Yaveavana，地名）的 kilmechi（贵族的佃户）。他原先属于凯度多（Chadota，他父亲属于那里），所以他不能在耶吠被雇佣。父亲属于当地的，才能在当地得到工作。因此他没有权力在这个地方干活（尽管他的母亲属于耶吠）。据此，贝罗先生提出了一个理论："劳工或农奴出现了，并被或多或少地束缚在土地上，不能随便从一个地方迁移到另一个地方"。[②] 在一个地区，只有按父系血统确定的本地人才能在当地工作。除了极个别例外，没有人敢于离开家乡，到外地去找工作。实行这种法律，可能是为了增加当地农奴的数量。这样他们就会更忠诚，更能团结生产。这种与雇佣劳力相关的限制对这一地区平稳而又高效的生产劳动产生了较好的影响。

这就是古代新疆地区奴隶和农奴的境况。客观地说，这里奴隶的处境比同时代其他地区的奴隶要好很多。

（本文译自印度历史季刊《The Indian Historical Quarterly》第 29 卷第 2 期，1953 年。作者为印度瓦拉纳西印度教大学著名印度史和艺术史学家。）

（杨富学，敦煌研究院民族宗教文化研究所所长、研究员、博士生导师，兰州：730030；徐烨，西北民族大学历史文化学院研究生。兰州：730030）

① 参看陶慕士的论文，《大印度学会杂志》第 6 卷，加尔各答，第 61 页，内容为"Kilmechis 是富人的农奴。他们在地主的土地上工作，除了经营农业外，还要酿酒和放牧。此外，Kilm 不是地主的永久产业，而是君王为了自己的利益分给家臣的，按季节雇佣农奴进行耕作、收割和拾穗等工作。在第 621 号文书中，一个 Kilmechi 是陶工。这些人和吐蕃时代大（Chun-pa）庄园的劳动者很像。"

② 贝罗《新疆出土佉卢文文献语法》，第 105 页。

鄂尔浑传统的中断

——840年后黠戛斯回归叶尼塞说

[美]德罗姆普著 杨富学 韩晓雪译

长期以来，许多内亚史家都认为840年回鹘汗国崩溃后，胜利的黠戛斯人追随内亚的政治传统建立了一个包括漠北在内的帝国，尤其是在鄂尔浑河谷——包括回鹘在内的许多早期游牧帝国的传统中心地带。学者们进而认为80余年后924年左右，契丹进军这一地区，把黠戛斯人驱逐出漠北。这个难以立足的推理很大程度上基于错误假设和证据缺乏。通过综合研究，可以揭橥这一错误观点是如何形成的，并通过对文献、考古以及地理等可利用资料的进一步研究，表明在黠戛斯打败回鹘后短暂占有其地，但并未对鄂尔浑河谷进行有效控制。因为各种原因，黠戛斯人依然居住在他们的故乡——西伯利亚南部叶尼塞河上游。10世纪契丹扩张势力到鄂尔浑地区时并未遇到黠戛斯人。

由于大量依靠局外人的记录，内亚历史特别在早期往往苦于缺乏连续性。内亚东部历史知识的空白之一即当今中国北方以漠北为中心的地理和文化区域，跨越一个相对较短的时期从9世纪中叶至10世纪初，这一时期相继发生了开成五年（840年）回鹘汗国的崩溃和天赞三年（924年）左右契丹在漠北的势力扩张。这是一个尚无研究结论的时间段，知识空白让历史学家十分沮丧，紧随其后，对内亚来说便是一段为人熟知的时期，从4世纪晚期到9世纪中期的柔然[①]、突厥和回鹘都是有完整文献记录的游牧帝国。这些游牧帝国大体形成于游牧民族的部落联盟；民族之间互相融合由占主导地位的部落命名。[②]

亚洲东部的几个主要政治实体拥有同一个地域中心——鄂尔浑河谷，即今天蒙古国北部的中心地带。鄂尔浑河向北流入色楞格河，然后继续向北流入西伯利亚的贝加尔湖。众所周知，突厥从6世纪中叶至8世纪中叶，回鹘从8世纪中叶至9世纪中叶，蒙古在13世纪都将鄂尔浑—色楞格河地区作为国家政治中心。在那里已经发现了回鹘都城遗址哈喇巴喇哈逊和蒙古都城遗址哈拉和林以及突厥和回鹘时期的重要碑铭。一些早期的民族很可能都把鄂尔浑河谷视为自己的政治核心地带，如在汉文史料中为人所熟知的民族匈奴（大约从公元前200年至公元155年）和柔然（大约从380年至555年）。

突厥可能和其他民族一样也把这一地区视作精神或宗教意义上的国家中心，这可以

① 汉语称呼，有“茹茹”、“蠕蠕”等写法。

② 卡扎诺夫（Anatoly Khazanov）指出将“联盟”一词运用到游牧民族政治上有误导性，因为“游牧联盟并非总是出于自发形成”。见其所著《游牧与外部世界（Nomads and the Outside World）》，剑桥：剑桥大学出版社，1984年，第152页。该词保持实用性是因为这些联盟保持高度自治权。

从郁督斤山林（Ötüken yïš）发现的古突厥语碑铭中找到证据。Ötüken（郁督斤）涵义不明，yïš 意味着山林："林木覆盖的山顶，但也包括没有树木的草场山谷。"① 看来郁督斤山对应于今杭爱山的局部，鄂尔浑河与色楞格河从这里流过，一些资料显示该词指鄂尔浑河畔杭爱山东麓，也有人认为可能指整个杭爱山一带。② 很明显，在 8 世纪古突厥卢尼文碑铭中，郁督斤有时被称作 Ötüken yer/yir（郁督斤之地），对突厥人有着特殊的精神意蕴，被视为"神圣（ïduq）"之地。③ 注意鄂尔浑碑铭中的以下例句：

突厥可汗住在于都斤山，国内无忧患……没有比于都斤山林再好的地方，统治国家的地方是于都斤山林。④

如你们住在于都斤山林地方，[从这里]派出商队，那就没有忧虑。如住在于都金山，你们将永保国家。⑤

当听到[我让][突厥可汗]突厥人民来到于都斤地方，我自己谋臣日敦欲谷住在于都斤地方后，南边的人民及西边、北边、东边的人民都来[臣服]了。⑥

显然，郁督斤作为突厥国家的保护神具有象征和战略上的重要意义。⑦ 汉文文献佐证了这座山的重要性，称其为突厥可汗的居所。⑧ 天宝三年（744 年）突厥帝国灭亡后，郁督斤地区依然不失其重要性，这一点可从胜利者回鹘人所勒立的碑铭中得到彰显。⑨

840 年，鄂尔浑河传统的延续性受到挑战。这个传统至少形成于 6 世纪中叶，以 555 年突厥帝国的建立为标志，而后经历了回鹘草原帝国兴衰。那一年，突厥系黠戛斯——生活于叶尼塞河上游，相当于西伯利亚南部米努辛斯克和阿巴坎地区，即蒙古高原西北

---

① 克劳森（Gerard Clauson）：《十三世纪以前的突厥语语源词典（An Etymological Dictionary of Pre-Thirteenth Century Turkish）》，牛津：牛津大学出版社，1972 年，第 976 页。又见《古代突厥语词典（Drevnetjurkskij slovar'）》，列宁格勒，1969 年，第 268 页。

② 见采格莱迪（K. Czeglédy）：《Čoγay-quzï、Qara-qum 和 Kök-öng 考（Čoγay-quzï, Qara-qum, Kök-öng）》，《东方学报（Acta Orientalia Academiae Scientiarum Hungaricae）》第 15 卷，1962 年，第 62 页，注释 5。

③ 特肯（T. Tekin）：《鄂尔浑突厥语语法（A Grammar of Orkhon Turkic）》，埃文斯维尔，1968 年，第 234、267 页。见鲍姆巴奇（Alessio Bombaci）《祝福（Qutluγ Bolsun）》（下），《乌拉尔—阿尔泰学年鉴（Ural-altaische Jahrbücher）》第 38 卷，1966 年，第 17～18 页。

④ 特肯：《鄂尔浑突厥语语法》，第 261 页。笔者对该碑及其他文献的特肯氏转写都有改动，以适应本人既往论文的风格和转写形式。

⑤ 特肯：《鄂尔浑突厥语语法》，第 262 页。

⑥ 特肯：《鄂尔浑突厥语语法》，第 265 页。

⑦ 郁督斤山的宗教内涵，见鲁保罗（Jean-Paul Roux）《七至八世纪鄂尔浑突厥的宗教（La religion des Turcs de l'Orkhon des VII et VIII siècles）》，《宗教史评论（Revue de l'histoire des religions）》第 161 卷，1962 年，第 200～201 页；鲍姆巴奇（Alessio Bombaci）《祝福》（下），第 15～19 页。见葛玛丽（A. von Gabain）《古突厥人生活的草原与城市（Steppe und Stadt im Leben der ältesten Türken）》，《伊斯兰教（Der Islam）》第 29 卷，1949 年，第 35～37 页。

⑧ 见伯希和（P. Pelliot）：《中亚问题札记九则（Neuf note sur des questions d'Asie Centrale）》，《通报（T'oung Pao）》第 2 卷第 26 期，1929 年，第 212～219 页。

译注：《周书》卷 50《突厥传》云："可汗恒处于都斤山"。

⑨ 西乃乌苏（Shine Usu）碑文见兰司铁（G. Ramstedt）《北蒙古出土两通回鹘卢尼文碑铭（Zwei Uigurische Runeninschriften in der Nord-Mongolei）》，《芬兰—乌戈尔学会杂志（JSFOu）》第 30 卷，1913 年，第 22～27 页。铁尔浑碑，见克里亚施托尔内（S. G. Kljashtornyj）《铁尔浑碑（The Terhkin Inscription）》，《东方学报》第 36 卷，1982，第 341～346 页；特肯《塔里亚特碑（铁尔浑碑）（The Tariat (Terkhin) Inscription）》，《东方学报》第 37 卷，1983 年，第 46～51 页。二氏论文常存在分歧。

部的民族——成功地占领了一度统治大部分内亚东部近一个世纪的回鹘草原帝国的首都。回鹘因为国内矛盾和宫廷政变以及动物流行病、饥荒而实力大减，抵挡不住黠戛斯的猛攻而迅即崩溃。回鹘各部四散逃亡。①

在回鹘帝国灭亡之后，鄂尔浑河谷发生了什么事情？许多现代学者，特别是西方学者认为黠戛斯人追随了草原的传统，作为漠北的统治者和鄂尔浑政治传统的继承者建立了自己的政权达八十多年。对这种解释似乎不存在争议。内亚当地资料没有提供关于这个事件的任何信息。② 汉文文献，特别是官方的历史文献，几乎没有记载回鹘帝国灭亡后鄂尔浑地区这一时段的历史。不久以后，唐朝（618～907）也开始了自己的末日时代。这并不奇怪，中原文献更关心中原之事，而非内亚和其他地方。

言称黠戛斯在840年后统治漠北的学者认为924年契丹统治者耶律阿保机率兵进入鄂尔浑地区时把黠戛斯驱赶了出去。这一误解可能肇源于治学严谨的法国学者沙畹（É. Chavannes）与俄罗斯硕学巴托尔德（W. W. Barthold）的著作。沙畹并没有提到黠戛斯汗国受到契丹威胁或被契丹削弱，但指出黠戛斯人已经无法在漠北建立稳固的统治。作为征服者的契丹，文献中并未提到他们曾征服黠戛斯。可见沙畹回避了924年契丹在鄂尔浑河谷遭遇到什么人的问题。③ 数年之后，巴托尔德述及这一问题时少了些许严谨：

> 统治漠北的最后一个突厥民族，根据汉文资料所能判断的，就是黠戛斯在840年战胜了回鹘。他们之被逐出漠北，大抵和10世纪开始的蒙古系契丹势力的崛起有关，他们自华北建立了极为强大的帝国，被称作“契丹”。④

巴托尔德认为，黠戛斯离开漠北显然与契丹力量在东北的崛起以及后来的扩张有关，但没有给出依据。巴托尔德在先前用俄文发表的论文中还认为契丹扩张到鄂尔浑河地区必然要战胜黠戛斯，但承认并没有证据来证实这样的胜利。⑤ 魏特夫和冯家昇的观点反映了这种不确定性，他们引用了巴托尔德的观点作为参考。

> 840年黠戛斯征服了回鹘后可能控制鄂尔浑地区一段时间，但10世纪初当契丹成为亚洲中心的统治者时赶走了黠戛斯。⑥

沙畹的著作显然成为后来格鲁塞《草原帝国》的依据。

> 黠戛斯遂于鄂尔浑河上游，在今喀喇巴喇哈逊与今日哈喇和林的周围，在“蒙

① 见德罗姆普：（Michael R. Drompp）《作为唐内亚关系史原始资料的李德裕文集（The Writtings of Li Te-yü as Sources for the History of T'ang-Inner Asian Relations）》（印第安纳大学博士学位论文，1986年）对于回鹘之研究。

② 有人认为《苏吉碑》（用突厥卢尼文书写）可为黠戛斯统治漠北提供依据，例如科兹拉索夫（L. R. Kyzlasov）《中世纪图瓦史（Istoriia Tuvy v srednie veka）》，莫斯科，1969年，第95页。然而碑文里并没有提到相关内容。突厥语碑文的转写与德译见兰司铁《北蒙古出土两通回鹘卢尼文碑铭》，第1～9页。

③ 见沙畹（É. Chavannes）：《出使契丹和女真的中国旅行家（Voyageurs chinois chez les Khitan et les Joutchen）》，《亚洲杂志（Journal Asiatique）》第9卷第9期，1897年，第381～392页。

④ 巴托尔德（W. W. Barthold）：《中亚突厥史十二讲（Zwölf Vorlesungen über die Geschichte der Türken Mittelasiens）》，希尔德斯海姆，1962年，第97页。巴托尔德在文中指出《伊斯兰教百科全书》的黠戛斯，在征服漠北回鹘后，随着契丹帝国的建立而被驱逐出漠北。巴托尔德对黠戛斯的叙述，见《伊斯兰教百科全书（Encyclopedia of Islam）》第1版，来登，1913～1936年，第2卷，第1025页。

⑤ 巴托尔德：《吉尔吉斯（Kirgizy）》，《巴托尔德文集（Sochineniia）》第2卷，莫斯科，1963年，第498、499页。该文于1927年在伏龙芝发表。巴托尔德在文中（第489页）指出黠戛斯灭回鹘后，并未在鄂尔浑建立都城，而是迁移（据汉文文献）到牢山或赌满南部。巴托尔德认为该山即唐努乌拉山。

⑥ 魏特夫（Karl A. Wittfogel）、冯家昇（Feng Chia-sheng）：《中国社会史——辽（History of Chinese Society. Liao.907-1125）》，费城，1949年，第106页。

古帝国”疆域内代替了回鹘人而定居下来。但在西伯利亚的几个部落使漠北退化成为蛮夷之地。黠戛斯人一直是该地区的主人，直到 920 年左右才被蒙古系契丹部所征服，他们被排挤出后便退回到叶尼塞河草原上去了。[①]

格鲁塞所给解释看似成功，实则有许多地方值得商榷。很显然，大众接受了这样的观点，即黠戛斯作为鄂尔浑地区的统治者居住在漠北直到 924 年被契丹入侵者驱逐出境。后来的学者，由于格鲁塞明确的观点，加之他对沙畹、布列特施涅德及巴托尔德等鸿学硕儒观点的引用，从而都对其说深信不疑，以至以讹传讹，认为 924 年契丹人扩张时才把黠戛斯驱逐出漠北中心区域。[②]

但是汉文文献可以帮助我们把黠戛斯汗国在漠北建立，10 世纪时契丹、黠戛斯在那里发生战争之说束之高阁。唐武宗年间（840～846 在位），回鹘草原帝国崩溃，是后至少有四个黠戛斯官方使节受遣入唐。这些使节多次表示，黠戛斯打算进入回鹘之前的领土。[③] 他们还提出一个计划，夺取在塔里木盆地北部的城市安西和北庭，并流露出对回鹘可能与吐蕃结盟的担忧。[④] 武宗虽然对此计划的前景十分憧憬，与黠戛斯结盟有望

---

① 格鲁塞（René Grousset）:《草原帝国（L'Empire des steppes)》，巴黎，1948 年，第 176、181 页。格鲁塞指声称（第 181 页，注释 1）他所引资料来自布列特施涅德《中世纪研究（Mediaeval Researches from Eastern Asiatic Sources, Fragments toward the Knowledge of the Geography and History of Central and Western Asia from the 13th to 17th Century)》，伦敦：1910 年，第 1～265 页（第 241 页有明显错误），但是布列特施涅德书中并没有支持格鲁塞所谓契丹与黠戛斯战争的信息。布列特施涅德仅简单描述了回鹘帝国的崩溃。

② 例如，孟格斯（Karl H. Menges)《突厥语言与人民——突厥语研究导论（The Turkic Languages and Peoples: An Introduction to Turkic Studies)》，威斯巴登，1968 年，第 24 页；西诺（D. Sinor)《内亚史纲（Inner Asia: A Syllabus)》，布卢明顿：印第安纳大学出版社，1971 年，第 129 页；米诺尔斯基（V. Minorsky）译《世界境域志（Hūdud al-Ālam, "The regions of the World": A Persian Geography 372 A.H.—982 A.D)》，吉布（E. J. W. Gibb）纪念丛书新辑卷 11，伦敦，1937 年，第 282 页；札奇斯钦（Sechin Jagchid)、凡杰・西蒙斯（Van Jay Symons)《长城沿边的和平、战争与贸易：两千年来游牧人群与汉人之互动（Peace, War, and Trade along the Great Wall: Nomatic-Chinese Interaction through Two Millennia)》，布卢明顿：印第安纳大学出版社，1989 年，第 43 页；索塞克（Svat Soucek)《吉尔吉斯（Kirghizia)》,《亚洲历史百科全书（Encyclopedia of Asian History)》，纽约，1988 年，第 2 卷，第 318～319 页；波塔波夫（L. P. Potapov)《黠戛斯（The Khakasy)》，载列文（M. G. Levin）共波塔波夫编，史蒂芬・邓恩（Stephen Dunn）译《西伯利亚人（The Peoples of Siberia)》，芝加哥，1964 年，第 345 页；施普勒（B. Spuler)《突厥勃兴后的中亚历史（Geschichte Mittelasiens seit dem Auftreten der Türken)》,《东方学手册（HO)》（中亚史部分）第 5 卷，莱顿—科隆，1966 年，第 188 页。施普勒指出（第 164～165 页）840 年后，黠戛斯政治中心仍然在叶尼塞河上游地区，并未继承突厥和回鹘的传统；他认为黠戛斯可能控制了漠北，最后为契丹所终结，但从未选择漠北作为国家政治中心。巴菲尔德（Thomas J. Barfield)《危险的边疆：游牧帝国与中国（The Perilous Frontier: Nomadic Empires and China)》（牛津，1989 年，第 164～165 页）反映了这种观点。巴菲尔德指出，黠戛斯并未在漠北立国，只是“满足于劫掠哈喇巴喇哈逊后返回故乡”。然而他坚持认为契丹与黠戛斯一度发生战争。葛玛丽《古突厥人生活的草原与城市》（第 49 页）认为这一观点只是臆测，令人迷惑。西诺《剑桥早期内亚史（The Cambridge History of Early Inner Asia)》（剑桥大学出版社，1990 年）忽略了这个问题。与此同时，傅海波（H. Franke）共杜希德（D. Twitchett)《剑桥中国史（The Cambridge History of China)》第 6 卷《异族王朝和边疆国家（Alien Regimes and Border States, 907-1368)》（剑桥大学出版社，1994 年，第 65 页）只是指出：“924 年，阿保机率兵进入草原，征服了漠北北部的部落，到达了鄂尔浑河回鹘都城的遗址。”与黠戛斯的战争及黠戛斯在漠北的定居，都是空口无凭的。

③ 唐政府给回鹘首领的信中提及黠戛斯有意迁至回鹘故土，而后扩张领土到塔里木盆地北部。在《李德裕文集》中，这一内容有缺。见岑仲勉《李德裕会昌伐叛集编证上》，载《史学专刊》第 2 卷第 1 期，1937 年，第 203 页注释 7；德罗姆普《作为唐内亚关系史原始资料的李德裕文集》，第 224 页及相关注释、第 256～263 页。另一封是黠戛斯可汗写给唐政府的信，黠戛斯再次提出要占领回鹘故土，见德罗姆普《作为唐内亚关系史原始资料的李德裕文集》，第 323 页。

④ 李德裕：（李卫公）《会昌一品集》卷 8，上海：商务印书馆，1936 年，第 64 页。译文见德罗姆普《作为唐内亚关系史原始资料的李德裕文集》，第 224 页。

恢复唐帝国的部分西部领土，但很快被宰相李德裕说服，这种想法不切实际。[①] 虽然一些学者认为黠戛斯在没有唐朝的援助下进攻并征服了安西和北庭，但并无真凭实据。[②]

当时唐朝似曾预料黠戛斯要在鄂尔浑河地区建立政权，武宗从长安致黠戛斯统治者书《与黠戛王书》曰："回鹘之营垒既平，国家之山河不间，既为邻境，遂阅贡章。"[③] 唐朝有意与黠戛斯结盟，助其成为漠北的新生力量，唐朝甚至通过裙带关系来抬高黠戛斯的地位。李唐皇室声称汉朝将军李广（卒于前 119 年）为自己的杰出祖先之一，与此同时，一部分黠戛斯人（显然包括他们的统治者）也自称为李广之孙李陵（卒于前 74 年）之苗裔。李陵为汉朝名将，天汉二年（公元前 99 年）被匈奴俘虏，余生一直在匈奴渡过。[④] 李陵在朝廷名声显赫，并很可能肩负一些统治者的责任，为坚昆（黠戛斯）人所熟知。[⑤] 唐武宗热切期盼与黠戛斯建立良好关系，"诏阿热者宗正属籍"，竟将黠戛斯统治者的名字载入了皇室谱牒之中。[⑥]

尽管黠戛斯已经表态要占领鄂尔浑河地区，而且唐帝国也希望他们这样做，但是从黠戛斯所遣使节带来的信文看，这一切并没有发生。一些由李德裕执笔，以大唐皇帝名义书写的信件，提到唐帝国与黠戛斯之间距离的遥远以及双方往来的困难。会昌三年（843 年）《与纥扢斯可汗书》指出黠戛斯与中原"为回鹘所隔"。[⑦] 这些暗示了中原和鄂尔浑河谷之间距离的遥远。

另一位黠戛斯使者于 844 春抵达长安，向中原王朝诉说两国交通之不便，提到道路的阻碍使唐朝使节未能到达黠戛斯的失败历程。他还重提黠戛斯希望进入回鹘领土，也清楚地表明他们还未这样做。唐朝给黠戛斯特使的回信中也提到有效沟通的确存在普遍性的困难。特使带来的黠戛斯统治者回信中问到了大唐太和公主的命运。太和公主是唐宪宗（805～820 在位）之女，亦即武宗的姑姑，自 821 年与回鹘可汗和亲后一直在回鹘国居住。会昌三年（843 年）四五月间，有一封先前致黠戛斯可汗的信中告知她已经回到唐宫。中原的来信再次谈到了距离的遥远阻碍了两国的沟通。这种说法更有意思："又闻今秋欲移就回鹘牙帐，灭其大国，便保旧居。足使诸藩畏威，回鹘绝望，稍近汉

---

① 刘昫撰《旧唐书》卷 174，北京：中华书局，1975 年，第 4522～4523 页；欧阳修撰《新唐书》卷 180，北京：中华书局，1975 年，第 5337 页；见司马光纂《资治通鉴》卷 247，北京：古籍出版社，1956 年，第 7973～7974 页。《旧唐书》有关内容的译文见德罗姆普《作为唐内亚关系史原始资料的李德裕文集》，第 284～286 页。

② 见克里亚施托尔内（S. G. Kljaštornyj）《成吉思汗时代的鞑靼帝国（Das Reich der Tataren in der Zeit vor Činggis Khan）》，《中亚杂志（Central Asiatic Journal）》第 36 卷 1～2 期，1992 年，第 76～77 页。汉史则言之凿凿，如《资治通鉴》卷 246（第 7968 页）认为黠戛斯已经取得安西和北庭，内容来自李德裕的一封信（见上注释 20），其中"已"为"以"之误，见李德裕《会昌一品集》卷 8，第 64 页；译文见德罗姆普《作为唐内亚关系史原始资料的李德裕文集》，第 224 页。李德裕信中指出黠戛斯准备攻击，但并未付诸行动。黠戛斯需要唐朝的帮助，否则几乎不能取得这些地区。

③ 李德裕：《会昌一品集》（附录），第 285 页。该信译文见德罗姆普《作为唐内亚关系史原始资料的李德裕文集》，第 289～292 页。

④《李广传》，见于司马迁《史记》卷 109，北京：中华书局，1962 年，第 2867～2876 页；班固《汉书》卷 54，北京：中华书局，1964 年，第 2439～2449 页。

⑤《新唐书》卷 217 下，第 6146～6147 页。

⑥《新唐书》卷 217 下，第 6150 页。

⑦ 李德裕：《会昌一品集》卷 6，第 39 页。信函译文见德罗姆普《作为唐内亚关系史原始资料的李德裕文集》，第 303～309。

境，颇为良图。”[①] 很明显，从信函撰写时间判断，截止会昌四年春，也可能是会昌五年春特使抵达[②]，黠戛斯还没有占领回鹘腹地鄂尔浑河谷及其周边。

随后，唐与黠戛斯的关系更加让人困惑。会昌五年（845年）五月，武宗正式册封黠戛斯可汗，但迟至会昌六年四月册封使尚未抵达，而是时武宗已驾崩，更显示二者距离的遥远和外交关系的无足轻重。[③] 武宗继位者宣宗（846～859 在位）最初有意再行册封，但有些官员认为黠戛斯是“僻远小国”，不足与之抗衡，加之回鹘未平，不应遽有建置，遂罢[④]。但在847年，宣宗再一次改变主意，遣使正式册封黠戛斯可汗。[⑤] 皇帝改变初衷的原因未知，文献描述为“卒”，即骤然决定。[⑥] 有可能是河西回鹘、党项联军攻唐而引致的，这次攻击显然出自吐蕃的煽动，比册封黠戛斯之举要早一个月。[⑦]

从847年到874年，史书有载的入唐黠戛斯使臣只有三位，[⑧] 而且散见于不同文献。《资治通鉴》提到了两个使者的名字，一为合伊难支，于咸通四年（863年）莅临中原；二为将军乙支连几，于咸通八年（867 年）到达唐廷。[⑨]至于第三位使者，仅在宣宗大中十年（856年）春《议立回鹘可汗诏》中提及。诏书涉及的问题是册封安西回鹘首领，提及来唐的“黠戛斯李兼”。这位使者除了使节身份外别无所知，同行者有回鹘人。皇帝的诏书更使我们感兴趣，提到回鹘旧地时称“沙漠既空，井邑犹在”，并希望恢复之。诏书事实上表明很多回鹘部族想夺回他们的家园，其中并没有提到黠戛斯的占领。[⑩]

最后，这三个为人所知的黠戛斯使节似乎对与中原的贸易、每年定期进行使节交换以及结盟很感兴趣。至少合伊难支二度提出要从回鹘手中夺取安西和其他领土（当为北庭），足证黠戛斯仍然没有这样做，唐政府也拒绝这一请求。除了使者，汉文文献提到大中二年（848年）黠戛斯7万军队袭击了位于蒙古东部的室韦，原因是室韦当时庇护了一批回鹘逃亡者。击败他们后，黠戛斯悉收回鹘余众归“碛北”。其中一些人很有可能就是后来伴随李兼的人。《新唐书》中提到在847年至874年间有三位黠戛斯使节，另外补充提到了黠戛斯“然卒不能取回鹘”。这些资料足证黠戛斯攻击回鹘逃亡者并没有成功，这句话很可能是指大批回鹘人逃离东南，在这个过程中以甘肃和塔里木盆地北

① 见德罗姆普《作为唐内亚关系史原始资料的李德裕文集》，第318～325页。

② 这封信的日期，见德罗姆普《作为唐内亚关系史原始资料的李德裕文集》，第350页注释111。

③《资治通鉴》卷248，第8015、8023、8026页。

④《资治通鉴》卷248，第8026页。

⑤《资治通鉴》卷248，第8030页；《新唐书》卷217下，第6150页。

⑥《新唐书》卷217下，第6150页。

⑦《资治通鉴》卷248，第8030页。

⑧《新唐书》卷217下，第6150～6151页。

⑨《资治通鉴》卷250，第8107、8117页。“乙支连几”为唐人译音，在黠戛斯语中写法尚难确认，似为突厥语的 ičreki，意为“属于朝廷”，可能是“宫廷大臣”之意，见克劳森（G. Clauson）《13世纪以前的突厥语语源词典（An Etymological Dictionary of Pre-Thirteenth Century Turkish）》，牛津，1972年，第31页。这是突厥语称呼的元素，但第三个音节，最后字母-n是不确定的。见藤堂明保（Tōdō Akiyasu）《学研汉和大字典（Gakken Kan-Wa daijiten）》，东京：学习研究社，1978年，第28页（乙）、第562页（支）、第1320页（连）、第416页（几）。

⑩ 董诰编《全唐文》卷80，台北：大通书局，1979年，第1045～1046页；宋敏求编《唐大诏令集》卷128，台北：鼎文书局，1978年，第692～693页。《全唐文》没有给出诏书的日期，而《唐大诏令集》注明日期是大中十年二月，即856年3月10日～4月8日。《资治通鉴》卷249（第8059页）注明诏书日期为856年4月16日。使者名字李兼是汉语而非突厥语，指出了李陵与黠戛斯和李唐王朝之间的联系。

部为聚居地，或回到了漠北回鹘的故地。

关于中原王朝与黠戛斯关系的资料相当匮乏，汉文文献显示，大顺元年黠戛斯和吐蕃军队联合卢龙统治者李匡威和吐谷浑统治者赫连铎（以大同为根据地），卢龙吐谷浑会师于沙陀，河东突厥系沙陀统治者李克用攻击河东西北部遮虏的军队。李克用短时间内击败李匡威和赫连铎之军，文献中没有出现黠戛斯和吐蕃军队。[①]职是之故，黠戛斯和吐蕃军队是否与役其事也就不得而知了，更遑论是代表统治者还是独立的雇佣兵了。

此时的大唐渐趋式微，乾符二年（875 年）爆发的黄巢起义标志着大唐末日的来临。在此之前的三十年间，唐内乱频仍，朝廷目光短浅，对于外族并没有太多的兴趣和认知。动荡的五代（907～960）亦复如此。虽然五代没有完全忽略记载内亚地区的历史，但几乎没有提到黠戛斯。[②]

所有证据表明，9 世纪中叶黠戛斯虽数次发动袭击，但并未扩疆至鄂尔浑河地区。距离中原边境的遥远，造成了他们与唐政府沟通的偶然性与断断续续。9 世纪 40 年代黠戛斯在内亚东部作战，如大中二年（848 年）对室韦的共计即为其证，但没有证据表明在 848 年之后这一战争还在延续。他们想攻取安西和北庭，但难以实现，于是，黠戛斯在大顺元年（890 年）攻击河东，但同样未提在漠北拥有政权。[③]是故，虽然黠戛斯可能在 840 年回鹘灭亡后曾试图对漠北进行一些简单的控制，但肯定很短暂，且至今未见有效证据。

汉籍显示黠戛斯击灭回鹘后一度劫掠其都城，其统治者把边疆扩张至牢山南部，该地又称赌满，[④] 距回鹘旧牙帐有马行十五日之遥。[⑤] 阿热牙帐至回鹘牙帐，有"橐它行行四十日"之距离。[⑥] 牢山（赌满）地望向有争议。根据汉史材料，沙畹认为要么位处唐努乌拉一带，要么地当萨彦岭一带。[⑦]巴托尔德认为它们可能是在唐努乌拉一带；[⑧] 此此说由科兹拉索夫进一步充实，认为在 840 年之后，黠戛斯在唐努乌拉山南部建立牙帐，很有可能位于称为乌布苏淖尔湖附近的占斯河谷。[⑨] 这一观点为戈尔登所重申，他毫无

---

① 《新唐书》卷 218，第 6161 页。《资治通鉴》卷 258，第 8404～8405 页。《剑桥中国史（The Cambridge History of China）》第 3 卷《隋唐中国（Sui and T'ang China, 589-906）》第 1 部分（第 775～776 页）并未提到黠戛斯或吐蕃的加盟。关于更多遮虏军队位置的信息见《资治通鉴》卷 253，第 8206 页和严耕望《唐代交通图考》第 5 卷，台北"中央研究院"历史语文研究所，1986 年，第 1407 页。赫连铎及其仇敌李克用事迹，见莫勒（Gabriella Molè）《北魏至五代时期的吐谷浑（The T'u-yü-hun from the Northern Wei to the Time of the Five Dynasties）》，罗马：意大利东方学研究所，1970 年，195～206 页。

② 《新唐书》卷 217 下（第 6150～6151 页）提到咸通年间（860 年 12 月 17 日～874 年 12 月 16 日），黠戛斯三度来朝，以后的"朝聘册命"，史书未载。《资治通鉴》提到黠戛斯使者于 863 年和 867 年莅临中原，见《资治通鉴》卷 250，第 8107、8117 页。

③ 这些黠戛斯人可能是雇佣兵，没有证据表明他们归黠戛斯统治者所制。

④ 见上注释 16。

⑤ 《新唐书》卷 217 下，第 6150 页。

⑥ 《新唐书》卷 217 下，第 6148 页。

⑦ 沙畹：《西突厥史料（Documents sur les Tou-Kiue Turcs Occidentaux）》，圣彼得堡，1903 年，第 98 页注释 2。据《新唐书》卷 43 下，第 1149 页，黠戛斯疆域内发现牢山和剑河（突厥语写作 Kem，即今叶尼塞河）。剑河与叶尼塞河关系的认定，见韩伯诗（Louis Hambis）《叶尼塞碑铭所见 Käm 考（Notes sur Käm, nom de l'Yénissei supérieur）》，《亚洲杂志（Journal asiatique）》第 244 卷，1956 年，第 281～300 页。

⑧ 巴托尔德：《吉尔吉斯》，第 489 页。

⑨ 科兹拉索夫：《中世纪图瓦史》，第 94 页。科兹拉索夫并未给出证据以证明 840 年后黠戛斯牙帐的位置。乌布苏淖尔湖位于蒙古西北部，靠近图瓦（Tuva）和乌兰固木（Ulangom）。

根据地阐述这一观点，并指出当时建立的是黠戛斯“都城”而不是牙帐。[①] 黠戛斯控制的是今蒙古西北部地区，其地围绕乌布苏淖尔、叶尼塞河上游南部和唐努乌拉山。我们不能肯定这一地区在 840 年后处于黠戛斯掌控下，不管是空间还是时间都难以判定。[②] 推而论之，黠戛斯牙帐的移动应是随着与回鹘作战进程的变化而随时推进的。

虽然黠戛斯致唐廷信中表示他们希望接手回鹘旧地，但是没有证据表明他们达到了目的。必须指出的是，一些流离失所的回鹘人也在和唐皇室沟通，希望恢复漠北故土，只是未见付诸实施，上文提到了大中十年（856 年）宣宗的诏书，表明随黠戛斯使者李兼入唐的回鹘人，曾在北部边境向唐政府上书，表达冀求恢复故土的愿望，并且还指出安西回鹘也有此强烈的期望。[③] 唐王朝一直敦促黠戛斯攻打回鹘，消灭回鹘残部，[④] 但黠戛斯的袭击并没有成功摧毁回鹘在大唐北部边境最强大的部落。由乌介可汗领导的部落最终为唐人击败。[⑤] 鉴于黠戛斯和中原的外交难题，可能使黠戛斯认为派遣军队到唐边境消灭残余的敌人太过困难或不堪重任。

汉籍史料中只有《辽史》记录了阿保机向鄂尔浑河流域的进军，但未及黠戛斯，相反却提到了契丹攻击汉史称作“阻卜”的一个部落，该部落可以确定为达怛人。[⑥] 史料进一步记载，阿保机打败了所在“胡母思山诸蕃部”。[⑦] 这些蕃部都与黠戛斯无涉。尽管《辽史》记载契丹曾进攻小部落，依然没有任何关于与黠戛斯战争的信息。事实上，《辽史》中提到黠戛斯只有十二次，涉及六个事项：

应历二年（952 年）十月戊申，回鹘及辖戛斯皆遣使来贡[⑧]。

保宁八年（976 年）十二月（公元 977 年 1 月），辖戛斯国遣使来贡[⑨]。

天显六年（931 年）春正月，西南边将以慕化辖戛斯国人来到辽朝[⑩]。

大同二年（948 年）春正月，罚阿保机叛乱的侄子盆都出使辖戛斯国。

见于《辽史·兵卫志》。

见于《辽史·百官志》。

其中所谓应历二年和保宁八年的二次“朝贡”，作为专业术语，用于指称到达辽朝的所有外国使节，而不能视作黠戛斯在政治上从属于契丹的证据。至于《属国表》所列，

---

① 戈尔登（Peter B. Golden）：《乌古斯的迁徙（The Migrations of the Oğuz）》，《奥斯曼研究文献（Archivum Ottomanicum）》第 4 卷，1972 年，第 60 页。黠戛斯击灭回鹘事，见于《新唐书》卷 217 下，第 6149 页，其中指出黠戛斯统治者率兵攻破回鹘都城后，得太和公主，遂令达干十人送公主至塞上，然后将牙帐迁到牢山以南。看起来，黠戛斯军队入漠北，并非永久性迁徙。黠戛斯在漠北争战数年，攻打回鹘残部，作为大本营，其牙帐当在唐努乌拉或萨颜岭一带。汉文“牙”也用于指回鹘都城，这里译作“牙帐”更佳。

② 有一点引人兴趣，即乌布苏淖尔湖的南部是哈尔嘎斯湖（Hyargas-Nur），又被称作黠戛斯湖（Kirghiz Lake）。

③《全唐文》卷 80，第 1046 页；《唐大诏令集》卷 128，第 693 页。

④ 见李德裕写给黠戛斯统治者的信——《与纥扢斯可汗书》，载《会昌一品集》卷 6，第 37～38 页以及附录第 283～286、38～40、40～42 页。译文见德罗姆普《作为唐内亚关系史原始资料的李德裕文集》，第 276～282、289～292、289～292、303～309、320～324 页。

⑤ 唐灭回鹘残部之详情，见德罗姆普《作为唐内亚关系史原始资料的李德裕文集》。

⑥ 魏特夫、冯家昇：《中国社会史——辽》，第 101～102 页。

⑦ 脱脱撰《辽史》卷 2，北京：中华书局，1974 年，第 20 页。

⑧《辽史》卷 6，第 70 页；卷 70，第 1135 页。

⑨《辽史》卷 8，第 96 页；卷 70，第 1137 页。

⑩《辽史》卷 3，第 32 页；卷 70，第 1129～1130 页。

也不能视作主从关系的证据，因为波斯和大食也同样包括在内。最震惊的信息来自于阿保机的侄子被流放到黠戛斯，足证黠戛斯汗国的确远离契丹。

契丹与黠戛斯之间不仅没有战争，而且有证据显示直到924年，黠戛斯尚在叶尼塞河上游地区。那么 黠戛斯立国于回鹘旧地说从何而来呢？这只是一种杜撰，了无依据。

情况似乎是这样的：从840年到924年，甚至到12世纪成吉思汗崛起，漠北许多善战的部落政权都土崩瓦解了，其间不曾有“黠戛斯帝国”存在。而现有的记录不仅不能表明甚至不能暗示黠戛斯曾在漠北立国，924年的“契丹—黠戛斯战争”只不过是空谷来风而已。黠戛斯对漠北的控制似乎既薄弱又短暂，最多只持续了数年。当924年契丹进入该地区时，黠戛斯不复见于鄂尔浑河谷附近。虽然一些学者已经避免了对黠戛斯帝国的幻想，认为黠戛斯并没有以鄂尔浑河谷为中心建立政权，[①] 但未举出足够的证据以解释在840年后发生了什么，为什么黠戛斯仍然固着在叶尼塞河流域，没有向东南占据鄂尔浑河地区。

问题依然存在：若言黠戛斯不曾在鄂尔浑河谷建立政权，那么，人们不禁会问何以如此呢？一种理论认为，“神圣的”鄂尔浑河地区并非黠戛斯的向往之地，因为他们最初并非突厥人的分支。汉史对叶尼塞河黠戛斯人的外貌特征多有记载：

人皆长大，赤发，析面，绿瞳，以黑发为不祥。黑瞳者，必曰陵苗裔也。[②]

据此，结合其他现存史料，至少清楚黠戛斯使用的原非突厥语（可能是其他），他们最初也不是突厥人，只是后来突厥化了。根据文献资料可以看出，黠戛斯人个头高大，皮肤白皙，头发呈红色而眼睛发绿。以汉文史料记录的少量黠戛斯词汇为依据，一些学者通过唐音的构拟，认为黠戛斯起初可能使用的是萨摩耶德语（Samoyedic）或古西伯利亚语（Paleo-Siberian）。[③] 考虑到内亚地区语言借用现象严重，这一证据似乎不足以证明黠戛斯原本非突厥系统，也许永远都无法解决黠戛斯种族或语言的“起源”问题。

有一点是清楚的，截至9世纪中叶，黠戛斯确属突厥支系。汉文史料证明他们使用了突厥语词汇，如 baš（开始）、ay（月亮、月）、qam（萨满），还有一些人名也是用突厥、回鹘所用的突厥语（和原始突厥语）词汇来命名的。[④] 此外，在叶尼塞河流域发现的黠戛斯碑铭，也采用了古突厥卢尼文字母，并完全使用了突厥语词汇。汉文资料表明，

① 见岑仲勉《隋唐史》卷2，香港重印本，第394页；戈尔登《突厥人历史导论（An Introduction to the History of the Turkic Peoples）》，威斯巴登，1992年，第180～183页。关于契丹、黠戛斯战争的推想被写进戈尔登之后的著作中，见《库曼研究（Cumanica）》四《库曼—钦察诸部（The Tribes of the Cuman-Qipčaqs）》，《中世纪欧亚内陆文献（Archivum Eurasiae Medii Aevi）第9卷，1995～1997年，第113页。

②《新唐书》卷217下，第6147页。相同观点见王溥《唐会要》卷100，台北：世界书局，1974年，第1785页，其中引盖嘉运撰《西域记》载：“坚昆国人皆赤发绿睛，其有黑发黑睛者，则李陵之后，故其人称是都尉苗裔。”值得注意的是，盖嘉运作为安西都护，时当734年到741年之间，见吴廷燮《唐方镇年表》卷3，北京：中华书局，1980年，第1203、1221、1232～1233页。

③ 硕特（W. Schott）：《关于吉尔吉斯人（Über die ächten Kirgisen）》，《国家科学院学术论文集（Abhandlungen der Königlichen Akademie der Wissenschaften, phil.-hist. Kl.）》，1864，第441～447页（Schott的很多观点已经证实是错误的）；李盖提（L. Ligeti）《(Mots de civilisation de Haute Asie en transcription chinoise)》，《东方学报》第1卷，1950～1951年，第150～168页；科兹拉索夫《中世纪图瓦史》，第88～90页；戈尔登《突厥人历史导论》，第176～178页。

④《新唐书》卷217下，第6147、6148页。

黠戛斯语在唐时期和回鹘语是相同的。[①] 但这些似乎还是无法最终确定黠戛斯到底是非突厥分支后来被突厥化了，或的确“起源”于突厥支系。千万不要忘记，早期印欧人曾出现于包括西伯利亚在内的内亚地区，只是后来逐渐消失了，可能是被其他人种吸收了。

至今为止，还有一些学者认为黠戛斯并非起源于突厥，如戈尔登认为：

> 鉴于黠戛斯可能不同的种族背景，几乎与突厥传统、郁督斤大地的象征、古老突厥帝国的思维没有联系。[②]

在另一篇文章中，同一作者扩展了这一观点。

> 黠戛斯起源于古西伯利亚（可能是萨摩耶德），是否是突厥化的民族尚未确定，较少适应突厥传统而且打破了突厥习俗，毫无疑问是非突厥血统的结果（到这一时期突厥化过程可能并没有完成）。他们并未尝试用传统方式统治突厥世界。他们并未这样做，因为习惯于在圣地建立都城，而突厥领土在鄂尔浑河和色楞格河附近。事实上，他们控制漠北是为了限制西北部。故而，当 924 年契丹统治者阿保机进军漠北，占领鄂尔浑河和色楞格河的突厥故土时，黠戛斯并未反抗。[③]

按照戈尔登的说法，黠戛斯并没有在鄂尔浑河地区建立帝国，很难把此归于“非突厥血统”。我们已经看到，黠戛斯采用传统的内亚名称，这意味与古老内亚（起源不一定是突厥，尽管许多称号包含的元素无疑是突厥的）传统的联系，鄂尔浑河地区的中心可能是其一部分。李德裕在信中写道，黠戛斯确实希望继续突厥—回鹘的帝国传统。他们不仅请求唐朝皇帝的册封，正如早期突厥、回鹘统治者以及其他人一样，他们特别希望以“登里（Tengri，天）”作为封号，这个内亚词汇代表了苍天或上帝以及无上神袛，这个词与早期的突厥可汗和几乎所有的回鹘可汗有关。[④] 唐王朝拒绝了此项请求。唐廷

---

①《新唐书》卷 217 下（第 6148 页）指出黠戛斯“其文字言语，与回鹘正同”。见德罗姆普《晚唐突厥诸语译者考析（A Note on Interpreters of Turkic Languages in Late T’ang China）》，《阿尔泰宗教信仰与实践——国际阿尔泰学常设会议第 33 届年会文集（Altaic Religious Beliefs and Practices. Proceedings of the 33rd Meeting of the Permanent International Altaistic Conference, Budapest, June 24-29, 1990）》，白斯棱发尔维（G. Bethlenfalvy）等编，布达佩斯阿尔泰研究学会，1992 年，第 103～109 页。

译者注：有关黠戛斯的语言问题，可参见胡振华《黠戛斯碑文选译》，《民族语文论文集》，北京：中央民族学院出版社，1993 年，第 249—261 页；《黠戛斯叶尼塞文献使用的字母》，《突厥语言与文化研究》，北京：中央民族大学出版社，1996 年，第 58—67 页；耿世民、阿不都热西提·亚库甫编著《鄂尔浑—叶尼塞碑铭语言研究》，乌鲁木齐：新疆大学出版社，1999 年。

② 戈尔登：《乌古斯的迁徙》，第 60 页。戈尔登指出黠戛斯并未在蒙古的鄂尔浑河或色楞格河建立都城，而是建在靠近乌布苏淖尔湖附近的唐努乌拉山一带南部的古斯河谷。关于唐努乌拉山，据巴托尔德说，尽管戈尔登没有指出唐努乌拉山牢山/赌满是不确定的。

③ 戈尔登：《前成吉思汗时代欧亚大陆西部游牧部落的政治组织和国家观念（Imperial Ideology and the Sources of Political Unity amongst the Pre-Činggisid Nomads of Western Eurasia）》，《中世纪欧亚内陆文献》第 2 卷，1982 年，第 54 页。指出这最后一句话和同一作者观点之间的明显矛盾，《库曼研究》四《库曼—钦察诸部》（第 113 页）称 10 世纪契丹把黠戛斯逐出了漠北。

④ 在鄂尔浑突厥卢尼文碑铭中，突厥可汗认为自己是上天所赐，见特肯《鄂尔浑突厥语语法》，第 231、275 页。突厥统治者也有称为登里可汗者，见《旧唐书》卷 194 下，第 5177～5178 页。回鹘的“登里”称号行于漠北回鹘汗国时代，见马克拉斯（Colin Mackerras）《唐代史料所见回鹘帝国——唐与回鹘关系研究（The Uighur Empire According to the T’ang Dynastic Histories）》，The Uighur Empire According to the T’ang Dynastic Histories: A Study in Sino-Uighur Relations 》，哥伦比亚，1972 年，第 192～193 页。

坚称登里是回鹘封号的组成部分，不适合做黠戛斯可汗的封号。[①] 究其实，是唐王朝深知登里在内亚人民心中的力量，不热心通过此封号来提高黠戛斯的威望。戈尔登本人曾断言，回鹘“在接手突厥领土后，特别强调登里这个词的使用，无疑意在加强自己的权威”。[②] 正如登里一词对回鹘人特别是在思想观念上的重要性，对黠戛斯也是同样重要。尤有进者，可以看到，黠戛斯实际上有意通过漠北以接手原由突厥和回鹘控制的新疆地区。结果却没有这样做，何以如此呢？

部分答案或许可以从黠戛斯叶尼塞河故居的地理和经济因素相结合的生态环境中找到。[③] 叶尼塞河上游是一个过渡区域，呈现出森林—草甸—山地和大草原相结合的生态系统，位于西伯利亚针叶林的南部边缘。这种混合的植被区自然会产生一种混合经济，而不是蒙古大草原游牧民族的经济。应该指出的是，叶尼塞河上游和鄂尔浑地区之间有明显的海拔和气候差异，前者虽然更靠北一些，但海拔很低。[④] 由于其地理位置，叶尼塞河上游很适合庄稼生长和农业发展，考古证据表明远古时期就有农业生产了。其复杂的灌溉系统至少要追溯到公元前 1000 年。[⑤]

众所周知，叶尼塞黠戛斯人的经济中，农业占有重要的地位。他们种植稷、大麦、小麦、青稞。《新唐书》记载，他们大约在三月种植，九月收获。[⑥] 今天，叶尼塞河上游仍旧以种植谷物闻名，包括小麦、燕麦、大麦和青稞。[⑦] 叶尼塞河上游的考古发掘，表明那里既有本地制造的铁犁头，又有自中国进口的铁犁头。这些带有铁犁头的木制犁需要有力气的动物去牵引，而他们的畜力资源也是很丰富的。灌溉十分广泛，且一直保持到蒙古统治时期。其谷物收割已经使用铁镰，粮食加工也用上了磨盘。[⑧]

考古学和文献学资料显示，与漠北的突厥、回鹘诸族相比，黠戛斯经济活动中农业因素居多。尽管 9 世纪旅行者塔米姆 • 伊本 • 巴赫尔（Tamīm Ibn Bahṛ）注意到回鹘草原上的农业，但他的信息不足以测定农业区的范围。[⑨] 突厥和回鹘从事农业生产，但叶

① 李德裕：《会昌一品集》卷 6，第 39 页。译文见《作为唐内亚关系史原始资料的李德裕文集》，第 305～306 页。

② 戈尔登：《前成吉思汗时代欧亚大陆西部游牧部落的政治组织和国家观念》，第 45 页。

③ 卡扎诺夫指出：“所有田园形式可以认为是适应经济的方式，决定系数的是通过生态和技术发展水平得到的最终分析。”见《游牧与外部世界》，第 69 页。

④ 见《泰晤士世界地图（The Times Atlas of The World）》第 8 版，纽约，1990 年，图 3、6、42。

⑤ 温斯坦（Seyan Vainshtein）《南西伯利亚游牧民——图瓦的乡村经济（Nomads of South Siberia: The Pastoral Economies of Tuva）》，剑桥，1980 年，第 145 页。

⑥《新唐书》卷 217 下，第 6147 页。关于黠戛斯农业和其他信息可以从《新唐书》和其他文献（不是《旧唐书》，该书未将黠戛斯分开）中找到，资料可能来源于黠戛斯使者注吾合素（Chu-wu Alp Sol），他于 843 年 3 月 16 日来到中原。关于注吾合素及其使命，见《作为唐内亚关系史原始资料的李德裕文集》，第 282～294 页。《李德裕文集》中提到问及黠戛斯使者注吾合素的上表，还有其土地、地理等问题，这可能是《新唐书》的资料来源。见李德裕《会昌一品集》卷 2，第 11～12 页，《新唐书》卷 217 下，第 6150 页。

⑦ 见杜特尼（J. C. Dewdney）：《地图上的苏联（USSR in Maps）》，纽约，1982 年，第 41、99 页；《牛津地区经济图册——苏联与东欧（Oxford Regional Economic Atlas: The U.S.S.R. and Eastern Europe）》，牛津，1956 年，34～35、38～39 页。

⑧ 科兹拉索夫：《中世纪图瓦史》，第 116 页。见蒙盖特（Alexander Mongait）著，加努希金（Yevgeny Ganushkin）译《苏联考古学（Archaeology in the U.S.S.R）》，莫斯科，1959 年，第 306～307 页；奥克拉德尼科夫：（A. P. Okladnikov）《西伯利亚的古代居民及其文化（Ancient Population of Siberia and Its Cultures）》，纽约，1959 年，第 57、116 页。

⑨ 见米诺尔斯基（V. Minorsky）：《塔米姆 • 伊本 • 巴赫尔回鹘游记 （Tamīm ibn Bahr's Journey to the Uyghurs）》，《东方与非洲研究学院学报（Bulletin of the School of Oriental and African Studies） 》第 12 卷，1948 年第 283、296 页。米诺尔斯基认为塔米姆的游记应该于 821 年。

尼塞河上游地区更适合于农业经营，鄂尔浑河谷虽然适宜游牧，但在此发展农业，并不具备黠戛斯人故地叶尼塞河上游的优势，这使得黠戛斯很难离开故园而外徙。

除了农业，叶尼塞河上游地区还适合饲养家畜。为了更好地开发叶尼塞河上游的草原，显然族人不仅过着半定居生活，也在开阔牧场上放牧。其家畜中最重要的是牛，史载“牛为多，富农至数千”。叶尼塞河黠戛斯也饲养骆驼、羊和马，汉文文献描述黠戛斯马又壮又大，[①] 显然不是典型的适合草原的蒙古小马，而是较大的马匹，大概起源于西方。黠戛斯丰产谷物食粮，为谷物、干草饲料的储存提供了条件，确保冬季马匹没必要在冰天雪地中找寻食物。[②]

在8世纪和9世纪，渔猎对黠戛斯经济也很重要。西伯利亚南部的森林和河流蕴藏着丰富的动物和鱼类资源。毛皮，毛织品以及其他织物对黠戛斯与新疆、阿拉伯，可能还有西藏贸易很重要。除了交换，毛皮也作为黠戛斯国内的税收。[③]

汉史还提到了黠戛斯当时先进的冶金技术。[④] 在沿叶尼塞河流域的河谷，古代冶炼痕迹仍历历在目，有成堆的碎渣和大量的碳。[⑤] 冶铁明显是冶金业形成的重心，尽管史料也提到了金和银。今天，在黠戛斯人居住过的米努辛斯克（Minusinsk）和阿巴坎（Abakan）周围地区，还明显有碳的积物，还有铁和金的沉积物。[⑥]

《新唐书》记载，黠戛斯人冬处室，木皮为覆。[⑦]《唐会要》记载黠戛斯人并依水而居，并且说“以木为室。覆以木皮。”[⑧]古代岩画显示在很早时期，叶尼塞河上游使用原木房屋，而且还有帐篷。[⑨]汉文史料记载黠戛斯统治者的帐篷周栅“代垣”。君主阿热居住在用毛毡做成的大帐，其他首领居小帐。

这些证据揭橥出来的是一种带有游牧元素的半定居社会生活，进行着某些定居活动，例如粮食种植、先进的金属制造业以及畜牧业。看来，至少一部分黠戛斯人在冬、夏季节逐水草而流移。至今尚不清楚他们财产如何分配，也不明了游牧和定居所占的比重。直到8和9世纪，黠戛斯明显有着高度混合的经济。[⑩]

这种混合经济很适合叶尼塞河上游森林—草甸—沙地的混合环境，这种模式很难移植到漠北，即使移植了也不会如此兴盛繁荣。黠戛斯可能在该地区已经尝试了某种形式的政权，但面临困难重重，鉴于漠北不同的生态环境和需要解决重大的迁移问题。因为

① 《新唐书》卷217下，第6147页。

② 科兹拉索夫：《中世纪图瓦史》，第118页。

③ 《新唐书》卷217下，第6147～6148页。

④ 《新唐书》卷217下，第6148页。

⑤ 波塔波夫：《黠戛斯》，第346页。

⑥ 见《牛津地区经济图册——苏联与东欧》，第54～55、62～63、70～71页；见基什（George Kish）《苏联经济地图（Economic Atlas of the Soviet Union）》第2版，安娜堡，1971年，第54、59页；杜特尼《地图上的苏联》，第49、51、99页。

⑦ 《新唐书》卷217下，第6148页。

⑧ 《唐会要》卷100，第1784页。

⑨ 奥克拉德尼科夫：《西伯利亚的古代居民及其文化》，第34页。

⑩ 温斯坦引用索罗金（S. S. Sorokin）的论文，指出“农业是各种田园形式的共同特征，联系着山河的冲积河谷。”见《南西伯利亚游牧民——图瓦的乡村经济》，第164页。半游牧半定居的问题，见卡扎诺夫《游牧与外部世界》，第19～22页。

他们是在没有其他民族压力的情况下离开叶尼塞生活环境的，他们没有得到来自唐朝的支持或鼓励，黠戛斯明显地选择保留其既定的生活方式居住在叶尼塞河谷，而不愿迁到漠北，致生活发生剧变。应引起注意的是，游牧民对迁移时间的控制存在困难，牧民转换牧场其实是一件非常冒险之事，会导致大量牲畜的损失。① 大体型的黠戛斯马很适合军事行动，却不宜在漠北生存，特别是冬季，比典型的蒙古马需要更多的草料。因此，虽然黠戛斯在漠北进行军事劫掠，但是他们不可能在那里轻易地建立一个永久性的军事或政治基地。

另一个重要的因素是贸易。汉籍记载黠戛斯热衷于与其他民族的贸易往来，包括安西、北庭地区和阿拔斯王朝。② 他们在贞观二十二年（648 年，唐太宗统治后期）③ 至乾元元年（758 年）之间依然和唐保持互通有无，包括贸易通贡。嗣后，回鹘势力崛起，屡败黠戛斯，使其难以与唐继续保持来往。④ 尽管他们无法继续与中原的贸易，但黠戛斯设法同阿拔斯王朝、葛逻禄以及吐蕃保持活跃的贸易往来。⑤ 黠戛斯可汗“其母，突骑施女也”，“妻葛逻禄叶护女”，约于 820 年对回鹘发动战争，这个西南商业和政治轴心国的重要性可以从这一史实中看出。⑥ 葛逻禄和突骑施都是生活在天山北部和黠戛斯西南部巴尔喀什湖地区的西突厥民族。

黠戛斯不想迁移到鄂尔浑河地区，可能是因为担心路途遥远无法建立贸易网络。重建与唐的贸易肯定会有吸引力，文献显示，黠戛斯希望与唐进行马匹交易，就像回鹘人之前做的，为了巨大利润。从汉籍史料中可明显看出，在黠戛斯取胜后，两国间的往来鲜少，武宗去世后，唐与黠戛斯的交往更趋冷淡。此外，黠戛斯使者与唐的交往鲜有成功。由于唐朝日渐衰落，唐人乐观回鹘的溃败，与回鹘的绢马贸易令唐朝付出惨痛代价，这一噩梦终于结束了。尽管中断了马匹供应对中原王朝来说其后果尚难预料，但不会有一个长安人希望在自己的地盘上再冒出黠戛斯势力。⑦ 至于黠戛斯与西南地区之塔里木盆地、西藏和中东等地建立良好的商业与政治联系，极为重要，以至于黠戛斯往往不计风险与代价，而对处于衰落之中的唐朝，交往的风险，往往就会引起顾虑。

黠戛斯之所以固着于传统的叶尼塞河家园，另一个因素可能出自黠戛斯统治者的个人意志。据汉文史料记载，击溃回鹘草原帝国的黠戛斯统治者，在会昌年间（即 841 年

① 卡扎诺夫：《欧亚草原游牧主义的生态局限及其社会文化内涵（Ecological Limitations of Nomadism in the Eurasian Steppes and Their Social and Cultural Implications）》，《亚非研究（Asian and African Studies）》第 24 卷第 1 期，1990 年，第 2 页。

② 《新唐书》卷 217 下，第 6147～6148 页。

③ 《新唐书》卷 217 下，第 6149 页；《旧唐书》卷 3，第 60—61 页。

④ 《旧唐书》 卷 195，第 5201 页。译文见马克拉斯《唐代史料所见回鹘帝国——唐与回鹘关系研究》，第 66 页。

⑤ 《新唐书》卷 217 下，第 6149 页。文献指出黠戛斯常与大食、吐蕃、葛禄相依仗，吐蕃之往来者畏回鹘剽钞，必住葛禄，以待黠戛斯护送。还记载大食有重锦，每三岁一饷黠戛斯。贸易可能也包括其他产品。关于贸易路线的进一步讨论，见白桂思（Christopher I. Beckwith）《吐蕃帝国在中亚（The Tibetan Empire in Central Asia: A History of the Struggle for Great Power among Tibetans, Turks, Arabs, and Chinese during the Early Middle Ages）》，普林斯顿：普林斯顿大学出版社，1987 年，第 147 页及第 147～148 页注释 21。

⑥ 《新唐书》卷 217 下，第 6149 页。

⑦《新唐书》卷 217 下，第 6150 页。

2月4日～847年2月6日）某时被弑，但死讯却没有向唐禀报。[①] 这可能是黠戛斯领导层的内部问题，对与唐政府的沟通缓慢失去信心，不想透露统治者的死亡，担心这将造成进一步的误解。此外，我们不能忽视的是内亚国家特殊的政治凝聚力问题。可能当地的黠戛斯酋长愿意联合起来推翻回鹘统治，以谋取经济利益，并侵吞回鹘领土。在战利品瓜分完毕后，酋长们可能已经意识到继续尝试控制漠北会减少回报，所以不太愿意付出必要的努力来维持这种控制。

总之，漠北地区自840年至924年左右的历史空白仍然很麻烦，但至少有一些证据表明什么都没有发生。看来，黠戛斯在漠北的存在，除其破坏力之外，既不漫长也不重要。我们可以断言，黠戛斯汗国不曾出现于鄂尔浑河谷及其周边地区。在840年初，除去一些外交使节和孤零零的文献，我们很少听到黠戛斯与唐交往的信息。在鄂尔浑河地区，黠戛斯和契丹之间根本不曾发生大规模的战争。

至于溃败后的回鹘人，很多逃走了，也有一些可能留在了鄂尔浑河地区，但再未能发挥重要作用。鄂尔浑河地区的政治真空期，为其他民族进入该地区提供了契机。这一观点看来更具说服力，或者他们作为回鹘的遗民留在那里，享受更高的自由和可能的权力。这样的民族有达怛（阻卜），当924年契丹统治者阿保机进军漠北时打败了他们。鄂尔浑河地区一段时间则成为契丹辽国遥远的边境。

本文译自《美国东方学会杂志（Journal of the American Oriental Society）》第119卷第3期，1999年，第390～403页。作者德罗姆普（Michael R. Drompp）为美国罗德学院（Rhodes College）执行副院长和资深教授，主攻唐代回鹘历史文化，著有《作为唐内亚关系史原始资料的李德裕文集（The Writtings of Li Te-yü as Sources for the History of T’ang-Inner Asian Relations)》（印第安纳大学博士学位论文，1986年）、《唐与回鹘帝国的崩溃（Tang China and Collapse of Uighur Empire. A Documentary History)》（来登/波斯顿，2005年）等。

（杨富学，男，1965年5月生，历史学博士，敦煌研究院民族宗教文化研究所所长，研究员，博导，兰州：730030。韩晓雪，女，1988年11月生，西北民族大学历史文化学院硕士研究生。兰州：730030）

① 《新唐书》卷217下，第6150页。文献显示谋杀黠戛斯统治者之事发生在843年3月16日黠戛斯使者到达长安前。科兹拉索夫认为847年黠戛斯统治者去世，但是没有证据，见《中世纪图瓦史》，第95页。

大英博物馆藏西夏文残片

[英]格林斯特坦德著　王　东译　杨富学校

从充满崇山峻岭和沙漠戈壁的中国西北走廊，再到西伯利亚及中亚腹地，许多文化逐渐湮灭于历史长河中，同时也完整地将那些沉寂已久的书籍保存下来。众所周知，以敦煌为例：这里保存了长达6个世纪敦煌的宗教文献以及世俗典籍、标识有最早日期的刻本——《金刚经》。[①] 敦煌藏经洞是公元11世纪一些僧人为躲避西夏进攻河西战火的藏身之所。尽管《宋史》（由蒙古人主持下的汉人编制）中有专门章节来记载西夏的历史，但对他们的语言、文字或文化却知之甚少。直到本世纪（20世纪）初，俄罗斯探险家科兹洛夫（Kozlov）发现了一份可能是13世纪早期蒙古人西征时被藏匿的文献。

哈拉浩特城（即黑水城）位于干旱的蒙古沙漠之中，马可·波罗（Marco Polo）早年曾到达该地，但之后的几个世纪一直被世人所遗忘。直到1908年，彼得·库兹米奇·科兹洛夫上校带领着俄罗斯皇家地理学会探险队行至一个方形城堡时，黑水城才重现于世。

> 当我们接近这座城市时候，越来越多的陶器残片被发现，比沙丘还要高；城市位于山丘的高处，最后我们来到城墙之上，黑水城的美丽一览无余。
>
> 城墙的西南角附近，一座有着宽大穹顶的小型建筑，与穆斯林清真寺样式相似。继续行进几分钟，我们通过西大门进入了这座死城……我们来到了一个边长为4/3俄里的露天广场一侧，这里散落着陶器残片类等杂物，高低、大小不一的建筑物废墟伫立其中。四处分布着佛塔，神殿的泥坯地基清晰可见。我们对发掘中的遗址中会有怎样的收获充满了好奇，营地驻扎在这个城堡中心地带，靠近一个有两层楼高的建筑废墟，其南侧有一个寺庙遗址。我们到达后不到一个小时，便从废墟顶部开始了发掘、测绘等一系列工作。[②]

一座巨型佛塔（stūpa，蒙语中称为suburgan）被发掘后，除了佛像雕塑和艺术品外，还发现了数以百计的印本和写本。样本立即经由蒙古邮政部门送往圣彼得堡，其余部分随后陆续送达。如今，这些属于一个失落文明的绝世珍品保存在圣彼得堡东方学研究所和冬宫博物馆内。

奥莱尔·斯坦因（Aurel Stein）凭借在中亚探险而著称，1914年，他抵达黑水城，不辞辛劳收集到的几百件印刷品和写本残卷，这些物品所有权归探险队赞助商——印度政府和大英博物馆共有。一些绘画作品及印刷品的插图存放于德里，而文本则被送往伦

---

① 翟林奈（Lionel Giles）《六个世纪的敦煌（Six centuries at Tunhuang）》，伦敦，1944年。

② 科兹洛夫（P. K. Kozlov）《蒙古、安多与黑水城（Mongoliya i Amdo i mertvuy gorod Khara-khoto）》，圣彼得堡，1923年，第103页。

敦。①

“唐古特”之名曾作为吐蕃人和其他中亚民众的代称，旅行家马可·波罗则认为该词语指代生活在元代甘肃行省的部分民众，他们被蒙古人率先征服。宋朝时期，作为曾在中国北方独立的几个政权之一的唐古特或西夏延续了200多年的历史。

西夏人宣称：约在公元1000年，他们发明了自己的文字，并作为其民族独立的一部分。据说，这是学者野利仁荣独自发明的，在聂历山（N. A. Nevsky）释读的西夏文诗歌中对他充满了赞誉之词。这里有一个通俗英译本：

蕃汉弥人本一母，语言不同地乃分。
西方高地蕃人国，蕃人国中用蕃文。
东方低地汉人国，汉人国中用汉文。
各有语言各自爱，所有文字人人敬。
吾国野利贤夫子，文星照耀东和西。
……②

这个故事在中原正史典籍中有若干个版本，似乎有充分理由相信，有人独自创制了这种新型文字。为考究西夏文的渊源，我们将其和当时该地区并存汉、藏、契丹、回鹘四种文字进行比较。

通常而言，汉字属于象形文字，藏文源于印度笈多体，从语言学角度来看，藏文与西夏文最为接近。回鹘文用一组塞姆语“字母”代表突厥语辅音字母，而契丹文则是通古斯语言的一支，吸收了汉字的一些特点形成了多音节语音体系。

从形式上看，整个西夏文系统减少了一些相同顺序和方向的笔画作为汉字。看似任意修改而形成了构字特征，典型字符表几乎展示了数学组合的能力，很少一部分字符作为独体字，意味着以相同方式作为汉字的“部首”。

以《文海宝韵》而著称的西夏词源字典对所有字符进行了分析，目前尚未知晓它是否代表西夏文创制者的本意或者是后来词源学系统的蒙书类书籍。解读西夏文的工作尚未完成，俄国伟大学者聂历山教授（1892—1938）是唯一能流利阅读西夏文献之人，他对该字典所作的校注已经影

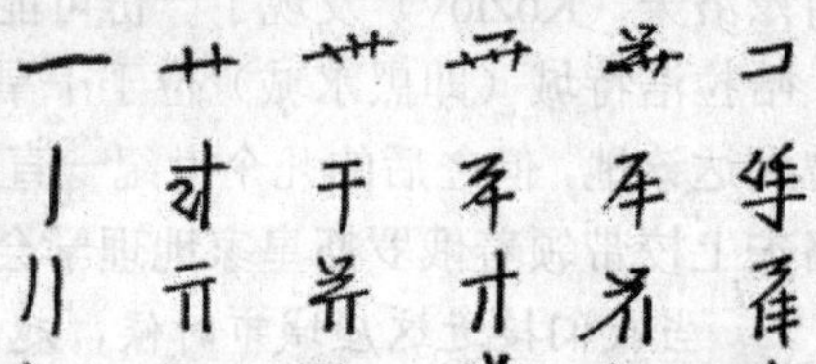

图1　西夏文抄本的典型风格

① 斯坦因（A. Stein）《亚洲腹地（Innermost Asia）》，牛津：克拉兰顿出版社，1928 年。

② 聂历山（N. A. Nevsky）《西夏语文学（Tangutskaya filologiya）》第 2 卷，莫斯科，1960 年。

印出版。大英博物馆的收藏品尽管仅仅是一些残片，但保存了许多代表性文本和原始资料。

斯坦因的《亚洲腹地》在第 440 页以后对西夏收藏品作了部分描述与说明，其中也包括德里所藏的插图类文本。佛教典籍有诸多抄本，而抄写在藏文写本行间则是译自藏地佛教文献的显著特征。这里被传抄的西夏文献有三种类型：汉文本、夏—汉文合璧历书（图 2）和西夏法典。在信仰佛教的国度，对外输出的图书中 90%以上是佛教经典，而汉地译本弥加珍贵。此外，为释读更多西夏文字，这些作品中还引入了专有词汇。专有名称和地名会给字符发音提供线索，而文字含义可以通过其他途径获得。这里有件抄本（图 3）是大英博物馆收藏的西夏文军事著作《孙子兵法》中的一页。它不可能是私人刻本，因此我们可以把它定为“蕃学”成立后的作品，雕版可能来自官方印刷机构。这个版本的《孙子兵法》有三种注释，第一种注本作者是三国曹魏时期魏王曹操。通常汉文版本有十一种注本，西夏文版本具有典型的雕版风格，虽然与印刷精美的佛经相比显得粗糙些，但似乎更适合于具有世俗性内容的文本。印版是从手稿模版制作而成，通过雕版印刷风格就可辨别出文本内容。因此，就西夏文同音字典《同音》而言，即使是小块残片，在伦敦亚非学院所藏的由杰拉德·克劳森（Gerard Clauson）先生编写手稿索引的帮助下立即就会被识别出来。遗憾的是，圣彼得堡收藏的 1132 年版本的《同音》之副本还未出版，因此必须依赖于中原雕版印刷的文本。

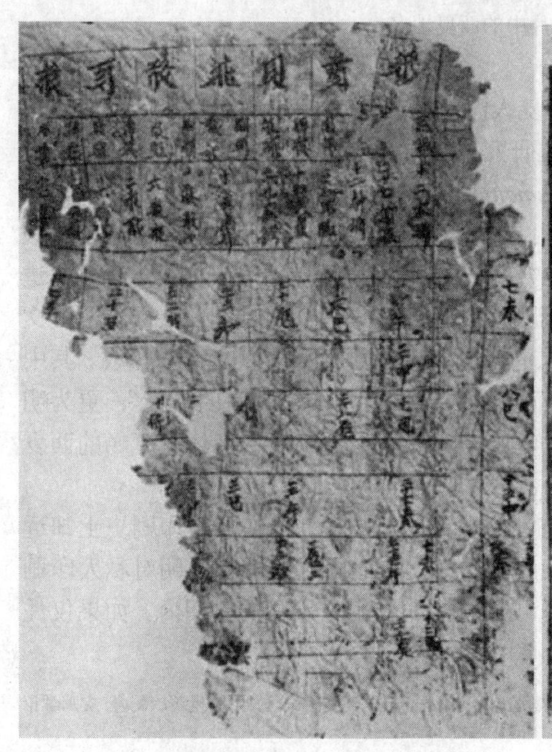

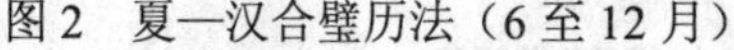

图 2　夏—汉合璧历法（6 至 12 月）

图 3　西夏文《孙子兵法》（第 25 页）

大英博物馆所藏字书的残片虽然很少，但是仍可以核查该写本的准确性。①

1149—1171 年间所编《西夏法典》（修订版）共有 20 卷，大英博物馆藏的一个印本封底残角显然就属于该法典的某卷，其编号为 K. K. Ⅱ. 0027. n。抄本包含有属于西夏辖区的地名，如沙州和银州（图 4）。

图 4　法典残片中的西夏地名

黑水城中居住有一个汉人聚落，由于西夏人游牧为生，因此这个汉族聚落可能属于商人阶层。马伯乐（Henri Maspero）② 通过研究黑水城汉文文献，在其遗作《斯坦因爵士第三次中亚考古所获汉文文献（*Les Documents chinois de la troisième expédition de Sir Aurel Stein en Asie centrale*）》中作一说明：目录中第 474 号文书属于 13 世纪初一个汉人债权人账本的部分内容。编号为 K. K. II. 0279. nnn 的珍贵“西夏文—汉文合璧历法”进一步证明了中原文化的影响力，该写本是用汉字书写数字与周期性标记，纵行用西夏文表示各月份。另一份残片同样载有六到十二的月份，纵行数字由西夏文草书写成。其中一个有趣的特征是用“一”表示“十一”，而字符“十二”则类似汉字的“腊”，更为明显的特点是汉字书写规则在笔画上已明显异于标准汉字，生硬的汉字字体和流畅的西夏文草书形成了鲜明对照。

西夏时期，中亚雕版印刷技术至少已有三个世纪的历史了，但在书籍印刷史上却远不及西夏印本重要。③ 首先，它代表一个独立的传统，未局限于宋朝和辽朝对私人印刷的禁令。其次，文本内容真实性毋庸置疑，可追溯至一个相对短暂的时期内。如果仅凭

① 聂历山（N. A. Nevsky）《西夏文字典小记(*Concerning Tangut dictionaries*)》，英文版载《狩野教授还历纪念·支那学论丛》，京都，1927 年。

② 1945 年逝世于德国布痕瓦尔德（Buchenwald）集中营。

③ 卡特（T. F. Carter）著，古德里奇（L. C. Goodrich）修订《中国印刷术的发明及其西传（The Invention of Printing in China and its Spread Westward）》，纽约，1955 年。

大量的封面类型、纸张尺寸和印刷方式判断，佛教类典籍一定是当地版本，当然，元代杭州的西夏文版本应当视为特例。最近，日本关于印本的研究文章表明，一些由刻有单个文字的方块组成的印版取代了一整块木板表面刻字的对折页印版。所谓雕版印刷和约300年后欧洲使用雕版印刷的历史很相似，大英博物馆一些雕版印本残片或许可以证明是现存最早的活字印本。[①]

写卷纸张尺寸、字符的平均大小和书籍装帧样式是多样的，小至宋代流行的9cm×6cm的“蝴蝶装”小册子，大到22cm×16cm规格并配有封面“经折装”写卷。[②]

或许这些封面比写卷本身更重要，尽管它们残缺不全，虽然与原写卷脱离，但依然保存着蓝色的绸缎和坚硬的函，这些封面时常带有题款，使得它更具有珍贵价值。

虽然西夏文是一种死语言，但西夏民族在几个世纪前就可能生活在蒙古、汉人和藏地东部地区，许多领域的不足只有通过借助这种短暂的文明去填补。这个地区的考古学尚未完全开展，极端干燥的环境将会为发现更多的书籍藏品带来希望，甚至西夏王朝国家历史档案馆早已幸免于蒙古人的战火而保存下来。

（本文原题：Tangut Fragments in the British Museum。刊于《大英博物馆季刊（The British Museum Quarterly）》第24卷第3—4卷合期，1961年，82～87页。作者为英国西夏文研究专家。）

（王东，1980年，男，河南漯河人，敦煌研究院民族宗教文化研究所科研人员，研究方向为敦煌文献与民族史。）

①《石滨纯太郎纪念文集（Ishihama Juntarō Festschrift）》收集有西田龙雄关于西夏数字的研究，英文版本已经出版。

② 巴黎集美博物馆藏有一份蓝纸金字手稿。

米儿咱·穆罕默德·海答儿《热希德史》

魏良弢　译

【1】(俄译本页码)

乌兹别克斯坦共和国科学院
阿布·拉伊汗·比丘林东方学研究所
米儿咱·穆罕默德·海答儿
热希德史
А.乌伦巴耶夫、Р.П.贾莉洛娃、Л.М.叶皮法诺娃
序言　波斯语翻译
Р.П.贾莉洛娃　Л.М.叶皮法诺娃
注释　索引
乌兹别克斯坦共和国科学院
科学出版社
塔什干　1996年

【2】

汉译题记

《热希德史》（*Tarikh-i-Rashidi*），是一部重要的中亚史料。作者米儿咱·马黑麻穆罕默德穆罕默德·海答儿（Mirza Muhammad Haidar Dughlat,1499－1551 年）出身于朵豁拉惕氏族，祖上是察哈台汗国的军事贵族，14 世纪后其家族势力急剧增长，今天新疆的南疆大部地区成为它的世袭领地。穆罕默德·海答儿的叔父萨亦德·穆罕默德·海答儿是叶尔羌汗国的开国元勋，任萨亦德汗朝的最高异密——兀鲁思别吉。穆罕默德·海答儿本人也身居要位，许多军政要事他都与闻，并多次率军出征。但是热希德登上汗位后，为巩固和提高汗权，对这个家族进行严厉打击，穆罕默德·海答儿被迫逃往印度，然后进入克什米尔，做了当地的统治者。他在克什米尔写成这部书，题名《热希德史》，在“前言”说，献给祖国的统治者热希德汗。

《热希德史》由两编组成。第一编是正史，为东部察哈台汗国的编年史，从 1347 年秃黑鲁帖木儿汗登基开始，写至 1533 年热希德汗处死作者的叔父赛义德·穆罕默德为止。这一编较早时期的史料主要来自一些传说和舍拉甫·丁的《帖木儿武功记》，较晚时期的史料则是作者的见闻。这一编他于 1544 年开始写，1546 年完成。第二编，是写作者自身的经历和他所处时代的历史，从作者降生的 1499 年写起，至他 1541 年第二

次入克什米尔止。第二编于1541年开始写，1544年完成。第二编是为第一编做资料准备，篇幅是第一编的三倍多，内容丰富，保存着许多社会生活、政治斗争、军事活动的生动画面，还收录了一些帝王行为的典则。

作者有较好的文化修养，原书用波斯语写成，曾先后两次被译为东部突厥语言。这部书在中亚地区广为流传，留下的抄本较多。《热希德史》由罗斯译为英文，伊莱亚斯编辑、注释并写了研究性的长篇导论，于1895年出版，1898年又出版了略有修改和补充的第二版。新疆社会科学院民族研究所根据罗斯英译本翻译为汉文，王治来校注，新疆人民出版社将两编于1985年和1986年先后出版，书名《中亚蒙兀儿史——拉失德史》。“拉失德”，汉语音译欠妥，民族同志反感，应用刘志霄先生的译名。其译名为“热西德史”（见《维吾尔族史》，上编，叶尔羌汗国章，民族出版社，1985年）。笔者认为“热希德”（Rashid）一词中shi音节不应音译“西”（见辛华《音译表》，商务印书馆，1973年）。这个英译本流传很广，促进了中亚史的研究，但到底是百年前的翻译和注释，随着整个人文社会科学的不断发展，特别是更佳抄本的发现以及语言学和古文献学的进步，这个英译本越来越不适应现代学术的要求，于1996年乌兹别克斯坦科学院出版了俄译本，同年哈佛大学出版了英译本。本汉译根据俄译本翻译，并参考了哈佛大学的英译本和新疆人民出版社的汉译本。古代地名依据《中国地图集》（中国地图出版社，2012年1月修订）、《世界地图集》（中国地图出版社，2012年6月修订）、《中华人民共和国行政区划简册2012》（中国地图出版社，2012年3月）注释现今名称。

【3】

艾米尔·帖木儿

660年诞辰纪念

【4】

责任编辑的话

16世纪米儿咱·穆罕默德·海答儿关于中亚历史的卓越文献《热希德史》，在学术界广为所知，是学者集中注意的目标。尽管这部著作包括现今乌兹别克斯坦、哈萨克斯坦、吉尔吉斯斯坦等广大地域的非常重要的历史资料，但是从事该书的研究者指出，并未被完全利用。基本原因是，无论《热希德史》的详细评注原文，还是其现代的翻译（罗斯的英译文于1895年问世，于1972年未做修改的再版，成为图书馆的珍藏）都缺少。鉴此，乌兹别克斯坦共和国科学院东方学研究所决定对这一大部头著作（塔什干抄本共321叶）由波斯语译为俄语，并作学术性注释。其最终成果就是此版本。

塔什干抄本（乌兹别克斯坦共和国科学院东方学研究所藏本，№1430），根据古文献学资料断定为17世纪的抄本，同其他已被使用的抄本相比是最为完整的。详细评注文本的缺少造成翻译的一定困难。翻译者在某种程度上努力解决了这些困难：吸取了三个列宁格勒（今

【5】

圣彼得堡）抄本（详见本译本的《绪论》，以字母Л表示）。——Е.Д.罗斯据以译为英文，并参照一些其他抄本；也吸取在米儿咱·海答儿自己作品中引用歇里甫爱丁《武功

记》、朱外尼《世界征服者史》的片断。

《热希德史》这部著作的大部分是回忆录：历史事件与作者本人和同时代人的生活回忆相交织——其中不少生活习俗的速写，米儿咱·海答儿本人所写诗句，作者关于尘世生存的易逝、道德价值等的哲学论断。所有这一切都是以文学的语言、生动的隐喻和修辞、准确的比喻给以阐述。毫无疑问，《热希德史》作者具有文学天赋，因此他的记叙抓住读者，迫使他们以毫不减弱的兴趣共同感受和领悟他所描述的事件。但是记叙本身很不协调：或者准确简短，或者引入的论断并不总是明确的 。塔什干抄本同《热希德史》的其他抄本校对表明：在长达几个世纪中转抄者对原文的修改相当大，今天可以说这部书有两个版本。俄罗斯科学院亚洲民族研究所的两个抄本（所藏 №B648与C394）有不大的删节，比塔什干抄本（№1430）、圣彼得堡大学抄本（№272）以及罗斯使用的抄本，对于理解作者的原文更有困难之处。

《热希德史》文体的特点是不连贯性。作者经常从记叙一个事件转到另一个事件，并且几次。重复是米儿咱·海答儿的典型特点：给人的印象是他写的回忆录，自己没有重读过。但是，这部著作整体上用形象的文学语言写成，饱含丰富的词汇和阿拉伯语转化来词汇。

《热希德史》不仅被视为历史古文献，而且也被视为文学古文献，翻译者力求尽可能更准确地表达米儿咱·海答儿的文体和生动语言。译文中保存了基本上属于米儿咱·海答儿

【6】

手笔的诗作摘录插入、他本人的哲学沉思以及他收入自己著作中著名的同时代人的苏菲派论说。总而言之，本译文的版本在总体内容上是最完整的古文献，除著作的四个片断外——在译文中做了详细的复述：叶1背面—3正面，叶185正面和背面，叶259背面—269背面，均为其他作者著作的摘录，这些摘录没有对米儿咱·海答儿的著作增补什么新东西，而文体的过分修饰无论对翻译还是读者理解都是困难的，以及结束章（叶321正面和背面）包含着在完成著作中真主给予的帮助感恩，为著作中可能出现的错误请读者宽恕。

现在刊布的学术注释《热希德史》译文在两个学术委员会——1985年在塔什干，乌兹别克斯坦共和国科学院东方学研究所；1987年在列宁格勒（今圣彼得堡），俄罗斯科学院东方学研究所分所——讨论过。现今刊布的执行者感谢正式的评论者：历史学博士Р.Г.穆克米诺娃，哲学副博士А.В.维莉达诺娃以及蒙古斯坦史著名专家О.Ф.阿基穆什金，他承担起介绍该书的艰难工作，给予范围扩大的书评。

А.乌伦巴耶夫

【7】

绪　论

米儿咱·穆罕默德·海答儿·朵豁拉惕（Мирза Мухаммад Хайдар дуглат，生于905/1499, 死于958/1551年）的《拉失德史》，属于含有中亚诸民族历史重要资料的著名历史古文献之列。这部著作由他所记叙许多事件之目睹者和参与者提供，对于史学家、民族学家、地理学家和其他学科专家研究15－16世纪这一地域封建国家的社会制度、风

俗习俗、地名保存有丰富的资料。这部著作是研究乌兹别克斯坦、哈萨克斯坦、东突厥斯坦（现中华人民共和国新疆）及部分的阿富汗、西藏和印度唯一的一手史料，它含有乌孜别克、哈萨克、吉尔吉斯、卫拉特（卡尔梅克）和维吾尔的多种多样、原本的资料，这是他们在中世纪时期相互关系流传于世的资料。

《热希德史》的作者，关于他的生平我们取自该书的资料——米儿咱·穆罕默德·海答儿同代人经常称他为米儿咱·海答儿（叶85背面①），属于蒙古社会的最高层。他的祖先享有成吉思汗家族赐予的世袭特权，是喀什噶尔世袭所有者和统治者。米儿咱·穆罕默德·海答儿的父亲侯赛因·古列干与蒙古斯坦的汗速檀·马合木汗（892/1487－913/1508）有很深的友情，于899/1493—1494 年成为汗的女婿，娶其妹 Хуб Нигар ханим，生作者（由此其称号“古列干”——

【8】

汗的女婿）。900/1495年速檀·马合木汗任命他管理Ура тепе 地区，他在塔什库尔干生活了几年，米儿咱·海答儿于905/1500年出生在这里（叶87正面、背面）。米儿咱·海答儿的母亲是蒙古斯坦统治者羽奴汗的少女、Бабур的母亲 Кутлук Нигар ханим 的妹妹。

908/1503年速檀·马合木汗在 Ахси 附近被昔班尼汗（905/1500—916/1510）的军队打败之后，穆罕默德·侯赛因被迫放弃 Ура тепе ，前往 Каратегии 。912/1506—1507年在哈布尔他参与了反对巴布尔的阴谋，被宽恕，但再不能留在那里，回到费尔干。在这里按照昔班尼汗的命令他于914/1508—1509年被杀（叶134背面）。

父亲死后，米儿咱·海答儿本人的生命受到威胁，忠于他父亲的 Маулана穆罕默德极其艰难地拯救了他，一起从布哈拉逃到巴达克山。915/1509 年米儿咱·海答儿来到哈布尔的巴布尔跟前，在这里他受到热情的接待（照米儿咱·海答儿的说法，巴布尔替代了他的父亲——叶148背面）。三年后，915/1512—1513 年去了安集延的速檀·萨亦德（920/1514—939/1533）处。从这时起至汗去世，他经常在汗身边。920/1514 年速檀·萨亦德汗在喀什噶尔地区建立政权后，米儿咱·海答儿同他一起离开这里，并居显要位置（“他委任我处理一切军国事务，赋予无限权力。”他写道。——叶171正面—173背面），萨亦德汗把对儿子和继承人阿布都·热希德的教育也委托给他。

在速檀·萨亦德汗时期米儿咱·海答儿率领多次征伐——巴达克山、Кафиристан、拉达克、西藏。速檀·萨亦德汗去世后，其子阿不杜·热希德即位（939/1533－978/1570），他对朵豁拉惕家族怀有敌视情绪，米儿咱·海答儿不得不离开国家。起初他在巴达克山流浪，以后去了拉合尔巴布尔的儿子Камран 米儿咱那里。946/1539—1540年在Агра 他与胡马雍联合，而在948/541年占领了克什米尔。他以巴布尔王朝的名义统治该地区，但实际上是独立的统治者。958/1551年

【9】

他在与山民部落的冲突中被杀。

米儿咱·海答儿受到当时最好的教育——起初是巴布尔教他，以后是速檀·萨亦德汗教他，米儿咱·海答儿在《热希德史》中详细地记叙了这一切（叶146背面，171正面—

① 此处及其以后所注叶码，均为乌兹别克斯坦科学院东方学研究所藏 № 1430《热希德史》抄本。

173背面。他这样写道：“亲戚中我在书法、识字、诗作、修辞、绘画与镀金方面是最好的，甚至是精致的……在其余手艺方面，例如镶嵌，雕刻，珠宝加工，马套车具制作，制造铠甲、弓箭、战刀，装潢图案，制造马披，建筑工程，细木工及其他手艺……由于汗给力，我成为精巧者，此前在这些行业我受的教育是薄弱的（叶4正面、背面）。米儿咱·海答儿的话在巴布尔《巴布尔回忆录》对他的评述中得到证实，他说：“对书写、绘画、制造弓箭所有这些他的手是灵巧的。他诗作的才能也是如此。从他来到我这里后，其章法一直不错。”①

除历史著作，我们得知还有一部属于米儿咱·海答儿手笔的关于地理学的突厥语诗体论文《Джахан-наме》②。

※ ※ ※

米儿咱·海答儿的著作《热希德史》在东方各国广泛传播。现时世界上许多图书馆的手抄本馆藏都有其抄本。东方各国所有追随他的作者都吸取其关于中亚、东突厥斯坦、印度等的资料。例如，Амин б. Ахмад Рази 在《Хафт иклим》（1002/1593—1594年写成）几乎完全采用了米儿咱·海答儿关于东突厥斯坦的资料③；Хайдар б. Али Рази 在《Та’рих-и Хайдари》（1028/1618—1619年写成）中阐明叶尔羌和喀什噶尔地区的察哈台统治者时依据的是《热希德史》的资料④；Хайдар Малик 在《Та’рих-и Кашмир》⑤中，

【10】

Мамуд б. Вали 在《 Бахр ал-асрар фи манакиб ал-ахйар 》（1051/1640—1641年写成）中和Шах Махмуд Чурас 都利用米儿咱·海答儿的文集，后者自己的《编年史》第1部分实际上是建立在《热希德史》资料的基础上⑥。Мулла Муса б. Мулла Иса Сайрами 在自己的著作《Та’рих-и Аминийа 》中也吸取了米儿咱·海答儿的著作⑦。Мухаммад Касим Фиришта 在印度史中记述克什米尔引用《热希德史》。Мухаммад А’зам 的《克什米尔史》和Хафиз Таниш 的《Абдаллах-наме》，也是依据此书⑧。18—19世纪米儿咱·海答儿的《热希德史》由Мухаммдд Садик Кашгари 和 Мухаммад Нийаз б. Абдалгафур 译为维吾尔语⑨。将历史延长到19世纪中期的抄本为乌兹别克斯坦科学院东方学研究所收藏⑩。

西欧学者中首先引用米儿咱·海答儿著作于自己研究中的书B. Эркин11。他利用了米儿咱·海答儿关于15—16世纪中亚和东突厥斯坦历史的资料，在阐述蒙古人历史时摘录

① Бабур-наме. С.21.

② Стори, II. С.1202, № 1068.

③ Чурас. Хроника. С.112. прим. 1.

④ 同上。

⑤ Pertsch, IV, № 512.

⑥ Чурас. Хроника. С. 68.

⑦《Та‘рих-и Аминийе 》Муса Сайрами / Изд. Н.Н.Пантусова. Казань, 1903. С. 18-19.

⑧ Вельяминов－Зернов В.В. Исследование о Касимовских царях и царевичах. Ч. II. Спб., 1864.С .135-136.

⑨ Мугинов. Описание, 31-37; Дмитриева, Мугинов. Описание.№ 87-93.

⑩ СВР. Т. VII. С. 25, № 5014.

⑪ Erskine W. History of India under the two first sovereians the hous of Taimur, Babur and Humaiyun, vv. I－II, London, 1854.

了《热希德史》，并在书注释中给出引文。其后，Г.М.Эллион①在著作中、Скрайн② 在书中也利用了《热希德史》蒙古史、中亚史和东突厥斯坦方面的资料。

Е. Д. Росс 英译《热希德史》于1895年问世后，米儿咱·海答儿的著作在西欧东方学家中获得盛名③。

【11】

В. В. Бартольд 对该版做了评论④，对穆罕默德·海答儿著作所英译本问世祝贺，同时指出其某些不准确和不足。

还在英译本问世之前很久，《热希德史》已引起俄国东方学家的注意。В. В. Вельяминов-Зернов 首先在自己的著作将它作为基本的和有价值的史料使用⑤。其后，А. Н. Куропаткин 在自己的关于喀什噶尔的历史－地理概要中⑥、В. И. Масальский 在记叙叙突厥斯坦边区时⑦也利用了该著作的资料。

其后，关于哈萨克的资料两卷集⑧从《热希德史》取得资料并出版。一系列哈萨克史研究者，像В. Л. Вяткин⑨， Т. И. Султанов⑩, К. А. Пищулина11在自己著作中，都吸取穆罕默德·海答儿关于哈萨克的材料。

穆罕默德·海答儿关于吉尔吉斯的资料进入了《吉尔吉斯地区史》12这样由重大价值的著作，其"14世纪后半期－16世纪初天山的封建割据"完全根据《热希德史》；К. И. Петров13与 К. И. Пищулина14的著作也利用了《热希德史》。

穆罕默德·海答儿关于蒙古斯坦史的资料在 Б. А. Ахмедов15, О. Ф. Акимушкин16,К. А. Пищулина17的著作被吸收。《热希德史》的资料也被《乌兹别克斯坦民族史》的

【12】

① Elliot H. The history of India as told by its own historians.The Muhammadan period. Calcutta, Second Edition, 1953.

② Skrine F. H., Ross E. D. The Heart of Asia. A History of Russian Turkestan and Central Asian Khanates from earlist time. London, 1899.

③ A History of the Moghuls of Central Asia being the Tarikh-i-Rashidi of Mirza Muhammad Haidar Duhlat. An English version ed. with commentary ,notes and map by N. Elias, the translation by Denisson Ross, London, 1895 (переиздания：1898, 1972 гг.).

④ Бартольд В. В. Рецензия. Соч. Т. Ⅷ. С. 63.

⑤ Вельяминов-Зернов В. В. Исследование о Касимовских царях и царевичах.

⑥ Куропаткин . Кашгария.

⑦ Масальский. Росся.

⑧ Прошлое Казахстана в источниках и материалах (Ⅴ в. до н. э. —ⅩⅧ в. н. э.).

⑨ Очерки по истории Казахской ССР. М., 1941.

⑩ Некоторые замечания о начале казахской государственности.

⑪ Юго-восточный Казахстан в середине ⅩⅣ—начале ⅩⅥ в.

⑫ История Киргизии, Фрунзе, 1963.

⑬ К истории движения на ТяньШань и их взаимоотношений с ойратами в ⅩⅢ－ⅩⅤ вв.

⑭ Киргизы и их этногенетические историко-ультурные связи.

⑮ Государство кочевых узбекв; Улугбек.

⑯ К вопросу о внешнеполитических связях Могольского государства с узбеками и казаками в 30-х гг. ⅩⅥ в.—60- х гг. ⅩⅦ в. Палестинский сборник. Вып. 21 (84). Л. 1970.

⑰ Юго-восточный Казахстан в середине ⅩⅣ—начале ⅩⅥ в.

编纂者和以后的出版物[①]在阐述乌孜别克的来历及其与昔班尼汗相关事件时所利用。

史学家在研究中亚游牧部落、其迁徙和民兵以及解决“哈萨克”一词的来历问题时都不能绕开《热希德史》[②]。

穆罕默德·海答儿关于918/1512年土库曼参加在 Кул-и Малик 附近战役的记叙被《土库曼人与土库曼地区历史资料》[③]引用，其关于维吾尔人的资料在 Д. И. Тихонов 的著作中被利用[④]。

史学家在阐述长时期以来的某些社会－政治问题时采用马黑麻穆罕默德穆罕默德·海答儿的著作，如：巴布尔统治时期的研究者С. А. Азимджанова 在阐述15世纪下半期帖木儿王朝封建社会采用奴隶劳动时主要依靠她摘取的《热希德史》的资料[⑤]。

考古学家在研究中亚的中世纪城市时广泛利用了穆罕默德·海答儿著作中饱含的丰富资料[⑥]。维吾尔史学家也采用《热希德史》，因为该书的颇大部分与喀什噶尔历史问题有关[⑦]。

最后，《热希德史》也是 В. В. Бартольд 一系列研究性著作的基本史料，他在自己的许多有关中亚政治史、文化史、城市史、族群史、民族史的学术刊行物引用了穆罕默德·海答儿的资料。

※ ※ ※

【13】

米儿咱·海答儿在克什米尔用几年的时间写作历史著作《热希德史》。著作由两部分——“дафтар”（册）组成。第1册以系统的序列记述了蒙古斯坦和喀什噶里地区察哈台王朝诸汗的历史，从秃黑鲁·帖木儿时期（748/1347—1348年登基）到阿不杜·热希德汗（940/1533年开始统治），952/1546年写成（叶85背面），晚于第2册。第2册完成于948/1541—1542年（叶92正面），其分量几乎高出第1册4倍，乃是作者的回忆录，它同咱喜鲁丁·穆罕默德·巴布尔（Захираддин Мухаммад Бабур）用乌孜别克语写成的名著《巴布尔回忆录》（Бабур-наме）是16世纪回忆录文学的典范。

这两位作者属于同一个统治集团，而且是表兄弟。巴布尔是中亚许多地区的著名统治者，印度巴布尔王朝的国家奠基者，是位知识渊博的人，在中亚民族文化史上留下光辉的印迹。米儿咱·海答儿像巴布尔一样，是位具有自己时代高度文化修养的人，他写的诗，丰富他的回忆录。两部著作——《巴布尔回忆录》和《热希德史》——都是在作者本人观察的基础上写成，阐述了同一历史时期，经常同一事件和人物，并且在实质上相互补充。

---

① История Узбекской ССР .Т. Ⅰ. Кн. 1. Ташкент, 1955; Истоия Узбекской ССР .Т. Ⅰ. Ташкент , 1967.

② Иванов П.П. Очерки; Ибрагимв С.К. Ещё раз о термине “казак”; Его же, К истории Казахстана в ⅩⅤ в.

③ Труды ИВ, Ⅷ. М.; Л. 1938.

④ Тихонов Д. И. Хозяйство.

⑤ Азимджанова С. А. Черты социальньо-экономической жизини Ферганы на рубеже ⅩⅤ－ⅩⅥ вв.

⑥ Бериштам А. Н. Архитектурные памятники Киргизии; Ерзакович Л. Б. О позднесредневековом городище Аспара; Пищулина К. А. Присырдарьинские города и их значение в истори казахских ханств в Ⅹ－ⅤⅦ вв.

⑦ Пулад Кадири. Улка тарихи, 1- кисм .Урумчи, 1947.

中亚史的卓越研究者巴托尔德（В. В. Бартольд）写道：米儿咱·海答儿在许多地方提到他表兄巴布尔的回忆录，因为米儿咱·海答儿的历史叙述以真实和公正为特征，其地理章节也是明晰的并以实物作证明显①。

对比两部著作，史学家得出结论：虽然在阐述的系统、年代的精确、细节的描写《热希德史》不及《巴布尔回忆录》，但是前者含有蒙古斯坦史独一无二的资料，其任何一项几乎都不是复制的，

【14】

而《巴布尔回忆录》反映的事件，当时在一系列其他著作颇大程度上也有阐述②。然而，如果说咱喜鲁丁·穆罕默德·巴布尔的《巴布尔回忆录》不止一次出版原文和当代欧洲语言的译文③，那米儿咱·海答儿的《热希德史》除一系列的被引用④，完整地问世只是罗斯在上世纪（1895年）的英译文，1972年未作修订再版。

《热希德史》的回忆录部分和历史部分是一致的、密切相连的整体。例如，与作者同时代的从羽奴思汗（866/1462年开始统治）起的蒙古诸汗的历史，在著作的第2册比第1册有时用大量的细节加以描写，米儿咱·海答儿在此指出：这些事件在第2册有阐述。

米儿咱·海答儿在第1册的前言讲了把著作名为《热希德史》的三个原因：一、为纪念晒赫 Арашададдин，他召唤秃黑鲁·帖木儿信奉伊斯兰教；二、纪念秃黑鲁·帖木儿引导自己的人民走上正道；三、纪念蒙古汗阿不杜·热希德（ Абдаррашид ）。

米儿咱·海答儿《热希德史》对历史科学的意义非常之大，中亚及其邻近地区16世纪历史的研究者经常利用它就是实证。例如，著名的东方史学家巴托尔德称《热希德史》未必不是16世纪穆斯林历史文献最奇异的典籍，也是东突厥斯坦历史最重要的史料之一⑤。中亚史研究者П. П. Иванов 写道：《热希德史》是我们据以报道15－16世纪蒙古斯坦生活的唯一史料⑥。俄国东方学家 В. В. Вельяминов-Зеринов 这样评论这部著作：《热希德史》，特别是它的第2部分，是该书最为重要的。这是察哈台汗族最晚期

【15】

历史的唯一史料……其叙述处处极为认真和清楚。其实，这些优点也应该从《热希德史》作者得到。他本身的社会地位给他以知晓事件并描述其真相的可能⑦。

总之，在《热希德史》中叙述的基本上是14—16世纪察哈台兀鲁思东部或者蒙古斯坦的历史，它当时以锡尔河、Сары-Су、巴尔喀什湖、Иртыш、中天山南麓为界，大致为现今吉尔吉斯斯坦、东南哈萨克斯坦的领土；米儿咱·海答儿引用了在这一区域生活过的诸部族的政治和经济生活的资料，阐述了该地域的游牧和半游牧居民——乌孜别克、哈萨克、吉尔吉斯、卡尔梅克（卫拉特）等的历史。

---

① Бартольд В. В. Иран. С. 309.

② Материалы. С. 189.

③ Стори, Ⅱ. С.833 и сл. № 690.

④ Стори, Ⅱ. С.1204 и сл.; № 1068.

⑤ Бартольд В. В. Рецензиа. С. 63,73.

⑥ Иванов П. П. Очерки.

⑦ Вельяминов-Зеринов В. В. Исследование о Касимовских царях и царевичах.

米儿咱·海答儿领导过对西藏和印度的军事征伐，他给我们留下了珍贵的历史、族群、地理和其他资料。此外，《热希德史》还含有这一时期文化史丰富的资料，其中米儿咱·海答儿在自己著作中的许多地方写到纳瓦依（Алишер Навои）时代赫拉特的文化界（叶113正面—126背面）。他在著作中注意到科学界和文化界的代表人物，详细地记述他们每一位：学者（叶119正面－120背面）、诗人（120背面－123正面）、му'амм 编纂者（叶123正面）、书法家（叶123正面－124背面）、色彩画家（叶124背面－125背面）、妆饰图案镀金师——即手写书装帧者（叶125背面）、歌唱家和乐师（叶126正面）。在著作中有"苏菲晒赫"篇（叶113背面－119正面），他开头提到卓越的经典诗人 'Абдаррахман Джами 的名字，并以它结束献给诗人的本篇。

米儿咱·海答儿在自己著作的许多地方也注意到著名的经典诗人纳瓦依（1441－1501）。其中，他提到 Джами 和纳瓦依的相互友谊关系，涉及其周围的人们，开出了他们著作的清单

【16】

等等。

米儿咱·海答儿在"诗人"篇提到 Сухайли、Хилали、Бинаи 及许多其他人的名字，介绍了其创作的范例。在"色彩画家"篇米儿咱·海答儿提到他同时代的艺术家，其中阐述了著名的 Бехзад ，列举了他的学生，并评论他们每一位的书法方式。在音乐家中他提到纳瓦依圈内的著名历史学家和诗人霍加 Абдаллах Марварид 的名字，根据资料这是一位极好掌握乐器 канун 者，并完善了其构造。

尽管历史学家不止一次地使用包含资料的《热希德史》，但是根据研究者的一致意见，还没有尽用[①]。米儿咱·海答儿著作的现代出版在颇大程度上可以填补这一空白，乌兹别克斯坦科学院东方学研究所的研究人员进行了现今《热希德史》从法尔西文译为俄文的学术注释试验。

※　※　※

前面已提到的乌兹别克斯坦科学院东方学研究所藏 № 1430 抄本是本刊布的译文之基础。该抄本共321叶，每叶尺寸为：13.3 × 23.3cm，19 行。书写好而且字体相当大，整齐，但一些地方是急促凑接的。原文用黑墨汁书写；章的标题用朱砂书写，有пайгир 。在叶边见到原文更正和增补。在修复叶1－7的叶边时，叶2正面和背面的原文局部修复。

纸张是东方产品，显然，克什米尔制造；薄而有光泽，浅奶油色，纸质好。有些叶涂上淡紫颜料。

书皮为硬纸版，包以黑红皮革。封面书脊的中间有3个植物构成的图案。该抄本未注明日期，根据古代手稿字体学资料，其可能属于17世纪前半期。

【17】

在翻译的工作过程还利用了3个圣彼得堡（列宁格勒）《热希德史》抄本[②]。其中之一

① Материалы. С. 191.

② 引用这些抄本分别以Л 1,Л 2,Л 3 标明。

为大学图书馆东方部馆藏，№ 272①，共224叶，每叶尺寸34.5 ×20.5， 每页26行。完整的，保存很好的抄本，有详细的 фихрист 。书法为齐整的 насталик ，用黑墨汁书写，标题用朱砂书写，有 пайгир 。原文框在红线内。纸张俄罗斯造，商标为“Асеевская фавригка А № 4 ”。封面是硬纸版，覆以皮革，很破旧，书脊破烂。转抄于1259/1843年。В. В. Вельяминов-Зеринов 主张，可能该抄本转抄于喀山（Казань）②。转抄者 ‘Убайдаллах ибн Калималлах ал-Вулгари ал-Казани ас-Салабаши③。该抄本我们以Л 1 标明。

两个其他抄本为俄罗斯科学院亚洲民族研究所藏，№ В 648 и С 394 ，分别以 Л2 ，Л3标明。手写本 № В 648（ Л2 ）共 250 叶，184 叶以后有脱漏；转抄于972/1564－1565年④。抄本 № С 394（ Л3 ）共 218 叶，187 叶以后有脱漏；转抄于972/1564－1565年⑤。在翻译时利用这两个抄本的照相复制品，因此其古字体的描述未做。

在原文的工作过程中英译《热希德史》也被参照，它由 Е. Д. Росс⑥ 根据不列颠博物馆藏手写本完成。该手写本基于几个波斯文和突厥文的抄本，英译《热希德史》的出版人 Н. Илайес 也在罗斯译本的“前言”（我们标明为 R ）中指出，英国所藏的《热希德史》波斯文抄本

【18】

不完整，因此罗斯在翻译的工作中利用了穆罕默德·海答儿著作的突厥文抄本⑦。

我们手中的四个抄本与英译本对照，证明我们与两个不同原文的版本打交道：比较完整的是塔什干抄本（Т）、一个圣彼得堡抄本（Л 1）和罗斯译本，比较不完整的抄本（Л 2，Л 3），其所靠不是其实际包含的资料，而是因为其修辞的简化。在我们看来，较完整的不同版本是更接近作者原文的，因此我们的译文基于塔什干抄本（Т），尽管其转抄晚与于Л2 ，Л3 抄本。

考订原文的异读放在译文的每页末的脚注，对原文的注释另外放在译文后每章。转译东方人名和地名采用当代出版东方原文普遍使用的形译（用一种语言的字母写成另一种语言的字母——汉文译者注）。

翻译由А. Урунбаев, Р. П. Джалилова⑧（叶1背面－43背面；149背面－269背面）；А. Урунбаев, Л. М. Епифанова（叶43背面－149背面；269背面－321背面）完成。相应叶的译文注释和索引的编纂由Р. П. Джалилова 和 Л. М. Епифанова 完成。

（魏良弢，南京大学离休教授，主要从事西域民族史研究。南京：210093）

---

① Тагирджанов. Описание.

② Вельяминов-Зеринов В. В.Исследование о Касимовских царях и царевичах.Ч.Ⅱ.С. 137.

③ 同上。С. 134－135.

④ Акимушкин, Куше. Персидские и таджикские рукописи . Ч. Ⅰ. 1964. С. 91.

⑤ 同上。С. 91.

⑥ The Tarih-I Rashidi of Mirza Muhammad Haidar Dughlat. An English version, ed. with commentary, notes and map by N. Elias. The translation by E. Denisson Ross.

⑦ 同上，p. Ⅸ－Ⅺ.

⑧ Пано Пулатовна Джалилова , 伊朗学家－史料学家，一系列中亚历史著作的作者，1995 年秋去世。

卫拉特和喀尔喀蒙古法律概述[①]

V·A·梁赞诺夫斯基 著　达力扎布 译

一、西部蒙古或准噶尔的法律

（一）旧《察津毕齐格》

14 世纪末，卫拉特联盟的形成使制定一个共同遵守的法规来规范联盟内各部之间关系成为必要。帕拉斯（P. S. pallas）院士提示我们曾存在这样的旧卫拉特法典，遗憾的是他没有给我们提供详情。[②]很明显帕拉斯院士手中有一册旧《察津毕齐格》法典（完整的或部分的）。因为他摘引的几个节段似乎不是他本人改写的，而像是逐字抄写的原文（的一部分）。这部分内容不同于《成吉思汗大扎撒》和《1640 年蒙古—卫拉特法典》（以下简称 1640 年法典）。帕拉斯提到蒙古部落的法律旧《察津毕齐格》是他那个时代西部蒙古（卡尔梅克）习惯法的基础。他认为这不是某一个部落的法规，而是整个西部蒙古的法律。列昂托维奇（Leontovich）教授有很好的理由将旧法典《察津毕齐格》的出现与卫拉特早期联盟的建立联系起来，认为它是政治妥协的象征，在此基础上形成了四卫拉特联盟，正如后来 1640 年法典是四十四蒙古部落联盟的法律象征一样。这个结论基于对旧法典的研究，旧《察津毕齐格》的第一段中记载，喇嘛通奸可以不受惩罚，然而，我们知道从 16 世纪下半期开始喇嘛教渗透入蒙古之后，要求僧侣严格遵守戒律，违背戒律的喇嘛则受到处罚，由此可知旧《察津毕齐格》一定是在佛教传入蒙古和准噶尔之前就已存在，不会晚于 16 世纪前半期，列昂托维奇教授认为是在 15 世纪。

旧《察津毕齐格》没有保存下来，但是，帕拉斯用德文摘录了其八个片段发表于其《蒙古历史资料汇编》一书中。俄译文由斯帕斯基发表于伊格莫诺夫论文《蒙古研究》的附录里。[③]又被复制于古尔兰德的论文《草原法律从古代到 17 世纪》之中。[④]

这部旧卫拉特法典的八个片段是有关通奸（1—4）、给儿子分家产（5）、侮辱（6）、妇女地位（7、8）等内容。[⑤]

---

① 本文摘译自梁赞诺夫斯基《蒙古法律的基本原理》第一章《蒙古地方法律》中的 A 节及 B 节的一部分内容，译文标题是译者所加。

② P. S. 帕拉斯《蒙古历史资料集》，第一册，192 页。

③《西伯利亚通讯》，1819 年，第五卷。

④《社会考古学杂志》，喀山大学历史与民族学，20 卷，第 79-98 页，1904 年。

⑤ 在这里我们还要提到，符拉基米尔佐夫院士认为帕拉斯提供的有关旧察津毕齐格的信息可能是出于误解，因为帕拉斯既不懂蒙古语也不懂卫拉特语，也没有提供这些资料的来源（蒙古社会制度史，第 177 页）。然而，没有证据证明帕拉斯曾犯过如此重大的错误，而且我发现在《1640 年法典》中提到“旧法典”（第 142 条），帕拉斯在 18 世纪发现该法典残片也是有可能的，残片内容没有否定帕拉斯的主张。

这个旧法典与《大扎撒》有很大的不同，如果将其前四条即处罚宽松的通奸条例，与《大扎撒》相关条例（规定处以死刑）相比较，就会看出旧《察津毕齐格》明显不是《大扎撒》的一部分，也不是在其基础上制定的，而是代表了另外的（习惯法）汇编。总之，旧《察津毕齐格》的刑罚条例比《大扎撒》（cf. Frs 1—4）宽松得多，我们现在见到的该法典的这部分内容说明，整个法典中渗透了更为人道的原则。旧《察津毕齐格》对待妇女很有特点，妇女得到体谅和尊重，作为家庭的女主人，妇女不可侵犯，侮辱她们将受到严厉的惩罚（7，8）。旧《察津毕齐格》中的另外一些条例则毫无价值，如一个能够自食其力的成人儿子有权力要求分享其父亲的财产建立独立的家庭（5）。

习惯法或许是旧《察津毕齐格》的基本来源。

（二）《1640 年蒙古—卫拉特法典》

蒙古帝国崩溃，四卫拉特联盟形成于准噶尔地区之后，蒙古内部的混乱并没有停息。但是，外部的威胁和内部的纠纷使东部蒙古和西部蒙古王公们于 17 世纪前半期开始考虑有必要在蒙古各部落之间实现内部和平和建立牢固的联盟，以抵御外部侵略，停止相互间的残杀和冲突。1640 年，喀尔喀、准噶尔、青海、西伯利亚、伏尔加河草原的蒙古王、太师们举行集会，会议明显是在准噶尔举行的，我们从某些事实可以得出这样的结论。此集会是在准噶尔巴图尔汗影响下，确立了新的联盟，制订了新的《蒙古—卫拉特法典》。这个大联盟建立的目的就是要实现内部，不仅是准噶尔各部之间，还包括漠北蒙古、青海蒙古及在俄罗斯的蒙古各部落之间，即全部“四十四万户”蒙古内的和平，以抵御外部侵略，这个目标反映在该法典的内容里。

1640 年法典不是一个在全部蒙古部落普遍实行的法律（例如在内蒙古没有效力），不过，它即使未能在大部分蒙古部落实行，也是在成吉思汗《大扎撒》之后，在可观数量的蒙古部落中实行的纯粹的蒙古法律。

不过，我们对其评价应当有所保留，1640 年法典在相当长的时期内实行于西部蒙古部落，包括俄罗斯的卡尔梅克，而在漠北蒙古实行时间不长，没有留下深刻的影响，这是因为漠北蒙古同时有他们自己的法典《七和硕大法典》和《喀尔喀法规》，而且蒙古—卫拉特联盟很快就瓦解了。①

卡尔梅克文本的《1640 年蒙古—卫拉特法典》被戈尔通斯基教授以《1640 年蒙古—卫拉特法典》（1880）的标题出版，②一个德译文本收入了帕拉斯院士的《蒙古历史资料集》（1801），列昂托维奇教授在其《古代蒙古—卡尔梅克或卫拉特法规的刑罚》（1879）中又重新发表。该法典目前有几种俄文译本，据施密特（Sheremetieff）的复制，其第一个译本发表于 1776 年，以“蒙古—卡尔梅克人法典译文”的标题发表在《莫斯科大学私立俄国学会论文集》第三册；第二个译本发表于 1828 年，以“蒙古—卡尔梅克人法典”为标题发表在《北方档案》和《祖国之子》杂志；第三个译本于 1879 年发表于列昂托维奇教授的著作《古代蒙古—卡尔梅克或卫拉特法规的刑罚》（察津毕齐格）；第四

① 有关喀尔喀蒙古对《1640 年法典》的态度，请见波兹德耶夫教授的《蒙古编年史——额尔德尼额尔克》，第 131-137 页）。

② 从《1640 年法典》的卡尔梅克文本及其译本中，我们没有见到记载说它有蒙古文文本。参见科特维奇教授：《17-18 世纪俄国有关与卫拉特交往的档案》，《纪念俄国科学院》，1919 年，第 795-797 页。

个译本是戈尔通斯基教授在其《1640年蒙古—卫拉特法典》中于1880年发表的。

1640年法典的条例，据帕拉斯本（不包括附录）有130条，列昂托维奇本有150条，戈尔通斯基本121条。由于戈尔通斯基教授的俄文译本是翻译自卡尔梅克文，并得到卡尔梅克人的证实，而帕拉斯和列昂托维奇本则来源不明，因此，本研究将使用上文提到的第一个版本（并参考列昂托维奇本）。

不同与一些学者（科斯坦科夫、罗文斯基、穆罗夫）的意见，我认为商议通过1640年法典的集会地点应当是在准噶尔或喀尔喀，而绝不可能是在俄罗斯。因为那时在俄罗斯游牧的只有和尔勒克及部分土尔扈特人，其他各部都在别处，不论是被视为可能起草法典的巴图尔珲台吉，还是被证明是法典附录内容的作者的其子噶尔丹都没有踏上过俄国领土。

在《咱雅班第达传》中提到喀尔喀扎萨克图汗部是集会的地点。[①]然而，此法典内容主要与西部蒙古部落生活相关联，事实上，在很长时期实行于西部蒙古（卫拉特和卡尔梅克）而不是在喀尔喀。据此我们似乎可以得出结论，法典的起草者应为卫拉特人，其集会地点也可能是在准噶尔。

此法典的宗旨甚至从其第一条法规就可以明显地看得出来，就是为巩固部落之间的联盟，使联盟内部有可靠的和平与秩序，以便组织对外部入侵的抵御。法典将此放在了最突出的位置，因此很自然地把调解蒙古内部关系放在首位。其中有一系列条例是为联盟的军事方面制定的，规定了在进攻和防御时的相互关系。更多系列的条例规范了蒙古社会的结构，第三部分条例规范了蒙古主要生产活动——牧养和狩猎。其中有二十几条与私法相关，相当数量的条例（大约占全部条例的一半）是刑法条款。

1640年法典是基于蒙古部落的氏族生活和氏族组织的。每个家庭要驻牧于一个指定的地点，与他们的阿寅勒、和屯，爱马克和鄂托克在一起，禁止游离于这些组织去到附近的远亲居住之处。这些单位是由其首领十户长、收楞额、德木齐、宰桑、鄂托克首领、部落王子等所控制。但是，在我们涉及的那段时期里氏族生活已经发生了变化，出现了私有（不仅是家庭也有个人的）动产——牲畜和工具，替代了原始的氏族共同体，出现了明显的社会分化。

我们从法典看出当时的社会分为贵族和庶人，社会成员分为上、中、下三个等级。

上层，属于贵族阶层的“白骨头”有:（1）台吉（条例10、11、20、21、26、35），台吉又分为首领（汗、珲台吉、太师），中级（主要是官员即兀鲁思首领和塔布囊、台吉），低级（非官员的台吉和诺颜）等级。这些台吉从属民征收赋税（实物，26），他们（或至少他们中的官员）有权享受审案费用（128）。他们不可侵犯的权利得到重刑的保护（20、59）。（2）塔布囊（非台吉）和（行政）官员（10—11）；（3）执政者、氏族首领、宰桑和侍臣（10、11、20、21、35）。

中层，包括氏族小首领、诸如德木齐、收楞额、达尔罕（免赋役者）、和硕齐和战士（11、20、55）。

下层，包括手工工人、牧民、农民和奴隶（11，15，39，59，44，46，69，100）。

---

① A. 符拉基米尔佐夫：《蒙古社会制度史》，1934. 第177页注2，俄文。

下层等级之人在全部案例中都不如中间等级之人有价值，同样下一级别依次都不如上一级别。其差别表现在赔给他们相对很少的赔偿和罚金，在侮辱案例中的判罚也不严厉，在立誓判决时其誓言也不附以重罚，等等。总之，依据该法典，人们的法律地位与其社会地位是相适应的。奴隶身份处于社会的最底层，多数是来自战争中的俘虏，然而，这些奴隶决不是在法律上完全没有权利的。例如，杀死自己的男奴隶将受到重罚，罚五九牲畜；杀死女奴罚三九牲畜（32）。女奴隶若能提供（牲畜）现场的尸骨，允许其在法庭作证（101），而男奴不提供现场的（牲畜）尸骨也可以作证。强奸女奴，罚马一匹（69）等。一般来讲奴隶的数量有限。

没有见到有不动产产权，但存在私人动产，契约关系的发展也不尽如人意。家庭仍保留着家长制特征，家长（丈夫和父亲）的权力很大，存在一夫多妻，婚姻以聘礼赎买新娘。

刑罚体系基于财产刑，以九数牲畜计量，刑罚适用于不同的案件，具有习惯法特征。除刑法典外还有奖励规定，奖励在人、畜处于危险需要救助时提供的救助。

1640 年法典与成吉思汗大扎撒有很大的差别，在宗教范围内，大扎撒采取了宽容的原则，指导人们尊重各个宗教教派，禁止偏爱某一教派。而法典宣称喇嘛教为唯一正确和至高无上的宗教，还迫害萨满教。在道德方面，大扎撒对通奸处以死刑，法典则对违规通奸的男人和已婚妇女只征收很少的罚金，而且不惩罚未婚女子。在镇压违法罪犯的刑罚方面，法典比大扎撒更温和，在大扎撒的规定中实行死刑处罚过滥，经常实施于不甚严重的犯罪，而在法典中除个别例外，整个刑罚体系都基于财产刑。但是，在大扎撒和法典之间虽然存在以上差别，亦有许多共同点。刑罚主要是罚取实物，在法典中主要采用罚取家畜的体系，大扎撒亦如此（28、29）。大扎撒规定任何人被食物噎住，将其从帐房下方的洞中拽出室外杀死（31）。法典亦同样强调，杀死在别人家被食物所噎的人无罪，虽然要处罚杀人者五九牲畜(49)。[①]大扎撒规定处死任何在火上撒尿的人(4)，不得跨过正在烧饭的火堆（12）。法典则处罚任何往烧饭的火堆投入大木棒（使火熄灭）的人（90）。大扎撒和法典都规定不得庇护和帮助争吵或打架中的一方（Fr. 3，Art.71）。在待客礼方面的规定大扎撒和法典是相同的（Fr.12,13 和 Art.24, 87，及各自的其他条例）。

在内容方面，通过对照两者对待通奸、妇女和给子女分配家产等方面的规定，我们有充分信心认为法典更近似于旧《察津毕齐格》，这是可以理解的，因为这两个法典制定的时代相近，而且它们是卫拉特联盟的主要法典。

1640 年法典的主要来源是蒙古部落的习惯法，在某种程度上是由旧《察津毕齐格》和喇嘛教教规，加上其他一些法规条款组成的。

法典的内容包含了有关蒙古法律的重要资料，极有科学价值。《成吉思汗大扎撒》仅留下了片段的记载和不准确的译文，而《1640 年法典》则以完整的形式流传到了我们手中，一度曾经是我们了解蒙古法律的基本资料，既使目前，仅有新发现的漠北蒙古法律《喀尔喀法规》可以与它的重要性相提并论。然而，后者的发现并不能降低前者的

① 第 49 条，若有人在别人家中被食物噎住或者酒醉被杀，杀者无罪，虽然如此，罚杀者五九牲畜。

科学价值，这不仅因为1640年法典代表了西部蒙古的立法，正如《喀尔喀法规》代表了漠北蒙古的立法，而且其内容有独特的价值。虽然《喀尔喀法规》包含了更多的资料，条例更为丰富，一些资料记载是与其论述相同的内容，但是，正如我们将会在看到的，如果说《喀尔喀法规》给蒙古部落习惯法的某一方面提供了更多详细信息的话，那么，1640年法典也对另外一些方面给予了更好的阐释。例如，在1640年法典中对蒙古的氏族生活和氏族关系有很好的描述，显然，在17世纪西部蒙古的氏族生活比其同族漠北蒙古在18世纪时期保留的更多。在1640年法典中涉及狩猎的规定很多，狩猎作为一种生计在西部蒙古中比晚一世纪的漠北蒙古具有更重要的地位。噶尔丹汗在法典附录中加入的敕令，所宣布的司法组织比《喀尔喀法规》更为详细。在一些私法和刑法的详细情况方面，1640年法典的某些信息是后者所没有的。当然，由于两者都不完整，我们发现有些问题在《喀尔喀法规》的规定中更加详细。以上事实充分证明《1640年蒙古—卫拉特法典》仍有其科学价值。

（三）噶尔丹珲台吉的补充敕令

噶尔丹是巴图尔珲台吉的儿子，于1677—1697年间担任卫拉特联盟的首领（珲台吉），并颁布了两道敕令作为1640年大法典的附录。

在列昂托维奇本中仅有噶尔丹汗的第一道补充敕令，而在帕拉斯本和戈尔通斯基本中有两道敕令。布勒认为第一道补充敕令颁布于1654年，而列昂托维奇倾向于是在1687年，该年蒙古台吉们在喀尔喀举行了集会。笔者认为这些推测似乎都是错误的，事实上，无论是在列昂托维奇本还是在帕拉斯本中都没记载补充敕令的颁布时间。然而，在戈尔通斯基本中第二道敕令有颁布日期，是于1678年，无论戈尔通斯基原文本中，还是帕拉斯本中，有关立法活动明显是依照编年顺序重新编排的，即从1640年法典开始直到附录中的汗敦多克达什（1741—1761）的条款，因此，有理由推测噶尔丹汗的第一道敕令也是按时间顺序排列的，那么，它的颁布时间就应当是1677—1678年之间。[①]

噶尔丹的第一道敕令，在列昂托维奇本中有16个条例，在帕拉斯本有和戈尔通斯基本中有12个条例。第二道敕令在帕拉斯本有三个条例，而在戈尔通斯基本没有分条。

第一道敕令中包括的条例有救济穷人（戈尔通斯基本，122），有关偷窃（123—124）有关形成新的鄂托克和爱马克，分配其人生活在不同的和硕（125）。有关法庭（126、128、129）；有关鄂托克和爱马克的人逃跑和逃人（131—132）等。

第二道敕令是专门为法庭。

（四）题写的敕令

敕令，单独的立法和行政法令，是在卫拉特联盟时期颁布的，例如前面提到的噶尔丹汗敕令，另外的例子是在“阿巴坎斯克”（Abakansk）发现的题写，这是以其性质和发现地点来命名的。

某些特别的卫拉特汗的法令（特别是他们的敕令）是以题写于岩石的形式颁布的，而且汗的敕令和法令经常是用刀刻或用彩色笔墨抄写于岩石或山崖上。

---

① 噶尔丹汗成为卫拉特联盟首领只能在1677年，两个敕令中都称其为珲台吉。当然只有联盟的首领才能在在全联盟的法规后面附上自己的敕令。

这种颁布法律的方式对游牧民而言是即原始而又便利的方式。列昂托维奇说:“对于古代游牧民来讲,岩石和山崖就像是一直敞开的书本,易于被大家看到,把大汗的法令用大字刻写于牧民经常路过的山崖和岩石,会使人不自觉地注目于此,使识字的人都很容易看到。”

1. 阿巴坎斯克题写

这个题写是用黑色颜料题写于普日布茨纳雅山上的红色岩石上面的,位于叶尼塞河岸边,对面就是阿巴坎斯克村庄。此地是古代游牧民族横渡叶尼塞河时使用的一个渡口,是一个风景如画引人注目的地方。这些文字有规则地竖写于用三块岩石构成的山崖之上,题字正好处于山体的突出物之下,得到了保护。帕拉斯是第一个注意这个题写(1771年)的人,他抄下了一部分内容。1817—1818 年斯帕斯基同样抄写了题写。随后 1847 年有卡斯特仁(Kastren),再后有提托夫(Titov),科兹洛夫(Kostrov)是第五位。1857 年斯帕斯基(Spassky)在《地理学会报告》(Proceedings of the Geographic Society, Vol. XII)上发表了题写文字。东方学家弗仁(Fren),卡拉普日特(Klaprot),伊古莫诺夫(Igoumnov)和贝勒津(Berezin)等人都曾试图翻译这个题写,然而,由于题写字迹的损毁和拓片模糊,伊古莫诺夫和贝勒津两位学者只释读了几个单词,甚至喀尔喀库伦有学问的喇嘛也不能释读。唯有 A. 澳日洛夫神甫(Father A Orlov)能释读此文,他在伊尔库茨克神学院教授蒙古语。题写的文字是古代蒙古语,由于风雨对岩石的侵蚀,或者拓片未能包括题写的一些内容,题写的前部分文字已经缺失。此题写明显是汗对军队和喇嘛下的命令,规定了如何处置俘虏以及在敌对国家应采取的恰当行为。[①]波波夫(Popov)认为此题写是产生于 17 世纪,即依尔登汗(Irden Khan)或其他统治者出征西伯利亚时期(1642、1652、1657 和 1676 年)。1642 年和 1652 年依尔登汗到过阿巴坎斯克,曾经在叶尼塞河的渡口处驻营。

翻译题写文字如下:

(1)……由于路上有野兽,不要抛弃或杀死服从的和不抵抗的钦察和俄罗斯的俘虏。直到你(断定)和平,喇嘛(被委任)埋葬死者……对坟墓说话大声些,(因为)与俘虏关系(交往)是在与异教徒交往。

(2)埋葬,因此,男人和女人作为献给辉煌的(愤怒的)龙的祭品,为抛弃的蜂蜜,凝乳、肉和奶起见。

(3)当你射击和埋葬(他们)扔出树枝于每一条龙的坟堆上,为纪念起见于其上播下种子(向各方向)。

(4)在花(种子)上面埋葬骒马(原属于被屠杀的俘虏),但是,未怀孕的母驼用绳子牵走,不要埋葬,因为它们可能注定要成为母亲。埋葬了几百男人,当然,不要拷打妇女和像残害男人一样残害妇女(也许会生产)。其他人或许被歼灭,(然后)埋葬他们。

(5)不要残害老母亲和老父亲。毁灭畜群是必要的。把它们全部射杀和埋葬。

我们可以看到敕令里面强调着宗教的狂热,与俘虏交往相当于与异教徒交往。在战

① 波波夫解释只有汗才能给喇嘛下命令。

争中喇嘛被指令大声对坟墓说话，要求屠杀抵抗的异教徒，对温顺和服从者不杀。下令不得将杀死的俘虏像腐肉一样抛弃，而是作为一种给龙的祭品一样埋葬，这些被杀的人根据蒙古习惯与其母马一同入葬（而母驼不一同埋葬，因为其稀少，在家庭生活中是必需的），在坟地上播种花子和栽树。没有反抗的俘虏将被分散给人，成为奴隶，不残害妇女，因为她们可能成为新一代的母亲，也禁止残害老年的男人和女人。在这个军事命令中，就像在《1640 年蒙古—卫拉特法典》中一样，对待妇女比对待男人宽大。这段文字为阿巴坎斯克敕令题写于 16 世纪即卫拉特联盟时代提供了补充证据。至于其他人（那些没有特别分类的）和他们的畜群则由俘获者任意处置，屠杀或者收为奴隶。

全部敕令中体现了允许无情地消灭抵抗之敌的精神，对老人和妇女的宽大，而对其他人的残忍和漠不关心的态度。同样的二元性特征见于《1640 年蒙古—卫拉特法典》。

2. 莎拉波利尼斯克题写

这个题写位于叶尼塞河的支流图瓦（Tuba）河右岸，距莎拉波利斯克（Shalabolinsk）村不到三公里。题写是分写在一片岩石上面，这片岩石由十一层不同的沙岩块构成，其中一些岩石上面画有各种动物和字。

据神甫澳日洛夫的翻译，莎拉波尼斯克题写的内容如下：

“允准促进和平，我盖印于黑（红）牛（黑牛年印），[①]宣布和平与安宁。”下面有：“于此年七月七日。事实是[或噶尔丹汗之喇嘛。]”从题写内容来看，似乎是噶尔丹的使者（噶尔丹自己没有来过叶尼塞）与图宾斯基小王子签订的和平协议。这个协议可能是由噶尔丹的使者，一个喇嘛代噶尔丹签署的（也可能就是这位喇嘛起草的），而地方王子也盖了其黑牛印章。此译文得到了岩画的证实。这样，我们知道莎拉波利斯克题写也属于噶尔丹统治时期，N. J. 波波夫认为题写时间是 1691 年，因为与历史记载相符合，此年博硕克图汗（噶尔丹）向图宾斯克派遣了喇嘛使者。[②]

二、漠北蒙古或喀尔喀

（一）《七和硕大法典》

漠北蒙古与其西面的邻邦一样，依据习惯法来指导处理纠纷，有自己习惯的汇编、法规和法典。从我们所获得的相关信息来看，《七和硕大法典》就是喀尔喀最早的这样的汇编或喀尔喀法典。在《喀尔喀法规》（亦译为《喀尔喀吉鲁姆》）第一篇（1709）的第一节第一条出现了如下叙述：“无论呼图克图格根往何处出行，乌拉、首思无限额，如七和硕议定的旧例。”在同一节内又有“如果使者偷窃，依‘大法’处治。”[③]《喀尔喀法规》中的 1718 年法典规定，依“旧例”行事。[④]在《喀尔喀法规》的另一处记载：“除上事务、军事事务外，我们七和硕使者为我们自己的事情不得从呼图克图（上）沙毕乘用乌拉首思，若使用则依‘旧例’处罚。”[⑤]从以上记载和其他方面可知，在《喀尔

① 画在岩石的左边。

② 波波夫前引文。在特西还有题写，由于时间久远，其文字几乎被蚀损殆尽。

③ 《喀尔喀法规》抄本，第 1 篇第 1 节第 8 条。

④ 同上第 14 篇。

⑤ 同上第 2 篇，第 2 条。

喀法规》之前另有一个旧的《七和硕大法典》。

格埒森扎死后（16 世纪后半期），喀尔喀分为七个和硕，《七和硕大法典》规定了为库伦呼图克图格根提供乌拉、首思的义务，驿站是 17 世纪出现于蒙古的。因此创立《七和硕大法典》也许是在 17 世纪替代了更早一些的法规，虽然它的一些条例是更早就有的。我们不知道《七和硕大法典》的文本是否还存在。

（二）喀尔喀法规

《衙门的喀尔喀法规》或简称《喀尔喀法规》，是未公布的漠北蒙古（喀尔喀）的一部习惯法法典，或称作《三旗大法规》。依照古代蒙古的习惯，仅有一本这种记录藏于商卓特巴衙门（在离恰克图不远的伊宾河畔），按宗教习惯严禁任何人抄写或拥有它。著名的蒙古学专家 Ts • J • 扎姆察拉诺 1914 年从衙门保存的手稿抄写出一份，送给了在圣彼得堡（列宁格勒）的科学院亚洲博物馆。同时还另外抄写了两份，其中一份是库伦（Urga）抄本，扎姆察拉诺和图鲁诺夫两位先生以此抄本为基础对《喀尔喀法规》进行了评述。①

据此评述，该法典中的法规制定于不同时期，里面分为八个部分。其中基本部分是由土谢图汗为首的蒙古土谢图汗盟于 1709 年制定的，置于法典首位。这个习惯法在整个漠北喀尔喀三盟（后来变为四盟）都有效力（见第 I 篇的开头部分和第 VI 篇的末尾部分）。

目前保存有此法规的两个主要抄本，库伦本（Urga）和西库伦本，这两种本子的主要差别是在法规内容的安排顺序和条例数量方面，后者内容比前者完整。②如前所述，依据库伦（Urga）本对法规进行的论述已有扎姆察拉诺和图鲁诺夫两位先生的译述以及我的重复编译。本文以下的论述是基于西库伦本（由作者本人收藏的一个抄本），③西库伦本包括以下各篇（记载）：

I. 1709 年的《三旗大法规》是此法典中第一个也是最基本的法规。在其前有前言，内容包括表示宗教虔诚的论述和参加制定法规的人名。此法规有三节，标题为“有关呼图克图格根的使者”、“有关汗的使者和其他事务”和“有关侮辱（对使者）”。这三节进一步分为 15 项条例，规范用驿事务，唯有这 15 个条例是直接列于 1709 年的《三旗大法规》之内的，而此法规的篇幅不可能这么少，内容也不能如此贫乏，若如此，它也不可能被称作“大法规”，也不能有那样特别的前言。事实上，我们在法规中发现了其续篇（请看下面的 IV，VIII，XI，XIII，也包括 XXII，XXIII）。这些篇肯定也是 1709 年“大法规”有关用驿规定内容的延续。

II. 此三节的后面是 1722 年“8 月法规，”也是有关用驿（两条）。④

---

① Ts • 扎姆察拉诺、A • 图鲁诺夫：《喀尔喀法典》（述评），1923 年，从《伊尔库茨克国立大学教授和教师论文集》第 6 辑中分出重印的本子。其述评，有些修改，收入了作者的《蒙古习惯法》（英文），1929 年，第 39-51 页和《蒙古法》（俄文），1931 年，第 71-81 页。

② 还有苏联科学院藏的抄本（抄本号 196），其中包括部分法规（V • 符拉基米尔佐夫《蒙古社会制度史》，1934 年，第 20 页）。

③ 这个抄本被扎姆察拉诺译为俄文，并有注释，作者在此感谢扎姆察拉诺提供了此复制本，从此本片段地摘引的内容见于本书的附录。

④ 此篇的第二条条例明显地重复了旧法规，是有关处治七旗使者及其刑罚的规定，使其与基本法规一致。

III. 此后是1722年“9月法规”，其第一条是确定由供驿义务而产生的关系，也是1709年“大法规”用驿方面内容的延续。

IV. 从其以呼图克图格根开头的第一条开始全部条例（超过40个）都是有关处治盗贼的条例，重点是处罚侵犯呼图克图格根库伦盗贼的条例，也有处罚一般偷窃的条例，很自然是1709年“大法规”的延续。这种境况使研究和翻译《喀尔喀法规》的Ts·扎姆察拉诺认为后面的条例都是1709年“大法规”的原条例。[①]简要地说，这些条例的内容如下：各种偷窃、抢劫、赎罪、审案费用、罚畜、立誓、赔偿偷窃之物、搜查、移动标界物、审断和执行、呼图克图格根的庇护权等。

V. 1728年“大法规”，法规中没有明确说此法规是实施于三旗的。这个法规始于表示虔诚的祈祷词，有一个很长的治理偷窃罪的条款。这让我们再次见识了如前所示内容简短，条目粗略的法规，这个法规也应有续编，我们可以从后面的其他部分发现（见以下IX和XV）。

VI. 1746年法规，包括了一条有关盗贼的条例（从其中有“皇帝法规”的词句来看，应为1696年康熙皇帝时期的蒙古律）。

VII. 1736年法规（扎姆察拉诺先生书中认为是1676年法规），有关偷窃寺院和喇嘛的牲畜及其他财产（喇嘛特权）。[②]

VIII. 1709年法规，有关婚姻，继承、逃人。这些条例明显是1709年“大法规”的继篇，因为，第二条中提到“参加制定法规的三旗（1709年大法规）”，而且被1770年判例（见XXII）所延续下来，称其为蒙古律（全蒙古）。

IX. 是上述1709年大法规的结尾，有关审理偷窃罪、监禁窃贼，也被认为可能是1728年法规的延续。

X. 沙毕衙门与和托珲特协理台吉达成的协议，日期是1746年，是有关非故意杀人的赔偿。

XI. 1709年条例，同样表现为“三旗大法规”的延续，在库伦本中是其一部分。这些条例包含有与库伦和格根有关的规定，寺院建筑与禁止杀害某些生物等。

XII. 有关僧俗关系的行政法规，日期是1746年，其中有序言和祈祷词，一系列的条例规定了僧侣的权利和地位（僧侣特权）。

XIII. 前部分的条例包括了有关诺颜杀死其属民或其他贵人的内容，从一些条例的内容来看，属于1709年大法规的延续，或者是更早期的法规。这个续篇大约有25个条例，内容是有关谋杀、伤害、疯驼、诽谤、侮辱、走失牲畜、隐匿逃人、疯狗和疯人，捕野兽的伏弩和夹子等。

XIV. 1729年法规，是有关赛马的规则。

XV. 第五代斡齐赉土谢图汗法规（1728年），包括20个条例和规定，内容包括驱逐重犯、挖掘坟墓、救助走失羊群、住宿、捡到失物、水井、营盘义务、赊购商品、草

① 我们在此为汗的母亲做一个注解，汗妃，请见1709年法规的“一般偷窃”章节，第6条。

② 上面提到的1728年“大法规”的条例（V）以及1746年法规（VI）和1676年法规（VII）从他们的内容来看都是1709年“大法规”最后一段有关处治盗贼的条例续编。

原失火、苏木购十副甲胄义务、债务、证人、授予敕书等。

这篇法规有一个很好的结尾，表示了宗教虔诚，指出了制定者和制定时间后结束。"在赡部洲北方最初四洲的蒙古人的王，天佑的成吉思汗黄金家族及其强大国家的，第五世斡齐赉汗土谢图汗，为传播政教而编写此法规以合于教义。喀哩噶（土猴年——1728年）年，阿毕达兹月18吉日写毕，愿吉祥！"

这个法规很明显是1728年法规的延续。

XVI. 1718年法规，有关武器，烙印骆驼，有军事义务的人和马匹（两条）。

XVII. 1724年法规，有关借贷和收取债务（一条）。

XVIII. 1724年法规，有关禁止僧侣饮酒（两条）。

XIX. 是前法规的延续，日期是1726年，有关卖酒与投机。

XX. 1726年法规，有关买卖（三条），互助防贼（一条）。

XXI. 1759年法规，有关禁止僧侣饮酒一条（得到格根批准的）。

XXII. 1770年判例，有关引诱他人妻子的判例，被认为是法规的一个条例。（此判例是在1709年法规基础上传下来的）。

XXIII. 1770年判例，有关给别人牲畜传染疾病，是对蒙古法律的增定。

以上是漠北蒙古的法典西库伦本《喀尔喀法规》的内容。根据我的判断此法典是由17篇不同的法规组成的，其中最主要的是1709年的"三旗大法规"。有一两个条例是属于早期17世纪的旧法规，多数法规是制定于1709年以后，最基本最全面的是1709年的《三旗大法规》。

《喀尔喀法规》像《1640年蒙古—卫拉特法典》一样，是基于氏族，游牧生活和草原经济的，缺少真正的不动产观念，土地被特别的旗（公国、侯国）为从事游牧经济而占有，发展了动产。家庭有家长制特征，妻子是被买来的，一夫多妻。刑罚体系基于财产处罚刑，罚畜以九数为单位计算。从《喀尔喀法规》可以看出漠北喀尔喀社会分为不同的阶层，贵族（汗族、诺颜王子、诺颜非王子、塔布囊和台吉），中等阶级（部落下层官员、达尔罕），属民阶层（平民、阿勒巴图、奴隶），此外，还有僧侣。

此法规的资料意义极大，在发现此法规之前，我们有关蒙古法的知识主要来源于两个重要资料，成吉思汗《大扎撒》和《1640年蒙古卫拉特法典》，而《喀尔喀法规》是有关蒙古法的第三个重要资料。《1640年喀尔喀—卫拉特法典》主要施行于西部蒙古，而《喀尔喀法规》实行于北部蒙古。最后，《喀尔喀法规》直到最近仍保留下来，是格根库伦沙毕衙门有效力的现行法规，其抄本藏于此衙门，这赋予了它特别重要的意义，使我们通过它可能评价在20世纪初20年代时蒙古人的法律意识。

《喀尔喀法规》源于漠北蒙古的习惯法、喇嘛教规和此前的《喀尔喀七和硕大法典》。1696年康熙皇帝时期的蒙古律（如对台吉偷窃、抢劫和通奸的处罚）及皇帝的各种敕令也对其产生了一些影响。

《喀尔喀法规》实行时期可能是作为全漠北蒙古的法律从开始制定到18世纪末（很明显有一两个条款属于17世纪末的），其中最晚的一篇是1770年制定的。1789年清朝理藩院颁布了《蒙古律例》在全部蒙古实行，（显然）是作为全部蒙古的法律，但是，在格根库伦管辖范围内与沙毕相关的事务中，清朝法律的影响几乎无法渗透，直到1925

年《喀尔喀法规》仍有法律效力。

至于《喀尔喀法规》与《1640 年蒙古—卫拉特法典》和布里雅特部落法规之间的关系，作者认为《喀尔喀法规》没有受到《1640 年蒙古—卫拉特法典》的直接影响，虽然因为共同的文化使得二者有一定数量的条例相似。

对蒙古法律生活方面的问题《喀尔喀法规》提供了比《1640 年蒙古—卫拉特法典》更为详细具体的内容。《喀尔喀法规》更多地揭示了喇嘛和寺院在蒙古的法律地位及其情况，提供了极为详细的漠北蒙古使用的武器、生活用品的情况，这些物品也是窃贼偷窃的目标。详细论述了达成报酬的协议，赔偿和贸易，这些都证实了高度发达的民法关系。其私法和刑法内容都比《1640 年蒙古—卫拉特法典》更为详细。但是，正如前述，《1640 年蒙古—卫拉特法典》对其他蒙古法律方面的规定比它更详细，两个法规谁也不能替代另一个。二者都有些疏略和不够系统。《喀尔喀法规》的发现，极大地丰富了对蒙古社会结构和法律生活的了解和研究，正如发现布里雅特法规使我们能更多地研究完整的蒙古部落法规以及更为广泛意义上的蒙古法律一样。

（译自 V. A. Riasanovsky: Fundamental principles of Mongol Law, Indiana University, 1965. p.45-62.）

（达力扎布，男，1955 年生，历史学博士，中央民族大学历史文化学院教授，北京：100081）

国家权力在司法领域的角逐

——17、18世纪清朝对蒙古的法律政策[①]

[德]何遐明著[②] 王伏牛译

内容提要：司法权限方面的争议在界定清朝（1636—1912）诸帝与其蒙古臣民关系的实质上起到了重要作用。满蒙在法制上的互动可追溯至清朝建立前。那时，对于自己不满意的法律内容，蒙古人经常向满洲统治者求助。以汉名理藩院而广为人知的蒙古衙门的建立，可视为处理刚归顺的蒙古人信息的一种尝试。蒙古当局被赋予有限的司法权力，或者说在其职责范围内，理藩院被迫面对诉讼者试图与当局角力的困境，在形塑理藩院的职责范围上起着重要作用。本文认为：通过审视理藩院在法律方面的权限，我们可以看到原本多元的法律秩序向更一致、更稳定的方向发展着，并呈现出一种把蒙古人纳入中华法制的趋势。

引　言

在17和18两个世纪里，清朝向内亚极大地拓展了中国的边界。蒙古、西藏及今天的新疆被纳入王朝统治之下。结果，像西方殖民势力那样，清政府面临将新获领土和民众融入帝国管理体系的挑战。当我们审视清朝统治内亚的成效时，诸如地方精英工具化的转变，不平衡的经济发展，带有强烈儒家背景的中国法律的植入，这些使我们联想到世界其他地方的殖民地状况。本文关注法律在清朝统治建立过程中的作用，并指出像在其他殖民地的遭遇一样，法律空间成为不同利益群体角逐的一个场所。清朝在边境地区的统治不是一个既定的事实，而是一个有众多"演员"参与的过程。扩展到内亚的清帝国造就了新的国情，需要经常性地对归附者的标准进行法律及政治的重新估价（Stoler 2009:42）。随后持久的法律秩序重构导向了一种更多等级的法律体系或趋势。这种趋势，劳伦·本顿（Lauren Benton）在许多早期帝国的历史中都曾观察到(Benton2007:56)。当满洲统治肇端时，有大量合法而来源不同的法律条文曾同时共存，伴随着一种更为等

① 感谢德国哈雷的马克斯普朗克社会人类学研究所（Max Planck Institute for Social Anthropology in Halle/Saale）提供的经费支持。我也对 Dittmar Schorkowitz, Martin Ramstedt, and Chia Ning 的有益评论和建议表示诚挚的谢意。

② Dorothea Heuschert-Laage（汉名何遐明） is an independent scholar. She cooperates with the Focus Group on 'Historical Anthropology in Eurasia' of the Department 'Resilience and Transformation in Eurasia' of the Max Planck Institute for Social Anthropology in Halle/Saale in the project "Dealing with Nationalities in Eurasia. How Russian and Chinese Agencies Managed Ethnic Diversity"; e-mail: heuschert-laage @freenet.de.

级化、标准化的法律的实施，这种多元性随之降低了。[①]

为理解清朝的内亚政策，我们需要牢记其自身的内亚背景。帝国的精英是满洲人，他们的祖先居住在今天构成中华人民共和国东北部的地域上。帝国形成时期，作为满洲近邻、且有密切的文化和语言作联系纽带的蒙古诸部，在巩固政权方面起到了重要作用。拥有蒙古人的支持，满洲才获得了征服中国的力量，并于 1644 年占领北京，颠覆了明王朝。在管理方面，满洲大量采纳了以前中国王朝的模式。最近，黄培（Pei Huang）再次激起了作为中国统治者的满洲人能够在多大程度上保存自身文化特性的论战(Huang 2011)。黄培不同意那些强调中国最后一个王朝独特的满洲特征的学者们的结论（例如柯娇燕，1999；欧立德，2001）。他（2011）认为满洲的中国化是多方位的，远在征服中国之前，他们的汉化过程早已开始。清朝如何处理王国内，尤其是内亚地区的文化多样性，这一问题与满洲特性的敏感话题密切相关，因此必须在这讨论的语境去理解。相应地，审查满洲与内亚当局及其臣民的互动，可能使我们洞悉一些关于满洲人统治地位及其合法性的观念的转变，并重估清朝统治中的内亚和中国因素。

清朝对内亚的管理与法律的作用

作为清朝管理边疆地区主要支柱的中央机构，清朝建立理藩院的初衷是处理同蒙古的关系，但随着帝国扩张，其职责相应延伸，也承担了管理西藏和新疆以及同俄国和中亚诸民族关系的职责。人们普遍接受，理藩院使用策略与地方精英合作，如蒙古贵族，穆斯林伯克[②]或西藏的宗教权威。

当描绘满洲统治内亚的特性时，学者们常常强调清朝管理的高度灵活性。根据因地制宜的原则，清朝允许多种管理体制在蒙古、新疆、西藏并存。据濮德培（Peter Perdue），“尽管其任命要经由清政府批准，伯克、扎萨克、喇嘛均保留了各自世代相传的权利，在地方管理上，与典型的流官治理地区相比，拥有相当大的自治权。在实践中，这种协商、委托权威的形式，增加了边疆管理的有益的灵活性(Perdue 2005:558)。”欧立德强调（Mark Elliott）“这种体制的多样化，缺乏跨区域的一致性，与施行于内地省份的管理体制完全不同”，同时指出“清朝把重点放在因地制宜上，利用现存的地方权力体系统治他们，并使其保持适当的野心”(Elliott 2011: 406)。至少到19世纪末，1884年新疆建省时，边疆地区的管理和汉地社会全然不同。正如柯娇燕（Pamela Crossley）所论，他们被视为“独特的社会”来管理，那意味着“只要不与帝国相近事项相悖，地方的法律和宗教传统总是被赋予优先权”(Crossley 2006: 68)。审查过清朝管理新疆的组织和政策后，米华健（James Millward）和劳拉•纽伯（Laura Newby）强调清帝国和他的大臣们“对同化新的臣民走上中国道路并不感兴趣，而是满足于版图内文化和管理体系的多元并存”(Millward and Newby 2006:130)。通过对比北部、西部与南方边界之地的管理体系，狄宇宙（Nicola Di Cosmo）指出“然而，在内亚，清政府没有同化的兴趣；反而显示出对蒙古、西藏、伊斯兰文化更大的敏感性，留下不推动汉化的蒙古、满洲官员负责”

① 关于作为有用的比较参量的法律多元主义的程度，见 Woodman (1998: 54)。

② 清朝任命的地方官员头衔。

(Di Cosmo 1998：294)。

强调灵活性与事实一致，在理藩院使用的诸政治手段之中，仪式和典礼领域似乎是该机构职责中研究最为充分的部分。[①]劳拉•纽伯认为礼制“是清朝对外政策不可或缺的部分”，且“事实上，是它尤为灵活性的动因之一”(Newby 2005：9—10)。分析清朝与浩罕国的关系后，她指出，在18世纪，贡物已成为“外交工具箱”，“为调节各种各样的关系而被采用或改变”(ibid)。然而，理藩院也有其他权力手段来实施其命令。正如狄宇宙所指出的，“理藩院在内亚地区的一个主要功能是实施法律”(Di Cosmo，2009:356)。审视新近出版的理藩院题本时，法律案件比率之高是显见的：23卷出版物，记录该机构1653—1795年间运行的档案中，约有三分之一为法律文件，总计五百余件(乌云毕力格,吴元丰，宝音德力根 2010)[②]。如档案所示：理藩院经常关注偷盗牲畜案件，还有少量的凶杀案、蓄意杀人案、抢劫案、性丑闻案。至少在理藩院存在的前150年中，处理法律事务是其主要职责。这一事实促使我们重新考虑法律在其机构建立过程中的作用，进而可能引导从其他视角来关注清朝统治内亚的灵活性。

由于理藩院的基本框架是在17、18世纪建立的，故本文将焦点置于清代早期。然而，这一时期流传下来的法律案件非常之少。这样，我不得不主要借助于皇帝的命令。在一些案件中，皇帝打破常规而视实际需要颁发新的条令，我只能据此推定，皇帝的命令优先（于原有法规）。这一主题与作为国家法律的清律，“在实际运行中，对社会常规法令的维护”(Tamanaha 1993：210)，到底能在多大程度上发挥作用这样一个问题密切相关。据布赖恩•塔玛纳哈（Brian Tamanaha），在殖民语境下，“植入帝国法律规范”“往往是事实上的常态，存在仅为纸面上的到援引以解释国家法律机关的决定和行为的各种情形”（ibid）。在诸如清律在多大程度上被强制推行等有关其实效的问题，及其与其他形式的社会规范互动方面，我们需要做进一步的研究(关于这一主题参Hagihara 2006)。

尽管理藩院负责管理内亚各族群，但其主要业务是蒙处理古法律事务，这一点是需要特别注意的。上面提及的法律文件（乌云毕力格,吴元丰，宝音德力根 2010），基本上是该族群的，其活动范围大致相当于今天的内蒙古和喀尔喀即蒙古国地区。因此，本文将尤其关注理藩院对清朝蒙古臣民的政策。我将讨论，蒙古人通过拒绝、接受甚至要求理藩院实施法律权力，积极地介入形塑理藩院职责范围的过程。

早在其处理蒙古案件尚未常态化之前，蒙古人就通过请愿书与理藩院接洽。为管理接手的众多案件，理藩院不得不重新让渡权力给地方统治者，并更清晰地界定哪些案件是其职责所属，哪些不是。其职责范围通过一系列与蒙古人的司法冲突得以确立，参与者有精英，也有普通民众。由于理藩院制定的司法权限有着内在的不确定性，法律的修订就成为一个持续不断的过程。谈及殖民地法律政策时，劳伦•本顿指出：“制定复杂法律条文方面的争端，不仅是为程序上的便利，为战术策略，更重要甚至必不可少的是，

① 贾宁的重要著作，使我们对理藩院在仪式方面的职责有了更好的理解（Chia 1993）。

② 我们不知道尚在档案馆中的其他关于理藩院的材料是否会改变这种比率。如，在这一结集中，缺少1703-1735年。1667-1690这23年间只有11份文件。理藩院处理的蒙古法律文件汇编的绝对数目中包含着蒙古文本（详下），然而，已为法律对满蒙关系及理藩院的重要性提供了充足的证据。关于题本参Bartlett(1991：21－22)。

能将殖民地支持者区分开来的边界象征手段”（Benton 1999：564）。更好地理解形塑了理藩院的争议和法律策略，将使我们获得对清帝国特性的更好认识。[①]

满蒙在法律领域内的互动

满洲声称拥有对蒙古法律事务的主权是时代的产物。那个时代满洲政治的走向是争取在对明战争中获取蒙古各部的支持，以之作为自己的联盟。诸蒙古贵族的忠诚度对发展中的满洲国的实力至关重要。早在17世纪20年代，尚自称诸申的满洲人就试图获得对其同盟者蒙古诸部法律事务的影响。在接受他们联盟誓言的同时，满洲汗要求蒙古首领加入其军队。出于这个原因，满洲在法律领域内活动的目的显然是确保蒙古军队服从运作法规。[②]然而，满蒙在法律上的互动是多方面的，超越战斗中蒙古部队的各种法令。皇太极（1627—1643年在位），不仅必须确保盟友的忠诚度、可用性，还必须保证战争期间的纪律。此外，除了危机时期，防止盟友间的内部冲突对他来说是至关重要的。这种冲突可能削弱蒙古人的战斗力，甚至造成联盟瓦解。

在此语境下，也必须提及在法律领域另外两个方向的影响：首先，满洲统治者利用蒙古传统的立法手段，将满洲法律在蒙古法律的掩盖下（Heuschert 1998a:80）引入蒙古社会。[③]这意味着，来自政治与宗教领域的代表们组合起来，以郑重的形式，就法律根基问题展开讨论。作为彼此认同的声明，他们以书面形式制定出一系列的命令。正如我在别处已论证过的，从这些意义重大的法律档案中提取不出太多的实际规定的内容，但在遵守法律的一般原则下的集体意志的表达，在冲突案例中试图心平气和地解决争议，这些都是很重要的（Heuschert -Laage 2004：151 - 153；Heuschert 1998a：79 - 81）。通过让蒙古首领们做出如此努力，以营造一个和平共存的环境，皇太极把自己塑造成社会稳定的支柱这样一个形象。他依靠其蒙古同盟者及追随者的正式语言，来清楚地表达他信奉彼此共同接受的价值。

皇太极作为和平与社会安定的保护者的角色引导我们关注满蒙关系在法律领域的另一侧面：早在理藩院建立前，蒙古人以请愿书的方式向满洲统治者表达要求其介入他们纷争的请求。对皇太极而言，接受仲裁人的任务，保护民众和财产，防止过度使用武力，是展示其意愿和能力的一种方式。在此语境下，他的蒙古法律纠纷仲裁人的角色，强化了皇太极实现政治合法化的努力。与察哈尔蒙古和满洲人的较量相联系，狄宇宙指出“魅力型领导只有在接受社会认可之后，才能实现其政治合法化。领导者只有在展示其基于社会和政治的需要、信念、抱负方面做出令人满意的应对能力后，认可才会发生”（Di Cosmo 2006：255）。此外，我们应该记住，接受请愿书的满洲统治者也可能支持“非正式”的争端决议机制。正如本杰明·凯利（Benjamin Kelly）认为的那样，关于罗马埃及，“在许多社会，做出投诉甚至召开法庭听证会只是解决私人协议的方法。那么，在这个

① 这一观点来自 Ann Laura Stoler，他把帝国形成看作“产生不同层次主权的持续过程，而非作为他们建筑的例外，反是基本组成部分”（Stoler 2009：35 and 40f）。

② 战争期间，士兵和指挥官必须遵行的法规，参狄宇宙（2002：343 - 347）。

③ 关于早期满洲对蒙古的立法，参Michael Weiers著作（1979，1981，1986a，1986b，2009），尤其是Weiers（1979），亦参达力扎布（2009）。

意义上，国家的裁决即使未能达其初衷，有时也在解决争端的其他方法中发挥了重要作用”（Kelly 2011：329 - 330）。走法律途径是控制个人体系的一种策略，通过加强这些手段，国家表达出了其支持和平进程的决心。满蒙在法律领域内交流的这些方面，对建立理藩院所起的作用再怎么高估也不为过。

满洲人继续对蒙古人施行法律权力，即便其争端已不再具有动摇发展中的国家的潜在危险。1634年打败察哈尔蒙古人后，随着他们统治的巩固，越来越多的蒙古人归于清朝霸权下，这种形势要求新的统治策略。理藩院满足了这一需求，在诸多事项中，接手悬而未决的纠纷仲裁，公布有关法律问题的决定，监督蒙古人之间的法律事务。

司法权限方面的争议在重新界定理藩院的职责范围方面仍是至关重要的，但同时，理藩院对蒙古法律传统的影响也是巨大的。蒙古族虽然不是清帝国统治下的唯一民族，但在基于以前的中国历代王朝先例制成的《大清律例》、《大清会典》之外，在理藩院的支持下，还专门为其制定了一部独立的法典。[①]正如萩原守（Mamoru Hagihara）所示，由清朝官员记录的从18世纪到20世纪早期的大量蒙古法律案件的记录，证明清朝声称其作为施行蒙古法律事务的最高当局并非有名无实(Hagihara 2006：52 - 90)。

随着统一、正规化、集权的趋势加强，清朝愿意给予其蒙古臣民的豁免和特权减少了。对于1636年接受了清朝统治的漠南蒙古人，早在顺治时期（1644—1661），亦即清朝的第二个皇帝，也是首位定居北京的皇帝，这种趋势已变得明显了(Heuschert 1998 b:316)。中国法律的要素被越来越多地纳入蒙古立法和法律管理之中。在这些变化过程中，理藩院的作用改变了：理藩院曾从蒙古司法当局接管的权力，后来不得不与其他国家机关分享，甚至放弃。审视理藩院在法律方面的作为，揭示了其矛盾的角色：它为蒙古人更稳固地融入清代法律体系铺平了道路。然而，理藩院经营得越成功，皇帝对其专长的依赖越少。

理藩院作为蒙古上诉者接待口岸

蒙古衙门(mo. mongγol-un yabudal-un yamun)——稍后改名理藩院，其建立通常追溯到1636年(赵 1989：47)。正如理藩院的蒙文名称(“Court for Administration of the Legal Order of Mongols on the Outside”, γadaγadu mongγol-un törö-yi ǰasaqu yabudal-un yamun)所示，至少在17世纪和18世纪，这个机构，首先及最重要的任务是处理有关注蒙古人的事务。它的成立，必须被看作是为提供稳定且高效的沟通渠道之需而建。1636年后，从派往同盟者蒙古人处官员的选任可看出：在早期，这个机构并非异常重要。代表团几乎每次都包含此机构职员，但并非全为理藩院人员(赵 1989：49)。其他高级中央政府官员也负责管理蒙古事宜。但至迟1644年后，理藩院负责传达皇帝给予蒙古人的命令这一点得以明确。此机构成为清当局为皇帝传达有关蒙古人法律决议的喉舌。

理藩院以什么方式介入标志着满蒙在法律领域的关系发生了变化？当这一机构于1636年成立时，已经有了变故很多的历史？如上所示，满洲首次对蒙古人立法针对的是

① 汉文称《蒙古律例》。这部法典的蒙文诸版本见参考书目Mongγol-un čaγaǰan-u bičig和Bayarsaikhan Mongγol čaγaǰin-u bičig。

某些各自独立的部落，法令由全体会议起草，有一定程度的协商意味。然而，法律由理藩院传递，已具有不同的性质。关于清朝为蒙古人立法，蒙古地方当局已不再具有发言权，相反，现在是理藩院遣使将中央政府官员起草并经皇帝批准的有关法规通知蒙古贵族。①

这种发展导致了权力平衡的结束，显然局势朝着有利于满洲的一面发展。同样也值得注意的是，在给理藩院分配职责的同时，清朝开始把属于其联盟的蒙古部落或多或少地视为统一的整体来看待。这可以从各单独的满文规定对其受众群体的署名方式看出来：幸存最早的满蒙间法律明确指定蒙古国（政体）或提及蒙古领导人的名字，与谁和为谁制定法规。然而，起草并经皇帝批准后由理藩院颁布的法律，通常不提及个别蒙古首领及其部落。反而，理藩院法规的受众被称为“外藩蒙古”（γadaγ-a-du mongγol），或者18世纪后的“蒙古”。

将诸蒙古部落归并，作为接受帝国命令的统一的目标群体，这一政策在政治及法律层面产生了深远的影响。从政治上来讲，这个战略平稳地减小了诸蒙古统治者或各政体地位和影响的差异，从而使其平等地处在清朝立法管理之下。②而法治层面上，理藩院颁行的法令订立了所有清朝治下的蒙古人适用的法律规范。在绝不一致的法律环境下，系统地制定条令，以写本形式见知于贵族，可能简化了法律的标准，由此也造成了司法实践中暂定的调整。③

理藩院不仅负责对蒙古人沟通并向其选派代表。它还充当着蒙古人送达清朝廷通信的“收件箱”。然而，在其接管该功能前，蒙古同盟者或，满洲臣民，视其通信内容，通常可以直接递送信件到御座前。有17世纪20年代末的案例，包含法律问题的蒙古信件直接送达皇太极。法律纷争中敌对的双方，都试图通过获取皇太极这个上位者的支持，来巩固其立场。通过写信控告对手的不法行为，从而要求满洲君主在调停中站在自己一方，似乎已成为蒙古人的惯例。④从我们目前的观点看来，要求皇太极插手的冲突也许没有包含特殊的政治意味，而仅为个别的财产问题的解决方案。尽管只有少数的请愿书留给我们，且不知其结果，但做出如下推测是合理的：满洲统治者或其代表做出了令涉事者满意的回应，并且试图制止不法侵占人口、牲畜、或其他所有物、财宝的行为。简而言之，蒙古人向满洲朝廷求助，要求为其不满意的法律地位说情。反过来，皇帝可能通过支持非正式解决方案，努力在争议各方间找到一个平衡点，并通过这种方式，逐渐塑造一个拥有权力来重新构建社会和平的统治者形象。⑤

与蒙古通信是专门负责文字事务的文馆（bithei jurgan，the Bureau for Writing）的责

---

① 关于早期理藩院起草的条例如何传达给蒙古统治者的例子，参 Gō（1942：6）中康熙 19 年（1680）的一份文件。亦参 Weiers（1981：32 - 34）。

② 关于科尔沁的一次例外，参Mongγol-un čaγaǰan-u bičig（蒙古文，康熙版），fos. 48r/v；亦参Heuschert（1998a：151 - 152 and 220 - 222）。

③ 关于18世纪喀尔喀蒙古口头的和书面的法律文化共存现象，参Heuschert-Laage（2004：154 - 155）。

④ 满洲统治者的这一角色的例子见于李宝文（1997）。相关段落译文见Di Cosmo and Bao（2003：for example 50 - 51，140 - 141，165 - 166，167 - 168）。亦参Weiers（2009：348 - 349）。

⑤ 因为这一时期没有任何案件存留，我们不知道这一时期蒙古法庭的组成情况，判决如何达成，书面形式的规则起何种作用。尽管甚至一些地方首领已被封扎萨克（统治者），我们不能据此猜测法律权力专属于他们。

任。1636年4月文馆被内三院（the bithei ilan yamun ,the Three Courts for Writing）取代(Weiers 2001：71－79）。内三院之一的内秘书院（narhūn bithei yamun）掌“机密书写”，且，除其他事务外，尚负责“针对伤害案件的投诉”。①我们对决策过程所知甚少，因此，理藩院设立的具体时间尚不清楚，也不知其是否承担了部分一直由内三院负责的事务。尽管如此，我们可以视理藩院的设立为疏通通信渠道并避免责任不明及混乱的一种尝试。1637年，因法律事务蒙古人首次与清廷接触时，被理藩院告知：如为惩治未被定刑的罪责而来，今不应主动致书御前！写下惩治罪行的理由，并告知理藩院！②创设理藩院，是为了在蒙古人的请愿书达于皇帝之前对其进行调查。该机构官员负责协调蒙古贵族和朝廷间的信息流通。有理由相信，他们被授权日常检查每个项目，决定应采取的措施和优先分配的事务。在此意义上，理藩院成了蒙古人和皇帝间通信的过滤器。

从皇帝的指令，蒙古人应该把未解决的法律案件送达理藩院，可以得出两个重要结论：其一，对于应受惩处的罪行或刑事事务(yal-a-yin učir)③而言，理藩院作为与蒙古通信的接触点十分明确。也许我们可以假定应受惩处的罪行有宽泛的界定，包括政治事务或者不敬行为。然而，皇帝并未做出所有蒙古通信都经理藩院官员之手的安排。从字里行间看出，某种通信——敏感的外交信函或军事情报仍可直达御前。这使我们得出结论：成立理藩院是为了减轻其他政府部门的工作负担，但理藩院仅被赋予掌管法律事务的权力，对此有清晰的界定，而不是通常的所有蒙古事宜。

其二，重要的是要注意到，上引的命令冲着蒙古人主动向清廷呈控而发。显然，在1637年，蒙古的法律事务由理藩院处理尚未成为例行公事，而是由蒙古司法当局自由裁量，或根据案例，由举报人或争议各方所期望的一个更高的权威作为案件的仲裁者。从表面看来，理藩院的建立并没有改变中心和边缘的交流机制。和以前一样，蒙古人期望将其事务带至朝廷，他们只应该注意到“地址变更”。

转向较高权威的可能性显然在蒙古人中深受欢迎。有更多人将其争议带至理藩院，这超出了该机构事实上能够或愿意处理的数量。这可以从1651年顺治帝的一份命令中得出。似乎诉讼中的平民曾试图绕过他们的蒙古领主，越次赴理藩院呈控，从而使地方当局难堪。为此，清廷规定只有高品级官员才有呈送法律事务到理藩院的权利。④越诉之人将被逮捕并一概发回转交给该管官员。稍后一条未注明时间的修正案揭示了这规定不可能得到执行。该案中理藩院官员利用人力资源，勉力将无正当理由的控诉者发还该管官员手中。如果考虑到蒙古地区遥远的距离、缺乏基础设施以及并不像回想中那么稳定的政治环境，我们就能想象到，当他们试图强制执行法规，发回越诉者到其该管法院时，中央政府不得不面对的困难。此外，责任范围仍在划分之中，越诉者可能不会清楚其依

① Muribuha weile be habśaha gisun (Chen 1969: fol. 4687–4688; Weiers 2001: 72 and 85–86)。

② Mongγol-un čaγaǰan-u bičig (Mongolian Code, Kangxi edition), fo. 4v.: γadaγ-a-du mongγol-un ulus tende sigüǰü ese baraγsan yal-a-yin učir-du irebesü urida öber-ün ǰoriγ-iyar + deger-e buu ayiladq-a. yal-a-yin učir siltaγan bičig bičiǰü .γadaγ-a-du mongγol-un törö-yi ǰasaγči yabudal-un yamun-dur ügülegtün。蒙文版中未署日期。然而，皇太极的这一命令也收录在《清朝内秘书院档案汇编》中，其中所署日期为1637年9月4日（崇德二年七月十六日）（齐木德道尔吉2003：I, 187）。

③ 关于蒙文 yal-a 一词的隐含意义，参 Aubin（1991：270－271）。

④ Mongγol-un čaγaǰan-u bičig (Mongolian Code, Kangxi edition), fos. 67v-68r。在蒙文法典中该段未署日期。据《大清会典》（康熙版），chap. 145，fos. 2v/3r，该段文字起草于顺治 8 年（1651）。

赖对象的职责。这种方式，仅通过试图将案件移送主管机关，理藩院不能不表态，进而身陷争议之中。出于这个原因，在皇帝允许之下，该机关为提高工作效率，拒绝接受未经授权的越诉者，而无需遣返他们或接触该管当局。

总之，尽管在1637年不支持蒙古人直接向皇帝请愿，而需先由理藩院初查，然而，14年后制定新的法规成为必要之事。与预期情况相反，争议各方没有试图越过理藩院，反而请愿书使其应接不暇。人们似乎更愿意其案件由理藩院裁定，出于这个原因，他们不到当地法院具控。我们可以得出结论，理藩院被视为对蒙古人最有利的处理事务的公共场所(Benda-Beckmann 1981)。然而，越来越多的蒙古法律事务提交理藩院，增加了中央政府官员的工作量，并最终成为一种负担。皇太极时期的规定——到理藩院呈控，在顺治时期被视为一种弊端。

处理蒙古法律案件成为基本常规

1651年限制进入理藩院的新规定，并没能解决蒙古人径直前往该院的问题。120多年后，1774年，一项规定解决了这个问题。到那时，清朝已建立了更高级的管理单位，盟，同时确立了一种上诉的司法程序上的新形式。争控的蒙古人需先到地方当局，即扎萨克处。如果他们对案件结果表示不满意，可以向盟长控告，且盟长“不秉公办理”①，再呈控到理藩院(Bayarsaikhan 2004: 03.11a–03.13b)。这样，新法规没有表达明确的立场。它强调满足当事人的要求，在当地控告，但随即赋予他们呈控地方法院判决的权利。如果他们对扎萨克和盟审级的判决不满意，允许其本人向理藩院呈控。理藩院保留权利惩罚审断与例不符的地方当局，或者，“所控不实”②则惩罚原告。与清初情况不同，1774年理藩院不仅可以拒绝越诉呈控者，还能接触该管当局，并对其进行处罚。我们可以推断，和清初相比，其时责任和行动范围都已比较明确；在1651年理藩院官员被迫承认，将越诉者发回当地法院对他们来说是不可能完成的，而乾隆年间（1736—1795）理藩院有关于沟通渠道的更好命令。此外，蒙古司法当局不仅要接受其判决被理藩院撤销的决定，还要准备承担涉嫌误判的责任。即如果当事人在呈控中获胜，地方当局可能面临处罚的威胁。

理藩院反复要求不得越过地方法庭前来呈控，这一点必须从该机构相互矛盾的动机下来理解。③理藩院完成了一项平衡活动。为了控制地方当局和限制其独立行动范围，几乎鼓励群众违法举报。然而，1651年和1774年公布的限令，揭示了一个持续困扰理藩院的因素：它必须挡开未经允许的蒙古人信件，在那些信件中他们希望理藩院为其说情。为处理地方官员眼中无足轻重的争议，增加了理藩院不必要的工作量，且造成了司法权限的混乱。

由此，可能得出结论，清廷努力使蒙古的司法成为帝国法律体系的一部分，此举造成了未预见到的后果：当地法院的权威受到置疑，人们试图改变已判决案件。这是一个

① Čiyulyan-u terigüd basa siduryu-bar ese sidkebesü, (Bayarsaikhan 2004: 03.11b).

② J̌ayalduysan anu qudal bolbasu, (Bayarsaikhan 2004: 03.13a).

③ 据中国的法律传统，诉讼者转呈困难案件到朝廷审断及试图越级上诉都是非正常的。然而，与蒙古人的情况相比，直到19世纪初，这仍不是一个关键问题，且似乎京控案件数量没有明显增加(Ocko 1988: 310)。

历史学家们在不同场合都遇到过的情况。以俄罗斯统治下的土耳其斯坦为例，保罗·萨托里（Paolo Sartori）给出了一个解释，“罕见数量的穆斯林请求修改判决，在前殖民时代的中亚，这显然不是一个普遍的法律习惯”（Sartori 2009：428）。据萨托里“俄罗斯政府成为所有法律事务的保证人。此法律体制，存在一个明显的殖民统治者未曾预见的暗示，即土著人口认为殖民当局有可以左右该地区的传统法庭的权力。”(ibid:427)以土耳其穆斯林的观点看来，殖民政府给当地人提供了一个推翻他们不满意的法律判决的机会。俄罗斯政府很快就了解到，它没有足够的手段来维护信访制度，因此在1886年建立了基于伊斯兰法律的二审司法程序(ibid.:429)。清朝和俄罗斯政府都被迫兼顾相互冲突的利益，树立其最高法律权威的同时，还需承认当地法院具有不可替代的作用。这种矛盾的心理在各种族群互动的案例中同样明显：正如弗吉尼亚·马丁（Virginia Martin）所指出的，中东部落哈萨克牧民不仅获准施行其法律习俗，且在商谈俄罗斯帝国的法律中发挥了积极作用（Martin，2001：2-3）。同样地，Dittmar Schorkowitz也已证明，俄罗斯当地政府将日常的法律管理留给了布里亚特地方法院，但同时还宣称自身最高的法律权威（Schorkowitz 2001：72）。对于清朝来说，蒙古法院没有被平等地接受，而是按从皇帝处获得的社会和政治地位份量来分级。品级越高之人，其司法判决受到质疑时，若未能上诉成功，所获惩处越重(Bayarsaikhan 2004: 03.10b–03.11a)。虽然有充分的证据说明清朝的策略支持地方当局的立场，但是我们现在应该看看相反的趋势，即地方法院的职权范围受其限制的过程。

削弱地方法院的权威

在1651年，理藩院劝告蒙古人不得直接将其案件呈控理藩院，而要先到地方当局控告。显然，当时理藩院未曾试图侵犯地方法院的权限：没有提到蒙古法官必须将何种案件转移到理藩院。似乎没有指导方针来界定什么应视为“悬案”或何时应该召来理藩院。而蒙古当局或蒙古人，选择理藩院处理纠纷，或提前得知其案件结果而对地方当局不满，为理藩院采取措施提供了动力。理藩院不负责蒙古法律案件的日常巡查。在17世纪下半页，清朝逐渐调整了承认蒙古法院司法管辖权的立场。然而，法律的权威，没有直接从个别蒙古人之手转给理藩院或其代表。相反，最初，清王朝通过禁止地方法院单枪匹马地执行判决来侵占其自主权。

出于这个原因，地方蒙古当局以两个或三个分组集会，并奉命共同执法。这样，死刑的判决权从个人手中剥离，并需与邻近的统治者共管。在布尔尼(1675)和罗卜藏(1675)叛乱①之后，贯彻这一政策的较早的企图显然得以增强。几个月后，在康熙14年中秋之月（1675年9月19日—10月18日），皇帝规定蒙古统治贵族不应再依己意执法，依太宗②皇帝定例：管旗扎萨克王、贝勒等告知别旗扎萨克王、贝勒等，会审处决。不告知别旗王、贝勒等会审处决，以擅杀罪论。小台吉、庶人③之属人、家奴有罪处决，向各自扎

① 关于察哈尔叛乱，参 Fang（1943 - 1944，reprint 1991：I，304 - 305）。

② 皇太极的庙号。

③ 蒙古文版本此处字迹难以辨认。

萨克王、贝勒等禀明，王、贝勒亦告知别旗扎萨克王、贝勒等，会审处决。①很多事实表明：更加严格地控制蒙古首领们的司法权限，源于察哈尔不间断的犯上激怒了皇帝。早在1659年，发生了一场关于察哈尔统治者阿布鼐司法权限的冲突，其将一个内部对手全家处死。②尽管，在处理内部事务时，清朝仍留给蒙古统治者们一定的自主权，然而朝廷并没有对阿布鼐让步，而是对其处以高额罚金（译者按：在本节中所有罚金事实上都是罚畜）。在以后的岁月里，察哈尔统治家族与清朝的分歧益发严重，并以1675年的公开叛乱终结。尽管上段引文是较早的皇太极时期的命令③，1675年初的武装冲突，与同年稍后采取措施限制地方首领的独立活动范围似乎有直接的关联。显然清朝皇帝以蒙古人更密切的融入帝国的方式所回击了察哈尔统治家族从事的反清战略。

通过强制蒙古首领们合作来抑制单边行动，这一计划并非孤立现象。通过强迫蒙古统治者们相互协商，来削弱其自主权，这一政策只要涉及武力，就会被贯彻。当提到罚金时，这也是指导原则。据清朝立法，罚畜——与蒙古人的法律习俗一致——可以用作受害方的补偿支付，但——这取决于对罪犯的身份和犯罪的性质——它们也可以由政府收集(Aubin 2004: 142)。清廷直接宣称所罚牲畜归公，用于旗务管理，自1692年后，有证据表明事实上罚没的牲畜被转移到了北京(Yates 1986: 192–193)。

然而，蒙古统治者强加给其属民的罚金，是一个不同的问题，因为没有制定关于这些财产应如何分配的条款。在1675年察哈尔叛乱之后，这一点发生了变化。从那以后，不再允许地方当局单独处置这些财产，而必须和其他参与会审的临近统治者们共同分配。④为此目的，漠南蒙古统治者们——没有提及察哈尔，从此处于帝国直接控制下，被分成两到四个一组，并必须彼此协调法律决策。根据设定的配额，牲畜形式的罚金被分配给每一个统治者。显然，清朝试图通过这些措施避免单手操作和任意罚没牲畜的风险。

在此背景下，可以认为察哈尔叛乱引发了根本性策略的改变：1675年后，通过制定再分配其臣民财产的条款，并削弱对其属民的执法自主权，清朝越来越多地干涉蒙古统治者内部权力的运行。然而，尽管受配额限制，17世纪蒙古当局仍有权处理罚没的牲畜。18世纪中叶，当制定对财产再分配的新规定后，这种状况改变了。到那时，清康熙年间（1662—1722）形成的相邻（köndelen）统治者网络（译者按：指康熙年间内扎萨克各旗会审案件时的组合）已扩展到盟中。这些单位有时包括二十余旗，各由皇帝通过理藩院任命的一个盟长控制。各当局每三年一会，除其他事情外，主要决定特殊法律案件的处理。

---

① Mongγol-un čaγaǰan-u bičig (Mongolian Code, Kangxi edition), fos. 32v-33v: (32v) aliba alaqu yal-a-du kümün-i +tayisung quvangdi-yin toγtaγaγsan yosuγar qosiγu ǰakiruγči ǰasaγ-un vang. noyad köndelen ǰasaγ-un vang noyad-dur ügüleǰü sigüǰü alatuγai : köndelen ǰasaγ-un vang . noyad-dur ügüleǰü sigükü ügei alabasu . ǰoriγ-iyar alaγsan yosuγar γalalay-a : baγ-a taiyiǰi-nar qaraču kümün . albatu ger-ün kübüd-i (33r) […] öber öber-ün ǰasaγ-un vang noyad-dur učiri γarγaǰu ügületügei : vang noyad mön-kü köndelen ǰasaγ-un vang noyan-dur ügüleǰü sigüǰü alatuγai . čiγulγan neyileǰü sigüǰü alaqu yal-a-du kümün bolbasu darui čiγulγan neyilegsen γaǰar-a sigügsen yosuγar alatuγai.律文内容直接转引自达力扎布教授《康熙三十五年〈蒙古律例〉研究》中第70条的译文，该文载中央民族大学历史系主办：《民族史研究》第5辑，民族出版社，2004年。

② 严格来讲，他被指控杀其对手，他的官员们被指控杀害了其对手家人。对于这次纷争，参达力扎布（2005:57）。

③ 据达力扎布，在清代 1667 年已有一个相似的蒙古文文本（达力扎布 2003：2）。

④ 相关段落见 Mongγol-un čaγaǰan-u bičig (Mongolian Code, Kangxi edition)，fos. 48r-51v。译文见 Heuschert（1998a: 220 - 223）。关于该段文字产生的时间，根据其中所提及的人物推断(ibid: 151)。

此外，理藩院委派一位官员到会。[1]事实上，较大一群统治者们必须达成一致，伴随着该过程，个人的司法权限被削弱。据清朝法律，没收的牲畜作为罚金，不再分配给与案件有关的当局，而作为奖励给予在案件中表现突出和对清朝忠诚的人（Bayarsaikhan 2004:04.25a-04.25b）。

强有力的证据表明：帝国代表努力取得控制权，削弱了地方当局控制其臣民的权力。而且，蒙古司法当局的权力被一种蒙古统治者彼此互制的体系所限制——在理藩院的监视之下。强制各蒙古当局合作和禁止单方行动，可以看作清朝防止个别统治者单手操作的计划。

观察清朝控制蒙古人的策略时，分隔已被恰当地认定为清朝政策的一个关键手段(Crossley 2006: 74-75; Perdue 2005: 556)。但这仅是硬币的一面：分隔的观念以统一为前提。然而，成为内蒙古的蒙古人没有发出任何声音。出于这个原因，我们不能漠视——打破既定的结构——事实上有个相反的趋势，将截然不同的实体合并到新创建的各管理单位的趋势。迄今已独立行事的各地方当局，被要求协作并在重要事情上达成一致。清朝要求蒙古统治者们同心协力地站在其划定的政治线上，并互相监督。

在这一点上，我相信本人声称的蒙古各当局强制合作与理藩院职责扩张有种紧密的联系。根据界定，理藩院掌控异质群体"外藩蒙古"整体；该机构逐步整合截然不同的蒙古诸政体并减少可能导致权力转移的暴力情形的出现。作为一种保护伞，避免以牺牲他人为代价来扩大个别统治者的影响，必定是理藩院的兴趣所在。

清廷拥有合法支配权：理藩院的结局

清朝的政策旨在削弱当地统治者的权威是明显的。当仔细审视理藩院的作用时，该机构的目标是监督地方法院的构成及其判决。虽然有迹象表明，早在1662年，蒙古当局就被要求上报死刑案件到理藩院(拉巴平措 2006: 169)，这依然存在疑问，此条法律是否得以实施——鉴于13年后的事实，在1675年，皇帝要求蒙古统治者集体执行审判，而无需做进一步的让步。档案显示，自18世纪中叶后，理藩院努力更直接地行使其法律权力(Bawden 1969)。只有轻微的犯罪可以由旗一级的法院判决。其余案件必须转至盟一级的较高法院，这些法院由一群执政者组成。有关人命重案，盟复审之后，要求必须上报理藩院。理藩院须和京城的最高司法机构——三法司，即刑部、都察院和大理寺共同复议案件。之后，一份总结案情并提出合适建议的联合题本被呈给皇帝，且死刑必须在等待皇帝批准之后才能执行(Bayarsaikhan 2004: 04.31a-04.32a)。

由此，处理源自蒙古地区死刑案件的顺序和中国的司法实践相一致了：中国的皇帝，作为宇宙和睦的终极守护者，必须允准每一起死刑案件。死刑——理想情况下——是慎用的，并只有在经过三法司仔细审查后才能执行。草草执行的例子仍是例外(Meijer 1984: 1-5; Ocko 1988: 293)。我们可以得出结论，在乾隆年间，清帝的任务，即通过确保无人被枉杀来维护天下秩序，不再局限于他的中国臣民。这突出了阿特伍德（Christopher Atwood）的论证："尽管在其国家内民族多样化，清朝诸帝并不总是扮演着分裂的形象"

[1] 据赵（2002:274），1751年后不再选派理藩院官员出席内蒙古的盟会。

(Atwood 2000：129)。在清朝统治下，法律领域内中国宇宙和谐的观念——及其为皇帝设计的角色——扩展到了蒙古人中间。

决策权逐渐从边缘转移到中央，对蒙古人的法律管理和中国传统相统一、协调的趋势，二者密切相关。我们不仅可以从程序法上观察到这一趋势。在刑法领域，它甚至更为明显，中国法律的元素被日渐增加地纳入。理藩院官员面对如此的困境：蒙古法律，自17世纪初制定以来，就被认为不够清王朝法典的标准。理藩院不得不专门为蒙古地区制定条例，以期在精巧度和形式上符合清朝刑法在中国实行的标准。由于缺乏原型，立法者开始将对应的清朝法典作为蒙古法规的模型(Heuschert 1998b：315－317；Constant 2007：249－251)。这种发展不仅对法律规则及蒙古人的司法管理，且同样的，对理藩院的职责范围产生了深远的影响。1658年，皇帝要求理藩院对蒙古人判处死刑的形式加以明确(Heuschert 1998b：316)，此举导致蒙古立法中融入了中国刑法体系的元素。在1689和1690年，我们有证据表明，负责汉地社会司法的刑部宣称其制定的条例对蒙古人同样具有法律效力(Heuschert 1998a：95－96 and 241－242)。在乾隆时期，皇帝要求理藩院官员和刑部官员一起仔细复核关于蒙古人的案件决定且——间或视环境而定——和内阁成员，这已成为惯例。商议的结果以联合题本形式的草稿呈给皇帝。

此过程相当清楚地说明：皇帝认为理藩院能力有限，他想通过咨询具有不同背景知识的其他中央政府机构官员来抵消这种不足。到18世纪末，仅具对内部的蒙古形势微妙处的良好理解（假定理藩院的官员有）已不再充分，必须辅之以具体的法律或战略专长并通晓清朝法典。

结　论

仔细审察满蒙在法律领域的互动，揭示了关于蒙古人在清帝国中地位的冲突在形塑理藩院过程中的重要性。蒙古人在其与朝廷的互动中，对界定这个机构的职责有重要的影响。劳伦·本顿指出，“殖民地之所以成为一个国家，并非依靠颁布法律，而是通过一系列的宗主国和其臣民关系的冲突(Benton 1999：565)”。把蒙古人纳入帝国的法律体系，并非满洲政治所预知的结果，或谨慎而长期计划的成果。相反，这种发展——及由此形成理藩院——是沿着司法战线的角逐及帝国中央与蒙古方的各种“演员”相互影响的结果，有试图为自身利益考虑的上诉者，还有不愿意认可满洲人干涉其内部事务的顽强的蒙古统治者。

理藩院的设立与蒙古人向满洲统治者请愿的实践密切相关。作为蒙古人与朝廷间的接触点，它负责审核和组织他们的信件，决定适当的行动，并准备呈交给皇帝。相应地，它将皇帝的决定通知呈控者且传播公告。在17世纪，理藩院的主顾是所谓的“外藩蒙古”，一群拥有不同统治者和政体的漠南蒙古人。他们到目前还未采用协调一致的政策。在此背景下，理藩院代表清朝的意图：克服其统治下不同蒙古群体间的内部分隔，并消除对立情绪或政治内讧。一切迹象都表明，蒙古人广泛利用了把案件上诉至理藩院的可能性。朝廷欣然接受了这种可能性，并不时加以利用。蒙古人抓住清律允许的所有投诉机会，并通过理藩院来追求自己的目的。[①]尽管清政府试图限制投诉的数量，理藩院对蒙古投诉者仍具有很大的吸引力。因为它保留了重新审查已为地方当局决断过的法律案件并搁置其判决的权力。

委托理藩院为蒙古人起草法律的最早例子可追溯至1658年。在这个时期，认定理藩院如何确保已分发到蒙古贵族手中的法律的持久性是困难的。由于理藩院不复查普通的蒙古案件，清朝很可能主要依赖告密者来执行法律。似乎在某个时刻，清帝扭转了形势：不满于地方当局判决的人们，将其案件呈控到理藩院，以试图废除判决，他们充当了告密者的角色。以带有各自目的的请愿者们作为工具，其对主管当局的不满，使理藩院能够监督地方法院的决定。

直到17世纪最后10年，在处理内部事务时，蒙古统治者们仍有一定的自由裁量权。1659年，察哈尔统治者阿布鼐将其内部对手之一全家予以杀害。在关于其司法权限的冲突之后，形势改变了。康熙皇帝命令蒙古统治者们集体执法。此命令可认为是，在清朝霸权之下，关于蒙古人的诸多法律领域内互动的第一步。表面上看，清朝将司法管理权留给了贵族，但是法律权威取决于一群地位相当的统治者们，从而通过相互监督来保证清律的实施。在18世纪，清朝进一步侵占了蒙古司法当局的自主权，同时试图建立一个更加连贯统一的法律体系。

从整体的角度来看，清代对蒙古人的法制化管理根本上不同于汉地社会的法律制度，这一事实不应导致我们忽视了总体趋势，尽管这种趋势可能不会立即显现出来。从“截然不同的法律制度普遍存在于边疆地区和管理蒙古人的法律更为适合其游牧生活方式”(Esherick 2006：230)的假说往前推进，是一个过于简单化的方法。它阻止我们公正地评价这种发生在法治领域的转变。清朝的统治对蒙古法律传统有极大的影响，至清末，蒙古人已不能再应用其自身的法律传统(Heuschert 1998b：324)。我们应该在殖民统治技术的语境下来理解这些转变，并试图揭示赢得发展的实质，而欧亚霸权可能以其他“意识形态的‘文明’、‘现代性’及‘和谐’”作为掩饰(Schorkowitz 2012：52)。

据劳伦·本顿，欧洲帝国历史诸重大变化特征之一是“早期帝国的多元法律秩序向更分层组织的法律秩序的转型。在前一时期，多种司法的管辖区域部分重叠，有时竞争；后一时期，殖民强国和帝国更明确的谋求法律霸权”(Benton 2007：56)。在此背景下，仔细研究清代对蒙古人的法律政策，揭示了一种精简、集中、规范依法行政的趋势。在这个方向上，首个帝国的决定可追溯至顺治时期，即清朝宣称统治中国之后的几年。这种趋势是单向性的，严格说来它是清朝法律元素融入对蒙古人的立法之中，且不仅影响刑法体系，也影响程序法（设立上诉审级）和证据法(Heuschert 1996:65)。从比较的视角来看，在俄国这种发展导致了同样的方向。俄国对各族群的法律政策绝不统一，但如Dittmar Schorkowitz所示，有一个朝着限制地方法院权威的总体趋势(Schorkowitz 2001：84)。至于清朝对蒙古的人的政策，建立阶级上诉是这个项目中的一块重要基石。

安·劳拉·斯托勒（Ann Laura Stoler）提醒我们，“帝国形成”“不是既定的宏观

---

① 关于移居殖民地的人们试图控制殖民地的法律体系并把自身变成“法律演员”的现象，参见Cooper（2005：173)及Benton（2002：169)。

政治的独立存在物，而是持续的过程”（Stoler 2009：35）。在此语境下，我们的注意力转向清代在内亚统治的多样性时，不应仅将其分析限定为拼缀物。意识到这种潜在的趋势是重要的：朝着一种更高程度的标准化及更为分等级组织的管理体系发展。尽管这种发展速度可能较慢，但该过程稳定且不可逆转，并指向一个更大的整合蒙古人融入清帝国的蓝图。在此改进的过程中，理藩院的地位是矛盾的。在牺牲地方法律当局利益的同时，理藩院管理蒙古人案件的影响力一度加大。但随着法律一致化的趋势，它不得不逐渐为其他中央政府机关对蒙古人实施立法和司法权力让渡空间。

References：

（1）Atwood, Christopher P. 2000. “Worshipping Grace”: the language of loyalty in Qing Mongolia.*Late Imperial China* 21(2): 86–139.

（2）Aubin, Françoise. 1991. Les sanctions et les peines chez les Mongols. In: *Recueils de la Société Jean Bodin pour l'histoire comparative des institutions / Transactions of the Jean Bodin Society for Comparative Institutional History,* LVIII, La Peine / Punishment,Quatrième partie / Fourth Part, Mondes non européens / Non European Worlds. Bruxelles: De Boeck Université, pp. 242–293.

（3）Aubin, Françoise. 2004. Some Characteristics of Penal Legislation among the Mongols (13th–21stCenturies). In: Wallace Johnson and Irina F. Popova (eds.). *Central Asian Law: an historical overview. A Festschrift for the ninetieth birthday of Herbert Franke*. Topeka, Kansas: Society for Asian Legal History, pp. 119–151.

（4）Bartlett, Beatrice. 1991. *Monarchs and Ministers. The grand council in Mid-Ch'ing China, 1723–1820*. Berkeley, Los Angeles, London: University of California Press.

（5）Bawden, Charles. 1969. The Investigation of a Case of Attempted Murder in Eighteenth-Century Mongolia. *Bulletin of the School of Oriental and African Studies* 32: 571–592.

（6）Bayarsaikhan, Batsükhijn (ed.). 2004. *Mongɣol čaɣajin-u bičig*. *Ekh bichgijn sudalgaa* [The Mongolian legal code. Research on the sources]. (Monumenta mongolica 4,1). Ulaanbaatar:Admon.

（7）Benda-Beckmann, Keebet von. 1981. Forum Shopping and Shopping Forums: dispute processing in a Minangkabau village in West Sumatra. *Journal of Legal Pluralism* 19: 117–159.

（8）Benton, Lauren. 1999. Colonial Law and Cultural Difference: jurisdictional politics and the formation of the colonial state. *Comparative Studies in Society and History* 41(3): 563–588.

（9）Benton, Lauren. 2002. *Law and Colonial Cultures: legal regimes in world history, 1400–1900*.(Studies in Comparative World History). Cambridge: Cambridge University Press.

（10）Benton, Lauren. 2007. Empires of Exception: history, law, and the problem of imperial sovereignty. *Quaderni di Relazioni Internazionali* 54: 54–67.

（11）陳捷先主编：《旧满洲档》（10卷），台北"故宫博物院"印行，1969年。

（12）Chia, Ning. 1993. The Li-fan Yuan and the Inner Asian Rituals in the Early Qing (1644–1795). *Late Imperial China* 14(1): 60–92.

（13）Constant, Frédéric. 2007. Questions autour du pluralisme juridique sous la dynastie des Qing à travers l'exemple mongol. *Études chinoises* XXVI: 245–255.

（14）Cooper, Frederick. 2005. *Colonialism in Question: theory, knowledge, history*. Berkeley,University of California Press.

（15）Crossley, Pamela Kyle. 1999. *A Translucent Mirror: history and identity in Qing imperialideology*. Berkeley: University of California Press.

（16）Crossley, Pamela Kyle. 2006. Making Mongols. In: Pamela Kyle Crossley, Helen F. Siu and Donald S. Sutton (eds.). *Empire at the Margins. Culture, ethnicity, and frontier in early modern China.* Berkeley, Los Angeles, London: University of California Press, pp. 58–82.

（17）齐木德道尔吉、吴元丰主编:《清内秘书院蒙古文档案汇编》（7卷），呼和浩特：内蒙古人民出版社，2003年。

（18）《大清会典》(康熙朝刻本，藏于哈佛燕京图书馆),第162卷。

（19）达力扎布著：《<蒙古律例>及其与<理藩院则例>的关系》，《清史研究》2003年第4期，第1—10页。

（20）达力扎布：《清代察哈尔扎萨克旗考》，《历史研究》2005年第5期，第47—59页。

（21）达力扎布：《清朝入关前对蒙古立法初探》，载方铁、邹建达主编：《中国蒙元史学术讨论会暨方龄贵教授九十华诞庆祝会文集》,第221—246页，北京：民族出版社，2010年。

（22）Di Cosmo, Nicola. 1998. Qing Colonial Administration in Inner Asia. The International Histor Review 20(2): 287–309.

（23）Di Cosmo, Nicola. 2002. Military Aspects of the Manchu Wars against the Čaqars. In: Nicola Di Cosmo (ed.). Warfare in Inner Asian History, (500–1800). (Handbuch der Orientalistik 8,6). Leiden, Boston, Köln: Brill, pp. 337–367.

（24）Di Cosmo, Nicola. 2006. Competing Strategies of Great Khan Legitimacy in the Context of the Chaqar-Manchu Wars (c. 1620–1634). In: David Sneath (ed.). Imperial Statecraft: political forms and techniques of governance in Inn er Asia, sixth – twentieth centuries . (Studies on East Asia, 26). Bellingham: Center for East Asian Studies, Western Washington University, pp. 245–263.

（25）Di Cosmo, Nicola. 2009. The Qing and Inner Asia: 1636–1800. In: Nicola Di Cosmo, Allen J. Frank and Peter B. Golden (eds.). The Cambridge History of I nner Asia. The Chinggisid age. Cambridge: Cambridge University Press, pp. 333–362.

（26）Di Cosmo, Nicola and Dalizhabu Bao. 2003. Manchu-Mongol Relations on the Eve of the Qing Conquest: a documentary history. (Brill's Inner Asian Library 1). Leiden: Brill.

（27）Elliott, Mark. 2001. The Manchu Way: the Eight Banners and ethnic identity in late imperial China. Stanford, CA: Stanfo rd University Press.

（28）Elliott, Mark. 2011. National Mind s and Imperial Frontiers: Inner Asia and China in the new century. In: William Kirby (ed.). The People's Republic of China at 60. An international assessment. Cambridge and London: Harvard University Press, pp. 401–411.

（29）Esherick, Joseph W. 2006. How the Qing Became China. In: Joseph W. Esherick, Hasan Kayali and Eric Van Young (eds.). Empire to Nation. Historical perspectives on the making of the modern world. Lanham et al.: Rowman & Littlefield, pp. 229–259.

（30）Fang, Chao-ying. 1943–1944. Hsiao-tuan We n Huang-hou. In: Arthur W. Hummel (ed.). Eminent Chinese of the Ch'ing Period (1644–1912). 2 vols. Washington: U.S. Government Printing Office, pp. 304–305. (Reprint 1991, Taipei: SMC Publishing).

（31）Gō , Minoru (ed.). 1942. Mō ko rengō jichi seifu Bayantara meishi shiry ō shū sei: Tumeto tokubetso ki no bu daiissh ū [Collected historical materials on the hi story of the Bayantala League of the Mongol United Autonomous Government: Tümed Special Banner]. Volume 1. Zhangjiakou: Mōko Rengō Jichi Seifu Bayantara Mei K ō sho.

（32）Hagihara, Mamoru. 2006. Shindai Mongoru no saiban to saiban monjo [The judicial system and juridical documents in Mongolia during the Qing period]. Tokyo: Sōbunsha.

（33）Heuschert, Dorothea. 1996. Die Entscheidung über schwierige Rechtsfälle bei den Mongolen des 16.–19. Jahrhunderts. Zum Beweismittel des siqaγ a(n). Zentralasiatische Studien des Seminars für Sprach- und Kulturwissenschaft Zentralasiens der Universität Bonn 26: 49–83.

（34）Heuschert, Dorothea. 1998a. Die Gesetzgebung der Qing für die Mongolen im 17. Jahrhundert anhand des Mongolischen Gesetzbuches aus der Kangxi-Zeit (1662–1722). (Asiatische Forschungen 134). Wiesbaden: Harrassowitz.

（35）Heuschert, Dorothea. 1998b. Legal Pluralism in the Qing Empire: Manchu legislation for the Mongols. The Internationa l History Review 20(2): 310–324.

（36）Heuschert-Laage, Dorothea. 2004. Schriftlichke it und mündliche Rechtstradition. Überlegungen zum Gebrauch mongolischer Rechtsaufzeichnungen im 16.–18. Jahrhundert. Asiatische Studien/Études Asiatiques LVIII(1): 131–162.

（37）Huang, Pei. 2011. Reorienting the Manchus. a study of sinicization 1583–1795. (Cornell East Asia Series 152). Ithaca: East Asia Program, Cornell University.

（38）Kelly, Benjamin. 2011. Petitions, Litigation, and Social Control in Roman Egypt. Oxford: Oxford University Press.

（39）赵云田点校：《乾隆朝内府抄本<理藩院则例>》，拉巴平措主编：《西藏历史汉文文献丛刊》，北京：中国藏学出版社，2006年。

（40）李宝文编：在《十七世纪蒙古文文书档案》，通辽：内蒙古少年儿童出版社，1997年。

（41）Martin, Virginia. 2001. Law and Custom in the Steppe. The Kazakhs of the middle horde and Russian colonialism in the nineteenth century. Richmond: Curzon Press.

（42）Meijer, Marinus Johan. 1984. The Autumn Assizes in Ch'ing Law. T'oung Pao LXX: 1–17.

（43）《蒙古律例》十二卷附增例，《国学文库》第32编，北京：文殿阁书庄。

（44）Millward, James A. and Laura J. Newby, 2006. The Qing and Islam on the Western Frontier. In: Pamela Kyle Crossley, Helen F. Siu and Donald S. Sutton (eds.). Empire at the Margins. Culture, ethnicity, and frontier in early modern China . Berkeley, Los Angeles, London: University of California Press, pp. 113–134.

（45）Newby, Laura J. 2005. The Empire and the Khanate. A political history of Qing relations with Khoqand c. 1760–1860. (Brill's Inner Asian Library 16). Leiden, Boston: Brill.

（46）Ocko, Jonathan K. 1988. I'll Take It All the Way to Beijing: capital appeals in the Qing. The Journal of Asian Studies 47(2): 291–315.

（47）乌云毕力格、吴元丰、宝音德力根主编：《清朝前期理藩院满蒙文题本》，呼和浩特：内蒙古人民出版社，2010年。

（48）Perdue, Peter C. 2005. China Marches West. The Qing conquest of Central Eurasia. Cambridge and London: Harvard University Press.

（49）Sartori, Paolo. 2009. Behind a Petition: why Muslims' appeals increased in Turkestan under.

（50）Russian rule. Asiatische Studien/Etudes Asiatiques LXIII(2): 401–434.

（51）Schorkowitz, Dittmar. 2001. Staat und Nationalitäten in Rußland. Der Integrationsprozeß der.

（52）Burjaten und Kalmücken, 1822–1925. (Quellen und Studien zur Geschichte des östlichen Europa 61). Stuttgart: Franz Steiner.

（53）Schorkowitz, Dittmar. 2012. Historical Anthropology in Eurasia "…and the Way Thither". History and Anthropology 23(1): 37–62.

（54）Stoler, Ann Laura. 2009. Considerations on Imperial Comparisons. In: Ilya Gerasimov, Jan Kusber and Alexander Semyonov (eds.). Empire Speaks Out. Languages of rationalization and self-desciption in the Russian Empire. Leiden, Boston: Brill, pp. 33–55.

（55）Tamanaha, Brian. 1993. The Folly of the "Social Scientific" Concept of Legal Pluralism. Journal of Law and Society 20(2): 192–217.

（56）Weiers, Michael. 1979. Mandschu-Mongolische Strafgesetze aus dem Jahre 1631 und deren Stellung in der Gesetzgebung der Mongolen. Zentralasiatische Studien des Seminars für Sprach- und Kulturwissenschaft Zentralasiens der Universität Bonn 13: 137–190.

（57）Weiers, Michael. 1981. Gesetzliche Regelungen für den Außenhandel und für auswärtige Beziehungen der Mongolen unter Kangxi zwischen 1664 und 1680. Zentralasiatische Studien des Seminars für Sprach- und Kulturwissensc haft Zentralasiens der Universität Bonn 15: 27–49.

（58）Weiers, Michael. 1986a. Zur Stellung und Bedeutung des Schriftmongolischen in der ersten Hälfte des 17. Jahrhunderts. Zentralasiatische Studien des Seminars für Sprach- und

Kulturwissenschaft Zentralasiens der Universität Bonn 19: 38–67.

（59）Weiers, Michael. 1986b. Die Mandschu-Mongolischen Strafgesetze vom 16. November 1632. Zentralasiatische Studien des Seminars für Sprach- und Kulturwissenschaft Zentralasiens der Universität Bonn 19: 88–126.

（60）Weiers, Michael. 2001. Die drei Amtshöfe des Schriftwesens im späten Aisin-Staat. Zentralasiatische Studien des Seminars für Sprach- und Kulturwissenschaft Zentralasiens der Universität Bonn 31: 65–88.

（61）Weiers, Michael. 2009. Ersuchen an den Herrscher. Zentralasiatische Studien des Seminars für Sprach- und Kulturwissenschaft Zentralasiens der Universität Bonn 38: 345–356.

（62）Woodman, Gordon R. 1998. Ideological Combat and Sociological Observation: recent debate about legal pluralism. Journal of Legal Pluralism and Unofficial Law 42: 21–59.

（63）Yates, Lawrence E. 1986. Early Historical Mate rials of the Bayantala League. Unpublished Ph.D dissertation. Bonn: University of Bonn.

（64）赵云田著：《清代蒙古政教制度》，北京：中华书局，1989年。

（65）赵云田著：《中国治边机构史》，北京：中国藏学出版社，2002年。

（本文译自Max Planck Institute for Social Anthropology Working Papers No. 138，英文原题为“State Authority Contested along Jurisdictional Boundaries——Qing legal policy towards the Mongols in the 17th and 18th centuries”。感谢Dorothea Heuschert-Laage先生授权翻译本文。）

（王伏牛，男，1986 年生，中央民族大学历史文化学院博士研究生。北京：100081）

近现代蒙古社会的结构变动与社会史研究的可能性

[日]孛儿只斤·布仁赛音著　小　军译

序　言

经过清朝近 300 年的分割统治，蒙古社会在很长一段时间内处于停滞不前的状态。曾因频繁的移动而有着与蒙古社会的各部族之间以及与外部世界交流、接触可能性的开放式的蒙古社会，却被封闭在以旗为单位的有限的空间内，以至于变成了一个内向而封闭的社会。加之，以内蒙古地区为中心，自 19 世纪中叶以来，随着中国内地贫穷汉人农民的大量流入，使得蒙古旗民不得不选择越过旗界移居他乡或继续居住在旗内汉人密集的有限空间内。这一过程，不仅加速了内蒙古南部地区的农耕化过程，而且也带来了传统社会的崩溃与新型定居社会形成同步进行的现象。这一新型定居社会的形成是从南向北逐步进行的。以光绪十七年（1891 年）的“金丹道暴动”为契机，这种现象变得更加显著，其后不到半个世纪，兴安岭东南麓地区已变成农耕或半农半牧社会。这一社会现象与蒙古民族长期以来建立起来的传统社会截然不同，是一种崭新的定居、半定居社会。其由蒙古人、满洲人和汉人等几个民族组成，因此具有复合型结构的社会特性。面对如此巨大的社会变动，仅以过去的蒙古史研究之视角去剖析理解显然是不够的，有必要确立一个新的研究视角去充分探讨和分析。

自清末以来，源于西洋的近代化浪潮席卷蒙古各地。这一浪潮，从其时间上来看，正逢清帝国旧体制崩溃和新秩序形成之时。然而，这一时期恰巧与为迎接新时代的到来而未作任何准备且极度衰敝的蒙古社会现状重叠在一起。另外，由于近代化是通过中国、俄罗斯和日本渗透到蒙古社会的，即蒙古社会并没有直接接触到近代化发源地的西洋各国。因此，这种近代化过程，理所当然地混杂着中国、俄罗斯和日本因素。对蒙古人而言，近代化所带来的最大的“礼物”是，对游牧式生产方式的全盘否定，即通过以社会达尔文主义的思想做后盾的近代化，把蒙古人的传统社会定位为被淘汰之对象，这使得濒临衰微的蒙古社会导向进一步丧失自信的境地。尤其对因传统社会的衰退而极度混乱的内蒙古南部地区而言，这种近代化的浪潮是否作为蒙古人开辟自己的命运而积极传播到该地区的，是个很大的疑问。

继近代化的浪潮，从 20 世纪中叶起，蒙古各地相继迎来了社会主义时代。和社会达尔文主义一样，马克思主义的社会发展论也认为游牧社会比农耕社会落后。因此，无论内蒙古还是外蒙古，都急速推行了定居与半定居化。换言之，原本已大量定居化的内蒙古，迄1980年，几乎所有地区都实现了定居化。经过20世纪的急剧的社会变动，蒙古社会的结构已演变为与从前大相径庭。

那么，蒙古史学界怎样看待在近代化过程中急剧变化的蒙古社会呢？从世界范围而言，蒙古史研究也以考证成吉思汗及其建立的蒙古帝国的历史作为始发点。而走在其先端的日本蒙古帝国史研究，可谓是日本东洋史研究的重要的组成部分，并以其严密的实证史学研究手段，获得累累硕果。这种帝国史研究的手法，对后帝国史研究及清代蒙古史研究的发展做出了贡献。但是这一研究方法是否对观察清末以后的蒙古社会变化也有很好的效果呢？这一点尚需进一步探讨。至少，是否对近现代蒙古社会动态部分的变化过程进行现实描述的程度是不够充分的。蒙古近现代社会动态部分被轻视的原因是，可能受到了战前在日本流行的亚洲停滞论的影响。在战前的日本，跟不上近代化步伐的亚洲各地被视为停滞不前的社会，这种倾向成为殖民主义基础的同时，无可否认，在学界也导致轻视亚洲各地基层社会变化的倾向。

如上所述，近代化并未对蒙古起到积极的作用。尽管如此，蒙古社会并没有因此而保持停滞不前的状态。反而在战后，其结构发生了戏剧性的变化。为立体地描述如此急剧的社会变动，究竟采取怎样的研究手段最为有效呢？如采用和以往一样，追求“事件”、“人物”和“制度”等特定事物的手法，容易造成过于拘泥于个别事物，从而很可能不能够准确地了解某一时代的终结和新时代开端间的连续性，或很难把握某地区超越时代的整体情况。因此，有必要从社会史研究范畴去探讨，即重视在社会变动中扮演主角的民众之存在。这是被政治史和经济史所忽视的领域，也是在蒙古史研究中一直被忽略的部分。

有关近现代蒙古社会整体动态的历史资料并不罕见。在本章中除了介绍蒙古社会史研究的基本史料外，还要提出怎样综合运用实地调查等研究方法来了解近现代蒙古社会的基本看法。

1. 社会史研究的基础资料

在蒙古近现代史研究当中，不乏必要的基础史料。例如：就清代和中华民国时期的研究而言，有助于了解蒙古基层社会的文献史料并非全无。清代的诉讼史料、寺院相关资料，还有保存于内蒙古的数量有限的旗扎萨克衙门档案中也或多或少能够窥见旗内基层社会的动态。

内蒙古档案馆所藏卓素图盟喀喇沁中旗扎萨克衙门的蒙古文档案有4695册、折档有37707卷，共计42402卷，其年代为康熙四十九年（1710）到民国23年（1934）。还藏有1731年~1932年间的喀喇沁左翼旗扎萨克衙门档案共12621卷[①]。喀喇沁右翼旗的档案比较少，只有571卷（档册482、折档90）[②]。在内蒙古档案馆所藏的如上喀喇沁

---

① 在辽宁省喀喇沁左翼蒙古自治县档案馆也藏有喀喇沁左翼旗扎萨克衙门的档案史料 596 卷（册），包括从乾隆六年（1741）到中华民国21年（1932）之间的内容。这些档案是1992年从辽宁省档案馆接手管理的档案。汉译文《清代喀喇沁左翼蒙古档案译文选编》已完成，2002年被纳入中国国家民族事务委员会“全国少数民族古籍‘十五’规划重点项目”，并于2007年被纳入国家清史项目。

② 有关在内蒙古档案馆所藏的喀喇沁3旗档案，依据《胡日查2010》。

3旗扎萨克衙门档案资料中最重要的一点是，反映了该地区独特复杂的从比较早的阶段开始农耕化的旗内情况。与传统的游牧旗不同的是，在这些农耕化的旗，因土地变得过于狭窄，使得大多数蒙古人变得贫穷，遂沦落为佃户、榜青等被雇佣农工。同时，王公、台吉和塔布囊等统治阶级对土地占有的扩大，形成了财富集中于少数人手中的状况。像欧文•拉铁摩尔曾指出的那样"一部分蒙古人沦落为耕作者，有的蒙古人特别是在热河，他们与生活程度低下的汉人竞争而变得更加贫困。另一方面，特权阶级使唤汉人移民得到了巨额收入"（拉铁摩尔 1934）。这种现象在喀喇沁 3 旗和东土默特 2 旗等卓索图盟南部地区和相邻的敖汉旗极为显著。随着农耕化，在蒙古各旗内部产生了与从前的王公贵族不同的富裕层，他们与王公贵族以清朝给予外藩蒙古的种种传统特权和租税积累的财富为背景，分享着该地区的政治和教育资源。在蒙古社会内部发生的这种变化使王公贵族与一般旗民的关系变得更为复杂，以至于引发各种利益冲突。1860年~1864年的"老头会运动"和"巴音达赉起义"（1904~1908）就是具体的例子。还有，在土默特右旗发生的"八枝箭事件"（1857~1870）[①]中，一部分台吉贵族阶层也与一般蒙古人一道参与了此次运动，拒绝向王公纳税。旗民的这种大规模反抗现象，之后在农耕化较显著的兴安岭东南麓地区也存在，但是这种现象在游牧旗并不多见。在王公贵族与旗民之间的绝对隶属关系开始变得松懈的过程中，也出现了一些通过买卖农地积累财富的蒙古人。在内蒙古档案馆所藏的这些喀喇沁 3 旗档案中，有待于发掘真实反映这种基层社会复杂关系的史料。

上述喀喇沁 3 旗档案以外，在内蒙古档案馆还藏有哲里木盟科尔沁右翼后旗扎萨克衙门的蒙古文档案 543 册 1706 卷，大约记载 1903~1931 年左右的旗扎萨克衙门的书信往来。除此之外，也藏有茂明安旗扎萨克衙门档案 185 册，记载从清朝道光年间的 1835 年至 1949 年间的事宜。除此之外还藏有原乌兰察布盟喀尔喀右翼旗扎萨克衙门的档案 292 册，四子王旗扎萨克衙门档案 64 册（1763~1948），原伊克昭盟左翼前旗扎萨克衙门档案 130 册（1739~1947），右翼后旗扎萨克衙门档案 4001 册（1696~1950），左翼中旗扎萨克衙门档案 2231 册（1828~1949）和右翼中旗扎萨克衙门档案 198 册（1743~1949）等相当规模的档案。近年在内蒙古已有很多研究者开始整理并利用这些档案[②]。

除内蒙古档案馆之外，在各地档案馆也藏有为数不少的旗扎萨克衙门档案。例如在阿拉善左旗档案馆藏有清代额鲁特和硕特旗扎萨克衙门的蒙古文档案 2497 册。在内蒙古，已展开了对这些档案的汉译工作[③]。还有，在鄂尔多斯市档案馆藏有相当数量的准格尔旗和杭锦旗扎萨克衙门的档案，其中准格尔旗档案的一部分已被译成汉文（中共准格尔旗委员会等译编 2007）。在赤峰市档案馆藏有翁牛特旗扎萨克衙门档案 2000 余册，在海拉尔市档案馆还藏有清代呼伦贝尔副都统衙门的满文档案。除以上介绍的档案之外，由金峰整理出版、曾保存在呼和浩特市西藏佛教寺院希勒图召（延寿寺）的《管辖全呼和浩特喇嘛及班迪们的大扎萨克喇嘛印务处》档案，这也是了解曾扮演蒙古社会主角的

① 所谓的"八枝箭起义"，是 1857 年土默特右翼旗 200 名箭丁长期与王公对峙的结果，发起武力斗争，数十年与扎萨克对抗后，获得了减轻租税的胜利。很多参加斗争者难以在当地生存，移居他乡。

② 有关在内蒙古档案馆所藏的喀喇沁 3 旗档案，依据《胡日查 2010》。

③ 谢咏梅：《关于清代阿拉善蒙古地区查嘎沁阿拉特考略》，日本蒙古学会秋季大会（2009.11.21，岡山大学）。

佛教界相关社会情况的重要资料（金峰 1989）。

当然，一般而言，以往的研究中对档案史料也引起过很大关注，尤其是清史研究常利用各地档案馆所藏档案文献。但由于中国革命时期的混乱，像旗扎萨克衙门档案等有关基层社会史料的残存并不乐观，因此推动蒙古近现代基层社会史的研究一直未被关注。

至中华民国时期，虽数量有限，却出现了由中央政府实施的汉文调查资料①以及各地方政府独自实施的蒙旗调查②。但当时的中国政府和中国的知识分子对蒙旗基层社会的现实状况并不很感兴趣，因此，仅有的少数调查也只不过是为了应付对蒙古的一些政策而不得不实施的调查而已，沿袭清代以来的老一套做法，只触及蒙旗大致的组织图等表面调查。所以迄 20 世纪后半期，有关蒙古基层社会的汉文详细资料可说并不多见。

关于中华民国时期的内蒙古，最近发现了一些蒙古人自己撰写的一些私信和日常记录等文献资料。《东洋文库所藏北京温都尔王府蒙古文书信抄本》③是个具体的例子。这是科尔沁左翼中期闲散温都尔亲王阳仓扎布在 1922 年~1925 年左右从北京王府向各地寄送的书信副本。它和蒙古王公与各地方政府之间书信往来当中产生的档案史料有所不同，在这类书信中较为真实地记录着对他人难言的真意，可以说是能立体地掌握民国时期东部蒙旗复杂的旗内情况、蒙旗和地方当局及中央政权之间关系的第一手史料。这种王公贵族的私信，不太可能像档案史料一样广泛留存，但挖掘和整理此类史料也是社会史研究的重要工作。

清代喀尔喀蒙古各旗扎萨克衙门部分档案已经被整理出版，在清代制度史研究中积极利用了这些档案（冈洋树 2007）。关于 20 世纪前期的蒙古国（当时为蒙古人民共和国），从 20 年代至 40 年代，希姆克夫的大量俄文资料很重要（希姆克夫 2008）。在蒙古国，民主化后文书史料的整理和公开顺利进行，但是另一方面，近现代史研究的基本方法仍然处于个别实证研究的阶段，还未形成全面分析基层社会动向的研究气氛。

在内蒙古，至 20 世纪 80 年代初期的改革开放为止，历史叙述完全被阶级斗争的社会主义意识形态所左右，从 50 年代末开始的各种偏激的政治运动中不允许追求历史事实的研究姿态。进入 80 年代后，在全中国开始挖掘地方史，开展（旗）县志的编纂工作。其间，主要挖掘到很多与 20 世纪前半期中国革命运动相关的资料，并以《文史资料》的形式在各地出版发行。这是由各地政治协商委员会所属的“文史委员会”编的出版物。但是，《文史资料》的编辑和发行几乎都以旗县为单位，由于各地方的特点以及从业人员的热情和素质的不同，结果也大不相同。一些旗县从 80 年代至今一直在陆续出版《文史资料》，而有的旗县只象征性地出版了一两册而已，其后几乎没有成形的像样的资料。总之，各地区在挖掘地方文史资料方面的差异很大。《文史资料》记载与该地区相关的事物，是连接该地区战前和战后情况的重要线索，因而在中国，对以近现代蒙古社会为研究对象的田野调查者而言，《文史资料》是该地区田野调查时必须获得的资料之一。但这些资料属于“内部发行”之类的出版物，因此只限于在中国范围内阅读。

---

① 例如有“贺 1935”等。

② 例如张学良政权在奉天刊行的杂志《蒙旗旬刊》上刊登，张学良政权对东部蒙古各旗独自实施的实态调查报告。

③ 参考（孛儿只斤·布仁赛音 2006）。

与“文史委员会”并行，在各旗县也有为编纂旗（县）志组成的“旗（县）志编纂办公室”，有时该办公室把编纂旗（县）志时收集到的资料作为《○○史料汇编》系列出版。这种编纂工作各地方也有差异，一些地方出版得较多，而有的地方却是空白。另外，各地方的民政局从1980年开始统一出版《地名志》，到村级为止，将各地区的地名由来和各种数据记录得较为详细。这些都是立体地了解多次进行过行政再编的中国地方社会变迁的不可或缺的资料，也是田野调查者必须获取的资料。

但是，以《文史资料》为主的这些乡土资料，在可靠性方面也存在诸多问题。因为编辑和撰写人员不仅没有接受过文献学和历史学的基本训练，在《文史资料》中所收集的所有回忆录当中，回忆当事人往往是重点回忆本人以何等积极态度参加了革命或该地区人民是如何与日本帝国主义和国民党势力斗争、并以怎样的热情投身于中国共产党领导的革命运动等思想宗旨撰写这些回忆资料。正因如此，在实证史学中纳入这种资料有诸多不可靠因素。但与田野调查中所得的数据相对照，并综合地分析区域社会的发展过程时会发挥很大的作用。

乡土资料对社会史研究起到很好的作用，同时不得不考虑其局限性。乡土资料中包括“家谱”、“氏族历史”①，还包括近年来频繁出版的传记和回忆录等。强烈意识父系血缘集团的家谱，在内蒙古南部农耕化地区从清代开始就颇为盛行，革命运动激烈化的20世纪后半期一度被禁止，改革开放后又得以复活，现在几乎在所有地区均广泛盛行。追踪以家族为单位的民众的足迹时，家谱可提供非常重要的线索。但在家谱中所记录的内容，与其说是家族的历史事实，不如说是集结现在生活的一个家族群体的精神纽带。记述一个家族的光荣事迹，使其留传子孙后代，而很少让后人知道祖先的过失，这是人之常情。从这种意义而言，自传和回忆录都有着同样的性质。

2. 战前蒙古相关的实态调查资料

对近现代蒙古社会史研究而言，战前由日文撰写的调查报告是最为重要的基础史料。自日俄战争时起，日本就对蒙古地区颇感兴趣，由此实施了各种实态调查。尤其“满洲国”时期，在“满洲国”领域内的蒙古人居住地区实施专家参与的详细的实态调查，并留下了大量的数据资料。其中，最值得注目的应该是，聚焦于蒙古人农耕村落社会②的《兴安省非开放蒙地实态调查》。该《兴安省非开放蒙地实态调查》是从康德六年(1939)在兴安四省的11个旗进行定点调查的资料（吉田 1997）。现在留下的报告书只有《兴安南省科尔沁左翼中旗实态调查报告书》、《兴安南省扎赉特旗实态调查报告书》、《兴安西省阿鲁科尔沁旗实态调查报告书》、《兴安西省奈曼旗实态调查统计篇》、《兴安北省新巴尔虎右旗·索伦旗·陈巴尔虎旗实态调查统计篇》，对其他地区的调查没有留下成形的报告书。这些是“满洲国”为了对保持独特生活形态的蒙古人社会确立有效的统治而进行的调查，通过近代统计手法，以家族为单位，详细记载了经济关系和社会关系。此类实

① 在蒙古语中所谓的oboγ ayimaγ-un teuke，这里所说的oboγ ayimaγ，与其说传统游牧社会所说的部族，不如说以父系血缘集团为核心的近似于中国宗族的集团。例如有（Desan（德山）1997）等。

② 关于“满洲国”统治下的游牧地区以qota ayil为单位实施调查。

态调查报告比过去的按年代顺序记载部族和集团历史的文献资料要详细得多。以这些资料为基础，对其后内蒙古的状况及与之相连系的最初的研究成果应属吉田顺一的有关呼伦贝尔额鲁特人畜牧社会变迁的研究（吉田 2001）。在这一研究中，吉田氏对参与兴安北省索伦旗康德 6 年实态调查的桥本重雄论文（桥本 1943）和松山一男的论文《关于索伦旗内布里亚特族社会习俗》（松山 1940）及森三郎的论文（森 1939）为基础，至 20 世纪末为止，追溯分析额鲁特人畜牧社会的变迁。可以说本研究是战前实态调查资料与战后状况相结合考察的最初的较正规的研究，他将研究重点放在畜牧经营形态本身的变化，而并未注重社会关系和地域社会的整体动向。于 2003 年出版的拙著《近现代蒙古人农耕村落社会的形成》一书，是以上述《兴安四省实态调查》中《兴安南省科尔沁左翼中旗实态调查报告书》为基础进行的研究。但是，如下所述，它就像实证史学和社会史的混合体，方法论上处于犹豫不决的状态下完成的作品。笔者其后对《兴安西省阿鲁科尔沁旗实态调查报告书》中成为调查对象的阿鲁科尔沁旗喀喇图克沁村和《兴安西省奈曼旗实态调查统计编》中成为调查对象的奈曼旗西沙里好来村实施实地调查并进行了研究（孛儿只斤・布仁赛音 2004），其过程正是探索蒙古社会史的旅程。

如上所述，基于战前蒙古相关实态调查史料进行的研究于 2000 年之后开始变得活跃起来。不久，以“满洲国”兴安局实施的《开放蒙地实态调查》为基础的广川佐保的优秀研究成果也公布于众（广川 2005）。广川对过去的蒙地，即哲里木盟、昭乌达盟和卓素图盟的部分蒙地，由于流入大量的汉人移民变成了县治，从蒙旗的管辖下分离后被划分为近邻东北各省统治之下，也就是对所谓的“开放蒙地”，对蒙旗持有的权益最终“奉献”给“满洲国”的过程细致地进行了分析。可以说该研究是充分运用战前实态调查资料实证研究的成功例子，但并没有重视可称为“开放蒙地”遗产的“省外四旗”和留在“开放蒙地”土地上的人们战后的情况。在中国，由于过分强调中国革命之意义，在客观上往往忽视新中国成立以前的历史——即现代史与新中国成立后的历史——即当代史之间的有机联系。但毋庸置疑，今天是昨天的延续。所以为了解今天，必须了解昨天，也必须了解今天和昨天的关联性。当人们开始忽视今天与昨天之间的有机联系时就出现对于现状的盲目认识，客观上阻碍人们对今天的全面而正确的认识。这种忽视今天和昨天的有机关联性的研究不仅局限于中国，日本的蒙古近现代史研究也基本上被当作旧殖民地研究的一个环节，只专心于战前的研究，并没有意识到战前社会与战后社会的关联性。作为与战前蒙古相关的实态调查资料，由南满洲铁道株式会社（以下略称满铁）实施的调查资料也相当丰富。满铁的调查不仅局限于蒙古地区，也涉及中国各地以及最先成为日本殖民地的中国台湾和朝鲜，这些资料成为了解当时东亚各地基层社会的重要资料。但是，战后蒙古史研究，虽有大量的旧殖民地相关资料，对其利用却长期未能确立一个明确的态度。可以说其根本原因在于，以实证史学为主流的日本蒙古史学界怀疑其为殖民地统治进行的这些实态调查资料的可靠性，怀疑其严密的史料价值。如上所述，自 1990 年代之后，虽说旧殖民地相关史料得到重视，整理和分析工作也开始活跃，但是，只要不确立新研究的视点，就很难发现这些史料的真正价值所在。

同样是旧殖民地实态调查资料，但对中国本土的情况就大不相同。在 30 年代，满铁对华北地区 30 多个村落实施大规模的实态调查，留下了大量的调查资料。中国开始改革开放的 80 年代初，专门研究中国社会经济史的人们以这些资料为基础，立即在华北地区进行追踪调查，为研究中国农村社会的结构开始运用了这些资料。代表性学者有 Philip C·C·Huang（黄宗智）（Huang 1985）。黄氏是华裔美国人，他首先在熟读满铁调查资料的基础上，改革开放初期，于北京周围和河北省相关地区进行了一年多的史料调查及实地调研。在他这些先驱性研究的影响下，90 年代以后，日本的中国农村社会研究者们也以战前实态调查资料为基础，开始从新的视角研究中国农村社会的结构变化（佐佐木 1992；1993）。值得注意的是，这种研究手法近年来被一些有日本留学经历的中国大陆的研究者们所继承（张 2005；2010）。

对这些被称为“惯例调查”的满铁在华北地区进行的大规模实态调查资料，战后在日本一直有很多争论。但是，其焦点不是如何将这些调查资料有效地使用于中国农村社会的研究，而是当时在中国共产党领导下的华北农村的调查是否属于“左翼”，这一点成为争论的焦点。这与战后日本对中国社会的认识有关。参加调查的代表性人物之一旗田巍和战前在中国积极进行农村社会调查的今堀诚二①的争论具有象征意义（内山 1994）。今堀批判旗田的调查是为袒护帝国主义时代的殖民地调查，而旗田批判今堀所提出的中国农村“共同体理论”根本无法立足。此争论也与战前的人际关系相关，能窥见难以摆脱殖民地时代阴影的战后日本社会的景况。

有幸的是，围绕蒙古相关的实态调查资料，并没有如此复杂的争论。但摆在我们眼前的大量调查资料在很长一段时间内没被有效地加以利用，这一点需要特别反省。在蒙古近现代史研究领域，没有运用这些资料的另一个原因是，没有认识到 20 世纪蒙古社会的多样性。换言之，没有及时关注兴安岭东南麓地区广阔的农耕蒙古人村落社会，这是问题的所在。不知何时，不仅在日本，在蒙古学的各个领域已形成了“蒙古=游牧”的陈规，造就了抹杀 20 世纪蒙古社会多样性的氛围。在这种研究姿态下，蒙古社会没被看作是动态的存在，而只把焦点集中于蒙古社会的传统部分或游牧性之上，特别是关于内蒙古，几乎所有的研究都如同怀念已逝去的游牧时代式的研究。只要克服这种研究姿态，注目内蒙古东部农耕蒙古人村落社会的特殊性，那么像《兴安省非开放蒙地调查资料》等这些战前的日文实态调查资料必然会得到重视。

3. 边缘学科的烦恼——回顾自著

笔者于 2001 年向早稻田大学提交了博士学位论文《近现代蒙古人农耕村落社会的形成》，并于 2003 年由风间书房出版。在撰写本书之际，虽然眼前摆放着堆积如山的战前蒙古相关实态调查资料，却不知如何“处理”它们，至今还清晰记得无奈叹息的那些岁月。后来发现自己将研究限定在“实态调查资料”写成的 1930、1940 年代，所以不得不改变想法。之后走访了《兴安省非开放蒙地实态调查资料》之一《兴安南省科尔沁左翼中旗实态调查报告书》中记载的，现在的通辽市科尔沁左翼中旗郎布套布嘎查，欲

① 战前在中国实施的今堀的调查主要在内蒙古中西部汉人农村地带进行。所以，没有重视作为多民族混合居住地的内蒙古，有人把今堀的调查研究当作内蒙古的现状无批判地看待，相反，有人单纯地认为其为中国农村社会的调查研究而采纳它。说到底，今堀本人也并未意识到内蒙古的特殊性。

从现代社会着手研究这些战前的蒙古实态调查资料的价值所在。虽说都是近现代史研究，但对于接受过传统的东洋史研究训练的笔者而言，转变研究思路是一件极需勇气的事情。在某种意义上而言，从现代社会着手的想法在当时真可谓是不得已的情况下采取的举动。但回想起来，这正符合法国社会史学家马克·布洛克所言："所谓的历史，不是探求'起源'和'亲子关系'及'进化'，而是从现在出发，理解现代社会形成的过程中起关键作用的各种历史因素。"（竹冈 1990：25）

但是，一旦走出办公室到田野去实地考察，比起成堆的战前的实态调查资料，展现在眼前的"现代社会"更显得难以理解。手里拿着 60 多年前的调查资料，但眼前的郎布套布嘎查的面貌却发生了很大的变化。如何使这两个已经不相匹配了的世界连接起来，当时颇觉棘手。对于一直只以实证主义手法学习历史的笔者而言，没有足够的准备就出去田野调查，虽细心地获取了数据，但自己却对基于实地调查为依据完成的研究感到不安。笔者主要困惑的是方法论问题。实地调查时也需要社会学和文化人类学等其他领域的知识。在东洋史领域里，几乎没有田野调查时可以参考的示范研究。有时，究竟用人类学的方法论或用社会学的方法论，还是用历史学的方法论，感到极度困惑，也曾有过应明确选择自己方法论范畴的思考。当时，笔者既没有学习有关"年鉴派"，也没有掌握"社会史"的研究手段。但是，为正确地了解近现代蒙古社会的急剧变动，无论任何研究手段都应该值得尝试，当时只有这一念头。在那种困惑和反复摸索中生成的正是《近现代蒙古人农耕村落社会的形成》一书。目前尚未有一篇日文书评，但有幸的是，这本书逐渐被学术界接受和理解。尤其是在中国，用汉文翻译出版（孛儿只斤·布仁赛音 2007）以来，在内蒙古数所大学的研究生院该书被列为必读书目。以这种形式回顾自己的著作，并不是意欲炫耀自我，因为它是在摸索中写就的，所以在这里试图整理一下反省之处，愿为今后蒙古社会史研究方法论的确立作些参考。

在历史学的很多研究领域中，社会史研究是一门需要多种边缘学科知识的领域。80年前在法国，提倡社会史研究的"年鉴派"学者们对之前的法国历史学会一味地追求实证主义的现状深感捉襟见肘，可以说，以"激活"历史学为目的举起了旗帜。"年鉴派"的研究手段，现在经常受到各方面的批判，其已被打上了"落后于时代"的烙印，但对蒙古史研究而言，就连这种"落后于时代"的研究手段都未曾被借鉴过。"年鉴派"推行者之一马克·布洛克主张"历史学所能运用的史料没有任何局限性"，不仅要运用档案文献，也应引导依赖地理学、考古学、美术学、古钱币学等多种资料。对他而言，所谓的史料就是，"能嗅到人类生存足迹的所有资料"（竹冈 1990：21）。"年鉴派"的人们主张"与历史学相邻的人类诸学科的结合"，也就是强调边缘学科的研究，还主张历史学对当今社会所负有的重大责任。马克·布洛克认为，必须"从现代出发理解过去"，也必须"在过去的照耀下理解现在"。"正是这种在过去与现代之间的反复往来，丰富了对过去社会的知识，并基于此能理解现代社会的问题"（竹冈 1990:25）。近现代史研究必须从理解现代开始，但日本的蒙古史研究是对现代——即对战后的历史并不关心，而蒙古国和内蒙古的近现代史研究反而对战前的历史存在一定的"故意搅乱"的因素，结果很难形成连接战前与战后社会的实事求是的研究氛围，这种现状仍在继续。

为打破这种状况，我们究竟该如何去做？对于近现代史研究而言，历史的当事者依然健在，所以不应仅仅依靠文献资料。田野调查恰恰可以弥补这些文献资料之不足。

结束语

从 19 世纪末开始的一个世纪当中，几经动荡时代的蒙古国和内蒙古遭受了数次的统治结构的变革。特别是内蒙古地区，不仅仅是短期内社会发生了巨大变动，统治者的频繁更替，新的统治者为树立自己的规则对过去的时代进行全面的否定。以内蒙古为舞台的不同文化、不同社会之间的激烈冲突，并以此展开的无情的社会结构的重构，绝非可用单纯的研究手段得以描绘。不论日本旧殖民地研究，还是蒙古近现代史研究，或是中国社会史研究，必须打破各个领域的现有框架，从边缘学科的视野促进各研究领域的相互协作。如果不采取这样的手法，就不能分析如内蒙古东部地区一样在中国周边地区不断出现的多民族混合社会的结构变动。相信从社会史的角度研究蒙古史，通过描述蒙古民众真实的历史形象，才能连接不断变革及多样化的“蒙古世界”的今天和昨天。

参考文献:

一、日文

内山雅生:「中国史研究における実態調査と地域研究」，神田信夫先生古稀記念論集編纂委員会編『清朝と東アジア:神田信夫先生古稀記念論集』，東京:山川出版社，1992。

冈洋树:『清代モンゴル盟旗制度の研究』，東京:東方書店，2007。

佐々木衛:『近代中国の社会と民衆文化——日中共同研究・華北農村社会調査資料集』，東京，東方書店1992;『中国民衆の社会と秩序』，東京:東方書店，1993。

竹冈敬温:『「アナール」学派と社会史——「新しい」歴史へ向かって』，東京，同文館，1990。

桥本重雄:「興安北省索倫旗のオロット人に就いて」，『蒙古研究』5-3，1943。

広川佐保:『蒙地奉上——「満州国」の土地政策』，東京:汲古書院，2005。

ボルジギン・ブレンサイン:『近現代におけるモンゴル人農耕村落社会の形成』，東京，風間書房，2003。

「近現代内モンゴルにおける民族再編の二重構造——アルホルチン旗ハラトクチン村の事例研究」，『史観』151，2004。

「東洋文庫所蔵“北京ウンドル王府モンゴル語文書記録帳写本”の史料的可能性」，『史資料ハブ地域文化研究』(東京外国語大学地域文化研究科21 世紀COE プログラム「史資料ハブ地域文化拠点」) 8，2006。

松山一男:「索倫旗内ブリヤード民族の社会慣習に就いて」，『蒙古研究』2-2，1940。

森三郎:「索倫旗ブリヤード族に於ける結合性と遊牧」，『蒙古研究』4，1939。

吉田順一:「興安四省実態調査について——非開放蒙地の調査を中心に」，『早稲田大学大学院文学研究科紀要』43，第4分册，1998。

『近現代内モンゴル牧畜社会の研究』平成10 年度～平成12 年度科学研究費補助

金（基盤研究（C）(2)）成果報告書，2001。

二、蒙古文

Altanorril (γoullan emkidken nayiraγulba) 1989. *Kökekota-yin teüke-yin Mongγul surbulæi bicˇig.* (1)-(6).Qayilar

Qurča 2010. "*Manæu-yin erkesiyel-ün üye-yin Mongγul bicˇig-ün dangsa ba öbür æasag Mongγul qosiγudun teüke-yi sudulqu ucir qolbuγdal.*" Чулууны Дашдаваа, Ока Хироки (Эмхэтгэсэн), *Монголын түүхийн судалгааны шинэ хандлага, тулгамдсан асуудал (XVIII-XX зууны эхэн)*. Монгол улсын ШУА-ийн Түүхийн хүрээлэн, Японы Тохокү их сургуулийн Зүүнхойт Ази судлалын төвөөс хамтран зохион байгуулсан эрдэм шинжилгээний бага хурал, Улаанбаатар, 2007 оны9 сарын 6-7. Northeast Asian Study Series 10. Sendai, Center for Northeast Asian Studies, Tohoku University

Desan（德山）1997. *Mongγulæin qayilatud obuγtan-u tobci teüke.*（蒙郭勒津海勒图惕氏述略）（内部发行）

三、汉文

孛儿只斤·布仁赛音著，那仁格日勒译：《近现代蒙古人农耕村落社会的形成》，呼和浩特：2007年。贺杨灵：《察绥蒙民经济的解剖》（内政研究会辩证丛书之二），北平，1935年。

张思：《近代华北村落共同体的变迁——农耕结合习惯的历史人类学考察》，北京，2005年。侯家营：《一个华北村庄的现代历程》，天津，2010年。

中共准格尔旗委员会、准格尔旗人民政府、内蒙古大学蒙古学研究中心、内蒙古档案馆（译编）：《准格尔旗札萨克衙门档案译编》第一辑，呼和浩特，2007年。

四、欧文

Huang, P. C. C. 1985. *The Peasant Economy and Social Change in North China.* Stanford, Calif（黄宗智1986《华北的小农经济与社会变迁》北京：中华书局）

Lattimore, O. 1934. *The Mongols of Manchuria, Their Tribal Divisions, Geographical Distribution,Historical Relations with Manchus and Chinese and Present Political Problems*. New York（後藤富男译，1934『満洲に於ける蒙古民族』東京，善隣協会）

Симуков, А. Д. 2007. Труды о Монголии и для Монголии. Составители Юки Конагая,Санжаасурэнгийн Баяраа, Ичинхорлоогийн Лхагвасурэн, т.3: ч.1, ч.2. Осака（国立民族学博物館調査報告66，67）

（该文原以日文发表于《蒙古史研究的现状与展望》，早稻田大学蒙古研究所编，吉田顺一监修，明石书店，2011 年 6 月。征求作者同意后内容做了一些调整和删节）

（孛儿只斤·布仁赛音，男，1963 年月生，日本早稻田大学文学博士（东洋史），现为日本滋贺县立大学人间文化部准教授，博士生导师。译者：小军，男，1971 年生，日本东京大学博士生）

CONTENTS

Buddhism and Society in the Later Part of the Tang

You Li (1)

Abstract: In the later part of the Tang, local interests groups whose representatives were provincial governors zealously supported carving *Fangshan Stone Sutras* and other Buddhist affairs. Commanding officers of subordinate counties in *Lulong* province charged administrative, military and supervising affairs, and had relative or fake-relative links with their provincial governors or bodyguards. The military power of subordinate counties also played an important role in the transformation of political conditions. Commanding officers of subordinate counties often took part in carving *Fangshan Stone Sutras*, too. They also carved *Stone Sutras* with bodyguards for their provincial governors. This was a significant way of condensing *Youzhou* bloc. All walks of life in *Youzhou* participated in Buddhist affairs, which was not separated from prosperous economic situations in this area. This provided necessary material conditions for the successive development of profound Buddhist research and the successive prosperity of Buddhist cause

An Aditional Note on the “Zha-ma banquet"

——More Discussion to the Sense Variation of Sinicized Transliterating Foreign Words

Chen Dezhi（47）

This paper intends to make further explanation for the theory suggested by Professor Han Ru-lin that the term “Zha-ma” (the Yuan Court banquet “Jisun banquet” was popularly called “Zha-ma banquet”) is a transliteration of Persian word جامه（jāmah, a coat）. According to the Mongol-Yuan institute, only the personalities who were granted the “Jisun (Mongolian:color, same color dress) coat” or “na-shi-shi coat”(Persian: نسیج جامهای Jāmahā-yi nasīj) have the honour to attend the Court banquet, but nothing about their horses. In late yuan , some *literati* who had just seen or heard the grand scene of numerous luxuriously decorating horses ridden by nobles ranging in front of the Sira-ordo, the palace of giving state banquet, so that they misunderstood the “Zha-ma” as horses with gorgeous attire. In old Chinese historical documents there could be found many such words of transferred meaning from the transliteration of non-chinese, and this “zha-ma” is just another one.

Three Studies on the Imperial Ancestral Temple System in Yuan China

Liu Xiao (52)

The imperial ancestral temple is the most important place to worship and make a sacrifice to imperial ancestors in ancient China. Under the rule of the Yuan dynasty, it has been innovated and developed greatly on the basis of inheriting the traditional institution. The development of the temple in Yuan dynasty could be divided into three stages of Yan Jing temple, Da Du temple and Da Du broadened temple. In each stage, the arrangement of memorial tablets changed greatly, which followed respectively by the principle of "from west to east", "Tai Zu centered and the right first, the left finally", "Tai Zu centered and the Zhao left, the Mu right". The change of the memorial tablets, both of emperors and empresses, was influenced by political changes at that time.

A review on Tibetan local official system in the Ming Dynasty

Wen Houhong (70)

Ming Dynasty ruled Tibet through the three Tibetan local official system that was gradually formulated during the Ming period: following old districts in Yuan dynasty and set up new administrative system of Dusi（都司）,Weisuo (卫所); appointed more division officials, parttition of Tibet to more administrative region to dividing the military and political power of Tibetan local administrative and religious leaders; making balance among the religious sects; administrating under the custom and emphasizing on appointed monks as chief of local area; assigned local person as officials entirely for official stabilization. By comparison, the Tibetan local official system in the Ming Dynasty further demonstrates the central national sovereignty over Tibet; strengthened the cohesion between central government and Tibet.

"Thirteen Ordinances on the Aftermath of the Qinghai Issue" and the implementation of Qinghai policy in the Yung-cheng

Liu Jin (79)

"Thirteen Ordinances on the Aftermath of the Qinghai Issue" is governance policy that the Qing managed Qinghai after the insurgence of Lobcang danjin, and the implementation of such policies basically laid Qinghai policy of the Qing from Yung-cheng emperor. However, the terms of "Thirteen Ordinances on the Aftermath of the Qinghai Issue" was refers to the specific Qinghai policy by the academia, the fact that the implementation of such policies have gone through a gradual amendments and improvements is often neglected. Therefore, it is necessary to analysis and discussion the course of the revision and improvement of

"Thirteen Ordinances on the Aftermath of the Qinghai Issue", to clarify the fact of Qinghai policy of the Oing dynasty.

The Chinese Translation and Commentary of two Archives in Manchu About the Cases Related to Hoise（Uyigur）of Hami and Turufan in Qing Daynasty

Darijib (92)

The political system and the law had been practiced in Mongol area have been shifted to carry out in other ethnics by Qing government to meet the need of dominating them. This two cases in Archives in Manchu revealed that Qing government not only practiced the administrative system of Jasaγ banners to the Hami and turufan, also practiced the Mongol law to them, the criminal cases of Hoise (Uyigur) were adjudged according to the Mongol law during the period when officers of Lifanyuan were accredited at Hami and Turufan.

Reflection on Popularizing RMB, Stopping the Circulation of Silver Dollar, and Reforming Economic Field in Tibetan Region of Sichuan-Yunnan

Qin Heping (129)

Based on a big number of archive and literatures, this article gives a reflection on the People's Government's action in popularizing RMB, stopping the circulation of silver dollar, transforming old field, deepening and expending democratic reform in Tibetan region of Sichuan-Yunnan.

Following a discussion on the origin and general situation of currency circulation in Tibetan areas before the reform, this article describes the effort made by the People's Government in popularizing RMB. It reveals the consequences and influence of large number of silver dollars' circulating into Tibet and smuggled goods' flowing into inland due to the open communication and convenient transportation between Tibet and inland after the peaceful liberation .

By reflecting the relevant requirements of the elite and general people, the article states that popularizing RMB and stopping the circulation of silver dollars is also a presentation of democratic reform in economic field. It elaborates varies local governments' efficient measurement in stopping silver dollars' "flowing into the west" and foreign goods "emerging into the east", and declares that only by deepening and expanding reforms, changing the old institution, can democratic reform be completed from the economic field, and the achievements be maintained.

What is the academic foundations in the New Qing History in American?

Zhong Han (156)

(Abstract) This paper revalues the New Qing History (NQH) in American from 1990's ,especially on its academic backgrounds and foundations. In opposition to the popular domestic reviews that the NQH has made positive progresses in utilizing non-Chinese historical sources, This author regards that there aren't many various non-Chinese sources emerging the books and papers that published by the researchers named the NQH and that what the academic foundations in those achievements are the identity in the context of ethnicity or nationalism, conquest discourses in late Chinese imperial and national imperialism in the post-imperial China.

From Man-yi Tribes to Hua-xia Nationality: the Ethnic Origin Memory and Ethnic Identity of Chu People During Pre-Qin Period

Peng fengwen (214)

Abstract: From late Western Zhou Dynasty to the Warring States Period, Chu People' ethnic origin memory and ethnic identity were changed step by step. Chu People had thought that their ancestors were Man-yi tribes in late Western Zhou Dynasty. But in the Warring States Period, they thought their ancestors were not Man-yi tribes but Hua-xia Nationality, which was proved by a poem named Tian-wen wrote by Qu-yuan, a poet of Chu People. This marked that Chu People had melted at Hua-xia Nationality. The great change of Chu people was an important Specimen for all barbarous tribes in ancient China.

On the Ethnic Economic Exchanges in Southwest China

Wan Hong (224)

In the multi ethnic symbiosis southwest China, ethnic differences are significant due to the ecological diversity. Different survival environment of each nationality led to different living mode, formed variation between mountain and dam ecological types and variation between farming and pasturage economic structures. The needs of people's life are multiple and the products which people can obtain from single survival ecological environment are limited, so the multiple needs of life can be achieved only through economic communication to complement each other. This article expounds that complicated geographical and ecological environment of ethnic southwest China caused the variety of living modes, meanwhile discusses the ethnic economic exchanges which is in the mountain and dam structures, as well as it is in the farming and pasturage structures.

The formation of multi-ethnic social structure in Hulun Buir aear of Inner Mongolian—on the north and south of the Great Khingan mountain

Xie yong mei (241)

The Great Khingan mountain lies across the middle of Hulun Buir from the northeast to the southwest. The mountain not only significant geographic boundaries but also important factors of multi-ethnic social structure.

The Great Khingan Mountain divides the mountain area into two parts, that is the south to north mountain area or the east to west of mountain area. It is the reason that caused the trend of each national immigrants in different periods, which formed the special pattern of mixed races.

This paper mainly discussed how the Daγur moved to the west and became Hailar Daγur Group. The paper also studies on the huge Mongols group of south of the mountain which formed in the four nomadic banner of Hulun Buir in the northern Great Khingan Mountain in the 20th century.

Research on the Innovation of the work about ethnic relation during the Urbanization —A Case of Investigation and Research on the Ethnic and Religious Work on Urban in Qinghai Province

Han Guanquejia (255)

With the deepening of the reform and development and the speeding of the urbanization, the number of the urban population with different ethnics and the urban residents rises gradually. The phenomenon of multiple ethnics and multiple religions is increasingly prominent. Because of the differences of the multinational customs, religious beliefs and the development of market economy, the economic and social activities among the urban residents increase greatly. So the friction and contradiction among them increase. If we were realize fully its long-term, complexity and importance of the national work, and innovate new ideas and methods of the ethnic relation work, we can gather their strength and wisdom of all ethnic groups to fulfill the goal of realizing a well-off society in an all-round way and make all the ethnic groups live harmoniously and realize the common prosperity and progression.

Theory and Practice of Minority ethnic Villages Protection —Pondering on Dimen Experience

Duan yang ping (267)

Minority ethnic villages are those which have maintained ancient geographical environment, cultural landscape, economic characteristics, historical tradition and social conventions. They are not only architectural objects but also the physical embodiment of culture and spirit of minority ethnic groups. Based on a study of Dimen ecomuseum in Guizhou province, this article first discusses problems of minority ethnic villages protection, and then points out that villagers should play dominant positions in conservation and the government has a great responsibility as well.

Research to Xinjiang Graphical Records Supplements

Shi Mingwen (276)

Xinjiang Graphical Records Supplements is the new discovery which is the supplements to the Xinjiang Graphical Records. The contents of it are the achievements when Yuan Dahua was the governor of Xinjiang and the events that happened then. This article briefly introduces the different versions and the main content of the Xinjiang Graphical Records Supplements, based on which this article further discusses the value of Xinjiang Graphical Records Supplements when we study the compilation of Xinjiang Graphical Records, and the value that Xinjiang Graphical Records Supplements has which records a great amounts of information about the economy and military of Xinjiang in the late Qing Dynasty.

or "English article"

Transliterating the Names of the two Manchu Founding Emperors:

The Status of This Issue in Qing and Manchu Studies

Chia Ning

Different spelling traditions for the personal names of the two founding Manchu emperors, referred as Qing Taizu and Qing Taizong in the official Qing history, have been problematic or confusing to many in the field. These divergent transliterations have appeared in the Western-language publications since the 1990s:

Qing Taizu: Nurgaci, Nurhaci, and Nurhachi;

Qing Taizong: Hung Taiji, Hong Taiji, Hung Tayiji, Hong Tayiji, and Hūwang Tai Ji / Hūwangtaiji.

Thoughtful professional writers today seem not to be as free as they once were from having to ponder these transliterations. Even after one transliteration is chosen, questions probably still linger. Why have the leading Qing scholars used different transliterations? Which would be more, if not *the*, original in historical sources? Where does this name complication come from in such a seemingly simple matter – writing down what people called these men in records?

My recent investigation of the matter reveals that each written form of the two founding Manchu emperors' names listed above has its own reason, or reasons, to be transliterated as it is. Collecting and connecting all these reasons helps the scholarly understanding of them all together, and, therefore, can help to provide scholars writing in the future with linguistic and historical background.

Publications specifically on, or relating to, transliterating Manchu names have been very limited during the past two decades. Scholars with expertise in Manchu, Mongolian, and Qing studies, however, do have profound knowledge and insights acquired from their lengthy and devoted efforts in this field. I reached a number of them through email. Their meaningful contributions, which deserve my hearty gratitude,① constitute the major resources of this synopsis, along with my use of a few published works. Each of these email-contacted scholars

① This gratitude also goes to Bruce Tindall, who has proofread this manuscript.

has given permission for use of his/her responses in this publication, based on his/her preview of the draft in both the English and Chinese languages[①]; the date of the email communication is given right after each scholar's words. The contributing scholars, listed alphabetically, are

Darijab Bao at The Research Institute of History, The Central Institute for Nationalities, Beijing, specializing in Mongolian and Manchu languages and histories

Borjigidai Oyunbilig at The School of Traditional Studies and The Manchu Philology Center of the Research Institute for the Qing Studies, The People's University of China, Beijing, specializing in Mongolian culture and history, Manchu and Mongol philology and Qing history

Buyandelger at The Research Institute of Mongolian History, Inner Mongolia University, Hohhot, specializing in Mongolian language, history, and philology

Pamela Crossley at History Department, the Dartmouth College, The United States, specializing in Manchu and Qing history

Nicola Di Cosmo at Institute for Advanced Study, School of Historical Studies, The United States, specializing in frontier studies on the Eurasian continent

Michael Weiers at University of Bonn, Germany, specializing in Mongolian and Manchu languages and histories

This synopsis, even regrettably missing advice from some other qualified experts because of the limitations of email connections, updates the general state of the transliteration, together with transcription and Romanization, of the Manchu founding emperors' names. Because the Manchu language, created in 1599, was based on the Mongolian language and the Mongolian records also influenced the scholarly knowledge of early Manchu history, the understanding of the transliteration needs to probe the multilingual historical records, even referring, as is sometimes necessary, to Chinese records. The level of challenge in such a task, requiring capabilities in three languages as well as an integrated knowledge of historiography in these languages, has resulted the fact that in the fruitful development of Manchu and Qing studies during the recent two or three decades, the transliterations of the Manchu founding fathers' names, which one might think would be among the first details to be resolved, have remained inconclusive. Scholars in the field, generally speaking, have acquiesced in the different transliterations scattered through numerous publications. The occasional scholarly publications on this question – Tak-sing Kam's "The Romanization of the early Manchu regnal names," in 1999,[②] for example – should have received much more academic attention in order to promote broad participation in this research. This synopsis calls for a change in this situation and attempts to provide some suggestions for moving such research forward.

① I have quoted the scholars verbatim in both Chinese and English, but my discussion of the issue is not a word for word translation.

② *Studia Orientalia* [Helsinki] 8 (1999): 133-148.

Qing Taizu

Nurgaci

Based on a systematic examination of Manchu and Chinese historical documents, Tak-sing Kam of the Manchu Studies department of the National Chung Cheng University in Taiwan thoroughly discussed "Nurhaci vs. Nurgaci" in his article. Using textual evidence as presented in fig. 1 ("Genealogical table showing the personal names of T'ai-tsu and T'ai-tsung"),① he concluded that "Nurgaci" was the correct Manchu transliteration. Kam's academic website demonstrates further evidence to support his conclusion, at http://ccumanchustudies.blogspot.com/2012/04/blog-post.html. In this web publication, he concludes that

> In fact, Nurγaci was written as early as in the old Manchu archives. The Manchu-Chinese bilingual edition of *Manzhou shilu* [The veritable records of Manzhou] proves it by reading Taizu's name as so clearly under the yellow cover (see the above scanned source) in two places. There is one written as Nurxaci, but only once. This is the phenomena of author's "writing by following his mouth." The Qing Imperial Genealogy *Xan-I uqsun-I ejenhe/ioi diyei* is the authentic records of the emperors. In the Imperial Genealogy, Taizu's Manchu name was clearly written down as Nurγaci, it proves with no doubt that the bilingual edition's Nurxaci was a writing mistake.②

Mandan dacidian 满汉大辞典 [The Manchu-Chinese dictionary], published by Liaoning renmin chubanshe in 1993,③ introduces Qing Taizu in Manchu script as "Nurgaci," when transliterated. The authoritative credibility of this dictionary is grounded on the fact that the chief editor, An Shuangcheng, together with the three assistant editors and the proofreading editor Guan Jialu together with the three assistant proofreading editors are among the PRC's leading Manchu scholars and have worked on Manchu archives and documents for decades at the Number One Historical Archives in Beijing and Historical Archives of Liaoning Province in Shenyang.

Among current Qing historians in the United States, the well-known Qing historian Pamela Crossley has consistently used "Nurgaci" in all her publications, as Kam and many others have noticed.④ Tracing back earlier, "Nurgaci," according to Kam, was used by the American linguist Jerry Norman as early as the 1950s, and also the Hungarian philologist Louis Ligeti (1902-1987) and the German lexicographer Erich Hauer (1878-1936).⑤

① Kam, "The Romanization of the early Manchu regnal names," 134.

② Retrieved at http://ccumanchustudies.blogspot.com/2012/04/blog-post.html on January 28, 2013.

③ *Manhan dacidian* (Shenyang: Liaoning renmin chubanshe, 1993), 1146.

④ http://ccumanchustudies.blogspot.com/2012/04/blog-post.html.

⑤ Kam, "The Romanization of the early Manchu regnal names," 135.

Among the current Qing historians in the United States, the well-known Qing historian Pamela Crossley consistently used Nurgaci in all her publications, as Kam and many others have noticed.① If tracing back earlier, the use of Nurgaci, according to Kam, goes to the American linguist Jerry Norman as early as the 1950s, and also the Hungarian philologist Louis Ligeti (1902-1987) and the German lexicographer Erich Hauer (1878-1936) before Norman.②

Crossley's own thoughts on the issue of "Nurgaci" should be taken into full consideration. In a series of her emails to me, she wrote:

> We can't get into trying to figure out how every name was actually pronounced, because it is unlikely that any name was always pronounced the same by everybody. They weren't even written the same. But at least the *yudie* was standardized, and we can follow that. (February 17, 2013)
>
> The pronunciations of 'Nurgaci' in particular must have been various in his own time. We know that even the Kangxi emperor used various forms of k/g/h to represent his own pronunciations rather than the standard --standardization is a Qing imperial process. But because of the old script, these variations could all be represented with a single letter (an advantage of the old script we don't usually notice) (January 11 and March 2, 2013).
>
> What we really know is that 太祖时代的转写 is "Nurgaci," and we can reasonably ASSUME that the pronunciation was reflected in the writing. But we don't know both the pronunciation and writing, we only know the writing and from that can guess the probable pronunciation. My suggestion is that we should use the spelling we know is factual. After all, we know the pronunciation of many names that diverge from the spelling --Lincoln is pronounced "Linkon" or "Linkin," but we spell it as Lincoln spelled it. Many people pronounce Churchill "Church hill," which was how some people in England and even in Churchill's family pronounced it. But we spell it Churchill. The principle is the same here. The Kangxi emperor wrote "abha" for "abka," which probably reflects his pronunciation. Perhaps the family had consistently pronounced "k" as "h" for generations --or perhaps not. It is equally possible that the sound was BETWEEN "k" and "h" and that writer chose one letter or another as they pleased. There are many seventeenth-century names that we do not know how to write in Manchu, and

① http://ccumanchustudies.blogspot.com/2012/04/blog-post.html.

② Kam, "The Romanization of the early Manchu regnal names," 135.

many that we know how to write but still don't know how every person pronounced them. When we know the writing, I suggest we follow the writing, since we know that somebody authoritative approved it. (March 3, 2013)

Nurhaci

"Nurhaci" has remained the conventional form in Western-language publications. Michael Weiers discusses this transliteration from standpoint of "the linguistic background regarding the Romanization": "In regard to a romanization there exist two possibilities: transliteration or transcription. The transliteration is established internationally or scholarly e.g. by Mongolists, the transcription depends either from different national transcription regulations or it is scholarly established e.g. by sinologists the system of Wade Giles, or the Pinyin system." Furthermore, "The transliteration refers to written letters, the transcription refers to the pronunciation of the letters." To the question "Why do so many leading scholars in Manchu studies use 'Nurhaci'?" Weiers' insight is that 'Nurhaci' is used by nearly all scholars in Manchu studies because Nurhaci is the normal Manchu form in Manchu documents (texts) and 'Nurhaci' is the mostly used transcription for this name. Scholars in Manchu studies use for the romanization of Manchu language generally not a transliteration but a transcription. The romanization used by nearly all scholars in Manchu studies goes back to the transcriptions used by H. C. von der Gabelentz, P. G. von Möllendorff, and Erich Hauer. According to the transcription-systems used by these scholars Nurhaci is transcribed 'Nurhaci' and therefore this transcription of the name is used by all scholars in Manchu studies." (Email communication on November 17, 2012).

In his discussion of transliteration and transcription, Kam pointed out that "While transliteration is intended to give a letter-for-letter equivalent of the spelling of a word, transcription is used to represent its pronunciation. As such, the former enables us to reconvert a Romanization into its original form, but not the latter. If one is concerned by orthography and not phonetics, transliteration is preferable to transcription."[①] This means that Kam's conclusion on Taizu's and Taizong's names is based on transliteration rather than transcription.

Buyandelger discusses Qing Taizu's name from the historical relationship between Manchu and Mongolian languages. According to him, the issue comes from the transliteration form Mongolian to Manchu. "Back to the sixteenth and seventeenth century the only possible Mongolian pronunciation for this Manchu founding father's name was Nurhaci. The middle syllable can only be 'ha'." The reason that "ga" has become involved, according to him, is that "the Manchu pronunciation did not have the Mongol equivalent 'q' consonant and would need to use 'k' to replace it. The new Manchu [with dots and circles] could thus somehow turn 'ha'

① Kam, "The Romanization of the early Manchu regnal names," 134.

into 'ga'" (Email conversation on November 17, 2012). ①

Oyunbilig's discussion concludes that "Nurgaci" relates to the early Manchu writing. It is uncertain, however, whether the transcription or the written script it was responsible. The early Qing Manchu texts up until Kangxi's time mixed "h" and "g" in numerous cases. For example, "uthai" was written "utgai" as well, and so on. But it is unclear at this point whether this is an issue of of phonetic change in the Manchu language over time – "ha" was possibly read "ga" in early Manchu; or of Mongolian influence on the Manchu language – "h" and "g" pronounced the same in early Mongolian; or of the Manchu dialect. Although it is hard to say which cause was operative, we must notice that all the early Qing texts commonly wrote Taizu's name either as "Nurhaci" or "Nurhachi." "Chi" is also read "qi." Never is "Nurgaci" found. This shows that during that historical time, no matter how people wrote Manchu, the Manchu pronunciation remained Nurhaci. Taizu's contemporaries would not have made a mistake when pronouncing or writing down this important person's name. Nurhaci's name was known throughout northeastern Asia, Mongolia, and the Chinese heartland. Moreover, people of that time usually did not read his name from documents but talked about him in daily life. An erroneous Chinese transliteration of his name was unlikely. Thus, today, transliterating his name as "Nurgaci" according to a form of writing at a certain historical stage, would require a mistaken reading of the name. (January 21 and March 1, 2013).

Nurgaci and Nurhaci convertible

Based on his systematic study of the transliteration of Taizu's name, Darijab Bao points out that in *Manzhou shilu* 《满洲实录》, one of the younger brothers of Taizu was recorded as "Šurgaci," with its equivalent Mongolian name as "Šurγači" (or "Šurqači"), and his other younger brother was recorded as "Yargaci." These names can serve as the circumstantial evidence supporting "Nurgaci" in the new (dotted and circled) Manchu records. But his stepbrother was written differently, as "Murhaci," with its equivalent Mongolan name as "Murγači" or "Murqači." According to *Qingchu nei guoshiyuan dang* 《清内国史院挡》[The early Manchu archives of the Qing dynasty at the National History Office], the names of Taizu and his brothers were recorded as "Nurgaci," "Si(Ši)urgaci," "Yargaci," and "Murgaci." All of them can also be read as "Nurhaci," Si(Ši)urhaci," "Yarhaci," and "Murhaci." Old Manchu used Mongolian scripts for writing. Mongolian did not have the "γa" sound, and one cannot differentiate "γa" and "qa" by looking at the scripts either. In the same way, old Manchu could not differentiate "ga" and "ha," and also "ka." The original text of *Manzhou shilu* was *Qing Tazu wuhuangdi shilu* 《清太祖武皇帝实录》[The veritable records of Qing Taizu Wuhuangdi], which was compiled during the Chongde years (1636-1643). It was re-edited from old Manchu into new Manchu during the Qianlong reign (1736-1795). Taizu's and his brothers' names in *Manzhou shilu* were obviously rewritten in Qianlong's time. *Yudie*

① 'k' in old Manchu would become 'g' in new Manchu by adding a dot on the right side.

《玉牒》[The imperial genealogy] started to be compiled in Shunzhi's eighteenth year (1661). Also, records produced after 1644 and belonging to the original Manchu archives were re-stored at the National History Office. In the Han Chinese records before 1644, Ming Chinese historians recorded Taizu's name as "Nuerhachi" 奴儿哈赤, which can be found in *Jianzhou jicheng tuji*《建州纪程图记》[Illustrated record of a journey through Jianzhou], *Wanli wugonglu*《万历武功录》[Records of military affairs of the Wanli era], and some other sources. The Qing people wrote this name as 弩儿哈奇 (such as in *Qing Taizu wuhuangdi shilu*), and its transcription should be "Nurhaci." It must be noticed that the pronunciation in new Manchu was already different from that of the early Chinese transliteration or pronunciation. The difference might come from the change from old Manchu to new Manchu and also from the possible phonetic variation in the Chinese pronunciation. Because of the limitation of historical records for this matter, a full answer has to rely on further research. In short, "Nurgaci," following the transliteration of new Manchu, or "Nurhaci," following the Chinese transliteration/pronunciation, are both acceptable (November 17 and 20, 2012, and January 26, 2013).

Nicola Di Cosmo, a preeminent scholar with extensive publications in early Qing and Manchu-Mongol relations, who uses "Nurhaci" in his publications, makes the insightful explanation that "The brothers of Nurhaci, Šurgaci, Yargaci and Murgaci are spelled with -g- which can be a velar like a *gamma ("γa") in Mongolian. Hence the argument that Nurhaci should be read as Nurgaci. I spell it with h because the Chinese transcription of the name uses the same character "ha" (in Nu-er-HA-chi") that is used for the transliteration of other Manchu words into Chinese, such as coo-ha (same "ha" character). Therefore, based on the Chinese rendering of Nurhaci's name, it is consistent to reconstruct it in Manchu by using -ha-, not -ga-. For -ga- the Chinese would have used a different character" (February 10, 2013).

Weiers also points out that two names of Taizu, which appeared in the post-seventeenth century texts and dictionaries in the Mongolian language written with Uighur letters, were transliterated by N. Poppe as "Nurγači" and "Nurqači." "Corresponding transcription in English should be *Nurghachi* and *Nurkhachi.* In Manchurian language *Nurghaci (gh* = back *g* with a dot) is very seldom found in older texts. It is transcribed *Nurgaci.* Later on *Nurhaci (h* = back *g* with a circle), transcribed *Nurhaci,* was the normal form. Both transcriptions (*Nurgaci* and *Nurhaci)* are used according to H. C. von der Gabelentz, Paul Georg von Möllendorff … and Erich Hauer." (October 15, 2012)

Even though Kam's conclusion was clearly "Nurgaci," his article still recognizes that "Erich Hauer, the German lexicographer, who also noticed this ["Nurgaci"] variant form, pointed out that Nurgaci is the archaic equivalent of Nurhaci."①

① Kam, "The Romanization of the early Manchu regnal names," 135.

Nurhachi

As already quoted from Oyunbilig, the early Qing texts, not including those revised after Qianlong, commonly wrote Taizu's name either as "haci" or "hachi." "Chi" is also read "qi" (January 21, 2013). From the point of view of historical Mongolian and historical Chinese, Buyandelger states that the people who write "Nurhachi" treat the Mongolian "ci" as "chi," and treat the Chinese transliteration 赤 as "chi" in modern Chinese incorrectly. "Chi"（赤） was actually read as "ci" in pre-Qing times (November 17, 2012). From the point of the Chinese language, Yan Chongnian pointed out that in the Chinese Dongbei (northeastern) dialect, "qi" 齐 and "chi" 赤 are pronounced the same.① Along the same lines, Kam states that "alternation between velars and fricatives, which occurs frequently between voiced segments," still exits in today's northeastern regions. Kam further brought out three facts into attention. (1) "The Chinese equivalent of Tai-tsu's [Taizu's] name is Nu-erh-ha-ch'i, a form that T'ai-tsu himself used when writing to his neighbours such as the Koreans in 1596." (2) The Manchu "Nurgaci" was "always written as Nuerh-ha-ch'i in the Chinese sources, including the Chinese version of the Imperial Genealogies." (3) "T'ai-tsu's personal name, though being recorded as Nurgaci in Manchu in the *Imperial Genealogies*, is transcribed into Chinese as Nu-erh-ha-ch'i by the Chinese scribe, who recorded the name according to its actual pronunciation."②

Crossley's explanation is that "'h' is often inserted by people who think that readers will not be able to contrue 'ci' as 'qi.' But I also think a not-small number of people are using it because it appears as the transliteration for the Chinese characters, Nuerhachi --people often leave out the 'e' in 'er,' as in yi ber shu. Its problems, among others, relate to the fact that at two languages appear to be referenced chaotically." (Email communication on October 4, 2012)

Qing Taizong

Even though "T'ai-tsung's [Taizong's] personal name is not as esoteric as his father's,"③ the written forms of "Hung Taiji," "Hong Taiji," "Hong Tayiji," and "Hūwang Tai Ji" in the existing publications need clarification.

Based on the Qing imperial genealogies and Manchu-language dictionaries published during the Qing dynasty, Kam states that "the personal names of the two emperors are spelt as

① Yan Chongnian, *Biography of Nuerhachi* 努尔哈赤传 (Beijing: Beijing chubanshe, 1983), 2.

② Kam, "The Romanization of the early Manchu regnal names," 136.

③ Kam, "The Romanization of the early Manchu regnal names," 137.

Nurgaci and Hong Tayiji."[①] "Hong Tayiji," however, has not been the popular selection. As to the most commonly used Hong Taiji and Hung Taiji, Kam points out that "It is debatable if the first component *hong/hung* is derived from the Chinese word *huang* 皇; but the second component *taiji/tayiji* is undoubtedly borrowed, via Mongolian, from the Chinese term *t'ai tzu* 太子."[②]

"Hūwang Tai Ji" is introduced by *Manhan dacidian*.[③] Its editors' and proofreading editors' level of familiarity with the Manchu archive and documents of all kinds, again, gives this dictionary great authority. Kam treats this written form as "the result of the progressive Chinese influence prevailing during the post-conquest era,"[④] as does Crossley, who says that "Hûwang taiji is clearly a back-formation from the very late seventeenth or eighteenth century and seems a non-starter" (January 11, 2013). This transliteration, however, has been used almost nowhere in Western publications, except my recent "Lifanyuan and the Management of Population Diversity in Early Qing (1636–1795)," a Max-Planck-Institut Working Paper.[⑤] My purpose in choosing this form of transliteration was to let it be better known.

Again, the German scholar Michael Weiers is an important expert resource. He devotes the whole following section to describing the variations of Qing Taizong's name (December 19, 2012).

> The words *Hung, Hong, Hūwang* do not exist neither in Mongol nor in Manju. These word forms are borrowings from Chinese. Therefore Chinese here is the source language and Mongol or Manju are the target languages.
>
> The borrowing from the Chinese source 皇 *huáng* into the different Mongolian and Manjurian target forms is linguistically referred to be a Mongolian and Manjurian foreign word formation. Therefore the borrowings *Hung, Hong,* and *Hūwang* linguistically are referred to be foreign words in Mongolian or Manjurian language and **not** loanwords.
>
> When transferring 皇 *huáng* into *Hung, Hong,* and *Hūwang* must be considered that it is not possible to transliterate neither 皇 nor any other Chinese character: Chinese characters are not letters and therefore it is never logically possible to establish a transliteration of a Chinese text template.

① Kam, "The Romanization of the early Manchu regnal names," 141.

② Kam, "The Romanization of the early Manchu regnal names," 137.

③ *Manhan dacidian*, 1146.

④ Kam, "The Romanization of the early Manchu regnal names," 137.

⑤ Max-Planck-Institut für ethnologische Forschung, Working Paper 139, June 2012 at http://www.eth.mpg.de/cms/en/publications/working_papers/wp0139.html.

Chinese characters transferred into Latin letters are commonly referred to as transcriptions. Linguistically *transcription* means the written phonetic rendition of a spoken or written text. In order to provide an accurate phonetic rendering in Latin letters of 皇 *huáng* written down in a Mongolian or Manjurian text with Mongolian or Manjurian letters you have to know how *huáng* written in a Mongolian or Manjurian text with Mongolian or Manjurian letters has been or is pronounced exactly. In relation to older texts, this is impossible. That is why we should use the term *Romanization* (in German: *Umschrift)* instead of *Transcription.*

A romanization (Umschrift) denotes a phonetically very wide transcription. Most of the Mongolian or Manjurian texts written in Latin letters are therefore linguistically not transcribed but romanized. For the romanization of Mongolian or Manjurian texts, there are no uniform rules established so far. Therefore romanized Mongolian or Manjurian words or texts are reproduced in various forms of romanization. The same goes for reproducing Chinese characters with Mongolian or Manjurian letters.

皇 *huáng* in Manjurian texts is written "manjurized":

1. , romanized ***kong***.
2. , **romanized *kōng ~ kông*.**
3. , **romanized *hung*.**
4. , **romanized *hūng ~ hûng ~ hông ~ x̌ûŋ*.**
5. , **romanized *hūwang ~ hûwang ~ hôwang ~ x̌ûwaŋ*.**

Nr. 1 and 2 of the manjurized forms are used up to the 30s of the 17th century or in later text compilations of that time. Nr. 3 and 4 of the manjurized forms are transitional forms (use depends from the type of the text), and Nr. 5 occurs regularly in later times.

I think that Chinese 太极 tàijí should not be confused with Chinese 太子 tàizǐ "heir apparent" or with the Chinese title of the court 太师 tàishī "Great preceptor". The two Chinese characters 太极 seem to represent phonetically the Mongol word taiji, romanized taiji – tayiji – taizi what means a"Prince". From the point of view of the phonetics 太极 tàijí is therefore the sinisized Mongolian word taiji. Etymologically however Mongolian taiji derives doubtless from Chinese 太子 or 太师 (see Doerfer, Türkische und Mongolische Elemente im Neupersischen, Band 1, Nr.249).

You can see that it is really difficult to decide what kind of *Hung Taiji* should be chosen for a uniform use. The conditions are lacking for such a decision.

To offer the discussion with some technical remarks, Weiers wrote further that

I think, the whole problem is related to the following areas of investigation:

1. graphetics and phonetics
2. textual linguistics a) empiric part: identifying textual categories and sorts, and b) theoretical part: identifying types of texts on the base of a), and c) language registers
3. borrowing a) foreign words, b) loans, and c) etymology
4. ethnolinguistics: diasystematics (diachronic, diatopic, diastratic, diaphasic)

These are the tools that can contribute to a scientifically satisfactory view of the problem. Of course, with the application of these methods, the problem is not yet solved. However, it would be helpful. (Febuary 11, 2013)

Crossley's opinion is given in her forthcoming "The Lifanyuan and Generation of Distinctions in the Qing Empire." She writes in note 4 that "The Lifanyuan and Generation of Distinctions in the Qing Empire." She wrote in note four of this writing that "Fragmentary Manchu annals for the period before 1616 indicate that Hung Taiji was normally referred to as 'Fourth Prince' (Duici beile), but Joseon records suggest that as early as 1619 he was referred to as Hung Taiji. This appears to be a reference to Mongolian Khong Tayiji (possibly but not certainly borrowed from Chinese *huang taiji*), which in the fifteenth and sixteenth centuries was used to indicate an heir apparent (though many de facto rulers kept the title in their names). Kam Tak-sing points out that the proper spelling should be Hong Taiji or Xong Tayiji. I choose to continue my use of 'Hung Taiji' for the simple reason that 'Hong Taiji' is indistinguishable from the Chinese romanization for the characters involved; 'Hung Taiji,' while technically incorrect, is conventional and clearly Manchu. See also Kam Tak-sing, 'The Romanization of Early Manchu Regnal Names,' *Studia Orientalia* 87 (1999). Pamela Kyle Crossley, 'The Historical Writing of Qing Imperial Expansion,' in *Oxford History of Historical Writing, vol. 3, 1400-1800*, ed. Jose Rabasa et al. (Oxford: Oxford University Press, 2012)."①

Oyunbilig, from his broad reading of Manchu archival documents, points out that "Hūwang Taiji" appeared more frequently than any other written form. In the Mongolian language, there was also "Qung Tayiji," according to Oyunbilig. "Following the Manchu

① *Administrative and Colonial Practices in Qing Ruled China: Lifanyuan and Libu revisited*, ed. Dittmar Schorkowitz and Chia Ning (Leiden: Brill, forthcoming), note 4.

language" is his suggestion (January 11, 2013).

Looking into the historical Mongolian language, Buyandelger points out that the Mongolian "Qong taiyji" ("Qong Taiyiji") in correct Manchu transliteration was "Hong Tayiji." This term originated as the Chinese "Huangtaizi" 皇太子, and the Mongols used it before the Manchu transliterated it. In other words, "Hong Tayiji" was not the direct Manchu transliteration of the Chinese "Huangtaizi" but came through its Mongolian equivalent. Hong Tayiji once said that his father, Nurhaci, did not know the [Chinese] meaning of this term but gave me this name Hong Tayiji. Isn't this heaven's will?" Before modern Chinese came into being, the present character "huang" was pronounced as "qong." In the early seventeenth century, Manchu and Mongolian writings simultaneously used "Qong Tayiji" for Taizong's name. It was not until Kangxi's time that the mistake appeared causing Taizong's name to be pronounced and written "Huang Taiyji," and today's Mandarin Chinese continues that mistake (February 23, 2013).

Thoughts on the Preceding Discussion

My simple intent of writing a few lines to list Qing Taizu's and Taizong's transliterated names for an editing project has ended with this much longer summary of the current status. From the very beginning of my investigation, the matter reflected the academic importance and scholarly scope of transliterating these two names. If the Manchu language is, as Mark Elliott puts it, "a research language" of Qing studies,① its transliteration has research significance as well. Because of the different languages involved and the phonetic change over the historical stages, the question of the transliteration of these names cannot have a unitary answer. The differences, which could in some cases cause a degree of controversy, will remain in the field for an unpredictable length of time. Doubtless, though, one's choice from now on should be based on a conscious selection with sufficient knowledge of all the possibilities.

Three positions can influence a scholar's transliteration choice: 1) following the Manchu language; 2) following the sixteenth/seventeenth-century Mongolian language in relation to contemporary Manchu; and 3) considering the Chinese historical records. A transliteration selection, if one has to judge it, will depend more on whether an author is 1) a Manchu, or a Mongolian, or a Chinese linguist; (2) a Manchu, or a Mongolian, or a Chinese historian; or 3) the overall combination of their disciplines. For a writer, the historical texts and the research language (or languages) in use will be the key factors for transliteration choice. This synopsis is, hopefully, helpful to all these positions.

At this point, Crossley's comments on the difference between historians and linguists toward the matter of Manchu transliteration should be considered. "Linguists want precision.

① Mark C. Elliott, "The Manchu-language archives of the Qing dynasty and the origins of the palace memorial system," *Late Imperial China* 22:1(June 2001): 1-70.

Historians want connotation" (March 3, 2013). Furthermore, "Scholarly transliteration is a very precise system that we are attempting to impose upon a cultural system with many imprecisions. It is worth doing but will necessarily produce ambiguities – like, how to spell Nurgaci or Hong Taiji in an English-language publication. There is no right answer, just good rationalizations for one usage or another" (March 3, 2013).

An example of "conscious selection" is Yan Chongnian's *Biography of Nuerhachi*. Yan recognized that the Qing Imperial Genealogy recorded Qing Taizu as "Nurgaci." He also stated that "in both Jurchen and Manchu languages there was no term which can be transliterated as Nurhaci." He chose Nu'erhachi (its English transliteration is Nurhachi) because it is the most popularly known name of Qing Taizu among the Chinese. ① Thus his book serves a broad readership, and both scholarly experts and lay people with limited knowledge of Qing history can feel comfortable when the first Manchu founding father is mentioned.

The mixed use of different transliterations will continue, even within a single work, such as the choice of "Hong Taiji" and "Hung Tayiji" by different authors in *The Cambridge History of Inner Asia: The Chinggisid Age*.② The authors' varied choices further demonstrate the distinct transliteration considerations among the highly qualified scholars.

Beyond the above discussion, a historical ethno-linguistic study is proposed for academic attention in early Qing and Manchu studies. Ethno-linguistics combines ethnology and linguistics, and historical ethno-linguistic study adds the dimension of history. The early Qing historical sources in various languages are actually ethnographic sources, full of linguistic implications with cultural and political meanings. They help explore language and history together on the one hand and, on the other hand, jointly examine history-recording in the past and history-writing in the present. In historical ethno-linguistics, the window of historical languages is opened wider to review historical events and people's engagement in them. The language contact – Manchu, Mongolian, Han Chinese, and Korean if possible – reveals the multilingual environment of the time when early Qing history was made. Languages played a key role in people's interaction and in the recording of their interaction. The history of the multiple nationalities history grew from this multilingual environment. Tracing the origins of transliterations can be, thus, much more than studying the transliteration itself.

① Yan Chongnian, *Biography of Nuerhachi*, 2.

② *The Cambridge History of Inner Asia: The Chinggisid Age*, ed. Nicola Di Cosmo, Allen J. Frank, and Peter B. Golden (Cambridge: Cambridge University Press, 2009), index, 472-73.

附录：《中国边疆民族研究》1—6 辑目录

第一辑

第二辑

第三辑

第四辑

第五辑

第六辑

《中国边疆民族研究》征稿函

1.《中国边疆民族研究》由中央民族大学出版社出版，每年一辑。该书收录国内外学者有关中国边疆民族地区历史与地理方面的研究成果和译文。通过定期出版学术论文集，促进学术交流，培育史学新人，为国内外同行设立一个学术交流的平台，推动中国边疆民族地区历史与地理研究的深入。

2.《中国边疆民族研究》收录文章以中国边疆民族地区历史与地理研究的成果为主，兼及其他方面。内容包括中国边疆民族历史与地理、中国少数民族法制史、宗教史、民俗、民族语文历史文献、汉文有关少数民族历史古籍等方面的研究成果，有关边疆少数民族的社会学、民族学、语言学调查的优秀成果以及现实民族问题调查报告。

3.《中国边疆民族研究》收录文章须为有新见解的原创性成果。篇幅在1-3万字之间为宜，高质量的论文或调查报告字数不限。稿件全部采用页下注，注文体例采用《关于<历史研究>文献引证标注方式的规定》（见《历史研究》2004年第6期），勿用“同上”一类标注。凡引用《实录》，注文中标注实录的朝代、卷、年、月、日，如《明太祖实录》卷96，洪武八年正月辛未。正文中公元、世纪、年代及数据用阿拉伯数字（引文除外）。王朝纪年第一次出现时加注公元纪年，如“道光十年（1830）”，同一年号再次出现时不再加注。论文需附200—300字中、英文内容摘要。稿件后请附作者简介，内容包括作者姓名、出生年月、单位、职称、联系地址、电话、邮政编码。若为译文，需附原文复印件及作者同意翻译发表的授权书。为保证稿件质量，所有稿件先由编委或相关专家匿名评审，在初审的基础上，召开编委会会议决定是否采用，最终由出版社三审后编辑出版。

4.《中国边疆民族研究》（第八辑）征稿截止日期为2014年9月1日，2014年12月30日前出版。若为打印稿请寄：北京海淀区中关村南大街27号，中央民族大学历史文化学院盛肖霞，邮编：100081。电子稿请发至history985@126.com信箱，王伏牛收。

《中国边疆民族研究》编委会

2013年10月15日